D1666211

EL
DESEADO
DE TODAS LAS
GENTES

EL DESEADO DE TODAS LAS GENTES

ELENA G. WHITE

Safeliz

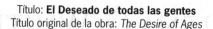

Título: **El Deseado de todas las gentes**
Título original de la obra: *The Desire of Ages*

Autora: Elena G. White
Diseño, maquetación y coordinación del proyecto: Editorial Safeliz, S. L.

Publicado por **Editorial Safeliz, S. L.**
Pradillo, 6 Pol. Ind. La Mina
E-28770 Colmenar Viejo, Madrid (España)
Tel. [+34] 91 845 98 77
contact@safeliz.com · www.safeliz.com

Enero 2023: 2ª impresión de la 2ª edición en español

ISBN: 978-84-7208-578-7

IMPRESO EN UNIÓN EUROPEA
IMP13

Contenido

ACLARACIONES

- En **Contenido**, las referencias entre paréntesis fueron agregadas como una ayuda para saber sobre qué porción bíblica se basa el capítulo citado. Dichas referencias están incluidas en el **Índice de referencias bíblicas**.
- A lo largo del libro, las referencias bibliográficas a versículos de la Biblia se colocaron al final de cada capítulo. Se hizo así para facilitar la fluidez de la lectura.
- Los versículos, en general, se transcriben de la versión Reina-Valera revisada de 1960, por ser la más difundida en castellano. Si por algún motivo se recurrió a otra traducción, el hecho se indicó en la referencia (ver más abajo las abreviaturas de esas otras versiones).
- En algunos temas se trató de ser fiel al original inglés en el uso de palabras "técnicas", pues reflejan más acertadamente las ideas que subyacen a su empleo por parte del Espíritu de Profecía. Tal fue el caso de los vocablos *tipo* y *antitipo*, cuyos significados son *figura/modelo* y *realidad última*, respectivamente.
- Los énfasis en *negrita cursiva* son palabras o frases destacadas por la autora.
- Con respecto a ciertas medidas (valores aproximados)...
  - 1 gomer representa 2,2 litros.
  - 1 pie equivale a 30 centímetros.
  - 1 codo equivale a 45 centímetros.
  - 1 palmo representa 22,5 centímetros.
  - las millas fueron traducidas a kilómetros.

ABREVIATURAS

a. C.	antes de Cristo
BJ	Biblia de Jerusalén (1967)
d. C.	después de Cristo
NVI	Santa Biblia — Nueva Versión Internacional (1999)
pág.	página
RVA	La Biblia — Reina-Valera Antigua (1909)
RVR1977	La Biblia — Reina-Valera Revisada (1977)
vers.	versículo/versículos
VM	La Santa Biblia — Versión Moderna (1893)

Prefacio

EN EL CORAZÓN de todos los seres humanos, sin distinción de raza o posición social, hay un indecible anhelo de algo que ahora no poseen. Ese anhelo, implantado en la misma constitución del hombre por un Dios misericordioso, está ahí para que el hombre no se sienta satisfecho con sus condiciones o sus logros presentes, ya sean malos, buenos o muy buenos. Dios desea que el ser humano busque lo mejor, y lo halle para el bien eterno de su alma.

Satanás, por medio de ardides y tretas astutas, ha pervertido esos anhelos del corazón humano. Él hace que los hombres crean que esos deseos pueden ser satisfechos por medio de los placeres, las riquezas, la vida cómoda, la fama o el poder; pero quienes han sido engañados por él (y se cuentan por miríadas en número), descubren que todas esas cosas hartan los sentidos, y dejan al alma tan vacía e insatisfecha como antes.

Es el designio de Dios que ese anhelo del corazón humano guíe hacia el único que es capaz de satisfacerlo. Es el deseo *de* ese Ser el que puede guiarnos *a* él, la plenitud y el cumplimiento de ese deseo. Esa plenitud se halla en Jesucristo, el Hijo del Dios eterno. "Por cuanto agradó al Padre que en él habitase toda plenitud", "porque en él habita corporalmente toda la plenitud de la Deidad". Y es también verdad que podemos estar "completos en él" con respecto a todo deseo divinamente implantado y normalmente seguido.

El profeta Hageo llama a Cristo "el Deseado de todas las gentes", y bien podemos llamarlo "el Deseado de todas las edades", incluso "el Rey de todas las épocas".

Es el propósito de este libro presentar a Jesucristo como quien puede satisfacerse todo anhelo. Se han escrito muchos libros titulados "La vida de Cristo"; libros excelentes, grandes acopios de información, elaborados ensayos sobre cronología, historia, costumbres y eventos contemporáneos, con abundante enseñanza y muchas vislumbres de la vida multiforme de Jesús de Nazaret. Sin embargo puede decirse con certeza: "No se ha contado ni siquiera la mitad".

Por tanto, no el propósito de esta obra exponer una armonía de los Evangelios, o presentar en orden estrictamente cronológico los importantes sucesos y las maravillosas lecciones de la vida de Cristo. Su propósito es presentar el amor de Dios como ha sido revelado en su Hijo, la divina hermosura de la vida de Cristo, de la cual todos pueden participar, y no simplemente satisfacer los deseos de la mera curiosidad o los cuestionamientos de los críticos. Para ver cómo, por el encanto de su propia belleza de carácter, Jesús atrajo a sus discípulos a sí mismo, y que por su toque y sentimiento de simpatía en todas sus dolencias y necesidades, y por su constante asociación con ellos, transformó sus caracteres de terrenales en celestiales, de egoístas en abnegados, y trocó la mezquina ignorancia y el prejuicio en el conocimiento generoso y el amor profundo por las almas de todas las naciones y razas. Por todo esto, es el propósito de este libro presentar al bendito Redentor de modo que ayude al lector a encontrase con él cara a cara, corazón a corazón, y hallar en él, como los discípulos de la antigüedad, al poderoso Jesús, quien "salva hasta lo sumo" y transforma, de acuerdo con su propia imagen divina, a los que acuden a Dios por su intermedio. Sin embargo, ¡cuán imposible es revelar su vida! Es como intentar investigar en un laboratorio el arco iris; o poner en caracteres blancos y negros la música más dulce.

Rogamos que la bendición del Altísimo acompañe a esta obra, y que el Espíritu Santo haga de las palabras de este libro palabras de vida para muchas almas cuyos anhelos y deseos no están aun satisfechos; para que puedan "conocerle, y el poder de su resurrección, y la participación de sus padecimientos", y finalmente, en una eternidad bienaventurada, compartir a su diestra la plenitud de su gozo y la dicha inconmensurable que disfrutarán todos los que hayan hallado en él el todo en todo, al "señalado entre diez mil", al "todo él codiciable".

Los Editores

CAPÍTULO 1

"Dios con nosotros"

"**L**LAMARÁS su nombre Emanuel... Dios con nosotros". "La luz del conocimiento de la gloria de Dios" se ve "en el rostro de Jesucristo". Desde los días de la eternidad, el Señor Jesucristo era uno con el Padre; era "la imagen de Dios", la imagen de su grandeza y majestad, "el resplandor de su gloria". Él vino a este mundo para manifestar esa gloria. Vino a esta tierra oscurecida por el pecado para revelar la luz del amor de Dios; para ser "Dios con nosotros". Por tanto, fue profetizado de él: "Lo llamará Emanuel".[1]

Al venir a habitar con nosotros, Jesús iba a revelar a Dios tanto a los hombres como a los ángeles. Él era la Palabra de Dios; el pensamiento de Dios hecho audible. En su oración por sus discípulos dice: "Y les he dado a conocer tu nombre" —"misericordioso y piadoso; tardo para la ira, y grande en misericordia y verdad"—, "para que el amor con que me has amado, esté en ellos, y yo en ellos". Pero no sólo para sus hijos nacidos en la tierra fue dada esa revelación. Nuestro pequeño mundo es el libro de texto del universo. El maravilloso propósito de la gracia de Dios, el misterio del amor redentor, es el tema en el cual "anhelan mirar los ángeles", y será su estudio a través de las edades sin fin. Tanto los redimidos como los seres que no cayeron hallarán en la cruz de Cristo su ciencia y su canto. Se verá que la gloria que resplandece en el rostro de Jesús es la gloria del amor abnegado. A la luz del Calvario se verá que la ley del amor autorrenunciante es la ley de vida para la tierra y el cielo; que el amor que "no busca lo suyo" tiene su fuente en el corazón de Dios; y que en el Manso y Humilde se manifestó el carácter del que mora en la luz a la que ningún hombre puede acceder.[2]

Al principio, Dios se revelaba en todas las obras de la creación. Fue Cristo quien extendió los cielos y echó los cimientos de la tierra. Fue su mano la que colgó los mundos en el espacio y modeló las flores del campo. Él formó "las montañas con su fortaleza"; "suyo es el mar, porque él lo hizo".[3] Fue él quien llenó la tierra con belleza y el aire con cantos. Y sobre todas las cosas en la tierra, el aire y el cielo escribió el mensaje del amor del Padre.

Aunque el pecado ha estropeado la obra perfecta de Dios, esa escritura permanece. Aún hoy todas las cosas creadas declaran la gloria de su excelencia. Salvo el egoísta corazón humano, no hay nada que viva para sí. No hay pájaro que surque el aire, ni animal que se mueva sobre el suelo, que no sirva a alguna otra vida. No hay ni una hoja del bosque, ni una humilde brizna de hierba, que no tenga su ministerio. Cada árbol, arbusto y hoja emite ese elemento de vida sin el cual ni el hombre ni los animales podrían vivir;

y el hombre y el animal, a su vez, sirven a la vida del árbol, el arbusto y la hoja. Las flores exhalan fragancia y ostentan su belleza para bendición del mundo. El sol derrama su luz para alegrar a mil mundos. El océano, origen en sí mismo de todos nuestros manantiales y fuentes, recibe las corrientes de todas las tierras, pero recibe para dar. Los vapores que ascienden de su seno caen en forma de lluvias para regar la tierra, para que ésta produzca y florezca.

Los ángeles de gloria hallan su gozo en dar; dar amor y cuidado incansable a las almas que están caídas y destituidas de santidad. Los seres celestiales se esfuerzan por ganar el corazón de los hombres; traen a este oscuro mundo la luz de los atrios celestiales; por medio de un ministerio amable y paciente obran sobre el espíritu humano, para poner a los perdidos en una comunión con Cristo aun más íntima de la que ellos mismos puedan conocer.

Pero, más allá de todas las representaciones menores, contemplamos a Dios en Jesús. Mirando a Jesús vemos que la gloria de nuestro Dios consiste en dar. Cristo dijo: "Nada hago por mí mismo"; "me envió el Padre viviente, y yo vivo por el Padre". "No busco mi gloria", sino la gloria del que me envió.[4] En esas palabras se presenta el gran principio que es la ley de vida para el universo. Cristo recibió todas las cosas de Dios, pero las tomó para darlas. Así también acontece en los atrios celestiales, en su ministerio en favor de todos los seres creados; a través del Hijo amado fluye hacia todos la vida del Padre; a través del Hijo vuelve, en alabanza y gozoso servicio, una marea de amor a la gran Fuente de todo. Y así, a través de Cristo, se completa el circuito de beneficencia, que representa el carácter del gran Dador, la ley de vida.

Esta ley fue quebrantada en el mismo cielo. El pecado se originó en el egoísmo. Lucifer, el querubín cubridor, deseó ser el primero en el cielo. Trató de obtener el control de los seres celestiales, apartándolos de su Creador, y granjearse su homenaje para sí mismo. Para ello representó falsamente a Dios, atribuyéndole el deseo de la autoexaltación. Trató de investir al amante Creador con sus propias características malignas. Así engañó a los ángeles. Así engañó a los hombres. Los indujo a dudar de la palabra de Dios y a desconfiar de su bondad. Por cuanto Dios es un Dios de justicia y terrible majestad, Satanás los indujo a considerarlo como severo e implacable. Así logró que se uniesen a él en su rebelión contra Dios, y la noche de la desgracia se asentó sobre el mundo.

La tierra quedó a oscuras por causa de una falsa interpretación de Dios. Para que pudiesen iluminarse las lóbregas sombras, con el fin de que el mundo pudiera ser traído de nuevo a Dios, debía romperse el poder engañoso de Satanás. Eso no podía hacerse por la fuerza. El ejercicio de la fuerza es contrario a los principios del gobierno de Dios; él desea sólo el servicio de amor; y el amor no puede ser exigido; no puede ser ganado por la fuerza o la autoridad. El amor se despierta únicamente por el amor. Conocer a Dios es amarle; su carácter debe ser manifestado en contraste con el carácter de Satanás. En todo el universo había un solo Ser que podía realizar esta obra. Únicamente aquel que conocía la altura y la profundidad del amor de Dios podía darlo a conocer. Sobre la oscura noche del mundo debía nacer el "Sol de Justicia, trayendo salud eterna en sus alas".[5] El plan de nuestra redención no fue una reflexión ulterior, un plan formulado después de la caída de Adán. Fue una "revelación del misterio que por tiempos eternos fue guardado en silencio". Fue una manifestación de los principios que desde las edades eternas habían sido el fundamento del trono de Dios. Desde el principio, Dios y Cristo sabían de la apostasía de Satanás y de la caída del hombre por causa del poder seductor del apóstata. Dios no ordenó que el pecado existiese, sino que previó su existencia, e hizo provisión para enfrentar la terrible emergencia. Tan grande fue su amor por el mundo, que se comprometió a dar a su Hijo unigénito, "para que todo aquel en él cree, no se pierda, mas tenga vida eterna".[6]

Lucifer había dicho: "¡Levantaré mi trono por encima de las estrellas de Dios!... seré semejante al Altísimo". Pero Cristo, "siendo por naturaleza Dios, no consideró el ser igual a Dios como algo a qué aferrarse. Por el contrario, se rebajó voluntariamente, tomando la naturaleza de siervo y haciéndose semejante a los seres humanos".[7]

Este fue un sacrificio voluntario. Jesús podía haber permanecido al lado del Padre. Se podía haber quedado con la gloria del cielo y el homenaje de los ángeles. Pero prefirió devolver el cetro a las manos del Padre, y bajar del trono del universo para traer luz a los que estaban en tinieblas y vida a los que perecían.

Hace más de dos mil años se oyó en el cielo una voz de significado misterioso que, partiendo del trono de Dios, decía: "He aquí que vengo". "Sacrificio y ofrenda, no los quisiste; empero un cuerpo me has preparado... He aquí yo vengo (en el rollo del libro está escrito de mí), para hacer, oh Dios, tu voluntad". En esas palabras se anunció el cumplimiento del propósito que había estado oculto desde las edades eternas. Cristo estaba por visitar nuestro mundo, y encarnarse. Él dice: "Me preparaste un cuerpo".[8] Si hubiese aparecido con la gloria que tenía con el Padre antes que fuese el mundo, no podríamos haber soportado la luz de su presencia. Pero para que pudiésemos contemplarla y no ser destruidos, la manifestación de su gloria fue ocultada. Su divinidad fue velada con humanidad; la gloria invisible en la forma humana visible.

Este gran propósito había sido representado por medio de tipos y símbolos [ver pág. 9]. La zarza ardiente, en la cual Cristo apareció a Moisés, revelaba a Dios. El símbolo elegido para representar a la Deidad fue una humilde planta que aparentemente no tenía atractivos. Ésta encerraba al Infinito. El Dios todo misericordioso ocultaba su gloria en un tipo muy humilde, para que Moisés pudiese mirarla y vivir. Así también en la columna de nube de día y la columna de fuego de noche, Dios se comunicaba con Israel, les revelaba su voluntad a los hombres y les impartía su gracia. La gloria de Dios estaba suavizada, y velada su majestad, con el fin de que la débil visión de los hombres finitos pudiese contemplarla. Así Cristo debió venir en "nuestro cuerpo miserable",[9] "semejante a los hombres". A los ojos del mundo, no poseía hermosura que los hiciese desearlo; sin embargo era Dios encarnado, la luz del cielo y la tierra. Su gloria estaba velada, su grandeza y majestad estaban ocultadas, con el fin de que él pudiera acercarse a los hombres entristecidos y tentados.

Dios ordenó a Moisés para Israel: "Me harán un santuario, para que yo habite entre ustedes", y moró en el santuario en medio de su pueblo. Durante toda su penosa peregrinación por el desierto, el símbolo de su presencia estuvo con ellos. Así Cristo levantó su tabernáculo en el medio de nuestro campamento humano. Armó su tienda al lado de las tiendas de los hombres, con el fin de morar entre nosotros y familiarizarnos con su vida y carácter divinos. "El Verbo se hizo carne y habitó entre nosotros. Y hemos contemplado su gloria, la gloria que corresponde al Hijo unigénito del Padre, lleno de gracia y de verdad".[10]

Desde que Jesús vino a morar con nosotros, sabemos que Dios está familiarizado con nuestras pruebas y simpatiza con nuestros pesares. Cada hijo e hija de Adán puede comprender que nuestro Creador es el amigo de los pecadores. Porque en toda doctrina de gracia, toda promesa de gozo, todo acto de amor, toda atracción divina presentada en la vida del Salvador sobre la tierra, vemos a "Dios con nosotros".

Satanás representa la ley de amor de Dios como una ley de egoísmo. Declara que es imposible para nosotros obedecer sus preceptos. La caída de nuestros primeros padres, con toda la miseria que ha provocado, él la imputa al Creador, e induce a los hombres a considerar a Dios como el autor del pecado, el sufrimiento y la muerte. Jesús debía desenmascarar ese engaño. Como uno de nosotros, debía dar un ejemplo de obediencia. Para eso tomó sobre sí nuestra naturaleza y pasó por nuestras experiencias. "Era preciso que en todo se asemejara a sus hermanos". Si tuviésemos que soportar algo que Jesús no soportó, en este detalle Satanás representaría el poder de Dios como insuficiente para nosotros. Por tanto, Jesús fue "tentado en todo de la misma manera que nosotros". Soportó toda prueba a la cual estemos sujetos. Y no ejerció en su favor poder alguno que no nos sea ofrecido generosamente. Como hombre, hizo frente a la tentación y venció con la fuerza que Dios le daba. Él dice: "Me complazco en hacer tu voluntad, oh Dios mío, y tu ley está en medio de mi corazón".[11] Mientras andaba haciendo el bien y sanando a todos los afligidos por Satanás, demostró claramente a los hombres el carácter de la ley de Dios y la naturaleza de su servicio. Su vida testifica que para nosotros también es posible obedecer la ley de Dios.

Por medio de su humanidad, Cristo tocó a la humanidad; por medio de su divinidad se aferró del trono de Dios. Como Hijo del hombre nos dio un ejemplo de obediencia; como Hijo de Dios nos imparte poder para obedecer. Fue Cristo quien habló a Moisés desde la zarza en el monte Horeb diciendo: "YO SOY EL QUE SOY... Así dirás a los hijos de Israel: YO SOY me envió a vosotros". Tal era la garantía de la liberación de Israel. Asimismo, cuando vino "en semejanza de los hombres", se declaró el YO SOY. El Niño de Belén, el manso y humilde Salvador, es Dios "manifestado en carne". Y a nosotros nos dice: "YO SOY el buen pastor". "YO SOY el pan vivo". "YO SOY el camino, y la verdad, y la vida". "Toda potestad me es dada en el cielo y en la tierra".[12] YO SOY la seguridad de toda promesa. YO SOY; no tengan miedo. "Dios con nosotros" es la seguridad de nuestra liberación del pecado, la garantía de nuestro poder para obedecer la ley del cielo.

Al condescender a tomar sobre sí la humanidad, Cristo reveló un carácter opuesto al carácter de Satanás. Pero se rebajó aun más en la senda de la humillación. "Y estando en la condición de hombre, se humilló a sí mismo, haciéndose obediente hasta la muerte, y muerte de cruz". Así como el sumo sacerdote ponía a un lado sus magníficas ropas pontificias, y oficiaba con la ropa blanca de lino del sacerdote común, así también Cristo tomó la forma de un siervo y ofreció un sacrificio; él mismo fue el sacerdote, él mismo fue la víctima. "Él fue traspasado por nuestras rebeliones, y molido por nuestras iniquidades; sobre él recayó el castigo, precio de nuestra paz".[13]

Cristo fue tratado como nosotros merecemos, para que nosotros pudiésemos ser tratados como él merece. Fue condenado por causa de nuestros pecados, en los que no había participado, con el fin de que nosotros pudiésemos ser justificados por medio de su justicia, en la cual no habíamos participado. Él sufrió la muerte que era nuestra, para que pudiésemos recibir la vida que era suya. "Gracias a sus heridas fuimos sanados".

Por medio de su vida y su muerte, Cristo logró aun más que recuperar de la ruina lo forjado a través del pecado. Era el propósito de Satanás lograr una eterna separación entre Dios y el hombre; pero en Cristo llegamos a estar más íntimamente unidos a Dios que si nunca hubiésemos caído. Al tomar nuestra naturaleza, el Salvador se vinculó con la humanidad por medio de un vínculo que nunca se ha de romper. A través de las edades eternas está ligado a nosotros. "De tal manera amó Dios al mundo, que ha dado a su Hijo unigénito". Lo dio no sólo para llevar nuestros pecados y morir como nuestro sacrificio;

lo dio a la raza caída. Para asegurarnos de su inmutable consejo de paz, Dios dio a su Hijo unigénito para que llegase a ser uno más de la familia humana y retuviese para siempre su naturaleza humana. Tal es la garantía de que Dios cumplirá su palabra. "Un niño *nos* es nacido, hijo *nos* es dado, y el principado sobre su hombro". Dios adoptó la naturaleza humana en la persona de su Hijo, y la ha llevado al más alto cielo. Es "el Hijo del hombre" quien comparte el trono del universo. Es "el Hijo del hombre" cuyo nombre será llamado: "Admirable, Consejero, Dios fuerte, Padre eterno, Príncipe de paz". El YO SOY es el Mediador entre Dios y la humanidad, quien pone su mano sobre ambos. El que es "santo, inocente, sin mancha, apartado de los pecadores", no se avergüenza de llamarnos hermanos.[14] En Cristo, la familia de la tierra y la familia del cielo están ligadas. Cristo glorificado es nuestro hermano. El cielo está guardado como reliquia en la humanidad, y la humanidad está incluida en el seno del Amor infinito.

Acerca de su pueblo, Dios dice: "En la tierra del Señor brillarán como las joyas de una corona. ¡Qué bueno y hermoso será todo ello!" La exaltación de los redimidos será un testimonio eterno de la misericordia de Dios. "En los siglos venideros" él mostrará "las abundantes riquezas de su gracia en su bondad para con nosotros en Cristo Jesús". "El fin de todo esto es que la sabiduría de Dios, en toda su diversidad, se dé a conocer... a los poderes y autoridades de las regiones celestiales, conforme a su eterno propósito realizado en Cristo Jesús nuestro Señor".[15]

A través de la obra redentora de Cristo, el gobierno de Dios queda justificado. El Omnipotente es dado a conocer como el Dios de amor. Las acusaciones de Satanás son refutadas y su carácter desenmascarado. La rebelión nunca podrá levantarse de nuevo. El pecado nunca podrá entrar nuevamente en el universo. A través de las edades eternas, todos estarán seguros contra la apostasía. Por medio del renunciamiento del amor, los habitantes de la tierra y del cielo quedarán ligados a su Creador con vínculos de unión indisoluble.

La obra de la redención será completada. Donde el pecado abundó, sobreabundó la gracia de Dios. La tierra misma, el mismo campo que Satanás reclama como suyo, quedará no sólo redimida sino también exaltada. Nuestro pequeño mundo, que bajo la maldición del pecado es la única oscura mancha en su gloriosa creación, será honrado por encima de todos los demás mundos en el universo de Dios. Aquí, donde el Hijo de Dios residió temporalmente en forma humana; donde el Rey de gloria vivió, sufrió y murió; aquí, cuando haga nuevas todas las cosas, estará "el tabernáculo de Dios con los hombres, y él morará con ellos; y ellos serán su pueblo, y Dios mismo estará con ellos como su Dios".[16] Y a través de las edades sin fin, mientras los redimidos anden en la luz del Señor, lo alabarán por su Don inefable:

Emanuel, "Dios con nosotros".

---

[1] Mat. 1:23; 2 Cor. 4:6, VM; Col. 1:15; Heb. 1:3; Isa. 7:14, NVI. [2] Juan 17:26; Éxo. 34:6; Juan 17:26; 1 Ped. 1:12; 1 Cor. 13:5. [3] Sal. 65:6, VM; 95:5, NVI. [4] Juan 8:28; 6:57; 8:50; ver 7:18. [5] Mal. 4:2, VM. [6] Rom. 16:25, VM; Juan 3:16. [7] Isa. 14:13, 14; Fil. 2:6, 7, NVI. [8] Heb. 10:5-7, VM; NVI. [9] Fil. 3:21, NVI. [10] Éxo. 25:8, NVI; Juan 1:14, NVI. [11] Heb. 2:17, NVI; 4:15, NVI; Sal. 40:8, VM. [12] Éxo. 3:14; Fil. 2:7, VM; 1 Tim. 3:16; Juan 10:11; 6:51; 14:6; Mat. 28:18. [13] Fil. 2:8; Isa. 53:5, NVI. [14] Juan 3:16; Isa. 9:6; Heb. 7:26; 2:11. [15] Zac. 9:16, 17; Efe. 2:7; 3:10, 11, NVI. [16] Apoc. 21:3.

CAPÍTULO 2

El pueblo elegido

P OR MÁS de mil años los judíos habían esperado la venida del Salvador. En ese evento habían depositado sus más gloriosas esperanzas. En cantos y profecías, en ritos del templo y en oraciones familiares, habían engastado su nombre. Y sin embargo, cuando vino, no lo conocieron. El Amado del cielo fue para ellos como "raíz de tierra seca", sin "belleza ni majestad"; y no vieron en él hermosura que lo hiciera deseable a sus ojos. "A lo suyo vino, y los suyos no lo recibieron".[1]

Sin embargo, Dios había elegido a Israel. Los había llamado para preservar entre los hombres el conocimiento de su ley, y de los símbolos y las profecías que señalaban al Salvador. Deseaba que fuesen como manantiales de salvación para el mundo. Lo que fue Abraham en la tierra de su peregrinaje, José en Egipto y Daniel en la corte de Babilonia, eso debía ser el pueblo hebreo entre las naciones. Debía revelar a Dios a los hombres.

En el llamamiento dirigido a Abraham, el Señor había dicho: "Te bendeciré... y serás bendición... y serán benditas en ti todas las familias de la tierra". La misma enseñanza fue repetida por los profetas. Aun después que Israel había sido asolado por la guerra y el cautiverio, recibió esta promesa: "Será el remanente de Jacob, en medio de muchos pueblos, como rocío que viene del Señor, como abundante lluvia sobre la hierba, que no depende de los hombres, ni espera nada de ellos". Acerca del templo de Jerusalén, el Señor declaró por medio de Isaías: "Mi casa será llamada casa de oración para todos los pueblos".[2]

Pero los israelitas cifraron sus esperanzas en la grandeza mundanal. Desde el tiempo en que entraron en la tierra de Canaán, se apartaron de los mandamientos de Dios y siguieron las maneras de los paganos. Fue en vano que Dios les mandara advertencias por medio de sus profetas. En vano sufrieron el castigo de la opresión pagana. A cada reforma le seguía una apostasía más profunda.

Si Israel hubiese sido fiel a Dios, él podría haber logrado su propósito a través de su honra y exaltación. Si hubiesen caminado en los caminos de la obediencia, él los habría elevado "sobre todas las naciones que hizo, para loor y fama y gloria". Dijo Moisés: "Verán todos los pueblos de la tierra que el nombre de Jehová es invocado sobre ti, y te temerán". Las gentes "oirán hablar de todos estos estatutos, y dirán: Ciertamente pueblo sabio y entendido es esta gran nación".[3] Pero a causa de su infidelidad, el propósito de Dios sólo pudo realizarse a través de continua adversidad y humillación.

Fueron llevados en cautiverio a Babilonia y dispersados por tierras de paganos. En la aflicción, muchos renovaron su fidelidad al pacto con Dios. Mientras colgaban sus arpas de los sauces y lloraban por el santo templo desolado, la luz de la verdad resplandeció a través de ellos y el conocimiento de Dios se esparció entre las naciones. Los sistemas paganos de sacrificios eran una perversión del sistema que Dios había señalado; y más de un sincero observador de los ritos paganos aprendió de los hebreos el significado del ceremonial divinamente ordenado, y con fe aceptó la promesa de un Redentor.

Muchos de los exiliados sufrieron persecución. No pocos perdieron la vida por negarse a violar el sábado y observar las fiestas paganas. Al levantarse los idólatras para aplastar la verdad, el Señor puso a sus siervos cara a cara con reyes y gobernantes, con el fin de que éstos y sus pueblos pudiesen recibir la luz. Vez tras vez los mayores monarcas fueron inducidos a proclamar la supremacía del Dios a quien adoraban los cautivos hebreos.

Por medio del cautiverio babilónico los israelitas fueron curados eficazmente de la adoración a las imágenes esculpidas. Durante los siglos que siguieron sufrieron por la opresión de enemigos paganos, hasta que se arraigó en ellos la convicción de que su prosperidad dependía de su obediencia a la ley de Dios. Pero la obediencia de muchos del pueblo no era impulsada por el amor. El motivo era egoísta. Rendían a Dios un servicio externo como medio para alcanzar la grandeza nacional. No llegaron a ser la luz del mundo, sino que se aislaron del mundo con el fin de escapar de la tentación a la idolatría. En las instrucciones dadas a través de Moisés, Dios había impuesto restricciones a su asociación con los idólatras; pero esa enseñanza había sido malinterpretada. Tenía la intención de impedir que se conformasen a las prácticas de los paganos. Pero la usaron para construir un muro de separación entre Israel y todas las demás naciones. Los judíos consideraban a Jerusalén como su cielo, y se sentían verdaderamente celosos de que el Señor manifestase misericordia a los gentiles.

Después de regresar de Babilonia dedicaron mucha atención a la instrucción religiosa. Por todo el país se erigieron sinagogas, en las cuales los sacerdotes y escribas exponían la ley. Y se establecieron escuelas donde, juntamente con las artes y las ciencias, se profesaba enseñar los principios de la justicia. Pero estos medios se corrompieron. Durante el cautiverio muchos del pueblo habían adquirido ideas y costumbres paganas, y éstas penetraron en su ceremonial religioso. En muchas cosas se conformaban a las prácticas de los idólatras.

Al apartarse de Dios, los judíos perdieron en gran medida la visión de lo que enseñaba el servicio ritual. Ese ritual había sido instituido por Cristo mismo. En todas sus partes era un símbolo de él; y había sido llenado de vitalidad y belleza espiritual. Pero los judíos perdieron la vida espiritual de sus ceremonias y se aferraron a las formas muertas. Confiaron en los sacrificios y los ritos en sí mismos, en vez de confiar en aquel a quien éstos señalaban. Con el fin de suplir lo que habían perdido, los sacerdotes y rabinos multiplicaron los requerimientos de su invención; y cuanto más rígidos se volvían, tanto menos del amor de Dios se manifestaba. Medían su santidad por la multitud de sus ceremonias, mientras que su corazón estaba lleno de orgullo e hipocresía.

Con todas sus minuciosas y gravosas órdenes, era imposible guardar la ley. Los que deseaban servir a Dios, y trataban de observar los preceptos rabínicos, luchaban bajo una carga pesada. No podían hallar descanso de las acusaciones de una conciencia perturbada. Así Satanás obraba para desanimar al pueblo, para rebajar su concepto del carácter de Dios y para hacer despreciar la fe de Israel. Esperaba demostrar lo que había sostenido cuando se rebeló en el cielo: los requerimientos de Dios son injustos y no pueden ser obedecidos. Incluso Israel, declaraba, no guardaba la ley.

Aunque los judíos deseaban el advenimiento del Mesías, no tenían un verdadero concepto de su misión. No buscaban la redención del pecado, sino la liberación de los romanos. Esperaban que el Mesías viniese como un conquistador, para quebrantar el poder del opresor y exaltar a Israel al dominio universal. Así iban preparando el camino para rechazar al Salvador.

En el tiempo del nacimiento de Cristo la nación estaba irritada bajo el gobierno de sus amos extranjeros, y atormentada por disensiones internas. Se les había permitido a los judíos conservar la forma de un gobierno separado; pero nada podía disfrazar el hecho de que estaban bajo el yugo romano, ni reconciliarlos a la restricción de su poder. Los romanos reclamaban el derecho de nombrar o remover al sumo sacerdote, y a menudo ese cargo se conseguía por medio del fraude, el cohecho y aun el homicidio. Así el sacerdocio se volvía cada vez más corrupto. Sin embargo, los sacerdotes poseían aún gran poder, y lo empleaban con fines egoístas y mercenarios. El pueblo estaba sujeto a sus exigencias despiadadas, y también a los gravosos impuestos de los romanos. Ese estado de cosas ocasionaba extenso descontento. Los estallidos populares eran frecuentes. La codicia y la violencia, la desconfianza y la apatía espiritual, estaban royendo el mismo corazón de la nación.

El odio a los romanos y el orgullo nacional y espiritual inducían a los judíos a seguir adhiriendo rigurosamente a sus formas de culto. Los sacerdotes trataban de mantener una reputación de santidad atendiendo escrupulosamente a las ceremonias religiosas. El pueblo, en sus tinieblas y opresiones, y los príncipes,* sedientos de poder, anhelaban la venida de aquel que vencería a sus enemigos y devolvería el reino a Israel. Habían estudiado las profecías, pero sin percepción espiritual. Así habían pasado por alto los pasajes que señalaban la humillación de Cristo en su primer advenimiento, y aplicaban mal los que hablaban de la gloria de su segunda venida. El orgullo oscurecía su visión. Interpretaban las profecías de acuerdo con sus deseos egoístas.

---

* *Nota de los Editores:* A lo largo del libro se estableció la nomenclatura "gobernante(s) gobernador(es)" exclusivamente para las autoridades romanas (por ejemplo, Pilato), aunque en un caso también se lo extendió a quien dominaba, con poder delegado por Roma, toda Palestina o algunas de sus regiones, como fue el caso de los Herodes (aunque se llama "rey" a Herodes I "El Grande"). La designación "príncipes" corresponde a aquellas autoridades judías que, junto con los sacerdotes, ejercían el control socio-político-cultural de las ciudades, pueblos y localidades de Palestina en tiempos de Jesús (de aquí la frase "sacerdotes y príncipes" que ser leerá a menudo). En algunos casos esos príncipes eran los jefes de las tribus de Israel; en otros casos tenían rango real; y aun otros eran designados así por alguna razón política.

[1] Isa. 53:2, NVI; Juan 1:11. [2] Gén. 12:2, 3; Miq. 5:7, NVI; Isa. 56:7. [3] Deut. 26:19; 28:10; 4:6, VM.

CAPÍTULO 3

"El cumplimiento del tiempo"

"**C**UANDO vino el cumplimiento del tiempo, Dios envió a su Hijo... para que redimiese a los que estaban bajo de la ley, a fin de que recibiésemos la adopción de hijos".[1]

La venida del Salvador había sido predicha en el Edén. Cuando Adán y Eva oyeron por primera vez la promesa, esperaban que se cumpliese rápidamente. Con gozo dieron la bienvenida a su primogénito, esperando que fuese el Libertador. Pero el cumplimiento de la promesa tardó. Los que la recibieron primero, murieron sin verlo. Desde los días de Enoc la promesa fue repetida por medio de los patriarcas y los profetas, manteniendo viva la esperanza de su aparición, y sin embargo no vino. La profecía de Daniel revelaba el tiempo de su advenimiento, pero no todos interpretaban correctamente el mensaje. Transcurrió un siglo tras otro, y las voces de los profetas cesaron. La mano del opresor pesaba sobre Israel, y muchos estaban listos para exclamar: "Se cumple el tiempo, pero no la visión".[2]

Pero, como las estrellas en la vasta órbita de su derrotero señalado, los propósitos de Dios no conocen premura ni demora. Por medio de los símbolos de las densas tinieblas y el horno humeante, Dios había revelado a Abraham la servidumbre de Israel en Egipto, y había declarado que el tiempo de su estada allí abarcaría 400 años. Le dijo: "Después de esto saldrán con grande riqueza". Y contra esa palabra se empeñó en vano el poder del orgulloso imperio de los faraones. "En el mismo día" señalado por la promesa divina, "todas las huestes de Jehová salieron de la tierra de Egipto".[3] Así también se determinó en el concilio celestial la hora en que Cristo debía venir; y cuando el gran reloj del tiempo marcó esa hora, Jesús nació en Belén.

"Cuando vino el cumplimiento del tiempo, Dios envió a su Hijo". La Providencia había dirigido los movimientos de las naciones, así como el flujo y reflujo de impulsos e influencias humanos, a tal punto que el mundo estaba maduro para la llegada del Libertador. Las naciones estaban unidas bajo un mismo gobierno. Un idioma se hablaba extensamente, y era reconocido por doquiera como la lengua literaria. De todos los países, los judíos dispersos acudían a Jerusalén para asistir a las fiestas anuales, y al volver adonde residían, podían difundir por el mundo las nuevas de la llegada del Mesías.

En aquel entonces los sistemas paganos estaban perdiendo su poder sobre la gente. Los hombres estaban cansados de ceremonias y fábulas. Deseaban con vehemencia una religión que pudiese satisfacer el corazón. Aunque la luz de la verdad parecía haberse apartado de los hombres, había almas que buscaban la luz, llenas de perplejidad y triste za. Anhelaban conocer al Dios vivo, con el fin de tener cierta seguridad de una vida más allá de la tumba.

Al apartarse los judíos de Dios, la fe se había empañado y la esperanza casi había dejado de iluminar el futuro. Las palabras de los profetas no eran comprendidas. Para las muchedumbres, la muerte era un horrendo misterio; mas allá todo era incertidumbre y lobreguez. No fue sólo el lamento de las madres de Belén, sino el clamor del inmenso corazón de la humanidad, el llevado por el profeta a través de los siglos: la voz oída en Ramá, "grande lamentación, lloro y gemido; Raquel que llora sus hijos, y no quiso ser consolada, porque perecieron".[4] Los hombres moraban sin consuelo en "región y sombra de muerte". Con ojos ansiosos esperaban la llegada del Libertador, cuando se disiparían las tinieblas y se aclararía el misterio de lo futuro.

Hubo, fuera de la nación judía, hombres que predijeron el aparecimiento de un instructor divino. Esos hombres buscaban la verdad, y se les impartió el Espíritu de Inspiración. Tales maestros se habían levantado uno tras otro como estrellas en un firmamento oscuro, y sus palabras proféticas habían encendido esperanzas en el corazón de millares de gentiles.

Desde hacía varios siglos las Escrituras estaban traducidas al griego, idioma extensamente difundido por todo el Imperio Romano. Los judíos se hallaban dispersos por todas partes; y su espera del Mesías era compartida hasta cierto punto por los gentiles. Entre quienes los judíos llamaban gentiles había hombres que entendían mejor que los maestros de Israel las profecías bíblicas concernientes a la venida del Mesías. Algunos lo esperaban como libertador del pecado. Los filósofos se esforzaban por estudiar el misterio del sistema orgánico hebreo. Pero la intolerancia de los judíos estorbaba la difusión de la luz. Resueltos a mantenerse separados de las otras naciones, no estaban dispuestos a impartirles el conocimiento que aún poseían acerca de los servicios simbólicos. Debía venir el verdadero Intérprete. Aquel de quien todos los tipos prefiguraban debía explicar su significado [ver pág. 9].

Dios había hablado al mundo a través de la naturaleza, los tipos y los símbolos, los patriarcas y los profetas. Las lecciones debían ser dadas a la humanidad en su propio lenguaje. El Mensajero del pacto debía hablar. Su voz debía oírse en su propio templo. Cristo debía venir para pronunciar palabras que pudieran comprenderse clara y distintamente. Él, el Autor de la verdad, debía separar la verdad del tamo de los asertos humanos que habían anulado su efecto. Los principios del gobierno de Dios y del plan de redención debían ser definidos claramente. Las lecciones del Antiguo Testamento debían ser presentadas plenamente ante los hombres.

Sin embargo, entre los judíos quedaban almas firmes, descendientes de aquel santo linaje por cuyo medio se había preservado el conocimiento de Dios. Aguardaban esperanzados en la promesa hecha a los padres. Fortalecían su fe espaciándose en la seguridad dada por medio de Moisés: "El Señor vuestro Dios os levantará profeta de entre vuestros hermanos, como a mí; a él oiréis en todas las cosas que os hable". Además, leían que el Señor iba a ungir a Uno para "predicar buenas nuevas a los abatidos... vendar a los quebrantados de corazón... publicar libertad a los cautivos" y "promulgar el año de la buena voluntad de Jehová". Leían cómo pondría "justicia en la tierra; y las islas esperarán su ley", cómo los gentiles andarían "a [su] luz, y los reyes al resplandor de [su] nacimiento".[5]

Las palabras del moribundo Jacob los llenaban de esperanza: "No será quitado el cetro de Judá, ni el legislador de entre sus pies, hasta que venga Siloh". El desfalleciente poder de Israel atestiguaba que se acercaba la llegada del Mesías. La profecía de Daniel describía la gloria de su reinado sobre un imperio que sucedería a todos los reinos terrenales; y, decía el profeta: "Permanecerá para siempre".[6] Aunque pocos comprendían la naturaleza de la misión de Cristo, estaba muy difundida la espectativa de un príncipe poderoso que establecería su reino en Israel y se presentaría ante las naciones como un libertador.

El cumplimiento del tiempo había llegado. La humanidad, cada vez más degradada por los siglos de transgresión, demandaba la venida del Redentor. Satanás había estado obrando para ahondar y hacer insalvable el abismo entre el cielo y la tierra. Por medio de sus mentiras había envalentonado a los hombres en el pecado. Se proponía agotar la tolerancia de Dios, y extinguir su amor por el hombre, con el fin de que abandonase al mundo a la jurisdicción satánica.

Satanás estaba tratando de privar a los hombres del conocimiento de Dios, de desviar su atención del templo de Dios y de establecer su propio reino. Su contienda por la supremacía había parecido tener casi completo éxito. Es cierto que en toda generación Dios había tenido sus agentes. Aun entre los paganos había hombres por medio de quienes Cristo estaba obrando para elevar a la gente de su pecado y degradación. Pero eran despreciados y odiados. Muchos habían sufrido una muerte violenta. La oscura sombra que Satanás había echado sobre el mundo se volvía cada vez más densa.

Mediante el paganismo, Satanás había apartado de Dios a los hombres durante muchos siglos; pero al pervertir la fe de Israel había obtenido su mayor triunfo. Al contemplar y adorar sus propias concepciones, los paganos habían perdido el conocimiento de Dios y se habían ido corrompiendo cada vez más. Así también había sucedido con Israel. El principio de que el hombre puede salvarse por sus obras, fundamento de toda religión pagana, ahora había llegado a ser el principio de la religión judía. Satanás lo había implantado; y doquiera se lo adopte, los hombres no tienen defensa contra el pecado.

El mensaje de la salvación es comunicado a los hombres por medio de agentes humanos. Pero los judíos habían tratado de monopolizar la verdad que es vida eterna. Habían atesorado el maná viviente, que se había trocado en corrupción. La religión que habían tratado de guardar para sí llegó a ser una ofensa. Privaban a Dios de su gloria, y defraudaban al mundo por causa de una falsificación del evangelio. Se habían negado a entregarse a Dios para la salvación del mundo, y llegaron a ser agentes de Satanás para su destrucción.

El pueblo a quien Dios había llamado para ser columna y base de la verdad, había llegado a ser representante de Satanás. Hacía la obra que éste deseaba que hiciese, y seguía una conducta que representaba falsamente el carácter de Dios y lo hacía considerar por el mundo como un tirano. Los mismos sacerdotes que servían en el templo habían perdido de vista el significado del servicio que cumplían. Habían dejado de mirar más allá del símbolo, a lo que significaba. Al presentar las ofrendas de los sacrificios, eran como actores de una pieza de teatro. Los ritos que Dios mismo había ordenado eran trocados en medios para cegar la mente y endurecer el corazón. Dios ya no podía hacer cosa alguna por el hombre por medio de ellos. Todo el sistema debía ser desecho.

El engaño del pecado había llegado a su culminación. Habían sido puestos en operación todos los medios para depravar el alma de los hombres. El Hijo de Dios, mirando al mundo, contemplaba sufrimiento y miseria. Veía con compasión cómo los hombres habían llegado a ser víctimas de la crueldad satánica. Miraba con piedad a quienes se estaban corrompiendo, matando y perdiendo. Habían elegido a un gobernante que los encadenaba como cautivos a su carro. Aturdidos y engañados avanzaban en lóbrega procesión hacia la ruina eterna; hacia la muerte en la cual no hay esperanza de vida, hacia la noche que no ha de tener mañana. Los agentes satánicos estaban incorporados a los hombres. Los cuerpos de los seres humanos, hechos para ser morada de Dios, habían llegado a ser habitación de demonios. Los sentidos, los nervios, las pasiones, los órganos de los hombres, eran movidos por agentes sobrenaturales en la complacencia de las concupiscencias más viles. La misma estampa de los demonios estaba grabada en los rostros de los hombres. Dichos rostros reflejaban la expresión de las legiones del mal que los poseían. Ese fue el panorama que vio el Redentor del mundo. ¡Qué espectáculo contempló la Pureza infinita!

El pecado había llegado a ser una ciencia, y el vicio estaba consagrado como parte de la religión. La rebelión había hundido sus raíces en el corazón, y la hostilidad del hombre contra el cielo era muy violenta. Se había demostrado ante el universo que, aparte de Dios, la humanidad no puede ser elevada. Un nuevo elemento de vida y poder tiene que ser impartido por quien hizo el mundo.

Con intenso interés los mundos que no habían caído miraban para ver a Jehová levantarse y barrer a los habitantes de la tierra. Y si Dios hubiese hecho eso, Satanás estaba listo para llevar a cabo su plan de asegurarse la obediencia de los seres celestiales. Él había declarado que los principios del gobierno divino hacen imposible el perdón. Si el mundo hubiera sido destruido, habría sostenido que sus acusaciones eran ciertas. Estaba listo para echar la culpa sobre Dios, y extender su rebelión a los mundos superiores. Pero en vez de destruir al mundo, Dios envió a su Hijo para salvarlo. Aunque en todo rincón de la provincia alienada se notaba corrupción y desafío, se proveyó un modo de rescatarla. En el mismo momento de la crisis, cuando Satanás parecía estar a punto de triunfar, el Hijo de Dios vino como embajador de la gracia divina. En toda época y en todo momento, el amor de Dios se había manifestado en favor de la especie caída. A pesar de la perversidad de los hombres, continuamente se manifestaron señales de misericordia. Y llegada la plenitud del tiempo, la Deidad se glorificó derramando sobre el mundo tal efusión de gracia sanadora, que no se interrumpiría hasta que se cumpliese el plan de salvación.

Satanás estaba exultante por haber logrado degradar la imagen de Dios en la humanidad. Entonces vino Jesús para restaurar en el hombre la imagen de su Hacedor. Nadie, excepto Cristo, puede amoldar de nuevo el carácter que ha sido arruinado por el pecado. Él vino para expulsar a los demonios que han dominado la voluntad. Vino para levantarnos del polvo, para rehacer el carácter mancillado según el modelo del carácter divino y para hermosearlo con su propia gloria.

---

[1] Gál. 4:4, 5. [2] Eze. 12:22, NVI. [3] Gén. 15:14; Éxo. 12:41. [4] Mat. 2:18. [5] Hech. 3:22; Isa. 61:1, 2; 42:4, VM; 60:3. [6] Gén. 49:10; Dan. 2:44.

CAPÍTULO 4

Un Salvador ha nacido

EL REY de gloria se rebajó a tomar la humanidad. Tosco y repelente fue el ambiente que lo rodeó en la tierra. Su gloria fue velada para que la majestad de su forma exterior no fuese objeto de atracción. Rehuyó toda ostentación externa. Las riquezas, la honra mundanal y la grandeza humana jamás pueden salvar a una sola alma de la muerte; Jesús se propuso que ninguna atracción de índole terrenal atrajera a los hombres a su lado. Únicamente la belleza de la verdad celestial debía atraer a quienes lo siguiesen. El carácter del Mesías había sido predicho desde mucho antes en la profecía, y él deseaba que los hombres lo aceptasen por el testimonio de la Palabra de Dios.

Los ángeles estaban maravillados por el glorioso plan de redención. Con atención miraban para ver cómo el pueblo de Dios iba a recibir a su Hijo, revestido con el manto de la humanidad; y fueron a la tierra del pueblo elegido. Las otras naciones creían en fábulas y adoraban falsos dioses. Pero los ángeles fueron a la tierra donde se había revelado la gloria de Dios y había brillado la luz de la profecía. Fueron en ser vistos a Jerusalén, se acercaron a los que debían exponer los Sagrados Oráculos, a los ministros de la casa de Dios. Ya había sido anunciado al sacerdote Zacarías, mientras servía ante el altar, la proximidad de la venida de Cristo. Ya había nacido el precursor, y su misión estaba corroborada por milagros y profecías. Habían cundido las nuevas de su nacimiento y del maravilloso significado de su misión. Y sin embargo, Jerusalén no estaba preparada para dar la bienvenida a su Redentor.

Los mensajeros celestiales contemplaban con asombro la indiferencia de ese pueblo a quien Dios llamara para comunicar al mundo la luz de la verdad sagrada. La nación judía había sido preservada como testigo de que Cristo debía nacer de la simiente de Abraham y del linaje de David; aun así, no sabía que su venida era inminente. En el templo, los sacrificios matutino y vespertino señalaban diariamente al Cordero de Dios; sin embargo, ni aun allí se habían hecho los preparativos para recibirlo. Los sacerdotes y maestros de la nación no sabían que estaba por acontecer el mayor evento de los siglos. Repetían sus rezos sin sentido y ejecutaban los ritos del culto para ser vistos de los hombres, pero en su lucha por obtener riquezas y honra mundanal no estaban preparados para la revelación del Mesías. Y la misma indiferencia saturaba toda la tierra de Israel. Los corazones egoístas y amantes del mundo no se conmovían por el gozo que embargaba a todo el cielo. Sólo unos pocos anhelaban ver al Invisible. A los tales fue enviada la embajada celestial.

Hubo ángeles que acompañaron a José y a María en su viaje de Nazaret a la ciudad de David. El edicto de la Roma Imperial para empadronar a los pueblos de sus vastos dominios alcanzó hasta los moradores de las colinas de Galilea. Como antaño Ciro fue llamado al trono del imperio mundial para libertar a los cautivos de Jehová, así también Augusto César debía cumplir el propósito de Dios de traer a la madre de Jesús a Belén. Ella era del linaje de David; y el Hijo de David debía nacer en la ciudad de David. De Belén, había dicho el profeta, "me saldrá el que será Señor en Israel; y sus salidas son desde el principio, desde los días de la eternidad".[1] Pero José y María no fueron reconocidos ni honrados en la ciudad de su linaje real. Cansados y sin hogar, cruzaron de un lado a otro la estrecha calle, desde la puerta de la ciudad hasta el extremo oriental, buscando en vano un lugar donde pasar la noche. No había sitio para ellos en la atestada posada. Por fin hallaron refugio en un tosco edificio que albergaba a las bestias, y allí nació el Redentor del mundo.

Sin que lo supieran los hombres, las nuevas llenaron el cielo de regocijo. Los seres santos del mundo de luz se sintieron atraídos hacia la tierra por un interés más profundo y tierno. El mundo entero quedó más resplandeciente por la presencia del Redentor. Sobre las colinas de Belén se reunieron innumerables ángeles a la espera de una señal para declarar las gratas nuevas al mundo. Si los líderes* [ver p. 33] de Israel hubieran sido fieles, podrían haber compartido el gozo de anunciar el nacimiento de Jesús. Pero hubo que pasarlos por alto.

Dios declaró: "Derramaré aguas sobre el sequedal, y ríos sobre la tierra árida". "Resplandeció en las tinieblas luz a los rectos".[2] Para los que busquen la luz, y la acepten con alegría, los rayos del trono de Dios brillarán esplendentes.

En los campos donde el joven David apacentara sus rebaños, todavía había pastores que velaban por la noche. Durante esas silenciosas horas hablaban del Salvador prometido y oraban por la venida del Rey al trono de David. "Y he aquí, se les presentó un ángel del Señor, y la gloria del Señor los rodeó de resplandor; y tuvieron gran temor. Pero el ángel les dijo: No temáis; porque he aquí os doy nuevas de gran gozo, que será para todo el pueblo: que os ha nacido hoy, en la ciudad de David, un Salvador, que es Cristo el Señor".

Al oír esas palabras, la mente de los atentos pastores se llenó de visiones gloriosas. ¡El Libertador había venido a Israel! Con su llegada se asociaban el poder, la exaltación, el triunfo. Pero el ángel debía prepararlos para reconocer a su Salvador en la pobreza y humillación. Les dijo: "Esto os servirá de señal: Hallaréis al niño envuelto en pañales, acostado en un pesebre".

El mensajero celestial había calmado sus temores. Les había dicho cómo hallar a Jesús. Con tierna consideración por su debilidad humana, les había dado tiempo para acostumbrarse al resplandor divino. Luego el gozo y la gloria no pudieron ya mantenerse ocultos. Toda la planicie quedó iluminada por el resplandor de las huestes de Dios. La tierra enmudeció, y el cielo se inclinó para escuchar el canto:

"¡Gloria a Dios en las alturas, y en la tierra paz,
buena voluntad para con los hombres!"

¡Ojalá la familia humana pueda reconocer hoy ese canto! La declaración hecha entonces, la nota pulsada, irá ampliando sus ecos hasta el fin del tiempo, y repercutirá hasta los últimos confines de la tierra. Cuando el Sol de Justicia salga, con sanidad en sus alas, ese himno será repetido por la voz de una gran multitud, como la voz de muchas aguas, diciendo: "Aleluya, porque el Señor nuestro Dios Todopoderoso reina".[3]

Al desaparecer los ángeles, la luz se disipó, y las tinieblas volvieron a invadir las colinas de Belén. Pero en la memoria de los pastores quedó el cuadro más resplandeciente que hayan contemplado los ojos humanos. Y "cuando los ángeles se fueron de ellos al cielo, los pastores se dijeron unos a otros: Pasemos, pues, hasta Belén, y veamos esto que ha sucedido, y que el Señor nos ha manifestado. Vinieron, pues, apresuradamente, y hallaron a María y a José, y al niño acostado en el pesebre".

Con gran gozo salieron y dieron a conocer las cosas que habían visto y oído. "Y todos los que oyeron, se maravillaron de lo que los pastores les decían. Pero María guardaba todas estas cosas, meditándolas en su corazón. Y volvieron los pastores glorificando y alabando a Dios".

El cielo y la tierra no están más alejados hoy que cuando los pastores oyeron el canto de los ángeles. La humanidad sigue hoy siendo objeto de la solicitud celestial tanto como cuando los hombres comunes, de ocupaciones comunes, se encontraban con los ángeles al mediodía, y hablaban con los mensajeros celestiales en las viñas y los campos. Mientras recorremos las sendas humildes de la vida, el cielo puede estar muy cerca de nosotros. Los ángeles de los atrios celestes acompañarán los pasos de los que vayan y vengan a la orden de Dios.

La historia de Belén es un tema inagotable. En ella se oculta la "profundidad de las riquezas de la sabiduría y de la ciencia de Dios".[4] Nos asombra el sacrificio realizado por el Salvador al trocar el trono del cielo por el pesebre, y la compañía de los ángeles que lo adoraban por la de las bestias del establo. La presunción y el orgullo humanos quedan reprendidos en su presencia. Sin embargo, aquello no fue sino el comienzo de su maravillosa condescendencia. Ya habría sido una humillación casi infinita para el Hijo de Dios tomar la naturaleza humana, aun cuando Adán poseía la inocencia del Edén. Pero Jesús aceptó la humanidad cuando la raza estaba debilitada por 4.000 años de pecado. Como cualquier hijo de Adán, aceptó los efectos prácticos de la gran ley de la herencia. Y la historia de sus antepasados terrenales demuestra cuáles eran esos efectos. Pero él vino con esa herencia para compartir nuestras penas y tentaciones, y para darnos el ejemplo de una vida sin pecado.

En el cielo, Satanás había odiado a Cristo por la posición que ocupara en las cortes de Dios. Lo odió aun más cuando se vio destronado. Lo odió por haberse comprometido a redimir a una raza de pecadores. Sin embargo, a ese mundo donde Satanás pretendía dominar, permitió Dios que bajase su Hijo, como niño impotente, sujeto a la debilidad humana. Lo dejó arrostrar los peligros de la vida en común con toda alma humana, para pelear la batalla como la debe pelear cada hijo de la familia humana, aun a riesgo de sufrir la derrota y la pérdida eterna.

El corazón del padre humano se conmueve por su hijo. Mientras mira el semblante de su niño, tiembla al pensar en los peligros de la vida. Anhela escudarlo del poder de Satanás, evitarle las tentaciones y los conflictos. Pero Dios entregó a su Hijo unigénito para que enfrentase un conflicto más acerbo a un riesgo más espantoso, con el fin de que la senda de la vida fuese asegurada para nuestros pequeñuelos. "En esto consiste el amor". ¡Maravíllense, oh cielos! ¡Asómbrate, oh tierra!

---

[1] Miq. 5:2. [2] Isa. 44:3; Sal. 112:4. [3] Apoc. 19:6. [4] Rom. 11:33.

---

* *Nota de los Editores*: El vocablo *leader/s* en inglés significa "líder, jefe, dirigente, director, presidente, etc.", según el contexto de su uso. En la presente obra se ha optado indistintamente entre "líder" y "dirigente" para todas aquellas autoridades que mediante su poder o cargo ejercían dominio.

Capítulo 5

La dedicación

COMO 40 días después del nacimiento de Jesús, José y María lo llevaron a Jerusalén para presentarlo al Señor y ofrecer sacrificio. Eso estaba de acuerdo con la ley judaica; como sustituto del hombre, Jesús debía conformarse a la ley en todo detalle. Y como una señal de su obediencia a la ley ya había sido sometido al rito de la circuncisión.

Como ofrenda por la madre, la ley exigía un cordero de un año como holocausto, y un pichón de paloma o una tórtola como ofrenda por el pecado. Pero la ley estatuía que si los padres eran demasiado pobres para traer un cordero, podía aceptarse un par de tórtolas o dos pichones de palomas, uno para el holocausto y el otro como ofrenda por el pecado.

Las ofrendas presentadas al Señor debían ser sin mácula. Esas ofrendas representaban a Cristo, y por ello es evidente que Jesús mismo estaba exento de toda deformidad física. Era el "cordero sin mancha y sin contaminación".[1] Su organismo físico no estaba afeado por defecto alguno; su cuerpo era sano y fuerte. Y durante toda su vida vivió en conformidad con las leyes de la naturaleza. Tanto física como espiritualmente, era un ejemplo de lo que Dios quería que fuese toda la humanidad mediante la obediencia a sus leyes.

La dedicación de los primogénitos se remontaba a los primeros tiempos. Dios había prometido dar al Primogénito del cielo para salvar al pecador. Este don debía ser reconocido en toda familia por medio de la consagración del primer hijo. Debía ser dedicado al sacerdocio, como un representante de Cristo entre los hombres.

Cuando Israel fue librado de Egipto, la dedicación de los primogénitos fue ordenada de nuevo. Mientras los hijos de Israel servían a los egipcios, el Señor indicó a Moisés que fuera al rey de Egipto y le dijera: "Jehová ha dicho así: Israel es mi hijo, mi primogénito. Ya te he dicho que dejes ir a mi hijo, para que me sirva, mas no has querido dejarlo ir; he aquí yo voy a matar a tu hijo, tu primogénito".[2]

Moisés dio su mensaje; pero la respuesta del orgulloso monarca fue: "¿Quién es Jehová, para que yo oiga su voz y deje ir a Israel? Yo no conozco a Jehová, ni tampoco dejaré ir a Israel".[3] Jehová obró en favor de su pueblo mediante señales y prodigios, y envió terribles juicios sobre Faraón. Por último el ángel destructor recibió la orden de matar a los primogénitos de hombres y animales de entre los egipcios. Para que fuesen exceptuados, los israelitas recibieron la indicación de rociar sus dinteles con la sangre de un cordero inmolado. Cada casa debía ser marcada, para que cuando el ángel saliese en su misión de muerte, pasara por alto los hogares de los israelitas.

Después de enviar este castigo sobre Egipto, Jehová dijo a Moisés: "Conságrame todo primogénito... así de los hombres como de los animales, mío es". "Porque... desde el día en que yo hice morir a todos los primogénitos en la tierra de Egipto, santifiqué para mí a todos los primogénitos en Israel, así de hombres como de animales; míos serán. Yo Jehová".[4] Una vez establecido el servicio del tabernáculo, el Señor eligió a la tribu de Leví en lugar de los primogénitos de todo Israel para ministrar en su santuario. Pero debía seguir considerándose a los primogénitos como propiedad del Señor, y debían ser redimidos por rescate.

De modo que la ley de presentar a los primogénitos era particularmente significativa. Al par que conmemoraba el maravilloso libramiento de los hijos de Israel por parte del Señor, prefiguraba una liberación mayor que realizaría el unigénito Hijo de Dios. Así como la sangre rociada sobre los dinteles había salvado a los primogénitos de Israel, así la sangre de Cristo tiene poder para salvar al mundo.

¡Cuánto significado tenía, pues, la presentación de Cristo! Pero el sacerdote no vio a través del velo; no leyó el misterio que encubría. La presentación de los niños era una escena común. Día tras día el sacerdote recibía el precio de la redención al ser presentados los bebés al Señor. Día tras día cumplía con la rutina de su trabajo, casi sin prestar atención a padres o niños, a menos que notase algún indicio de riqueza o de alta posición social en los padres. José y María eran pobres; y cuando vinieron con el niño, el sacerdote solo vio a un hombre y a una mujer vestidos como los galileos, y con las ropas más humildes. No había en su aspecto nada que atrajese la atención, y presentaban tan sólo la ofrenda de las clases más pobres.

El sacerdote cumplió la ceremonia oficial. Tomó al niño en sus brazos y lo sostuvo delante del altar. Después de devolverlo a su madre inscribió el nombre "Jesús" en el rollo de los primogénitos. No sospechó, al tener al bebé en sus brazos, que se trataba de la Majestad del Cielo, el Rey de gloria. No pensó que ese niño era aquel de quien Moisés escribiera: "El Señor vuestro Dios os levantará profeta de entre vuestros hermanos, como a mí; a él oiréis en todas las cosas que os hable".[5] No pensó que ese bebé era aquel cuya gloria Moisés había pedido ver. Pero el que estaba en los brazos del sacerdote era mayor que Moisés; y cuando el sacerdote registró el nombre del niño, registró el nombre del que era el fundamento de todo el sistema judaico. Ese nombre iba a ser su sentencia de muerte, puesto que el sistema de sacrificios y ofrendas estaba envejeciendo; el tipo casi había alcanzado a su antitipo, la sombra a su sustancia [ver pág. 9].

La *Shekinah* [presencia visible de Dios] se había apartado del santuario, pero en el niño de Belén estaba velada la gloria ante la cual los ángeles se postran. Ese niño inconsciente era la Simiente prometida, señalada por el primer altar erigido ante la puerta del Edén. Era Siloh, el Pacificador. Era el que se presentara a Moisés como el YO SOY. Era el que había guiado a Israel en la columna de nube y de fuego. Era el que de antiguo predijeran los videntes. Era el Deseado de todas las gentes, la Raíz y el Retoño de David, la brillante Estrella de la Mañana. El nombre de ese bebé impotente, inscrito en el rollo de Israel como Hermano nuestro, era la esperanza de la humanidad caída. El niño por quien se pagara el dinero de la redención era quien pagaría el rescate por los pecados del mundo entero. Era el verdadero "gran sacerdote sobre la casa de Dios", la cabeza de "un sacerdocio inmutable", el intercesor "a la diestra de la Majestad en las alturas".[6]

Las cosas espirituales se disciernen espiritualmente. En el templo, el Hijo de Dios fue dedicado a la obra que había venido a hacer. El sacerdote lo miró como a cualquier otro niño. Pero aunque él no vio ni sintió nada inusual, el acto de Dios al dar a su Hijo al mundo fue reconocido. Esa ocasión no pasó sin alguna identificación de Cristo. "Había en Jerusalén un hombre llamado Simeón, y este hombre, justo y piadoso, esperaba la consolación de Israel; y el Espíritu Santo estaba sobre él. Y le había sido revelado por el Espíritu Santo que no vería la muerte antes que viese al Ungido del Señor".

Al entrar Simeón en el templo vio a una familia que presentaba su primogénito al sacerdote. Su aspecto trasuntaba pobreza; pero Simeón comprendió los avisos del Espíritu, y tuvo la profunda impresión de que el niño presentado al Señor era la Consolación de Israel, a quien tanto había deseado ver. Para el sacerdote asombrado, Simeón parecía como un hombre arrobado en éxtasis. El niño había sido devuelto a María, y él lo tomó en sus brazos y lo presentó a Dios, en tanto inundaba su alma un gozo que nunca antes sintiera. Mientras elevaba al Niño Salvador hacia el cielo, dijo: "Ahora, Señor, despide a tu siervo en paz, conforme a tu palabra; porque han visto mis ojos tu salvación, la cual has preparado en presencia de todos los pueblos; luz para revelación a los gentiles, y gloria de tu pueblo Israel".

El Espíritu de Profecía estuvo sobre ese hombre de Dios, y mientras José y María permanecían allí, admirados de sus palabras, él los bendijo, y dijo a María: "Este niño está destinado a causar la caída y el levantamiento de muchos en Israel, y a crear mucha oposición, a fin de que se manifiesten las intensiones de muchos corazones. En cuanto a ti, una espada te atravesará el alma".[7]

También Ana, una profetisa, vino y confirmó el testimonio de Simeón acerca de Cristo. Mientras Simeón hablaba, el rostro de ella se iluminó con la gloria de Dios, y expresó su sentido agradecimiento por habérsele permitido contemplar a Cristo el Señor.

Estos humildes adoradores no habían estudiado las profecías en vano. Pero quienes ocupaban los puestos de príncipes y sacerdotes en Israel, aunque también habían tenido delante de sí los preciosos oráculos proféticos, no andaban en el camino del Señor y sus ojos no estaban abiertos para contemplar la Luz de vida.

Así sucede aún hoy. Para los líderes religiosos y para los que adoran en la casa de Dios pasan inadvertidos y sin reconocimiento eventos en los cuales se concentra la atención de todo el cielo. Los hombres reconocen a Cristo en la historia mientras se apartan del Cristo viviente. El Cristo que en su Palabra invita a la abnegación en el pobre y doliente que suplica ayuda, en la causa justa que entraña pobreza, trabajos y oprobio, no es recibido más ávidamente hoy que hace dos mil años.

María reflexionó en la amplia y profunda profecía de Simeón. Mientras miraba al niño que tenía en sus brazos, y recordaba las palabras de los pastores de Belén, rebosaba de gozo agradecido y alegre esperanza. Las palabras de Simeón trajeron a su mente las declaraciones proféticas de Isaías: "Saldrá una vara del tronco de Isaí, y un vástago retoñará de sus raíces. Y reposará sobre él el Espíritu de Jehová; espíritu de sabiduría y de inteligencia, espíritu de consejo y de poder, espíritu de conocimiento y de temor de Jehová... Y será la justicia cinto de sus lomos, y la fidelidad ceñidor de su cintura". "El pueblo que andaba en tinieblas vio gran luz; los que moraban en tierra de sombra de muerte, luz resplandeció sobre ellos... Porque un niño nos es nacido, hijo nos es dado, y el principado sobre su hombro; y se llamará su nombre Admirable, Consejero, Dios fuerte, Padre eterno, Príncipe de paz".[8]

Sin embargo, María no entendió la misión de Cristo. En su profecía, Simeón lo había denominado la luz que iba a ser revelada a los gentiles, y la gloria de Israel. Así también los ángeles habían anunciado el nacimiento de Cristo como nuevas de gozo para todos los pueblos. Dios estaba tratando de corregir el estrecho concepto de los judíos respecto a la obra del Mesías. Deseaba que lo contemplasen no meramente como el libertador de Israel, sino como el Redentor del mundo. Pero debían transcurrir muchos años antes de que la madre de Jesús comprendiese la misión de él.

María esperaba el reinado del Mesías en el trono de David, pero no veía el bautismo de sufrimiento por cuyo medio debía ganarlo. Simeón reveló el hecho de que el Mesías no iba a tener una senda sin obstáculos en el mundo. En las palabras dirigidas a María: "Una espada traspasará tu misma alma", Dios, en su tierna misericordia, ofreció a la madre de Jesús un indicio de la angustia que por él ya había empezado a sufrir.

Simeón había dicho: "He aquí que este niño es puesto para caída y levantamiento de muchos en Israel, y para blanco de contradicción".[9] Deben caer los que desean volver a levantarse. Debemos caer sobre la Roca y ser quebrantados antes que podamos ser levantados en Cristo. El yo debe ser destronado, el orgullo debe ser humillado, si queremos conocer la gloria del reino espiritual. Los judíos no querían aceptar la honra que se alcanza a través de la humillación. Por tanto, no quisieron recibir a su Redentor. Fue una señal de contradicción.

"A fin de que sean manifestados los pensamientos de muchos corazones".[10] A la luz de la vida del Salvador, el corazón de todos, aun desde el Creador hasta el príncipe de las tinieblas, será revelado. Satanás había presentado a Dios como un ser egoísta y opresor, que pedía todo y no daba nada, que exigía el servicio de sus criaturas para su propia gloria sin hacer ningún sacrificio para su bien. Pero el don de Cristo revela el corazón del Padre. Testifica que los pensamientos de Dios hacia nosotros son "pensamientos de paz, y no de mal".[11] Declara que aunque el odio que Dios siente por el pecado es tan fuerte como la muerte, su amor hacia el pecador es más fuerte que la muerte. Habiendo emprendido nuestra redención, no escatimará nada, incluso amado, que sea necesario para la terminación de su obra. No se retiene ninguna verdad esencial para nuestra salvación, no se omite ningún milagro de misericordia, no se deja sin empleo ningún agente divino. Se acumula un favor sobre otro, una dádiva sobre otra. Todo el tesoro del cielo está abierto para quienes él trata de salvar. Habiendo reunido las riquezas del universo y abierto los recursos del poder infinito, lo entrega todo en las manos de Cristo y dice: "Todas estas cosas son para el hombre. Úsalas para convencerlo de que no hay mayor amor que el mío en la tierra o en el cielo. Amándome hallará su mayor felicidad".

En la cruz del Calvario, el amor y el egoísmo se encontraron frente a frente. Allí fue hecha su manifestación culminante. Cristo había vivido tan sólo para consolar y bendecir, y al darle muerte, Satanás manifestó la malignidad de su odio contra Dios. Hizo evidente que el propósito verdadero de su rebelión era destronar a Dios, y destruir al Ser a través de quien el amor de Dios se manifestaba.

Por medio de la vida y la muerte de Cristo, los pensamientos de los hombres son puestos en evidencia. Desde el pesebre hasta la cruz, la vida de Jesús fue una vocación de entrega de sí mismo y de participación en los sufrimientos. Reveló los propósitos de los hombres. Jesús vino con la verdad del cielo, y todos los que escuchasen la voz del Espíritu Santo serían atraídos a él. Los adoradores de sí mismos pertenecerían al reino de Satanás. En su actitud hacia Cristo, todos iban a demostrar de qué lado estaban. Y así cada uno pronuncia juicio sobre sí mismo.

En el día del juicio final, cada alma perdida comprenderá la naturaleza de su propio rechazo de la verdad. Se exhibirá la cruz, y toda mente que ha sido cegada por la transgresión verá su verdadero significado. Ante la visión del Calvario con su Víctima misteriosa, los pecadores quedarán condenados. Toda excusa mentirosa quedará anulada. La apostasía humana aparecerá en su odioso carácter. Los hombres verán lo que fue su elección. Toda cuestión de verdad y error en la larga controversia quedará entonces aclarada. A juicio del universo, Dios quedará libre de toda culpa por la existencia o continuación del mal. Se demostrará que los decretos divinos no son accesorios al pecado. Que no había defecto en el gobierno de Dios, ni causa de desafecto. Cuando los pensamientos de todos los corazones sean revelados, tanto los leales como los rebeldes se unirán para declarar: "Justos y verdaderos son tus caminos, Rey de los santos. ¿Quién no te temerá, oh Señor, y glorificará tu nombre?... Porque tus juicios se han manifestado".[12]

[1] 1 Ped. 1:19. [2] Éxo. 4:22, 23. [3] Éxo. 5:2. [4] Éxo. 13:2; Núm. 3:13. [5] Hech. 3:22. [6] Heb. 10:21; 7:24; 1:3. [7] Luc. 2:34-35, NVI. [8] Isa. 11:1-5; 9:2-6, VM. [9] Luc. 2:34, VM. [10] Luc. 2:35, VM. [11] Jer. 29:11. [12] Apoc. 15:3, 4.

CAPÍTULO 6

"Su estrella hemos visto"

"CUANDO Jesús nació en Belén de Judea en días del rey Herodes, vinieron del oriente a Jerusalén unos magos, diciendo: ¿Dónde está el rey de los judíos, que ha nacido? Porque su estrella hemos visto en el oriente, y venimos a adorarle".

Los magos del Oriente eran filósofos. Pertenecían a una clase numerosa e influyente
que incluía a hombres de noble alcurnia, y que poseía gran parte de las riquezas y del saber de su nación. Entre ellos había muchos que explotaban la credulidad del pueblo.
Otros eran hombres rectos que estudiaban las indicaciones de la Providencia en la naturaleza, quienes eran honrados por su integridad y sabiduría. De este carácter eran los sabios que vinieron a Jesús.

La luz de Dios siempre está resplandeciendo en medio de las tinieblas del paganismo.
Mientras esos magos estudiaban los cielos tachonados de estrellas, y trataban de escudriñar el oculto misterio de sus brillantes derroteros, contemplaban la gloria del Creador.
Buscando un conocimiento más claro, se dirigieron a las Escrituras hebreas. En su propia tierra se atesoraban escritos proféticos que predecían la llegada de un maestro divino. Balaam era uno de esos magos, aunque en un tiempo fuera un profeta de Dios; por el
Espíritu Santo había predicho la prosperidad de Israel y la aparición del Mesías; y sus profecías se habían transmitido por tradición de siglo en siglo. Pero el advenimiento del Salvador se revelaba más claramente en el Antiguo Testamento. Con gozo supieron los magos que su venida se acercaba, y que todo el mundo iba a ser llenado con el
conocimiento de la gloria del Señor.

Los sabios habían visto una luz misteriosa en los cielos la noche en que la gloria de
Dios inundó las colinas de Belén. Al desvanecerse la luz, apareció una estrella luminosa
que se demoró en el cielo. No era una estrella fija ni un planeta, y el fenómeno excitó un
agudo interés. Esa estrella era una distante compañía de ángeles resplandecientes, pero
los sabios lo ignoraban. Sin embargo, tenían la impresión de que la estrella era de especial importancia para ellos. Consultaron a los sacerdotes y filósofos, y examinaron los rollos de los anales antiguos. La profecía de Balaam declaraba: "Saldrá ESTRELLA de Jacob,
y se levantará cetro de Israel".[1] ¿Podría haber sido enviada esta extraña estrella como
precursora del Prometido? Los magos habían recibido con gratitud la luz de la verdad
enviada por el cielo; ahora esa luz se derramaba sobre ellos en rayos más brillantes. En
sueños recibieron la indicación de ir en busca del Príncipe recién nacido.

Así como por fe Abraham salió, al llamado de Dios, "sin saber a dónde iba";[2] así como por fe Israel siguió la columna de nube hasta la tierra prometida, así esos gentiles salieron para encontrar al Salvador prometido. En el Oriente abundaban las cosas preciosas, y los magos no salieron con las manos vacías. Era costumbre ofrecer presentes como un acto de homenaje a los príncipes u otros personajes encumbrados, y los sabios llevaron los más ricos dones de su tierra como ofrenda a ese Ser en quien todas las familias de la tierra iban a ser benditas. Era necesario viajar de noche para poder ver la estrella; pero los viajeros pasaron el tiempo repitiendo dichos tradicionales y oráculos proféticos relativos al Ser a quien buscaban. En cada descanso escudriñaban las profecías; y se afirmaba en ellos la convicción de que eran guiados divinamente. Mientras tenían la estrella por delante como señal exterior, también tenían la evidencia interior del Espíritu Santo, quien estaba impresionando sus corazones y les inspiraba esperanza. El viaje, aunque largo, fue para ellos muy feliz.

Cuando llegaron a la tierra de Israel, y descendían del Monte de los Olivos, con Jerusalén a la vista, he aquí que la estrella que los había guiado durante todo el camino se detuvo sobre el templo, y después de un momento desapareció de su vista. Con avidez aceleraron el paso, esperando con gran confianza que el nacimiento del Mesías fuese el motivo gozoso de toda conversación. Pero sus averiguaciones fueron en vano. Entrando en la ciudad santa, se dirigieron al templo. Para su gran asombro, no encontraron allí nadie que pareciese saber algo del recién nacido Rey. Sus preguntas no provocaban expresiones de gozo, sino más bien de sorpresa y temor, no exenta de desprecio.

Los sacerdotes repetían tradiciones. Hacían alarde de su religión y piedad personal, mientras denunciaban a los griegos y romanos como paganos, y más pecadores que los demás. Los sabios no eran idólatras, y a la vista de Dios ocupaban una posición mucho más elevada que sus profesos adoradores; y sin embargo, los judíos los consideraban paganos. Aun entre los designados guardianes de los Santos Oráculos, sus ávidas preguntas no hicieron vibrar fibras de simpatía.

La noticia de la llegada de los magos cundió rápidamente por toda Jerusalén. Su extraña misión creó agitación entre el pueblo, agitación que penetró hasta en el palacio del rey Herodes. El taimado idumeo quedó perturbado por la insinuación de un posible rival. Innumerables crímenes habían manchado el camino de su ascensión al trono. Por ser de sangre extranjera, era odiado por el pueblo sobre el cual reinaba. Su única seguridad estribaba en el favor de Roma. Pero este nuevo Príncipe tenía un derecho superior. Había nacido para el reino.

Herodes sospechó que los sacerdotes estuviesen maquinando con los extranjeros para excitar un tumulto popular que lo destronase. Sin embargo, ocultó su desconfianza, resuelto a hacer abortar sus planes por medio de una astucia superior. Reuniendo a los principales sacerdotes y escribas, los interrogó acerca de lo que enseñaban sus libros sagrados con respecto al lugar en que había de nacer el Mesías.

Esta investigación de quien usurpara el trono, hecha a petición de unos extranjeros, hirió el orgullo de los maestros judíos. La indiferencia con que se refirieron a los rollos de la profecía airó al celoso tirano. Pensó que estaban tratando de ocultarle su conocimiento del asunto. Con una autoridad que no se atrevían a despreciar, les ordenó que escudriñasen atentamente y le declarasen el lugar de nacimiento de su esperado Rey. Y "ellos le dijeron: En Belén de Judea; porque así está escrito por el profeta:

Y tú, Belén, de la tierra de Judá,

no eres la más pequeña entre los príncipes de Judá;

porque de ti saldrá un guiador,
que apacentará a mi pueblo Israel".[3]

Entonces Herodes invitó a los magos a una entrevista privada. Dentro de su corazón rugía una tempestad de ira y temor, pero conservaba un exterior sereno, y recibió cortésmente a los extranjeros. Indagó acerca del tiempo en que les había aparecido la estrella, y simuló saludar con gozo la indicación del nacimiento de Cristo. Dijo a sus visitantes: "Id allá, y averiguad con diligencia acerca del niño; y cuando lo halléis, hacédmelo saber, para que yo también vaya y lo adore". Y así diciendo, los despidió para que fuesen a Belén.

Los sacerdotes y ancianos de Jerusalén no eran tan ignorantes acerca del nacimiento de Cristo como aparentaban. El informe de la visita de los ángeles a los pastores había sido llevado a Jerusalén, pero los rabinos lo habían considerado indigno de su atención. Ellos mismos podrían haber encontrado a Jesús, y haber estado listos para conducir a los magos al lugar donde naciera; pero en vez de ello, los sabios vinieron a llamarles la atención al nacimiento del Mesías. Dijeron: "¿Dónde está el rey de los judíos, que ha nacido? Porque su estrella hemos visto en el oriente, y venimos a adorarle".

Entonces el orgullo y la envidia cerraron la puerta a la luz. Si los informes traídos por los pastores y los sabios debían ser aceptados, eso colocaba a los sacerdotes y rabinos en una posición poco envidiable, pues desmentía su pretensión de ser exponentes de la verdad de Dios. Esos sabios maestros no querían rebajarse a recibir instrucciones de quienes llamaban paganos. No podía ser, razonaban, que Dios los hubiera pasado por alto para comunicarse con pastores ignorantes y gentiles incircuncisos. Resolvieron demostrar su desprecio por los informes que agitaban al rey Herodes y a toda Jerusalén. Ni siquiera fueron a Belén para ver si esas cosas eran así. E indujeron al pueblo a considerar el interés en Jesús como una excitación fanática. Así empezaron a rechazar a Cristo los sacerdotes y rabinos. Desde entonces su orgullo y terquedad fueron en aumento hasta transformarse en odio arraigado contra el Salvador. Mientras Dios estaba abriendo la puerta a los gentiles, los líderes judíos se la estaban cerrando a sí mismos.

Los sabios salieron solos de Jerusalén. Las sombras de la noche iban cayendo cuando pasaron por las puertas, pero para gran gozo suyo volvieron a ver la estrella, y ella los encaminó hacia Belén. Ellos no habían recibido ninguna indicación del humilde estado de Jesús como la dada a los pastores. Después del largo viaje se habían desilusionado por la indiferencia de los líderes judíos, y habían dejado Jerusalén con menos confianza que cuando entraron en la ciudad. En Belén no encontraron ninguna guardia real apostada para proteger al recién nacido Rey. No lo asistía ninguno de los hombres honrados por el mundo. Jesús se hallaba acostado en un pesebre. Sus padres, campesinos sin educación, eran sus únicos guardianes. ¿Podía ser ese niño el personaje de quien se había escrito que había de "levantar las tribus de Jacob" y restaurar "el remanente de Israel"; que sería "luz de las naciones" y "salvación hasta lo postrero de la tierra"?[4]

"Y al entrar en la casa, vieron al niño con su madre María, y postrándose, lo adoraron". Bajo la humilde apariencia de Jesús reconocieron la presencia de la Divinidad. Le dieron sus corazones como a su Salvador, y luego sacaron sus presentes: "oro, incienso y mirra". ¡Qué fe la suya! Podría haberse dicho de los sabios del Oriente, como más tarde se dijo del centurión romano: "Ni aun en Israel he hallado tanta fe".[5]

Los sabios no habían comprendido el designio de Herodes hacia Jesús. Cuando lograron el objetivo de su viaje, se prepararon para volver a Jerusalén y se propusieron darle cuenta de su éxito. Pero en un sueño recibieron un mensaje divino de no comunicarse más con él. Evitando Jerusalén, emprendieron el viaje de regreso a su país por otro camino.

De idéntica manera José recibió la advertencia de huir a Egipto con María y el niño. Y el ángel dijo: "Permanece allí hasta que yo te diga; porque acontecerá que Herodes buscará al niño para matarlo". José obedeció sin dilación, emprendiendo viaje de noche para mayor seguridad.

Mediante los sabios, Dios había llamado la atención de la nación judía al nacimiento de su Hijo. Sus indagaciones en Jerusalén, el interés popular que excitaron, y aun los celos de Herodes, cosas que atrajeron la atención de los sacerdotes y rabinos, dirigieron las mentes a las profecías concernientes al Mesías y al gran acontecimiento que acababa de suceder.

Satanás estaba resuelto a privar al mundo de la luz divina, y empleó su mayor astucia para destruir al Salvador. Pero el que nunca dormita ni duerme velaba sobre su amado Hijo. Aquel que había hecho descender maná del cielo para Israel, y había alimentado a Elías en tiempo de hambre, proveyó en una tierra pagana un refugio para María y el niño Jesús. Y mediante los regalos de los magos de un país pagano el Señor suministró los medios para el viaje a Egipto y la estada en una tierra extranjera.

Los magos habían estado entre los primeros en dar la bienvenida al Redentor. Su presente fue el primero depositado a sus pies. Y mediante ese presente, ¡qué privilegio de servir tuvieron! Dios se deleita en honrar la ofrenda del corazón que ama, dándole la mayor eficacia en su servicio. Si hemos dado nuestro corazón a Jesús, también le llevaremos nuestros donativos. Nuestro oro y nuestra plata, nuestras posesiones terrenales más preciosas, nuestros dones mentales y espirituales más elevados, serán dedicados libremente al que nos amó y se dio a sí mismo por nosotros.

Herodes esperó impacientemente en Jerusalén el regreso de los sabios. A medida que pasaba el tiempo y ellos no aparecían, se despertaron sus sospechas. La poca voluntad de los rabinos para señalar el lugar del nacimiento del Mesías parecía indicar que se habían dado cuenta de su designio, y que los magos lo evitaban a propósito. Ese pensamiento lo enfureció. La artimaña había fracasado, pero le quedaba el recurso de la fuerza. Iba a hacer un escarmiento en este niño rey. Esos altivos judíos verían lo que podían esperar de sus intentos por poner a un monarca en el trono.

Envió inmediatamente soldados a Belén con órdenes de matar a todos los niños menores de 2 años. Los tranquilos hogares de la ciudad de David presenciaron esas escenas de horror que seis siglos antes habían sido presentadas al profeta. "Voz fue oída en Ramá, grande lamentación, lloro y gemido; Raquel que llora sus hijos, y no quiso ser consolada, porque perecieron".

Los judíos habían traído esa calamidad sobre sí mismos. Si hubieran andado con fidelidad y humildad delante de Dios, de alguna manera señalada él habría hecho inofensiva para ellos la ira del rey. Pero se habían separado de Dios por sus pecados, y habían rechazado al Espíritu Santo, que era su único escudo. No habían estudiado las Escrituras con el deseo de conformarse a la voluntad de Dios. Habían buscado profecías que pudiesen interpretarse de manera que los exaltaran y mostrasen cómo Dios despreciaba a todas las otras naciones. Se jactaban orgullosamente de que el Mesías vendría como Rey, para vencer a sus enemigos y hollar a los paganos en su ira. Así habían excitado el odio de sus gobernantes. A través de su falsa presentación de la misión de Cristo, Satanás se había propuesto lograr la destrucción del Salvador; pero en vez de ello, eso se volvió sobre sus cabezas.

Este acto de crueldad fue uno de los últimos que ensombrecieron el reinado de Herodes. Poco después de la matanza de los inocentes, cayó bajo esa condena que nadie puede apartar. Sufrió una muerte horrible.

José, que todavía estaba en Egipto, recibió entonces de un ángel de Dios la orden de volver a la tierra de Israel. Considerando a Jesús como heredero del trono de David, José deseaba establecer su hogar en Belén; pero al saber que Arquelao reinaba en Judea en lugar de su padre, temió que los designios del padre contra Cristo fuesen llevados a cabo por el hijo. De todos los hijos de Herodes, Arquelao era el que más se le asemejaba en carácter. Ya su advenimiento al gobierno había sido señalado por un tumulto en Jerusalén y la matanza de miles de judíos por los guardias romanos.

De nuevo José fue dirigido a un lugar de seguridad. Volvió a Nazaret, donde antes habitara, y allí durante casi 30 años habitó Jesús, "para que se cumpliese lo que fue dicho por los profetas, que habría de ser llamado nazareno". Galilea se hallaba bajo el dominio de un hijo de Herodes, pero tenía mayor proporción de habitantes extranjeros que Judea. Por eso había menos interés en los asuntos relacionados especialmente con los judíos, y los derechos reales de Jesús propenderían mucho menos a excitar los celos de quienes estaban en el poder.

Tal fue la recepción del Salvador cuando vino a la tierra. Parecía no haber lugar de descanso o de seguridad para el niño Redentor. Dios no podía confiar su amado Hijo a los hombres, ni aun mientras llevaba a cabo su obra en favor de la salvación de ellos. Comisionó a los ángeles para que acompañasen a Jesús y lo protegieran hasta que cumpliese su misión en la tierra y muriera a manos de quienes había venido a salvar.

---

[1] Núm. 24:17. [2] Heb. 11:8. [3] Mat. 2:6. [4] Isa. 49:6. [5] Mat. 8:10.

CAPÍTULO 7

La niñez de Cristo

JESÚS pasó su niñez y juventud en una aldea de montaña. No había en la tierra lugar que no habría resultado honrado por su presencia. Habría sido un privilegio para los palacios reales recibirlo como huésped. Pero él pasó por alto las mansiones de los ricos, las cortes reales y los renombrados atrios del saber, para vivir en el oscuro y despreciado pueblo de Nazaret.

Es admirable por su significado el breve relato de sus primeros años: "Y el niño crecía y se fortalecía, y se llenaba de sabiduría; y la gracia de Dios era sobre él". En el resplandor del rostro de su Padre, Jesús "crecía en sabiduría, y en estatura, y en gracia para con Dios y los hombres".[1] Su mente era vivaz y aguda, con una reflexión y sabiduría que superaban a sus años. Sin embargo, su carácter era de hermosa simetría. Las facultades de su intelecto y de su cuerpo se desarrollaban gradualmente, en armonía con las leyes de la niñez.

Durante su infancia, Jesús manifestó una disposición especialmente amable. Sus manos voluntariosas estaban siempre listas para servir a otros. Manifestaba una paciencia que nada podía perturbar, y una veracidad que nunca sacrificaba la integridad. En los principios era firme como una roca, y su vida revelaba la gracia de una cortesía desinteresada.

Con profundo interés la madre de Jesús miraba el desarrollo de sus facultades, y contemplaba la perfección de su carácter. Con deleite trataba de estimular esa mente brillante y receptiva. Mediante el Espíritu Santo recibió sabiduría para cooperar con los agentes celestiales en el desarrollo de este niño que no tenía otro Padre que Dios.

Desde los tiempos más remotos, los fieles de Israel habían prestado mucha atención a la educación de la juventud. El Señor había indicado que, desde la más tierna infancia, debía enseñarse a los niños de su bondad y grandeza, especialmente como está revelada en la ley divina y expuesta en la historia de Israel. Los cantos, las oraciones y las lecciones de las Escrituras debían adaptarse a las mentes en desarrollo. Los padres y las madres debían instruir a sus hijos que la ley de Dios es una expresión de su carácter, y que al recibir los principios de la ley en el corazón, la imagen de Dios se grababa en la mente y el alma. Gran parte de la enseñanza era oral; pero el joven también aprendía a leer los escritos hebreos, y se abrían a su estudio los pergaminos del Antiguo Testamento.

En los días de Cristo, el pueblo o la ciudad que no hacía provisión para la instrucción religiosa de los jóvenes se consideraba bajo la maldición de Dios. Sin embargo, la enseñanza había llegado a ser formalista. La tradición había suplantado en gran medida a las Escrituras. La verdadera educación debía inducir a los jóvenes a buscar "a Dios, si en alguna manera, palpando, puedan hallarle".[2] Pero los maestros judíos dedicaban su atención al ceremonial. Llenaban las mentes de los estudiantes con asuntos inútiles que no podían ser reconocidos en la escuela superior del cielo. La experiencia que se obtiene por una aceptación personal de la Palabra de Dios no tenía cabida en su sistema educativo. Absortos en la rutina de lo externo, los alumnos no encontraban horas de quietud para estar con Dios. No oían su voz hablándoles al corazón. En su búsqueda de conocimiento se apartaban de la Fuente de la sabiduría. Los grandes hechos esenciales del servicio de Dios eran descuidados. Los principios de la ley eran oscurecidos. Lo que se consideraba como educación superior era el mayor obstáculo para el desarrollo verdadero. Bajo la preparación que daban los rabinos, las facultades de la juventud eran reprimidas. Su mente se paralizaba y estrechaba.

El niño Jesús no recibió instrucción en las escuelas de las sinagogas. Su madre fue su primera maestra humana. De labios de ella y de los rollos de los profetas aprendió las cosas celestiales. Las mismas palabras que él había hablado a Israel por medio de Moisés, le fueron enseñadas sobre las rodillas de su madre. Y al pasar de la niñez a la juventud no frecuentó las escuelas de los rabinos. No necesitaba la instrucción que podía obtenerse de tales fuentes, porque Dios era su instructor.

La pregunta hecha durante el ministerio del Salvador: "¿Cómo sabe éste letras, sin haber estudiado?",[3] no indica que Jesús no sabía leer, sino meramente que no había recibido una educación rabínica. Puesto que él adquirió saber como nosotros podemos adquirirlo, su conocimiento íntimo de las Escrituras nos demuestran cuán diligentemente dedicó sus primeros años al estudio de la Palabra de Dios. Delante de él se extendía la gran biblioteca de las obras creadas de Dios. El que hizo todas las cosas, estudió las lecciones que su propia mano había escrito en la tierra, el mar y el cielo. Apartado de los caminos profanos del mundo, adquiría conocimiento científico de la naturaleza. Estudiaba la vida de las plantas, los animales y los hombres. Desde sus más tiernos años fue dominado por un propósito: vivir para beneficiar a otros. Para ello hallaba recursos en la naturaleza; al estudiar la vida de las plantas y los animales concebía nuevas ideas de los medios y modos de realizarlo. Continuamente trataba de sacar de las cosas que veía ilustraciones con las cuales presentar los vivos oráculos de Dios. Las parábolas mediante las cuales, durante su ministerio, amaba enseñar sus lecciones de verdad, demuestran cuán abierto estaba su espíritu a la influencia de la naturaleza, y cómo había obtenido enseñanzas espirituales de las cosas que lo rodeaban en la vida diaria.

Así, mientras trataba de comprender la razón de las cosas, se le revelaba a Jesús el significado de la Palabra y las obras de Dios. Los seres celestiales eran sus asistentes, y se gozaba cultivando pensamientos y comuniones santas. Desde el primer destello de la inteligencia estuvo creciendo constantemente en gracia espiritual y conocimiento de la verdad.

Todo niño puede aprender como Jesús. Mientras tratemos de familiarizarnos con nuestro Padre celestial mediante su Palabra, los ángeles se nos acercarán, nuestra mente se fortalecerá, nuestro carácter se elevará y refinará. Llegaremos a ser más semejantes a nuestro Salvador. Y mientras contemplemos la hermosura y grandiosidad de la naturaleza, nuestros afectos se elevarán a Dios. Mientras el espíritu se prosterna asombrado, el alma se vigoriza poniéndose en contacto con el Infinito mediante sus obras. La comunión con Dios por medio de la oración desarrolla las facultades mentales y morales, y las espirituales se fortalecen mientras cultivamos pensamientos relativos a las cosas espirituales.

La vida de Jesús estuvo en armonía con Dios. Mientras era un niño, pensaba y hablaba como niño; pero ningún vestigio de pecado mancilló la imagen de Dios en él. Sin embargo, no estuvo exento de tentaciones. Los habitantes de Nazaret eran proverbiales por su maldad. La pregunta que hizo Natanael: "¿De Nazaret puede salir algo de bueno?",[4] demuestra la poca estima en que se los tenía generalmente. Jesús fue colocado donde su carácter sería probado. Le era necesario estar constantemente en guardia con el fin de preservar su pureza. Estuvo sujeto a todos los conflictos que nosotros tenemos que enfrentar, para sernos un ejemplo en la niñez, la juventud y la edad adulta.

Satanás fue incansable en sus esfuerzos por vencer al Niño de Nazaret. Desde sus primeros años Jesús fue guardado por los ángeles celestiales; sin embargo, su vida fue una larga lucha contra las potestades de las tinieblas. El que hubiese en la tierra una vida libre de la contaminación del mal era una ofensa y una perplejidad para el príncipe de las tinieblas. No dejó sin probar medio alguno para entrampar a Jesús. Ningún hijo de la humanidad será llamado a vivir una vida santa en medio de tan fiero conflicto con la tentación como nuestro Salvador.

Los padres de Jesús eran pobres, y dependían de su trabajo diario para su sostén. Él se familiarizó con la pobreza, la abnegación y las privaciones. Esa experiencia fue una salvaguardia para él. En su vida laboriosa no había momentos ociosos que invitasen a la tentación. No había horas vacías que preparasen el camino para las compañías corruptas. En cuanto le era posible, cerraba la puerta al tentador. Ni la ganancia ni el placer, ni los aplausos ni la censura, podían inducirlo a consentir en un acto pecaminoso. Era sabio para discernir el mal, y fuerte para resistirlo.

Cristo fue el único ser que vivió sin pecar en esta tierra; sin embargo, durante casi 30 años moró entre los perversos habitantes de Nazaret. Ese hecho es una reprensión para los que creen que dependen del lugar, la fortuna o la prosperidad para vivir una vida sin mácula. La tentación, la pobreza, la adversidad son la disciplina que se necesita para desarrollar pureza y firmeza.

Jesús vivió en un hogar de artesanos, y con fidelidad y alegría desempeñó su parte en llevar las cargas de la familia. Había sido el Comandante del cielo, y los ángeles se habían deleitado en cumplir su palabra; ahora era un siervo voluntario, un hijo amante y obediente. Aprendió un oficio, y con sus propias manos trabajaba en la carpintería con José. Vestido con la simpleza de un obrero común, recorría las calles de la pequeña ciudad yendo a su humilde trabajo y volviendo de él. No empleaba su poder divino para disminuir sus cargas ni aliviar su trabajo.

Mientras Jesús trabajaba en su niñez y juventud, su mente y cuerpo se desarrollaban. No empleaba temerariamente sus facultades físicas, sino de una manera que las conservase con salud, para ejecutar el mejor trabajo en todo ramo. No quería ser deficiente ni siquiera en el manejo de las herramientas. Fue perfecto como obrero, como lo fue en carácter. Por medio de su ejemplo nos enseñó que es nuestro deber ser laboriosos, que nuestro trabajo debe cumplirse con exactitud y esmero, y que una labor tal es honorable. El ejercicio que enseña a las manos a ser útiles y prepara a los jóvenes para llevar su parte de las cargas de la vida, da fuerza física y desarrolla toda facultad. Todos deben hallar algo para hacer que sea benéfico para sí y útil para otros. Dios asignó el trabajo como una bendición, y sólo el obrero diligente halla la gloria verdadera y el gozo de la vida. La aprobación de Dios descansa con amante seguridad sobre los niños y jóvenes que, alegremente, asumen su parte en los deberes de la familia y comparten las cargas de sus padres y sus madres. Los tales, al salir del hogar, serán miembros útiles de la sociedad.

Durante toda su vida terrenal, Jesús fue un obrero fervoroso y constante. Él esperaba mucho; por tanto, intentaba mucho. Después que hubo entrado en su ministerio dijo: "Me es necesario hacer las obras del que me envió, entre tanto que el día dura; la noche viene, cuando nadie puede trabajar".[5] Jesús no rehuyó el cuidado y la responsabilidad, como los rehuyen muchos que profesan ser sus seguidores. Y debido a que tratan de eludir esta disciplina, muchos son débiles y faltos de eficiencia. Tal vez posean rasgos preciosos y amables, pero son cobardes y casi inútiles cuando se han de arrostrar dificultades y superar obstáculos. El carácter positivo y enérgico, sólido y fuerte, que manifestó Cristo debe desarrollarse en nosotros mediante la misma disciplina que él soportó. Y a nosotros se nos ofrece la gracia que recibió él.

Mientras vivió entre los hombres, nuestro Salvador compartió la suerte de los pobres. Conoció por experiencia sus cuidados y penurias, y podía consolar y estimular a todos los humildes trabajadores. Los que tienen un verdadero concepto de la enseñanza de su vida, nunca sentirán que deba hacerse distinción entre las clases, que el rico deba ser honrado por encima del pobre digno.

Jesús realizaba su trabajo con alegría y tacto. Se necesita mucha paciencia y espiritualidad para introducir la religión de la Biblia en la vida familiar y en el taller; para soportar la tensión de los negocios mundanales y, sin embargo, mantenerse incorrupto para la gloria de Dios. En esto Cristo fue un ayudador. Nunca estuvo tan embargado por los cuidados de este mundo que no tuviese tiempo o pensamientos para las cosas celestiales. A menudo expresaba su alegría cantando salmos e himnos celestiales. A menudo los moradores de Nazaret oían su voz que se elevaba en alabanza y agradecimiento a Dios. Mantenía comunión con el Cielo mediante el canto; y cuando sus compañeros se quejaban por el cansancio, eran alegrados por la dulce melodía que brotaba de sus labios. Sus alabanzas parecían ahuyentar a los ángeles malos y, como incienso, llenaban el lugar de fragancia. La mente de los que le oían era arrebatada de su exilio terrenal a la patria celestial.

Jesús era la fuente de misericordia sanadora para el mundo; y durante todos esos años de reclusión en Nazaret, su vida se derramó en raudales de simpatía y ternura. Los ancianos, los tristes y los apesadumbrados por el pecado, los niños que jugaban con gozo inocente, los pequeños seres de los vergeles, las pacientes bestias de carga; todos eran más felices a causa de su presencia. Aquel cuya palabra sostenía los mundos podía agacharse para socorrer a un pájaro herido. No había nada tan insignificante que no mereciese su atención o sus servicios.

Así, mientras crecía en sabiduría y estatura, Jesús crecía en gracia para con Dios y los hombres. Se granjeaba la simpatía de todos los corazones, mostrándose capaz de simpatizar con todos. La atmósfera de esperanza y valor que lo rodeaba hacía de él una bendición en todo hogar. Y a menudo, en la sinagoga, los sábados, se le pedía que leyese la lección de los profetas, y el corazón de los oyentes se conmovía al ver irradiar una nueva luz de las palabras familiares del texto sagrado.

Sin embargo, Jesús rehuía la ostentación. Durante todos los años de su estadía en Nazaret no exhibió su poder milagroso. No buscó ninguna posición elevada ni asumió títulos. Su vida tranquila y sencilla, y aun el silencio de las Escrituras acerca de sus primeros años, nos enseñan una lección importante. Cuanto más tranquila y sencilla sea la vida del niño —cuanto más libre de excitación artificial y más en armonía con la naturaleza—, más favorable será para el vigor físico y mental y para la fortaleza espiritual.

Jesús es nuestro ejemplo. Son muchos los que se espacian con interés en el período de su ministerio público, mientras pasan por alto la enseñanza de sus primeros años. Pero es en su vida familiar donde es el modelo para todos los niños y jóvenes. El Salvador condescendió en ser pobre para enseñarnos cuán íntimamente podemos andar con Dios nosotros, los de suerte humilde. Vivió para agradar, honrar y glorificar a su Padre en las cosas comunes de la vida. Empezó su obra consagrando el humilde oficio del artesano que trabaja para ganarse el pan cotidiano. Estaba haciendo el servicio de Dios tanto cuando trabajaba en el banco del carpintero como cuando hacía milagros para la muchedumbre. Y todo joven que siga fiel y obedientemente el ejemplo de Cristo en su humilde hogar, puede aferrarse a estas palabras que el Padre dijo de él por medio del Espíritu Santo: "He aquí mi siervo, yo lo sostendré; mi escogido, en quien mi alma tiene contentamiento".[6]

---

[1] Luc. 2:52. [2] Hech. 17:27. [3] Juan 7:15. [4] Juan 1:46. [5] Juan 9:4. [6] Isa. 42:1.

Capítulo 8

La visita pascual

ENTRE los judíos, el año 12º era la línea de demarcación entre la niñez y la juventud. Al cumplir ese año, el niño hebreo era llamado hijo de la ley y también hijo de Dios. Se le daban oportunidades especiales para instruirse en religión, y se esperaba que participase en sus fiestas y ritos sagrados. De acuerdo con esa costumbre, Jesús hizo en su niñez una visita pascual a Jerusalén. Como todos los israelitas devotos, José y María subían cada daño para asistir a la Pascua; y cuando Jesús tuvo la edad requerida lo llevaron consigo.

Había tres fiestas anuales en las cuales todos los hombres de Israel debían presentarse ante el Señor en Jerusalén: Pascua, Pentecostés y Fiesta de los Tabernáculos [o de las Cabañas]. De esas fiestas, la Pascua era la más concurrida. Acudían muchos de todos los países donde estaban dispersos los judíos. De todas partes de Palestina venían los adoradores en gran número. El viaje desde Galilea ocupaba varios días, y los viajeros formaban grandes grupos para obtener compañía y protección. Las mujeres y los ancianos iban montados sobre bueyes o asnos en los senderos empinados y escabrosos. Los hombres fuertes y los jóvenes viajaban a pie. El tiempo de la Pascua correspondía a fines de marzo o principios de abril, y todo el país era iluminado por las flores y alegrado por el canto de los pájaros. A lo largo de todo el camino había lugares memorables en la historia de Israel, y los padres y las madres relataban a sus hijos las maravillas que Dios había hecho en favor de su pueblo en los siglos pasados. Amenizaban su viaje con cantos y música, y cuando por fin se divisaban las torres de Jerusalén, todas las voces cantaban la triunfante estrofa:

"¡Ya estamos,
ya se posan nuestros pies en tus puertas, Jerusalén!...
¡Haya paz en tus muros,
en tus palacios calma!"[1]

La observancia de la Pascua empezó con el nacimiento de la nación hebrea. La última noche de servidumbre en Egipto, cuando aun no se veían indicios de liberación, Dios les ordenó que se preparasen para una liberación inmediata. Él había advertido a Faraón del juicio final de los egipcios, e indicó a los hebreos que reuniesen a sus familias en sus moradas. Habiendo asperjado los dinteles de sus puertas con la sangre del cordero inmolado, debían comer el cordero, asado, con pan sin levadura e hierbas amargas. Dijo: "Y lo comeréis así: ceñidos vuestros lomos, vuestro calzado en vuestros pies, y vuestro bordón en vuestra mano; y lo comeréis apresuradamente; es la Pascua de Jehová". A la medianoche, todos los primogénitos de los egipcios perecieron. Entonces el rey envió a Israel el mensaje: "Salid de en medio de mi pueblo... e id, servid a Jehová, como habéis dicho". Los hebreos salieron de Egipto como una nación independiente. El Señor había ordenado que la Pascua fuese observada anualmente. Él dijo: "Cuando os dijeren vuestros hijos: ¿Qué es este rito vuestro?, vosotros responderéis: Es la víctima de la Pascua de Jehová, el cual pasó por encima de las casas de los hijos de Israel en Egipto, cuando hirió a los egipcios".[2] Y así, de generación en generación, debía repetirse la historia de esa liberación maravillosa.

La Pascua iba seguida de los siete días de panes ázimos. El segundo día de la fiesta se presentaba una gavilla de cebada delante del Señor como primicias de la cosecha del año. Todas las ceremonias de la fiesta eran tipos de la obra de Cristo. La liberación de Israel del yugo egipcio era una lección objetiva de la redención, que la Pascua estaba destinada a rememorar. El cordero inmolado, el pan sin levadura, la gavilla de las primicias, representaban al Salvador.

Para la mayoría del pueblo que vivía en los días de Cristo, la observancia de esa fiesta había degenerado en formalismo. Pero ¡cuánto significado tenía para el Hijo de Dios!

Por primera vez el niño Jesús miró el templo. Vio a los sacerdotes de albos vestidos cumplir su solemne ministerio. Contempló la sangrante víctima sobre el altar del sacrificio. Juntamente con los adoradores, se inclinó en oración mientras la nube de incienso ascendía ante Dios. Presenció los impresionantes ritos del servicio pascual. Día tras día vio más claramente su significado. Todo acto parecía ligado con su propia vida. Se despertaron nuevos impulsos en él. Silencioso y absorto, parecía estar estudiando un gran problema. El misterio de su misión se estaba revelando al Salvador.

Arrobado en la contemplación de esas escenas, no permaneció al lado de sus padres. Buscó la soledad. Cuando terminaron los servicios pascuales, se demoró en los atrios del templo; y cuando los adoradores salieron de Jerusalén, él fue dejado atrás.

En esta visita a Jerusalén los padres de Jesús desearon ponerlo en relación con los grandes maestros de Israel. Aunque era obediente en todo detalle a la Palabra de Dios, no se conformaba con los ritos y las costumbres de los rabinos. José y María esperaban que se lo pudiese inducir a reverenciar a esos sabios y a prestar más diligente atención a sus requerimientos. Pero en el templo Jesús había sido enseñado por Dios, y empezó enseguida a impartir lo que había recibido.

En aquel tiempo una dependencia del templo servía de local para una escuela sagrada, semejante a las escuelas de los profetas. Allí rabinos eminentes se reunían con sus alumnos, y hacia allí se dirigió el niño Jesús. Sentándose a los pies de esos hombres solemnes y sabios, escuchó sus enseñanzas. Como quien buscaba sabiduría, interrogaba a esos maestros acerca de las profecías y de los acontecimientos que entonces ocurrirían y señalaban el advenimiento del Mesías.

Jesús se presentó como quien tiene sed del conocimiento de Dios. Sus preguntas sugerían verdades profundas que habían quedado oscurecidas desde hacía mucho tiempo, y que, sin embargo, eran vitales para la salvación de las almas. Al paso que cada pregunta revelaba cuán estrecha y superficial era la sabiduría de los sabios, les presentaba una lección divina, y hacía ver la verdad en un nuevo aspecto. Los rabinos hablaban de la admirable exaltación que la venida del Mesías proporcionaría a la nación judía; pero Jesús presentó la profecía de Isaías, y les preguntó qué significaban esos textos que señalaban los sufrimientos y la muerte del Cordero de Dios.

Los doctores le dirigieron preguntas, y quedaron asombrados al oír sus respuestas. Con la humildad de un niño repitió las palabras de la Escritura, dándoles una profundidad de significado que los sabios no habían concebido. De haber seguido los trazos de la verdad que él les señalaba, habrían realizado una reforma en la religión de su tiempo. Se habría despertado un profundo interés en las cosas espirituales; y al iniciar Jesús su ministerio, muchos habrían estado preparados para recibirlo.

Los rabinos sabían que Jesús no había recibido instrucción en sus escuelas; y, sin embargo, su comprensión de las profecías excedía en mucho a la suya. En ese reflexivo niño galileo discernían a alguien muy prometedor. Desearon asegurárselo como alumno, con el fin de que llegase a ser un maestro de Israel. Querían encargarse de su educación, convencidos de que una mente tan original debía estar sometida a su modelado.

Las palabras de Jesús habían conmovido su corazón como nunca lo había sido por palabras de labios humanos. Dios estaba tratando de dar luz a esos líderes de Israel, y empleaba el único medio por el que podían ser alcanzados. Su orgullo les habría negado admitir que podían recibir instrucción de alguien. Si Jesús hubiese aparentado tratar de enseñarles, habrían desdeñado escucharlo. Pero se lisonjeaban de que le estaban enseñando, o por lo menos examinando su conocimiento de las Escrituras. La modestia y gracia juvenil de Jesús desarmaba sus prejuicios. Inconscientemente se abrieron esas mentes a la Palabra de Dios, y el Espíritu Santo habló a su corazón.

No podían sino ver que su expectativa concerniente al Mesías no estaba sostenida por la profecía; pero no querían renunciar a las teorías que habían halagado su ambición. No querían admitir que no habían interpretado correctamente las Escrituras que pretendían enseñar. Se preguntaban unos a otros: "¿Cómo tiene este joven conocimiento no habiendo nunca aprendido?" La luz estaba resplandeciendo en las tinieblas; "pero las tinieblas no pudieron comprenderla".[3]

Mientras tanto, José y María estaban en gran perplejidad y angustia. Al salir de Jerusalén habían perdido de vista a Jesús, y no sabían que se había quedado atrás. El país estaba entonces densamente poblado, y las caravanas de Galilea eran muy grandes. Había mucha confusión cuando salieron de la ciudad. Mientras viajaban, el placer de andar con amigos y conocidos absorbió su atención, y no notaron la ausencia de Jesús hasta que llegó la noche. Entonces, al detenerse para descansar, echaron de menos la mano servicial de su hijo. Suponiendo que estaría con el grupo que los acompañaba, no sintieron ansiedad. Aunque era joven, habían confiado implícitamente en él esperando que, cuando lo necesitasen, estaría listo para ayudarlos, anticipándose a sus menesteres como siempre lo había hecho. Pero ahora se despertaron sus temores. Lo buscaron por toda la compañía, pero en vano. Estremeciéndose, recordaron cómo Herodes había tratado de destruirlo en su infancia. Sombríos presentimientos llenaron su corazón; y cada uno se hizo amargos reproches.

Volviendo a Jerusalén prosiguieron su búsqueda. Al día siguiente, mientras andaban entre los adoradores del templo, una voz familiar les llamó la atención. No podían equivocarse; no había otra voz como la suya, tan seria y ferviente, y sin embargo tan melodiosa.

En la escuela de los rabinos encontraron a Jesús. Aunque llenos de regocijo, no pudieron olvidar su pesar y ansiedad. Cuando estuvo otra vez reunido con ellos, la madre le dijo, con palabras que implicaban un reproche: "Hijo, ¿por qué nos has hecho así? He aquí, tu padre y yo te hemos buscado con angustia".

Jesús contestó: "¿Por qué me buscabais? ¿No sabíais que en los negocios de mi Padre me es necesario estar?" Y como no parecían comprender sus palabras, él señaló hacia arriba. En su rostro había una luz que los maravilló. La divinidad fulguraba a través de la humanidad. Al hallarlo en el templo, habían escuchado lo que sucedía entre él y los rabinos, y se habían asombrado de sus preguntas y respuestas. Sus palabras le despertaron pensamientos que nunca habrían de olvidar.

Y la pregunta que les dirigiera encerraba una lección. Les dijo: "¿No sabíais que en los negocios de mi Padre me es necesario estar?" Jesús estaba empeñado en la obra que había venido a hacer en el mundo; pero José y María habían descuidado la suya. Dios les había conferido mucha honra al confiarles a su Hijo. Los santos ángeles habían dirigido los pasos de José para preservar la vida de Jesús. Pero durante un día entero habían perdido de vista al que no debían haber olvidado un momento. Y al quedar aliviada su ansiedad, no se habían censurado a sí mismos, sino que le habían echado la culpa a él.

Era natural que los padres de Jesús lo considerasen como su propio hijo. Él estaba diariamente con ellos; en muchos aspectos su vida era igual a la de otros niños, y les era difícil comprender que era el Hijo de Dios. Corrían el peligro de no apreciar la bendición que se les concedía con la presencia del Redentor del mundo. El pesar de verse separados de él y el suave reproche que sus palabras implicaban estaban destinados a impresionarlos con el carácter sagrado de su cometido.

En la respuesta a su madre, Jesús demostró por primera vez que comprendía su relación con Dios. Antes de su nacimiento, el ángel había dicho a María: "Este será grande, y será llamado Hijo del Altísimo; y el Señor Dios le dará el trono de David su padre; y reinará sobre la casa de Jacob para siempre".[4] María había ponderado esas palabras en su corazón; sin embargo, aunque creía que su hijo había de ser el Mesías de Israel, no comprendía su misión. En esta ocasión no entendió sus palabras; pero sabía que había negado ser hijo de José y se había declarado Hijo de Dios.

Jesús no ignoró su relación con sus padres terrenales. Desde Jerusalén volvió a casa con ellos, y les ayudó en su vida de trabajo. Ocultó en su corazón el misterio de su misión, esperando sumiso el momento señalado para emprender su labor. Durante 18 años después de haber aseverado ser Hijo de Dios reconoció el vínculo que lo unía a la familia de Nazaret, y cumplió los deberes de hijo, hermano, amigo y ciudadano.

Al revelársele a Jesús su misión en el templo, rehuyó el contacto con la multitud. Deseaba volver tranquilamente de Jerusalén con los que conocían el secreto de su vida. Mediante el servicio pascual, Dios estaba tratando de apartar a su pueblo de sus congojas mundanales y recordarles la obra admirable que él realizara al librarlos de Egipto. Él deseaba que viesen en esa obra una promesa de la liberación del pecado. Así como la sangre del cordero inmolado protegió los hogares de Israel, la sangre de Cristo habría de salvar sus almas; pero podían ser salvos por Cristo únicamente cuando por fe se apropiasen de la vida de él. No había virtud en el servicio simbólico, sino en la medida en que dirigía a los adoradores hacia Cristo como su Salvador personal. Dios deseaba que fuesen inducidos a estudiar y meditar con oración acerca de la misión de Cristo. Pero, con demasiada frecuencia, cuando las muchedumbres abandonaban Jerusalén, la excitación del viaje y el trato social absorbían su atención, y se olvidaban del servicio que habían presenciado. El Salvador no sentía atracción por esas compañías.

Mientras José y María volvían solos con Jesús de Jerusalén, él esperaba dirigir sus mentes a las profecías referentes a un Salvador sufriente. En el Calvario trató de aliviar la pena de su madre. En estos momentos también pensaba en ella. María habría de presenciar su última agonía, y Jesús deseaba que ella comprendiese su misión, con el fin de que fuese fortalecida para soportar la prueba cuando la espada atravesara su alma. Así como Jesús había estado separado de ella, y ella lo había buscado con pesar tres días, cuando él fuese ofrecido por los pecados del mundo lo volvería a perder tres días. Y cuando saliese de la tumba, su pesar se volvería a tornar en gozo. ¡Pero cuánto mejor habría soportado la angustia de su muerte si hubiese comprendido las Escrituras hacia las cuales trataba ahora de dirigir sus pensamientos!

Si José y María hubiesen fortalecido su ánimo en Dios por medio de la meditación y la oración, podrían haberse dado cuenta de lo sagrado de su responsabilidad y no habrían perdido de vista a Jesús. Por la negligencia de un día perdieron al Salvador; pero hallarlo les costó tres días de ansiosa búsqueda. Así también nosotros; por causa de la conversación ociosa, la maledicencia o el descuido de la oración podemos en un día perder la presencia del Salvador, y pueden requerirse muchos días de pesarosa búsqueda hallarlo y recobrar la paz que habíamos perdido.

En nuestro trato mutuo debemos tener cuidado de no olvidar a Jesús ni pasar por alto el hecho de que no está con nosotros. Cuando nos dejamos absorber por las cosas mundanales de tal manera que no nos acordamos del Ser en quien está centrada nuestra esperanza de vida eterna, nos separamos de Jesús y de los ángeles celestiales. Estos seres santos no pueden permanecer donde no se desea la presencia del Salvador ni se nota su ausencia. Esta es la razón por la cual existe con tanta frecuencia el desánimo entre los profesos seguidores de Cristo.

Muchos asisten a los servicios religiosos, y se sienten refrigerados y consolados por la Palabra de Dios; pero por descuidar la meditación, la vigilancia y la oración, pierden la bendición y se hallan más indigentes que antes de recibirla. Con frecuencia les parece que Dios los ha tratado duramente. No ven que ellos tienen la culpa. Al separarse de Jesús se han privado de la luz de su presencia.

Sería bueno que cada día dedicásemos una hora de reflexión en la contemplación de la vida de Cristo. Debiéramos tomarla punto por punto, y dejar que la imaginación se posesione de cada escena, especialmente de las finales. Mientras nos espaciemos así en su gran sacrificio por nosotros, nuestra confianza en él será más constante, se reavivará nuestro amor, y seremos más profundamente imbuidos de su Espíritu. Si queremos ser salvos al fin, debemos aprender la lección de penitencia y humillación al pie de la cruz.

Mientras nos asociamos unos con otros podemos ser una bendición mutua. Si pertenecemos a Cristo, nuestros pensamientos más dulces serán acerca de él. Amaremos hablar de él; y mientras hablemos unos a otros de su amor, nuestro corazón será enternecido por las influencias divinas. Contemplando la belleza de su carácter, seremos "transformados en esa misma imagen, cada vez más gloriosos".[5]

—————
[1] Sal. 122:2, 7, BJ. [2] Éxo. 12:11, 31, 26, 27. [3] Juan 1:5, original griego. [4] Luc. 1:32, 33. [5] 2 Cor. 3:18, BJ.

Capítulo 9

Días de conflicto

DESDE sus más tiernos años el niño judío estaba rodeado por los requerimientos de los rabinos. Había reglas rígidas para cada acto, aun para los más pequeños detalles de la vida. Los maestros de la sinagoga instruían a la juventud en los incontables reglamentos que los israelitas ortodoxos debían observar. Pero Jesús no se interesó en esos asuntos. Desde la niñez actuó independientemente de las leyes rabínicas. Las Escrituras del Antiguo Testamento eran su constante estudio, y la frase "Así dice Jehová" siempre estaba en sus labios.

A medida que empezó a comprender la condición del pueblo, vio que los requerimientos de la sociedad y los de Dios estaban en constante colisión. Los hombres se apartaban de la Palabra de Dios y ensalzaban las teorías que habían inventado. Observaban ritos tradicionales que no poseían virtud alguna. Su servicio era una mera repetición de ceremonias; las verdades sagradas que estaban destinadas a enseñar eran ocultadas a los adoradores. Él vio que en sus servicios sin fe no hallaban paz. No conocían la libertad de espíritu que obtenían sirviendo a Dios en verdad. Jesús había venido para enseñar el significado de la adoración a Dios, y no podía sancionar la mezcla de requerimientos humanos con los preceptos divinos. Él no atacaba los preceptos ni las prácticas de los maestros sabios; pero cuando se lo reprendía por sus propios hábitos sencillos, presentaba la Palabra de Dios en justificación de su conducta.

De toda manera amable y sumisa, Jesús procuraba agradar a aquellos con quienes trataba. Y porque era tan amable y modesto, los escribas y ancianos suponían que sería fácilmente influenciado por su enseñanza. Lo instaban a recibir las máximas y tradiciones que habían sido transmitidas desde los antiguos rabinos, pero él pedía ver su respaldo en la Santa Escritura. Estaba dispuesto a escuchar toda palabra que procede de la boca de Dios; pero no podía obedecer las invenciones de los hombres. Jesús parecía conocer las Escrituras desde el principio al fin, y las presentaba con su verdadero significado. Los rabinos se avergonzaban de ser instruidos por un niño. Sostenían que les incumbía a ellos explicar las Escrituras, y que a él le tocaba aceptar su interpretación. Se indignaban porque él se oponía a su palabra.

Sabían que en las Escrituras no podían encontrar autorización para sus tradiciones. Se daban cuenta de que en comprensión espiritual, Jesús los superaba por mucho. Sin embargo, se airaban porque no obedecía sus dictados. No pudiendo convencerlo, buscaron a José y María y les presentaron su actitud disidente. Así sufrió él represión y censura.

A muy temprana edad Jesús comenzó a obrar por su cuenta en la formación de su carácter, y ni siquiera el respeto y el amor por sus padres podían apartarlo de la obediencia a la Palabra de Dios. Un "Escrito está" constituía su razón por todo acto que difería de las costumbres familiares. Pero la influencia de los rabinos hacía amarga su vida. Aun en su juventud tuvo que aprender la dura lección del silencio y la tolerancia paciente.

Sus hermanos, como se llamaba a los hijos de José, se ponían del lado de los rabinos. Insistían en que debían seguirse las tradiciones como si fuesen requerimientos de Dios. Hasta tenían los preceptos de los hombres en más alta estima que la Palabra de Dios, y les molestaba mucho la clara perspicacia de Jesús para distinguir entre lo falso y lo verdadero. Condenaban su estricta obediencia a la ley de Dios como terquedad. Les asombraba el conocimiento y la sabiduría que manifestaba al contestar a los rabinos. Sabían que no había recibido instrucción de los sabios, pero no podían dejar de ver que él los instruía a ellos. Reconocían que su educación era de un carácter superior a la de ellos. Pero no discernían que tenía acceso al árbol de la vida, a una fuente de conocimientos que ellos ignoraban.

Cristo no era exclusivista, y había ofendido especialmente a los fariseos al apartarse, en este respecto, de sus rígidas reglas. Halló al dominio de la religión rodeado por altas murallas de separación, como si fuese un asunto demasiado sagrado para la vida diaria. Él derribó esos muros de separación. En su trato con los hombres no preguntaba: "¿Cuál es su credo?" "¿A qué iglesia pertenece?" Ejercía su facultad ayudadora en favor de todos los que necesitaban ayuda. En vez de aislarse en una celda de ermitaño, con el fin de mostrar su carácter celestial, trabajaba fervientemente por la humanidad. Inculcaba el principio de que la religión bíblica no consiste en la mortificación del cuerpo. Enseñaba que la religión pura y sin mácula no está destinada solamente a horas fijas y ocasiones especiales. En todo momento y lugar manifestaba amante interés por los hombres, y difundía en derredor suyo la luz de una piedad alegre. Todo eso reprendía a los fariseos. Demostraba que la religión no consiste en egoísmo, y que su mórbida devoción al interés personal distaba mucho de ser piedad verdadera. Esto había despertado su enemistad contra Jesús, de manera que procuraron obtener por la fuerza su conformidad a los reglamentos de ellos.

Jesús obraba para aliviar todo caso de sufrimiento que viese. Tenía poco dinero que dar, pero con frecuencia se privaba de alimento con el fin de aliviar a quienes parecían más necesitados que él. Sus hermanos sentían que la influencia de él contrarrestaba fuertemente la suya. Poseía un tacto que ninguno de ellos tenía ni deseaba tener. Cuando ellos hablaban duramente a los pobres seres degradados, Jesús buscaba a esas mismas personas y les dirigía palabras de aliento. Daba un vaso de agua fría a los menesterosos y ponía quedamente su propia comida en sus manos. Y mientras aliviaba sus sufrimientos, asociaba con sus actos de misericordia las verdades que enseñaba, y así quedaban grabados en la memoria.

Todo esto desagradaba a sus hermanos. Siendo mayores que Jesús, les parecía que él debía estar sometido a sus dictados. Lo acusaban de creerse superior a ellos, y lo reprendían por situarse por encima de sus maestros, sacerdotes y príncipes del pueblo. Con frecuencia lo amenazaban y trataban de intimidarlo; pero él seguía adelante, haciendo de las Escrituras su guía.

Jesús amaba a sus hermanos y los trataba con bondad inagotable; pero ellos sentían celos de él, y manifestaban la incredulidad y el desprecio más decididos. No podían comprender su conducta. Se les presentaban grandes contradicciones en Jesús. Era el divino Hijo de Dios, y sin embargo un niño impotente. Siendo el Creador de los mundos, la tierra era su posesión; sin embargo, la pobreza marcó cada paso de su experiencia de vida. Poseía una dignidad e individualidad completamente distintas del orgullo y la arrogancia terrenales; no contendía por grandezas mundanales, y estaba contento aun en la posición más humilde. Eso airaba a sus hermanos. No podían explicar su constante serenidad bajo las pruebas y las privaciones. No sabían que por nuestra causa se había hecho pobre, para que "con su pobreza" fuésemos "enriquecidos".[1] No podían comprender el misterio de su misión mejor de lo que los amigos de Job pudieron comprender su humillación y sufrimiento.

Jesús era incomprendido por sus hermanos porque no era como ellos. Sus normas no eran las de ellos. Al mirar a los hombres se habían apartado de Dios, y no tenían poder divino en su vida. Las formas religiosas que ellos observaban no podían transformar el carácter. Pagaban el diezmo de "la menta y el eneldo y el comino", pero omitían "lo más importante de la ley: la justicia, la misericordia y la fe".[2] El ejemplo de Jesús era para ellos una continua irritación. Él no odiaba sino sólo una cosa en el mundo: el pecado. No podía presenciar un acto malo sin sentir un dolor que le era imposible ocultar. Entre los formalistas, cuya apariencia santurrona ocultaba el amor al pecado, y una persona en la cual el celo por la gloria de Dios ejercía la supremacía, el contraste era inequívoco. Por cuanto la vida de Jesús condenaba lo malo, encontraba oposición tanto en su casa como fuera de ella. Su abnegación e integridad eran comentadas con escarnio. Su tolerancia y bondad eran llamadas cobardía.

Entre las amarguras que caen en suerte a la humanidad, no hubo ninguna que no le tocase a Cristo. Había quienes trataban de demostrarle desprecio por causa de su nacimiento, y aun en su niñez tuvo que hacer frente a sus miradas escarnecedoras e impías murmuraciones. Si hubiese respondido con una palabra o mirada impaciente, si hubiese complacido a sus hermanos con un solo acto malo, no habría sido un ejemplo perfecto. Así habría dejado de llevar a cabo el plan de nuestra redención. Si hubiese admitido siquiera que podía haber una excusa para el pecado, Satanás habría triunfado y el mundo se habría perdido. Esta es la razón por la cual el tentador obró para hacer su vida tan penosa como fuera posible, para inducirlo a pecar.

Pero para cada tentación tenía una respuesta: "Escrito está". Rara vez reprendía algún mal proceder de sus hermanos, pero tenía alguna palabra de Dios para hablarles. Con frecuencia lo acusaban de cobardía por negarse a participar con ellos en algún acto prohibido; pero su respuesta era: Escrito está: "El temor del Señor es la sabiduría, y el apartarse del mal, la inteligencia' ".[3]

Había algunos que buscaban su compañía, sintiéndose en paz en su presencia; pero muchos lo evitaban porque su vida inmaculada los reprendía. Sus jóvenes compañeros lo instaban a hacer como ellos. Él era vivaz y alegre; les gustaba su presencia, y daban la bienvenida a sus prontas sugerencias; pero los impacientaba sus escrúpulos, y le reprochaban su estrechez de miras y puritanismo. Jesús contestaba: Escrito está: "¿Con qué limpiará el joven su camino? Con guardar tu palabra". "En mi corazón he guardado tus dichos, para no pecar contra ti".[4]

Con frecuencia se le preguntaba: "¿Por qué insistes en ser tan singular, tan diferente de todos nosotros?" Escrito está, decía: "Bienaventurados los perfectos de camino; los que andan en la ley de Jehová. Bienaventurados los que guardan sus testimonios, y con todo el corazón le buscan; pues no hacen iniquidad los que andan en sus caminos".[5]

Cuando le preguntaban por qué no participaba en las diversiones de la juventud de Nazaret, decía: Escrito está: "Me he gozado en el camino de tus testimonios, más que en toda riqueza. En tus mandamientos meditaré; consideraré tus caminos. Me regocijaré en tus estatutos; no me olvidaré de tus palabras".[6]

Jesús no contendía por sus derechos. Con frecuencia su trabajo resultaba innecesariamente penoso porque era voluntarioso y no se quejaba. Sin embargo, no desmayaba ni se desanimaba. Vivía por encima de esas dificultades, como en la luz del rostro de Dios. No ejercía represalias cuando lo maltrataban, sino que soportaba pacientemente los insultos.

Repetidas veces se le preguntaba: "¿Por qué te sometes a tantos desprecios, inclusive de parte de tus hermanos?" Escrito está, decía: "Hijo mío, no te olvides de mi ley, y tu corazón guarde mis mandamientos; porque largura de días y años de vida y paz te aumentarán. Nunca se aparten de ti la misericordia y la verdad; átalas a tu cuello, escríbelas en la tabla de tu corazón; y hallarás gracia y buena opinión ante los ojos de Dios y de los hombres".[7]

Desde el momento en que los padres de Jesús lo encontraron en el templo, su conducta fue un misterio para ellos. Él no quería entrar en controversia; sin embargo, su ejemplo era una lección constante. Parecía un ser apartado. Hallaba sus horas de felicidad cuando estaba a solas con la naturaleza y con Dios. Siempre que podía se alejaba del escenario de su trabajo para ir a los campos, para meditar en los verdes valles, para estar en comunión con Dios en la ladera de la montaña o entre los árboles del bosque. Con frecuencia la madrugada lo encontraba en algún lugar aislado, meditando, escudriñando las Escrituras u orando. De esas horas de quietud volvía a su casa para reanudar sus deberes y para dar un ejemplo de asiduo trabajo paciente.

La vida de Cristo estaba señalada por el respeto y el amor hacia su madre. María creía en su corazón que el santo niño nacido de ella era el Mesías prometido desde hacía tanto tiempo; sin embargo, no se atrevía a expresar su fe. Durante toda su vida terrenal compartió los sufrimientos de él. Presenció con pesar las pruebas a él impuestas en su niñez y juventud. Por justificar lo que ella sabía que era correcto en su conducta, ella misma se veía en situaciones penosas. Consideraba que las relaciones del hogar y el tierno cuidado de madre sobre sus hijos eran de vital importancia en la formación del carácter. Los hijos y las hijas de José sabían esto, y apelando a su ansiedad trataban de corregir las prácticas de Jesús de acuerdo con su propia norma.

María argüía con frecuencia con Jesús, y lo instaba a conformarse a las costumbres de los rabinos. Pero no podía persuadirlo a cambiar sus hábitos de contemplar las obras de Dios y tratar de aliviar el sufrimiento de los hombres y aun de los animales. Cuando los sacerdotes y maestros pedían la ayuda de María para controlar a Jesús, ella se sentía muy afligida; pero su corazón se apaciguaba cuando él le presentaba las declaraciones de la Escritura que sostenían sus prácticas.

A veces vacilaba entre Jesús y sus hermanos, quienes no creían que fuera el enviado de Dios; pero abundaban las evidencias de la divinidad de su carácter. Lo veía sacrificarse en beneficio de los demás. Su presencia introducía una atmósfera más pura en el hogar, y su vida obraba como levadura entre los elementos de la sociedad. Inocente e inmaculado, andaba entre los irreflexivos, los toscos y los descorteses, entre los publicanos deshonestos, los pródigos temerarios, los samaritanos injustos, los soldados paganos, los campesinos rudos y la turba mixta. Al ver a los hombres cansados, y sin embargo obligados a llevar pesadas cargas, pronunciaba una palabra de simpatía aquí y otra allí. Compartía sus cargas, y les repetía las lecciones que había aprendido de la naturaleza acerca del amor, la bondad y la benignidad de Dios.

Enseñaba a todos a considerarse dotados de talentos preciosos que, si los empleaban debidamente, les granjearían riquezas eternas. Arrancaba toda vanidad de la vida, y por su propio ejemplo enseñaba que todo momento de tiempo está cargado de resultados eternos; que ha de apreciarse como un tesoro y emplearse con propósitos santos. No pasaba por alto a ningún ser humano como indigno, sino que procuraba aplicar a cada alma el remedio salvador. En cualquier compañía donde se encontrase presentaba una lección apropiada al momento y las circunstancias. Procuraba inspirar esperanza a los más toscos y menos promisorios, presentándoles la seguridad de que podrían llegar a ser sin culpa e inocentes, y adquirir un carácter que los revelase como hijos de Dios. Con frecuencia se encontraba con quienes habían caído bajo el dominio de Satanás y no tenían fuerza para escapar de su lazo. A una persona tal —desalentada, enferma, tentada y caída— Jesús dirigía palabras de la más tierna compasión, palabras que eran necesarias y podían ser comprendidas. A otros encontraba que estaban peleando mano a mano la batalla contra el adversario de las almas. A éstos estimulaba a perseverar, asegurándoles que vencerían; porque los ángeles de Dios estaban de su parte y les darían la victoria. Los que eran así ayudados se convencían de que era un ser en quien podían confiar plenamente. Él no traicionaría los secretos que volcaban en su oído lleno de simpatía.

Jesús sanaba tanto el cuerpo como el alma. Se interesaba en toda forma de sufrimiento que llegase a su conocimiento; y para todo doliente a quien aliviaba, sus palabras bondadosas eran como un bálsamo suavizador. Nadie podía decir que había realizado un milagro; pero una virtud —la fuerza sanadora del amor— emanaba de él hacia los enfermos y angustiados. Así, en una forma discreta, obraba en favor de la gente desde su misma niñez. Esa fue la razón por la cual, después que comenzó su ministerio público, tantos lo escucharon gustosamente.

Sin embargo, durante su niñez, su juventud y su adultez, Jesús anduvo solo. En su pureza y fidelidad, pisó solo el lagar, y ninguno del pueblo estuvo con él. Llevó el espantoso peso de la responsabilidad de salvar a los hombres. Sabía que todos se perderían a menos que hubiese un cambio definido en los principios y los propósitos de la raza humana. Eso era lo que pesaba sobre su alma, y nadie podía apreciar ese peso que descansaba sobre él. Lleno de un propósito intenso, llevó a cabo el designio de su vida: ser él mismo la luz de los hombres.

---

[1] 2 Cor. 8:9. [2] Mat. 23:23. [3] Job 28:28. [4] Sal. 119:9, 11. [5] Sal. 119:1-3. [6] Sal. 119:14-16. [7] Prov. 3:1-4.

CAPÍTULO 10

La voz en el desierto

D E ENTRE los fieles de Israel, quienes por largo tiempo habían esperado la venida del Mesías, surgió el precursor de Cristo. El anciano sacerdote Zacarías y su esposa Elisabet eran "justos delante de Dios"; y en su vida tranquila y santa, la luz de la fe resplandecía como una estrella en medio de las tinieblas de esos días malos. A esta piadosa pareja se le prometió un hijo que iría "delante de la presencia del Señor, para preparar sus caminos".

Zacarías habitaba en una región de "montañas de Judea", pero había subido a Jerusalén para ministrar en el templo durante una semana, según se requería dos veces al año de los sacerdotes de cada turno. "Aconteció que ejerciendo Zacarías el sacerdocio delante de Dios según el orden de su clase, conforme a la costumbre del sacerdocio, le tocó en suerte ofrecer el incienso, entrando en el santuario del Señor".

Estaba de pie delante del altar de oro en el Lugar Santo del santuario. La nube de incienso ascendía delante de Dios con las oraciones de Israel. De repente fue consciente de una presencia divina. Un ángel del Señor estaba "en pie a la derecha del altar". La posición del ángel era una indicación de favor, pero Zacarías no notó eso. Durante muchos años él había orado por la venida del Redentor; y ahora el cielo le había mandado su mensajero para anunciarle que sus oraciones iban a ser contestadas; pero la misericordia de Dios le parecía demasiado grande para creer en ella. Se sentía lleno de temor y condenación propia.

Pero fue saludado con la gozosa seguridad: "No tengas miedo, Zacarías, pues ha sido escuchada tu oración. Tu esposa Elisabet te dará un hijo, y le pondrás por nombre Juan. Tendrás gozo y alegría, y muchos se regocijarán por su nacimiento, porque él será un gran hombre delante del Señor. Jamás tomará vino ni licor, y será lleno del Espíritu Santo... Hará que muchos israelitas se vuelvan al Señor su Dios. E irá primero, delante del Señor, con el espíritu y el poder de Elías, para reconciliar a los padres con los hijos y guiar a los desobedientes a la sabiduría de los justos. De este modo preparará un pueblo bien dispuesto para recibir al Señor. '¿Cómo podré estar seguro de esto? —preguntó Zacarías al ángel—. Ya soy anciano y mi esposa también es de edad avanzada' ".[1]

Zacarías sabía muy bien cómo a Abraham en su vejez se le había dado un hijo porque creyó en la fidelidad de quien había prometido. Pero por un momento el anciano sacerdote gira su pensamiento hacia la debilidad humana. Se olvida de que Dios puede cumplir lo que promete. ¡Qué contraste entre esa incredulidad y la dulce fe infantil de María, la virgen de Nazaret, cuya respuesta al asombroso anuncio del ángel fue: "He aquí la sierva del Señor; hágase conmigo conforme a tu palabra"![2]

El nacimiento del hijo de Zacarías, así como el del hijo de Abraham y el de María, fue para enseñarnos una gran verdad espiritual, una verdad que somos tardos en aprender y rápidos para olvidar. Por nosotros mismos somos incapaces de hacer alguna cosa buena; pero lo que nosotros no podemos hacer será hecho por el poder de Dios en toda alma sumisa y creyente. Fue mediante la fe como fue dado el hijo de la promesa. Es a través de la fe como se engendra la vida espiritual y somos capacitados para hacer las obras de justicia.

A la pregunta de Zacarías, el ángel respondió: "Yo soy Gabriel, que estoy delante de Dios; y he sido enviado a hablarte, y darte estas buenas nuevas". Quinientos años antes Gabriel había dado a conocer a Daniel el período profético que se extendería hasta la venida de Cristo. El conocimiento de que el fin de este período se acercaba, había inducido a Zacarías a orar por el advenimiento del Mesías. Y ahora el mismo mensajero por quien fuera dada la profecía había venido a anunciar su cumplimiento.

Las palabras del ángel —"Yo soy Gabriel, que estoy delante de Dios"— muestran que ocupa un puesto de alto honor en las cortes celestiales. Cuando fue a Daniel con un mensaje, dijo: "Ninguno me ayuda contra ellos, sino Miguel [Cristo] vuestro príncipe". El Salvador habla de Gabriel en el Apocalipsis diciendo que "la declaró enviándola por medio de su ángel a su siervo Juan". Y a Juan, el ángel expresó: "Yo soy consiervo tuyo, de tus hermanos los profetas".[3] ¡Admirable pensamiento, que el ángel que sigue en honor al Hijo de Dios es el escogido para revelar los propósitos de Dios a los hombres pecadores!

Zacarías había expresado duda acerca de las palabras del ángel. No habría de volver a hablar hasta que se cumpliesen. Dijo el ángel: "Ahora quedarás mudo y no podrás hablar, hasta el día en que esto se haga, por cuanto no creíste mis palabras, las cuales se cumplirán a su tiempo". En ese culto el sacerdote debía orar por el perdón de los pecados públicos y nacionales, y por la venida del Mesías; pero cuando Zacarías intentó hacerlo, no pudo pronunciar una palabra.

Saliendo afuera para bendecir al pueblo, "les hablaba por señas, y permaneció mudo". Lo habían esperado mucho tiempo, y empezaban a temer que lo hubiese herido el juicio de Dios. Pero cuando salió del Lugar Santo, su rostro resplandecía con la gloria de Dios, "y comprendieron que había visto visión en el santuario". Zacarías les comunicó lo que había visto y oído; "y cumplidos los días de su ministerio, se fue a su casa".

Poco después del nacimiento del niño prometido, la lengua del padre fue desligada, "y habló bendiciendo a Dios. Y se llenaron de temor todos sus vecinos; y en todas las montañas de Judea se divulgaron todas estas cosas. Y todos los que las oían las guardaban en su corazón, diciendo: ¿Quién, pues, será este niño?" Todo esto tendía a llamar la atención a la venida del Mesías, para la cual Juan había de preparar el camino.

El Espíritu Santo descendió sobre Zacarías, y en estas hermosas palabras profetizó la misión de su hijo:

"¡Y tú, hijito mío, serás llamado profeta del Altísimo!,
porque irás delante del Señor para prepararle el camino.
Darás a conocer a su pueblo la salvación
mediante el perdón de sus pecados,
gracias a la entrañable misericordia de nuestro Dios.
Así nos visitará desde el cielo el sol naciente,
para dar luz a los que viven en tinieblas,

en la más terrible oscuridad,
para guiar nuestros pasos por la senda de la paz".[4]

"Y el niño crecía, y se fortalecía en espíritu; y estuvo en lugares desiertos hasta el día de su manifestación a Israel". Antes que naciera Juan, el ángel había dicho: "Será grande delante de Dios. No beberá vino ni sidra, y será lleno del Espíritu Santo". Dios había llamado al hijo de Zacarías a una gran obra, la mayor que hubiera sido confiada alguna vez a los hombres. Con el fin de ejecutar esa obra, él debía tener al Señor obrando juntamente consigo. Y el Espíritu de Dios estaría con él si prestaba atención a las instrucciones del ángel.

Juan debía salir como mensajero de Jehová para comunicar a los hombres la luz de Dios. Debía dar una nueva dirección a sus pensamientos. Debía impresionarlos con la santidad de los requerimientos de Dios y su necesidad de la perfecta justicia divina. Tal mensajero debía ser santo. Debía ser un templo para que habitara el Espíritu de Dios. Con el fin de cumplir su misión, debía tener una constitución física sana, y fuerza mental y espiritual. Por tanto, le sería necesario dominar sus apetitos y pasiones. Debía ser capaz de dominar todas sus facultades, para poder estar entre los hombres tan inconmovible frente a las circunstancias que lo rodeasen como las rocas y montañas del desierto.

En tiempos de Juan el Bautista, la codicia de riquezas y el amor al lujo y la ostentación se habían difundido extensamente. Los placeres sensuales, banquetes y borracheras estaban ocasionando enfermedades físicas y degeneración, embotando las percepciones espirituales y disminuyendo la sensibilidad al pecado. Juan debía destacarse como reformador. Por medio de una vida abstemia y un ropaje sencillo debía reprobar los excesos de sus días. Tales fueron las directivas dadas a los padres de Juan; una lección de temperancia por parte de un ángel del trono celestial.

En la niñez y la juventud el carácter es más impresionable. Entonces debe adquirirse la facultad del dominio propio. En el hogar y la familia se ejercen influencias cuyos resultados son tan duraderos como la eternidad. Más que cualquier dote natural, los hábitos formados en los primeros años deciden si un hombre vencerá o será vencido en la batalla de la vida. La juventud es el tiempo de la siembra. Determina el carácter de la cosecha, para esta vida y la venidera.

Como profeta, Juan debía "hacer volver los corazones de los padres a los hijos, y de los rebeldes a la prudencia de los justos, para preparar al Señor un pueblo bien dispuesto". Al preparar el camino para la primera venida de Cristo representaba a los que han de preparar un pueblo para la segunda venida de nuestro Señor. El mundo está entregado a la sensualidad. Abundan los errores y las fábulas. Se han multiplicado las trampas de Satanás para destruir a las almas. Todos los que deseen una santidad perfecta en el temor de Dios deben aprender las lecciones de temperancia y dominio propio. Los apetitos y las pasiones deben ser mantenidos sujetos a las facultades superiores de la mente. Esta disciplina propia es esencial para la fuerza mental y la percepción espiritual que nos han de capacitar para comprender y practicar las sagradas verdades de la Palabra de Dios. Por esta razón, la temperancia ocupa un lugar en la obra de prepararnos para la segunda venida de Cristo.

En el orden natural de las cosas, el hijo de Zacarías habría sido educado para el sacerdocio. Pero la educación de las escuelas rabínicas lo habría arruinado para su obra. Dios no lo envió a los maestros de teología para aprender cómo interpretar las Escrituras. Lo llamó al desierto, para que aprendiese de la naturaleza y del Dios de la naturaleza.

Fue en una región solitaria donde halló su hogar, en medio de colinas áridas, desfiladeros salvajes y cuevas rocosas. Pero él mismo eligió dejar a un lado los goces y lujos de la vida y prefirió la severa disciplina del desierto. Allí lo que lo rodeaba era favorable para formar hábitos de sencillez y abnegación. No siendo interrumpido por los clamores del mundo, podía estudiar las lecciones de la naturaleza, la revelación y la Providencia. Las palabras del ángel a Zacarías habían sido repetidas con frecuencia a Juan por sus padres temerosos de Dios. Desde la niñez se le había recordado su misión, y él había aceptado el cometido sagrado. Para él la soledad del desierto era un bienvenido escape de la sociedad en la cual las sospechas, la incredulidad y la impureza lo compenetraban casi todo. Desconfiaba de su propio poder para resistir la tentación, y huía del constante contacto con el pecado con el fin de no perder el sentido de su excesiva pecaminosidad.

Dedicado a Dios como nazareno desde su nacimiento, él mismo hizo voto de consagrar su vida a Dios. Su ropa era la de los antiguos profetas: un manto de pelo de camello, ceñido a sus lomos por un cinturón de cuero. Comía "langostas y miel silvestre" que hallaba en el desierto, y bebía del agua pura de las colinas.

Pero Juan no pasaba la vida en ociosidad, ni en lobreguez ascética o aislamiento egoísta. De vez en cuando salía a mezclarse con los hombres; y siempre fue un observador interesado en lo que sucedía en el mundo. Desde su tranquilo retiro vigilaba el desarrollo de los eventos. Con visión iluminada por el Espíritu divino, estudiaba el carácter de los hombres para poder saber cómo alcanzar los corazones con el mensaje del cielo. Sentía el peso de su misión. En la soledad, por medio de la meditación y la oración, trataba de fortalecer su alma para la carrera que le esperaba.

Aun cuando residía en el desierto, no se veía libre de tentación. En cuanto le era posible, cerraba todas las avenidas por las cuales Satanás podía entrar; aún así, era asaltado por el tentador. Pero sus percepciones espirituales eran claras; había desarrollado fuerza y decisión de carácter, y gracias a la ayuda del Espíritu Santo fue capacitado para detectar los ataques de Satanás y resistir su poder.

Juan halló en el desierto su escuela y santuario. Como Moisés entre las montañas de Madián, se vio cercado por la presencia de Dios y rodeado por las evidencias de su poder. No le tocó morar, como al gran jefe de Israel, entre la solemne majestad de las soledades montañosas; pero delante de él estuvieron las alturas de Moab, al otro lado del Jordán, hablándole del que había asentado con firmeza las montañas y las había rodeado de fortaleza. El aspecto lóbrego y terrible de la naturaleza del desierto donde moraba representaba vívidamente la condición de Israel. La fructífera viña del Señor había llegado a ser un desierto desolado. Pero sobre el desierto los cielos se inclinaban brillantes y hermosos. Las oscuras nubes formadas por la tempestad estaban cruzadas por el arco iris de la promesa. Así también, por encima de la degradación de Israel resplandecía la prometida gloria del reinado del Mesías. Las nubes de ira estaban cruzadas por el arco iris de su pactada misericordia.

A solas, en la noche silenciosa, leía la promesa que Dios hiciera a Abraham de una posteridad tan innumerable como las estrellas. La luz del alba, que doraba las montañas de Moab, le hablaba del que sería "como la luz de la mañana, como el resplandor de sol en una mañana sin nubes". Y en el resplandor del mediodía veía el esplendor de la manifestación de Dios, cuando se "manifestará la gloria de Jehová, y toda carne juntamente la verá".[5]

Con espíritu alegre, aunque asombrado, buscaba en los rollos proféticos las revelaciones de la venida del Mesías: la Simiente prometida que habría de aplastar la cabeza de la serpiente; Siloh, "el pacificador", que aparecería antes que dejase de reinar un rey sobre el trono de David. Ahora había llegado el momento. Un gobernante romano estaba sentado en el palacio del monte Sión. Según la segura Palabra del Señor, el Cristo ya había nacido.

De día y de noche estudiaba las arrobadoras descripciones que hiciera Isaías de la gloria del Mesías: el Retoño de la raíz de Isaí; un Rey que reinaría con justicia, juzgando "con justicia a los desvalidos"; un "resguardo contra la tempestad... la sombra de un peñasco en el desierto"; Israel ya no sería llamada "Abandonada", ni su tierra "Desolada", sino que sería llamada del Señor "Mi Deleite", y su tierra, "Mi Esposa".[6] El corazón del solitario exiliado se henchía de la gloriosa visión.

Miraba al Rey en su hermosura, y se olvidaba de sí mismo. Contemplaba la majestad de la santidad, y se sentía deficiente e indigno. Estaba listo para salir como el mensajero del Cielo, sin temor de lo humano, porque había mirado al Divino. Podía estar de pie y sin temor en presencia de los monarcas terrenales porque se había postrado delante del Rey de reyes.

Juan no comprendía plenamente la naturaleza del reino del Mesías. Esperaba que Israel fuese librado de sus enemigos nacionales; pero el gran objetivo de su esperanza era la venida de un Rey de justicia y el establecimiento de Israel como una nación santa. Así creía que se cumpliría la profecía hecha en ocasión de su nacimiento:

"Al acordarse de su santo pacto...
nos concedió que fuéramos libres del temor,
al rescatarnos del poder de nuestros enemigos,
para que le sirviéramos con santidad y justicia,
viviendo en su presencia todos nuestros días".[7]

Él veía que su pueblo estaba engañado, satisfecho y dormido en sus pecados. Anhelaba despertarlos a una vida más santa. El mensaje que Dios le había dado para que lo proclamase estaba destinado a sacudirlos de su letargo y a hacerlos temblar por su gran maldad. Antes que la semilla del evangelio pudiese alojarse, el suelo del corazón debía ser quebrantado. Antes de que tratasen de obtener sanidad de Jesús, debían ser despertados para ver el peligro de las heridas del pecado.

Dios no envía mensajeros para que adulen al pecador. No da mensajes de paz para arrullar en una seguridad fatal a los que no están santificados. Impone pesadas cargas sobre la conciencia del que hace mal, y atraviesa el alma con flechas de convicción. Los ángeles ministradores le presentan los temibles juicios de Dios para ahondar el sentido de su necesidad e impulsarlo a clamar: "¿Qué debo hacer para ser salvo?" Entonces la mano que humilló en el polvo, levanta al penitente. La voz que reprendió el pecado, y avergonzó el orgullo y la ambición, pregunta con la más tierna simpatía: "¿Qué quieres que te haga?"

Cuando comenzó el ministerio de Juan, la nación estaba en un estado de excitación y descontento rayana en la revolución. Al desaparecer Arquelao, Judea había caído directamente bajo el dominio de Roma. La tiranía y la extorsión de los gobernantes romanos, y sus resueltos esfuerzos para introducir las costumbres y los símbolos paganos, encendieron la rebelión, que fue apagada en la sangre de miles de los más valientes de Israel. Todo esto intensificó el odio nacional contra Roma e incrementó el anhelo de ser libertados de su poder.

En medio de las discordias y las luchas se oyó una voz procedente del desierto, una voz sorprendente y austera, aunque llena de esperanza: "Arrepentíos, porque el reino de los cielos se ha acercado". Con un poder nuevo y extraño, conmovía a la gente. Los profetas habían predicho la venida de Cristo como un acontecimiento del futuro lejano; pero he aquí que se oía un anuncio de que se acercaba. El aspecto singular de Juan hacía recordar a sus oyentes los antiguos videntes. En sus modales e indumentaria se asemejaba al profeta Elías. Con el espíritu y poder de Elías denunciaba la corrupción nacional y reprendía los pecados prevalecientes. Sus palabras eran claras, directas y convincentes. Muchos creían que era uno de los profetas que había resucitado de los muertos. Toda la nación se conmovió. Muchedumbres acudían al desierto.

Juan proclamaba la venida del Mesías e invitaba al pueblo a arrepentirse. Como símbolo de la purificación del pecado los bautizaba en las aguas del Jordán. Así, mediante una lección objetiva muy significativa, declaraba que todos los que pretendían formar parte del pueblo elegido de Dios estaban contaminados por el pecado, y que sin la purificación del corazón y de la vida no podrían tener parte en el reino del Mesías.

Príncipes y rabinos, soldados, publicanos y campesinos acudían para oír al profeta. Por un tiempo, la solemne amonestación de Dios los alarmó. Muchos fueron inducidos a arrepentirse y recibieron el bautismo. Personas de todas las clases sociales se sometieron al requerimiento del Bautista con el fin de participar del reino que anunciaba.

Muchos de los escribas y fariseos vinieron confesando sus pecados y pidiendo el bautismo. Se habían ensalzado como mejores que los otros hombres, y habían inducido a la gente a tener una alta opinión de su piedad; ahora se desenmascaraban los culpables secretos de su vida. Pero el Espíritu Santo hizo comprender a Juan que muchos de esos hombres no tenían una verdadera convicción del pecado. Eran oportunistas. Como amigos del profeta, esperaban hallar favor ante el Príncipe venidero. Y pensaban fortalecer su influencia sobre el pueblo al recibir el bautismo de manos de este joven maestro popular.

Juan les hizo frente con la abrumadora pregunta: "¡Oh generación de víboras! ¿Quién os enseñó a huir de la ira venidera? Haced, pues, frutos dignos de arrepentimiento, y no comencéis a decir dentro de vosotros mismos: Tenemos a Abraham por padre; porque os digo que Dios puede levantar hijos a Abraham aun de estas piedras".

Los judíos habían interpretado erróneamente la promesa de Dios de favorecer eternamente a Israel: "Así ha dicho Jehová, que da el sol para luz del día, las leyes de la luna y de las estrellas para luz de la noche, que parte el mar, y braman sus ondas; Jehová de los ejércitos es su nombre. Si faltaren estas leyes delante de mí, dice Jehová, también la descendencia de Israel faltará para no ser nación delante de mí eternamente. Así ha dicho Jehová: Si los cielos arriba se pueden medir, y explorarse abajo los fundamentos de la tierra, también yo desecharé toda la descendencia de Israel por todo lo que hicieron, dice Jehová". Los judíos consideraban que su descendencia natural de Abraham les daba derecho a esta promesa. Pero pasaban por alto las condiciones que Dios había especificado. Antes de dar la promesa había dicho: "Pondré mi ley en su mente, y la escribiré en su corazón. Yo seré su Dios, y ellos serán mi pueblo... Perdonaré su iniquidad, y nunca más me acordaré de sus pecados".[8]

El favor de Dios se asegura a aquellos en cuyo corazón está escrita su ley. Son uno con él. Pero los judíos se habían separado de Dios. Por causa de sus pecados estaban sufriendo bajo sus juicios. Esta era la causa de su servidumbre a una nación pagana. Las mentes estaban oscurecidas por la transgresión; y porque en tiempos pasados el Señor les había mostrado tan grande favor, disculpaban sus pecados. Se lisonjeaban de que eran mejores que otros hombres, con derecho a las bendiciones de Dios.

Estas cosas "están escritas para amonestarnos a nosotros, a quienes han alcanzado los fines de los siglos".[9] ¡Con cuánta frecuencia interpretamos erróneamente las bendiciones de Dios, y nos lisonjeamos de que somos favorecidos a causa de alguna bondad nuestra! Dios no puede hacer en favor de nosotros lo que anhela hacer. Sus dones son empleados para aumentar nuestra satisfacción propia, y para endurecer nuestro corazón en la incredulidad y el pecado.

Juan declaró a los maestros de Israel que su orgullo, egoísmo y crueldad mostraban que eran una generación de víboras, una maldición mortal para el pueblo, antes que ser los hijos del justo y obediente Abraham. En vista de la luz que habían recibido de Dios, eran peores que los paganos, de quienes se creían tan superiores. Habían olvidado la roca de la cual habían sido cortados, y el hoyo del cual habían sido arrancados. Dios no dependía de ellos para cumplir su propósito. Como había llamado a Abraham de un pueblo pagano, podía llamar a otros a su servicio. Sus corazones podían aparentar ahora estar tan muertos como las piedras del desierto, pero su Espíritu podía vivificarlos para hacer su voluntad y recibir el cumplimiento de su promesa.

El profeta decía: "También el hacha está puesta a la raíz de los árboles; por tanto, todo árbol que no da buen fruto se corta y se echa en el fuego". No por su nombre, sino por sus frutos, se determina el valor de un árbol. Si el fruto no tiene valor, el nombre no puede salvar al árbol de la destrucción. Juan declaró a los judíos que su situación delante de Dios habría de ser decidida por su carácter y su vida. La profesión era inútil. Si su vida y su carácter no estaban en armonía con la ley de Dios, no eran su pueblo.

Bajo sus escrutadoras palabras, sus oyentes quedaron convencidos. Vinieron a él preguntando: "Entonces, ¿qué haremos?" Él contestó: "El que tiene dos túnicas, dé al que no tiene; y el que tiene qué comer, haga lo mismo". Amonestó a los publicanos contra la injusticia, y a los soldados contra la violencia.

Todos los que se hacían súbditos del reino de Cristo, decía él, debían dar evidencia de fe y arrepentimiento. En su vida debía verse bondad, honestidad y fidelidad. Debían atender al necesitado y traer sus ofrendas a Dios. Debían proteger a los indefensos, y dar un ejemplo de virtud y compasión. Así también los seguidores de Cristo darán evidencia del poder transformador del Espíritu Santo. En su vida diaria se notará la justicia, la misericordia y el amor de Dios. De lo contrario, son como el tamo que se arroja al fuego.

Juan dijo: "Yo a la verdad os bautizo en agua para arrepentimiento; pero el que viene tras mí, cuyo calzado yo no soy digno de llevar, es más poderoso que yo; él os bautizará en Espíritu Santo y fuego". El profeta Isaías había declarado que el Señor limpiaría a su pueblo de sus iniquidades "con espíritu de juicio y con espíritu de devastación". La palabra del Señor a Israel era: "Volveré mi mano contra ti, y limpiaré hasta lo más puro tus escorias". Para el pecado, doquiera se encuentre, "nuestro Dios es fuego consumidor". En todos los que se sometan a su poder, el Espíritu de Dios consumirá el pecado. Pero si los hombres se aferran al pecado, llegan a identificarse con él. Entonces la gloria de Dios, que destruye el pecado, debe destruirlos. Jacob, después de su noche de lucha contra el ángel, exclamó: "Vi a Dios cara a cara, y fue librada mi alma". Jacob había sido culpable de un gran pecado en su conducta hacia Esaú; pero se había arrepentido. Su transgresión había sido perdonada y su pecado purificado; por tanto, podía soportar la revelación de la presencia de Dios. Pero siempre que los hombres se presentaron ante Dios mientras albergaban voluntariamente el mal acariciado, fueron destruidos. En la segunda venida de Cristo, los impíos serán consumidos "con el espíritu de su boca" y destruidos "con el resplandor de su venida".[10] La luz de la gloria de Dios, que imparte vida a los justos, matará a los impíos.

En el tiempo de Juan el Bautista, Cristo estaba por presentarse como revelador del carácter de Dios. Su misma presencia haría manifiestos a los hombres sus pecados. Únicamente en la medida en que estuviesen dispuestos a ser purificados de sus pecados podían ellos entrar en comunión con él. Únicamente los limpios de corazón podían morar en su presencia.

Así declaraba el Bautista el mensaje de Dios a Israel. Muchos prestaban oído a su instrucción. Muchos lo sacrificaban todo con el fin de obedecer. Multitudes seguían de lugar en lugar a ese nuevo maestro, y no pocos abrigaban la esperanza de que fuera el Mesías. Pero al ver Juan que el pueblo se volvía hacia él, buscaba toda oportunidad de dirigir su fe hacia el que había de venir.

---

[1] Luc. 1:18, NVI. [2] Luc. 1:38. [3] Dan. 10:21; Apoc. 1:1; 22:9. [4] Luc. 1:79, NVI. [5] 2 Sam. 23:4; Isa. 40:5. [6] Isa. 11:4; 32:2; 62:4, NVI. [7] Luc. 1:72, NVI. [8] Jer. 31:35-37; 33, 34, NVI. [9] 1 Cor. 10:11. [10] Mat. 3:11; Isa. 4:4; 1:25; Heb. 12:29; Gén. 32:30; 2 Tes. 2:8.

Capítulo 11

El bautismo

L AS NOTICIAS referentes al profeta del desierto y su maravillosa predicación cundieron por toda Galilea. El mensaje alcanzó a los campesinos de las aldeas montañosas más remotas y a los pescadores que vivían a orillas del mar; y en sus corazones sencillos y fervientes halló la más sincera respuesta. En Nazaret se contó en la carpintería que había sido de José, y Uno reconoció el llamado. Había llegado su tiempo. Dejando su trabajo diario, se despidió de su madre y siguió en las huellas de sus compatriotas que acudían al Jordán.

Jesús y Juan el Bautista eran primos, estrechamente relacionados por las circunstancias de su nacimiento; sin embargo no habían tenido relación directa. La vida de Jesús había transcurrido en Nazaret de Galilea; la de Juan, en el desierto de Judea. En un ambiente muy diferente habían vivido recluidos, sin comunicarse el uno con el otro. La Providencia lo había ordenado así. No debía haber ocasión alguna de acusarlos de haber conspirado juntos para sostener mutuamente sus pretensiones.

Juan conocía los eventos que habían señalado el nacimiento de Jesús. Había oído hablar de la visita a Jerusalén en su infancia, y de lo que había sucedido en la escuela de los rabinos. Conocía la vida sin pecado de Jesús, y creía que era el Mesías; pero no tenía una seguridad positiva de ello. El hecho de que Jesús había estado por tantos años en la oscuridad, sin dar ninguna evidencia especial de su misión, daba ocasión a dudar de que fuese el Ser prometido. Sin embargo, el Bautista esperaba con fe, sabiendo que al tiempo señalado por Dios todo quedaría aclarado. Se le había revelado que el Mesías vendría a pedirle el bautismo, y entonces se le daría una señal de su carácter divino. Así estaría en condiciones de presentarlo al pueblo.

Cuando Jesús vino para ser bautizado, Juan reconoció en él una pureza de carácter que nunca había percibido en nadie. La misma atmósfera de su presencia era santa e inspiraba reverencia. Entre las multitudes que lo habían rodeado en el Jordán, Juan había oído sombríos relatos de crímenes y conocido a almas agobiadas por miríadas de pecados; pero nunca había estado en contacto con un ser humano que irradiase una influencia tan divina. Todo eso estaba en armonía con lo que le había sido revelado acerca del Mesías. Sin embargo, vacilaba en hacer lo que le pedía Jesús. ¿Cómo podía él, pecador, bautizar al Inmaculado? ¿Y por qué debía someterse el que no necesitaba arrepentimiento a un rito que era una confesión de culpabilidad que debía ser lavada?

Cuando Jesús pidió el bautismo, Juan quiso negárselo, exclamando: "Yo necesito ser bautizado por ti, ¿y tú vienes a mí?" Con firme aunque suave autoridad, Jesús contestó: "Deja ahora, porque así conviene que cumplamos toda justicia". Y Juan, cediendo, condujo al Salvador al agua del Jordán y lo sepultó en ella. "Y Jesús, después que fue bautizado, subió luego del agua; y he aquí los cielos le fueron abiertos, y vio al Espíritu de Dios que descendía como paloma, y venía sobre él".

Jesús no recibió el bautismo como una confesión de culpabilidad propia. Se identificó con los pecadores, dando los pasos que debemos dar y haciendo la obra que debemos hacer. Su vida de sufrimiento y paciente tolerancia después de su bautismo fue también un ejemplo para nosotros.

Después de salir del agua, Jesús se arrodilló en oración a orillas del río. Se estaba abriendo ante él una era nueva e importante. De una manera más amplia, estaba entrando en el conflicto de su vida. Aunque era el Príncipe de Paz, su venida iba a ser como el acto de desenvainar una espada. El reino que había venido a establecer era lo opuesto de lo que los judíos deseaban. El que era el fundamento del ritual y la economía de Israel iba a ser considerado como su enemigo y destructor. El que había proclamado la ley en el Sinaí iba a ser condenado como transgresor. El que había venido para quebrantar el poder de Satanás sería denunciado como Belcebú. Nadie en la tierra lo había comprendido, y durante su ministerio debía continuar andando solo. Durante toda su vida, su madre y sus hermanos no comprendieron su misión. Ni aun sus discípulos lo comprendieron. Había morado en la luz eterna, siendo uno con Dios, pero su vida terrenal debía ser vivida en soledad.

Como uno de nosotros, debía llevar la carga de nuestra culpabilidad y desgracia. El Ser sin pecado debía sentir la vergüenza del pecado. El amante de la paz debía habitar con la disensión, la verdad debía morar con la mentira, la pureza con la vileza. Todo pecado, toda discordia y toda concupiscencia contaminante que la transgresión había producido era una tortura para su espíritu.

Debía hollar solo la senda; debía llevar solo la carga. Sobre el que había depuesto su gloria y aceptado la debilidad de la humanidad debía descansar la redención del mundo. Él lo veía y sentía todo, pero su propósito permanecía firme. De su brazo dependía la salvación de la raza caída, y extendió su mano para asir la mano del Amor omnipotente.

La mirada del Salvador parece penetrar el cielo mientras vuelca los anhelos de su alma en oración. Bien sabe él cómo el pecado endureció el corazón de los hombres, y cuán difícil les será discernir su misión y aceptar el don de la salvación. Intercede ante el Padre con el fin de obtener poder para vencer su incredulidad, para romper las ligaduras con que Satanás los encadenó, y para vencer en su favor al destructor. Pide el testimonio de que Dios acepta la humanidad en la persona de su Hijo.

Nunca antes habían escuchado los ángeles semejante oración. Ellos anhelan llevar a su amado Comandante un mensaje de seguridad y consuelo. Pero no; el Padre mismo contestará la petición de su Hijo. Directamente del trono emite los rayos de su gloria. Los cielos se abren, y sobre la cabeza del Salvador desciende una forma de paloma de la luz más pura, emblema adecuado del Manso y Humilde.

Entre la vasta muchedumbre que estaba congregada a orillas del Jordán, pocos, además de Juan, discernieron la visión celestial. Sin embargo, la solemnidad de la Presencia divina embargó la asamblea. El pueblo se quedó mirando silenciosamente a Cristo. Su persona estaba bañada de la luz que rodea siempre el trono de Dios. Su rostro dirigido hacia arriba estaba glorificado como nunca antes habían visto ningún rostro humano. De los cielos abiertos se oyó una voz que decía: "Este es mi Hijo amado, en quien tengo complacencia".

Estas palabras de confirmación fueron dadas para inspirar fe en quienes presenciaban la escena y fortalecer al Salvador para su misión. A pesar de que los pecados de un mundo culpable serían colocados sobre Cristo, a pesar de la humillación de tomar sobre sí nuestra naturaleza caída, la voz del cielo lo declaró Hijo del Eterno.

Juan había quedado profundamente conmovido al ver a Jesús postrarse como suplicante para pedir con lágrimas la aprobación del Padre. Al rodearlo la gloria de Dios y oírse la voz del cielo, Juan reconoció la señal que Dios le había prometido. Sabía que era el Redentor del mundo a quien había bautizado. El Espíritu Santo descendió sobre él, y extendiendo la mano señaló a Jesús y exclamó: "He aquí el Cordero de Dios, que quita el pecado del mundo".[1]

Nadie de entre los oyentes, ni aun el que las pronunció, discernió el verdadero significado de esas palabras: "el Cordero de Dios". Abraham, sobre el monte Moriah, había oído la pregunta de su hijo: "Padre mío... ¿dónde está el cordero para el holocausto?" El padre contestó: "Dios se proveerá de cordero para el holocausto, hijo mío". Y en el carnero divinamente provisto en lugar de Isaac, Abraham vio un símbolo del que había de morir por los pecados de los hombres. El Espíritu Santo, mediante Isaías, repitiendo la ilustración, profetizó del Salvador: "Como cordero fue llevado al matadero", "Jehová cargó en él el pecado de todos nosotros";[2] pero los hijos de Israel no habían comprendido la lección. Muchos de ellos consideraban los sacrificios de una manera muy semejante a la forma en que miraban sus sacrificios los paganos: como dones por cuyo medio podían propiciar a la Deidad. Dios deseaba enseñarles que el don que los reconcilia con él proviene de su amor.

Y las palabras dichas a Jesús a orillas del Jordán —"Este es mi Hijo amado, en quien tengo complacencia"— abarcan a toda la humanidad. Dios habló a Jesús como nuestro representante. No obstante todos nuestros pecados y debilidades, como desechados como inútiles. Él "nos hizo aceptos en el Amado".[3] La gloria que descansó sobre Jesús es una prenda del amor de Dios hacia nosotros. Nos habla del poder de la oración; de cómo la voz humana puede llegar al oído de Dios, y ser aceptadas nuestras peticiones en los atrios celestiales. Por causa del pecado, la tierra fue separada del cielo y alienada de su comunión; pero Jesús la ha conectado otra vez con la esfera de gloria. Su amor ha rodeado al hombre y alcanzado el más alto cielo. La luz que cayó desde los portales abiertos sobre la cabeza de nuestro Salvador, caerá sobre nosotros mientras oramos por ayuda para resistir la tentación. La voz que habló a Jesús dice a toda alma creyente: "Este es mi hijo amado, en quien tengo complacencia".

"Amados, ahora somos hijos de Dios, y aun no se ha manifestado lo que hemos de ser; pero sabemos que cuando él se manifieste, seremos semejantes a él, porque lo veremos tal como él es". Nuestro Redentor ha abierto el camino, de manera que el más pecaminoso, el más menesteroso, el más oprimido y despreciado, puede hallar acceso al Padre. Todos pueden tener un hogar en las mansiones que Jesús ha ido a preparar. "Esto dice el Santo, el Verdadero, el que tiene la llave de David, el que abre y ninguno cierra, y cierra y ninguno abre... He aquí, he puesto delante de ti una puerta abierta, la cual nadie puede cerrar".[4]

---

[1] Juan 1:29. [2] Gén. 22:7, 8; Isa. 53:7, 6. [3] Efe. 1:6. [4] 1 Juan 3:2; Apoc. 3:7, 8.

CAPÍTULO 12

La tentación

"JESÚS, lleno del Espíritu Santo, volvió del Jordán, y fue llevado por el Espíritu al desierto". Las palabras de Marcos son aun más significativas. Él dice: "Luego el Espíritu lo impulso al desierto. Y estuvo allí en el desierto cuarenta días, y era tentado por Satanás, y estaba con las fieras". "Y no comió nada en aquellos días".

Cuando Jesús fue llevado al desierto para ser tentado, fue llevado por el Espíritu de Dios. Él no invitó a la tentación. Fue al desierto para estar solo, para contemplar su misión y su obra. Por medio del ayuno y la oración debía fortalecerse para andar en la senda ensangrentada que iba a recorrer. Pero Satanás sabía que el Salvador había ido al desierto, y pensó que esa era la mejor ocasión para atacarlo.

Grandes eran para el mundo los asuntos que estaban en juego en el conflicto entre el Príncipe de luz y el caudillo del reino de las tinieblas. Después de inducir al hombre a pecar, Satanás reclamó la tierra como suya, y él se nombró a sí mismo príncipe de este mundo. Habiendo conformado a su propia naturaleza al padre y a la madre de nuestra raza, pensó establecer aquí su imperio. Declaró que los hombres lo habían elegido como soberano suyo. Mediante su dominio de los hombres dominaba el mundo. Cristo había venido para refutar la pretensión de Satanás. Como el Hijo del hombre, Cristo habría de permanecer leal a Dios. Así se mostraría que Satanás no había obtenido completo dominio de la raza humana, y que su pretensión al reino del mundo era falsa. Todos los que deseasen liberación de su poder podrían ser librados. El dominio que Adán había perdido por causa del pecado sería recuperado.

Desde el anuncio a la serpiente en el Edén —"Pondré enemistad entre ti y la mujer, y entre tu simiente y la simiente suya"—,[1] Satanás sabía que no ejercía dominio absoluto sobre el mundo. Veía en los hombres la obra de un poder que resistía a su autoridad. Con intenso interés consideró los sacrificios ofrecidos por Adán y sus hijos. En esas ceremonias discernía el símbolo de la comunión entre la tierra y el cielo. Se dedicó a interceptar esa comunión. Representó falsamente a Dios, y malinterpretó los ritos que señalaban al Salvador. Los hombres fueron inducidos a temer a Dios como a un ser que se deleitaba en la destrucción. Los sacrificios que debían haber revelado su amor eran ofrecidos únicamente para apaciguar su ira. Satanás excitaba las malas pasiones de los hombres con el fin de asegurar su dominio sobre ellos. Cuando fue dada la palabra escrita de Dios, Satanás estudió las profecías del advenimiento del Salvador. De generación en generación trabajó para cegar a la gente acerca de esas profecías, con el fin de que rechazase a Cristo en ocasión de su venida.

Al nacer Jesús, Satanás supo que había venido un Ser comisionado divinamente para disputarle su dominio. Tembló al oír el mensaje del ángel que atestiguaba la autoridad del Rey recién nacido. Satanás conocía muy bien la posición que Cristo había ocupado en el cielo como amado del Padre. Que el Hijo de Dios viniese a esta tierra como hombre lo llenaba de asombro y aprensión. No podía sondear el misterio de este gran sacrificio. Su alma egoísta no podía comprender tal amor por la raza engañada. La gloria y la paz del cielo, y el gozo de la comunión con Dios, eran débilmente comprendidos por los hombres; pero eran bien conocidos para Lucifer, el querubín cubridor. Puesto que había perdido el cielo, estaba resuelto a vengarse haciendo participar a otros de su caída. Esto lo lograría induciéndolos a menospreciar las cosas celestiales y a poner sus afectos en las terrenales.

No sin obstáculos iba el Comandante del cielo a ganar las almas de los hombres para su reino. Desde su infancia en Belén fue continuamente asaltado por el maligno. La imagen de Dios se manifestaba en Cristo, y en los concilios de Satanás se había resuelto vencerlo. Ningún ser humano había venido al mundo y escapado del poder del engañador. Las fuerzas de la confederación del mal asediaban su senda para entablar guerra contra él y, si era posible, prevalecer sobre él.

En ocasión del bautismo del Salvador, Satanás se hallaba entre los testigos. Vio la gloria del Padre que descansaba sobre su Hijo. Oyó la voz de Jehová atestiguar la divinidad de Jesús. Desde el pecado de Adán, la especie humana había estado privada de la comunión directa con Dios; el trato entre el cielo y la tierra se había realizado a través de Cristo; pero ahora que Jesús había venido "en semejanza de carne de pecado",[2] el Padre mismo habló. Antes se había comunicado con la humanidad *a través de* Cristo; ahora se comunicaba con la humanidad *en* Cristo. Satanás había esperado que el aborrecimiento de Dios del mal produjera una eterna separación entre el cielo y la tierra. Pero ahora era evidente que la conexión entre Dios y el hombre había sido restaurada.

Satanás vio que debía vencer o ser vencido. Los asuntos del conflicto involucraban demasiado para ser confiados a sus ángeles confederados. Debía dirigir personalmente la guerra. Todas las energías de la apostasía se unieron contra el Hijo de Dios. Cristo fue hecho el blanco de toda arma del infierno.

Muchos consideran este conflicto entre Cristo y Satanás como si no tuviese una importancia especial para su propia vida; y para ellos tiene poco interés. Pero esta controversia se repite en el dominio de todo corazón humano. Nunca sale uno de las filas del mal para entrar en el servicio de Dios sin arrostrar los asaltos de Satanás. Las seducciones que Cristo resistió son las mismas que nosotros encontramos tan difíciles de resistir. Le fueron infligidas en un grado tanto mayor cuanto más elevado es su carácter que el nuestro. Llevando sobre sí el terrible peso de los pecados del mundo, Cristo resistió la prueba del apetito, del amor al mundo y del amor a la ostentación que conduce a la presunción. Estas fueron las tentaciones que vencieron a Adán y Eva, y que tan fácilmente nos vencen a nosotros.

Satanás había señalado el pecado de Adán como prueba de que la ley de Dios era injusta, y que no podía ser obedecida. En nuestra humanidad, Cristo subsanaría el fracaso de Adán. Pero cuando Adán fue asaltado por el tentador, no pesaba sobre él ninguno de los afectos del pecado. Gozaba de la fortaleza de una virilidad perfecta, y poseía pleno vigor de mente y cuerpo. Estaba rodeado por las glorias del Edén, y se hallaba en comunión diaria con los seres celestiales. No sucedió lo mismo con Jesús cuando entró en el desierto para luchar contra Satanás. Durante 4.000 años la familia humana había estado perdiendo fuerza física, poder mental y valor moral; y Cristo tomó sobre sí las flaquezas de la humanidad degenerada. Únicamente así podía rescatar al hombre de las profundidades más hondas de su degradación.

Muchos sostienen que era imposible que Cristo fuese vencido por la tentación. En tal caso no podría haberse hallado en la posición de Adán; no podría haber obtenido la victoria que Adán falló en ganar. Si en algún sentido nosotros tuviésemos que soportar un conflicto más difícil que el que Cristo tuvo que soportar, entonces él no estaría capacitado para socorrernos. Pero nuestro Salvador tomó la humanidad con todas sus desventajas. Tomó la naturaleza humana con la posibilidad de ceder a la tentación. No tenemos que sobrellevar nada que él no haya soportado.

Para Cristo, como para la santa pareja del Edén, el apetito fue el terreno de la primera gran tentación. Precisamente donde empezó la ruina debe empezar la obra de nuestra redención. Así como Adán cayó por complacer el apetito, así Cristo debía vencer por sobreponerse al apetito. "Y después de haber ayunado cuarenta días y cuarenta noches, tuvo hambre. Y fue a él el tentador y le dijo: Si eres Hijo de Dios, di que estas piedras se conviertan en pan. Él respondió y dijo: Escrito está: No sólo de pan vivirá el hombre, sino de toda palabra que sale de la boca de Dios".

Desde el tiempo de Adán hasta el de Cristo la complacencia de los deseos propios había aumentado el poder de los apetitos y pasiones, hasta que tenían un dominio casi ilimitado. Así los hombres se habían degradado y degenerado, y por sí mismos les era imposible vencer. Cristo venció, en favor del hombre, soportando la prueba más severa. Por nuestra causa ejerció un dominio propio más fuerte que el hambre o la muerte. Y esa primera victoria involucraba otros asuntos incluidos en todos nuestros conflictos con las potestades de las tinieblas.

Cuando Jesús entró en el desierto fue rodeado por la gloria del Padre. Absorto en la comunión con Dios, se sintió elevado por encima de las debilidades humanas. Pero la gloria se apartó de él y fue dejado para luchar contra la tentación. Ésta lo apremiaba en todo momento. Su naturaleza humana rehuía el conflicto que le aguardaba. Durante 40 días ayunó y oró. Débil y demacrado por el hambre, maciliento y agotado por la agonía mental, "fue desfigurado de los hombres su parecer, y su hermosura más que la de los hijos de los hombres".[3] Entonces Satanás vio su oportunidad. Supuso que podía vencer a Cristo.

Como si fuera una respuesta a sus oraciones, se presentó ante el Salvador un ser que parecía un ángel del cielo. Aseveró haber sido comisionado por Dios para declarar que el ayuno de Cristo había terminado. Así como Dios había enviado un ángel para detener la mano de Abraham con el fin de que no sacrificase a Isaac, así también, satisfecho con la buena disposición de Cristo para entrar en la senda ensangrentada, el Padre había enviado un ángel para librarlo; tal era el mensaje traído a Jesús. El Salvador se hallaba debilitado por el hambre, y deseaba con vehemencia alimentos, cuando Satanás se le apareció repentinamente. Señalando las piedras que estaban esparcidas por el desierto, y que tenían la apariencia de panes, el tentador dijo: "Si eres Hijo de Dios, di que estas piedras se conviertan en pan".

Aunque se presentó como un ángel de luz, sus primeras palabras delataron su carácter. "Si eres Hijo de Dios". En ellas se insinuaba la desconfianza. Si Jesús hubiese hecho lo que Satanás sugería, habría aceptado la duda. El tentador se proponía derrotar a Cristo de la misma manera en que había tenido tanto éxito con la raza humana en el principio. ¡Cuán arteramente se había acercado Satanás a Eva en el Edén! "¿Conque Dios os ha dicho: No comáis de todo árbol del huerto?"[4] Hasta ahí las palabras del tentador eran verdad; pero en su manera de expresarlas se disfrazaba el desprecio por la palabra de Dios. Había una negativa encubierta, una duda de la veracidad divina. Satanás trató de introducir en la mente de Eva el pensamiento de que Dios no haría lo que había dicho; que el privarlos de una fruta tan hermosa contradecía su amor y compasión por el hombre. Así también el tentador trató de inspirar a Cristo sus propios sentimientos. "Si eres Hijo de Dios". Las palabras repercuten con amargura en su mente. En los tonos de su voz hay una expresión de completa incredulidad. ¿Habría de tratar Dios así a su propio Hijo? ¿Lo dejaría en el desierto con las fieras, sin alimento, sin compañías, sin consuelo? Le insinúa que Dios nunca quiso que su Hijo estuviese en tal estado. "Si eres el Hijo de Dios" muéstrame tu poder aliviándote a ti mismo de esta hambre apremiante. Ordena que estas piedras se transformen en pan.

Las palabras del Cielo —"Este es mi Hijo amado, en quien tengo complacencia"—[5] resonaban todavía en los oídos de Satanás. Pero estaba resuelto a hacer dudar a Cristo de ese testimonio. La palabra de Dios era para Cristo la garantía de su misión divina. Él había venido para vivir como hombre entre los hombres, y esa palabra declaraba su conexión con el cielo. Era el propósito de Satanás hacerle dudar de esa palabra. Si la confianza de Cristo en Dios podía ser quebrantada, Satanás sabía que obtendría la victoria en todo el conflicto. Vencería a Jesús. Esperaba que bajo el imperio de la desesperación y el hambre extrema, Cristo perdiera la fe en su Padre y obrase un milagro en su propio favor. Si lo hubiera hecho, habría malogrado el plan de salvación.

Cuando Satanás y el Hijo de Dios se encontraron por primera vez en conflicto, Cristo era el comandante de las huestes celestiales; y Satanás, el caudillo de la rebelión del cielo, fue echado afuera. Ahora su condición está aparentemente invertida, y Satanás se aprovecha de su supuesta ventaja. Uno de los ángeles más poderosos, dice, ha sido desterrado del cielo. El aspecto de Jesús indica que es ese ángel caído, abandonado por Dios y los hombres. Un ser divino podría sostener su pretensión realizando un milagro: "Si eres Hijo de Dios, di que estas piedras se conviertan en pan". Un acto tal de poder creador, insiste el tentador, sería una evidencia concluyente de su divinidad. Pondría término a la controversia.

No sin luchar pudo Jesús escuchar en silencio al supremo engañador. Pero el Hijo de Dios no habría de probar su divinidad a Satanás, ni explicar la razón de su humillación. Si accedía a las demandas del rebelde no ganaría nada para el bien del hombre o la gloria de Dios. Si Cristo obraba de acuerdo con la sugerencia del enemigo, Satanás habría dicho aún: "Muéstrame una señal para que crea que eres el Hijo de Dios". La evidencia habría sido inútil para quebrantar el poder de la rebelión en su corazón. Y Cristo no debía ejercer el poder divino para su propio beneficio. Había venido para soportar la prueba como debemos soportarla nosotros, dejándonos un ejemplo de fe y sumisión. Ni en esta ocasión, ni en ninguna otra ulterior en su vida terrenal, realizó él un milagro en favor de sí mismo. Todas sus obras admirables fueron hechas para el bien de otros. Aunque Jesús reconoció a Satanás desde el principio, no se sintió provocado a entrar en controversia con él. Fortalecido por el recuerdo de la voz del cielo, se apoyó en el amor de su Padre. No quiso parlamentar con la tentación.

Jesús hizo frente a Satanás con las palabras de la Escritura. Dijo: "Escrito está". En toda tentación, el arma de su lucha era la Palabra de Dios. Satanás exigía de Cristo un milagro como señal de su divinidad. Pero aquello que es mayor que todos los milagros, una firme confianza en un "Así dice Jehová", era una señal que no podía ser controvertida.

Mientras Cristo se mantuviera en esa posición, el tentador no podría obtener ventaja alguna.

Fue en el momento de mayor debilidad cuando Cristo fue asaltado por las tentaciones más fieras. Así Satanás pensaba prevalecer. Por medio de este método había obtenido la victoria sobre los hombres. Cuando faltaba la fuerza, la voluntad se debilitaba y la fe dejaba de reposar en Dios, entonces los que habían estado por mucho tiempo y valientemente de parte de lo recto eran vencidos. Moisés se hallaba cansado por los 40 años de peregrinación de Israel cuando por un momento su fe dejó de asirse del poder infinito. Fracasó en los mismos límites de la tierra prometida. Así también sucedió con Elías, que había permanecido indómito delante del rey Acab y había hecho frente a toda la nación de Israel, encabezada por los 450 profetas de Baal. Después de aquel terrible día pasado sobre el Carmelo, cuando se había dado muerte a los falsos profetas y el pueblo había declarado su fidelidad a Dios, Elías huyó para salvar su vida ante las amenazas de la idólatra Jezabel. Así se había aprovechado Satanás de la debilidad de la humanidad. Y aun hoy sigue obrando de la misma manera. Siempre que una persona esté rodeada de nubes, se halle perpleja por las circunstancias, o afligida por la pobreza o la angustia, Satanás está listo para tentarla y molestarla. Ataca los puntos débiles de nuestro carácter. Trata de destruir nuestra confianza en Dios porque él permite que exista tal estado de cosas. Nos vemos tentados a desconfiar de Dios y a poner en duda su amor. Muchas veces el tentador viene a nosotros como fue a Cristo, desplegando delante de nosotros nuestras debilidades y flaquezas. Espera desalentar al alma y quebrantar nuestra confianza en Dios. Entonces está seguro de su presa. Si nosotros le hiciéramos frente como lo hizo Jesús, evitaríamos muchas derrotas. Si parlamentamos con el enemigo, le damos ventaja.

Cuando Cristo dijo al tentador: "No sólo de pan vivirá el hombre, sino de toda palabra que sale de la boca de Dios", repitió las palabras que más de catorce siglos antes había hablado a Israel: "Te acordarás de todo el camino por donde te ha traído Jehová tu Dios estos cuarenta años en el desierto... y te afligió, y te hizo tener hambre, y te sustentó con maná, comida que no conocías tú, ni tus padres la habían conocido; para hacerte saber que no sólo de pan vivirá el hombre, mas de todo lo que sale de la boca de Jehová vivirá el hombre".[6] En el desierto, cuando todos los medios de sustento se habían agotado, Dios envió a su pueblo maná del cielo, y en una provisión suficiente y constante. Dicha provisión debía enseñarles que mientras confiasen en Dios y anduviesen en sus caminos, él no los abandonaría. El Salvador puso ahora en práctica la lección que había enseñado a Israel. La palabra de Dios había dado socorro a la hueste hebrea, y la misma palabra se lo daría también a Jesús. Esperó el tiempo en que Dios habría de traerle alivio. Se hallaba en el desierto en obediencia a Dios, y no iba a obtener alimentos siguiendo las sugerencias de Satanás. En presencia del universo testificó que es una calamidad menor sufrir lo que venga que apartarse en un ápice de la voluntad de Dios.

"No sólo de pan vivirá el hombre, sino de toda palabra que sale de la boca de Dios". Muchas veces el que sigue a Cristo se ve colocado en donde no puede servir a Dios y llevar adelante sus empresas mundanales. Tal vez le parezca que la obediencia a algún claro requerimiento de Dios lo privará de sus medios de sostén. Satanás quisiera hacerle creer que debe sacrificar las convicciones de su conciencia. Pero en lo único que podemos confiar en este mundo es en la Palabra de Dios. "Buscad primeramente el reino de Dios y su justicia, y todas estas cosas os serán añadidas".[7] Aun en esta vida no puede beneficiarnos el apartarnos de la voluntad de nuestro Padre celestial. Cuando aprendamos a conocer el poder de su palabra no seguiremos las sugerencias de Satanás para obtener alimento o salvar nuestra vida. Lo único que preguntaremos será: "¿Cuál es la orden de Dios? ¿Cuál es su promesa?" Conociéndolas, obedeceremos la primera y confiaremos en la segunda.

En el último gran conflicto de la controversia con Satanás, los que sean leales a Dios se verán privados de todo apoyo terrenal. Porque se niegan a violar su ley en obediencia a los poderes terrenales, se les prohibirá comprar o vender. Finalmente será decretado que se les dé muerte.[8] Pero al obediente se le da la promesa: "Habitará en las alturas; fortalezas de rocas serán su lugar de refugio; se le dará su pan, y sus aguas serán seguras". Los hijos de Dios vivirán por esta promesa. Serán alimentados cuando la tierra esté asolada por el hambre. "No serán avergonzados en el mal tiempo, y en los días de hambre serán saciados". El profeta Habacuc previó ese tiempo de angustia, y sus palabras expresan la fe de la iglesia: "Aunque la higuera no florezca, ni en las vides haya frutos; aunque falte el producto del olivo, y los labrados no den mantenimiento, y las ovejas sean quitadas de la majada, y no haya vacas en los corrales; con todo, yo me alegraré en Jehová, y me gozaré en el Dios de mi salvación".[9]

De todas las lecciones que se desprenden de la primera gran tentación de nuestro Señor, ninguna es más importante que la relacionada con el dominio de los apetitos y las pasiones. En todas las edades, las tentaciones que excitan la naturaleza física han sido las más eficaces para corromper y degradar a la humanidad. Mediante la intemperancia, Satanás obra para destruir las facultades mentales y morales que Dios dio al hombre como un don inapreciable. Así viene a ser imposible para los hombres apreciar las cosas de valor eterno. Mediante la indulgencia carnal, Satanás trata de borrar del alma todo vestigio de semejanza divina.

La indulgencia descontrolada y la enfermedad y degradación consiguientes, que existían en tiempos de la primera venida de Cristo, existirán, con incremento de maldad, antes de su segunda venida. Cristo declara que la condición del mundo será como en los días anteriores al diluvio, y como en tiempos de Sodoma y Gomorra. Toda imaginación de los pensamientos del corazón será de continuo el mal. Estamos viviendo en vísperas de ese tiempo pavoroso, y la lección del ayuno del Salvador debe grabarse en nuestro corazón. Únicamente por medio de la indecible angustia que soportó Cristo podemos evaluar el mal de la gratificación sin freno. Su ejemplo demuestra que nuestra única esperanza de vida eterna consiste en sujetar los apetitos y las pasiones a la voluntad de Dios.

En nuestra propia fortaleza nos es imposible negarnos a los clamores de nuestra naturaleza caída. A través de este canal Satanás nos presentará tentaciones. Cristo sabía que el enemigo se acercaría a todo ser humano para aprovecharse de las debilidades hereditarias y entrampar, mediante sus falsas insinuaciones, a todos los que no confían en Dios. Y recorriendo el terreno que el hombre debe recorrer, nuestro Señor ha preparado el camino para que venzamos. No es su voluntad que seamos puestos en desventaja en el conflicto con Satanás. No quiere que nos intimiden ni desalienten los asaltos de la serpiente. Dice: "Tened buen ánimo; yo he vencido al mundo".[10]

Considere al Salvador en el desierto de la tentación todo aquel que lucha contra el poder del apetito. Véalo en su agonía sobre la cruz cuando exclamó: "Sed tengo".[11] Él padeció todo lo que nos puede tocar sufrir. Su victoria es nuestra.

Jesús confió en la sabiduría y fuerza de su Padre celestial. Declara: "Jehová el Señor me ayudará; por tanto no me avergoncé... y sé que no seré avergonzado... He aquí que Jehová el Señor me ayudará". Llamando la atención a su propio ejemplo, él nos dice:

'¿Quién hay de entre vosotros que teme a Jehová...? El que anda en tinieblas y carece de luz, confíe en el nombre de Jehová, y apóyese en su Dios'".[12]

Jesús dice: "Viene el príncipe de este mundo, y él nada tiene en mí".[13] No había en él nada que respondiera a los sofismas de Satanás. Él no consintió en pecar. Ni siquiera por medio de un pensamiento cedió a la tentación. Así también podemos hacer nosotros. La humanidad de Cristo estaba unida con la divinidad; fue hecho idóneo para el conflicto mediante la permanencia del Espíritu Santo en él. Y él vino para hacernos participantes de la naturaleza divina. Mientras estemos unidos con él por la fe, el pecado no tendrá dominio sobre nosotros. Dios extiende su mano para alcanzar la mano de nuestra fe y dirigirla a asirse de la divinidad de Cristo, con el fin de que nuestro carácter pueda alcanzar la perfección.

Y Cristo nos mostró cómo puede lograrse esto. ¿Por medio de qué venció él en el conflicto con Satanás? Por medio de la Palabra de Dios. Sólo por medio de la Palabra pudo resistir la tentación. Dijo: "Escrito está". Y a nosotros "nos ha dado preciosas y grandísimas promesas, para que por ellas [llegásemos] a ser participantes de la naturaleza divina, habiendo huido de la corrupción que hay en el mundo a causa de la concupiscencia". Toda promesa de la Palabra de Dios nos pertenece. Hemos de vivir de "toda palabra que sale de la boca de Dios". Cuando seamos asaltados por las tentaciones, no miremos las circunstancias o nuestra debilidad, sino el poder de la Palabra. Toda su fuerza es nuestra. Dice el salmista: "En mi corazón he guardado tus dichos, para no pecar contra ti". "Por la palabra de tus labios yo me he guardado de las sendas de los violentos".[14]

---

[1] Gén. 3:15. [2] Rom. 8:3. [3] Isa. 52:14. [4] Gén. 3:1. [5] Mat. 3:17. [6] Deut. 8:2, 3. [7] Mat. 6:33. [8] Ver Apoc. 13:11-17 y NOTA 1 del Apéndice. [9] Isa. 33:16; Sal. 37:19; Hab. 3:17, 18. [10] Juan 16:33, VM. [11] Juan 19:28, VM. [12] Isa. 50:7-10. [13] Juan 14:30. [14] 2 Ped. 1:4; Sal. 119:11; 17:4.

CAPÍTULO 13

La victoria

"ENTONCES el diablo lo llevó a la santa ciudad, y lo puso sobre el pináculo del templo, y le dijo: Si eres Hijo de Dios, échate abajo; porque escrito está:
A sus ángeles mandará acerca de ti,
y, en sus manos te sostendrán,
para que no tropieces con tu pie en piedra".

Satanás supone ahora que ha hecho frente a Jesús en su propio terreno. El astuto enemigo le presenta palabras procedentes de la boca de Dios. Todavía se muestra como un ángel de luz, y lo hace evidente mostrando que está familiarizado con las Escrituras y comprende la importancia de lo escrito. Así como antes Jesús empleó la Palabra de Dios para sostener su fe, ahora el tentador la usa para apoyar su engaño. Pretende que sólo ha estado probando la fidelidad de Jesús, y ahora elogia su firmeza. Como el Salvador ha manifestado confianza en Dios, Satanás lo insta a dar otra evidencia de su fe.

Pero otra vez la tentación va precedida de la insinuación de desconfianza: "Si eres Hijo de Dios". Cristo se sintió tentado a responder al "sí"; pero se abstuvo de la menor aceptación de la duda. No podía hacer peligrar su vida con el fin de dar evidencias a Satanás.

El tentador pensaba aprovecharse de la humanidad de Cristo e incitarlo a la presunción. Pero aunque Satanás puede instar, no puede obligar a pecar. Dijo, pues, a Jesús: "Échate abajo", sabiendo que no podía arrojarlo, porque Dios se interpondría para librarlo. Ni podía Satanás obligar a Jesús a arrojarse. A menos que Cristo cediese a la tentación, no podía ser vencido. Ni aun todo el poder de la tierra o del infierno podía obligarlo a apartarse en un ápice de la voluntad de su Padre.

El tentador no puede nunca obligarnos a hacer lo malo. No puede controlar nuestra mente, a menos que la entreguemos a su dominio. La voluntad debe consentir, y la fe abandonar su confianza en Cristo, antes que Satanás pueda ejercer su poder sobre nosotros. Pero todo deseo pecaminoso que acariciamos le da un punto de apoyo. Todo detalle en que dejamos de alcanzar la norma divina es una puerta abierta por la cual él puede entrar para tentarnos y destruirnos. Y todo fracaso o derrota de nuestra parte le da ocasión para desacreditar a Cristo.

Cuando Satanás citó la promesa: "A sus ángeles mandará acerca de ti", omitió las palabras: "que te guarden en todos tus caminos"; es decir, en todos los caminos que Dios haya elegido. Jesús se negó a salir de la senda de la obediencia. Aunque manifestaba perfecta confianza en su Padre, no quería colocarse, sin que le fuera ordenado, en una posición que justificase la intervención de su Padre para salvarlo de la muerte. No quería obligar a la Providencia a acudir en su auxilio, y dejar de dar al hombre un ejemplo de confianza y sumisión.

Jesús declaró a Satanás: "Escrito está también: No tentarás al Señor tu Dios". Estas palabras fueron dirigidas por Moisés a los hijos de Israel cuando, en el desierto, tenían sed y exigieron que Moisés les diese agua, exclamando: "¿Está, pues, Jehová entre nosotros, o no?"[1] Dios había obrado maravillosamente en su favor; sin embargo, al verse en dificultades, dudaron de él y exigieron una evidencia de que estaba con ellos. En su incredulidad, trataron de probarlo. Y ahora Satanás instaba a Cristo a hacer lo mismo. Dios ya había testificado que Jesús era su Hijo; pedir pruebas de que era el Hijo de Dios sería dudar de la Palabra de Dios, tentarlo. Y haríamos lo mismo si pedimos lo que Dios no ha prometido. Sería manifestar desconfianza; en realidad, probarlo o tentarlo. No debemos presentar nuestras peticiones a Dios para **probar** si cumplirá su palabra, sino **porque** él la cumplirá; no para probar que nos ama, sino porque nos ama. "Sin fe es imposible agradar a Dios, ya que cualquiera que se acerca a Dios tiene que creer que él existe y que recompensa a quienes lo buscan".[2]

Pero la fe no tiene ninguna conexión con la presunción. Sólo el que tenga verdadera fe estará seguro contra la presunción. Porque la presunción es la falsificación satánica de la fe. La fe se aferra a las promesas de Dios y produce fruto de obediencia. La presunción también reclama las promesas, pero las usa como Satanás, para disculpar la transgresión. La fe habría inducido a nuestros primeros padres a confiar en el amor de Dios y a obedecer sus mandamientos. La presunción los indujo a transgredir su ley, creyendo que su gran amor los salvaría de las consecuencias de su pecado. No es fe lo que reclama el favor del Cielo sin cumplir las condiciones bajo las cuales se concede un favor. La fe genuina tiene su fundamento en las promesas y provisiones de las Escrituras.

Cuando Satanás fracasa en excitar la desconfianza, a menudo tiene éxito al inducirnos a la presunción. Si puede hacernos entrar innecesariamente en el camino de la tentación, sabe que la victoria es suya. Dios protegerá a todos los que anden en la senda de la obediencia; pero el apartarse de ella es aventurarse en terreno de Satanás. Allí, lo seguro es que caeremos. El Salvador nos ha pedido: "Velad y orad, para que no entréis en tentación".[3] La meditación y la oración nos impedirían precipitarnos espontáneamente en el camino del peligro, y así nos ahorraríamos muchas derrotas.

Sin embargo, no deberíamos desanimarnos cuando nos asalta la tentación. Muchas veces, al encontrarnos en situaciones penosas, dudamos de que el Espíritu de Dios nos haya estado guiando. Pero fue la conducción del Espíritu la que llevó a Jesús al desierto para ser tentado por Satanás. Cuando Dios nos somete a una prueba, tiene un propósito que lograr para nuestro bien. Jesús no confió presuntuosamente en las promesas de Dios yendo a la tentación sin recibir la orden, ni se entregó a la desesperación cuando le sobrevino la tentación. Ni debemos hacerlo nosotros. "Fiel es Dios, que no os dejará ser tentados más de los que podéis resistir, sino que dará también juntamente con la tentación la salida, para que podáis soportar". Él dice: "Sacrifica a Dios alabanza, y paga tus votos al Altísimo. E invócame en el día de la angustia; te libraré, y tú me honrarás".[4]

Jesús salió victorioso de la segunda tentación, y luego Satanás se le manifestó en su carácter verdadero. Pero no se le apareció como un monstruo repugnante con pezuñas hendidas y alas de murciélago. Es un ángel poderoso, aunque caído. Se declara jefe de la rebelión y dios de este mundo.

Colocando a Jesús sobre una montaña alta, hizo desfilar delante de él, en visión panorámica, todos los reinos del mundo en toda su gloria. La luz del sol hería ciudades llenas de templos, palacios de mármol, campos fértiles y viñedos cargados de frutos. Los rastros del mal estaban ocultos. Los ojos de Jesús, hasta poco tiempo antes afectados por una visión de lobreguez y desolación, contemplaban ahora una escena de insuperable belleza y prosperidad. Entonces se oyó la voz del tentador: "A ti te daré toda esta potestad, y la gloria de ellos; porque a mí me ha sido entregada, y a quien quiero la doy. Si tú postrado me adorares, todos serán tuyos".

La misión de Cristo podía cumplirse únicamente por medio del sufrimiento. Le esperaba una vida de tristeza, penurias y conflicto, y una muerte ignominiosa. Debía llevar los pecados del mundo entero. Debía soportar la separación del amor de su Padre. Ahora el tentador le ofrecía la entrega del poder que había usurpado. Cristo podía librarse del espantoso porvenir reconociendo la supremacía de Satanás. Pero hacer eso significaría renunciar a la victoria en el gran conflicto. Satanás había pecado en el cielo por tratar de exaltarse por encima del Hijo de Dios. Si prevalecía ahora, sería el triunfo de la rebelión.

Cuando Satanás declaró a Cristo: "El reino y la gloria del mundo me han sido entregados, y a quien quiero los doy", dijo algo que era verdad solamente en parte, y lo dijo con fines de engaño. El dominio de Satanás era el arrebatado a Adán, pero Adán era vicegerente del Creador. El suyo no era un dominio independiente. La tierra es de Dios, y él ha confiado todas las cosas a su Hijo. Adán había de reinar sujeto a Cristo. Cuando Adán entregó su soberanía en las manos de Satanás, Cristo aún continuaba siendo el Rey legítimo. Por eso el Señor había dicho al rey Nabucodonosor: "El Altísimo gobierna el reino de los hombres, y... a quien él quiere lo da".[5] Satanás puede ejercer su usurpada autoridad únicamente en la medida en que Dios lo permite.

Cuando el tentador ofreció a Cristo el reino y la gloria del mundo, estaba proponiendo que Cristo renunciase al verdadero reinado del mundo y ejerciese el dominio sujeto a Satanás. Tal era la clase de dominio en que cifraban sus esperanzas los judíos. Deseaban el reino de este mundo. Si Cristo hubiese consentido en ofrecerles semejante reino, lo habrían recibido gustosamente. Pero la maldición del pecado, con toda su desgracia, pesaba sobre él. Cristo declaró al tentador: "Vete, Satanás, porque escrito está: Al Señor tu Dios adorarás, y a él solo servirás".

El que se había rebelado en el cielo ofrecía a Cristo los reinos de este mundo para comprar su homenaje a los principios del mal; pero Cristo no quiso venderse; había venido para establecer un reino de justicia, y no abandonaría su propósito. Con la misma tentación Satanás se acerca a los hombres, y con ellos tiene el éxito que no tuvo con Cristo. Les ofrece el reino de este mundo con la condición de que reconozcan su supremacía. Demanda que sacrifiquen su integridad, desprecien la conciencia, satisfagan su egoísmo. Cristo los invita a buscar primero el reino de Dios y su justicia; pero Satanás camina al lado de cada uno y le dice: "Cualquiera sea la verdad acerca de la vida eterna, para tener éxito en este mundo debes servirme. Tengo tu bienestar en mis manos. Puedo darte riquezas, placeres, honores y felicidad. Oye mi consejo. No te dejes llevar por caprichosas nociones de honradez o abnegación. Yo te prepararé el camino". Y así multitudes son engañadas. Consienten en vivir para servirse a sí mismas, y Satanás queda satisfecho. Al par que las seduce con la esperanza del dominio mundanal, conquista el dominio del alma. Pero él ofrece lo que no puede otorgar, lo que pronto se le quitará. A cambio, las despoja de su derecho a la herencia de los hijos de Dios.

Satanás había puesto en duda que Jesús fuese el Hijo de Dios. En su sumaria despedida tuvo una prueba que no podía contradecir. La divinidad fulguró a través de la humanidad sufriente. Satanás no tuvo poder para resistir la orden. Retorciéndose de humillación e ira, se vio obligado a retirarse de la presencia del Redentor del mundo. La victoria de Cristo fue tan completa como lo había sido el fracaso de Adán.

Y así podemos nosotros resistir la tentación y obligar a Satanás a alejarse. Jesús obtuvo la victoria a través de la sumisión a Dios y la fe en él, y mediante el apóstol nos dice: "Someteos pues a Dios; resistid al diablo, y huirá de vosotros. Acercaos a Dios, y él se acercará a vosotros". No podemos salvarnos a nosotros mismos del poder del tentador; él venció a la humanidad, y cuando nosotros tratamos de resistirle con nuestra propia fuerza, caemos víctimas de sus designios; pero "torre fuerte es el nombre de Jehová; a él correrá el justo, y será levantado".[6] Satanás tiembla y huye delante del alma más débil que busca refugio en ese nombre poderoso.

Después que el enemigo hubo huido, Jesús cayó exhausto al suelo con la palidez de la muerte en el rostro. Los ángeles del cielo habían observado el conflicto, contemplando a su amado Comandante mientras pasaba por indecibles sufrimientos para crear una vía de escape para nosotros. Había soportado la prueba, una prueba mayor que cualquiera que podamos ser llamados a soportar. Entonces los ángeles, mientras estaba postrado como moribundo, sirvieron al Hijo de Dios. Fue fortalecido con alimentos, y consolado con el mensaje del amor de su Padre y con la seguridad de que todo el cielo triunfó en su victoria. Reanimándose, su gran corazón se hinchió de simpatía por el hombre y salió para completar la obra que había empezado; para no descansar hasta que estuviese vencido el enemigo y redimida nuestra raza caída.

Nunca podrá comprenderse el costo de nuestra redención hasta que los redimidos estén con el Redentor delante del trono de Dios. Entonces, al percibir de repente nuestros sentidos arrobados las glorias de la patria eterna, recordaremos que Jesús dejó todo eso por nosotros, que no sólo se exilió de las cortes celestiales, sino que por nosotros corrió el riesgo de fracasar y perderse eternamente. Entonces arrojaremos nuestras coronas a sus pies y elevaremos este canto: "¡Digno es el Cordero, que ha sido sacrificado, de recibir el poder, la riqueza y la sabiduría, la fortaleza y la honra, la gloria y la alabanza!"[7]

---

[1] Éxo. 17:7. [2] Heb. 11:6. [3] Mar. 14:38. [4] 1 Cor. 10:13; Sal. 50:14, 15. [5] Dan. 4:17. [6] Sant. 4:7, 8; Prov. 18:10. [7] Apoc. 5:12, NVI.

"Hemos hallado al Mesías"

JUAN EL BAUTISTA estaba predicando y bautizando en Betábara, al otro lado del Jordán. No quedaba muy lejos del lugar donde antaño Dios había detenido el río en su curso hasta que pasara Israel. A corta distancia de allí la fortaleza de Jericó había sido derribada por los ejércitos celestiales. El recuerdo de dichos sucesos revivía en ese tiempo, y prestaba conmovedor interés al mensaje del Bautista. ¿No habría de volver a manifestar su poder, para librar a Israel, el que había obrado tan maravillosamente en tiempos pasados? Tal era el pensamiento que conmovía el corazón de la gente que diariamente se agolpaba a orillas del Jordán.

La predicación de Juan se había posesionado tan profundamente de la nación, que exigió la atención de las autoridades religiosas. El peligro de que se produjera alguna insurrección indujo a los romanos a considerar con sospecha toda reunión popular, y todo lo que tuviese el menor viso de un levantamiento del pueblo excitaba los temores de los príncipes judíos. Juan no había reconocido la autoridad del Sanedrín ni pedido su sanción sobre su obra; y había reprendido a los príncipes y al pueblo, a fariseos y seduceos por igual. Sin embargo, el pueblo lo seguía ávidamente. El interés manifestado en su obra parecía aumentar de continuo. Aunque él no le había manifestado deferencia, el Sanedrín estimaba que, por enseñar en público, se hallaba bajo su jurisdicción.

Ese cuerpo estaba compuesto por miembros elegidos del sacerdocio, y de entre los principales príncipes y maestros de la nación. El sumo sacerdote era quien lo presidía, por lo general. Todos sus miembros debían ser hombres de edad avanzada, aunque no demasiado ancianos; hombres de saber, no sólo versados en la religión e historia de los judíos sino también en cultura general. Debían ser sin defecto físico, casados y padres, pues así era más probable que fuesen humanos y considerados. Su lugar de reunión era un departamento anexo al templo de Jerusalén. En tiempos de la independencia de los judíos, el Sanedrín era la corte suprema de la nación, y poseía autoridad secular tanto como eclesiástica. Aunque en el tiempo de Cristo se hallaba subordinado a los gobernantes romanos, todavía ejercía una influencia poderosa en los asuntos civiles y religiosos.

El Sanedrín no podía postergar por más tiempo una investigación de la obra de Juan. Algunos recordaban la revelación dada a Zacarías en el templo, y su profecía de que su hijo sería el heraldo del Mesías. En los tumultos y cambios de 30 años, estas cosas habían sido en gran parte olvidadas. Ahora la conmoción ocasionada por el ministerio de Juan las traía a la memoria de la gente.

Hacía mucho que Israel no tenía un profeta; hacía mucho que no se realizaba una reforma como la que se presenciaba. El llamamiento a confesar los pecados parecía nuevo y sorprendente. Muchos de entre los líderes no querían ir para oír las invitaciones y denuncias de Juan, por temor a verse inducidos a revelar los secretos de sus vidas. Sin embargo, su prédica era un anuncio directo del Mesías. Era bien sabido que las 70 semanas de la profecía de Daniel, que incluía la venida del Mesías, estaban por terminar; y todos anhelaban participar en esa era de gloria nacional que se esperaba para entonces. Era tal el entusiasmo popular, que el Sanedrín pronto se vería obligado a sancionar o a rechazar la obra de Juan. El poder de dicho cuerpo sobre el pueblo estaba decayendo. Estaba siendo un asunto grave cómo mantener su posición. Esperando llegar a alguna conclusión, enviaron al Jordán a una delegación de sacerdotes y levitas para entrevistarse con el nuevo maestro.

Cuando los delegados llegaron, había una multitud congregada que escuchaba sus palabras. Con aire de autoridad, destinado a impresionar a la gente e imponer la deferencia del profeta, llegaron los altivos rabinos. La muchedumbre les dio paso con un movimiento de respeto, casi de temor. Los notables, con lujosa vestimenta y con el orgullo de su posición y poder, se pararon ante el profeta del desierto.

—¿Tú, quién eres? —preguntaron.

—Yo no soy el Cristo —contestó Juan, sabiendo lo que ellos pensaban.

—¿Qué pues? ¿Eres tú Elías?

—No soy.

—¿Eres tú el profeta?

—No.

—¿Pues quién eres?, para que demos respuesta a los que nos enviaron. ¿Qué dices de ti mismo?

—Yo soy la voz de uno que clama en el desierto: Enderezad el camino del Señor, como dijo el profeta Isaías.

El pasaje al que se refirió Juan es la hermosa profecía de Isaías: "Consolaos, consolaos, pueblo mío, dice vuestro Dios. Hablad al corazón de Jerusalén; decidle a voces que su tiempo es ya cumplido, que su pecado es perdonado... Voz que clama en el desierto: Preparad camino a Jehová; enderezad calzada en la soledad a nuestro Dios. Todo valle sea alzado, y bájese todo monte y collado; y lo torcido se enderece, y lo áspero se allane. Y se manifestará la gloria de Jehová, y toda carne juntamente la verá".[1]

Antiguamente, cuando un rey viajaba por las comarcas menos frecuentadas de sus dominios, se enviaba delante del carro real a un grupo de hombres para que aplanase los lugares escabrosos y llenase los baches, con el fin de que el rey pudiese viajar con seguridad y sin molestia. Esa costumbre es la que menciona el profeta para ilustrar la obra del evangelio. "Todo valle sea alzado, y bájese todo monte y collado". Cuando el Espíritu de Dios conmueve el alma con su maravilloso poder de despertarla, humilla el orgullo humano. El placer mundanal, la jerarquía y el poder son tenidos por inútiles. Son destruidos los "argumentos y toda altivez que se levanta contra el conocimiento de Dios", y se sujeta "todo pensamiento a la obediencia a Cristo".[2] Entonces la humildad y el amor abnegado, tan poco apreciados entre los hombres, son ensalzados como las únicas cosas de valor. Tal es la obra del evangelio, del cual el mensaje de Juan era una parte.

Los rabinos continuaron preguntando: "¿Por qué, pues, bautizas, si tú no eres el Cristo, ni Elías, ni el profeta?" Las palabras "el profeta" hacían referencia a Moisés. Los judíos se habían inclinado a creer que Moisés sería resucitado de los muertos y llevado al cielo.

No sabían que ya había sido resucitado. Cuando el Bautista inició su ministerio, muchos pensaron que tal vez fuese el profeta Moisés resucitado; porque parecía tener un conocimiento cabal de las profecías y la historia de Israel.

También se creía que antes del advenimiento del Mesías, Elías aparecería personalmente. Juan salió al cruce de esa expectativa con su negación; pero sus palabras tenían un significado más profundo. Jesús dijo después, refiriéndose a Juan: "Si queréis recibirlo, éste es Elías, el que había de venir".[3] Juan vino con el espíritu y poder de Elías, para hacer una obra como la de Elías. Si los judíos lo hubiesen recibido, esa obra se habría realizado en su favor. Pero no aceptaron su mensaje. Para ellos no era Elías. No pudo cumplir en favor de ellos la misión que había venido a realizar.

Muchos de los que estaban reunidos al lado del Jordán habían estado presentes en ocasión del bautismo de Jesús; pero la señal dada entonces había sido manifiesta para unos pocos de entre ellos. Durante los meses precedentes del ministerio del Bautista muchos se habían negado a escuchar el llamado al arrepentimiento. Así endurecieron su corazón y oscurecieron su entendimiento. Cuando el Cielo dio testimonio de Jesús en su bautismo, no lo percibieron. Los ojos que nunca se volvieron con fe hacia el Invisible, no vieron la revelación de la gloria de Dios; los oídos que nunca escucharon su voz, no oyeron las palabras del testimonio. Así sucede ahora. Con frecuencia, la presencia de Cristo y de los ángeles ministradores se manifiesta en las reuniones del pueblo; sin embargo, muchos no lo saben. No disciernen nada inusual. Pero la presencia del Salvador se revela a algunos. La paz y el gozo animan su corazón. Son consolados, animados y bendecidos.

Los delegados de Jerusalén habían preguntado a Juan: "¿Por qué, pues, bautizas?", y estaban aguardando su respuesta. Repentinamente, al pasear Juan la mirada sobre la muchedumbre, sus ojos se encendieron, su rostro se iluminó, todo su ser quedó conmovido por una profunda emoción. Con la mano extendida exclamó: "Yo bautizo con agua, pero entre ustedes hay alguien a quien no conocen, y que viene después de mí, al cual yo no soy digno ni siquiera de desatarle la correa de las sandalias".[4]

El mensaje que debía ser llevado al Sanedrín era claro e inequívoco. Las palabras de Juan no podían aplicarse a otro, sino al Mesías prometido. Éste se hallaba entre ellos. Con asombro, los sacerdotes y príncipes miraban en derredor de sí esperando descubrir al Ser de quien había hablado Juan. Pero no se lo distinguía entre la multitud.

Cuando, en ocasión del bautismo de Jesús, Juan lo señalara como el Cordero de Dios, una nueva luz resplandeció sobre la obra del Mesías. La mente del profeta fue dirigida a las palabras de Isaías: "Como cordero fue llevado al matadero".[5] Durante las semanas que siguieron Juan estudió con nuevo interés las profecías y la enseñanza de las ceremonias de los sacrificios. No distinguía claramente las dos fases de la obra de Cristo —como sacrificio doliente y como rey vencedor—, pero vio que su venida tenía un significado más profundo que el discernido por los sacerdotes y el pueblo. Cuando contempló a Jesús entre la muchedumbre, al volver él del desierto, esperó confiadamente que daría al pueblo alguna señal de su verdadero carácter. Casi impacientemente esperaba oír al Salvador declarar su misión; pero Jesús no pronunció una palabra ni dio señal alguna. No respondió al anuncio que hiciera el Bautista acerca de él, sino que se mezcló con los discípulos de Juan sin dar evidencia externa de su obra especial ni tomar medidas que lo pusiesen en evidencia.

Al día siguiente Juan vio venir a Jesús. Con la luz de la gloria de Dios reposando sobre él, el profeta extendió sus manos diciendo: "He aquí el Cordero de Dios, que quita el pecado del mundo. Este es aquel de quien yo dije: Después de mí viene un varón, el cual es antes de mí... y yo no lo conocía; mas para que fuese manifestado a Israel, por esto vine yo bautizando con agua... Vi al Espíritu que descendía del cielo como paloma, y permaneció sobre él. Y yo no lo conocía; pero el que me envió a bautizar con agua, aquél me dijo: Sobre quien veas descender el Espíritu y que permanece sobre él, ése es el que bautiza con el Espíritu Santo. Y yo lo vi, y he dado testimonio de que éste es el Hijo de Dios".[6]

¿Era éste el Cristo? Con reverencia y asombro, el pueblo miró al que acababa de ser declarado Hijo de Dios. Todos habían sido profundamente conmovidos por las palabras de Juan. Les había hablado en el nombre de Dios. Lo habían escuchado día tras día mientras reprendía sus pecados, y diariamente se había fortalecido en ellos la convicción de que era enviado del cielo. Pero ¿quién era éste mayor que Juan el Bautista? En su porte e indumentaria, nada indicaba que fuese de alta jerarquía. Aparentemente era un personaje sencillo, vestido como ellos, con la humilde vestimenta de los pobres.

Había entre la multitud algunos de los que en ocasión del bautismo de Cristo habían contemplado la gloria divina y oído la voz de Dios. Pero desde entonces el aspecto del Salvador había cambiado muchísimo. En ocasión de su bautismo habían visto su rostro transfigurado por la luz del cielo; ahora, pálido, cansado y demacrado, fue reconocido únicamente por el profeta Juan.

Pero al mirarlo, la gente vio un rostro donde la compasión divina se mezclaba con el poder consciente. Toda mirada de sus ojos, todo rasgo de su semblante, estaba señalado por la humildad y expresaba un amor indecible. Parecía rodeado por una atmósfera de influencia espiritual. Pero si bien sus modales eran amables y sencillos, impresionaba a los hombres con una sensación de poder escondido que no podía ocultarse totalmente. ¿Era éste a quien Israel había esperado tanto tiempo?

Jesús vino con pobreza y humillación, con el fin de ser tanto nuestro ejemplo como nuestro Redentor. Si hubiese aparecido con pompa real, ¿cómo podría habernos enseñado humildad? ¿Cómo podría haber presentado verdades tan terminantes como en el Sermón del Monte? Si Jesús hubiese venido a morar como rey entre los hombres, ¿dónde habría quedado la esperanza de los humildes en esta vida?

Sin embargo, para la multitud parecía imposible que el ser designado por Juan estuviese asociado con sus sublimes esperanzas. Así muchos quedaron chasqueados y muy perplejos.

Las palabras que los sacerdotes y rabinos tanto deseaban oír —que ahora Jesús restauraría el reino de Israel— no habían sido pronunciadas. Habían estado esperando tal rey y por él velaban; y a un rey tal estaban dispuestos a recibir. Pero no querían aceptar a uno que procuraba establecer en su corazón un reino de justicia y de paz.

Al día siguiente, mientras dos discípulos estaban cerca, Juan volvió a ver a Jesús entre el pueblo. Otra vez se iluminó el rostro del profeta con la gloria del Invisible, al tiempo que exclamaba: "He aquí el Cordero de Dios". Las palabras conmovieron el corazón de los discípulos. Ellos no las comprendían plenamente. ¿Qué significaba el nombre que Juan le había dado: "Cordero de Dios"? Juan mismo no lo había explicado.

Dejando a Juan, se fueron en pos de Jesús. Uno de ellos era Andrés, hermano de Simón; el otro era Juan, el [que sería] el evangelista. Estos fueron los primeros discípulos de Cristo. Movidos por un impulso irresistible, siguieron a Jesús; ansiosos por hablar con él, aunque asombrados y en silencio, estaban abrumados por el significado del pensamiento: "¿Es éste el Mesías?"

Jesús sabía que los discípulos lo seguían. Eran las primicias de su ministerio, y había gozo en el corazón del Maestro divino al ver a esas almas responder a su gracia. Sin embargo, volviéndose, les preguntó: "¿Qué buscáis?" Quería dejarlos libres para volver atrás, o para expresar su deseo.

Ellos eran conscientes de un solo propósito. La presencia de Cristo llenaba su pensamiento. Exclamaron: "Rabí... ¿dónde moras [*tú*]?" En una breve entrevista, a orillas del camino, no podían recibir lo que anhelaban. Deseaban estar a solas con Jesús, sentarse a sus pies y oír sus palabras.

"Les dijo: Venid y ved. Fueron, y vieron dónde moraba, y se quedaron con él aquel día".

Si Juan y Andrés hubiesen estado dominados por el espíritu de incredulidad de los sacerdotes y príncipes, no se habrían presentado como aprendices a los pies de Jesús. Habrían ido a él como críticos, para juzgar sus palabras. Así muchos cierran la puerta a las oportunidades más preciosas. No sucedió eso con estos primeros discípulos. Habían respondido al llamamiento del Espíritu Santo en la predicación de Juan el Bautista. Ahora reconocían la voz del Maestro celestial. Para ellos, las palabras de Jesús estaban llenas de refrigerio, verdad y belleza. Una iluminación divina se derramaba sobre las enseñanzas de las Escrituras del Antiguo Testamento. Los multifacéticos temas de la verdad se destacaban con una nueva luz.

Es la contrición, la fe y el amor lo que habilita al alma para recibir sabiduría del cielo. La fe que obra por amor es la llave del conocimiento, y todo aquel que ama "conoce a Dios".[7]

El discípulo Juan era de afectos intensos y profundos, ardiente pero contemplativo. Había empezado a discernir la gloria de Cristo; no la pompa ni el poder mundanal que se le había enseñado a esperar, sino la "gloria como del unigénito del Padre, lleno de gracia y de verdad".[8] Estaba absorto en la contemplación del maravilloso tema.

Andrés trató de impartir el gozo que llenaba su corazón. Yendo en busca de su hermano Simón, exclamó: "Hemos hallado al Mesías". Simón no se hizo llamar dos veces. Él también había oído la predicación de Juan el Bautista, y se apresuró a ir al Salvador. Los ojos de Jesús se posaron sobre él, leyendo su carácter y su historia de vida. Su naturaleza impulsiva, su corazón amante y lleno de simpatía, su ambición y confianza en sí mismo, la historia de su caída, su arrepentimiento, sus labores y su martirio; el Salvador lo leyó todo, y dijo: "Tú eres Simón, hijo de Jonás; tú serás llamado Cefas (que quiere decir Pedro, o Piedra)".

"El siguiente día quiso Jesús ir a Galilea, y halló a Felipe, y le dijo: Sígueme". Felipe obedeció al mandato, y enseguida él también se puso a trabajar para Cristo.

Felipe llamó a Natanael. Este último había estado entre la muchedumbre cuando el Bautista señaló a Jesús como el Cordero de Dios. Al mirar a Jesús, Natanael quedó desilusionado. ¿Podía ser el Mesías este hombre que llevaba señales de pobreza y de trabajo pesado? Sin embargo, Natanael no podía decidirse a rechazar a Jesús, porque el mensaje de Juan había producido convicción en su corazón.

Cuando Felipe lo llamó, Natanael se había retirado a un huerto tranquilo para meditar sobre el anuncio de Juan y las profecías concernientes al Mesías. Oraba a Dios que si el anunciado por Juan era el Libertador, se lo diese a conocer, y el Espíritu Santo descendió para impartirle la seguridad de que Dios había visitado a su pueblo y le había suscitado un cuerno de salvación. Felipe sabía que su amigo Natanael escudriñaba las profecías, y lo descubrió en su lugar de retiro mientras oraba debajo de una higuera, donde muchas veces habían orado juntos, ocultos por el follaje.

El mensaje: "Hemos hallado a aquel de quien escribió Moisés en la ley, así como los profetas", pareció a Natanael una respuesta directa a su oración. Pero la fe de Felipe todavía era vacilante. Añadió con cierta duda: "Jesús, el hijo de José, de Nazaret". Los prejuicios volvieron a levantarse en el corazón de Natanael. Exclamó: "¿De Nazaret puede salir algo de bueno?"

Felipe no entró en controversia. Dijo: "Ven y ve. Cuando Jesús vio a Natanael que se le acercaba, dijo de él: He aquí un verdadero israelita, en quien no hay engaño". Sorprendido, Natanael exclamó: "¿De dónde me conoces? Respondió Jesús y le dijo: Antes que Felipe te llamara, cuando estabas debajo de la higuera, te vi".

Eso fue suficiente. El Espíritu divino, que había dado testimonio a Natanael en su oración solitaria debajo de la higuera, le habló ahora en las palabras de Jesús. Aunque dudaba, y cediendo en algo al prejuicio, Natanael había ido a Cristo con un sincero deseo de oír la verdad, y ahora su deseo estaba satisfecho. Su fe superó a la de aquel que lo había llevado a Jesús. Respondió y dijo: "Rabí, tú eres el Hijo de Dios; tú eres el Rey de Israel".

Si Natanael hubiese confiado en los rabinos para ser dirigido, nunca habría hallado a Jesús. Viendo y juzgando por sí mismo fue como llegó a ser un discípulo. Así sucede hoy día en el caso de muchos a quienes los prejuicios apartan de lo bueno. ¡Cuán diferentes serían los resultados si ellos quisieran venir a ver!

Nadie llegará a un conocimiento salvador de la verdad mientras confíe en la dirección de la autoridad humana. Como Natanael, necesitamos estudiar la Palabra de Dios por nosotros mismos y orar por la iluminación del Espíritu Santo. Aquel que vio a Natanael debajo de la higuera, nos verá en el lugar secreto de oración. Los ángeles del mundo de luz están cerca de quienes con humildad solicitan la dirección divina.

Con el llamamiento de Juan, Andrés, Simón, Felipe y Natanael empezó la fundación de la iglesia cristiana. Juan dirigió a dos de sus discípulos a Cristo. Entonces uno de éstos, Andrés, halló a su hermano, y lo llevó al Salvador. Luego Felipe fue llamado, y buscó a Natanael. Estos ejemplos deben enseñarnos la importancia del esfuerzo personal, de dirigir llamamientos directos a nuestros parientes, amigos y vecinos. Hay quienes durante toda la vida han profesado conocer a Cristo, y sin embargo no han hecho nunca un esfuerzo personal para traer siquiera un alma al Salvador. Dejan todo el trabajo al predicador. Tal vez él esté bien preparado para su vocación, pero no puede hacer lo que Dios ha confiado a los miembros de iglesia.

Son muchos los que necesitan el ministerio de corazones cristianos amantes. Muchos han descendido a la ruina cuando podrían haber sido salvados si sus vecinos, hombres y mujeres comunes, hubiesen hecho algún esfuerzo personal en su favor. Muchos están aguardando a que se les hable personalmente. En la propia familia, en el vecindario, en el pueblo en que vivimos hay para nosotros trabajo que debemos hacer como misioneros de Cristo. Si somos creyentes, esta obra será nuestro deleite. Tan pronto alguien se convierte, nace en él el deseo de dar a conocer a otros cuán precioso amigo ha hallado en Jesús. La verdad salvadora y santificadora no puede quedar encerrada en su corazón.

Todos los que se han consagrado a Dios serán canales de luz. Dios los hace sus agentes para comunicar a otros las riquezas de su gracia. Su promesa es: "Y daré bendición a ellas y a los alrededores de mi collado, y haré descender la lluvia en su tiempo; lluvias de bendición serán".[9]

Felipe dijo a Natanael: "Ven y ve". No le pidió que aceptase el testimonio de otro, sino que contemplase a Cristo por sí mismo. Ahora que Jesús ha ascendido al cielo, sus discípulos son sus representantes entre los hombres, y una de las maneras más eficaces de ganar almas para él consiste en ejemplificar su carácter en nuestra vida diaria. Nuestra influencia sobre los demás no depende tanto de lo que decimos como de lo que somos. Los hombres pueden combatir y desafiar nuestra lógica, pueden resistir nuestras súplicas; pero una vida de amor desinteresado es un argumento que no pueden contradecir. Una vida consecuente, caracterizada por la mansedumbre de Cristo, es un poder en el mundo.

La enseñanza de Cristo fue la expresión de una convicción y experiencia íntimas, y los que aprenden de él llegan a ser maestros según el orden divino. La palabra de Dios, pronunciada por el que ha sido santificado por ella, tiene un poder vivificador que la hace atrayente para los oyentes y los convence de que es una realidad viviente. Cuando uno ha recibido la verdad con amor, lo hará manifiesto en la persuasión de sus modales y el tono de su voz. Dará a conocer lo que él mismo oyó, vio y tocó de la palabra de vida, para que otros puedan tener comunión con él por medio del conocimiento de Cristo. Su testimonio, de labios tocados por un tizón ardiente del altar, es verdad para el corazón receptivo y santifica el carácter.

Y el que procura dar la luz a otros, será él mismo bendecido. Será "lluvias de bendición". "El que riega será él mismo regado".[10] Dios podría haber alcanzado su objetivo de salvar a los pecadores sin nuestra ayuda; pero para que podamos desarrollar un carácter como el de Cristo, debemos participar en su obra. Con el fin de entrar en su gozo —el gozo de ver almas redimidas por su sacrificio— debemos participar de sus labores en favor de su redención.

La primera expresión de la fe de Natanael, tan completa, ferviente y sincera, fue como música en los oídos de Jesús. Y él respondió y le dijo: "¿Porque te dije: Te vi debajo de la higuera, crees? Cosas mayores que éstas verás". El Salvador miró hacia adelante con gozo, considerando su obra de predicar las buenas nuevas a los abatidos, de vendar a los quebrantados de corazón y de proclamar libertad a los cautivos de Satanás. Al pensar en las preciosas bendiciones que había traído a los hombres, Jesús añadió: "De cierto, de cierto os digo: De aquí adelante veréis el cielo abierto, y a los ángeles de Dios que suben y descienden sobre el Hijo del hombre".

Con esto Cristo dice implícitamente: "En la orilla del Jordán los cielos fueron abiertos y el Espíritu descendió sobre mí en forma de paloma. Esa escena no fue sino una señal de que soy el Hijo de Dios. Si creen en mí como tal, vuestra fe será vivificada. Verán que los cielos están abiertos y que nunca se cerrarán. Los he abierto a ustedes. Los ángeles de Dios están ascendiendo y llevando las oraciones de los necesitados y angustiados al Padre celestial, y al descender traen bendición y esperanza, valor, ayuda y vida a los hijos de los hombres".

Los ángeles de Dios pasan siempre de la tierra al cielo y del cielo a la tierra. Los milagros de Cristo en favor de los afligidos y dolientes fueron realizados por el poder de Dios a través del ministerio de los ángeles. Y es a través de Cristo, por medio del ministerio de sus mensajeros celestiales, como nos llega toda bendición de Dios. Al tomar sobre sí mismo la humanidad, nuestro Salvador une sus intereses con los de los caídos hijos e hijas de Adán, mientras que a través de su divinidad se aferra al trono de Dios. Y así es Cristo el medio de comunicación de los hombres con Dios, y de Dios con los hombres.

---

[1] Isa. 40:1-5. [2] 2 Cor. 10:5. [3] Mat. 11:14, NVI. [4] Juan 1:26, 27, NVI. [5] Isa. 53:7. [6] Juan 1:29-34. [7] 1 Juan 4:7. [8] Juan 1:14. [9] Eze. 34:26. [10] Prov. 11:25, VM.

CAPÍTULO 15

En las bodas de Caná

JESÚS no empezó su ministerio haciendo alguna gran obra delante del Sanedrín de Jerusalén. Su poder se manifestó en una reunión familiar, celebrada en una pequeña aldea de Galilea, para aumentar el gozo de una fiesta de bodas. Así demostró su simpatía por los hombres y su deseo de contribuir a su felicidad. En el desierto de la tentación, él mismo bebió la copa de la desgracia. Salió de allí para dar a los hombres la copa de la bendición, de su bendición que habría de santificar las relaciones de la vida humana.

Desde el Jordán, Jesús había regresado a Galilea. Debía celebrarse un casamiento en Caná, pequeño pueblo no lejano de Nazaret; las partes contrayentes eran parientes de José y María, y Jesús, teniendo conocimiento de esa reunión familiar, fue a Caná, y con sus discípulos fue invitado a la fiesta.

Allí volvió a encontrarse con su madre, de quien había estado separado por algún tiempo. María había oído hablar de la manifestación a orillas del Jordán en ocasión de su bautismo. Las noticias habían llegado a Nazaret, y le habían hecho recordar las escenas que durante tantos años había guardado en su corazón. En común con todo Israel, María quedó profundamente conmovida por la misión de Juan el Bautista. Bien recordaba ella la profecía hecha en ocasión de su nacimiento. Ahora, esta relación que tenía con Jesús volvía a encender sus esperanzas. Pero también le habían llegado noticias de la partida misteriosa de Jesús al desierto, y le habían oprimido presentimientos angustiosos.

Desde el día en que oyera el anuncio del ángel en su hogar de Nazaret, María había atesorado toda evidencia de que Jesús era el Mesías. Su vida de mansedumbre y abnegación le aseguraba que no podía ser otro que el Enviado de Dios. Sin embargo, a ella también la asaltaban dudas y desilusiones, y anhelaba el momento de la revelación de su gloria. La muerte la había separado de José, quien había compartido con ella el conocimiento del misterio del nacimiento de Jesús. Ahora no había nadie a quien poder confiar sus esperanzas y temores. Los últimos dos meses habían sido de mucha tristeza. Ella había estado separada de Jesús, en cuya simpatía hallaba consuelo; reflexionaba en las palabras de Simeón: "Una espada traspasará tu misma alma";[1] recordaba los tres días de agonía durante los cuales pensaba que había perdido para siempre a Jesús, y con un corazón ansioso anhelaba su regreso.

En la fiesta de bodas lo encontró; el mismo hijo tierno y servicial. Sin embargo, no era el mismo. Su rostro había cambiado. Llevaba los rastros de su conflicto en el desierto, y una nueva expresión de dignidad y poder daba evidencia de su misión celestial. Lo acompañaba un grupo de jóvenes, cuyos ojos lo seguían con reverencia, y quienes lo llamaban Maestro. Esos compañeros relataron a María lo que habían visto y oído en ocasión del bautismo y en otras partes, y concluyeron declarando: "Hemos hallado a aquel de quien escribió Moisés en la ley, así como los profetas".[2]

Mientras se reunían los convidados, muchos parecían preocupados por un asunto de interés absorbente. Una agitación reprimida parecía dominar a los invitados. Pequeños grupos conversaban en voz baja, pero con animación, y miradas de admiración se dirigían hacia el Hijo de María. Al oír María el testimonio de los discípulos acerca de Jesús, la alegró la seguridad de que las esperanzas que alimentara durante tanto tiempo no eran vanas. Sin embargo, ella habría sido más que humana si no se hubiese mezclado con su santo gozo un vestigio del orgullo natural de una madre amante. Al ver cómo las miradas se dirigían a Jesús, ella anheló verlo probar a los invitados que era realmente el Honrado de Dios. Esperaba que hubiese oportunidad de realizar un milagro delante de todos.

En aquellos tiempos era costumbre que las fiestas de bodas durasen varios días. En esta ocasión, antes que terminara la fiesta, se descubrió que se había agotado la provisión de vino. Ese descubrimiento ocasionó mucha perplejidad y pesar. Era algo inusitado que faltase el vino en las fiestas, pues tal carencia se podía interpretar como falta de hospitalidad. Como pariente de las partes involucradas, María había ayudado en los arreglos hechos para la fiesta, y ahora se dirigió a Jesús diciendo: "No tienen vino". Estas palabras eran una sugerencia para que él supliera la necesidad. Pero Jesús contestó: "Mujer, ¿eso qué tiene que ver conmigo?... Todavía no ha llegado mi hora".[3]

Esta respuesta, por brusca que nos parezca, no expresaba frialdad ni falta de cortesía. La forma en que se dirigió el Salvador a su madre estaba de acuerdo con la costumbre oriental. Se empleaba con las personas a quienes se deseaba demostrar respeto. Todo acto de la vida terrenal de Cristo estuvo en armonía con el precepto que él mismo había dado: "Honra a tu padre y a tu madre".[4] En la cruz, en su último acto de ternura hacia su madre, Jesús volvió a dirigirse a ella de la misma manera al confiarla al cuidado de su discípulo más amado. Tanto en la fiesta de bodas como sobre la cruz ella interpretó sus palabras por el amor expresado en su tono, mirada y modales.

En ocasión de su visita al templo en su niñez, al revelársele el misterio de la obra que había de llenar su vida, Cristo había dicho a María: "¿No sabíais que en los negocios de mi Padre me es necesario estar?"[5] Estas palabras fueron la nota dominante de toda su vida y ministerio. Todo lo supeditaba a su trabajo: la gran obra de redención que había venido a realizar en el mundo. Ahora repitió la lección. Existía el peligro de que María considerase que su relación con Jesús le daba una ascendencia especial sobre él, y el derecho, hasta cierto punto, para dirigirlo en su misión. Durante 30 años había sido para ella un hijo amante y obediente, y su amor no había cambiado; pero ahora debía atender la obra de su Padre. Como Hijo del Altísimo, y Salvador del mundo, ningún vínculo terrenal debía impedirle cumplir su misión ni influir en su conducta. Debía estar libre para hacer la voluntad de Dios. Esta lección es también para nosotros. Los derechos de Dios son más soberanos aun que los lazos de parentesco humano. Ninguna atracción terrenal debe apartar nuestros pies de la senda en que él nos ordena andar.

La única esperanza de redención para nuestra especie caída está en Cristo; María podía hallar salvación únicamente a través del Cordero de Dios. En sí misma no poseía méritos. Su conexión con Jesús no la colocaba en una relación espiritual con él diferente de la de cualquier otra alma humana. Así lo indicaron las palabras del Salvador. Él aclaró la distinción que hay entre su relación con ella como Hijo del hombre y como Hijo de Dios. El vínculo de parentesco que había entre ellos no la ponía de ninguna manera en un plano de igualdad con él.

La frase "Aún no ha venido mi hora" indica que todo acto de la vida terrenal de Cristo se realizaba en cumplimiento del plan trazado desde los días de la eternidad. Antes de venir a la tierra, el plan estuvo delante de él, perfecto en todos sus detalles. Pero mientras anduvo entre los hombres, fue guiado, paso a paso, por la voluntad del Padre. En el momento señalado, no vaciló en actuar. Con la misma sumisión esperó hasta que llegase la ocasión.

Al decir a María que su hora no había llegado todavía, Jesús contestaba al pensamiento que ella no había expresado: la expectativa que acariciaba en común con su pueblo. Ella esperaba que se revelase como Mesías y ocupase el trono de Israel. Pero el tiempo no había llegado. Jesús había aceptado la suerte de la humanidad no como Rey, sino como Varón de dolores, familiarizado con el pesar.

Pero aunque María no tenía una concepción correcta de la misión de Cristo, implícitamente confiaba en él. Y Jesús respondió a esa fe. El primer milagro fue realizado para honrar la confianza de María y fortalecer la fe de los discípulos. Éstos iban a encontrar muchas y grandes tentaciones a dudar. Para ellos las profecías habían indicado, fuera de toda controversia, que Jesús era el Mesías. Esperaban que los dirigentes religiosos lo recibiesen con una confianza aun mayor que la suya. Declaraban entre la gente las obras maravillosas de Cristo y su propia confianza en la misión de él, pero se quedaron asombrados y amargamente chasqueados por la incredulidad, los arraigados prejuicios y la enemistad que manifestaron hacia Jesús los sacerdotes y rabinos. Los primeros milagros del Salvador fortalecieron a los discípulos para mantenerse firmes frente a esa oposición.

En ninguna manera desconcertada por las palabras de Jesús, María dijo a los que servían a la mesa: "Haced todo lo que os dijere". Así hizo lo que pudo para preparar el terreno para la obra de Cristo.

Al lado de la puerta había seis grandes tinajas de piedra para agua, y Jesús ordenó a los siervos que las llenasen con agua. Así lo hicieron. Entonces, como se necesitó vino para el consumo inmediato, dijo: "Sacad ahora, y llevadlo al maestresala". En vez del agua con que habían llenado las tinajas, fluía vino. Ni el maestresala ni los convidados en general se habían dado cuenta de que se había agotado la provisión de vino. Al probar el vino que le llevaban los criados, el maestresala lo encontró mejor que cualquier vino que hubiese bebido antes, y muy diferente de lo que se sirviera al comienzo de la fiesta. Volviéndose al esposo, le dijo: "Todo hombre sirve primero el buen vino, y cuando ya han bebido mucho, entonces el inferior; mas tú has reservado el buen vino hasta ahora".

Así como los hombres presentan el mejor vino primero y luego el peor, así lo hace también el mundo con sus dones. Lo que ofrece puede agradar a los ojos y fascinar los sentidos, pero no resulta satisfactorio. El vino se trueca en amargura, la alegría en lobreguez. Lo que empezó con cánticos y alegría, termina en cansancio y desagrado. Pero los dones de Jesús son siempre frescos y nuevos. El banquete que él provee para el alma nunca falla en dar satisfacción y gozo. Cada nuevo don aumenta la capacidad del receptor para apreciar y gozar las bendiciones del Señor. Él da gracia sobre gracia. No puede agotarse la provisión. Si moramos en él, el recibimiento de un rico don hoy nos asegura la recepción de un don más rico mañana. Las palabras de Jesús a Natanael expresan la ley de Dios al tratar con los hijos de la fe. A cada nueva revelación de su amor, declara al corazón receptivo: "¿Porque te dije... crees? Cosas mayores que éstas verás".[6]

El don de Cristo en la fiesta de bodas fue un símbolo. El agua representaba el bautismo en su muerte; el vino, el derramamiento de su sangre por los pecados del mundo. El agua con que llenaron las tinajas fue traída por manos humanas, pero sólo la palabra de Cristo podía impartirle la virtud de dar vida. Así sucede con los ritos que señalan la muerte del Salvador. Únicamente por el poder de Cristo, obrando por la fe, es como tienen eficacia para alimentar el alma.

La palabra de Cristo proporcionó una amplia provisión para la fiesta. Así de abundante es la provisión de su gracia para borrar las iniquidades de los hombres, y para renovar y sostener al alma.

En la primera fiesta a la cual asistió con sus discípulos, Jesús les dio la copa que simbolizaba su obra en favor de su salvación. En la última Cena se la volvió a dar, en la institución de aquel rito sagrado por el cual su muerte había de ser conmemorada "hasta que él venga". Y el pesar de los discípulos al tener que separarse de su Señor quedó consolado por la promesa de reunirse que les hizo al decir: "No beberé más de este fruto de la vid, hasta aquel día en que lo beba nuevo con vosotros en el reino de mi Padre".[7]

El vino que Jesús proveyó para la fiesta, y que dio a los discípulos como símbolo de su propia sangre, fue el jugo puro de uva. A esto se refiere el profeta Isaías cuando habla del "mosto en un racimo", y dice: "No lo desperdicies, porque bendición hay en él".[8]

Fue Cristo quien dio en el Antiguo Testamento la advertencia a Israel: "El vino es escarnecedor, la cerveza alborotadora; y cualquiera que por ello errare, no será sabio".[9] Y él mismo no proveyó bebida tal. Satanás tienta a los hombres a ser intemperantes para que se enturbie su razón y se emboten sus percepciones espirituales, pero Cristo nos enseña a mantener sujeta la naturaleza inferior. Toda su vida fue un ejemplo de renunciamiento propio. Con el fin de dominar el poder del apetito, sufrió en favor de nosotros la prueba más severa que la humanidad pudiese soportar. Cristo fue quien indicó que Juan el Bautista no debía beber vino ni bebida alcohólica fuerte. Él fue quien ordenó una abstinencia similar a la esposa de Manoa. Y él pronunció una maldición sobre el hombre que ofreciese una copa a los labios de su prójimo. Cristo no contradice su propia enseñanza. El vino sin fermentar que él proveyó a los huéspedes de la boda era una bebida sana y refrigerante. Su efecto consistía en poner al gusto en armonía con el apetito sano.

Al observar los huéspedes la calidad del vino, las preguntas hechas a los criados provocaron una explicación del milagro por parte de ellos. Los invitados quedaron por un momento demasiado asombrados para pensar en quién había realizado esta obra maravillosa. Cuando al fin lo buscaron, descubrieron que se había retirado tan quedamente que ni siquiera lo habían notado sus discípulos.

La atención de la gente quedó entonces concentrada en los discípulos. Por primera vez tuvieron la oportunidad de confesar su fe en Jesús. Dijeron lo que habían visto y oído al lado del Jordán, y en muchos corazones se encendió la esperanza de que Dios había suscitado un libertador para su pueblo. Las nuevas del milagro se difundieron por toda esa región y llegaron hasta Jerusalén. Con nuevo interés, los sacerdotes y ancianos escudriñaron las profecías relativas a la venida de Cristo. Existía un ávido deseo de descubrir la misión de este nuevo maestro que aparecía entre la gente de manera tan modesta.

El ministerio de Cristo estaba en marcado contraste con el de los ancianos judíos. La consideración por la tradición y el formalismo que manifestaban éstos había destruido toda verdadera libertad de pensamiento o acción. Vivían en continuo temor de la contaminación. Para evitar el contacto con lo "inmundo" se mantenían apartados no sólo de los gentiles, sino de la mayoría de su propio pueblo, sin tratar de beneficiarlos ni de ganar su amistad. Espaciándose constantemente en esos asuntos, habían empequeñecido sus intelectos y estrechado la órbita de su vida. Su ejemplo estimulaba el egotismo y la intolerancia entre todas las clases del pueblo.

Jesús empezó la obra de reforma poniéndose en una relación de estrecha simpatía con la humanidad. Aunque manifestaba la mayor reverencia por la ley de Dios, reprendía la vanidosa piedad de los fariseos y trataba de liberar a la gente de las reglas sin sentido que las ataban. Procuraba romper las barreras, que separaban a las diferentes clases de la sociedad, con el fin de unir a los hombres como hijos de una sola familia. Su asistencia a las bodas estaba destinada a ser un paso hacia la obtención de este fin.

Dios había indicado a Juan el Bautista que morase en el desierto, para mantenerlo escudado contra la influencia de los sacerdotes y rabinos, y así prepararlo para una misión especial. Pero la austeridad y el aislamiento de su vida no era un ejemplo para la gente. Juan mismo no había indicado a sus oyentes que abandonasen sus deberes anteriores. Los instaba a dar evidencia de su arrepentimiento siendo fieles a Dios en el lugar donde los había llamado.

Jesús condenaba la complacencia propia en todas sus formas; sin embargo, era de naturaleza sociable. Aceptaba la hospitalidad de todas las clases, visitaba los hogares de los ricos y los pobres, de los sabios y los ignorantes, y trataba de elevar sus pensamientos de los asuntos comunes de la vida a las cosas espirituales y eternas. No autorizaba la disipación, y ni una sombra de liviandad mundanal manchó su conducta; sin embargo, hallaba placer en las escenas de felicidad inocente, y con su presencia sancionaba las reuniones sociales. Una boda entre los judíos era una ocasión impresionante, y el gozo que se manifestaba en ella no desagradaba al Hijo del hombre. Al asistir a esa fiesta, Jesús honró el casamiento como institución divina.

Tanto en el Antiguo Testamento como en el Nuevo Testamento, la relación matrimonial se emplea para representar la unión tierna y sagrada que existe entre Cristo y su pueblo. En el sentir de Jesús la alegría de las festividades de bodas simbolizaba el regocijo de aquel día en que él llevará a la Esposa a la casa del Padre, y los redimidos juntamente con el Redentor se sentarán a la cena de las bodas del Cordero. Él dice: "De la manera que el novio se regocija sobre la novia, así tu Dios se regocijará sobre ti". "Ya no serás llamado Azuba [la Dejada]... sino que serás llamada Héfzi-ba [mi Deleite]... porque Jehová se deleita en ti". "Jehová... se gozará sobre ti con alegría, callará de amor, se regocijará sobre ti con cánticos". Cuando la visión de las cosas celestiales le fue concedida a Juan el apóstol, escribió: "Oí como la voz de una gran multitud, como el estruendo de muchas aguas, y como la voz de grandes truenos, que decía: ¡Aleluya, porque el Señor nuestro Dios Todopoderoso reina! Gocémonos y alegrémonos y démosle gloria; porque han llegado las bodas del Cordero, y su esposa se ha preparado... Bienaventurados los que son llamados a la cena de las bodas del Cordero".[10]

Jesús veía en toda alma a un ser que debía ser llamado a su reino. Alcanzaba el corazón de la gente yendo entre ella como quien deseaba su bien. La buscaba en las calles, en las casas privadas, en los barcos, en la sinagoga, a orillas del lago, en las fiestas de bodas. Se encontraba con ella en sus ocupaciones diarias y manifestaba interés en sus asuntos seculares. Llevaba sus instrucciones hasta las casas, poniendo a las familias, en su propio hogar, bajo la influencia de su presencia divina. Su intensa simpatía personal lo ayudaba a ganar los corazones. Con frecuencia se dirigía a las montañas para orar en soledad, pero esto era en preparación para su trabajo entre los hombres en la vida activa. De esas ocasiones salía para aliviar a los enfermos, instruir a los ignorantes y romper las cadenas de los cautivos de Satanás.

Fue por medio del contacto y la asociación personales como Jesús preparó a sus discípulos. A veces les enseñaba sentado entre ellos en la ladera de la montaña; otras veces a orilla del mar, o andando con ellos en el camino, les revelaba los misterios del reino de Dios. No sermoneaba, como hacen los hombres hoy. Dondequiera que hubiese corazones abiertos para recibir el mensaje divino, revelaba las verdades del camino de la salvación. No ordenaba a sus discípulos que hiciesen esto o aquello, sino que decía: "Síganme". En sus viajes por el campo y las ciudades los llevaba consigo, para que pudiesen ver cómo enseñaba él a la gente. Vinculaba su interés con el suyo, y ellos participaban en la obra con él.

El ejemplo de Cristo, al vincularse con los intereses de la humanidad, debe ser seguido por todos los que predican su Palabra y todos los que recibieron el evangelio de su gracia. No debemos renunciar a la comunión social. No debemos aislarnos de los demás. Con el fin de alcanzar a todas las clases, debemos encontrarlas donde estén. Rara vez nos buscarán por iniciativa propia. No sólo desde el púlpito han de ser los corazones humanos conmovidos por la verdad divina. Hay otro campo de trabajo, más humilde tal vez, pero muy plenamente promisorio. Se halla en el hogar de los humildes y en la mansión de los encumbrados; junto a la mesa hospitalaria y en las reuniones de inocente disfrute social.

Como discípulos de Cristo no nos mezclaremos con el mundo simplemente por amor al placer, o para coparticipar en sus locuras. Un trato tal sólo resulta perjudicial. Nunca debemos sancionar el pecado por medio de nuestras palabras o nuestros hechos, nuestro silencio o nuestra presencia. Doquiera que vayamos, debemos llevar a Jesús con nosotros y revelar a otros cuán precioso es nuestro Salvador. Pero los que procuran conservar su religión ocultándola entre paredes pierden preciosas oportunidades de hacer el bien. Mediante las relaciones sociales el cristianismo se pone en contacto con el mundo. Todo aquel que ha recibido la iluminación divina debe alumbrar la senda de quienes no conocen la Luz de la vida.

Todos debemos llegar a ser testigos de Jesús. El poder social, santificado por la gracia de Cristo, debe ser aprovechado para ganar almas para el Salvador. Vea el mundo que no estamos egoístamente absortos en nuestros propios intereses, sino que deseamos que otros participen de nuestras bendiciones y privilegios. Dejémosle ver que nuestra religión no nos hace faltos de simpatía o exigentes. Que todos los que profesan haberlo hallado sirvan como Cristo sirvió, para beneficio de los hombres.

Nunca debemos dar al mundo la impresión falsa de que los cristianos son un pueblo lóbrego y carente de felicidad. Si nuestros ojos están fijos en Jesús, veremos un Redentor compasivo y atraparemos luz de su rostro. Doquiera reine su espíritu, morará la paz. Y también habrá gozo, porque habrá una serena y santa confianza en Dios.

Los que siguen a Cristo le agradan cuando muestran que, aunque humanos, son partícipes de la naturaleza divina. No son estatuas, sino hombres y mujeres vivientes. Su corazón, refrigerado por los rocíos de la gracia divina, se abre y expande bajo la influencia del Sol de Justicia. Reflejan sobre otros, en obras iluminadas por el amor de Cristo, la luz que resplandece sobre ellos mismos.

---

[1] Luc. 2:35. [2] Juan 1:45, RVR1977. [3] Juan 2:4, NVI. [4] Éxo. 20:12. [5] Luc. 2:49. [6] Juan 1:50. [7] 1 Cor. 11:26; Mat. 26:29. [8] Isa. 65:8. [9] Prov. 20:1, RVA. [10] Isa. 62:5, 4, VM; Sof. 3:17; Apoc. 19:6, 7, 9.

CAPÍTULO 16

En su templo

"**D**ESPUÉS de esto descendieron a Capernaum, él, su madre, sus hermanos y sus discípulos; y estuvieron allí no muchos días. Estaba cerca la pascua de los Judíos; y subió Jesús a Jerusalén".

En este viaje Jesús se unió a una de las grandes caravanas que se dirigían a la capital. No había anunciado todavía públicamente su misión, e iba inadvertido entre la muchedumbre. En tales ocasiones, el advenimiento del Mesías, que había adquirido tanta preeminencia debido al ministerio de Juan, era a menudo el tema de conversación. La esperanza de grandeza nacional se mencionaba con fogoso entusiasmo. Jesús sabía que esta esperanza iba a quedar frustrada, porque se fundaba en una interpretación equivocada de las Escrituras. Con profundo fervor explicaba las profecías, y trataba de invitar al pueblo a estudiar más profundamente la Palabra de Dios.

Los dirigentes judíos habían enseñado al pueblo que en Jerusalén se les indicaría cómo adorar a Dios. Allí, durante la larga semana de Pascua, se congregaban grandes muchedumbres que venían de todas partes de Palestina, aun de países lejanos. Los atrios del templo se llenaban de una multitud confusa. Muchos no podían traer consigo los sacrificios que debían ofrecer en representación del gran Sacrificio. Para comodidad de los tales, se compraban y vendían animales en el atrio exterior del templo. Allí se congregaban todas las clases del pueblo para comprar sus ofrendas. Allí se cambiaba el dinero extranjero por la moneda del santuario.

Se requería que cada judío pagase anualmente medio ciclo como "el rescate de su persona",[1] y el dinero así recolectado se usaba para el sostén del templo. Además de eso, se traían grandes sumas como ofrendas voluntarias, que eran depositadas en el tesoro del templo. Y era necesario que toda moneda extranjera fuese cambiada por otra que se llamaba el ciclo del templo, que era aceptado para el servicio del santuario. El cambio de dinero daba oportunidad para el fraude y la extorsión, y se había transformado en un negocio vergonzoso, que era una fuente de renta para los sacerdotes.

Los negociantes pedían precios exorbitantes por los animales que vendían, y compartían sus ganancias con los sacerdotes y príncipes, quienes así se enriquecían a expensas del pueblo. Se había enseñado a los adoradores a creer que si no ofrecían sacrificios, la bendición de Dios no descansaría sobre sus hijos o sus tierras. Así se podía obtener un precio elevado por los animales, porque después de haber llegado de tan lejos, la gente no quería volver a sus hogares sin cumplir el acto de devoción para el cual había venido.

En ocasión de la Pascua se ofrecía gran número de sacrificios, y las ventas realizadas en el templo eran muy cuantiosas. La confusión consiguiente la señalaba como una ruidosa feria de ganado más bien que como sagrado templo de Dios. Podían oírse voces agudas que regateaban, mugidos de ganado vacuno, balidos de ovejas y arrullos de palomas mezclados con el tintineo de las monedas y las disputas airadas. La confusión era tanta que perturbaba a los adoradores, y las palabras dirigidas al Altísimo quedaban ahogadas por el tumulto que invadía el templo. Los judíos eran excesivamente orgullosos de su piedad. Se regocijaban de su templo, y consideraban como blasfemia cualquier palabra pronunciada contra él; eran muy rigurosos en el cumplimiento de las ceremonias relacionadas con él; pero el amor al dinero había prevalecido sobre sus escrúpulos. Apenas se daban cuenta de cuán lejos se habían apartado del propósito original del servicio instituido por Dios mismo.

Cuando el Señor descendió sobre el monte Sinaí, el lugar quedó consagrado por su presencia. Moisés recibió la orden de poner límites alrededor del monte y santificarlo, y se oyó la voz del Señor pronunciar esta amonestación: "Guardaos, no subáis al monte, ni toquéis sus límites; cualquiera que tocare el monte, de seguro morirá. No lo tocará mano, porque será apedreado o asaeteado; sea animal o sea hombre, no vivirá".[2] Así fue enseñada la lección de que doquiera que Dios manifieste su presencia, ese lugar es santo. Los recintos del templo de Dios debieran haberse considerado sagrados. Pero en la lucha por obtener ganancias, todo eso se perdió de vista.

Los sacerdotes y príncipes habían sido llamados para ser representantes de Dios ante la nación; debieran haber corregido los abusos que se cometían en el atrio del templo. Debieran haber dado a la gente un ejemplo de integridad y compasión. En vez de buscar sus propias ganancias, debieran haber considerado la situación y las necesidades de los adoradores, y debieran haber estado dispuestos a ayudar a quienes no podían comprar los sacrificios requeridos. Pero no obraban así. La avaricia había endurecido sus corazones.

Acudían a esta fiesta los que sufrían, los que se hallaban en necesidad y angustia. Estaban allí los ciegos, los cojos, los sordos. Algunos eran traídos sobre camillas. Muchos de los que venían eran demasiado pobres para comprarse la más humilde ofrenda para el Señor, demasiado pobres como para comprarse alimentos con qué satisfacer el hambre. A todos ellos les causaban gran angustia las declaraciones de los sacerdotes. Estos se jactaban de su piedad; aseveraban ser los guardianes del pueblo; pero carecían en absoluto de simpatía y compasión. El pobre, el enfermo y el moribundo pedían en vano su favor. Sus sufrimientos no despertaban piedad en el corazón de los sacerdotes.

Al entrar Jesús en el templo, su mirada abarcó toda la escena. Vio las transacciones injustas. Vio la angustia de los pobres, que pensaban que sin derramamiento de sangre no podían ser perdonados sus pecados. Vio el atrio exterior de su templo convertido en un lugar de tráfico profano. El sagrado recinto se había transformado en un vasto centro comercial.

Cristo vio que debía hacer algo. Se habían impuesto numerosas ceremonias al pueblo sin la debida instrucción acerca de su significado. Los adoradores ofrecían sus sacrificios sin comprender que eran tipos del único Sacrificio perfecto. Y entre ellos, sin ser reconocido ni honrado, estaba el simbolizado por todo el ceremonial. Él había dado instrucciones acerca de las ofrendas. Comprendía su valor simbólico, y veía que ahora habían sido pervertidas y mal interpretadas. El culto espiritual estaba desapareciendo rápidamente. Ningún vínculo unía a los sacerdotes y príncipes con su Dios. La obra de Cristo consistía en establecer un culto completamente diferente.

Con mirada escrutadora, Cristo abarcó la escena que se extendía delante de él mientras estaba de pie sobre las gradas del atrio del templo. Con mirada profética vio lo futuro, abarcando no sólo años sino siglos y edades. Vio cómo los sacerdotes y príncipes privarían al necesitado de su derecho y prohibirían que el evangelio se predicase a los pobres. Vio cómo el amor de Dios sería ocultado de los pecadores y los hombres comerciarían con su gracia. Y al contemplar la escena, la indignación, la autoridad y el poder se expresaron en su semblante. La atención de la gente fue atraída hacia él. Los ojos de los que se dedicaban a su tráfico profano se clavaron en su rostro. No podían apartar la mirada. Sentían que este hombre leía sus pensamientos más íntimos y descubría sus motivos ocultos. Algunos intentaron esconder el rostro, como si sobre él estuviesen escritas sus malas acciones, para ser leídas por esos ojos escrutadores.

La confusión se acalló. Cesó el ruido del tráfico y la negociación. El silencio se hizo penoso. Un sentimiento de pavor dominó a la asamblea. Fue como si hubiesen comparecido ante el tribunal de Dios para responder por sus hechos. Mirando a Cristo, todos vieron la divinidad que fulguraba a través del manto de la humanidad. La Majestad del cielo estaba allí como el Juez que se presentará en el día final; y aunque no le rodeaba esa gloria que lo acompañará entonces, tenía el mismo poder de leer el alma. Sus ojos recorrían toda la multitud, posándose en cada persona. Su figura parecía elevarse sobre todos con imponente dignidad, y una luz divina iluminaba su rostro. Habló, y su voz clara y penetrante —la misma que sobre el monte Sinaí había proclamado la ley que los sacerdotes y príncipes estaban transgrediendo— se oyó repercutir por las bóvedas del templo: "Quitad de aquí esto, y no hagáis de la casa de mi Padre casa de mercado".

Descendiendo lentamente de las gradas y alzando el látigo de cuerdas que había recogido al entrar en el recinto, ordenó a la hueste de traficantes que se alejase de las dependencias del templo. Con un celo y una severidad que nunca antes manifestara, derribó las mesas de los cambistas. Las monedas cayeron, y dejaron oír su sonido metálico sobre el pavimento de mármol. Nadie pretendió cuestionar su autoridad. Nadie se atrevió a detenerse para recoger las ganancias ilícitas. Jesús no los hirió con el látigo de cuerdas, pero en su mano el sencillo látigo parecía ser una espada flamígera. Los oficiales del templo, los sacerdotes especuladores, los cambistas y los negociantes de ganado huyeron del lugar con sus ovejas y bueyes dominados por un solo pensamiento: escapar de la condenación de su presencia.

El pánico se apoderó de la multitud, que sintió el predominio de su divinidad. Gritos de terror escaparon de centenares de labios pálidos. Aun los discípulos temblaron. Les causó pavor las palabras y los modales de Jesús, tan diferentes de su conducta habitual. Recordaron que se había escrito acerca de él: "Me consumió el celo de tu casa".[3] Pronto la tumultuosa muchedumbre se alejó del templo del Señor con toda su mercadería. Los atrios quedaron libres de todo tráfico profano, y sobre la escena de confusión descendió un profundo y solemne silencio. La presencia del Señor, que antiguamente santificara el monte, ahora había hecho sagrado el templo levantado en su honor.

En la purificación del templo, Jesús estaba anunciando su misión como Mesías y comenzaba su obra. Ese templo, erigido para morada de la Presencia divina, estaba destinado a ser una lección objetiva para Israel y para el mundo. Desde las edades eternas había sido el propósito de Dios que todo ser creado, desde el resplandeciente y santo serafín hasta el hombre, fuese un templo para que en él habitase el Creador. A causa del pecado, la humanidad dejó de ser un templo para Dios. Oscurecido y contaminado por el pecado, el corazón del hombre ya no revelaba la gloria del Ser divino. Pero por medio de la encarnación del Hijo de Dios se cumple el propósito del Cielo. Dios mora en la humanidad y, mediante la gracia salvadora, el corazón del hombre vuelve a ser su templo. Dios quería que el templo de Jerusalén fuese un testimonio continuo del alto destino ofrecido a cada alma. Pero los judíos no habían comprendido el significado del edificio que estimaban con tanto orgullo. No se entregaban a sí mismos como templos santos para el Espíritu divino. Los atrios del templo de Jerusalén, llenos del tumulto de un tráfico profano, representaban con demasiada exactitud el templo del corazón, contaminado por la presencia de las pasiones sensuales y de los pensamientos impuros. Al limpiar el templo de los compradores y vendedores mundanos, Jesús anunció su misión de limpiar el corazón de la contaminación del pecado: de los deseos terrenales, de las concupiscencias egoístas, de los malos hábitos, los cuales corrompen el alma. "Vendrá súbitamente a su templo el Señor a quien vosotros buscáis, y el ángel del pacto, a quien deseáis vosotros. He aquí viene, ha dicho Jehová de los ejércitos. ¿Y quién podrá soportar el tiempo de su venida?, o ¿quién podrá estar en pie cuando él se manifieste? Porque él es como fuego purificador, y como jabón de lavadores. Y se sentará para afinar y limpiar la plata; porque limpiará a los hijos de Leví, los afinará como a oro y como a plata".[4]

"¿No sabéis que sois templo de Dios, y que el Espíritu de Dios mora en vosotros? Si alguno destruyere el templo de Dios, Dios lo destruirá a él; porque el templo de Dios, el cual sois vosotros, santo es". Ningún hombre puede de por sí echar a las huestes malignas que han tomado posesión del corazón. Sólo Cristo puede purificar el templo del alma. Pero no forzará la entrada. No viene a los corazones como antaño a su templo, sino que dice: "He aquí, yo estoy a la puerta y llamo; si alguno oye mi voz y abre la puerta, entraré a él". Él vendrá, no solamente por un día; porque dice: "Habitaré y andaré en ellos... y ellos serán mi pueblo". "Él... sepultará nuestras iniquidades, y echará en lo profundo del mar todos nuestros pecados". Su presencia limpiará y santificará el alma, de manera que pueda ser "un templo santo" para el Señor y una "morada de Dios por su Espíritu".[5]

Dominados por el terror, los sacerdotes y príncipes habían huido del atrio del templo y de la mirada escrutadora que leía sus corazones. Mientras huían se encontraron con otros que se dirigían al templo, y les aconsejaron que se volvieran, diciéndoles lo que habían visto y oído. Cristo contempló con anhelante compasión a los hombres que huían por causa de su temor e ignorancia de lo que constituía el culto verdadero. En esa escena veía simbolizada la dispersión de toda la nación judía por causa de su maldad e impenitencia.

¿Y por qué huyeron los sacerdotes del templo? ¿Por qué no le hicieron frente? El que les ordenó que se fuesen era hijo de un carpintero, un pobre galileo sin jerarquía ni poder terrenales. ¿Por qué no le resistieron? ¿Por qué abandonaron la ganancia tan mal adquirida y huyeron a la orden de una persona de tan humilde apariencia externa?

Cristo hablaba con la autoridad de un rey, y en su aspecto y en el tono de su voz había algo ante lo cual no tenían poder para resistir. Al oír la orden se dieron cuenta, como nunca antes, de su verdadera situación de hipócritas y ladrones. Cuando la divinidad fulguró a través de la humanidad, no sólo vieron indignación en el rostro de Cristo; se dieron cuenta de la importancia de sus palabras. Se sintieron como delante del trono del Juez eterno, como oyendo su sentencia para ese tiempo y la eternidad. Por un momento se convencieron de que Cristo era profeta; y muchos creyeron que era el Mesías. El Espíritu Santo les recordó vívidamente las declaraciones de los profetas acerca del Cristo. ¿Cederían a esa convicción?

No quisieron arrepentirse. Sabían que se había despertado la simpatía de Cristo hacia los pobres. Sabían que ellos habían sido culpables de extorsión en su trato con la gente. Por cuanto Cristo discernía sus pensamientos, lo odiaban. Su reprensión en público fue humillante para su orgullo, y sintieron celos de su creciente influencia sobre la gente. Resolvieron desafiarlo acerca del poder por el cual los había echado y acerca de quién le había dado ese poder.

Pensativos, pero con odio en el corazón, volvieron lentamente al templo. Pero ¡qué cambio se había verificado durante su ausencia! Cuando ellos huyeron, los pobres se quedaron atrás; y éstos estaban ahora mirando a Jesús, cuyo rostro expresaba su amor y simpatía. Con lágrimas en los ojos decía a los temblorosos que lo rodeaban: "No teman, yo los libraré, y ustedes me glorificarán. Por esta causa he venido al mundo".

La gente se agolpaba en la presencia de Cristo con súplicas urgentes y lastimeras, diciendo: "Maestro, bendíceme". Su oído atendía cada clamor. Con una compasión que superaba a la de una madre, se inclinaba sobre los pequeñuelos que sufrían. Todos recibían atención. Cada uno quedaba sano de cualquier enfermedad que tuviera. El mudo abría sus labios en alabanzas; el ciego contemplaba el rostro de su Sanador. El corazón de los dolientes era alegrado.

Mientras los sacerdotes y oficiales del templo presenciaban esa obra, ¡qué revelación fueron para ellos los sonidos que llegaban a sus oídos! Los concurrentes relataban la historia del dolor que habían sufrido, de sus esperanzas frustradas, de los días penosos y de las noches de insomnio; y de cómo, cuando parecía haberse apagado la última chispa de esperanza, Cristo los había sanado. "La carga era muy pesada", decía uno, "pero he hallado un Ayudador. Es el Cristo de Dios, y dedicaré mi vida a su servicio". Había padres que decían a sus hijos: "Él salvó nuestra vida; alcen sus voces y alábenlo". Las voces de niños y jóvenes, de padres y madres, de amigos y espectadores, se unían en agradecimiento y alabanza. La esperanza y la alegría llenaban los corazones. La paz embargaba las mentes. Estaban sanos de alma y cuerpo, y volvieron a sus casas proclamando por doquiera el amor sin par de Jesús.

En ocasión de la crucifixión de Cristo, los que habían sido sanados no se unieron con la turba para gritar: "¡Crucifícale! ¡crucifícale!" Sus afectos estaban con Jesús; porque habían sentido su gran simpatía y su poder maravilloso. Lo conocían como su Salvador; porque él les había dado salud del cuerpo y del alma. Escucharon la predicación de los apóstoles, y la entrada de la palabra de Dios en su corazón les dio entendimiento. Llegaron a ser agentes de la misericordia de Dios e instrumentos de su salvación.

El gentío que huyó del atrio del templo volvió poco a poco después de un tiempo. Se habían recobrado parcialmente del pánico que los embargara, pero sus rostros expresaban irresolución y timidez. Miraban con asombro las obras de Jesús, y se convencieron de que en él se cumplían las profecías concernientes al Mesías. El pecado de la profanación del templo incumbía, en gran medida, a los sacerdotes. Por arreglo suyo, el atrio había sido transformado en un mercado. La gente era comparativamente inocente. Había quedado impresionada por la autoridad divina de Jesús; pero consideraba suprema la influencia de los sacerdotes y príncipes. Estos miraban la misión de Cristo como una innovación, y cuestionaban su derecho a interferir en lo que había sido permitido por las autoridades del templo. Se ofendieron porque el negocio había sido interrumpido, y ahogaron las convicciones del Espíritu Santo.

Sobre todos los demás, los sacerdotes y príncipes debieran haber visto en Jesús al Ungido del Señor; porque en sus manos estaban los rollos sagrados que describían su misión, y sabían que la purificación del templo era una manifestación de un poder más que humano. Por mucho que odiasen a Jesús, no lograban librarse del pensamiento de que podía ser un profeta enviado por Dios para restaurar la santidad del templo. Con una deferencia nacida de este temor, fueron a preguntarle: "¿Qué señal nos muestras, ya que haces esto?"

Jesús les había mostrado una señal. Al introducir la luz en su corazón, y al ejecutar delante de ellos las obras que el Mesías debía efectuar, les había dado una evidencia convincente de su carácter. Cuando le pidieron una señal, les contestó con una parábola y demostró así que discernía su malicia y veía hasta dónde los conduciría. Dijo: "Destruid este templo, y en tres días lo levantaré".

El significado de esas palabras era doble. Él se refería no sólo a la destrucción del templo y del culto judaico, sino también a su propia muerte: la destrucción del templo de su cuerpo. Los judíos ya estaban maquinando esto. Cuando los sacerdotes y príncipes volvieron al templo, se habían propuesto matar a Jesús y librarse del perturbador. Sin embargo, cuando él desenmascaró ese designio suyo, no lo comprendieron. Al interpretar sus palabras las aplicaron solamente al templo de Jerusalén, y con indignación exclamaron: "En cuarenta y seis años fue edificado este templo, ¿y tú en tres días lo levantarás?" Les parecía que Jesús estaba justificando su incredulidad, y se confirmaron en su decisión de rechazarlo.

Cristo no quería que sus palabras fuesen entendidas por los judíos incrédulos, ni siquiera por sus discípulos en ese momento. Sabía que serían torcidas por sus enemigos, y que las tornarían contra él. En ocasión de su juicio iban a ser presentadas como acusación, y en el Calvario le serían recordadas con escarnio. Pero el explicarlas ahora habría dado a sus discípulos un conocimiento de sus sufrimientos, y les habría impuesto un pesar que no estaban capacitados para soportar. Y una explicación habría revelado prematuramente a los judíos el resultado de su prejuicio e incredulidad. Ya habían entrado en una senda que iban a seguir constantemente hasta que lo llevaran como un cordero al matadero.

Esas palabras de Cristo fueron pronunciadas por causa de quienes iban a creer en él. Sabía que serían repetidas. Al ser pronunciadas en ocasión de la Pascua, llegarían a oídos de millares de personas y serían llevadas a todas partes del mundo. Después que hubiese resucitado de los muertos, su significado quedaría aclarado. Para muchos serían una evidencia concluyente de su divinidad.

A causa de sus tinieblas espirituales, aun los discípulos de Jesús con frecuencia fracasaron en comprender sus lecciones. Pero muchas de esas lecciones les fueron aclaradas por medio de eventos posteriores. Cuando él ya no andaba con ellos, sus palabras sostenían sus corazones.

Con referencia al templo de Jerusalén, las palabras del Salvador —"Destruid este templo, y en tres días lo levantaré"— tenían un significado más profundo que el percibido por los oyentes. Cristo era el fundamento y la vida del templo. Sus servicios eran típicos del sacrificio del Hijo de Dios. El sacerdocio había sido establecido para representar el carácter y la obra mediadora de Cristo. Todo el plan de adoración sacrificial era una prefiguración de la muerte del Salvador para redimir al mundo. No habría eficacia en esas ofrendas cuando el gran evento al cual señalaran durante siglos fuese consumado.

Puesto que todo el sistema ritual simbolizaba a Cristo, no tenía valor sin él. Cuando los judíos sellaron su rechazo de Cristo entregándolo a la muerte, rechazaron todo lo que daba significado al templo y sus ceremonias. Su carácter sagrado desapareció. Quedó condenado a la destrucción. Desde ese día los sacrificios rituales y las ceremonias relacionadas con ellos dejaron de tener significado. Como la ofrenda de Caín, no expresaban fe en el Salvador. Al dar muerte a Cristo, los judíos destruyeron virtualmente su templo. Cuando Cristo fue crucificado, el velo interior del templo se rasgó en dos de alto a bajo, significando que el gran sacrificio final había sido hecho, y que el sistema de los sacrificios rituales había terminado para siempre.

"En tres días lo levantaré". A la muerte del Salvador las potencias de las tinieblas parecieron prevalecer y se regocijaron de su victoria. Pero del sepulcro abierto de José, Jesús salió vencedor. "Despojando a los principados y a las potestades, los exhibió públicamente, triunfando sobre ellos en la cruz". En virtud de su muerte y resurrección, pasó a ser "ministro del santuario, y de aquel verdadero tabernáculo que levantó el Señor, y no el hombre". Los hombres habían construido el tabernáculo, y luego el templo de los judíos; pero el Santuario celestial, del cual el terrenal era una figura, no fue construido por arquitecto humano. "Mirad al hombre cuyo nombre es EL VÁSTAGO, y él... edificará el Templo de Jehová, y llevará sobre sí la gloria, y se sentará y reinará sobre su trono, siendo Sacerdote sobre su trono".[6]

El ceremonial de los sacrificios que había señalado a Cristo pasó; pero los ojos de los hombres fueron dirigidos al verdadero sacrificio por los pecados del mundo. Cesó el sacerdocio terrenal; pero miramos a Jesús, ministrador del nuevo pacto, y "a la sangre rociada que habla mejor que la de Abel". "Aún no se había manifestado el camino al Lugar Santísimo, entre tanto que la primera parte del tabernáculo estuviese en pie... Pero estando ya presente Cristo, sumo sacerdote de los bienes venideros, por el más amplio y más perfecto tabernáculo, no hecho de manos... por su propia sangre, entró una vez para siempre en el Lugar Santísimo, habiendo obtenido eterna redención".[7]

"Por lo cual puede también salvar perpetuamente a los que por él se acercan a Dios, viviendo siempre para interceder por ellos". Aunque el ministerio había de ser trasladado del templo terrenal al celestial, aunque el Santuario y nuestro gran Sumo Sacerdote fuesen invisibles para los ojos humanos, los discípulos no habrían de sufrir pérdida por ello. No sufrirían interrupción en su comunión ni disminución de poder por causa de la ausencia del Salvador. Mientras Jesús ministra en el Santuario celestial, sigue siendo, por medio de su Espíritu, el Ministro de la iglesia en la tierra. Está oculto a la vista, pero se cumple la promesa que hiciera al partir: "Yo estoy con vosotros todos los días, hasta el fin del mundo".[8] Aunque delega su poder a ministros inferiores, su presencia vivificadora está todavía con su iglesia.

"Por tanto, teniendo un gran sumo sacerdote... Jesús el Hijo de Dios, retengamos nuestra profesión. Porque no tenemos un sumo sacerdote que no se pueda compadecer de nuestras debilidades, sino uno que fue tentado en todo según nuestra semejanza, pero sin pecado. Acerquémonos, pues, confiadamente al trono de la gracia, para alcanzar misericordia y hallar gracia para el oportuno socorro".[9]

[1] Éxo. 30:12-16. [2] Éxo. 19:12, 13. [3] Sal. 69:9. [4] Mal. 3:1-3. [5] 1 Cor. 3:16, 17; Apoc. 3:20; 2 Cor. 6:16; Miq. 7:19; Efe. 2:21, 22, NVI. [6] Col. 2:15; Heb. 8:2; Zac. 6:12, 13, VM. [7] Heb. 12:24; 9:8-12. [8] Heb. 7:25; Mat. 28:20. [9] Heb. 4:14-16.

CAPÍTULO 17

Nicodemo

N ICODEMO ocupaba un puesto elevado y de confianza en la nación judía. Era un hombre muy educado, poseía talentos extraordinarios y era un renombrado miembro del concilio nacional. Como otros, había sido conmovido por las enseñanzas de Jesús. Aunque rico, sabio y honrado, se había sentido extrañamente atraído por el humilde Nazareno. Las lecciones que habían caído de los labios del Salvador lo habían impresionado grandemente, y quería aprender más de esas verdades maravillosas.

La autoridad que Cristo ejerciera al purificar el templo había despertado el odio resuelto de los sacerdotes y príncipes. Temían el poder de ese extraño. No debían tolerar tanto atrevimiento por parte de un oscuro galileo. Se proponían poner fin a su obra. Pero no todos estaban de acuerdo con ese propósito. Algunos temían oponerse a quien estaba tan evidentemente movido por el Espíritu de Dios. Recordaban cómo los profetas habían sido muertos por reprender los pecados de los líderes de Israel. Sabían que la servidumbre de los judíos a una nación pagana era el resultado de su terquedad en rechazar las represiones de Dios. Temían que, al maquinar contra Jesús, los sacerdotes y príncipes estuviesen siguiendo en los pasos de sus padres y trajeran nuevas calamidades sobre la nación. Nicodemo compartía esos sentimientos. En un concilio del Sanedrín, cuando se consideraba la conducta que se debía seguir con Jesús, Nicodemo aconsejó cautela y moderación. Hizo notar con insistencia que si Jesús estaba realmente investido de autoridad por parte de Dios, sería peligroso rechazar sus amonestaciones. Los sacerdotes no se atrevieron a despreciar ese consejo, y por el momento no tomaron medidas abiertas contra el Salvador.

Desde que oyera a Jesús, Nicodemo había estudiado ansiosamente las profecías relativas al Mesías, y cuanto más las escudriñaba, tanto más poderosa se volvía su convicción de que era el que debía venir. Juntamente con muchos otros hijos de Israel, había sentido honda angustia por la profanación del templo. Había presenciado la escena cuando Jesús echó a los compradores y vendedores; contempló la admirable manifestación del poder divino; vio al Salvador recibir a los pobres y sanar a los enfermos; vio las miradas de gozo de éstos y oyó sus palabras de alabanza; y no podía dudar de que Jesús de Nazaret era el enviado de Dios.

Deseaba ardientemente entrevistarse con Jesús, pero no osaba buscarlo abiertamente. Sería demasiado humillante para un príncipe de los judíos declararse simpatizante de un maestro tan poco conocido. Si su visita llegaba al conocimiento del Sanedrín, le acarrearía su desprecio y denuncias. Resolvió, pues, entrevistarlo en secreto, con la excusa de que si él iba abiertamente, otros seguirían su ejemplo. Haciendo una investigación especial de dónde tenía el Salvador un lugar de retiro en el Monte de los Olivos, aguardó hasta que la ciudad quedase envuelta por el sueño, y entonces salió en busca de Jesús.

En presencia de Cristo, Nicodemo sintió una extraña timidez, la que trató de ocultar bajo un aire de compostura y dignidad. Dijo: "Rabí, sabemos que has venido de Dios como maestro; porque nadie puede hacer estas señales que tú haces, si no está Dios con él". Hablando de los raros dones de Cristo como maestro, y también de su maravilloso poder para realizar milagros, esperaba preparar el terreno para su entrevista. Sus palabras estaban destinadas a expresar e infundir confianza; pero en realidad expresaban incredulidad. No reconocía a Jesús como el Mesías, sino solamente como maestro enviado de Dios.

En vez de reconocer ese saludo, Jesús fijó los ojos en el que le hablaba, como si leyese en su alma. En su infinita sabiduría vio delante de sí a uno que buscaba la verdad. Conoció el objetivo de esa visita y, con el deseo de profundizar la convicción que ya había penetrado en la mente de quien lo escuchaba, fue directamente al punto central, diciendo solemne pero bondadosamente: "De veras te aseguro que quien no nazca de nuevo no puede ver el reino de Dios".[1]

Nicodemo había ido al Señor pensando entrar en discusión con él, pero Jesús le expuso lisa y llanamente los principios fundamentales de la verdad. Dijo a Nicodemo: "Lo que tú necesitas no es tanto conocimiento teórico sino regeneración espiritual. No necesitas que se satisfaga tu curiosidad, sino tener un corazón nuevo. Debes recibir una vida nueva de lo alto, antes que puedas apreciar las cosas celestiales. Hasta que no se realice este cambio, haciendo nuevas todas las cosas, no resultará en ningún bien salvador para ti el discutir conmigo mi autoridad o mi misión".

Nicodemo había oído la predicación de Juan el Bautista concerniente al arrepentimiento y el bautismo, y cuando había señalado al pueblo al Ser que bautizaría con el Espíritu Santo. Él mismo había sentido que había falta de espiritualidad entre los judíos; que, en gran medida, estaban dominados por el fanatismo y la ambición mundanal. Había esperado que se produjese un mejor estado de cosas al venir el Mesías. Sin embargo, el mensaje escrutador del Bautista había fracasado en producir en él convicción de pecado. Era un fariseo estricto, y se enorgullecía de sus buenas obras. Era muy estimado por su benevolencia y generosidad en sostener el culto del templo, y se sentía seguro del favor de Dios. Le sorprendió la idea de un reino demasiado puro para que él lo viese en la condición en que estaba.

La figura del nuevo nacimiento que Jesús había empleado no era del todo desconocida para Nicodemo. Los conversos del paganismo a la fe de Israel eran a menudo comparados a niños recién nacidos. Por tanto, debió percibir que las palabras de Cristo no habían de ser tomadas en su sentido literal. Pero por virtud de su nacimiento como israelita se consideraba seguro de tener un lugar en el reino de Dios. Le parecía que no necesitaba cambio alguno. Por eso le sorprendieron las palabras del Salvador. Le irritaba su íntima aplicación a sí mismo. El orgullo del fariseo contendía contra el deseo sincero del buscador de la verdad. Se admiraba de que Cristo le hablase así, sin respetar su posición como príncipe de Israel.

La sorpresa le hizo perder el dominio propio, y contestó a Cristo con palabras llenas de ironía: "¿Cómo puede un hombre nacer siendo viejo?" Como muchos otros, cuando la verdad cortante se introdujo en su conciencia, demostró que el hombre natural no recibe las cosas del Espíritu de Dios. No hay nada en él que responda a las cosas espirituales; porque las cosas espirituales se disciernen espiritualmente.

Pero el Salvador no contestó a su argumento con otro. Levantando la mano con solemne y tranquila dignidad, hizo penetrar la verdad con aun mayor seguridad: "De cierto, de cierto te digo, que el que no naciere de agua y del Espíritu, no puede entrar en el reino de Dios". Nicodemo sabía que Cristo se refería aquí al agua del bautismo y a la renovación del corazón por el Espíritu de Dios. Se convenció de que se hallaba en presencia del Ser cuya venida había predicho Juan el Bautista.

Jesús continuó diciendo: "Lo que es nacido de la carne, carne es; y lo que es nacido del Espíritu, espíritu es". Por naturaleza, el corazón es malo, y "¿quién hará limpio lo inmundo? Nadie". Ningún invento humano puede hallar un remedio para el alma pecadora. "Los designios de la carne son enemistad contra Dios; porque no se sujetan a la ley de Dios, ni tampoco pueden". "Porque del corazón salen los malos pensamientos, los homicidios, los adulterios, las fornicaciones, los hurtos, los falsos testimonios, las blasfemias".[2] La fuente del corazón debe ser purificada antes que los raudales puedan ser puros. El que está tratando de alcanzar el cielo por sus propias obras observando la ley, está intentando lo imposible. No hay seguridad para el que tenga sólo una religión legal, una forma de piedad. La vida del cristiano no es una modificación o mejora de la antigua, sino una transformación de la naturaleza. Se produce una muerte al yo y al pecado, y [surge] una vida totalmente nueva. Ese cambio puede ser efectuado únicamente por la obra eficaz del Espíritu Santo.

Nicodemo todavía estaba perplejo, y Jesús empleó el viento para ilustrar lo que quería decir: "El viento sopla de donde quiere, y oyes su sonido; mas ni sabes de dónde viene, ni a dónde va. Así es todo aquel que es nacido del Espíritu".

Se oye el viento entre las ramas de los árboles por el susurro que produce en las hojas y las flores; sin embargo es invisible, y nadie sabe de dónde viene ni adónde va. Así sucede con la obra del Espíritu Santo en el corazón. Es tan inexplicable como los movimientos del viento. Puede ser que una persona no pueda decir exactamente la ocasión ni el lugar en que se convirtió, ni trazar todas las circunstancias de su conversión; pero eso no significa que no se haya convertido. Mediante un agente tan invisible como el viento, Cristo obra constantemente en el corazón. Poco a poco, tal vez inconscientemente para el receptor, se hacen impresiones que tienden a atraer el alma hacia Cristo. Dichas impresiones pueden ser recibidas meditando en él, leyendo las Escrituras u oyendo la palabra del predicador viviente. Repentinamente, al hacer el Espíritu un llamado más directo, el alma se entrega gozosamente a Jesús. Muchos llaman a eso conversión repentina; pero es el resultado de una larga intercesión del Espíritu de Dios; es un proceso paciente y largo.

Aunque el viento mismo es invisible, produce efectos que se ven y se sienten. Así también la obra del Espíritu en el alma se revelará en todo acto de quien ha sentido su poder salvador. Cuando el Espíritu de Dios se posesiona del corazón, transforma la vida. Los pensamientos pecaminosos son puestos a un lado, las malas acciones son abandonadas; el amor, la humildad y la paz reemplazan a la ira, la envidia y las contiendas. El gozo reemplaza a la tristeza, y el rostro refleja la luz del cielo. Nadie ve la mano que alza la carga, ni contempla la luz que desciende de los atrios celestiales. La bendición viene cuando por fe el alma se entrega a Dios. Entonces ese poder que ningún ojo humano puede ver crea un nuevo ser a la imagen de Dios.

Es imposible para las mentes finitas comprender la obra de la redención. Su misterio supera el conocimiento humano; sin embargo, el que pasa de muerte a vida se da cuenta de que es una realidad divina. Podemos conocer aquí, por experiencia personal, el comienzo de la redención. Sus resultados se extienden a través de las edades eternas.

Mientras Jesús hablaba, algunos rayos de la verdad penetraron en la mente del príncipe. La suave y subyugadora influencia del Espíritu Santo impresionó su corazón. Sin embargo, él no comprendía plenamente las palabras del Salvador. No le impresionaba tanto la necesidad del nuevo nacimiento como la manera en que se verificaba. Dijo con admiración: "¿Cómo puede hacerse esto?"

"¿Eres tú maestro de Israel, y no sabes esto?", le preguntó Jesús. Por cierto que un hombre encargado de la instrucción religiosa del pueblo no debía ignorar verdades tan importantes. Las palabras de Jesús implicaban que, en vez de sentirse irritado por las claras palabras de verdad, Nicodemo debiera haber tenido una muy humilde opinión de sí mismo por causa de su ignorancia espiritual. Sin embargo, Cristo habló con tan solemne dignidad, y sus miradas y su tono expresaban tan ferviente amor, que Nicodemo no se ofendió al cerciorarse de su humillante condición.

Pero mientras Jesús explicaba que su misión en la tierra consistía en establecer un reino espiritual en vez de uno temporal, su oyente quedó perturbado. En vista de esto, Jesús añadió: "Si os he dicho cosas terrenales, y no creéis, ¿cómo creeréis si os dijere las celestiales?" Si Nicodemo no podía recibir las enseñanzas de Cristo que ilustraban la obra de la gracia en el corazón, ¿cómo podría comprender la naturaleza de su glorioso reino celestial? Si no discernía la naturaleza de la obra de Cristo en la tierra, no podría comprender su obra en el cielo.

Los judíos a quienes Jesús había echado del templo aseveraban ser hijos de Abraham, pero huyeron de la presencia del Salvador porque no podían soportar la gloria de Dios que se manifestaba en él. Así dieron evidencia de que no estaban preparados por la gracia de Dios para participar en los ritos sagrados del templo. Eran celosos para mantener una apariencia de santidad, pero descuidaban la santidad del corazón. Aunque eran muy quisquillosos en cuanto a la letra de la ley, estaban violando constantemente su espíritu. Necesitaban grandemente este mismo cambio que Cristo había estado explicando a Nicodemo: un nuevo nacimiento moral, una limpieza del pecado y una renovación del conocimiento y la santidad.

No tenía excusa la ceguera de Israel en cuanto a la regeneración. Bajo la inspiración del Espíritu Santo, Isaías había escrito: "Todos nosotros somos como suciedad, y todas nuestras justicias como trapo de inmundicia". David había orado: "Crea en mí, oh Dios, un corazón limpio; y renueva un espíritu recto dentro de mí". Y por medio de Ezequiel había sido dada la promesa: "Os daré corazón nuevo, y pondré espíritu nuevo dentro de vosotros; y quitaré de vuestra carne el corazón de piedra, y os daré un corazón de carne. Y pondré dentro de vosotros mi Espíritu, y haré que andéis en mis estatutos".[3]

Nicodemo había leído esos pasajes con mente anublada; pero ahora empezaba a comprender su significado. Veía que la más rígida obediencia a la simple letra de la ley tal como se aplicaba a la vida externa, no podía dar a nadie derecho a entrar en el reino de los cielos. En la estima de los hombres su vida había sido justa y honorable; pero en la presencia de Cristo sentía que su corazón era impuro y su vida profana.

Nicodemo estaba siendo atraído a Cristo. Mientras el Salvador le explicaba lo concerniente al nuevo nacimiento, sintió el anhelo de que ese cambio se realizase en él. ¿Por qué medio se podía lograr? Jesús contestó la pregunta que no llegó a ser formulada: "Como Moisés levantó la serpiente en el desierto, así es necesario que el Hijo del hombre sea levantado; para que todo aquel que en él cree, no se pierda, mas tenga vida eterna".

Este era terreno familiar para Nicodemo. El símbolo de la serpiente alzada le aclaró la misión del Salvador. Cuando el pueblo de Israel estaba muriendo por causa de las mordeduras de las serpientes ardientes, Dios indicó a Moisés que hiciese una serpiente de bronce y la colocase en alto en medio de la congregación. Luego se pregonó por todo el campamento que todos los que mirasen a la serpiente vivirían. El pueblo sabía muy bien que en sí misma la serpiente no tenía poder para ayudarle. Era un símbolo de Cristo. Así como la imagen de la serpiente destructora fue alzada para sanar al pueblo, un ser "en semejanza de carne de pecado"[4] iba a ser su Redentor. Muchos de los israelitas consideraban que el ceremonial de los sacrificios tenía virtud en sí mismo para librarlos del pecado. Dios deseaba enseñarles que eso no tenía más valor que la serpiente de bronce. Debía dirigir su mente al Salvador. Ya sea para la curación de sus heridas o para el perdón de sus pecados, no podían hacer nada por sí mismos, sino manifestar su fe en el don de Dios. Debían mirar y vivir.

Los que habían sido mordidos por las serpientes podrían haberse demorado en mirar. Podrían haber cuestionado la eficacia de ese símbolo de bronce. Podrían haber demandado una explicación científica. Pero no se dio explicación alguna. Debían aceptar la palabra que Dios les dirigía por medio de Moisés. El negarse a mirar significaba perecer.

No es mediante controversias y discusiones como se ilumina el alma. Debemos mirar y vivir. Nicodemo recibió la lección y se la llevó consigo. Escudriñó las Escrituras de una manera nueva: no para discutir una teoría, sino para recibir vida para el alma. Empezó a ver el reino de los cielos cuando se sometió a la dirección del Espíritu Santo.

Hoy día hay miles que necesitan aprender la misma verdad que fue enseñada a Nicodemo por medio de la serpiente levantada. Confían en que su obediencia de la ley de Dios los recomienda para el favor divino. Cuando se los invita a mirar a Jesús y a creer que él los salva únicamente por su gracia, exclaman: "¿Cómo puede hacerse esto?"

Como Nicodemo, debemos estar dispuestos a entrar en la vida de la misma manera que el primero de los pecadores. Fuera de Cristo "no hay otro nombre debajo del cielo, dado a los hombres, en el cual podamos ser salvos". Por medio de la fe recibimos la gracia de Dios; pero la fe no es nuestro Salvador. No nos gana nada. Es la mano por la cual nos asimos de Cristo y nos apropiamos de sus méritos, el remedio para el pecado. Y ni siquiera podemos arrepentirnos sin la ayuda del Espíritu de Dios. La Escritura dice de Cristo: "A éste, Dios ha exaltado con su diestra por Príncipe y Salvador, para dar a Israel arrepentimiento y perdón de pecados".[5] El arrepentimiento proviene de Cristo tan ciertamente como el perdón.

Entonces, ¿cómo seremos salvos? "Como Moisés levantó la serpiente en el desierto", así también el Hijo del hombre ha sido levantado, y todos los que han sido engañados y mordidos por la serpiente pueden mirar y vivir. "He aquí el Cordero de Dios, que quita el pecado del mundo". La luz que resplandece desde la cruz revela el amor de Dios. Su amor nos atrae a él. Si no resistimos esa atracción, seremos conducidos al pie de la cruz arrepentidos por los pecados que crucificaron al Salvador. Entonces el Espíritu de Dios produce por medio de la fe una nueva vida en el alma. Los pensamientos y los deseos se sujetan en obediencia a la voluntad de Cristo. El corazón y la mente son creados de nuevo a la imagen del Ser que obra en nosotros para someter todas las cosas a sí. Entonces la ley de Dios queda escrita en la mente y el corazón, y podemos decir con Cristo: "El hacer tu voluntad, Dios mío, me ha agradado".[6]

En la entrevista con Nicodemo, Jesús reveló el plan de salvación y su misión en el mundo. En ninguno de sus discursos siguientes explicó tan plenamente, paso a paso, la obra que debe hacerse en el corazón de cuantos quieran heredar el reino de los cielos. En el mismo principio de su ministerio presentó la verdad a un miembro del Sanedrín, a la mente mejor dispuesta a recibirla, a un hombre designado para ser maestro del pueblo. Pero los líderes de Israel no dieron la bienvenida a la luz. Nicodemo ocultó la verdad en su corazón, y durante tres años aparentemente hubo muy poco fruto.

Pero Jesús conocía el suelo en el cual había arrojado la semilla. Las palabras pronunciadas de noche a un solo oyente en la montaña solitaria no se perdieron. Por un tiempo Nicodemo no reconoció públicamente a Cristo, pero estudió su vida y meditó en sus enseñanzas. En los concilios del Sanedrín repetidas veces estorbó los planes que los sacerdotes hacían para destruirlo. Cuando por fin Jesús fue alzado en la cruz, Nicodemo recordó la enseñanza que recibiera en el Monte de los Olivos: "Como Moisés levantó la serpiente en el desierto, así es necesario que el Hijo del hombre sea levantado, para que todo aquel que en él cree, no se pierda, mas tenga vida eterna". La luz proveniente de esa entrevista secreta iluminó la cruz del Calvario, y Nicodemo vio en Jesús al Redentor del mundo.

Después de la ascensión del Señor, cuando los discípulos fueron dispersados por la persecución, Nicodemo se adelantó osadamente. Dedicó sus riquezas a sostener la tierna iglesia que los judíos esperaban ver desaparecer a la muerte de Cristo. En tiempos de peligro, el que había sido tan cauteloso y cuestionador se manifestó firme como una roca, estimulando la fe de los discípulos y proporcionándoles recursos para llevar adelante la obra del evangelio. Fue despreciado y perseguido por los que en otros tiempos le habían tributado reverencia. Quedó pobre en los bienes de este mundo, pero no le faltó la fe que había tenido su comienzo en esa entrevista nocturna con Jesús.

Nicodemo contó a Juan el relato de esa entrevista, y la pluma de éste la registró para instrucción de millones de almas. Las verdades allí enseñadas son tan importantes hoy como lo fueron en esa noche solemne sobre la montaña ensombrecida, cuando el dirigente judío fue para aprender del humilde Maestro de Galilea el camino de la vida.

[1] Juan 3:3, NVI. [2] Job 14:4; Rom. 8:7; Mat. 15:19. [3] Isa. 64:6; Sal. 51:10; Eze. 36:26, 27. [4] Rom. 8:3.
[5] Hech. 4:12; 5:31. [6] Juan 1:29; Sal. 40:8.

CAPÍTULO 18

"Es necesario que él crezca"

DURANTE un tiempo la influencia del Bautista sobre la nación había sido mayor que la de sus gobernantes, sacerdotes o príncipes. Si hubiese declarado que era el Mesías y encabezado una rebelión contra Roma, los sacerdotes y el pueblo se habrían agolpado alrededor de su estandarte. Satanás había estado listo para asediar a Juan el Bautista con toda consideración halagadora para la ambición de los conquistadores del mundo. Pero, frente a las evidencias que tenía de su poder, había rechazado constantemente esta magnífica seducción. Había dirigido hacia Otro la atención que se fijaba en él.

Ahora veía que el flujo de la popularidad se apartaba de él para dirigirse al Salvador. Día tras día disminuían las muchedumbres que lo rodeaban. Cuando Jesús fue de Jerusalén a la región del Jordán, la gente se agolpó para oírlo. El número de sus discípulos aumentaba diariamente. Muchos venían para ser bautizados, y aunque Cristo mismo no bautizaba, sancionaba la administración del rito por parte de sus discípulos. Así puso su sello sobre la misión de su precursor. Pero los discípulos de Juan miraban con celos la popularidad creciente de Jesús. Estaban dispuestos a criticar su obra, y no transcurrió mucho tiempo antes que hallaran ocasión de hacerlo. Se levantó una cuestión entre ellos y los judíos acerca de si el bautismo servía para limpiar el alma del pecado; ellos sostenían que el bautismo de Jesús difería esencialmente del de Juan. Pronto entraron en disputa con los discípulos de Cristo acerca de las palabras que era propio emplear al bautizar, y finalmente en cuanto al derecho que tenía Jesús para bautizar.

Los discípulos de Juan vinieron a él con sus motivos de queja diciendo: "Rabí, mira que el que estaba contigo al otro lado del Jordán, de quien tú diste testimonio, bautiza, y todos vienen a él". Con esas palabras Satanás presentó una tentación a Juan. Aunque la misión de Juan parecía estar a punto de terminar, todavía le era posible estorbar la obra de Cristo. Si hubiese simpatizado consigo mismo y expresado pesar o desilusión por ser superado, habría sembrado semillas de disensión, lo que habría fomentado envidia y celos, y habría impedido gravemente el progreso del evangelio.

Juan tenía por naturaleza los defectos y las debilidades comunes de la humanidad, pero el toque del amor divino lo había transformado. Moraba en una atmósfera que no estaba contaminada por el egoísmo y la ambición, y lejos de los miasmas de los celos. No manifestó simpatía alguna por el descontento de sus discípulos, sino que demostró cuán claramente comprendía su relación con el Mesías y cuán alegremente daba la bienvenida al Ser cuyo camino había venido a preparar.

Dijo: "No puede el hombre recibir nada, si no le fuere dado del cielo. Vosotros mismos me sois testigos de que dije: Yo no soy de Cristo, sino que soy enviado delante de él. El que tiene la esposa, es el esposo; mas el amigo del esposo, que está a su lado y le oye, se goza grandemente de la voz del esposo". Juan se representó a sí mismo como el amigo que actuaba como mensajero entre las partes comprometidas, preparando el camino para el matrimonio. Cuando el esposo hubo recibido a su esposa, la misión del amigo se terminó. Se regocijaba en la felicidad de aquellos cuya unión había facilitado. Así había sido llamado Juan para dirigir a la gente a Jesús, y tenía el gozo de presenciar el éxito de la obra del Salvador. Dijo: "Así pues, este mi gozo está cumplido. Es necesario que él crezca, pero que yo mengüe".

Mirando con fe al Redentor, Juan se elevó a la altura de la abnegación. No trató de atraer a los hombres a sí mismo, sino de elevar sus pensamientos más y más alto, hasta que reposasen en el Cordero de Dios. Él mismo había sido sólo una voz, un clamor en el desierto. Ahora aceptaba con gozo el silencio y la oscuridad, con el fin de que los ojos de todos pudiesen dirigirse a la Luz de la vida.

Los que son fieles a su vocación como mensajeros de Dios no buscarán honra para sí mismos. El amor por el yo desaparecerá en el amor por Cristo. Ninguna rivalidad mancillará la preciosa causa del evangelio. Reconocerán que les toca proclamar como Juan el Bautista: "He aquí el Cordero de Dios, que quita el pecado del mundo". Elevarán a Jesús, y con él la humanidad será elevada. "Así dijo el Alto y Sublime, el que habita la eternidad, y cuyo nombre es el Santo: Yo habito en la altura y la santidad, y con el quebrantado y humilde de espíritu, para hacer vivir el espíritu de los humildes, y para vivificar el corazón de los quebrantados".[1]

El alma del profeta, despojada del yo, se llenó con la luz de lo divino. Al presenciar la gloria del Salvador, sus palabras eran casi un duplicado de las que Cristo mismo había pronunciado en su entrevista con Nicodemo. Juan dijo: "El que de arriba viene, es sobre todos; el que es de la tierra, es terrenal, y cosas terrenales habla; el que viene del cielo, es sobre todos... Porque el que Dios envió, las palabras de Dios habla; pues Dios no da el Espíritu por medida". Cristo podía decir: "No busco mi voluntad, sino la voluntad del que me envió, la del Padre". De él se declara: "Has amado la justicia, y aborrecido la maldad, por lo cual te ungió Dios, el Dios tuyo, con óleo de alegría más que a tus compañeros".[2] El Padre no le da "el Espíritu por medida".

Así también sucede con los que siguen a Cristo. Podemos recibir la luz del cielo únicamente en la medida en que estamos dispuestos a ser vaciados del yo. No podemos discernir el carácter de Dios, ni aceptar a Cristo por fe, a menos que consintamos en poner cautivo todo pensamiento a la obediencia de Cristo. El Espíritu Santo se da sin medida a todos los que hacen eso. En Cristo "toda la plenitud de la divinidad habita en forma corporal... y ustedes han recibido esa plenitud".[3]

Los discípulos de Juan habían declarado que todos los hombres acudían a Cristo; pero con percepción más clara, Juan dijo: "Nadie recibe su testimonio"; muy pocos estaban dispuestos a aceptarlo como el Salvador del pecado. Pero "el que lo recibe certifica que Dios es veraz".[4] "El que cree en el Hijo tiene vida eterna". No era necesario disputar acerca de si el bautismo de Cristo o el de Juan purificaba del pecado. Es la gracia de Cristo la que da vida al alma. Fuera de Cristo, el bautismo, como cualquier otro rito, es una forma sin valor. "El que rehúsa creer en el Hijo no verá la vida".

El éxito de la obra de Cristo, que el Bautista había recibido con tanto gozo, fue comunicado también a las autoridades de Jerusalén. Los sacerdotes y rabinos habían tenido celos de la influencia de Juan al ver cómo la gente abandonaba las sinagogas y acudía al desierto; pero he aquí que aparecía uno que tenía un poder aun mayor para atraer a las muchedumbres. Esos líderes de Israel no estaban dispuestos a decir con Juan: "Es necesario que él crezca, pero que yo mengüe". Se irguieron con una nueva resolución para poner fin a la obra que apartaba de ellos a la gente.

Jesús sabía que no escatimarían esfuerzo para crear una división entre sus discípulos y los de Juan. Sabía que se estaba formando la tormenta que arrebataría a uno de los mayores profetas dados al mundo. Deseando evitar toda ocasión de mala comprensión o disensión, cesó tranquilamente de trabajar y se retiró a Galilea. Nosotros también, aunque leales a la verdad, debemos tratar de evitar todo lo que pueda conducir a la discordia o incomprensión. Porque siempre que estas cosas se presentan, provocan la pérdida de almas. Siempre que se produzcan circunstancias que amenacen causar una división, deberíamos seguir el ejemplo de Jesús y el de Juan el Bautista.

Juan había sido llamado a destacarse como reformador. A causa de esto, sus discípulos corrían el peligro de fijar su atención en él, sintiendo que el éxito de la obra dependía de sus labores y perdiendo de vista el hecho de que era tan sólo un instrumento por medio del cual Dios había obrado. Pero la obra de Juan no era suficiente para echar los fundamentos de la iglesia cristiana. Cuando hubo terminado su misión, otra obra debía ser hecha que su testimonio no podía realizar. Sus discípulos no comprendían eso. Cuando vieron a Cristo venir para encargarse de la obra, sintieron celos y disconformidad.

Todavía existen los mismos peligros. Dios llama a un hombre a hacer cierta obra; y cuando la ha llevado a cabo hasta donde le permiten sus cualidades, el Señor suscita a otros para llevarla más lejos. Pero, como los discípulos de Juan, muchos creen que el éxito depende del primer obrero. La atención se fija en lo humano en vez de en lo divino, se infiltran los celos y la obra de Dios queda estorbada. El que es así honrado indebidamente se siente tentado a albergar confianza propia. No comprende cuánto depende de Dios. Se enseña a la gente a esperar dirección del hombre, y así caen en error y son inducidos a apartarse de Dios.

La obra de Dios no ha de llevar la imagen e inscripción del hombre. De vez en cuando el Señor introducirá diferentes agentes por medio de los cuales su propósito podrá realizarse mejor. Bienaventurados los que estén dispuestos a ver humillado el yo, diciendo con Juan el Bautista: "A él le toca crecer, y a mí menguar".[5]

---

[1] Juan 1:29; Isa. 57:15. [2] Juan 5:30; Heb. 1:9. [3] Col. 2:9, 10, NVI. [4] Juan 3:33, NVI. [5] Juan 3:30, NVI.

CAPÍTULO 19
Junto al pozo de Jacob

E N VIAJE a Galilea, Jesús pasó a través de Samaria. Ya era mediodía cuando llegó al hermoso valle de Siquem. A la entrada de dicho valle estaba el pozo de Jacob. Cansado de viajar, se sentó allí para descansar mientras sus discípulos iban a comprar alimento.

Los judíos y los samaritanos eran acérrimos enemigos, y en cuanto les era posible evitaban todo trato unos con otros. Los rabinos tenían por lícito el negociar con los samaritanos en caso de necesidad; pero condenaban todo trato social con ellos. Un judío no debía pedir prestado algo a un samaritano ni recibir un favor, ni aun un bocado de pan o un vaso de agua. Los discípulos, al ir a comprar alimentos, obraban en armonía con la costumbre de su nación, pero no podían ir más allá. El pedir un favor a los samaritanos, o el tratar de beneficiarlos en alguna manera, no podía cruzar siquiera por la mente de los discípulos de Cristo.

Mientras Jesús estaba sentado sobre el brocal del pozo, se sentía débil por el hambre y la sed. El viaje hecho desde la mañana había sido largo, y ahora los rayos del sol de mediodía golpeaban sobre él. Su sed se intensificada por la evocación del agua fresca que estaba tan cerca, aunque inaccesible para él; porque no tenía cuerda ni cántaro, y el pozo era hondo. Compartía la suerte de la humanidad, y aguardaba que alguien viniese para sacar agua.

Entonces se acercó una mujer de Samaria, y sin prestar atención a su presencia llenó su cántaro de agua. Cuando estaba por irse, Jesús le pidió que le diese de beber. Ningún oriental negaría un favor tal. En Oriente al agua se la llama "el don de Dios". El ofrecer de beber al viajero sediento era considerado un deber tan sagrado que los árabes del desierto se tomaban molestias especiales para cumplirlo. El odio que reinaba entre los judíos y los samaritanos impidió a la mujer ofrecer un favor a Jesús; pero el Salvador estaba tratando de hallar la llave a su corazón, y con el tacto nacido del amor divino él no ofreció un favor, sino que lo pidió. El ofrecimiento de un favor podría haber sido rechazado; pero la confianza despierta confianza. El Rey del cielo se presentó a esta paria de la sociedad pidiendo un servicio de sus manos. El que había hecho el océano, el que rige las aguas del abismo, el que abrió los manantiales y los canales de la tierra, descansó de sus fatigas junto al pozo de Jacob y dependió de la bondad de una persona extraña para una cosa tan insignificante como un sorbo de agua.

La mujer se dio cuenta de que Jesús era judío. En su sorpresa se olvidó de concederle lo pedido, e indagó así la razón de tal petición: "¿Cómo tú, siendo judío, me pides a mí de beber, que soy mujer samaritana?"

Jesús contestó: "Si conocieses el don de Dios, y quién es el que te dice: Dame de beber; tú le pedirías, y él te daría agua viva". [Es decir:] "Te maravillas de que yo te pida un favor tan pequeño como un sorbo de agua del pozo que está a nuestros pies. Si tú me hubieses pedido a mí, te hubiera dado a beber el agua de vida eterna".

La mujer no había comprendido las palabras de Cristo, pero sintió su solemne significado. Empezó a cambiar su actitud liviana, despreocupada. Suponiendo que Jesús hablaba del pozo que estaba delante de ellos, dijo: "Señor, no tienes con qué sacarla, y el pozo es hondo. ¿De dónde, pues, tienes el agua viva? ¿Acaso eres tú mayor que nuestro padre Jacob, que nos dio este pozo, del cual bebieron él, sus hijos y sus ganados?" Ella no veía delante de sí más que un sediento viajero, cansado y cubierto de polvo. Lo comparó mentalmente con el honrado patriarca Jacob. Abrigaba el sentimiento muy natural de que ningún pozo podía ser igual al cavado por sus padres. Miraba hacia atrás a los padres, y hacia adelante a la llegada del Mesías, mientras la Esperanza de los padres, el Mesías mismo, estaba a su lado y ella no lo reconocía. ¡Cuántas almas sedientas están hoy al lado de la fuente del agua viva y, sin embargo, buscan muy lejos los manantiales de la vida! "No digas en tu corazón: ¿Quién subirá al cielo? (esto es, para traer abajo a Cristo); o, ¿quién descenderá al abismo? (esto es, para hacer subir a Cristo de los muertos)... Cerca de ti está la palabra, en tu boca y en tu corazón... Si confesares con tu boca que Jesús es el Señor, y creyeres en tu corazón que Dios lo levantó de los muertos, serás salvo".[1]

Jesús no contestó inmediatamente la pregunta respecto de sí mismo, sino que con solemne seriedad dijo: "Cualquiera que bebiere de esta agua, volverá a tener sed; mas el que bebiere del agua que yo le daré, no tendrá sed jamás; sino que el agua que yo le daré será en él una fuente de agua que salte para vida eterna".

El que trate de aplacar su sed en las fuentes de este mundo, bebe tan sólo para tener sed otra vez. Por todas partes hay hombres que no están satisfechos. Anhelan algo que supla la necesidad del alma. Un solo Ser puede satisfacer esa necesidad. Lo que el mundo necesita, "el Deseado de todas las gentes", es Cristo. La gracia divina, que sólo él puede impartir, es como agua viva que purifica, refrigera y vigoriza el alma.

Jesús no quiso dar a entender que un solo sorbo del agua de vida bastaba para el que la recibiera. El que prueba el amor de Cristo lo deseará en mayor medida de continuo; pero no buscará otra cosa. Las riquezas, los honores y los placeres del mundo no le atraen más. El constante clamor de su corazón es: "Más de ti". Y el que revela al alma su necesidad, aguarda para satisfacer su hambre y sed. Todo recurso y apoyo humano fracasará. Las cisternas se vaciarán, los estanques se secarán; pero nuestro Redentor es un manantial inagotable. Podemos beber y volver a beber, y siempre hallar una provisión de agua fresca. Aquel en quien Cristo mora tiene en sí la fuente de bendición, "una fuente de agua que salte para vida eterna". De ese manantial puede sacar fuerza y gracia suficientes para todas sus necesidades.

Mientras Jesús hablaba del agua viva, la mujer lo miró con atención maravillada. Había suscitado su interés y despertado un deseo del don del cual hablaba. Se percató de que no se refería al agua del pozo de Jacob; porque de ésta bebía de continuo y volvía a tener sed. Dijo: "Señor, dame esa agua, para que no tenga yo sed, ni venga aquí a sacarla".

Entonces Jesús desvió bruscamente la conversación. Antes que esa alma pudiese recibir el don que él anhelaba concederle, debía ser inducida a reconocer su pecado y su Salvador. "Jesús le dijo: Ve, llama a tu marido, y ven acá". Ella contestó: "No tengo marido". Esperaba así evitar toda pregunta en ese sentido. Pero el Salvador continuó: "Bien has dicho: No tengo marido; porque cinco maridos has tenido, y el que ahora tienes no es tu marido; esto has dicho con verdad".

La interlocutora tembló. Una mano misteriosa estaba hojeando las páginas de la historia de su vida, sacando a luz lo que ella había esperado mantener para siempre oculto. ¿Quién era éste que podía leer los secretos de su vida? Se puso a pensar en la eternidad, en el juicio futuro, cuando todo lo que ahora está oculto será revelado. En su luz, su conciencia despertó.

No podía negar nada; pero trató de eludir toda mención de un tema tan ingrato. Con profunda reverencia dijo: "Señor, me parece que tú eres profeta". Luego, esperando acallar la convicción, se desvió hacia puntos de controversia religiosa. Si él era profeta, seguramente podría instruirla acerca de esos asuntos que desde hacía tanto tiempo estaban en disputa.

Con paciencia Jesús le permitió llevar la conversación adonde ella quería. Mientras tanto aguardaba la oportunidad de volver a hacer penetrar la verdad en su corazón. Ella dijo: "Nuestros padres adoraron en este monte, y vosotros decís que en Jerusalén es el lugar donde se debe adorar". A la vista estaba el monte Gerizim. Su templo estaba demolido y sólo quedaba el altar. El lugar del culto había sido tema de discusión entre judíos y samaritanos. Algunos de los antepasados de estos últimos habían pertenecido a Israel; pero, por causa de sus pecados, el Señor había permitido que fuesen vencidos por una nación idólatra. Durante muchas generaciones se habían mezclado con idólatras, cuya religión había contaminado gradualmente la suya. Es cierto que sostenían que sus ídolos tenían como único objeto hacerles acordar del Dios viviente, el Gobernante del universo; no obstante, el pueblo había sido inducido a reverenciar sus imágenes esculpidas.

Cuando el templo de Jerusalén fue reconstruido en los días de Esdras, los samaritanos quisieron contribuir a su erección juntamente con los judíos. Ese privilegio les fue negado, y esto suscitó una amarga animosidad entre los dos pueblos. Los samaritanos edificaron un templo rival sobre el monte Gerizim. Allí adoraban de acuerdo con el ritual mosaico, aunque no renunciaron completamente a la idolatría. Pero los azotaron desastres, su templo fue destruido por sus enemigos y parecían hallarse bajo una maldición; a pesar de todo, todavía se aferraban a sus tradiciones y a sus formas de culto. No querían reconocer el templo de Jerusalén como la casa de Dios, ni admitían que la religión de los judíos fuese superior a la suya.

En respuesta a lo que mencionara la mujer, Jesús dijo: "Mujer, créeme, que la hora viene cuando ni en este monte ni en Jerusalén adoraréis al Padre. Vosotros adoráis lo que no sabéis; nosotros adoramos lo que sabemos; porque la salvación viene de los judíos". Jesús había demostrado que él no participaba de los prejuicios judíos contra los samaritanos. Ahora se esforzó por destruir el prejuicio de esa samaritana contra los judíos. Al par que se refería al hecho de que la fe de los samaritanos estaba corrompida por la idolatría, declaró que las grandes verdades de la redención habían sido confiadas a los judíos, y que de entre ellos aparecería el Mesías. En las Sagradas Escrituras tenían una clara presentación del carácter de Dios y de los principios de su gobierno. Jesús se clasificó con los judíos como el pueblo al cual Dios se había dado a conocer.

Él deseaba elevar los pensamientos de su oyente por encima de cuanto se refería a formas, ceremonias y cuestiones controversiales. Dijo él: "La hora viene, y ahora es, cuando los verdaderos adoradores adorarán al Padre en espíritu y en verdad; porque también el Padre tales adoradores busca que le adoren. Dios es Espíritu; y los que le adoran, en espíritu y en verdad es necesario que adoren".

Aquí se declara la misma verdad que Jesús había revelado a Nicodemo cuando dijo: "En verdad, en verdad te digo: El que no nazca de lo alto, no puede ver el Reino de Dios".[2] Los hombres no se ponen en comunión con el cielo visitando una montaña santa o un templo sagrado. La religión no ha de limitarse a las formas o ceremonias externas. La religión que proviene de Dios es la única que conducirá a Dios. Con el fin de servirle correctamente, debemos nacer del Espíritu divino. Eso purificará el corazón y renovará la mente, dándonos una nueva capacidad para conocer y amar a Dios. Nos dará una obediencia voluntaria a todos sus requerimientos. Eso es culto verdadero. Es el fruto de la obra del Espíritu Santo. Por obra del Espíritu se formula toda oración sincera, y una oración tal es aceptable para Dios. Siempre que un alma anhela a Dios se manifiesta la obra del Espíritu, y Dios se revelará a esa alma. Él busca tales adoradores. Espera para recibirlos y hacerlos sus hijos e hijas.

Mientras la mujer hablaba con Jesús, le impresionaron sus palabras. Nunca había oído expresar tales sentimientos a los sacerdotes de su pueblo o de los judíos. Al serle revelada su vida pasada fue consciente de su gran carencia. Se dio cuenta de que la sed de su alma nunca podría ser satisfecha por las aguas del pozo de Sicar. Nada de todo lo que había conocido antes le había hecho sentir así su gran necesidad. Jesús la había convencido de que leía los secretos de su vida; sin embargo, se daba cuenta de que era un amigo que la compadecía y la amaba. Aunque la misma pureza de su presencia condenaba el pecado de ella, no había pronunciado acusación alguna sino que le había hablado de su gracia, la cual podía renovar el alma. Empezó a sentir cierta convicción acerca de su carácter, y pensó: "¿No será éste el Mesías que por tanto tiempo hemos esperado?" Entonces le dijo: "Sé que ha de venir el Mesías, llamado el Cristo; cuando él venga nos declarará todas las cosas". Jesús le respondió: "Yo soy, el que habla contigo".

Al oír la mujer estas palabras, la fe nació en su corazón y aceptó el admirable anuncio de los labios del Maestro divino.

Esta mujer se hallaba en un estado mental que le permitía apreciar las cosas. Estaba dispuesta a recibir la más noble revelación porque estaba interesada en las Escrituras, y el Espíritu Santo había estado preparando su mente para recibir más luz. Había estudiado la promesa del Antiguo Testamento: "Profeta de en medio de ti, de tus hermanos, como yo, te levantará Jehová tu Dios; a él oiréis".[3] Ella anhelaba comprender esta profecía. La luz ya estaba penetrando en su mente. El agua de vida, la vida espiritual que Cristo da a toda alma sedienta, había empezado a brotar en su corazón. El Espíritu del Señor estaba obrando en ella.

El claro aserto hecho por Cristo a esta mujer no podría haberse dirigido a los judíos que se consideraban justos. Cristo era mucho más reservado cuando hablaba con ellos. A ella se le reveló aquello que le fue negado a los judíos, y que a los discípulos se ordenó más tarde guardar en secreto. Jesús vio que ella haría uso de su conocimiento para inducir a otros a compartir su gracia.

Cuando los discípulos volvieron de su diligencia, se sorprendieron al encontrar a su Maestro hablando con la mujer. No había bebido el agua refrigerante que deseaba, ni se detuvo a comer el alimento que los discípulos habían traído. Cuando la mujer se hubo ido, los discípulos le rogaron que comiera. Lo veían callado, absorto, como en arrobada meditación. Su rostro resplandecía, y temían interrumpir su comunión con el Cielo. Pero sabían que se hallaba débil y cansado, y pensaban que era deber suyo recordarle sus necesidades físicas. Jesús reconoció su amante interés, y dijo: "Yo tengo una comida que comer, que vosotros no sabéis".

Los discípulos quisieron saber quién le habría traído comida; pero él explicó: "Mi comida es que haga la voluntad del que me envió, y que acabe su obra".[4] Jesús se regocijaba de que sus palabras hubiesen despertado la conciencia de la mujer. La había visto beber del agua de vida, y su propia hambre y sed habían quedado satisfechas. El cumplimiento de la misión por la cual había dejado el cielo fortalecía al Salvador para su labor y lo elevaba por encima de las necesidades de la humanidad. El ministrar a un alma que tenía hambre y sed de verdad le era más grato que el comer o el beber. Era para él un consuelo, un refrigerio. La benevolencia era la vida de su alma.

Nuestro Redentor tiene sed de reconocimiento. Tiene hambre de la simpatía y del amor de quienes compró con su propia sangre. Anhela con un deseo inexpresable que vengan a él y tengan vida. Así como una madre espera la sonrisa de reconocimiento de su hijito, que le indica el despertar de la inteligencia, así Cristo espera la expresión de amor agradecido que demuestra que la vida espiritual se inició en el alma.

La mujer se había llenado de gozo al escuchar las palabras de Cristo. La revelación admirable era casi abrumadora. Dejando su cántaro volvió a la ciudad para llevar el mensaje a otros. Jesús sabía por qué se había ido. El haber dejado su cántaro hablaba inequívocamente del efecto de sus palabras. Era el deseo más vehemente de su alma por obtener el agua viva; se olvidó de lo que la había traído al pozo; y se olvidó de la sed del Salvador, que se había propuesto aplacar. Con corazón rebosante de alegría se apresuró a impartir a otros la preciosa luz que había recibido.

Ella dijo a los hombres de la ciudad: "Venid, ved a un hombre que me ha dicho todo cuanto he hecho. ¿No será éste el Cristo?" Sus palabras conmovieron los corazones. Había en su rostro una nueva expresión, un cambio en todo su aspecto. Se interesaron por ver a Jesús. "Entonces salieron de la ciudad, y vinieron a él".

Mientras Jesús todavía estaba sentado sobre el brocal del pozo, miró los campos de la mies que se extendían delante de él, y cuyo suave verdor era matizado por los dorados rayos de la luz del sol. Señaló la escena a sus discípulos y la usó como símbolo: "¿No decís vosotros: Aún faltan cuatro meses para que llegue la siega? He aquí os digo: Alzad vuestros ojos y mirad los campos, porque ya están blancos para la siega". Y mientras hablaba miraba a los grupos que se acercaban al pozo. Faltaban cuatro meses para la siega, pero allí había una mies lista para la cosecha.

Dijo: "El que siega, recibe salario, y recoge fruto para vida eterna, para que el que siembra goce juntamente con el que siega. Porque en esto es verdadero el dicho: Uno es el que siembra, y otro es el que siega". En estas palabras Cristo señala el servicio sagrado que deben a Dios los que reciben el evangelio. Deben ser sus agentes vivientes. Él requiere su servicio individual. Y sea que sembremos o ceguemos, estamos trabajando para Dios. Uno esparce la simiente; otro junta la mies; pero tanto el sembrador como el segador reciben galardón. Se regocijan juntos en la recompensa de su trabajo.

Jesús dijo a los discípulos: "Yo os he enviado a segar lo que vosotros no labrasteis; otros labraron, y vosotros habéis entrado en sus labores". El Salvador estaba mirando hacia adelante, a la gran recolección del Día de Pentecostés. Los discípulos no habían de considerarla como el resultado de sus propios esfuerzos. Estaban entrando en las labores de otros hombres. Desde la caída de Adán, Cristo había estado confiando la semilla de su palabra a sus siervos escogidos para que la sembrasen en corazones humanos. Y un agente invisible, un poder omnipotente, había obrado silenciosa pero eficazmente para producir la mies. El rocío, la lluvia y el sol de la gracia de Dios habían sido dados para refrescar y nutrir la semilla de la verdad. Cristo iba a regar la semilla con su propia sangre. Sus discípulos tenían el privilegio de trabajar junto con Dios. Eran colaboradores con Cristo y con los santos de la antigüedad. Por causa del derramamiento del Espíritu Santo en Pentecostés se iban a convertir miles en un día. Tal era el resultado de la siembra de Cristo, la cosecha de su obra.

En las palabras dichas a la mujer al lado del pozo se había sembrado una buena simiente, y cuán pronto se había obtenido la mies. Los samaritanos vinieron y oyeron a Jesús y creyeron en él. Rodeándolo al lado del pozo lo acosaron a preguntas, y ávidamente recibieron sus explicaciones de las muchas cosas que antes les habían sido oscuras. Mientras escuchaban, su perplejidad empezó a disiparse. Eran como gente que hallándose en grandes tinieblas, siguen un repentino rayo de luz hasta encontrar el día. Pero no estaban satisfechos con esta corta conferencia. Ansiaban oír más, y que sus amigos también oyesen a este maravilloso Maestro. Lo invitaron a su ciudad, y le rogaron que se quedase con ellos. Permaneció, pues, dos días en Samaria, y muchos más creyeron en él.

Los fariseos despreciaban la sencillez de Jesús. Rechazaban sus milagros y pedían una señal de que era el Hijo de Dios. Pero los samaritanos no pidieron señal, y Jesús no hizo milagros entre ellos, fuera del que consistió en revelar los secretos de su vida a la mujer junto al pozo. Sin embargo, muchos lo recibieron. En su nuevo gozo decían a la mujer: "Ya no creemos solamente por tu dicho; porque nosotros mismos hemos oído, y sabemos que verdaderamente éste es el Salvador del mundo, el Cristo".

Los samaritanos creían que el Mesías habría de venir como Redentor no sólo de los judíos sino del mundo. El Espíritu Santo, por medio de Moisés, lo había anunciado como profeta enviado de Dios. Por medio de Jacob se había declarado que todas las gentes se congregarían alrededor de él; y por medio de Abraham, que todas las naciones de la tierra serían benditas en él. En esos pasajes basaba su fe en el Mesías la gente de Samaria. Que los judíos hubiesen interpretado erróneamente a los profetas ulteriores, atribuyendo al primer advenimiento la gloria de la segunda venida de Cristo, había inducido a los samaritanos a descartar todos los escritos sagrados excepto los que habían sido dados a través de Moisés. Pero como el Salvador desechaba esas falsas interpretaciones, muchos aceptaron las profecías ulteriores y las palabras de Cristo mismo acerca del reino de Dios.

Jesús había empezado a derribar el muro de separación existente entre judíos y gentiles, y a predicar la salvación al mundo. Aunque era judío, trataba libremente con los samaritanos y así anulaba las costumbres fariseaicas de su nación. Frente a sus prejuicios aceptaba la hospitalidad de este pueblo despreciado. Dormía bajo sus techos, comía a sus mesas —participaba de los alimentos preparados y servidos por sus manos—, enseñaba en sus calles, y lo trataba con la mayor bondad y cortesía.

En el templo de Jerusalén una muralla baja separaba el atrio exterior de todas las demás porciones del edificio sagrado. Sobre esta muralla había inscripciones en diferentes idiomas que declaraban que a nadie sino a los judíos se les permitía pasar ese límite. Si un gentil hubiese querido entrar en el recinto interior, habría profanado el templo y habría sufrido la pena de muerte. Pero Jesús, el originador del templo y su ceremonial, atraía a los gentiles a sí por medio del vínculo de la simpatía humana, mientras su gracia divina les presentaba la salvación que los judíos rechazaban.

La estadía de Jesús en Samaria estuvo destinada a ser una bendición para sus discípulos, que todavía estaban bajo la influencia del fanatismo judío. Sentían que la lealtad a su propia nación requería de ellos que albergasen enemistad hacia los samaritanos. Se admiraron de la conducta de Jesús. No podían negarse a seguir su ejemplo, y durante los dos días que pasaron en Samaria la fidelidad a él dominó sus prejuicios; pero en su corazón no se conformaban. Tardaron mucho en aprender que su desprecio y odio debían ser reemplazados por piedad y simpatía. Pero después de la ascensión del Señor recordaron sus lecciones con un nuevo significado. Después del derramamiento del Espíritu Santo recordaron la mirada del Salvador, sus palabras, el respeto y la ternura de su conducta hacia esos extraños despreciados. Cuando Pedro fue a predicar en Samaria manifestó el mismo espíritu en su obra. Cuando Juan fue llamado a Éfeso y Esmirna recordó el incidente de Siquem, y se llenó de gratitud hacia el divino Maestro, quien, previendo las dificultades que deberían arrostrar, los había ayudado por su propio ejemplo.

El Salvador continúa realizando hoy la misma obra que cuando ofreció el agua de vida a la mujer samaritana. Los que se llaman sus discípulos pueden despreciar y rehuir a los parias; pero el amor de él por los hombres no se deja desviar por ninguna circunstancia de nacimiento, nacionalidad o condición de vida. A toda alma, por pecadora que sea, Jesús dice: "Si me pidieras, yo te daría el agua de vida".

No debemos estrechar la invitación del evangelio y presentarla sólo a unos pocos elegidos que, suponemos, nos honrarán aceptándola. El mensaje ha de proclamarse a todos. Doquiera haya corazones abiertos para recibir la verdad, Cristo está listo para instruirlos. Él les revela al Padre y la adoración que es aceptable para el que lee el corazón. Para los tales no usa parábolas. A ellos, como a la mujer samaritana al lado del pozo, dice: "Yo soy, el que habla contigo".

Cuando Jesús se sentó para descansar junto al pozo de Jacob, venía de Judea, donde su ministerio había producido poco fruto. Había sido rechazado por los sacerdotes y rabinos, y aun los que profesaban ser sus discípulos no habían percibido su carácter divino. Se sentía débil y cansado; sin embargo, no descuidó la oportunidad de hablar a una mujer sola, aunque era una extraña, una enemiga de Israel y viviendo en pecado flagrante.

El Salvador no aguardaba a que se reuniesen congregaciones. Muchas veces empezaba sus lecciones con unos pocos reunidos en derredor de él. Pero uno a uno los transeúntes se detenían para escuchar, hasta que una multitud oía con asombro y reverencia las palabras de Dios presentadas por el Maestro enviado del cielo. El que trabaja para Cristo no debe sentir que no puede hablar con el mismo fervor a unos pocos oyentes que a un gran auditorio. Quizás haya uno solo para oír el mensaje; pero, ¿quién puede decir cuán abarcante será su influencia? Parecía un asunto sin importancia, aun para los discípulos, que el Salvador dedicase su tiempo a una mujer de Samaria. Pero él razonó con ella con más fervor y elocuencia que con reyes, consejeros o pontífices. Las lecciones que le dio han sido repetidas hasta los confines más remotos de la tierra.

Tan pronto como halló al Salvador, la mujer samaritana trajo a otros a él. Demostró ser una misionera más eficaz que los propios discípulos. Ellos no vieron en Samaria indicios de que era un campo alentador. Tenían sus pensamientos fijos en una gran obra futura, y no vieron que en derredor de sí había una mies que segar. Pero por medio de la mujer a quien ellos despreciaron, toda una ciudad llegó a oír del Salvador. Ella llevó enseguida la luz a sus compatriotas.

Esta mujer representa la obra de una fe práctica en Cristo. Cada verdadero discípulo nace en el reino de Dios como un misionero. El que bebe del agua viva llega a ser una fuente de vida. El que recibe llega a ser un dador. La gracia de Cristo en el alma es como un manantial en el desierto, cuyas aguas brotan para refrescar a todos, y da, a quienes están por perecer, avidez de beber el agua de vida.

---

[1] Rom. 10:6-9. [2] Juan 3:3, BJ. [3] Deut. 18:15. [4] Juan 4:32, 34.

CAPÍTULO 20

"Si no ven señales y milagros"

L OS GALILEOS que volvían de la Pascua trajeron noticias de las obras admirables de Jesús. El juicio expresado acerca de sus actos por parte de los dignatarios de Jerusalén le preparó el terreno en Galilea. Entre el pueblo eran muchos los que lamentaban los abusos cometidos en el templo y la codicia y arrogancia de los sacerdotes. Esperaban que ese hombre, que había ahuyentado a los príncipes, fuese el Libertador que anhelaban. Ahora llegaban informes que parecían confirmar sus expectativas más halagüeñas. Se decía que el profeta se había declarado el Mesías.

Pero el pueblo de Nazaret no creía en él. Por esa razón, Jesús no visitó Nazaret mientras iba a Caná. El Salvador declaró a sus discípulos que un profeta no recibía honra en su propio país. Los hombres estiman el carácter por lo que ellos mismos son capaces de apreciar. Los de miras estrechas y mundanales juzgaban a Cristo por su nacimiento humilde, su indumentaria sencilla y su trabajo diario. No podían apreciar la pureza de aquel espíritu que no tenía mancha de pecado.

Las nuevas del regreso de Cristo a Caná no tardaron en cundir por toda Galilea, infundiendo esperanzas a los dolientes y angustiados. En Capernaum, la noticia atrajo la atención de un noble judío que era oficial del rey. Un hijo del oficial se hallaba aquejado de una enfermedad que parecía incurable. Los médicos lo habían desahuciado; pero cuando el padre oyó hablar de Jesús, resolvió pedirle ayuda. El niño estaba muy grave y se temía que no viviese hasta el regreso del padre; pero el noble creyó que debía presentar su caso personalmente. Tenía la esperanza de que las súplicas de un padre despertasen la simpatía del gran Médico.

Al llegar a Caná encontró que una muchedumbre rodeaba a Jesús. Con corazón ansioso se abrió paso hasta la presencia del Salvador. Su fe vaciló cuando vio tan sólo a un hombre vestido sencillamente, cubierto de polvo y cansado del viaje. Dudó de que esa persona pudiese hacer lo que había ido a pedirle; sin embargo, logró entrevistarse con Jesús, le explicó por qué venía y rogó al Salvador que lo acompañase a su casa. Pero Jesús ya conocía su pesar. Antes que el oficial saliese de su casa, el Salvador había contemplado su aflicción.

Pero también sabía que el padre, en su fuero íntimo, se había impuesto ciertas condiciones para creer en Jesús. A menos que se le concediese lo que iba a pedirle, no lo recibiría como el Mesías. Mientras el oficial esperaba en la agonía de la incertidumbre, Jesús dijo: "Si no viereis señales y milagros, no creeréis".[1]

A pesar de toda la evidencia de que Jesús era el Cristo, el solicitante había resuelto creer en él tan sólo si le otorgaba lo que solicitaba. El Salvador contrastó esa incredulidad cuestionadora con la sencilla fe de los samaritanos, que no habían pedido milagro ni señal. Su palabra, evidencia siempre presente de su divinidad, tenía un poder convincente que alcanzó sus corazones. Cristo se apenó de que su propio pueblo, al cual habían sido confiados los Oráculos Sagrados, no oyese la voz de Dios que les hablaba en su Hijo.

sComo un fulgor de luz, las palabras del Salvador al noble desnudaron su corazón. Vio que sus motivos para buscar a Jesús eran egoístas. Su fe vacilante se le manifestó en su verdadero carácter. Con profunda angustia comprendió que su duda podía costar la vida de su hijo. Sabía que se hallaba en presencia de un Ser que podía leer los pensamientos, para quien todo era posible, y con verdadera agonía suplicó: "Señor, desciende antes que mi hijo muera". Su fe se aferró a Cristo así como Jacob trabó del ángel cuando luchaba con él y exclamó: "No te dejaré, si no me bendices".[2]

Y como Jacob, prevaleció. El Salvador no puede apartarse del alma que se aferra a él invocando su gran necesidad. Le dijo: "Ve, tu hijo vive". El noble salió de la presencia de Jesús con una paz y un gozo que nunca antes había conocido. Ahora no sólo creía que su hijo sanaría, sino que con firme confianza creía en Cristo como su Redentor.

A la misma hora, los que velaban al lado del niño moribundo en el hogar de Capernaum presenciaron un cambio repentino y misterioso. La sombra de la muerte se apartó del rostro del enfermo. El enrojecimiento de la fiebre fue reemplazado por el suave tinte de la salud que volvía. Los ojos empañados fueron reavivados por la inteligencia, y fue recobrando fuerza el cuerpo débil y enflaquecido. No quedaron en el niño rastros de su enfermedad. Su carne ardiente se tornó tierna y fresca, y cayó en profundo sueño. La fiebre lo dejó en el mismo calor del día. La familia estaba asombrada, y fue grande su regocijo.

Caná no estaba tan lejos de Capernaum, por lo que el oficial podría haber llegado a su casa a la tardecita, después de su entrevista con Jesús; pero él no se apresuró en su viaje de regreso. No llegó a Capernaum hasta la mañana siguiente. ¡Y qué regreso al hogar fue ese! Cuando salió para encontrar a Jesús, su corazón estaba apesadumbrado. El sol le parecía cruel, y el canto de las aves, una burla. ¡Cuán diferentes eran sus sentimientos ahora! Toda la naturaleza tenía otro aspecto. Veía con ojos nuevos. Mientras viajaba en la quietud de la madrugada, toda la naturaleza parecía alabar a Dios con él. Cuando aún estaba lejos de su morada, sus siervos le salieron al encuentro, ansiosos por aliviar la angustia que seguramente debía sentir. Pero no manifestó sorpresa por la noticia que le traían, sino que, con un interés cuya profundidad ellos no podían conocer, les preguntó a qué hora había empezado a mejorar el niño. Ellos le contestaron: "Ayer a las siete le dejó la fiebre". En el instante en que la fe del padre había aceptado el aserto: "Tu hijo vive", el amor divino había tocado al niño moribundo.

El padre corrió a saludar a su hijo. Lo estrechó sobre su corazón como si lo hubiese recuperado de la muerte, y agradeció repetidas veces a Dios por su curación maravillosa.

El noble deseaba conocer más de Cristo, y al oír tiempo después sus enseñanzas, él y toda su familia llegaron a ser discípulos suyos. Su aflicción fue santificada para la conversión de toda su familia. Las nuevas del milagro se difundieron; y en Capernaum, donde Cristo realizara tantas obras maravillosas, quedó preparado el terreno para su ministerio personal.

El que bendijo al noble en Capernaum siente hoy grandes deseos de bendecirnos. Pero, como el padre afligido, con frecuencia somos inducidos a buscar a Jesús por el deseo de algún beneficio terrenal; y hacemos depender nuestra confianza en su amor sobre el otorgamiento de lo pedido. El Salvador anhela darnos una bendición mayor que la solicitada; y dilata la respuesta a nuestra petición para poder mostrarnos la maldad de nuestro corazón y nuestra profunda necesidad de su gracia. Él desea que renunciemos al egoísmo que nos induce a buscarlo. Al confesar nuestra impotencia y acerba necesidad, debemos confiarnos completamente a su amor.

El noble quería *ver* el cumplimiento de su oración antes de creer; pero tuvo que aceptar la palabra de Jesús de que su petición había sido oída y la bendición otorgada. Nosotros también tenemos que aprender esa lección. No debemos creer porque vemos y sentimos que Dios nos oye. Debemos confiar en sus promesas. Cuando acudimos a él con fe, toda petición entra en el corazón de Dios. Cuando le hemos pedido su bendición, debemos creer que la recibiremos y agradecerle porque la *hemos recibido*. Luego debemos atender nuestras obligaciones, seguros de que la bendición se concretará cuando más la necesitemos. Cuando hayamos aprendido a hacer esto, sabremos que nuestras oraciones son contestadas. Dios obrará por nosotros "mucho más abundantemente de lo que pedimos", "conforme a las riquezas de su gloria" y "según la operación del poder de su fuerza".[3]

---

[1] Juan 4:48, RVA. [2] Gén. 32:26. [3] Efe. 3:20, 16; 1:19.

CAPÍTULO 21

Betesda y el Sanedrín

"HAY EN JERUSALÉN, cerca de la puerta de las ovejas, un estanque, llamado en hebreo Betesda, el cual tiene cinco pórticos. En éstos yacía una multitud de enfermos, ciegos, cojos y paralíticos, que esperaban el movimiento del agua".

En ciertas estaciones del año se agitaban las aguas de ese estanque; se creía que ello se debía a un poder sobrenatural, y que el primero que en ellas entrara después que fuesen agitadas sanaba de cualquier enfermedad que tuviera. Centenares de enfermos visitaban el lugar; pero era tan grande la muchedumbre cuando el agua se agitaba, que se precipitaban y pisoteaban a los hombres, mujeres y niños más débiles. Muchos ni podían acercarse al estanque. Otros, que habían logrado alcanzarlo, morían en su orilla. Con el fin de que los enfermos estuviesen protegidos del calor del día y del frío de la noche se habían levantado refugios en derredor del lugar. Algunos pernoctaban en esos pórticos, arrastrándose hasta la orilla del estanque día tras día, con una vana esperanza de alivio.

Jesús estaba otra vez en Jerusalén. Andando solo, en aparente meditación y oración, llegó al estanque. Vio a los pobres dolientes esperando lo que suponían ser su única oportunidad de sanar. Anhelaba ejercer su poder curativo y devolver la salud a todos los que sufrían. Pero era sábado. Multitudes iban al templo para adorar, y él sabía que un acto de curación como éste excitaría de tal manera el prejuicio de los judíos que abreviaría su obra.

Pero el Salvador vio un caso de desgracia extrema. Era el de un hombre que ya llevaba lisiado 38 años. Su enfermedad era en gran parte el resultado de su propio pecado, y considerada como un juicio de Dios. Solo y sin amigos, sintiéndose privado de la misericordia de Dios, el sufriente había pasado largos años de miseria. Cuando se esperaba que las aguas se agitasen, los que se compadecían de su incapacidad lo llevaban a los pórticos; pero en el momento favorable no tenía a nadie para ayudarlo a entrar. Había visto revolverse el agua, pero nunca había podido llegar más cerca que la orilla del estanque. Otros más fuertes que él se sumergían antes. No podía contender con éxito con la muchedumbre egoísta y arrolladora. Sus esfuerzos perseverantes hacia su único objeto, y su ansiedad y continua desilusión, estaban agotando rápidamente el resto de su fuerza.

El enfermo estaba acostado en su estera, y levantaba ocasionalmente la cabeza para mirar el estanque, cuando un rostro tierno y compasivo se inclinó sobre él y atrajeron su atención las palabras: "¿Quieres ser sano?" La esperanza renació en su corazón. Sintió que de algún modo iba a recibir ayuda. Pero el calor del estímulo no tardó en desvanecerse.

Se acordó de cuántas veces había tratado de alcanzar el estanque, y ahora tenía pocas perspectivas de vivir hasta que fuese nuevamente agitado. Volvió la cabeza, cansado, diciendo: "Señor... no tengo quien me meta en el estanque cuando se agita el agua; y entre tanto que yo voy, otro desciende antes que yo".

Jesús no pide a este sufriente que ejerza fe en él. Simplemente le dice: "Levántate, toma tu lecho, y anda". Pero la fe del hombre se aferra a esas palabras. En cada nervio y músculo pulsa una nueva vida, y se transmite a sus miembros inválidos una actividad sana. Sin la menor duda dedica su voluntad a obedecer a la orden de Cristo, y todos sus músculos responden a su voluntad. De un salto se pone de pie, y encuentra que es un hombre activo.

Jesús no le había dado seguridad alguna de ayuda divina. El hombre podría haberse detenido a dudar, y haber perdido su única oportunidad de sanar. Pero creyó en la palabra de Cristo, y al obrar de acuerdo con ella recibió fuerza.

Por medio de la misma fe podemos recibir curación espiritual. El pecado nos separó de la vida de Dios. Nuestra alma está paralizada. Por nosotros mismos somos tan incapaces de vivir una vida santa como aquel lisiado lo era de caminar. Son muchos los que comprenden su impotencia y anhelan esa vida espiritual que los pondría en armonía con Dios; y luchan en vano para obtenerla. En su desesperación claman: "¡Miserable hombre de mí!, ¿quién me librará de este cuerpo de muerte?" Alcen la mirada esas almas que luchan presa de la desesperación. El Salvador se inclina sobre el adquirido por su sangre, diciendo con inefable ternura y compasión: "¿Quieres ser sano?" Él los invita a levantarse llenos de salud y paz. No esperen hasta sentir que son sanos. Crean en su palabra, y se cumplirá. Pongan su voluntad de parte de Cristo. Quieran servirle, y al obrar de acuerdo con su palabra recibirán fuerza. Cualquiera sea la mala práctica, la pasión dominante, que haya llegado a esclavizar el alma y cuerpo por haber cedido largo tiempo a ella, Cristo puede y anhela librarlos. Él impartirá vida al alma de los que están "muertos en sus transgresiones y pecados".[1] Librará al cautivo que está sujeto por la debilidad, la desgracia y las cadenas del pecado.

El paralítico sanado se agachó para recoger su cama, que era tan sólo una estera y una manta, y al enderezarse de nuevo con una sensación de deleite, miró alrededor en busca de su Liberador; pero Jesús se había perdido entre la muchedumbre. El hombre temía no reconocerlo en caso de volver a verlo. Mientras se iba apresuradamente con paso firme y libre, alabando a Dios y regocijándose en la fuerza que acababa de recobrar, se encontró con varios fariseos e inmediatamente les contó cómo había sido curado. Le sorprendió la frialdad con que escuchaban su relato.

Con frentes ceñudas lo interrumpieron, preguntándole por qué llevaba su cama en sábado. Le recordaron severamente que no era lícito llevar cargas en el día del Señor. En su gozo, el hombre se había olvidado de que era sábado; sin embargo, no se sentía condenado por obedecer la orden del que tenía tanto poder de Dios. Contestó osadamente: "El que me sanó, él mismo me dijo: Toma tu lecho y anda". Le preguntaron quién había hecho eso; pero él no lo podía decir. Esos príncipes sabían muy bien que sólo uno se había demostrado capaz de realizar este milagro; pero deseaban una prueba directa de que era Jesús, para poder condenarlo como violador del sábado. A su juicio, no sólo había quebrantado la ley por sanar al enfermo en sábado, sino que había cometido un sacrilegio al ordenarle que llevase su cama.

Los judíos habían pervertido de tal manera la ley, que hacían de ella un yugo esclavizador. Sus requerimientos sin sentido habían llegado a ser objeto de burla entre otras naciones. Y el sábado estaba especialmente recargado de toda clase de restricciones absurdas. No era para ellos una delicia, un día santo del Señor y honorable. Los escribas y fariseos habían hecho de su observancia una carga intolerable. Un judío no podía encender fuego, ni siquiera una vela, en sábado. Como consecuencia, el pueblo hacía cumplir por medio de gentiles muchos servicios que sus reglas les prohibían hacer por sí mismos. No reflexionaban que si esos actos eran pecaminosos, el emplear a otros para realizarlos los hacía tan culpables como si los ejecutasen ellos mismos. Pensaban que la salvación se limitaba a los judíos, y que la condición de todos los demás, siendo ya desahuciada, no podía empeorar. Pero Dios no ha dado mandamientos que no puedan ser obedecidos por todos. Sus leyes no sancionan ninguna restricción irracional o egoísta.

En el templo, Jesús se encontró con el hombre que había sido sanado. Había venido a traer una ofrenda por su pecado y otra de agradecimiento por la gran merced recibida. Hallándolo entre los adoradores, Jesús se dio a conocer con estas palabras de amonestación: "Mira, has sido sanado; no peques más, para que no te venga alguna cosa peor".

El hombre sanado quedó abrumado de regocijo al encontrar a su Liberador. Como desconocía la enemistad que ellos sentían hacia Jesús, dijo a los fariseos que lo habían interrogado que ése era el que había realizado la curación. "Y por esta causa los judíos perseguían a Jesús, y procuraban matarle, porque hacía estas cosas en sábado".[2]

Jesús fue llevado ante el Sanedrín para responder a la acusación de haber violado el sábado. Si en ese tiempo los judíos hubiesen sido una nación independiente, esta acusación habría servido a sus fines de darle muerte. Pero la sujeción a los romanos lo impedía. Los judíos no tenían facultad de infligir la pena capital, y las acusaciones presentadas contra Cristo no tendrían peso en un tribunal romano. Sin embargo, esperaban conseguir otros objetivos. A pesar de los esfuerzos que hacían para contrarrestar su obra, Cristo, aun en Jerusalén, estaba logrando una influencia mayor sobre el pueblo que la de ellos. Multitudes que no se interesaban en las arengas de los rabinos eran atraídas por su enseñanza. Podían comprender sus palabras, y sus corazones eran consolados y alentados. Hablaba de Dios no como un Juez vengador sino como un Padre tierno, y revelaba la imagen de Dios como reflejada en sí mismo. Sus palabras eran como bálsamo para el espíritu herido. Tanto por sus palabras como por sus obras de misericordia estaba quebrantando el poder opresivo de las antiguas tradiciones y de los mandamientos de origen humano, y presentaba el amor de Dios en su plenitud inagotable.

En una de las más antiguas profecías dadas acerca de Cristo está escrito: "No será quitado el cetro de Judá, ni el legislador de entre sus pies, hasta que venga Siloh; y a él se congregarán los pueblos".[3] La gente se congregaba alrededor de Cristo. Con corazones llenos de simpatía, la multitud aceptaba sus lecciones de amor y benevolencia con preferencia a las rígidas ceremonias requeridas por los sacerdotes. Si los sacerdotes y rabinos no se hubiesen interpuesto, su enseñanza habría realizado una reforma cual nunca presenciara el mundo. Pero para conservar su poder, esos líderes resolvieron quebrar la influencia de Jesús. Su emplazamiento ante el Sanedrín y una abierta condenación de sus enseñanzas debían contribuir a lograr eso; porque la gente todavía tenía gran reverencia por sus dirigentes religiosos. Cualquiera que se atreviese a condenar los requerimientos rabínicos, o intentase aliviar las cargas que habían impuesto al pueblo, era considerado culpable, no sólo de blasfemia sino de traición. Basándose en esto, los rabinos esperaban excitar las sospechas contra Cristo. Afirmaban que trataba de destruir las costumbres establecidas, causando así división entre la gente y preparando el completo sojuzgamiento por parte de los romanos.

Pero los planes que tan celosamente procuraban cumplir estos rabinos se originaron en otro concilio antes que en el Sanedrín. Después que Satanás fracasara en vencer a Cristo en el desierto, combinó sus fuerzas para oponérsele en su ministerio y, si fuese posible, estorbar su obra. Lo que no pudo lograr por el esfuerzo directo y personal, resolvió efectuarlo por la estrategia. Apenas se retiró del conflicto en el desierto tuvo concilio con sus ángeles, y maduró sus planes para cegar aun más las mentes del pueblo judío con el fin de que no reconociesen a su Redentor. Se proponía obrar mediante sus agentes humanos en el mundo religioso, infundiéndoles su propia enemistad contra el campeón de la verdad. Iba a inducirlos a rechazar a Cristo y a hacerle la vida tan amarga como fuese posible, esperando desalentarlo en su misión. Y los líderes de Israel llegaron a ser instrumentos de Satanás para guerrear contra el Salvador.

Jesús había venido para "magnificar la ley y engrandecerla". Él no habría de rebajar su dignidad, sino ensalzarla. La Escritura dice: "No se cansará, ni desmayará, hasta que establezca en la tierra justicia".[4] Había venido para librar al sábado de esos requerimientos gravosos que hacían de él una maldición en vez de una bendición.

Por esta razón había escogido el sábado para realizar el acto de curación en Betesda. Podría haber sanado al enfermo en cualquier otro día de la semana; podría haberlo sanado simplemente, sin pedirle que llevara su cama, pero esto no le habría dado la oportunidad que deseaba. Un propósito sabio motivaba cada acto de la vida de Cristo en la tierra. Todo lo que hacía era importante en sí mismo y por su enseñanza. Entre los afligidos del estanque eligió el caso peor para el ejercicio de su poder sanador, y ordenó al hombre que llevase su cama a través de la ciudad para publicar la gran obra que había sido realizada en él. Eso suscitaría la cuestión de lo que era lícito hacer en sábado, y prepararía el terreno para denunciar las restricciones de los judíos acerca del día del Señor y declarar nulas sus tradiciones.

Jesús les declaró que la obra de aliviar a los afligidos estaba en armonía con la ley del sábado, y en armonía con la obra de los ángeles de Dios, que siempre están descendiendo y ascendiendo entre el cielo y la tierra para servir a la humanidad doliente. Jesús dijo: "Mi Padre hasta ahora trabaja, y yo trabajo". Todos los días son de Dios, y apropiados para realizar sus planes en favor de la raza humana. Si la interpretación que los judíos daban a la ley era correcta, entonces era culpable Jehová, cuya obra ha vivificado y sostenido toda cosa viviente desde que echó los fundamentos de la tierra. Por tanto, el que declaró buena su obra, e instituyó el sábado para conmemorar su terminación, debía hacer un alto en su labor y detener los interminables procesos del universo.

¿Debería Dios prohibir al sol que realice su oficio en sábado, suspender sus agradables rayos para que no calienten la tierra ni nutran la vegetación? ¿Debería el sistema de los mundos detenerse durante el día santo? ¿Debería ordenar a los arroyos que dejen de regar los campos y los bosques, y pedir a las olas del mar que detengan su incesante flujo y reflujo? ¿Deberían el trigo y la cebada dejar de crecer, y el racimo suspender su maduración purpúrea? ¿Deberían los árboles y las flores dejar de crecer o abrirse en sábado?

En tal caso, los hombres echarían de menos los frutos de la tierra y las bendiciones que hacen deseable la vida. La naturaleza debe continuar su curso invariable. Dios no puede detener su mano por un momento, o el hombre desmayaría y moriría. Y el hombre también tiene una obra que cumplir en sábado: atender las necesidades de la vida, cuidar a los enfermos, proveer a los menesterosos. No será tenido por inocente quien descuide el alivio del sufrimiento en sábado. El santo día de reposo de Dios fue hecho para el hombre, y las obras de misericordia están en perfecta armonía con su propósito. Dios no desea que sus criaturas sufran una hora de dolor que pueda ser aliviada en sábado o cualquier otro día.

Lo que se demanda a Dios en sábado es aun más grande que en los otros días. Su pueblo deja entonces su ocupación corriente, y dedica su tiempo a la meditación y el culto. Le piden más favores en sábado que en los demás días. Requieren su atención especial. Anhelan sus bendiciones más selectas. Dios no espera que haya transcurrido el sábado para otorgar lo que le han pedido. La obra del cielo no cesa nunca, y los hombres no debieran nunca descansar de hacer el bien. El sábado no está destinado a ser un período de inactividad inútil. La ley prohíbe el trabajo secular en el día de reposo del Señor; debe cesar el trabajo con el cual nos ganamos la vida; en ese día no es lícita ninguna labor que tenga por fin el placer mundanal o el lucro; porque así como Dios abandonó su obra creadora y descansó el sábado y lo bendijo, el hombre debe dejar las ocupaciones de su vida diaria y consagrar esas horas sagradas al descanso sano, al culto y a las obras santas. La obra que hacía Cristo al sanar a los enfermos estaba en perfecta armonía con la ley. Honraba el sábado.

Jesús aseveró tener derechos iguales a los de Dios mientras hacía su obra igualmente sagrada, y del mismo carácter que aquella en la cual se ocupaba el Padre en el cielo. Pero esto airó aun más a los fariseos. A juicio de ellos no sólo había violado la ley, sino que al llamar a Dios "mi Padre"[5] se había declarado igual a Dios.

Toda la nación judía llamaba a Dios su Padre, y por tanto no se habrían enfurecido si Cristo hubiese dicho tener esa misma relación con Dios. Pero lo acusaron de blasfemia, con lo cual demostraron entender que él hacía este aserto en su sentido más elevado.

Estos adversarios de Cristo no tenían argumentos con qué hacer frente a las verdades que él presentaba a su conciencia. Lo único que podían citar eran sus costumbres y tradiciones, y éstas parecían débiles e insípidas cuando se comparaban con los argumentos que Jesús había sacado de la Palabra de Dios y del incesante ciclo de la naturaleza. Si los rabinos hubieran sentido algún deseo de recibir la luz, se habrían convencido de que Jesús decía la verdad. Pero evadieron los puntos que él presentaba acerca del sábado, y trataron de excitar iras contra él porque aseveraba ser igual a Dios. El furor de los príncipes no conoció límites. Si no hubiesen temido al pueblo, los sacerdotes y rabinos habrían dado muerte a Jesús allí mismo. Pero el sentimiento popular en su favor era fuerte. Muchos reconocían en Jesús al amigo que había sanado sus enfermedades y consolado sus pesares, y justificaban la curación del sufriente en Betesda. Así que por el momento los dirigentes se vieron obligados a refrenar su odio.

Jesús rechazó el cargo de blasfemia. "Mi autoridad", dijo él, "por hacer la obra de la cual me acusan, es que soy el Hijo de Dios, uno con él en naturaleza, voluntad y propósito. Coopero con Dios en todas sus obras de creación y providencia". "No puede el Hijo hacer nada por sí mismo, sino lo que ve hacer al Padre". Los sacerdotes y rabinos reprendían al Hijo de Dios por la misma obra que había sido enviado a hacer en el mundo. Por sus pecados se habían separado de Dios, y en su orgullo obraban independientemente de él. Se sentían suficientes en sí mismos para todo, y no comprendían cuánto necesitaban que una sabiduría superior dirigiese sus actos. Pero el Hijo de Dios se había sometido a la voluntad del Padre y dependía de su poder. Tan completamente había anonadado Cristo al yo que no hacía planes por sí mismo. Aceptaba los planes de Dios para él, y día tras día el Padre se los revelaba. De esa manera debemos depender de Dios, para que nuestra vida sea el simple desarrollo de su voluntad.

Cuando Moisés estaba por construir el santuario como morada de Dios, se le indicó que hiciese todas las cosas de acuerdo con el modelo que se le mostrara en el monte. Moisés estaba lleno de celo para hacer la obra de Dios; los hombres más talentosos y hábiles estaban a su disposición para ejecutar sus sugerencias. Sin embargo, no había de hacer una campana, una granada, una borla, una franja, una cortina o cualquier vaso del santuario sin que estuviese de acuerdo con el modelo que le había sido mostrado. Dios lo llamó al monte y le reveló las cosas celestiales. El Señor lo cubrió de su gloria para que pudiese ver el modelo, y de acuerdo con éste se hicieron todas las cosas. Así fue como Dios le reveló a Israel su glorioso ideal del carácter y deseó hacerla su morada. Les mostró el modelo en el monte cuando dio la ley desde el Sinaí, y cuando pasó delante de Moisés y proclamó: "¡Jehová!, ¡Jehová!, fuerte, misericordioso y piadoso; tardo para la ira, y grande en misericordia y verdad; que guarda misericordia a millares, que perdona la iniquidad, la rebelión y el pecado".[6]

Israel había elegido sus propios caminos. No había edificado de acuerdo con el dechado; pero Cristo, el verdadero templo para morada de Dios, modeló todo detalle de su vida terrenal de acuerdo con el ideal de Dios. Dijo: "Me complazco en hacer tu voluntad, oh Dios mío, y tu ley está en medio de mi corazón". Así también nuestro carácter debe ser edificado "para ser morada de Dios por su Espíritu". Y hemos de hacer todas las cosas de acuerdo con el Modelo, el que "padeció por nosotros, dejándonos ejemplo, para que [sigamos] sus pisadas".[7]

Las palabras de Cristo nos enseñan que debemos considerarnos inseparablemente unidos a nuestro Padre celestial. Cualquiera sea nuestra situación, dependemos de Dios, quien tiene todos los destinos en sus manos. Él nos ha señalado nuestra obra, y nos ha dotado de facultades y recursos para ella. Mientras sometamos la voluntad a Dios, y confiemos en su fuerza y sabiduría, seremos guiados por sendas seguras para cumplir nuestra parte señalada en su gran plan. Pero el que depende de su propia sabiduría y poder se separa a sí mismo de Dios. En vez de obrar al unísono con Cristo, cumple el propósito del enemigo de Dios y del hombre.

El Salvador continuó: "Todo lo que el Padre hace, también lo hace el Hijo igualmente... Como el Padre levanta a los muertos, y les da vida, así también el Hijo a los que quiere da vida". Los saduceos sostenían que no habría resurrección del cuerpo; pero Jesús les dice que una de las mayores obras de su Padre es la de resucitar a los muertos, y que él mismo tiene poder para hacerlo. "Vendrá hora, y ahora es, cuando los muertos oirán la voz del Hijo de Dios: y los que oyeren vivirán". Los fariseos creían en la resurrección. Cristo les dice que ya está entre ellos el poder que da vida a los muertos, y que han de contemplar su manifestación. Este mismo poder de resucitar es el que da vida al alma que está muerta en "delitos y pecados". Ese espíritu de vida en Cristo Jesús, "el poder de su resurrección", libra a los hombres "de la ley del pecado y de la muerte".[8] El dominio del mal es quebrantado, y por medio de la fe el alma es guardada de pecado. El que abre su corazón al Espíritu de Cristo llega a ser un participante de ese gran poder que sacará su cuerpo de la tumba.

El humilde Nazareno sostiene su nobleza real. Se eleva por encima de la humanidad, depone el manto de pecado y de vergüenza, y se revela como el Honrado de los ángeles, el Hijo de Dios, Uno con el Creador del universo. Sus oyentes quedan hechizados. Nadie habló jamás palabras como las suyas, ni tuvo un porte de tan real majestad. Sus declaraciones son claras y sencillas; presentan distintamente su misión y el deber del mundo. "Porque el Padre a nadie juzga, sino que todo el juicio dio al Hijo, para que todos honren al Hijo como honran al Padre. El que no honra al Hijo, no honra al Padre que lo envió... Como el Padre tiene vida en sí mismo, así también ha dado al Hijo tener vida en sí mismo; y también le dio autoridad de hacer juicio, por cuanto es el Hijo del hombre".

Los sacerdotes y príncipes se habían constituido en jueces para condenar la obra de Cristo, pero él se declaró Juez de ellos y de toda la tierra. El mundo ha sido confiado a Cristo, y a través de él ha fluido toda bendición de Dios a la raza caída. Era el Redentor antes de su encarnación, y lo es después. Tan pronto como hubo pecado, hubo un Salvador. Ha dado luz y vida a todos, y cada uno será juzgado según la medida de la luz dada. Y el que dio la luz, el que siguió al alma con las más tiernas súplicas, tratando de ganarla del pecado a la santidad, es a la vez su Abogado y Juez. Desde el principio de la gran controversia en el cielo Satanás ha sostenido su causa por medio del engaño; y Cristo ha estado obrando para desenmascarar sus planes y quebrantar su poder. El que hizo frente al engañador, y a través de todos los siglos procuró arrebatar cautivos de su dominio, es quien pronunciará el juicio sobre cada alma.

Y Dios "le dio autoridad de hacer juicio, por cuanto él es Hijo del hombre". Porque gustó las mismas heces de la aflicción y tentación humanas, y comprende las debilidades y los pecados de los hombres; porque en favor de nosotros resistió victoriosamente las tentaciones de Satanás, y tratará justa y tiernamente con las almas por cuya salvación fue derramada su sangre; por todo esto, el Hijo del hombre ha sido designado para ejecutar el juicio.

Pero la misión de Cristo no era la de juzgar sino la de salvar. "No envió Dios a su Hijo al mundo para condenar al mundo, sino para que el mundo sea salvo por él". Y delante del Sanedrín, Jesús declaró: "El que oye mi palabra, y cree al que me envió, tiene vida eterna; y no vendrá a condenación, mas ha pasado de muerte a vida".[9]

Invitando a sus oyentes a no asombrarse, Cristo reveló ante ellos, en una visión aun mayor, el misterio del futuro. Dijo: "Vendrá hora cuando todos los que están en los sepulcros oirán su voz; y los que hicieron lo bueno saldrán a resurrección de vida; mas los que hicieron lo malo, a resurrección de condenación".[10]

Esta seguridad de la vida futura era lo que durante tanto tiempo Israel había esperado recibir cuando viniera el Mesías. Resplandecía sobre ellos la única luz que puede iluminar la lobreguez de la tumba. Pero la obstinación es ciega. Jesús había violado las tradiciones de los rabinos y despreciado su autoridad, y ellos no querían creer.

El tiempo, el lugar, la ocasión, la intensidad de los sentimientos que dominaban a la asamblea, todo se combinaba para hacer más impresionantes las palabras de Jesús ante el Sanedrín. Las más altas autoridades religiosas de la nación procuraban matar al que se declaraba el restaurador de Israel. El Señor del sábado había sido emplazado ante un tribunal terrenal para responder a la acusación de violar la ley del sábado. Cuando declaró tan intrépidamente su misión, sus jueces lo miraron con asombro e ira; pero sus palabras eran incontestables. No podían condenarlo. Negó a los sacerdotes y rabinos el derecho a interrogarlo, o a interrumpir su obra. No habían sido investidos con esa autoridad. Sus pretensiones se basaban en su propio orgullo y arrogancia. No quiso reconocerse culpable de sus acusaciones ni ser catequizado por ellos.

En vez de disculparse por el acto del cual se quejaban, o explicar el propósito que tuviera al realizarlo, Jesús encaró a los príncipes, y el acusado se trocó en acusador. Los reprendió por la dureza de su corazón y su ignorancia de las Escrituras. Declaró que habían rechazado la palabra de Dios, puesto que habían rechazado a quien Dios había enviado. "Escudriñad las Escrituras, porque pensáis que en ellas tenéis vida eterna; y ellas son las que dan testimonio de mí".[11]

En toda página —sea de historia, precepto o profecía—, las Escrituras del Antiguo Testamento irradian la gloria del Hijo de Dios. Por cuanto era de institución divina, todo el sistema del judaísmo era una profecía compacta del evangelio. Acerca de Cristo "dan testimonio todos los profetas".[12] Desde la promesa hecha a Adán, y bajando por la línea patriarcal y el sistema legal, la gloriosa luz del cielo delinea claramente las pisadas del Redentor. Los videntes contemplaron la Estrella de Belén, el Siloh venidero, mientras las cosas futuras pasaban delante de ellos en misteriosa procesión. En todo sacrificio se revelaba la muerte de Cristo. En toda nube de incienso ascendía su justicia. Toda trompeta del jubileo hacía repercutir su nombre. En el pavoroso misterio del Lugar Santísimo moraba su gloria.

Los judíos poseían las Escrituras, y suponían que en el mero conocimiento externo de la palabra tenían vida eterna. Pero Jesús dijo: "No tenéis su palabra morando en vosotros".[13] Habiendo rechazado a Cristo en su palabra, lo rechazaron en persona. Dijo: "No queréis venir a mí, para que tengáis vida".

Los dirigentes judíos habían estudiado las enseñanzas de los profetas acerca del reino del Mesías; pero no lo habían hecho con un sincero deseo de conocer la verdad, sino con el propósito de hallar evidencia para sostener sus esperanzas ambiciosas. Cuando Cristo vino de una manera contraria a sus expectativas, no quisieron recibirlo; y para justificarse trataron de probar que era un impostor. Una vez que hubieron asentado los pies en esa senda, fue fácil para Satanás fortalecer su oposición a Cristo. Interpretaron contra él las mismas palabras que deberían haber recibido como evidencia de su divinidad. Así trocaron la verdad de Dios en mentira, y cuanto más directamente les hablaba el Salvador en sus obras de misericordia, más resueltos estaban a resistir la luz.

Jesús dijo: "Gloria de los hombres no recibo". No deseaba la influencia ni la sanción del Sanedrín. Ni podía recibir honor de su aprobación. Estaba investido con el honor y la autoridad del Cielo. Si lo hubiese deseado, los ángeles habrían venido a rendirle homenaje; el Padre habría testificado de nuevo acerca de su divinidad. Pero para beneficio de ellos mismos, y por causa de la nación cuyos dirigentes eran, deseaba que los príncipes judíos discerniesen su carácter y recibiesen las bendiciones que había venido a traerles.

"He venido en nombre de mi Padre, y no me recibís; si otro viniere en su propio nombre, a ese recibiréis". Jesús vino por la autoridad de Dios, llevando su imagen, cumpliendo su palabra y buscando su gloria; sin embargo, no fue aceptado por los dirigentes de Israel; pero cuando vinieron otros asumiendo el carácter de Cristo, pero impulsados por su propia voluntad y buscando su propia gloria, los recibieron. ¿Por qué? Porque el que busca su propia gloria apela al deseo de exaltación propia en los demás. Y a una incitación tal los judíos podían responder. Recibirían al falso maestro porque adularía su orgullo sancionando sus acariciadas opiniones y tradiciones. Pero la enseñanza de Cristo no coincidía con sus ideas. Era espiritual, y exigía el sacrificio del yo; por tanto, no querían recibirla. No conocían a Dios, y para ellos su voz expresada por medio de Cristo era la voz de un extraño.

¿No se repite lo mismo hoy? ¿No hay muchos, aun líderes religiosos, que están endureciendo su corazón contra el Espíritu Santo, incapacitándose así para reconocer la voz de Dios? ¿No están rechazando la palabra de Dios con el fin de conservar sus tradiciones?

Jesús dijo: "Si creyeseis a Moisés, me creeríais a mí; porque de mí escribió él. Pero si no creéis a sus escritos, ¿cómo creeréis a mis palabras?" Fue Cristo quien habló a Israel por medio de Moisés. Si hubieran escuchado la voz divina que les hablaba por medio de su gran líder, la habrían reconocido en las enseñanzas de Cristo. Si hubiesen creído a Moisés, habrían creído en el Ser de quien escribió Moisés.

Jesús sabía que los sacerdotes y rabinos estaban resueltos a quitarle la vida; pero les explicó claramente su unidad con el Padre y su relación con el mundo. Vieron que la oposición que le hacían era inexcusable, pero su odio homicida no se aplacó. El temor se apoderó de ellos al presenciar el poder convincente que acompañaba su ministerio; pero resistieron sus llamamientos, y se encerraron en las tinieblas.

Habían fracasado señaladamente en subvertir la autoridad de Jesús o enajenarle el respeto y la atención del pueblo, de entre el cual muchos se habían convertido por sus palabras. Los príncipes habían sentido una profunda condena mientras él había hecho pesar su culpa sobre su conciencia; pero esto no hizo sino amargarlos aun más contra él. Estaban resueltos a quitarle la vida. Enviaron mensajeros por todo el país para amonestar a la gente contra Jesús como impostor. Mandaron espías para que lo vigilasen e informasen de lo que decía y hacía. El precioso Salvador estaba ahora muy ciertamente bajo la sombra de la cruz.

[1] Rom. 7:24; Efe. 2:1, NVI. [2] Juan 5:13; Juan 5:16, RVA. [3] Gén. 49:10. [4] Isa. 42:21, 4. [5] Juan 5:17, 18. [6] Éxo. 34:6, 7. [7] Sal. 40:8, VM; Efe. 2:22, NVI; Heb. 8:5; 1 Ped. 2:21. [8] Efe. 2:1; Fil. 3:10; Rom. 8:2. [9] Juan 3:17; 5:24. [10] Juan 5:28, 29. [11] Juan 5:39, VM. [12] Hech. 10:43. [13] Juan 5:38, VM.

Capítulo 22

Encarcelamiento y muerte de Juan

JUAN EL BAUTISTA había sido el primero en proclamar el reino de Cristo, y también fue el primero en sufrir. Del aire libre del desierto y las vastas muchedumbres que escuchaban ávidamente sus palabras, pasó a estar encerrado entre las murallas de una mazmorra, encarcelado en la fortaleza de Herodes Antipas. Gran parte del ministerio de Juan había transcurrido en el territorio que estaba al este del Jordán, que se hallaba bajo el dominio de Antipas. Herodes mismo había escuchado la predicación del Bautista. El rey disoluto había temblado al oír el llamado al arrepentimiento. "Herodes temía a Juan, sabiendo que era varón justo y santo... y oyéndole, se quedaba muy perplejo, pero lo escuchaba de buena gana". Juan obró fielmente con él, denunciando su unión inicua con Herodías, la esposa de su hermano. Durante un tiempo Herodes trató débilmente de romper la cadena de concupiscencia que lo ligaba; pero Herodías lo sujetó más firmemente en sus redes, y se vengó del Bautista induciendo a Herodes a echarlo en la cárcel.

La vida de Juan había sido de labor activa, y la lobreguez e inactividad de la cárcel lo abrumaban enormemente. Mientras pasaba semana tras semana sin traer cambio alguno, el abatimiento y la duda fueron apoderándose de él. Sus discípulos no lo abandonaron. Se les permitía tener acceso a la cárcel, y le traían noticias de las obras de Jesús y de cómo la gente acudía a él. Pero preguntaban por qué, si ese nuevo maestro era el Mesías, no hacía algo para conseguir la liberación de Juan. ¿Cómo podía permitir que su fiel heraldo perdiese la libertad y tal vez la vida?

Esas preguntas no quedaron sin efecto. A Juan le sugirieron dudas que de otra manera nunca se le habrían presentado. Satanás se regocijaba al oír las palabras de esos discípulos y al ver cómo lastimaban el alma del mensajero del Señor. ¡Oh, con cuánta frecuencia los que se creen amigos de un hombre bueno y desean mostrarle su fidelidad resultan ser sus más peligrosos enemigos! ¡Cuán a menudo, en vez de fortalecer su fe, sus palabras lo deprimen y desalientan!

Como los discípulos del Salvador, Juan el Bautista no comprendía la naturaleza del reino de Cristo. Esperaba que Jesús ocupase el trono de David; y como pasaba el tiempo y el Salvador no asumía la autoridad real, Juan estaba perplejo y perturbado. Había declarado a la gente que con el fin de que el camino estuviese preparado delante del Señor, debía cumplirse la profecía de Isaías; debían ser allanadas las montañas y colinas, lo torcido enderezado y los lugares escabrosos alisados. Había esperado que los lugares altos del orgullo y el poder humano fuesen derribados. Había señalado al Mesías como el que tenía el aventador en su mano y limpiaría cabalmente su era, quien recogería el trigo en su alfolí y quemaría el tamo con fuego inextinguible. Como el profeta Elías, en cuyo espíritu y poder había venido a Israel, esperaba que el Señor se revelase como el Dios que contesta por medio de fuego.

En su misión, el Bautista se había destacado como un intrépido condenador de la iniquidad, tanto entre los encumbrados como entre los humildes. Había osado hacer frente al rey Herodes y reprocharle claramente su pecado. No había estimado preciosa su vida con tal de cumplir la obra que le había sido encomendada. Y ahora, desde su mazmorra, esperaba ver al León de la tribu de Judá derribar el orgullo del opresor y librar a los pobres y al que clamaba. Pero Jesús parecía conformarse con reunir discípulos a su alrededor, y sanar y enseñar a la gente. Comía a la mesa de los publicanos, mientras cada día el yugo romano reposaba más pesadamente sobre Israel; el rey Herodes y su vil amante realizaban su voluntad, y los clamores de los pobres y dolientes ascendían al cielo.

Todo eso le parecía un misterio insondable al profeta del desierto. Había horas en que los susurros de los demonios torturaban su espíritu y la sombra de un miedo terrible se apoderaba de él. ¿Podría ser que el tan esperado Libertador no hubiese aparecido todavía? Entonces, ¿qué significaba el mensaje que él había sido impelido a dar? Juan había quedado acerbamente chasqueado del resultado de su misión. Había esperado que el mensaje de Dios tuviese el mismo efecto que cuando la ley fue leída en los días de Josías y Esdras;[1] que habría una profunda obra de arrepentimiento y regreso al Señor. Había sacrificado toda su vida al éxito de su misión. ¿Había sido en vano?

Perturbaba a Juan el ver que por amor a él sus propios discípulos albergaban incredulidad para con Jesús. Para ellos, ¿había sido estéril su obra? Él, ¿había sido infiel en su misión y debía ser separado de ella? Si el Libertador prometido había aparecido y Juan había sido hallado fiel a su misión, ¿no derribaría Jesús el poder del opresor, dejando en libertad a su heraldo?

Pero el Bautista no renunció a su fe en Cristo. El recuerdo de la voz del cielo y de la paloma que había descendido sobre él, la inmaculada pureza de Jesús, el poder del Espíritu Santo que había descansado sobre Juan cuando estuvo en la presencia del Salvador, y el testimonio de las escrituras proféticas; todo atestiguaba que Jesús de Nazaret era el Prometido.

Juan no quería discutir sus dudas y ansiedades con sus compañeros. Resolvió mandar un mensaje de averiguación a Jesús. Lo confió a dos de sus discípulos, esperando que una entrevista con el Salvador confirmara su fe e impartiese seguridad a sus hermanos. Anhelaba alguna palabra de Cristo pronunciada directamente para él.

Los discípulos acudieron a Jesús con la pregunta de Juan: "¿Eres tú aquel que había de venir, o esperaremos a otro?"

¡Cuán poco tiempo había transcurrido desde que el Bautista proclamara, señalando a Jesús: "He aquí el Cordero de Dios, que quita el pecado del mundo". "Este es el que viene después mí, el que es antes de mí".[2] Y ahora pregunta: "¿Eres tú aquel que había de venir?" Qué intensa amargura y desilusión para la naturaleza humana. Si Juan, el precursor fiel, no discernía la misión de Cristo, ¿qué podía esperarse de la multitud egoísta?

El Salvador no respondió inmediatamente a la pregunta de los discípulos. Mientras ellos estaban allí de pie, extrañados por su silencio, los enfermos y afligidos acudían a él para ser sanados. Los ciegos se abrían paso a tientas a través de la muchedumbre; los aquejados de todas clases de enfermedades —algunos valiéndose por sí mismos, otros llevados por sus amigos— se agolpaban ansiosamente en la presencia de Jesús. La voz del poderoso Sanador penetraba en los oídos de los sordos. Una palabra, un toque de su mano, abría los ojos ciegos para que contemplasen la luz del día, las escenas de la naturaleza, los rostros de sus amigos y la faz del Libertador. Jesús increpaba a la enfermedad y expulsaba la fiebre. Su voz alcanzaba los oídos de los moribundos, quienes se levantaban llenos de salud y vigor. Los endemoniados paralizados obedecían su palabra, su locura los abandonaba y lo adoraban. Mientras sanaba sus enfermedades, enseñaba a la gente. Los pobres campesinos y trabajadores, a quienes rehuían los rabinos como inmundos, se reunían cerca del él y él les hablaba palabras de vida eterna.

Así iba transcurriendo el día, y los discípulos de Juan viéndolo y oyéndolo todo. Por fin, Jesús los llamó a sí y los invitó a ir y contar a Juan lo que habían presenciado, añadiendo: "Bienaventurado es aquel que no halle tropiezo en mí".[3] La evidencia de su divinidad se había visto en su adaptación a las necesidades de la humanidad doliente. Su gloria se había revelado en su condescendencia a nuestro bajo estado.

Los discípulos llevaron el mensaje, y bastó. Juan recordó la profecía concerniente al Mesías: "Me ungió Jehová; me ha enviado a predicar buenas nuevas a los abatidos, a vendar a los quebrantados de corazón, a publicar libertad a los cautivos, y a los presos apertura de la cárcel; a proclamar el año de la buena voluntad de Jehová". Las palabras de Cristo no sólo lo declaraban ser el Mesías, sino que demostraban de qué manera debía establecerse su reino. A Juan le fue revelada la misma verdad que le fuera presentada a Elías en el desierto, cuando sintió "un grande y poderoso viento que rompía los montes, y quebraba las peñas delante de Jehová; pero Jehová no estaba en el viento. Y tras el viento un terremoto; pero Jehová no estaba en el terremoto. Y tras el terremoto un fuego; pero Jehová no estaba en el fuego".[4] Y después del fuego, Dios habló al profeta mediante una queda vocecita. Así haría Jesús su obra, no con el fragor de las armas y el derrocamiento de tronos y reinos, sino hablando a los corazones de los hombres por medio de una vida de misericordia y sacrificio.

El principio que rigió la vida abnegada del Bautista era también el que regía el reino del Mesías. Juan sabía muy bien cuán ajeno era todo eso a los principios y esperanzas de los líderes de Israel. Lo que para él era una evidencia convincente de la divinidad de Cristo, no sería evidencia para ellos, pues esperaban a un Mesías que no había sido prometido. Juan vio que la misión del Salvador no podía granjear de ellos sino únicamente odio y condenación. Él, el precursor, estaba tan sólo bebiendo de la copa que Cristo mismo debía agotar hasta las heces.

Las palabras del Salvador —"Bienaventurado es aquel que no halle tropiezo en mí"— eran una suave reprensión para Juan. Y no dejó de percibirla. Comprendiendo más claramente ahora la naturaleza de la misión de Cristo, se entregó a Dios para la vida o la muerte, según sirviese mejor a los intereses de la causa que amaba.

Después que los mensajeros se hubieron alejado, Jesús habló a la gente acerca de Juan. El corazón del Salvador sentía profunda simpatía por el testigo fiel ahora sepultado en la mazmorra de Herodes. No quería que la gente dedujese que Dios había abandonado a Juan, o que su fe había faltado en el día de la prueba. Dijo: "¿Qué salieron a ver al desierto? ¿Una caña sacudida por el viento?"

Los altos juncos que crecían al lado del Jordán, inclinándose al empuje de la brisa, eran representaciones adecuadas de los rabinos que se habían erigido en críticos y jueces de la misión del Bautista. Eran agitados de aquí para allá por los vientos de la opinión popular. No querían humillarse para recibir el mensaje escrutador del Bautista, y sin embargo, por temor a la gente, no se atrevían a oponerse abiertamente a su obra. Pero el mensajero de Dios no tenía tal espíritu pusilánime. Las multitudes que se reunían alrededor de Cristo habían presenciado las obras de Juan. Le habían oído reprender intrépidamente el pecado. A los fariseos que se creían justos, a los saduceos sacerdotales, al rey Herodes y su corte, a príncipes y soldados, a publicanos y campesinos, Juan había hablado con igual llaneza. No era una caña temblorosa, agitada por los vientos de la alabanza o el prejuicio humanos. En la cárcel era el mismo en su lealtad a Dios y celo por la justicia que cuando predicaba el mensaje de Dios en el desierto. Era tan firme como una roca en su fidelidad a los principios.

Jesús continuó: "¿O qué salieron a ver? ¿A un hombre vestido con ropa fina? Claro que no, pues los que se visten ostentosamente y llevan una vida de lujo están en los palacios reales". Juan había sido llamado a reprender los pecados y excesos de su tiempo, y su vestimenta sencilla y vida abnegada estaban en armonía con el carácter de su misión. Los ricos atavíos y los lujos de esta vida no son la porción de los siervos de Dios, sino de quienes viven "en las casas de los reyes", los gobernantes de este mundo, a quienes pertenecen su poder y sus riquezas. Jesús deseaba dirigir la atención al contraste que había entre la vestimenta de Juan y la que llevaban los sacerdotes y príncipes. Estos se ataviaban con ricos mantos y costosos ornamentos. Amaban la ostentación y esperaban deslumbrar a la gente, y así alcanzar mayor consideración. Ansiaban más granjearse la admiración de los hombres que obtener la pureza de corazón que les ganaría la aprobación de Dios. Así revelaban que su lealtad no se la darían a Dios, sino al reino de este mundo.

Jesús dijo: "Entonces, ¿qué salieron a ver? ¿A un profeta?

Sí, les digo, y más que profeta. Éste es de quien está escrito:

Yo estoy por enviar a mi mensajero delante de ti,

el cual preparará el camino.

"Les digo que entre los mortales no ha habido nadie más grande que Juan". En el anuncio hecho a Zacarías antes del nacimiento de Juan, el ángel había declarado: "Será grande delante de Dios".[5] En la estima del Cielo, ¿qué constituye la grandeza? No lo que el mundo tiene por tal; ni la riqueza, el estatus, el linaje noble o las dotes intelectuales, consideradas en sí mismas. Si la grandeza intelectual, fuera de cualquier consideración superior, es digna de honor, entonces debemos rendir homenaje a Satanás, cuyo poder intelectual no ha sido nunca igualado por hombre alguno. Pero si el don está pervertido para servir al yo, cuanto mayor el don, mayor maldición resulta. Lo que Dios valora es el valor moral. El amor y la pureza son los atributos que más estima. Juan fue grande a la vista del Señor cuando, delante de los mensajeros del Sanedrín, delante de la gente y de sus propios discípulos, no buscó honra para sí mismo sino que a todos señaló a Jesús como el Prometido. Su abnegado gozo en el ministerio de Cristo presenta el más alto tipo de nobleza que se haya revelado en el hombre.

El testimonio dado acerca de él después de su muerte, por quienes lo oyeron testificar acerca de Jesús, fue: "Juan, a la verdad, ninguna señal hizo; pero todo lo que Juan dijo de éste, era verdad".[6] No le fue dado a Juan hacer bajar fuego del cielo, ni resucitar muertos, como Elías lo había hecho, ni manejar la vara del poder en el nombre de Dios como Moisés. Fue enviado a pregonar el advenimiento del Salvador y a invitar a la gente a prepararse para su venida. Tan fielmente cumplió su misión, que al recordar la gente lo que había enseñado acerca de Jesús, podía decir: "Todo lo que Juan dijo de este Hombre era verdad". Cada discípulo del Maestro está llamado a dar semejante testimonio de Cristo.

Como heraldo del Mesías, Juan fue "más que profeta". Porque mientras que los profetas habían visto desde lejos el advenimiento de Cristo, a Juan le fue concedido el contemplarlo, oír el testimonio del cielo en cuanto a su carácter de Mesías y presentarlo a Israel como el Enviado de Dios. Sin embargo, Jesús dijo: "El más pequeño en el reino de los cielos, mayor es que él".

El profeta Juan era el eslabón entre las dos dispensaciones. Como representante de Dios se dedicaba mostrar la relación de la ley y los profetas con la dispensación cristiana. Era la luz menor, que sería seguida por otra mayor. La mente de Juan era iluminada por el Espíritu Santo con el fin de que pudiese derramar luz sobre su pueblo; pero ninguna luz brilló ni brillará jamás tan claramente sobre el hombre caído como la que emanaba de la enseñanza y el ejemplo de Jesús. Cristo y su misión habían sido tan sólo oscuramente comprendidos cuando estaban tipificados en los sacrificios simbólicos. Ni Juan mismo había comprendido plenamente la vida futura e inmortal a la cual nos da acceso el Salvador.

Aparte del gozo que Juan hallaba en su misión, su vida había estado llena de pesar. Su voz se había oído rara vez fuera del desierto. Tuvo el destino de un solitario. No se le permitió ver los resultados de sus propios trabajos. No tuvo el privilegio de estar con Cristo, ni de presenciar la manifestación del poder divino que acompañó a la luz mayor. No le tocó ver a los ciegos recobrar la vista, a los enfermos sanar y a los muertos resucitar. No contempló la luz que resplandecía a través de cada palabra de Cristo, derramando gloria sobre las promesas de la profecía. El menor de los discípulos que contempló las poderosas obras de Cristo y oyó sus palabras fue en este sentido más privilegiado que Juan el Bautista, y por tanto se dice que ha sido mayor que él.

Por medio de las vastas muchedumbres que habían escuchado la predicación de Juan, su fama cundió por todo el país. Había un profundo interés por el resultado de su encarcelamiento. Sin embargo, su vida inmaculada y el fuerte sentimiento público en su favor inducían a creer que no se tomarían medidas violentas contra él.

Herodes creía que Juan era un profeta de Dios, y tenía la plena intención de devolverle la libertad. Pero lo iba postergando por temor a Herodías.

Herodías sabía que por medio de medidas directas nunca podría obtener el consentimiento de Herodes para dar muerte a Juan, y resolvió lograr su propósito a través de una estratagema. El día del cumpleaños del rey se ofrecería una fiesta a los oficiales del Estado y los nobles de la corte; habría banquete y borrachera. Así Herodes no estaría en guardia, y ella podría influir en él a voluntad.

Cuando llegó el gran día, y el rey estaba comiendo y bebiendo con sus señores, Herodías mandó a su hija a la sala del banquete a que danzase para entretenimiento de los invitados. Salomé estaba en su primer florecimiento como mujer; y su voluptuosa belleza cautivó los sentidos de los señores disolutos. No era costumbre que las damas de la corte apareciesen en esas fiestas, y se tributó un cumplido halagador a Herodes cuando esta hija de sacerdotes y príncipes de Israel danzó para diversión de sus huéspedes.

El rey estaba embotado por el vino. La pasión lo dominaba y la razón estaba destronada. Sólo veía la sala del placer con sus invitados divirtiéndose, la mesa del banquete, el vino centelleante, las luces deslumbrantes y la joven danzando delante de él. En la temeridad del momento deseó hacer algún acto de ostentación que lo exaltase delante de los grandes de su reino. Con juramentos prometió a la hija de Herodías cualquier cosa que pidiese, incluso hasta la mitad de su reino.

Salomé se apresuró a consultar a su madre para saber lo que debía pedir. La respuesta estaba lista: la cabeza de Juan el Bautista. Salomé no conocía la sed de venganza que había en el corazón de su madre, y primero se negó a presentar la petición; pero la resolución de Herodías prevaleció. La joven volvió para formular esta horrible exigencia: "Quiero que ahora mismo me des en una bandeja la cabeza de Juan el Bautista".[7]

Herodes quedó atónito y confundido. Cesó el ruidoso júbilo y un silencio siniestro cayó sobre la escena de disipación. El rey quedó horrorizado al pensar en quitar la vida de Juan. Sin embargo, había empeñado su palabra y no quería parecer voluble o atolondrado. El juramento había sido hecho en honor a sus huéspedes, y si uno de ellos hubiese pronunciado una palabra contra el cumplimiento de su promesa, gustosamente le habría permitido vivir al profeta. Les dio oportunidad de hablar en favor del preso. Habían recorrido largas distancias para oír la predicación de Juan, y sabían que era un hombre sin delitos y un siervo de Dios. Pero aunque disgustados por la petición de la joven, estaban demasiado entontecidos para intervenir con una protesta. Ninguna voz se alzó para salvar la vida del mensajero del cielo. Esos hombres ocupaban altos puestos de confianza en la nación, y sobre ellos descansaban graves responsabilidades; sin embargo, se habían entregado al banqueteo y la borrachera hasta que sus sentidos quedaron embotados. Tenían la cabeza mareada por la frívola escena de música y danza, y su conciencia dormía. Con su silencio pronunciaron la sentencia de muerte sobre el profeta de Dios para satisfacer la venganza de una mujer entregada a los vicios.

Herodes esperó en vano ser dispensado de su juramento; luego ordenó, de mala gana, la ejecución del profeta. Pronto fue traída la cabeza de Juan a la presencia del rey y sus invitados. Sellados para siempre estaban esos labios que habían amonestado fielmente a Herodes a que se apartase de su vida de pecado. Nunca más se oiría su voz llamando a los hombres al arrepentimiento. La disipación de una noche había costado la vida de uno de los mayores profetas.

¡Cuán a menudo ha sido sacrificada la vida de los inocentes por la intemperancia de los que debieran haber sido guardianes de la justicia! El que lleva a sus labios la copa embriagante se hace responsable de toda la injusticia que pueda cometer bajo su poder embotador. Al adormecer sus sentidos se incapacita para juzgar serenamente, o para tener una clara percepción de lo bueno y de lo malo. Prepara el terreno para que por su medio Satanás oprima y destruya al inocente. "El vino es escarnecedor, la cerveza alborotadora; y cualquiera que por ellos errare, no será sabio". Por esta causa "la justicia se puso lejos... y el que se apartó del mal fue puesto en prisión".[8] Los que tienen jurisdicción sobre la vida de sus semejantes deberían ser tenidos por culpables de un crimen cuando se entregan a la intemperancia. Todos los que aplican las leyes deben ser observadores de éstas. Deben ser hombres que ejerzan dominio propio. Necesitan tener pleno goce de sus facultades físicas, mentales y morales, con el fin de poseer vigor intelectual y un alto sentido de la justicia.

La cabeza de Juan el Bautista fue llevada a Herodías, quien la recibió con feroz satisfacción. Se regocijaba en su venganza y se lisonjeaba de que la conciencia de Herodes ya no lo perturbaría. Pero su pecado no le dio felicidad. Su nombre se hizo notorio y aborrecido, mientras que Herodes estuvo más atormentado por el remordimiento que antes por las amonestaciones del profeta. La influencia de las enseñanzas de Juan no se hundió en el silencio; había de extenderse a toda generación hasta el fin de los tiempos.

El pecado de Herodes estaba siempre delante de él. Constantemente procuraba hallar alivio de las acusaciones de su conciencia culpable. Su confianza en Juan era inconmovible. Cuando recordaba su vida de abnegación, sus súplicas fervientes y solemnes, su sano criterio en los consejos, y luego recordaba cómo había hallado la muerte, Herodes no podía encontrar reposo. Mientras atendía los asuntos del Estado, recibiendo honores de los hombres, mostraba un rostro sonriente y un porte digno, pero ocultaba un corazón ansioso, siempre oprimido por el temor de que una maldición pesara sobre él.

Herodes había quedado profundamente impresionado por las palabras de Juan, de que nada puede ocultarse de Dios. Estaba convencido de que Dios estaba presente en todo lugar, que había presenciado la disipación de la sala del banquete, que había oído la orden de decapitar a Juan, y que había visto la alegría de Herodías y el insulto que infligió a la cercenada cabeza de quien la había reprendido. Y muchas cosas que Herodes había oído de los labios del profeta hablaban ahora a su conciencia más claramente de lo que lo hiciera su predicación en el desierto.

Cuando Herodes oyó hablar de las obras de Cristo, se perturbó en gran manera. Pensó que Dios había resucitado a Juan de los muertos y lo había enviado con poder aun mayor para condenar el pecado. Temía constantemente que Juan vengase su muerte condenándolo a él y a su casa. Herodes estaba cosechando lo que Dios había declarado que sería el resultado de una conducta pecaminosa: "Corazón temeroso, y desfallecimiento de ojos, y tristeza de alma; y tendrás tu vida como algo que pende delante de ti, y estarás temeroso de noche y de día, y no tendrás seguridad de tu vida. Por la mañana dirás: ¡Quién diera que fuese la tarde!, y a la tarde dirás: ¡Quién diera fuese la mañana!, por el miedo de tu corazón con que estarás amedrentado, y por lo que verán tus ojos".[9] Los pensamientos del pecador son sus acusadores; no puede haber torturador más intenso que los aguijones de una conciencia culpable, que no le dan reposo ni de día ni de noche.

Para muchos, un profundo misterio rodea la suerte de Juan el Bautista. Se preguntan por qué se lo debía dejar languidecer y morir en la cárcel. Nuestra visión humana no puede penetrar el misterio de esta sombría providencia; pero eso nunca puede conmover nuestra confianza en Dios si recordamos que Juan no era más que un participante de los sufrimientos de Cristo. Todos los que sigan a Cristo llevarán la corona del sacrificio. Serán por cierto mal comprendidos por los hombres egoístas, y blanco de los feroces asaltos de Satanás. El reino de éste se estableció para destruir ese principio de la abnegación, y peleará contra él dondequiera que se manifieste.

La niñez, juventud y edad adulta de Juan se caracterizaron por la firmeza y la fuerza moral. Cuando su voz se oyó en el desierto diciendo: "Preparad el camino del Señor, enderezad sus sendas",[10] Satanás temió por la seguridad de su reino. El carácter pecaminoso del pecado se reveló de tal manera que los hombres temblaron. Se quebró el control que Satanás había estado ejerciendo sobre muchos que habían estado bajo su poder. Había sido incansable en sus esfuerzos para apartar al Bautista de una vida de entrega a Dios sin reserva; pero había fracasado. No había logrado vencer a Jesús. En la tentación del desierto Satanás había sido derrotado, y su ira era grande. Resolvió causar pesar a Cristo hiriendo a Juan. Iba a hacer sufrir al que no podía inducir a pecar.

Jesús no se interpuso para librar a su siervo. Sabía que Juan soportaría la prueba. El Salvador habría ido gozosamente a Juan para alegrar la lobreguez de la mazmorra con su presencia. Pero no debía colocarse en las manos de sus enemigos ni hacer peligrar su propia misión. Gustosamente habría librado a su siervo fiel. Pero por causa de los millares que en años posteriores debían pasar de la cárcel a la muerte, Juan debía beber la copa del martirio. Mientras los seguidores de Jesús languideciesen en celdas solitarias, o perecieran por la espada, el potro o la hoguera, aparentemente abandonados de Dios y de los hombres, ¡qué apoyo iba a ser para su corazón el pensamiento de que Juan el Bautista, cuya fidelidad Cristo mismo atestiguara, había experimentado algo similar!

Se le permitió a Satanás abreviar la vida terrenal del mensajero de Dios; pero el destructor no podía tocar esa vida que "está escondida con Cristo en Dios".[11] Se regocijó por haber causado pesar a Cristo; pero fracasó en vencer a Juan. La misma muerte lo puso para siempre fuera del alcance de la tentación. En su guerra, Satanás estaba revelando su propio carácter. Puso de manifiesto, delante del universo que la presenciaba, su enemistad hacia Dios y el hombre.

Aunque ninguna liberación milagrosa fue concedida a Juan, no fue abandonado. Siempre tuvo la compañía de los ángeles celestiales, quienes le hacían comprender las profecías concernientes a Cristo y las preciosas promesas de la Escritura. Éstas eran su sostén, como iban a ser el sostén del pueblo de Dios a través de los siglos venideros. A Juan el Bautista, como a los que vinieron después de él, se les aseguró: "He aquí yo estoy con vosotros todos los días, hasta el fin del mundo".[12]

Dios nunca conduce a sus hijos de otra manera que la que ellos elegirían si pudiesen ver el fin desde el principio, y discernir la gloria del propósito que están cumpliendo como colaboradores suyos. Ni Enoc, que fue trasladado al cielo, ni Elías, que ascendió en un carro de fuego, fueron mayores o más honrados que Juan el Bautista, que pereció solo en la mazmorra. "A vosotros os es concedido a causa de Cristo, no sólo que creáis en él, sino también que padezcáis por él".[13] Y de todos los dones que el Cielo puede conceder a los hombres, la comunión con Cristo en sus sufrimientos es el más importante cometido y el más alto honor.

---

[1] 2 Crón. 34; Neh. 8, 9. [2] Juan 1:29, 27. [3] Luc. 7:23. [4] Isa. 61:1, 2; 1 Rey. 19:11, 12. [5] Luc. 7:24-28, NVI; 1:15. [6] Juan 10:41. [7] Mar. 6:25, NVI. [8] Prov. 20:1, RVA; Isa. 59:14, 15. [9] Deut. 28:65-67. [10] Mat. 3:3. [11] Col. 3:3. [12] Mat. 28:20. [13] Fil. 1:29.

CAPÍTULO 23

"El reino de Dios se ha acercado"

"JESÚS vino a Galilea predicando el evangelio del reino de Dios, diciendo: El tiempo se ha cumplido, y el reino de Dios se ha acercado; arrepentíos, y creed en el evangelio".[1]

La venida del Mesías había sido anunciada primeramente en Judea. El nacimiento del precursor había sido predicho a Zacarías mientras oficiaba ante el altar en el templo de Jerusalén. Sobre las colinas de Belén los ángeles habían proclamado el nacimiento de Jesús. A Jerusalén habían venido los magos a buscarlo. En el templo, Simeón y Ana habían atestiguado su divinidad. Jerusalén y toda Judea habían escuchado la predicación de Juan el Bautista; y tanto la delegación del Sanedrín como la muchedumbre habían oído su testimonio acerca de Jesús. En Judea, Cristo había reclutado sus primeros discípulos. Allí había transcurrido gran parte de los comienzos de su ministerio. La manifestación de su divinidad en la purificación del templo, sus milagros de sanidad y las lecciones de verdad divina que procedían de sus labios, todo proclamaba lo que después de la curación del paralítico en Betesda había declarado ante el Sanedrín: su filiación con el Eterno.

Si los líderes de Israel hubiesen recibido a Cristo, los habría honrado como mensajeros suyos para llevar el evangelio al mundo. A ellos les fue dada primeramente la oportunidad de ser heraldos del reino y de la gracia de Dios. Pero Israel no conoció el tiempo de su visitación. Los celos y la desconfianza de los líderes judíos maduraron en abierto odio, y el corazón de la gente se apartó de Jesús.

El Sanedrín había rechazado el mensaje de Cristo y procuraba su muerte; por tanto, Jesús se apartó de Jerusalén, de los sacerdotes, del templo, de los dirigentes religiosos, de la gente que había sido instruida en la ley, y se dirigió a otra clase para proclamar su mensaje y para congregar a los que habrían de anunciar el evangelio a todas las naciones.

Así como la luz y la vida de los hombres fue rechazada por las autoridades eclesiásticas en los días de Cristo, así ha sido rechazada en toda generación sucesiva. Vez tras vez se ha repetido la historia de la retirada de Cristo de Judea. Cuando los reformadores predicaban la Palabra de Dios, no pensaban separarse de la iglesia establecida; pero los dirigentes religiosos no quisieron tolerar la luz, y los que la llevaban se vieron obligados a buscar otra clase, quienes anhelaran conocer la verdad. En nuestros días, pocos de los que profesan seguir a los reformadores están movidos por su espíritu. Pocos escuchan la voz de Dios y están listos para aceptar la verdad en cualquier forma que se les presente. Con frecuencia, los que siguen los pasos de los reformadores están obligados a apartarse de las iglesias que aman para proclamar la clara enseñanza de la Palabra de Dios. Y muchas veces los que buscan la luz se ven obligados por la misma enseñanza a abandonar la iglesia de sus padres para poder obedecer.

Los rabinos de Jerusalén despreciaban a los habitantes de Galilea por ser rudos e ignorantes; sin embargo, éstos ofrecían a la obra del Salvador un campo más favorable que los primeros. Eran más fervientes y sinceros; menos dominados por el fanatismo; su mente estaba mejor dispuesta para recibir la verdad. Al ir a Galilea, Jesús no buscaba el enclaustramiento o aislamiento. La provincia estaba habitada en ese tiempo por una población numerosa, con una mayor mezcla de personas de diversas nacionalidades que la de Judea.

Mientras Jesús viajaba por Galilea, enseñando y sanando, acudían a él multitudes de las ciudades y los pueblos. Muchos venían aun de Judea y de las provincias adyacentes. Con frecuencia se veía obligado a ocultarse de la gente. El entusiasmo era tan grande que le era necesario tomar precauciones, no fuese que las autoridades romanas se alarmasen por temor a una insurrección. Nunca antes había vivido el mundo momentos tales. El cielo había descendido a los hombres. Almas hambrientas y sedientas, que habían aguardado durante mucho tiempo la redención de Israel, ahora se regocijaban en la gracia de un Salvador misericordioso.

La nota predominante de la predicación de Cristo era: "El tiempo se ha cumplido, y el reino de Dios se ha acercado; arrepentíos, y creed en el evangelio". Así el mensaje evangélico, tal como lo daba el Salvador mismo, se basaba en las profecías. El "tiempo" que él declaraba cumplido era el período dado a conocer por el ángel Gabriel a Daniel. Dijo el ángel: "Setenta semanas están determinadas sobre tu pueblo y sobre tu santa ciudad, para terminar la prevaricación, y poner fin al pecado, y expiar la iniquidad, para traer la justicia perdurable, y sellar la visión y la profecía, y ungir al Santo de los santos".[2] En la profecía, un día representa un año.[3] Las 70 semanas, o 490 días, representaban 490 años. Y se había dado un punto de partida para este período: "Sabe, pues, y entiende, que desde la salida de la orden para restaurar y edificar a Jerusalén hasta el Mesías Príncipe, habrá siete semanas, y sesenta y dos semanas";[4] 69 semanas, es decir, 483 años. La orden para restaurar y edificar Jerusalén, completada por el decreto de Artajerjes Longímano,[5] entró a regir en el otoño del año 457 a. C. Desde ese tiempo, 483 años llegan hasta el otoño del año 27 d. C. Según la profecía, ese período había de llegar hasta el Mesías, el Ungido. En el año 27 d. C., Jesús, en ocasión de su bautismo, recibió la unción del Espíritu Santo, y poco después empezó su ministerio. Entonces fue proclamado el mensaje: "El tiempo se ha cumplido".

Luego el ángel dijo: "Y por otra semana [siete años] confirmará el pacto con muchos". Por espacio de siete años, después que el Salvador empezara su ministerio, el evangelio debía ser predicado especialmente a los judíos; por Cristo mismo durante tres años y medio, y después por los apóstoles. "A la mitad de la semana hará cesar el sacrificio y la ofrenda".[6] En la primavera del año 31 d. C., Cristo, el verdadero sacrificio, fue ofrecido en el Calvario. Entonces el velo del templo se rasgó en dos, demostrando que el significado y el carácter sagrado del ritual de los sacrificios habían terminado. Había llegado el tiempo en que debían cesar los sacrificios y las oblaciones terrenales.

La semana —7 años— terminó en el año 34 d. C. Entonces, por medio del apedreamiento de Esteban los judíos finalmente sellaron su rechazo del evangelio; los discípulos, dispersados por la persecución, "iban por todas partes anunciando el evangelio";[7] poco después se convirtió Saulo el perseguidor y llegó a ser Pablo, el apóstol de los gentiles.

El tiempo de la venida de Cristo, su ungimiento por el Espíritu Santo, su muerte y la proclamación del evangelio a los gentiles habían sido indicados de manera definida. Era el privilegio del pueblo judío comprender esas profecías, y reconocer su cumplimiento en la misión de Jesús. Cristo instó a sus discípulos a reconocer la importancia del estudio de la profecía. Refiriéndose a la que fue dada a Daniel con respecto a su tiempo, dijo: "El que lee, entienda". Después de su resurrección explicó a los discípulos en "todos los profetas... lo que de él decían". El Salvador había hablado por medio de todos los profetas. "El Espíritu de Cristo que estaba en ellos... anunciaba de antemano los sufrimientos de Cristo, y las glorias que vendrían tras ellos".[8]

Fue Gabriel, el ángel que sigue en jerarquía al Hijo de Dios, quien trajo el mensaje divino a Daniel. Fue a Gabriel, "su ángel", a quien envió Cristo para revelar el futuro al amado Juan; y se pronuncia una bendición sobre quienes leen y oyen las palabras de la profecía y guardan las cosas en ella escritas.[9]

"No hará nada Jehová el Señor, sin que revele su secreto a sus siervos los profetas". Aunque "las cosas secretas pertenecen a Jehová nuestro Dios... las reveladas son para nosotros y para nuestros hijos para siempre".[10] Dios nos ha dado esas cosas, y su bendición acompañará el estudio reverente, con oración, de las escrituras proféticas.

Así como el mensaje de la primera venida de Cristo anunciaba el reino de su gracia, el mensaje de su segunda venida anuncia el reino de su gloria. Y el segundo mensaje, como el primero, está basado en las profecías. Las palabras del ángel a Daniel acerca de los últimos días serán comprendidas en el tiempo del fin. En ese tiempo, "muchos correrán de aquí para allá, y la ciencia será aumentada". "Los impíos procederán impíamente, y ninguno de los impíos entenderá, pero los entendidos comprenderán". El Salvador mismo anunció las señales de su venida y dijo: "Cuando veáis que suceden estas cosas, sabed que está cerca el reino de Dios... Mirad también por vosotros mismos, que vuestros corazones no se carguen de glotonería y embriaguez, y de los afanes de esta vida, y venga de repente sobre vosotros aquel día... Velad, pues, en todo tiempo orando que seáis tenidos por dignos de escapar de todas estas cosas que vendrán, y de estar en pie delante del Hijo del hombre".[11]

Hemos llegado al período predicho en esos pasajes. El tiempo del fin ha llegado, las visiones de los profetas están deselladas, y sus solemnes amonestaciones nos indican que la venida de nuestro Señor en gloria está cercana.

Los judíos interpretaron erróneamente y aplicaron mal la Palabra de Dios, y no reconocieron el tiempo de su visitación. Esos años del ministerio de Cristo y sus apóstoles —los preciosos últimos años de gracia concedidos al pueblo escogido— los dedicaron a tramar la destrucción de los mensajeros del Señor. Las ambiciones terrenales los absorbieron, y el ofrecimiento del reino espiritual les fue hecho en vano. Así también hoy el reino de este mundo absorbe los pensamientos de los hombres, y no toman nota de las profecías que se cumplen rápidamente y de los indicios de que el reino de Dios llega presto.

"Mas vosotros, hermanos, no estáis en tinieblas, para que aquel día os sorprenda como ladrón; porque todos vosotros sois hijos de luz e hijos del día; no somos de la noche ni de las tinieblas". Aunque no sabemos la hora en que ha de volver nuestro Señor, podemos saber que está cerca. "Por tanto, no durmamos como los demás, sino velemos y seamos sobrios".[12]

[1] Mar. 1:14, 15. [2] Dan. 9:24. [3] Ver Núm. 14:34; Eze. 4:6. [4] Dan. 9:25. [5] Ver Esd. 6:14; 7:1, 9. [6] Dan. 9:27. [7] Hech. 8:4. [8] Mat. 24:15; Luc. 24:27; 1 Ped. 1:11 y NOTA 2 del Apéndice. [9] Apoc. 1:3. [10] Amós 3:7; Deut. 29:29. [11] Dan. 12:4, VM; 12:10; Luc. 21:31, 34, 36. [12] 1 Tes. 5:4-6.

Capítulo 24

"¿No es éste el hijo del carpintero?"

UNA SOMBRA cruzó los agradables días del ministerio de Cristo en Galilea. La gente de Nazaret lo rechazó. Decía: "¿No es éste el hijo del carpintero?"

Durante su niñez y juventud Jesús había adorado entre sus hermanos en la sinagoga de Nazaret. Desde que iniciara su ministerio había estado ausente, pero ellos no ignoraban lo que le había acontecido. Cuando volvió a aparecer entre ellos, su interés y expectativa se avivaron en sumo grado. Allí estaban las caras familiares de quienes conociera desde la infancia. Allí estaban su madre, sus hermanos y sus hermanas, y todos los ojos se dirigieron hacia él cuando entró en la sinagoga el sábado y ocupó su lugar entre los adoradores.

En el culto regular del día, el anciano leyó de los profetas y exhortó a la gente a esperar todavía al que había de venir, al que iba a introducir un reino glorioso y desterrar toda la opresión. Repasando la evidencia de que la venida del Mesías estaba cerca, procuró alentar a sus oyentes. Describió la gloria de su advenimiento, recalcando la idea de que aparecería a la cabeza de ejércitos para librar a Israel.

Cuando un rabino estaba presente en la sinagoga se esperaba que diese el sermón, y cualquier israelita podía hacer la lectura de los profetas. En ese sábado se pidió a Jesús que tomase parte en el culto. "Se levantó a leer. Y se le dio el libro del profeta Isaías". Según se lo comprendía, el pasaje por él leído se refería al Mesías:

"El Espíritu del Señor está sobre mí,
 por cuanto me ha ungido para dar buenas nuevas a los pobres;
 me ha enviado a sanar a los quebrantados de corazón;
 a pregonar libertad a los cautivos,
 y vista a los ciegos;
 a poner en libertad a los oprimidos;
 a predicar el año agradable del Señor.

"Y enrollando el libro, lo dio al ministro... y los ojos de todos en la sinagoga estaban fijos en él... Y todos daban buen testimonio de él, y estaban maravillados de las palabras de gracia que salían de su boca".[1]

Jesús estaba delante de la gente como un exponente vivo de las profecías concernientes a él mismo. Explicando las palabras que había leído, habló del Mesías como un aliviador del oprimido, liberador de los cautivos, sanador de los afligidos, restaurador de la vista a los ciegos y revelador de la luz de la verdad al mundo. Su actitud impresionante y el maravilloso significado de sus palabras conmovieron a los oyentes con un poder que nunca antes habían sentido. El flujo de la influencia divina quebrantó toda barrera; como Moisés, contemplaban al Invisible. Mientras sus corazones estaban movidos por el Espíritu Santo, respondieron con fervientes amenes y alabanzas al Señor.

Pero cuando Jesús anunció: "Esta Escritura, que acabáis de oír, se ha cumplido hoy",[2] se sintieron inducidos repentinamente a pensar en sí mismos y en los asertos de quien les dirigía la palabra. Ellos, israelitas, hijos de Abraham, habían sido representados como estando en servidumbre. Se les hablaba como a presos que debían ser librados del poder del mal; como estando en tinieblas, necesitados de la luz de la verdad. Su orgullo se ofendió, y sus recelos se despertaron. Las palabras de Jesús indicaban que su obra en favor de ellos era completamente diferente de lo que deseaban. Tal vez iba a investigar sus acciones con demasiado detenimiento. A pesar de su meticulosidad en las ceremonias externas, rehuían la inspección de esos ojos claros y escrutadores.

"¿Quién es este Jesús?", preguntaron. El que se había arrogado la gloria del Mesías era el hijo de un carpintero, y había trabajado en su oficio con su padre José. Lo habían visto subiendo y bajando trabajosamente por las colinas; conocían a sus hermanos y hermanas, su vida y sus ocupaciones. Lo habían visto convertirse de niño en adolescente, y de adolescente en hombre. Aunque su vida había sido intachable, no querían creer que fuese el Prometido.

¡Qué contraste entre su enseñanza acerca del nuevo reino y lo que habían oído decir a su anciano rabino! Nada había dicho Jesús acerca de librarlos de los romanos. Habían oído hablar de sus milagros, y esperaban que su poder se ejerciese en beneficio de ellos; pero no habían visto indicación de semejante propósito.

Al abrir la puerta a la duda, y por haberse enternecido momentáneamente, sus corazones se fueron endureciendo tanto más. Satanás estaba decidido a que los ojos ciegos no fuesen abiertos ese día, ni libertadas las almas aherrojadas en la esclavitud. Con intensa energía obró para afirmarlas en su incredulidad. No tuvieron en cuenta la señal ya dada, cuando fueron conmovidos por la convicción de que era su Redentor quien se dirigía a ellos.

Pero Jesús les dio entonces una evidencia de su divinidad revelando sus pensamientos secretos. Les dijo: "Sin duda me diréis este refrán: Médico, cúrate a ti mismo; de tantas cosas que hemos oído que se han hecho en Capernaum, haz también aquí en tu tierra. Y añadió: De cierto os digo, que ningún profeta es acepto en su propia tierra. Y en verdad os digo que muchas viudas había en Israel en los días de Elías, cuando el cielo fue cerrado por tres años y seis meses, y hubo una grande hambruna en toda la tierra; pero a ninguna de ellas fue enviado Elías, sino a una mujer viuda en Sarepta de Sidón. Y muchos leprosos había en Israel en tiempo del profeta Eliseo; pero ninguno de ellos fue limpiado, sino Naamán el sirio".[3]

Por esta relación de eventos en la vida de los profetas, Jesús hizo frente al cuestionamiento de sus oyentes. A los siervos a quienes Dios había elegido para una obra especial no se les permitió trabajar por la gente de corazón duro e incrédula. Pero los que tenían corazón para sentir y fe para creer se vieron especialmente favorecidos por las evidencias de su poder mediante los profetas. En los días de Elías, Israel se había apartado de Dios. Se aferraba a sus pecados y rechazaba las amonestaciones del Espíritu enviadas por medio de los mensajeros del Señor. Así se había apartado del conducto por medio del cual podía recibir la bendición de Dios. El Señor pasó por alto las casas de Israel, y halló refugio para su siervo en una tierra pagana, en la casa de una mujer que no pertenecía al pueblo escogido. Pero ella fue favorecida porque seguía la luz que había recibido, y su corazón estaba abierto para recibir la mayor luz que Dios le enviaba mediante su profeta.

Por esta misma razón, los leprosos de Israel fueron pasados por alto en tiempo de Eliseo. Pero Naamán, un noble pagano, había sido fiel a sus convicciones de lo recto y había sentido su gran necesidad de ayuda; estaba en condición de recibir los dones de la gracia de Dios. No solamente fue limpiado de su lepra, sino que también fue bendecido con un conocimiento del verdadero Dios.

Nuestra situación delante de Dios no depende de la cantidad de luz que hemos recibido, sino del uso que hacemos de la que tenemos. Así, aun los paganos que eligen lo recto en la medida en que lo pueden distinguir están en una condición más favorable que quienes tienen gran luz, y profesan servir a Dios, pero desprecian la luz y por su vida diaria contradicen su profesión de fe.

Las palabras de Jesús a sus oyentes en la sinagoga llegaron a la raíz de su justicia propia, haciéndoles sentir la amarga verdad de que se habían apartado de Dios y habían perdido su derecho a ser su pueblo. Mientras Jesús les presentaba su verdadera condición, cada palabra cortaba como un cuchillo. Ahora despreciaban la fe que al principio los inspirara. No querían admitir que quien había surgido de la pobreza y la humildad fuese algo más que un hombre común.

Su incredulidad engendró malicia. Satanás los dominó, y con ira clamaron contra el Salvador. Se habían apartado del Ser cuya misión será sanar y restaurar; y ahora manifestaban los atributos del destructor.

Cuando Jesús se refirió a las bendiciones dadas a los gentiles, el fiero orgullo nacional de sus oyentes despertó, y las palabras de él se ahogaron en un tumulto de voces. Esa gente se había jactado de guardar la ley; pero ahora que veía ofendidos sus prejuicios estaba lista para cometer homicidio. La asamblea se disolvió, y empujando a Jesús, lo echó de la sinagoga y de la ciudad. Todos parecían ansiosos de matarlo. Lo llevaron hasta la orilla de un precipicio con la intención de despeñarlo. Gritos y maldiciones llenaban el aire. Algunos le tiraban piedras, pero repentinamente desapareció de entre ellos. Los mensajeros celestiales que habían estado a su lado en la sinagoga estaban con él en medio de la muchedumbre enfurecida. Lo resguardaron de sus enemigos y lo condujeron a un lugar seguro.

También los ángeles habían protegido a Lot y lo habían puesto a salvo de en medio de Sodoma. Así protegieron a Eliseo en la pequeña ciudad de la montaña. Cuando las colinas circundantes estaban ocupadas por caballos y carros del rey de Siria, y por la gran hueste de sus hombres armados, Eliseo contempló las laderas más cercanas cubiertas con los ejércitos de Dios: caballos y carros de fuego en derredor del siervo del Señor.

Así, en todas las edades, los ángeles han estado cerca de los fieles seguidores de Cristo. La vasta confederación del mal está desplegada contra todos aquellos a quienes desearían vencer; pero Cristo quiere que miremos las cosas que no se ven, los ejércitos del cielo acampados en derredor de los que aman a Dios para librarlos. Nunca sabremos, hasta que a la luz de la eternidad veamos las providencias de Dios, de qué peligros, vistos o no vistos, hemos sido salvados por la intervención de los ángeles. Entonces sabremos que toda la familia del cielo estaba interesada en la familia de esta tierra, y que los mensajeros del trono de Dios acompañaban nuestros pasos día tras día.

Cuando en la sinagoga Jesús leyó la profecía, se detuvo antes de la especificación final referente a la obra del Mesías. Habiendo leído las palabras: "A proclamar el año de la buena voluntad de Jehová", omitió la frase: "Y el día de venganza del Dios nuestro". Esta frase era tan cierta como la primera de la profecía, y con su silencio Jesús no negó la verdad. Pero sus oyentes se deleitaban en espaciarse en esa última expresión, y deseaban ansiosamente su cumplimiento. Pronunciaban juicios contra los paganos, no discerniendo que su propia culpa era mayor que la de los demás. Ellos mismos estaban en la más profunda necesidad de la misericordia que estaban tan listos para negar a los paganos. Ese día en la sinagoga, cuando Jesús se levantó entre ellos, tuvieron oportunidad de aceptar el llamamiento del cielo. Aquel que "es amador de misericordia",[4] anhelaba salvarlos de la ruina que sus pecados atraían.

No iba a abandonarlos sin llamarlos una vez más al arrepentimiento. Hacia la terminación de su ministerio en Galilea volvió a visitar el hogar de su niñez. Desde que se lo rechazara allí, la fama de su predicación y sus milagros había llenado el país. Nadie podía negar ahora que poseía un poder más que humano. Los habitantes de Nazaret sabían que iba haciendo bienes y sanando a todos los oprimidos por Satanás. Alrededor de ellos había pueblos enteros donde no se oía un gemido de enfermedad en ninguna casa; porque él había pasado por allí, sanando a todos sus enfermos. La misericordia revelada en todo acto de su vida atestiguaba su ungimiento divino.

Otra vez, mientras escuchaban sus palabras, los nazarenos fueron movidos por el Espíritu divino. Pero tampoco entonces quisieron admitir que ese hombre, que se había criado entre ellos, era mayor que ellos o diferente. Todavía sentían el amargo recuerdo de que, mientras aseveraba ser el Prometido, les había negado un lugar con Israel; porque les había demostrado que eran menos dignos del favor de Dios que una mujer y un hombre paganos. Por ello, aunque se preguntaban: "¿De dónde tiene éste esta sabiduría y estos milagros?", no lo quisieron recibir como el Cristo divino. Por causa de su incredulidad, el Salvador no pudo hacer muchos milagros entre ellos. Tan sólo algunos corazones fueron abiertos a su bendición, y con pesar se apartó, para nunca volver.

La incredulidad, una vez albergada, continuó dominando a los hombres de Nazaret. Así dominó al Sanedrín y la nación. Para los sacerdotes y la gente, el primer rechazo de la demostración del Espíritu Santo fue el principio del fin. Con el fin de demostrar que su primera resistencia era correcta, continuaron desde entonces cavilando en las palabras de Cristo. Su rechazo del Espíritu culminó en la cruz del Calvario, en la destrucción de su ciudad, en la dispersión de la nación a los vientos del cielo.

¡Oh, cuánto anhelaba Cristo revelar a Israel los precisos tesoros de la verdad! Pero tal era su ceguera espiritual, que fue imposible revelarle las verdades relativas a su reino. Su aferraron a su credo y a sus ceremonias inútiles, cuando la verdad del cielo aguardaba su aceptación. Gastaban su dinero en tamo y hojarasca, cuando el pan de vida estaba a su alcance. ¿Por qué no fueron a la Palabra de Dios para buscar diligentemente y ver si estaban en error? Las escrituras del Antiguo Testamento presentaban claramente todo detalle del ministerio de Cristo, y repetidas veces él citaba de los profetas y decía: "Hoy se ha cumplido esta escritura en vuestros oídos".[5] Si ellos hubiesen escudriñado honestamente las Escrituras, sometiendo sus teorías a la prueba de la Palabra de Dios, Jesús no habría necesitado llorar por su impenitencia. No habría necesitado declarar: "He aquí, vuestra casa os es dejada desierta".[6] Podrían haber conocido las evidencias de su carácter de Mesías, y la calamidad que arruinó su orgullosa ciudad podría haber sido evitada. Pero la mente de los judíos se había estrechado por su fanatismo irracional. Las lecciones de Cristo revelaban sus deficiencias de carácter y exigían arrepentimiento. Si aceptaban estas enseñanzas, debían cambiar sus prácticas y abandonar las esperanzas que habían acariciado. Con el fin de ser honrados por el Cielo, debían sacrificar la honra de los hombres. Si obedecían las palabras de este nuevo rabino, debían ir contra las opiniones de los grandes pensadores y maestros de su tiempo.

La verdad era impopular en los días de Cristo. Es impopular en los nuestros. Lo fue desde que Satanás primero inoculó aversión por ella en el hombre, y luego le presentó fábulas que conducen a la autoexaltación. ¿No encontramos hoy teorías y doctrinas que no tienen fundamento en la Palabra de Dios? Los hombres se aferran hoy tan tenazmente a ellas como los judíos a sus tradiciones.

Los líderes judíos estaban llenos de orgullo espiritual. Su deseo de glorificar al yo se manifestaba aun en el ritual del santuario. Amaban los lugares destacados en la sinagoga, y los saludos en las plazas; los halagaba el sonido de los títulos en labios de los hombres. A medida que la verdadera piedad declinaba entre ellos, se volvían más celosos de sus tradiciones y ceremonias.

Por cuanto el prejuicio egoísta había oscurecido su entendimiento, no podían armonizar el poder de las convincentes palabras de Cristo con la humanidad de su vida. No apreciaban el hecho de que la verdadera grandeza no necesita ostentación externa. La pobreza de este hombre parecía completamente opuesta a su aserto de ser el Mesías. Se preguntaban: "Si es lo que dice ser, ¿por qué es tan modesto? Si le satisface prescindir de la fuerza de las armas, ¿qué llegará a ser de su nación? ¿Cómo se logrará que el poder y la gloria tanto tiempo esperados conviertan a las naciones en súbditas de la ciudad de los judíos? ¿No habían enseñado los sacerdotes que Israel debía gobernar sobre toda la tierra? ¿Era posible que los grandes maestros religiosos estuviesen en el error?"

Pero no fue simplemente la ausencia de gloria externa en la vida de Jesús lo que indujo a los judíos a rechazarlo. Era él la personificación de la pureza, y ellos eran impuros. Moraba entre los hombres como ejemplo de integridad inmaculada. Su vida sin culpa hacía fulgurar la luz sobre sus corazones. Su sinceridad revelaba la falta de sinceridad de ellos. Ponía de manifiesto el vacío de su piedad presuntuosa, y les revelaba la iniquidad en todo su carácter odioso. Esa luz no era bienvenida para ellos.

Si Cristo hubiese encauzado la atención general hacia los fariseos y ensalzado su saber y piedad, lo habrían recibido con gozo. Pero cuando hablaba del reino de Dios como dispensación de misericordia para toda la humanidad, presentaba una fase de la religión que ellos no tolerarían. Su propio ejemplo y enseñanza no habían tendido nunca a hacer deseable el servicio de Dios. Cuando veían a Jesús prestar atención a quienes ellos odiaban y repelían, se excitaban las peores pasiones de sus orgullosos corazones. No obstante su jactancia de que bajo el "León de la tribu de Judá"[7] Israel sería exaltado a la preeminencia sobre todas las naciones, podrían haber soportado la defraudación de sus ambiciosas esperanzas mejor que la represión de sus pecados por parte de Cristo y el oprobio que sentían en presencia de su pureza.

---

[1] Luc. 4:16, 17, 20-22. [2] Luc. 4:21, BJ. [3] Luc. 4:23-27. [4] Isa. 61:2; Miq. 7:18, RVA. [5] Luc. 4:21, RVA. [6] Luc. 13:35, VM. [7] Apoc. 5:5.

CAPÍTULO 25

El llamamiento a orillas del mar

AMANECÍA sobre el Mar de Galilea. Los discípulos, cansados por una noche infructuosa, todavía estaban en sus barcos pesqueros sobre el lago. Jesús volvía de pasar una hora tranquila a orillas del agua. Había esperado hallarse, durante unos cortos momentos de la madrugada, aliviado de la multitud que lo seguía día tras día. Pero pronto la gente empezó a reunirse alrededor de él. La muchedumbre aumentó rápidamente hasta apremiarlo desde todos los flancos. Mientras tanto los discípulos habían vuelto a tierra. Con el fin de escapar a la presión de la multitud, Jesús entró en la barca de Pedro y le pidió a éste que se apartase un poquito de la orilla. Desde allí, Jesús podía ser visto y oído mejor por todos, y desde la barca enseñó a la muchedumbre reunida en la ribera.

¡Qué escena para la contemplación de los ángeles: su glorioso General, sentado en un barco de pescadores, mecido de aquí para allá por las inquietas olas y proclamando las buenas nuevas de la salvación a una muchedumbre atenta que se apiñaba hasta la orilla del agua! El Honrado del cielo estaba declarando al aire libre a la gente común las grandes cosas de su reino. Sin embargo, no podría haber tenido un escenario más adecuado para sus labores. El lago, las montañas, los campos extensos, el sol que inundaba la tierra, todo le proporcionaba objetos con qué ilustrar sus lecciones y grabarlas en las mentes. Y ninguna lección de Cristo quedaba sin fruto. Todo mensaje de sus labios llegaba a algún alma como palabra de vida eterna.

Con cada momento que transcurría aumentaba la multitud. Había ancianos apoyados en sus bastones, robustos campesinos de las colinas, pescadores provenientes de sus tareas en el lago, mercaderes y rabinos, ricos y sabios, jóvenes y viejos, que traían sus enfermos y dolientes y se agolpaban para oír las palabras del Maestro divino. Escenas como ésta habían mirado de antemano los profetas, y escribieron:

"La tierra de Zabulón y la tierra de Neftalí,
hacia la mar, más allá del Jordán,
Galilea de las naciones;
el pueblo que estaba sentado en tinieblas ha visto gran luz,
y a los sentados en la región y sombra de muerte,
luz les ha resplandecido".[1]

En su sermón, Jesús tenía presente otros auditorios, además de la muchedumbre que estaba a orillas del Genesaret. Mirando a través de los siglos, vio a sus fieles en cárceles y tribunales, en tentación, soledad y aflicción. Cada escena de gozo, o conflicto y perplejidad, le fue presentada. En las palabras dirigidas a los que lo rodeaban, también decía a esas otras almas las mismas palabras que les habrían de llegar como mensaje de esperanza en la prueba, de consuelo en la tristeza y de luz celestial en las tinieblas. Mediante el Espíritu Santo, esa voz que hablaba desde el barco de pesca en el Mar de Galilea sería oída e infundiría paz a los corazones humanos hasta el fin del tiempo.

Terminado el discurso, Jesús se volvió a Pedro y le ordenó que se dirigiese mar adentro y echase la red. Pero Pedro estaba descorazonado. En toda la noche no había pescado nada. Durante las horas de soledad se había acordado de la suerte de Juan el Bautista, quien languidecía solo en su mazmorra. Había pensado en las perspectivas que se ofrecían a Jesús y a sus seguidores, en el fracaso de la misión en Judea y en la maldad de los sacerdotes y rabinos. Aun su propia ocupación le había fallado; y mientras observaba sus redes vacías, el futuro le parecía oscuro y desalentador. Dijo: "Maestro, toda la noche hemos estado trabajando, y nada hemos pescado, mas en tu palabra echaré la red".

La noche era el único tiempo favorable para pescar con redes en las claras aguas del lago. Después de trabajar toda la noche sin éxito, parecía algo sin sentido echar la red de día; pero Jesús había dado la orden, y el amor a su Maestro indujo a los discípulos a obedecerle. Juntos, Simón y su hermano dejaron caer la red. Al intentar sacarla, era tan grande la cantidad de peces que encerraba que empezó a romperse. Se vieron obligados a llamar a Santiago y a Juan en su ayuda. Cuando hubieron asegurado la pesca, ambos barcos estaban tan cargados que corrían peligro de hundirse.

Pero Pedro ya no pensaba en los barcos ni en su carga. Este milagro, más que cualquier otro que hubiese presenciado, era para él una manifestación del poder divino. En Jesús vio a alguien que tenía sujeta toda la naturaleza bajo su dominio. La presencia de la divinidad revelaba su propia falta de santidad. Lo vencieron el amor por su Maestro, la vergüenza por su propia incredulidad, la gratitud por la condescendencia de Cristo y, sobre todo, el sentido de su impureza frente a la pureza infinita. Mientras sus compañeros guardaban el contenido de la red, Pedro cayó a los pies del Salvador, exclamando: "Apártate de mí, Señor, porque soy hombre pecador".

Era la misma presencia de la santidad divina la que hiciera caer al profeta Daniel como muerto delante del ángel de Dios. Él dijo: "Mi fuerza se cambió en desfallecimiento, y no tuve vigor alguno". Así también, cuando Isaías contempló la gloria del Señor exclamó: "¡Ay de mí! que soy muerto; porque siendo hombre inmundo de labios, y habitando en medio de pueblo que tiene labios inmundos, han visto mis ojos al Rey, Jehová de los ejércitos".[2] La humanidad, con su debilidad y pecado, se hallaba en contraste con la perfección de la divinidad, y él se sentía completamente deficiente y falto de santidad. Así les ha sucedido a todos los que les fue otorgada una visión de la grandeza y majestad de Dios.

Pedro exclamó: "Apártate de mí, Señor, porque soy hombre pecador"; sin embargo, se aferraba a los pies de Jesús, sintiendo que no podía separarse de él. El Salvador contestó: "No temas: desde ahora pescarás hombres". Fue después que Isaías hubo contemplado la santidad de Dios y su propia indignidad, que le fue confiado el mensaje divino. Después que Pedro fuera inducido a negarse a sí mismo y a confiar en el poder divino fue cuando se lo llamó a trabajar para Cristo.

Hasta entonces, ninguno de los discípulos se había unido completamente a Jesús como colaborador suyo. Había presenciado muchos de sus milagros, y habían escuchado su enseñanza; pero no habían abandonado totalmente su empleo anterior. El encarcelamiento de Juan el Bautista había sido para todos ellos una amarga desilusión. Si tal había de ser el resultado de la misión de Juan, no podían tener mucha esperanza respecto a su

Maestro, contra quien estaban confabulados todos los dirigentes religiosos. En esas circunstancias, les había sido un alivio volver por un corto tiempo a su pesca. Pero ahora Jesús los llamaba a abandonar su vida anterior, y a unir sus intereses con los de él. Pedro había aceptado el llamamiento. Llegando a la orilla, Jesús invitó a los otros tres discípulos diciéndoles: "Venid en pos de mí, y haré que seáis pescadores de hombres". Inmediatamente lo dejaron todo, y lo siguieron.

Antes de pedir a los discípulos que abandonasen sus redes y barcos, Jesús les había dado la seguridad de que Dios supliría sus necesidades. El uso de la barca de Pedro para la obra del evangelio había sido ricamente recompensado. El que es rico "para con todos los que lo invocan" dijo: "Dad, y se os dará; medida buena, apretada, remecida y rebosando". Según esta medida había recompensado el servicio de sus discípulos. Y todo sacrificio hecho en su ministerio será recompensado conforme a "las abundantes riquezas de su gracia".[3]

Durante esa triste noche pasada en el lago, mientras estaban separados de Cristo, los discípulos se vieron acosados por la incredulidad y el cansancio de un trabajo infructuoso. Pero su presencia reanimó su fe y les infundió gozo y éxito. Así también sucede con nosotros; separados de Cristo, nuestro trabajo es infructuoso, y es fácil desconfiar y murmurar. Pero cuando él está cerca y trabajamos bajo su dirección, nos regocijamos en la evidencia de su poder. Es obra de Satanás desalentar al alma, y es obra de Cristo inspirarle fe y esperanza.

La lección más profunda que el milagro impartió a los discípulos es una lección para nosotros también: que el Ser cuya palabra juntaba los peces del mar también podía impresionar los corazones humanos y atraerlos con las cuerdas de su amor, para que sus siervos puedan llegar a ser "pescadores de hombres".

Eran hombres humildes y sin letras esos pescadores de Galilea; pero Cristo, la luz del mundo, tenía abundante poder para calificarlos para la posición a la cual los había llamado. El Salvador no despreció la educación; porque, cuando está regida por el amor de Dios y consagrada a su servicio, la cultura intelectual es una bendición. Pero pasó por alto a los sabios de su tiempo porque tenían tanta confianza en sí mismos que no podían simpatizar con la humanidad sufriente y llegar a ser colaboradores con el Hombre de Nazaret. En su intolerancia, tuvieron en poco el ser enseñados por Cristo. El Señor Jesús busca la cooperación de quienes querrán ser conductos limpios para la comunicación de su gracia. Lo primero que deben aprender todos los que quieran trabajar con Dios es la lección de desconfianza de sí mismos; entonces estarán preparados para que se les imparta el carácter de Cristo. Este no se lo obtiene a través de la educación en las escuelas más científicas. Es el fruto de la sabiduría que se obtiene únicamente del Maestro divino.

Jesús eligió a pescadores sin letras porque no habían sido educados en las tradiciones y costumbres erróneas de su tiempo. Eran hombres de habilidades innatas, humildes y susceptibles de ser enseñados; hombres a quienes él podía educar para su obra. En las profesiones comunes de la vida hay muchos hombres que cumplen pacientemente la rutina de sus trabajos diarios, inconscientes de que poseen facultades que, si fuesen puestas en acción, los elevarían a la altura de los hombres más estimados del mundo. Se necesita el toque de una mano hábil para despertar esas facultades dormidas. A tales hombres llamó Jesús para que fuesen sus colaboradores; y les dio las ventajas de estar asociados con él. Nunca tuvieron los grandes del mundo un maestro semejante. Cuando los discípulos terminaron su período de preparación con el Salvador, ya no eran ignorantes y sin cultura. Habían llegado a ser como él en mente y carácter, y los hombres se dieron cuenta de que habían estado con Jesús.

La obra más elevada de la educación no consiste en comunicar meramente conocimientos, sino en impartir esa energía vivificadora que se recibe a través del contacto de la mente con la mente y del alma con el alma. Únicamente la vida puede engendrar vida. Entonces, ¡qué privilegio fue el de los que, durante tres años, estuvieron en contacto diario con esa vida divina de la cual había fluido todo impulso vivificador que bendijera al mundo! Más que todos sus compañeros, Juan, el discípulo amado, cedió al poder de esa vida maravillosa. Dice: "La vida fue manifestada, y la hemos visto, y testificamos, y os anunciamos la vida eterna, la cual estaba con el Padre, y se nos manifestó". "De su plenitud tomamos todos, y gracia sobre gracia".[4]

En los apóstoles de nuestro Señor no había nada que les pudiera reportar gloria. Era evidente que el éxito de sus labores se debía únicamente a Dios. La vida de esos hombres, el carácter que desarrollaron y la poderosa obra que Dios realizó mediante ellos, atestiguan lo que él hará por todos los que reciban sus enseñanzas y sean obedientes.

El que más ame a Cristo hará la mayor suma de bien. No tiene límite la utilidad de aquel que, poniendo el yo a un lado, hace lugar para la obra del Espíritu Santo en su corazón y vive una vida completamente consagrada a Dios. Si los hombres están dispuestos a soportar la disciplina necesaria, sin quejarse ni desmayar por el camino, Dios les enseñará hora tras hora, día tras día. Él anhela revelar su gracia. Si su pueblo remueve los obstáculos, él derramará las aguas de salvación en raudales abundantes mediante los canales humanos. Si los hombres de vida humilde fuesen estimulados a hacer todo el bien que podrían hacer, si ninguna mano refrenadora reprimiese su celo, habría cien personas trabajando para Cristo donde actualmente hay una sola.

Dios toma a los hombres como son, y los educa para su servicio, si quieren entregarse a él. El Espíritu de Dios, recibido en el alma, vivificará todas sus facultades. Bajo la dirección del Espíritu Santo la mente consagrada sin reserva a Dios se desarrolla armoniosamente, y se fortalece para comprender y cumplir los requerimientos de Dios. El carácter débil y vacilante se transforma en un carácter fuerte y firme La devoción continua establece una relación tan íntima entre Jesús y su discípulo, que el cristiano llega a ser semejante a Cristo en mente y carácter. Mediante su conexión con Cristo tendrá miras más claras y más amplias. Su discernimiento será más penetrante, su juicio mejor equilibrado. El que anhela ser de utilidad para Cristo queda tan estimulado por el poder vivificante del Sol de Justicia, que está capacitado para llevar mucho fruto para gloria de Dios.

Hombres de la más alta educación en las artes y las ciencias han aprendido preciosas lecciones de los cristianos de vida humilde a quienes el mundo llamaba ignorantes. Pero esos oscuros discípulos habían obtenido su educación en la más alta de todas las escuelas: Se habían sentado a los pies de quien habló como "jamás habló hombre alguno".[5]

[1] Mat. 4:15-16, VM. [2] Dan. 10:8; Isa. 6:5. [3] Rom. 10:12; Luc. 6:38; Efe. 3:20; 2:7. [4] 1 Juan 1:2; Juan 1:16.
[5] Juan 7:46, VM.

CAPÍTULO 26

En Capernaum

D URANTE los intervalos que transcurrían entre sus viajes de un lugar a otro, Jesús moraba en Capernaum, y esta localidad llegó a ser conocida como "su ciudad". Estaba a orillas del Mar de Galilea, y cerca de los confines de la hermosa llanura de Genesaret, si no en realidad sobre ella.

La profunda depresión del lago da a la llanura que rodea sus orillas el agradable clima del sur. En los días de Cristo allí prosperaban la palmera y el olivo, había huertos y viñedos, campos verdes y abundancia de flores para matizarlos alegremente, todo regado por arroyos cristalinos que brotaban de las peñas. Las orillas del lago y los collados que lo rodeaban a corta distancia estaban tachonados de aldeas y pueblos. El lago estaba cubierto de barcos pesqueros. Por todas partes se notaba la agitación de una vida activa.

Capernaum misma se adaptaba muy bien para ser el centro de la obra del Salvador. Como se encontraba sobre el camino de Damasco a Jerusalén y Egipto, y al Mar Mediterráneo, era un punto de mucho tránsito. Gente de muchos países pasaba por la ciudad, o quedaba allí a descansar en sus viajes de un punto a otro. Allí Jesús podía encontrarse con representantes de todas las naciones y de todas las clases sociales, tanto ricos y encumbrados como pobres y humildes, y sus lecciones serían llevadas a otros países y a muchas familias. Así se fomentaría la investigación de las profecías, la atención sería atraída al Salvador y su misión sería presentada ante el mundo.

A pesar de la acción del Sanedrín contra Jesús, la gente esperaba ávidamente el desarrollo de su misión. Todo el cielo estaba conmovido de interés. Los ángeles estaban preparando el terreno para su ministerio, obrando en los corazones humanos y atrayéndolos al Salvador.

En Capernaum, el hijo del noble a quien Cristo había sanado era un testigo de su poder. Y el oficial de la corte y su familia testificaban gozosamente de su fe. Cuando se supo que el Maestro mismo estaba allí, toda la ciudad se conmovió. Multitudes acudieron a su presencia. El sábado, la gente llenó la sinagoga a tal punto que muchos no pudieron entrar.

Todos los que oían al Salvador "se admiraban de su doctrina, porque su palabra era con autoridad". "Porque les enseñaba como quien tiene autoridad, y no como los escribas".[1] La enseñanza de los escribas y ancianos era fría y formalista, como una lección aprendida de memoria. Para ellos, la Palabra de Dios no tenía poder vital. Habían sustituido sus enseñanzas por sus propias ideas y tradiciones. En la acostumbrada rutina de las ceremonias profesaban explicar la ley, pero ninguna inspiración de Dios conmovía su corazón ni el de sus oyentes.

Jesús no tenía nada que ver con los diversos temas de disensión entre los judíos. Su obra era presentar la verdad. Sus palabras derramaban raudales de luz sobre las enseñanzas de los patriarcas y profetas, y las Escrituras llegaban a los hombres como una nueva revelación. Nunca antes habían percibido sus oyentes tan profundo significado en la Palabra de Dios.

Jesús se encontraba con la gente en su propio terreno, como quien está familiarizado con sus perplejidades. Hacía hermosa la verdad presentándola de la manera más directa y sencilla. Su lenguaje era puro, refinado y claro como un arroyo cristalino. Su voz era como música para los que habían escuchado los tonos monótonos de los rabinos. Pero aunque su enseñanza era sencilla, hablaba como quien tiene autoridad. Esta característica ponía su enseñanza en contraste con la de todos los demás. Los rabinos hablaban con duda y vacilación, como si las Escrituras podían ser interpretadas significando una cosa o exactamente lo opuesto. Los oyentes estaban diariamente envueltos en mayor incertidumbre. Pero al enseñar, Jesús presentaba las Escrituras como de autoridad incuestionable. Cualquiera que fuese su tema, lo exponía con poder, con palabras incontrovertibles.

Sin embargo, era ferviente más bien que vehemente. Hablaba como quien tenía un propósito definido que cumplir. Presentaba a la vista las realidades del mundo eterno. En todo tema revelaba a Dios. Jesús procuraba romper el ensalmo de la infatuación que mantiene a los hombres absortos en las cosas terrenales. Ponía las cosas de esta vida en su verdadera relación, como subordinadas a las de interés eterno; pero no ignoraba su importancia. Enseñaba que el cielo y la tierra están vinculados, y que un conocimiento de la verdad divina prepara a los hombres para cumplir mejor los deberes de la vida diaria. Hablaba como quien está familiarizado con el cielo, consciente de su relación con Dios, aunque reconociendo su unidad con cada miembro de la familia humana.

Variaba sus mensajes de misericordia para adaptarlos a su auditorio. Sabía sostener "al cansado con [una] palabra alentadora";[2] porque la gracia se derramaba de sus labios, con el fin de impartir a los hombres los tesoros de la verdad de la manera más atractiva. Tenía tacto para tratar con los espíritus llenos de prejuicios, y los sorprendía con ilustraciones que captaban su atención. Mediante la imaginación llegaba al corazón. Sacaba sus ilustraciones de las cosas de la vida diaria, y aunque eran sencillas, tenían una admirable profundidad de significado. Las aves del aire, los lirios del campo, la semilla, el pastor y las ovejas; con estos objetos Cristo ilustraba la verdad inmortal; y desde entonces, siempre que sus oyentes veían estas cosas de la naturaleza, ellas les recordaban sus palabras. Las ilustraciones de Cristo repetían constantemente sus lecciones.

Cristo nunca aduló a los hombres. Nunca dijo algo que pudiese exaltar sus ideas o imaginaciones, ni los alabó por sus hábiles invenciones; pero los pensadores profundos y sin prejuicios recibían su enseñanza, y hallaban que probaba su sabiduría. Se maravillaban por la verdad espiritual expresada en el lenguaje más sencillo. Los más altamente educados quedaban encantados con sus palabras, y los indoctos siempre obtenían provecho. Tenía un mensaje para los analfabetos; y hacía comprender aun a los paganos que poseía un mensaje para ellos.

Su tierna compasión caía con un toque sanador sobre los corazones cansados y atribulados. Aun en medio de la turbulencia de enemigos airados, estaba rodeado por una atmósfera de paz. La hermosura de su semblante, la amabilidad de su carácter y, por sobre todo, el amor expresado en su mirada y su tono de voz, atraían a él a todos los que no estaban endurecidos por la incredulidad. De no haber sido por el espíritu suave y lleno de simpatía que se manifestaba en todas sus miradas y palabras, no habría atraído las grandes congregaciones que atraía. Los afligidos que acudían a él sentían que vinculaba su interés con los suyos como un amigo fiel y tierno, y deseaban conocer más de las verdades que enseñaba. El cielo se acercaba. Ellos anhelaban permanecer en su presencia, y que pudiese acompañarlos de continuo el consuelo de su amor.

Jesús vigilaba con profundo fervor los cambios que se veían en los rostros de sus oyentes. Los rostros que expresaban interés y placer le causaban gran satisfacción. A medida que las saetas de la verdad penetraban hasta el alma atravesando las barreras del egoísmo, y obraban contrición y finalmente gratitud, el Salvador se alegraba. Cuando su ojo recorría la muchedumbre de oyentes y reconocía entre ellos rostros que había visto antes, su semblante se iluminaba de gozo. Veía en ellos promisorios súbditos para su reino. Cuando la verdad, claramente expresada, tocaba algún ídolo acariciado, notaba el cambio en el semblante, la mirada fría y amenazante, que le decía que la luz no era bienvenida. Cuando veía a los hombres rechazar el mensaje de paz, su corazón se transía de dolor hasta lo más profundo.

Mientras Jesús estaba en la sinagoga, hablando del reino que había venido a establecer y de su misión de libertar a los cautivos de Satanás, fue interrumpido por un alarido de terror. Un loco se lanzó hacia adelante de entre la gente, clamando: "¡Ah! ¿Por qué te entrometes, Jesús de Nazaret? ¿Has venido a destruirnos? Yo sé quién eres tú: ¡el Santo de Dios!"[3]

Ahora todo era confusión y alarma. La atención se desvió de Cristo, y la gente ya no oyó sus palabras. Tal era el propósito de Satanás al conducir a su víctima a la sinagoga. Pero Jesús reprendió al demonio diciendo: "¡Cállate! ¡Sal de este hombre! Entonces el demonio derribó al hombre en medio de la gente y salió de él sin hacerle ningún daño".[4]

La mente de este desdichado sufriente había sido oscurecida por Satanás, pero en presencia del Salvador un rayo de luz había atravesado las tinieblas. Se sintió incitado a desear estar libre del dominio de Satanás; pero el demonio resistía al poder de Cristo. Cuando el hombre trató de pedir auxilio a Jesús, el mal espíritu puso en su boca las palabras, y él endemoniado clamó en la agonía del temor. Comprendía parcialmente que se hallaba en presencia de Uno que podía librarlo; pero cuando trató de ponerse al alcance de esa mano poderosa, la voluntad de otro lo retuvo; las palabras de otro fueron pronunciadas a través de él. Era terrible el conflicto entre el poder de Satanás y su propio deseo de libertad.

Aquel que había vencido a Satanás en el desierto de la tentación se volvía a encontrar frente a frente con su enemigo. El demonio ejercía todo su poder para retener el control de su víctima. Perder terreno sería dar una victoria a Jesús. Parecía que el torturado iba a perder su vida en la lucha contra el enemigo que había arruinado su virilidad. Pero el Salvador habló con autoridad, y libertó al cautivo. El hombre que había sido poseído permanecía delante de la gente admirada, feliz en la libertad de ser dueño de sí mismo. Aun el demonio había testificado del poder divino del Salvador.

El hombre alabó a Dios por su liberación. Los ojos que hacía poco despedían fulgores de locura, ahora brillaban de inteligencia, y de ellos fluían lágrimas de agradecimiento. La gente estaba muda de asombro. Tan pronto como recuperaron el habla, se dijeron unos a otros: "¿Qué es esto? ¡Una doctrina nueva, expuesta con autoridad! Manda a los espíritus inmundos y le obedecen".[5]

La causa secreta de la aflicción que había hecho de este hombre un espectáculo terrible para sus amigos y una carga para sí mismo estribaba en su propia vida. Había sido fascinado por los placeres del pecado, y había querido hacer de su vida una gran diversión. No había soñado con llegar a ser un terror para el mundo y un oprobio para su familia. Pensó que podía gastar su tiempo en locuras inocentes. Pero una vez encaminado hacia abajo, sus pies descendieron rápidamente. La intemperancia y la frivolidad pervirtieron los nobles atributos de su naturaleza, y Satanás llegó a tener el dominio absoluto de su vida.

El remordimiento llegó demasiado tarde. Cuando quiso sacrificar las riquezas y los placeres para recuperar su virilidad perdida, ya se hallaba impotente en las garras del maligno. Se había colocado en el terreno del enemigo, y Satanás se había posesionado de todas sus facultades. El tentador lo había engañado con sus muchas seducciones encantadoras; pero una vez que el pobre hombre estuvo en su poder, el enemigo se hizo inexorable en su crueldad y terrible en sus airadas visitas. Así sucederá con todos los que se entreguen al mal; el placer fascinante de los comienzos termina en las tinieblas de la desesperación o la locura de un alma arruinada.

El mismo espíritu maligno que tentó a Cristo en el desierto y que poseía al endemoniado de Capernaum dominaba a los judíos incrédulos. Pero con ellos asumía un aire de piedad, tratando de engañarlos en cuanto a sus motivos para rechazar al Salvador. Su condición era más desesperada que la del endemoniado, porque no sentían necesidad de Cristo y, por tanto, estaban sometidos al poder de Satanás.

El período del ministerio personal de Cristo entre los hombres fue el tiempo de mayor actividad para las fuerzas del reino de las tinieblas. Durante siglos Satanás y sus malos ángeles habían estado tratando de dominar los cuerpos y las almas de los hombres, imponiéndoles el pecado y el sufrimiento; y acusando luego a Dios de causar toda esa miseria. Jesús estaba revelando a los hombres el carácter de Dios. Estaba quebrantando el poder de Satanás y libertando a sus cautivos. Una nueva vida y el amor y poder del cielo estaban obrando en el corazón de los hombres, y el príncipe del mal se había levantado para contender por la supremacía de su reino. Satanás reunió todas sus fuerzas y a cada paso se oponía a la obra de Cristo.

Así sucederá en el gran conflicto final de la controversia entre la justicia y el pecado. Mientras de lo alto bajan nueva vida, luz y poder sobre los discípulos de Cristo, una nueva vida brota de abajo y da energía a los agentes de Satanás. La intensidad se está apoderando de todo elemento terrenal. Con una sutileza adquirida durante siglos de conflicto, el príncipe del mal obra disfrazado. Viene como ángel de luz, y multitudes escuchan "a espíritus engañadores y a doctrinas de demonios".[6]

En los días de Cristo, los dirigentes y maestros de Israel no tenían poder para resistir la obra de Satanás. Descuidaban el único medio por el cual podrían haber resistido a los espíritus malignos. Fue por la Palabra de Dios como Cristo venció al demonio. Los líderes de Israel profesaban ser expositores de la Palabra de Dios, pero la habían estudiado sólo para sostener sus tradiciones e imponer sus observancias humanas. Por medio de su interpretación le hacían expresar sentidos que Dios no le había dado. Su interpretación mística hacía confuso lo que él había hecho claro. Discutían sobre tecnicismos insignificantes, y prácticamente negaban las verdades más esenciales. Así se propalaba la incredulidad. La Palabra de Dios era despojada de su poder, y los malos espíritus realizaban su voluntad.

La historia se repite. Con la Biblia abierta delante de sí y profesando reverenciar sus enseñanzas, muchos de los líderes religiosos de nuestro tiempo están destruyendo la fe en ella como Palabra de Dios. Se ocupan de disecarla, y dan más autoridad a sus propias opiniones que a las frases más claras de las Escrituras. En sus manos la Palabra de Dios pierde su poder regenerador. Esta es la razón por la cual el escepticismo se desenfrena y la iniquidad abunda.

Una vez que Satanás ha minado la fe en la Biblia, conduce a los hombres a otras fuentes en busca de luz y poder. Así se insinúa. Los que se apartan de la clara enseñanza de las Escrituras y del poder convincente del Espíritu Santo de Dios, están invitando al dominio de los demonios. Las críticas y especulaciones acerca de las Escrituras han abierto la puerta al espiritismo y la teosofía —formas modernas del antiguo paganismo— para penetrar aun en las iglesias que profesan pertenecer a nuestro Señor Jesucristo.

Al par que se predica el evangelio, hay agentes que trabajan y que no son sino médium de los espíritus mentirosos. Muchos tratan con ellos por simple curiosidad, pero al ver pruebas de la obra de un poder más que humano, quedan cada vez más seducidos, hasta que llegan a estar dominados por una voluntad más fuerte que la suya. No pueden escapar de su poder misterioso.

Las defensas de su alma quedan derribadas. No tienen barreras contra el pecado. Nadie sabe hasta qué abismos de degradación puede llegar a hundirse una vez que rechazó las restricciones de la Palabra de Dios y de su Espíritu. Un pecado secreto o una pasión dominante puede mantener a un cautivo tan impotente como lo estaba el endemoniado de Capernaum. Sin embargo, su condición no es sin esperanza.

El medio por medio del cual podemos vencer al maligno es aquel por el cual Cristo venció: el poder de la Palabra. Dios no domina nuestra mente sin nuestro consentimiento; pero si deseamos conocer y hacer su voluntad, sus promesas son nuestras: "Conoceréis la verdad, y la verdad os hará libres". "Si alguno quisiere hacer su voluntad, conocerá de mi enseñanza".[7] A través de la fe en estas promesas, cada uno puede ser librado de las trampas del error y del dominio del pecado.

Todo hombre es libre para elegir qué poder lo dominará. Nadie ha caído tan bajo, nadie es tan vil que no pueda hallar liberación en Cristo. El endemoniado, en lugar de oraciones, no podía sino pronunciar las palabras de Satanás; sin embargo, la muda súplica de su corazón fue oída. Ningún clamor de un alma en necesidad, aunque no llegue a expresarse en palabras, quedará sin ser oído. Los que consienten en hacer pacto con el Dios del cielo, no serán abandonados al poder de Satanás o a las flaquezas de su propia naturaleza. Son invitados por el Salvador: "Echen mano... de mi fortaleza; y hagan paz conmigo. ¡Sí, que hagan paz conmigo!" Los espíritus de las tinieblas contenderán por el alma que una vez estuvo bajo su dominio. Pero los ángeles de Dios lucharán por esa alma con un poder que prevalecerá. El Señor dice: "¿Será quitado el botín al valiente? ¿Será rescatado el cautivo de un tirano? Pero así dice Jehová: Ciertamente el cautivo será rescatado del valiente, y el botín será arrebatado al tirano; y tu pleito yo lo defenderé, y yo salvaré a tus hijos".[8]

Mientras la congregación que se hallaba en la sinagoga permanecía muda de asombro, Jesús se retiró a la casa de Pedro para descansar un poco. Pero allí también había caído una sombra. La suegra de Pedro estaba enferma de una "gran fiebre". Jesús reprendió la dolencia, y la enferma se levantó y atendió las necesidades del Maestro y sus discípulos.

Las noticias de la obra de Cristo cundieron rápidamente por todo Capernaum. Por temor a los rabinos, el pueblo no se atrevía a buscar curación durante el sábado; pero apenas hubo desaparecido el sol en el horizonte, se produjo una gran conmoción. Desde las casas, los talleres y las plazas, los habitantes de la ciudad se dirigieron hacia la humilde morada que albergaba a Jesús. Los enfermos eran traídos en sus camas, o venían apoyándose en bastones o sostenidos por amigos, y se acercaban tambaleantes y débiles a la presencia del Salvador.

Durante horas y horas llegaban y se iban; porque nadie sabía si al día siguiente encontrarían al Médico todavía entre ellos. Nunca antes había presenciado Capernaum un día como ése. Llenaban el aire las voces de triunfo y los gritos de liberación. El Salvador se regocijaba por la alegría que había despertado. Mientras presenciaba los sufrimientos de quienes habían acudido a él, su corazón se conmovía de simpatía, y se regocijaba en su poder de devolverles la salud y la felicidad.

Jesús no cesó de trabajar hasta que el último doliente hubo quedado aliviado. Ya era muy avanzada la noche cuando la muchedumbre se fue, y el silencio descendió sobre el hogar de Simón. Había terminado el largo día lleno de excitación, y Jesús buscó descanso. Pero mientras la ciudad estaba aún envuelta por el sueño, el Salvador "levantándose muy de mañana, siendo aún muy oscuro, salió y se fue a un lugar desierto, y allí oraba".[9]

Así transcurrían los días de la vida terrenal de Jesús. A menudo despedía a sus discípulos para que visitaran sus hogares y descansasen; pero él resistía amablemente sus esfuerzos por apartarlo de sus labores. Durante todo el día trabajaba enseñando a los ignorantes, sanando a los enfermos, dando vista a los ciegos, alimentando a las multitudes; y al anochecer, o por la mañana temprano, se dirigía al santuario de las montañas para estar en comunión con su Padre. Muchas veces pasaba toda la noche en oración y meditación, y volvía al amanecer para reanudar su trabajo entre la gente.

Temprano por la mañana, Pedro y sus compañeros vinieron a Jesús diciendo que ya le estaba buscando el pueblo de Capernaum. Los discípulos habían quedado amargamente chasqueados por la recepción que Cristo había encontrado hasta entonces. Las autoridades de Jerusalén estaban tratando de asesinarlo; aun sus conciudadanos habían procurado quitarle la vida; pero en Capernaum se lo recibía con gozoso entusiasmo, y las esperanzas de los discípulos se reanimaron. Tal vez entre los galileos amantes de la libertad se hallaban los sostenedores del nuevo reino. Pero con sorpresa oyeron a Cristo decir estas palabras: "Es necesario que también a otras ciudades anuncie el evangelio del reino de Dios; porque para esto he sido enviado".[10]

En la agitación que saturaba Capernaum había peligro de que se perdiese de vista el objetivo de su misión. Jesús no estaba satisfecho con atraer la atención a sí mismo meramente como hacedor de milagros o sanador de enfermedades físicas. Quería atraer a los hombres a sí como su Salvador. Y mientras la gente quería anhelosamente creer que había venido como rey, para establecer un reino terrenal, él deseaba desviar su mente de lo terrenal a lo espiritual. El mero éxito mundanal estorbaría su obra.

Y la admiración de la muchedumbre negligente contrariaba su espíritu. En su vida no cabía manifestación alguna de amor propio. El homenaje que el mundo tributa al encumbramiento, las riquezas o el talento, era extraño para el Hijo del hombre. Jesús no empleó ninguno de los medios que los hombres emplean para obtener la lealtad y el homenaje de los demás. Siglos antes de su nacimiento había sido profetizado acerca de él: "No gritará, ni alzará su voz, ni la hará oír en las calles. No quebrará la caña cascada, ni apagará el pábilo que humeare; por medio de la verdad traerá justicia. No se cansará ni desmayará hasta que establezca en la tierra justicia".[11]

Los fariseos procuraban distinguirse por su ceremonial escrupuloso y la ostentación de su adoración y caridad. Mostraban su celo por la religión haciendo de ella un tema de discusión. Las disputas entre las sectas opuestas eran a viva voz y prolongadas, y era frecuente oír en las calles las voces de controversia airada entre los sabios doctores de la ley.

La vida de Jesús ofrecía un marcado contraste con todo eso. En esa vida no se presenciaban disputas ruidosas, ni cultos ostentosos, ni acto alguno realizado para obtener aplausos. Cristo se ocultaba en Dios, y Dios era revelado en el carácter de su Hijo. A esa revelación deseaba Jesús que fuese atraída la mente de la gente y le tributase su homenaje.

El Sol de Justicia no estalló sobre el mundo en su esplendor para deslumbrar los sentidos con su gloria. Escrito está de Cristo: "Como el alba está dispuesta su salida". Tranquila y suavemente la luz del día amanece sobre la tierra, despejando las sombras de las tinieblas y despertando el mundo a la vida. Así salió el Sol de Justicia, "trayendo salud eterna en sus alas".[12]

---

[1] Luc. 4:32; Mat. 7:29. [2] Isa. 50:4, BJ. [3] Luc. 4:34, NVI. [4] Luc. 4:35, NVI. [5] Mar. 1:27, BJ. [6] 1 Tim. 4:1. [7] Juan 8:32; 7:17, VM. [8] Isa. 27:5, VM; 49:24, 25. [9] Mar. 1:35. [10] Luc. 4:43. [11] Isa. 42:2-4. [12] Ose. 6:3; Mal. 4:2, VM.

Capítulo 27

"Puedes limpiarme"

LA LEPRA era la más temida de todas las enfermedades conocidas en el Oriente. Su carácter incurable y contagioso, y sus efectos horribles sobre sus víctimas, llenaban a los más valientes de temor. Entre los judíos era considerada como castigo por el pecado, y por esa razón se la llamaba "el azote", "el dedo de Dios". Profundamente arraigada, inextirpable, mortífera, era considerada como un símbolo del pecado. La ley ritual declaraba inmundo al leproso. Como si ya estuviese muerto, era despedido de las residencias de los hombres. Cualquier cosa que tocase quedaba inmunda. Su aliento contaminaba el aire. El sospechoso de tener la enfermedad debía presentarse a los sacerdotes, quienes habían de examinarlo y decidir su caso. Si lo declaraban leproso, era aislado de su familia, separado de la congregación de Israel y condenado a asociarse únicamente con los que tenían una aflicción similar. La ley era inflexible en sus requerimientos. Ni aun los reyes y gobernantes estaban exentos. Un monarca atacado por esa terrible enfermedad debía entregar el cetro y huir de la sociedad.

Lejos de sus amigos y parientes, el leproso debía llevar la maldición de su enfermedad. Estaba obligado a publicar su propia calamidad, a rasgar sus vestiduras y a hacer resonar la alarma para advertir a todos que huyesen de su presencia contaminadora. El clamor: "¡Inmundo! ¡inmundo!", que en tono lastimero exhalaba el exiliado solitario, era una señal que se oía con temor y aborrecimiento.

En la región donde se desarrollaba el ministerio de Cristo había muchos de tales sufrientes, y a quienes la llegada de las nuevas de su obra les encendió un rayo de esperanza. Pero desde los días del profeta Eliseo nunca se había oído que sanara una persona en quien se declarara esa enfermedad. No se atrevían a esperar que Jesús hiciese por ellos lo que nunca se había hecho por otro hombre. Sin embargo, hubo uno en cuyo corazón empezó a nacer la fe. Pero no sabía cómo llegar a Jesús. Privado como estaba de todo trato con sus semejantes, ¿cómo podía presentarse al Sanador? Y se preguntaba si Cristo lo sanaría a él. ¿Se rebajaría hasta fijarse en un ser de quien se creía que estaba sufriendo el juicio de Dios? ¿No haría como los fariseos y aun los médicos, es decir, pronunciar una maldición sobre él, y amonestarlo a huir de las moradas de los hombres? Reflexionó en todo lo que se le había dicho de Jesús. Ninguno de los que habían pedido su ayuda había sido rechazado. El pobre hombre resolvió encontrar al Salvador. Aunque no podía penetrar en las ciudades, tal vez llegase a cruzar su senda en algún atajo de los caminos de la montaña, o lo hallara mientras enseñaba en las afueras de algún pueblo. Las dificultades eran grandes, pero ésta era su única esperanza.

El leproso fue guiado al Salvador. Jesús estaba enseñando a orillas del lago, y la gente se había congregado en derredor de él. De pie, a lo lejos, el leproso alcanzó a oír unas pocas palabras de los labios del Salvador. Lo vio poner sus manos sobre los enfermos. Vio a los cojos, los ciegos, los paralíticos y los que estaban muriendo de diversas enfermedades, levantarse sanos, alabando a Dios por su liberación. La fe se fortaleció en su corazón. Se acercó más y más a la muchedumbre reunida. Las restricciones que se le imponían, la seguridad de la gente, y el temor con que todos lo miraban, todo fue olvidado. Pensaba tan sólo en la bendita esperanza de la curación.

Presentaba un espectáculo repugnante. La enfermedad había hecho terribles estragos; su cuerpo decadente era horrible para mirarlo. Al verlo, la gente retrocedió con terror. Se atropellaron unos a otros en su ansiedad por escapar de todo contacto con él. Algunos trataron de evitar que se acercara a Jesús, pero en vano. Él ni los vio ni los oyó. Tampoco percibió sus expresiones de horror. Veía sólo al Hijo de Dios. Oía únicamente la voz que infundía vida a los moribundos. Acercándose con esfuerzo a Jesús, se echó a sus pies clamando: "Señor, si quieres, puedes limpiarme".

Jesús respondió: "Quiero; sé limpio",[1] y puso la mano sobre él.

Inmediatamente se realizó una transformación en el leproso. Su carne se volvió sana, los nervios recuperaron sensibilidad y los músculos adquirieron firmeza. La superficie tosca y escamosa, propia de la lepra, desapareció, y la reemplazó un suave color rosado, como el que se nota en la piel de un niño sano.

Jesús encargó al hombre que no diese a conocer la obra en él realizada, sino que se presentase inmediatamente con una ofrenda en el templo. Semejante ofrenda no podía ser aceptada hasta que los sacerdotes lo examinasen y declararan que estaba completamente sano de la enfermedad. Por poca voluntad que tuviesen de cumplir ese servicio, no podían eludir el examen y la decisión del caso.

Las palabras de la Escritura demuestran con qué urgencia Cristo recomendó a este hombre la necesidad de callar y obrar prontamente. "Le encargó rigurosamente, y lo despidió luego, y le dijo: Mira, no digas a nadie nada, sino ve, muéstrate al sacerdote, y ofrece por tu purificación lo que Moisés mandó, para testimonio a ellos". Si los sacerdotes hubiesen conocido los hechos relacionados con la curación del leproso, su odio hacia Cristo podría haberlos inducido a dar un fallo falto de honradez. Jesús deseaba que el hombre se presentase en el templo antes de que les llegase rumor alguno concerniente al milagro. Así se podría obtener una decisión imparcial, y el leproso sanado tendría permiso para volver a reunirse con su familia y sus amistades.

Cristo tenía otros objetivos en vista al recomendar silencio al hombre. Sabía que sus enemigos siempre procuraban limitar su obra y apartar a la gente de él. Sabía que si se divulgaba la curación del leproso, otros aquejados por esa terrible enfermedad se agolparían en derredor de él y se haría correr la voz de que su contacto iba a contaminar a la gente. Muchos de los leprosos no emplearían el don de la sanidad en forma que fuese una bendición para sí mismos y para otros. Y al atraer a los leprosos en derredor suyo, daría ocasión a que se lo acusase de violar las restricciones de la ley ritual. Así quedaría estorbada su obra de predicar el evangelio.

El acontecimiento justificó la advertencia de Cristo. Una multitud había presenciado la curación del leproso, y anhelaba conocer la decisión de los sacerdotes. Cuando el hombre se encontró con sus amistades, hubo mucha agitación. A pesar de la recomendación de Jesús, el hombre no hizo ningún esfuerzo por ocultar el hecho de su curación. En verdad, le habría sido imposible ocultarla, pero el leproso publicó la noticia en todas partes. Pensando que sólo era la modestia de Jesús la que le había impuesto esa restricción, anduvo proclamando el poder de ese gran Médico. No comprendía que cada manifestación tal hacía a los sacerdotes y ancianos más resueltos a destruir a Jesús. El hombre sanado consideraba muy precioso el don de la salud. Se regocijaba en el vigor de su virilidad, y en que había sido devuelto a su familia y a la sociedad, y le parecía imposible dejar de dar gloria al Médico que lo había curado. Pero su divulgación del asunto estorbó la obra del Salvador. Hizo que la gente acudiese a él en tan densas muchedumbres, que por un tiempo se vio obligado a suspender sus labores.

Cada acto del ministerio de Cristo tenía un propósito de largo alcance. Abarcaba más de lo que el acto mismo revelaba. Así fue en el caso del leproso. Mientras Jesús ministraba a todos los que venían a él, anhelaba bendecir a los que no venían. Mientras atraía a los publicanos, los paganos y los samaritanos, anhelaba alcanzar a los sacerdotes y maestros que estaban trabados por el prejuicio y la tradición. No dejó sin probar medio alguno por el cual pudiesen ser alcanzados. Al enviar a los sacerdotes el leproso que había sanado, daba a los primeros un testimonio que estaba destinado a desarmar sus prejuicios.

Los fariseos habían aseverado que la enseñanza de Cristo se oponía a la ley que Dios había dado por medio de Moisés; pero la orden que dio al leproso limpiado, de presentar una ofrenda según la ley, probaba que esa acusación era falsa. Era suficiente testimonio para todos los que estuviesen dispuestos a ser convencidos.

Los dirigentes de Jerusalén habían enviado espías en busca de algún pretexto para dar muerte a Cristo. Él respondió dándoles una muestra de su amor por la humanidad, su respeto por la ley y su poder de librar del pecado y de la muerte. Así testificó acerca de ellos: "Me devuelven mal por bien, y odio por amor". El que desde el monte dio el precepto: "Amad a vuestros enemigos", ejemplificó él mismo este principio, "no devolviendo mal por mal, ni maldición por maldición, sino por el contrario, bendiciendo".[2]

Los mismos sacerdotes que habían condenado al leproso al destierro, certificaron su curación. Esta sentencia, promulgada y registrada públicamente, fue un testimonio permanente en favor de Cristo. Y como el hombre sanado quedaba reintegrado a la congregación de Israel, bajo la garantía de los mismos sacerdotes de que no había en él rastro de la enfermedad, fue un testigo vivo a favor de su Benefactor. Con alegría presentó su ofrenda y exaltó el nombre de Jesús. Los sacerdotes quedaron convencidos del poder divino del Salvador. Tuvieron oportunidad de conocer la verdad y sacar provecho de la luz. Si la rechazaban, se apartaría de ellos para no volver nunca. Muchos rechazaron la luz; pero no fue dada en vano. Se conmovieron muchos corazones que por un tiempo no dieron señal de estarlo. Durante la vida del Salvador su misión pareció recibir poca respuesta de amor por parte de sacerdotes y maestros; pero después de su ascensión "muchos de los sacerdotes obedecían a la fe".[3]

La obra de Cristo al purificar al leproso de su terrible enfermedad es una ilustración de su obra de limpiar el alma de pecado. El hombre que se presentó a Jesús estaba "lleno de lepra". El mortífero veneno impregnaba todo su cuerpo. Los discípulos trataron de impedir que su Maestro lo tocase; porque el que tocaba a un leproso se volvía inmundo. Pero al poner su mano sobre el leproso, Jesús no recibió ninguna contaminación. Su toque impartía un poder vivificador. La lepra fue quitada. Así sucede con la lepra del pecado: arraigada profundamente, mortífera e imposible de ser eliminada por el poder humano. "Toda cabeza está enferma, y todo corazón doliente. Desde la planta del pie hasta la cabeza no hay en él cosa sana, sino herida, hinchazón y podrida llaga". Pero Jesús, al venir a morar en la humanidad, no se contamina. Su presencia tiene poder para sanar al pecador. Quienquiera caer a sus pies, diciendo con fe: "Señor, si quieres, puedes limpiarme", oirá la respuesta: "Quiero; sé limpio".[4]

En algunos casos de curación, Jesús no concedió inmediatamente la bendición pedida. Pero en el caso del leproso, apenas hecha la súplica se le concedió. Cuando pedimos bendiciones terrenales, tal vez la respuesta a nuestra oración sea dilatada, o Dios nos dé algo diferente de lo que pedimos; pero no sucede así cuando pedimos liberación del pecado. Él quiere limpiarnos del pecado, hacernos hijos suyos y habilitarnos para vivir una vida santa. Cristo "se dio a sí mismo por nuestros pecados para librarnos del presente siglo malo, conforme a la voluntad de nuestro Dios y Padre". Y "ésta es la confianza que tenemos en él, que si pedimos alguna cosa conforme a su voluntad, él nos oye. Y si sabemos que él nos oye en cualquier cosa que pidamos, sabemos que tenemos las peticiones que le hayamos hecho". "Si confesamos nuestros pecados, él es fiel y justo para perdonar nuestros pecados, y limpiarnos de toda maldad".[5]

En la curación del paralítico de Capernaum, Cristo volvió a enseñar la misma verdad. Hizo ese milagro para que se manifestase su poder de perdonar los pecados. Y la curación del paralítico ilustra también otras verdades preciosas. Es una lección llena de enseñanza y estímulo, y por estar relacionada con los cavilosos fariseos, contiene también una advertencia.

Como el leproso, ese paralítico había perdido toda esperanza de restablecerse. Su enfermedad era el resultado de una vida de pecado, y sus sufrimientos eran amargados por el remordimiento. Mucho antes había apelado a los fariseos y doctores con la esperanza de recibir alivio de sus sufrimientos mentales y físicos. Pero ellos, fríamente, lo declararon incurable y lo abandonaron a la ira de Dios. Los fariseos consideraban la aflicción como una evidencia del desagrado divino, y se mantenían alejados de los enfermos y menesterosos. Sin embargo, cuán a menudo los mismos que se exaltaban como santos eran más culpables que esos dolientes a quienes condenaban.

El paralítico se hallaba completamente desamparado y, no viendo perspectiva de ayuda en ninguna parte, se había sumido en la desesperación. Entonces oyó hablar de las obras maravillosas de Jesús. Le contaron que otros tan pecaminosos e imposibilitados como él habían quedado sanos; aun leprosos habían sido limpiados. Y los amigos que le referían esas cosas lo animaban a creer que él también podría ser curado si lo podían llevar a Jesús. Pero su esperanza decaía cuando recordaba cómo había contraído su enfermedad. Temía que el Médico puro no lo tolerase en su presencia.

Sin embargo, no era tanto la curación física como el alivio de su carga de pecado lo que deseaba. Si podía ver a Jesús, y recibir la seguridad del perdón y de la paz con el Cielo, estaría contento de vivir o de morir, según fuese la voluntad de Dios. El clamor del moribundo era: "¡Oh, si pudiese llegar a su presencia!" No había tiempo que perder; sus carnes macilentas mostraban ya rastros de descomposición. Rogó a sus amigos que lo llevasen en su camilla hasta Jesús, y con gusto ellos intentaron hacerlo. Pero era tan densa la muchedumbre que se había congregado alrededor y en el interior de la casa en que Jesús estaba, que era imposible para el enfermo y sus amigos llegar hasta él, o siquiera llegar al alcance de su voz.

Jesús estaba enseñando en la casa de Pedro. Según su costumbre, los discípulos estaban sentados alrededor de él, y "estaban sentados los fariseos y doctores de la ley, los cuales habían venido de todas las aldeas de Galilea, y de Judea y Jerusalén". Habían venido como espías, buscando un motivo para acusar a Jesús. Fuera del círculo de esos oficiales, se hallaba la multitud heterogénea: ansiosos, reverentes, curiosos e incrédulos. Estaban representadas diversas nacionalidades, y toda la escala social. "Y el poder del Señor estaba con él para sanar". El Espíritu de vida se cernía sobre la asamblea, pero los fariseos y doctores no discernían su presencia. No sentían necesidad alguna, y la curación no era para ellos". "A los hambrientos colmó de bienes, y a los ricos envió vacíos".[6]

Repetidas veces los que transportaban al paralítico trataron de abrirse paso a través de la muchedumbre, pero en vano. El enfermo miraba en derredor suyo con angustia indecible. Cuando la ayuda que había anhelado tanto tiempo estaba tan cerca, ¿cómo podía abandonar su esperanza? A su indicación sus amigos lo llevaron al techo de la casa, y abriendo un boquete en el techo, lo bajaron a los pies de Jesús. El discurso quedó interrumpido. El Salvador miró el rostro entristecido, y vio los ojos suplicantes que se clavaban en él. Comprendió el caso; él había atraído a sí este espíritu perplejo y combatido por la duda. Mientras el paralítico todavía estaba en su casa, el Salvador había llevado convicción a su conciencia. Cuando se arrepintió de sus pecados, y creyó en el poder de Jesús para sanarlo, la misericordia vivificadora del Salvador primero bendijo su corazón anhelante. Jesús había observado el primer destello de la fe convertirse en la creencia de que él era el único auxiliador del pecador, y la había visto fortalecerse con cada esfuerzo hecho para llegar a su presencia.

Ahora, con palabras que cayeron como música en los oídos del enfermo, el Salvador dijo: "Confía, hijo; tus pecados te son perdonados".[7]

La carga de desesperación se desvaneció del alma del enfermo; la paz del perdón reposó en su espíritu y resplandeció en su rostro. Su dolor físico desapareció y todo su ser quedó transformado. ¡El paralítico impotente estaba sanado; el culpable pecador, perdonado!

Con fe sencilla aceptó las palabras de Jesús como la bendición de una vida nueva. No presentó otro pedido, sino que permaneció en bienaventurado silencio, demasiado feliz para hablar. La luz del cielo se reflejaba en su semblante, y los concurrentes miraban la escena con reverencia.

Los rabinos habían esperado ansiosamente para ver en qué forma iba a disponer Cristo de ese caso. Recordaban cómo el hombre se había dirigido a ellos en busca de ayuda, y cómo ellos le habían negado toda esperanza o simpatía. No satisfechos con eso, habían declarado que sufría la maldición de Dios por causa de sus pecados. Esas cosas acudieron nuevamente a su mente cuando vieron al enfermo delante de sí. Notaron el interés con que todos miraban la escena, y los abrumó el temor de perder su influencia sobre el pueblo.

Estos dignatarios no cambiaron palabras entre sí, sino que mirándose los rostros unos a otros leyeron el mismo pensamiento en cada uno: algo debían hacer para detener la marea de sentimientos. Jesús había declarado que los pecados del paralítico eran perdonados. Los fariseos se aferraron a esas palabras como una blasfemia, y concibieron que podrían ser presentadas como un pecado digno de muerte. Dijeron en su corazón: "Blasfemias dice. ¿Quién puede perdonar pecados, sino sólo Dios?"[8]

Fijando en ellos una mirada bajo la cual se atemorizaron y retrocedieron, Jesús dijo: "¿Por qué pensáis mal en vuestros corazones? Porque, ¿qué es más fácil, decir: Los pecados te son perdonados, o decir: Levántate y anda? Pues para que sepáis que el Hijo del hombre tiene potestad en la tierra para perdonar pecados (dice entonces al paralítico): Levántate, toma tu cama, y vete a tu casa".

Entonces el que había sido traído en una camilla a Jesús, se puso de pie con la elasticidad y fuerza de la juventud. La sangre vivificadora corrió raudamente por sus venas. Todo órgano de su cuerpo se puso en repentina actividad. El rosado color de la salud sucedió a la palidez de la muerte cercana. "Entonces él se levantó enseguida, y tomando su lecho, salió delante de todos, de manera que todos se asombraron, y glorificaron a Dios, diciendo: Nunca hemos visto tal cosa".

¡Oh admirable amor de Cristo, que se inclina a sanar al culpable y afligido! ¡La divinidad se compadece de los males de la doliente humanidad y los calma! ¡Oh maravilloso poder así manifestado en favor de los hijos de los hombres! ¿Quién puede dudar del mensaje de salvación? ¿Quién puede despreciar las misericordias de un Redentor compasivo?

Se requería nada menos que poder creador para restaurar la salud a ese cuerpo que se corrompía. La misma voz que infundiera vida al hombre creado del polvo de la tierra, infundió vida al paralítico moribundo. Y el mismo poder que dio vida al cuerpo, renovó el corazón. El que en la creación "dijo, y fue hecho... mandó, y existió",[9] infundió por su palabra vida al alma muerta en delitos y pecados. La curación del cuerpo era una evidencia del poder que había renovado el corazón. Cristo ordenó al paralítico que se levantara y anduviese, "para que sepáis —dijo— que el Hijo del hombre tiene potestad en la tierra para perdonar pecados".

El paralítico halló en Cristo sanidad, tanto para el alma como para el cuerpo. La curación espiritual fue seguida por la restauración física. Esta lección no debe ser pasada por alto. Hay hoy día miles que están sufriendo de enfermedad física y que, como el paralítico, están anhelando el mensaje: "Tus pecados te son perdonados". La carga de pecado, con su intranquilidad y deseos no satisfechos, es el fundamento de sus enfermedades. No pueden hallar alivio hasta que vengan al Sanador del alma. La paz que él solo puede dar, impartirá vigor a la mente y salud al cuerpo.

Jesús vino para "deshacer las obras del diablo". "En él estaba la vida", y él dice: "Yo he venido para que tengan vida, y para que la tengan en abundancia". Él es un "espíritu vivificante". Y todavía tiene el mismo poder vivificante que, mientras estaba en la tierra, sanaba a los enfermos y perdonaba al pecador. Él "perdona todas tus iniquidades", él "sana todas tus dolencias".[10]

El efecto producido sobre el pueblo por la curación del paralítico fue como si el cielo, después de abrirse, hubiese revelado las glorias de un mundo mejor. Mientras el hombre curado pasaba por entre la multitud, bendiciendo a Dios a cada paso y llevando su carga como si hubiese sido una pluma, la gente retrocedía para darle paso, y con temerosa reverencia los circunstantes lo miraban murmurando entre sí: "Hemos visto maravillas hoy".

Los fariseos estaban mudos de asombro y abrumados por su derrota. Veían que no había oportunidad de inflamar a la multitud con sus celos. El prodigio realizado en el hombre, a quien ellos habían entregado a la ira de Dios, había impresionado de tal manera a la gente, que por el momento los rabinos quedaron olvidados. Vieron que Cristo poseía un poder que ellos habían atribuido a Dios solo; sin embargo, la amable dignidad de sus modales estaba en marcado contraste con el porte altanero de ellos. Estaban desconcertados y avergonzados; y reconocían, aunque no lo confesaban, la presencia de un Ser superior. Cuanto más convincente era la prueba de que Jesús tenía en la tierra el poder de perdonar los pecados, tanto más firmemente se atrincheraban en la incredulidad. Salieron de la casa de Pedro, donde habían visto al paralítico curado por la palabra de Jesús, para inventar nuevas maquinaciones con el fin de silenciar al Hijo de Dios.

La enfermedad física, por maligna que fuese y arraigada que estuviera, era curada por el poder de Cristo; pero la enfermedad del alma se apoderaba más firmemente de los que cerraban sus ojos para no ver la luz. La lepra y la parálisis no eran tan terribles como el fanatismo y la incredulidad.

En la casa del paralítico sanado hubo gran regocijo cuando él volvió a su familia, trayendo con facilidad la cama sobre la cual se lo habían llevado de su presencia poco tiempo antes. Lo rodearon con lágrimas de alegría, casi sin atreverse a creer lo que veían sus ojos. Estaba delante de ellos en el pleno vigor de la virilidad. Esos brazos que ellos habían visto sin vida, obedecían prestamente a su voluntad. La carne que se había encogido y adquirido un color plomizo, era ahora fresca y rosada. El hombre caminaba con pasos firmes y libres. En cada rasgo de su rostro estaban escritos el gozo y la esperanza; y una expresión de pureza y paz había reemplazado las marcas del pecado y el sufrimiento. De aquel hogar subieron alegres palabras de agradecimiento, y Dios quedó glorificado a través de su Hijo, quien había devuelto la esperanza al desesperado y fuerza al abatido. Ese hombre y su familia estaban listos para dar sus vidas por Jesús. Ninguna duda enturbiaba su fe, ninguna incredulidad manchaba su lealtad hacia el que había impartido luz a su oscurecido hogar.

---

[1] Mat. 8:3. [2] Sal. 109:5; Mat. 5:44; 1 Ped. 3:9. [3] Hech. 6:7. [4] Isa. 1:5, 6; Mat. 8:2, 3. [5] Gál. 1:4; 1 Juan 5:14, 15; 1:9. [6] Luc. 1:53. [7] Mat. 9:2, RVA. [8] Mar. 2:7. [9] Sal. 33:9. [10] 1 Juan 3:8; Juan 1:4; 10:10; 1 Cor. 15:45; Sal. 103:3.

CAPÍTULO 28

Leví Mateo

ENTRE los funcionarios romanos que había en Palestina, los más odiados eran los publicanos. Que los impuestos fuesen exigidos por una potencia extraña era motivo de continua irritación para los judíos, pues les recordaba que su independencia había desaparecido. Y los cobradores de impuestos no eran simplemente instrumentos de la opresión romana; cometían extorsiones por su propia cuenta y se enriquecían a expensas del pueblo. Un judío que aceptaba ese cargo de manos de los romanos era considerado como un traidor al honor de su nación. Se lo despreciaba como apóstata, y se lo clasificaba con los más viles de la sociedad.

A esta clase pertenecía Leví Mateo, quien, después de los cuatro discípulos de Genesaret, fue el siguiente en ser llamado al servicio de Cristo. Los fariseos habían juzgado a Mateo de acuerdo con su empleo, pero Jesús vio en ese hombre un corazón dispuesto para recibir la verdad. Mateo había escuchado la enseñanza del Salvador. En la medida en que el convincente Espíritu de Dios le revelaba su pecaminosidad, anhelaba pedir ayuda a Cristo; pero estaba acostumbrado a la exclusividad de los rabinos, y no creía que ese gran Maestro se fijaría en él.

Un día, sentado en su garita de peaje, el publicano vio a Jesús que se acercaba. Grande fue su asombro al oírle decir: "Sígueme".

Mateo, "dejándolo todo, se levantó y lo siguió". No vaciló, no cuestionó, no recordó el negocio lucrativo que iba a cambiar por la pobreza y las penurias. Le era suficiente estar con Jesús, poder escuchar sus palabras y unirse a él en su obra.

Así había sido con los discípulos antes llamados. Cuando Jesús invitó a Pedro y a sus compañeros a seguirlo, dejaron inmediatamente sus barcos y sus redes. Algunos de esos discípulos tenían amistades que dependían de ellos para su sostén, pero cuando recibieron la invitación del Salvador, no vacilaron ni preguntaron: "¿Cómo viviré y sostendré a mi familia?" Fueron obedientes al llamado; y cuando más tarde Jesús les preguntó: "Cuando os envié sin bolsa, sin alforja, y sin calzado, ¿os faltó algo?", pudieron responder: "Nada".[1]

A Mateo en su riqueza, y a Andrés y a Pedro en su pobreza, les llegó la misma prueba; y cada uno hizo la misma consagración. En el momento del éxito, cuando las redes estaban llenas de pescados y eran más fuertes los impulsos de la vida antigua, Jesús pidió a los discípulos, a orillas del mar, que lo dejasen todo para dedicarse a la obra del evangelio. Así también es probada cada alma para ver si el deseo de los bienes temporales prima por sobre el de la comunión con Cristo.

El principio siempre es exigente. Nadie puede tener éxito en el servicio de Dios a menos que todo su corazón esté en la obra y considere todas las cosas como pérdida frente a la excelencia del conocimiento de Cristo. Nadie que se reserve algo puede ser discípulo de Cristo, y mucho menos puede ser su colaborador. Cuando los hombres aprecien la gran salvación, se verá en su vida el sacrificio propio que se vio en la de Cristo. Se regocijarán en seguirlo adondequiera que los guíe.

El llamamiento de Mateo a ser un discípulo de Cristo excitó gran indignación. Que un maestro religioso eligiese a un publicano como uno de sus acompañantes inmediatos era una ofensa contra las costumbres religiosas, sociales y nacionales. Apelando a los prejuicios de la gente, los fariseos esperaban volver contra Jesús la corriente del sentimiento popular.

Entre los publicanos se creó un extenso interés. Sus corazones fueron atraídos hacia el Maestro divino. En el gozo de su nuevo discipulado, Mateo anhelaba llevar a Jesús a sus antiguos asociados. Por consiguiente, dio un banquete en su casa, y convocó a sus parientes y amigos. No sólo fueron incluidos los publicanos, sino también muchos otros de reputación dudosa, proscritos por sus vecinos más escrupulosos.

El agasajo fue dado en honor de Jesús, y él no vaciló en aceptar la cortesía. Bien sabía que esto ofendería al partido farisaico y lo comprometería a los ojos del pueblo. Pero ninguna cuestión de política podía influir en sus acciones. Para él no tenían peso las distinciones externas. Lo que apelaba a su corazón era un alma sedienta del agua de vida.

Jesús se sentó como huésped honrado a la mesa de los publicanos, y por medio de su simpatía y amabilidad social demostró que reconocía la dignidad de la humanidad; y los hombres anhelaron hacerse dignos de su confianza. Sobre sus corazones sedientos cayeron sus palabras con poder bendecido y vivificador. Se despertaron nuevos impulsos, y ante esos parias de la sociedad se abrió la posibilidad de una vida nueva.

En reuniones tales como ésta, no pocos fueron impresionados por la enseñanza del Salvador, aunque no lo reconocieron hasta después de su ascensión. Cuando el Espíritu Santo fue derramado, y tres mil fueron convertidos en un día, había entre ellos muchos que habían oído por primera vez la verdad en la mesa de los publicanos, y algunos de ellos llegaron a ser mensajeros del evangelio. Para Mateo mismo, el ejemplo de Jesús en la fiesta fue una lección constante. El publicano despreciado llegó a ser uno de los evangelistas más consagrados, y en su propio ministerio siguió muy de cerca las pisadas del Maestro.

Cuando los rabinos supieron de la presencia de Jesús en la fiesta de Mateo, aprovecharon la oportunidad para acusarlo. Pero decidieron obrar a través de los discípulos. Despertando sus prejuicios, esperaban alienarlos de su Maestro. Su estrategia consistió en acusar a Cristo ante los discípulos, y a los discípulos ante Cristo, dirigiendo sus flechas adonde había más probabilidad de producir heridas. Así ha obrado Satanás desde que manifestó descontento en el cielo; y todos los que tratan de causar discordia y alienación son impulsados por su espíritu.

"¿Por qué come vuestro Maestro con los publicanos y pecadores?", preguntaron los rabinos envidiosos.

Jesús no esperó que sus discípulos contestasen la acusación, sino que él mismo replicó: "Los sanos no tienen necesidad de médico, sino los enfermos. Id, pues, y aprended lo que significa: Misericordia quiero, y no sacrificio. Porque no he venido a llamar a justos, sino a pecadores, al arrepentimiento". Los fariseos pretendían estar espiritualmente sanos, y por tanto no tener necesidad de médico, y al mismo tiempo consideraban que los publicanos y los gentiles estaban pereciendo por las enfermedades del alma. Entonces, ¿no consistía su obra como médico en ir a las clases que necesitaban su ayuda?

Pero aunque los fariseos tenían tan alto concepto de sí mismos, estaban realmente en peor condición que aquellos a quienes despreciaban. Los publicanos tenían menos fanatismo y suficiencia propia, y así eran más susceptibles a la influencia de la verdad. Jesús dijo a los rabinos: "Id, pues, y aprended lo que significa: Misericordia quiero, y no sacrifico". Así demostró que mientras aseveraban exponer la Palabra de Dios, ignoraban completamente su espíritu.

Los fariseos fueron silenciados por el momento, para sólo tornarse más resueltos en su enemistad. Luego buscaron a los discípulos de Juan el Bautista y trataron de soliviantarlos contra el Salvador. Esos fariseos no habían aceptado la misión del Bautista. Habían señalado con escarnio su vida abstemia, sus hábitos sencillos, sus ropas burdas, y lo habían declarado fanático. Por causa de que denunciara su hipocresía, habían resistido sus palabras y habían tratado de incitar al pueblo contra él. El Espíritu de Dios había obrado en el corazón de esos escarnecedores, convenciéndolos de pecado; pero habían rechazado el consejo de Dios, y habían declarado que Juan estaba poseído por un demonio.

Pero ahora que Jesús había venido y andaba entre la gente, comiendo y bebiendo a sus mesas, lo acusaban de glotón y bebedor. Los mismos que hacían esa acusación eran culpables. Así como Satanás representa falsamente a Dios y lo reviste de sus propios atributos, así esos hombres perversos dijeron mentiras de los mensajeros del Señor.

Los fariseos no querían considerar que Jesús comía con los publicanos y los pecadores para llevar la luz del cielo a los que moraban en tinieblas. No querían ver que cada palabra pronunciada por el divino Maestro era una semilla viviente que iba a germinar y llevar fruto para gloria de Dios. Habían resuelto no aceptar la luz; y aunque se habían opuesto a la misión del Bautista, estaban ahora listos para cortejar la amistad de sus discípulos, esperando obtener su cooperación contra Jesús. Sostuvieron que Jesús anulaba las antiguas tradiciones; y pusieron en contraste la austera piedad del Bautista con la conducta de Jesús en banquetear con publicanos y pecadores.

Los discípulos de Juan estaban por entonces en gran aflicción. Era antes de su visita a Jesús con el mensaje de Juan. Su amado maestro estaba en la cárcel, y ellos pasaban los días lamentándose. Jesús no hacía ningún esfuerzo para librar a Juan, y hasta parecía desacreditar su enseñanza. Si Juan había sido enviado por Dios, ¿por qué Jesús y sus discípulos seguían una conducta tan diferente?

Los discípulos de Juan no comprendían bien la obra de Cristo; pensaban que tal vez las acusaciones de los fariseos tenían algún fundamento. Observaban muchas de las reglas prescritas por los rabinos, y hasta esperaban ser justificados por las obras de la ley. El ayuno era practicado por los judíos como un acto de mérito, y los más estrictos ayunaban dos días por semana. Los fariseos y los discípulos de Juan estaban ayunando cuando los últimos vinieron a Jesús con la pregunta: "¿Por qué nosotros y los fariseos ayunamos muchas veces, y tus discípulos no ayunan?"

Jesús les contestó tiernamente. No trató de corregir su concepto erróneo del ayuno, sino sólo con respecto a su propia misión. Y lo hizo empleando la misma figura que el Bautista había usado en su testimonio acerca de Jesús. Juan había dicho: "El que tiene a la novia es el novio. Pero el amigo del novio, que está a su lado y lo escucha, se llena de alegría cuando oye la voz del novio. Ésa es la alegría que me inunda".[2] Los discípulos de

Juan no podían menos que recordar estas palabras de su maestro; y, siguiendo con la ilustración, Jesús dijo: "¿Acaso pueden obligar a los invitados del novio a que ayunen mientras él está con ellos?"[3]

El Príncipe del cielo estaba entre su pueblo. El mayor don de Dios había sido dado al mundo. Gozo para los pobres; porque Cristo había venido a hacerlos herederos de su reino. Gozo para los ricos; porque les iba a enseñar a obtener las riquezas eternas. Gozo para los ignorantes; porque los iba a hacer sabios para la salvación. Gozo para los sabios; pues él les iba a abrir misterios más profundos que los que jamás hubieran sondeado; verdades que habían estado ocultas desde la fundación del mundo iban a ser reveladas a los hombres por la misión del Salvador.

Juan el Bautista se había regocijado de contemplar al Salvador. ¡Qué ocasión de regocijo tenían los discípulos con su privilegio de caminar y hablar con la Majestad del cielo! Este no era para ellos tiempo para llorar y ayunar. Debían abrir su corazón para recibir la luz de su gloria, con el fin de poder derramar luz sobre los que moraban en tinieblas y sombra de muerte.

Las palabras de Cristo habían evocado un cuadro brillante, pero lo cruzaba una densa sombra, que solamente su ojo discernía. Les dijo: "Vendrán días cuando el esposo les será quitado; entonces, en aquellos días ayunarán". Cuando viesen a su Señor traicionado y crucificado, los discípulos llorarían y ayunarían. En las últimas palabras que les dirigiera en el aposento alto dijo: "¿Se están preguntando qué quise decir cuando dije: 'Dentro de poco ya no me verán', y 'un poco después volverán a verme'? Ciertamente les aseguro que ustedes llorarán de dolor, mientras que el mundo se alegrará. Se pondrán tristes, pero su tristeza se convertirá en alegría".[4]

Cuando saliese de la tumba, su tristeza se trocaría en gozo. Después de su ascensión iba a estar ausente en persona; pero por medio del Consolador aun estaría con ellos, y no debían pasar su tiempo en lamentaciones. Eso era lo que Satanás quería. Deseaba que diesen al mundo la impresión de que habían sido engañados y desilusionados; pero por fe debían mirar al Santuario celestial, donde Jesús ministraría por ellos; debían abrir su corazón al Espíritu Santo, su representante, y regocijarse en la luz de su presencia. Sin embargo, iban a venir días de tentación y prueba, cuando serían puestos en conflicto con los gobernantes de este mundo y los líderes del reino de las tinieblas; cuando Cristo no estuviera personalmente con ellos y fallaran en discernir al Consolador, entonces sería más apropiado para ellos ayunar.

Los fariseos procuraban exaltarse por medio de su rigurosa observancia de las formas, mientras su corazón estaba lleno de envidia y disensión. Dice la Escritura: "Ustedes sólo ayunan para pelear y reñir, y darse puñetazos a mansalva. Si quieren que el cielo atienda sus ruegos, ¡ayunen, pero no como ahora lo hacen! ¿Acaso el ayuno que he escogido es sólo un día para que el hombre se mortifique? ¿Y sólo para que incline la cabeza como un junco, haga duelo y se cubra de ceniza? ¿A eso llaman ustedes día de ayuno y el día aceptable del Señor?"[5]

El ayuno verdadero no es una mera práctica formal. La Escritura describe el ayuno que Dios ha escogido: "Desatar las ligaduras de impiedad, soltar las cargas de opresión, y dejar ir libres a los quebrantados, y que rompáis todo yugo...", partir "tu pan con el hambriento" y saciar "al alma afligida".[6] En esas palabras se expone el espíritu y el carácter de la obra de Cristo. Toda su vida fue un sacrificio de sí mismo por la salvación del mundo. Ya sea que ayunara en el desierto de la tentación o comiese con los publicanos en la fiesta de Mateo, estaba dando su vida para redimir al perdido. El verdadero espíritu de devoción no se manifiesta en ociosos lamentos, ni en la mera humillación corporal y los múltiples sacrificios, sino en la entrega del yo en un servicio voluntario a Dios y al hombre.

Continuando con su respuesta a los discípulos de Juan, Jesús dijo una parábola: "Nadie pone remiendo de paño nuevo en vestido viejo; de otra manera, el mismo remiendo nuevo tira de lo viejo, y se hace peor la rotura". El mensaje de Juan el Bautista no debía entretejerse con la tradición y la superstición. El intento por fusionar la hipocresía de los fariseos con la devoción de Juan sólo haría más evidente el abismo que había entre ellos.

Tampoco podían unirse los principios de la enseñanza de Cristo con las formas del fariseísmo. Cristo no cerraría la brecha abierta por las enseñanzas de Juan. Él iba a hacer aun más definida la separación entre lo antiguo y lo nuevo. Jesús ilustró mejor este hecho diciendo: "Nadie echa vino nuevo en odres viejos; de otra manera, el vino nuevo rompe los odres, y el vino se derrama, y los odres se pierden". Los odres que se usaban como recipientes para el vino nuevo, después de un tiempo se secaban y volvían quebradizos, y ya no podían servir para el mismo fin. En esa ilustración familiar Jesús presentó la condición de los líderes judíos. Sacerdotes, escribas y príncipes estaban sumidos en una rutina de ceremonias y tradiciones. Sus corazones se habían contraído como los odres resecados a los cuales se los había comparado. Mientras permanecían satisfechos con una religión legalista, les era imposible ser depositarios de la verdad viviente del cielo. Pensaban que para todo bastaba su propia justicia, y no deseaban que entrase un nuevo elemento en su religión. No aceptaban la buena voluntad de Dios para con los hombres como algo separado de ellos. La conectaban con el mérito propio de sus buenas obras. La fe que obra por amor y purifica el alma no hallaba punto de contacto con la religión de los fariseos, compuesta de ceremonias y preceptos humanos. El esfuerzo para unir las enseñanzas de Jesús con la religión establecida sería vano. La verdad vital de Dios, como el vino en fermentación, reventaría los viejos y decadentes odres de la tradición farisaica.

Los fariseos se creían demasiado sabios para necesitar instrucción, demasiado justos para necesitar salvación, demasiado altamente honrados para necesitar la honra que proviene de Cristo. El Salvador se apartó de ellos para encontrar a otros que quisieran recibir el mensaje del cielo. En los pescadores sin instrucción, en los publicanos de la plaza, en la mujer de Samaria, en el vulgo que le oía gustosamente, halló sus odres nuevos para el vino nuevo. Los instrumentos que han de ser usados en la obra del evangelio son las almas que reciben gustosamente la luz que Dios les envía. Son sus agentes para impartir el conocimiento de la verdad al mundo. Si por medio de la gracia de Cristo los suyos quieren llegar a ser odres nuevos, los llenará con vino nuevo.

La enseñanza de Cristo, aunque estaba representada por el vino nuevo, no era una doctrina nueva, sino la revelación de lo que había sido enseñado desde el principio. Pero para los fariseos la verdad de Dios había perdido su significado y belleza originales. Para ellos, la enseñanza de Cristo era nueva en casi todo aspecto, y no la reconocían ni la aceptaban.

Jesús destacó el poder que la falsa enseñanza tiene para destruir el aprecio y el deseo por la verdad. Él dijo: "Ninguno que beba del añejo, quiere luego el nuevo; porque dice: El añejo es mejor". Toda la verdad que había sido dada al mundo por medio de los patriarcas y los profetas resplandecía con nueva belleza en las palabras de Cristo. Pero los escribas y fariseos no deseaban el precioso vino nuevo. Hasta que no se vaciasen de sus viejas tradiciones, costumbres y prácticas, no habría lugar en su mente o corazón para las enseñanzas de Cristo. Se aferraban a las formas muertas, y se apartaban de la verdad viviente y del poder de Dios.

Esto provocó la ruina de los judíos, y será la ruina de muchas almas en nuestros días. Miles están cometiendo el mismo error que los fariseos a quienes Cristo reprendió en la fiesta de Mateo. Antes que renunciar a alguna idea acariciada, o descartar algún ídolo de opinión, muchos rechazan la verdad que desciende del Padre de la luz. Confían en sí mismos y dependen de su propia sabiduría, y no se dan cuenta su pobreza espiritual. Insisten en ser salvos de alguna manera por medio de la cual puedan realizar alguna obra importante. Cuando ven que no pueden entretejer el yo en esa obra, rechazan la salvación provista.

Una religión legal nunca puede conducir a las almas a Cristo; porque es una religión sin amor y sin Cristo. El ayuno o la oración motivada por un espíritu de justificación propia es abominación a la vista de Dios. La reunión solemne para adorar, la repetición de ceremonias religiosas, la humillación externa, el sacrificio imponente, proclaman que el hacedor de esas cosas se considera justo, con derecho al cielo; pero es todo un engaño. Nuestras propias obras nunca pueden comprar la salvación.

Como fue en los días de Cristo, así es hoy; los fariseos no conocen su indigencia espiritual. A ellos llega el mensaje: "Porque tú dices: Yo soy rico, y me he enriquecido, y de ninguna cosa tengo necesidad; y no conoces que tú eres un desventurado, miserable, pobre, ciego y desnudo. Por tanto, yo te aconsejo que de mí compres oro refinado en fuego, para que seas rico, y vestiduras blancas para vestirte, y que no se descubra la vergüenza de tu desnudez". La fe y el amor son el oro probado en el fuego. Pero en el caso de muchos el oro se ha opacado y se ha perdido el rico tesoro. La justicia de Cristo es para ellos como un manto sin estrenar, una fuente sellada. A ellos se dice: "Tengo contra ti que has dejado tu primer amor. Recuerda, por tanto, de dónde has caído, y arrepiéntete, y haz las primeras obras; pues si no, vendré pronto a ti, y quitaré tu candelero de su lugar, si no te hubieres arrepentido".[7]

"Los sacrificios de Dios son el espíritu quebrantado; al corazón contrito y humillado no despreciarás tú, oh Dios".[8] El hombre debe ser vaciado del yo antes que pueda ser, en el sentido más pleno, un creyente en Jesús. Cuando se renuncia al yo, entonces el Señor puede hacer del hombre una criatura nueva. Los odres nuevos pueden contener el vino nuevo. El amor de Cristo animará al creyente con vida nueva. En aquel que mira al Autor y Consumador de nuestra fe se manifestará el carácter de Cristo.

---

[1] Luc. 22:35. [2] Juan 3:29, NVI. [3] Lucas 5:34, NVI. [4] Juan 16:19, 20, NVI. [5] Isa. 58:4, 5, NVI. [6] Isa. 58:6, 10. [7] Apoc. 3:17, 18; 2:4, 5. [8] Sal. 51:17.

CAPÍTULO 29

El sábado

EL SÁBADO fue santificado en ocasión de la creación. Tal cual fue ordenado para el hombre, tuvo su origen cuando "alababan todas las estrellas del alba, y se regocijaban todos los hijos de Dios". La paz reinaba sobre el mundo entero, porque la tierra estaba en armonía con el cielo. "Vio Dios todo lo que había hecho, y he aquí que era bueno en gran manera";[1] y reposó en el gozo de su obra terminada.

Por haber reposado en sábado, "bendijo Dios el día séptimo, y lo santificó"; lo puso aparte para un uso santo. Lo dio a Adán como día de reposo. Era un monumento recordativo de la obra de la creación, y así una señal del poder y el amor de Dios. Las Escrituras dicen: "Ha hecho memorables sus maravillas". "Las cosas invisibles de él, su eterno poder y divinidad, se hacen claramente visibles desde la creación del mundo, siendo entendidas por medio de las cosas hechas".[2]

Todas las cosas fueron creadas por el Hijo de Dios. "En el principio era el Verbo, y el Verbo era con Dios... Todas las cosas por él fueron hechas, y sin él nada de lo que ha sido hecho, fue hecho".[3] Y puesto que el sábado es un monumento recordativo de la obra de la creación, es una señal del amor y el poder de Cristo.

El sábado dirige nuestros pensamientos a la naturaleza y nos pone en comunión con el Creador. En el canto de las aves, el murmullo de los árboles y la música del mar todavía podemos oír esa voz que habló con Adán en el Edén al frescor del día. Y mientras contemplamos su poder en la naturaleza, hallamos consuelo, porque la palabra que creó todas las cosas es la que infunde vida al alma. El "que mandó que de las tinieblas resplandeciese la luz, es el que resplandeció en nuestros corazones, para iluminación del conocimiento de la gloria de Dios en la faz de Jesucristo".[4]

Fue este pensamiento el que provocó el canto:

"Por cuanto me has alegrado, oh Jehová, con tus obras;
en las obras de tus manos me gozo.
¡Cuán grandes son tus obras, oh Jehová!
Muy profundos son tus pensamientos".[5]

Y el Espíritu Santo declara a través del profeta Isaías: "¿A qué, pues, haréis semejante a Dios, o qué imagen le compondréis?... ¿No sabéis? ¿No habéis oído? ¿Nunca os lo han dicho desde el principio? ¿No habéis sido enseñados desde que la tierra se fundó? Él está asentado sobre el círculo de la tierra, cuyos moradores son como langostas; él extiende los cielos como una cortina, los despliega como una tienda para morar... ¿A qué, pues, me haréis semejante o me compararéis? dice el Santo. Levantad en alto vuestros ojos, y mirad quién creó estas cosas; él saca y cuenta su ejército; a todas llama por sus nombres; ninguna faltará; tal es la grandeza de su fuerza, y el poder de su dominio. ¿Por qué dices, oh Jacob, y hablas tú, Israel: Mi camino está escondido de Jehová, y de mi Dios pasó mi juicio? ¿No has sabido, no has oído que el Dios eterno es Jehová, el cual creó los confines de la tierra? No desfallece, ni se fatiga con cansancio... Él da esfuerzo al cansado, y multiplica las fuerzas al que no tiene ningunas". "No temas porque yo estoy contigo; no desmayes, porque yo soy tu Dios que te esfuerzo; siempre te ayudaré, siempre te sustentaré con la diestra de mi justicia". "Mirad a mí, y sed salvos, todos los términos de la tierra, porque yo soy Dios, y no hay más". Tal es el mensaje que fue escrito en la naturaleza, y que el sábado está destinado a rememorar. Cuando el Señor ordenó a Israel que santificase sus sábados, dijo: "Sean por señal entre mí y vosotros, para que sepáis que yo soy Jehová vuestro Dios".[6]

El sábado fue incorporado en la ley dada desde el Sinaí; pero no fue entonces cuando se lo dio a conocer por primera vez como día de reposo. El pueblo de Israel había tenido conocimiento de él antes de llegar al Sinaí. En camino hacia allí guardaron el sábado. Cuando algunos lo profanaron, el Señor los reprendió diciendo: "¿Hasta cuándo seguirán desobedeciendo mis leyes y mandamientos?"[7]

El sábado no era solamente para Israel, sino para el mundo entero. Había sido dado a conocer al hombre en el Edén, y, como los demás preceptos del Decálogo, es de obligación imperecedera. Acerca de esa ley, de la cual el cuarto mandamiento forma parte, Cristo declara: "Hasta que perezca el cielo y la tierra, ni una jota ni una tilde perecerá de la ley". Así que mientras duren los cielos y la tierra, el sábado continuará siendo una señal del poder del Creador. Cuando el Edén vuelva a florecer en la tierra, el santo día de reposo de Dios será honrado por todos los que moren debajo del sol. "De sábado en sábado" los habitantes de la tierra renovada y glorificada subirán "a adorar delante de mí, dijo Jehová".[8]

Ninguna otra institución confiada a los judíos propendía tan plenamente como el sábado a distinguirlos de las naciones que los rodeaban. Dios se propuso que su observancia los designase como sus adoradores. Debía ser una señal de su separación de la idolatría, y de su conexión con el Dios verdadero. Pero con el fin de santificar el sábado, los hombres mismos deben ser santos. Por fe deben llegar a ser participantes de la justicia de Cristo. Cuando dio a Israel el mandato: "Recuerda el día del sábado para santificarlo", el Señor también les dijo: "Me seréis varones santos".[9] Únicamente en esa forma podía el sábado distinguir a los israelitas como adoradores de Dios.

Al apartarse los judíos de Dios, y fracasar en apropiarse de la justicia de Cristo por fe, el sábado perdió su significado para ellos. Satanás estaba tratando de exaltarse a sí mismo y de apartar a los hombres de Cristo, y obró para pervertir el sábado porque es la señal del poder de Cristo. Los dirigentes judíos cumplían la voluntad de Satanás rodeando de requisitos pesados el día de reposo de Dios. En los días de Cristo el sábado había quedado tan pervertido, que su observancia reflejaba el carácter de hombres egoístas y arbitrarios, más bien que el carácter del amante Padre celestial. Los rabinos representaban virtualmente a Dios como dador de leyes cuya obediencia era imposible para los hombres. Inducían a la gente a considerar a Dios como un tirano, y a pensar que la observancia del sábado, así como él lo exigía, hacía a los hombres duros y crueles. Era la obra de Cristo disipar esos falsos conceptos. Aunque los rabinos lo perseguían con hostilidad implacable, ni siquiera aparentaba conformarse a sus requerimientos, sino que seguía adelante, guardando el sábado según la ley de Dios.

Cierto sábado, mientras el Salvador y sus discípulos volvían del lugar de culto, pasaron por un sembrado que estaba madurando. Jesús había continuado su obra hasta hora avanzada y, mientras pasaba por los campos, los discípulos comenzaron a juntar espigas y a comer los granos, después de restregarlos en sus manos. En cualquier otro día ese acto no habría provocado comentario, porque el que pasaba por un sembrado, un huerto o una viña tenía plena libertad para recoger lo que deseara comer.[10] Pero el hacer eso en sábado era tenido por un acto de profanación. No sólo el juntar el grano era una forma de cosecha, sino que el restregarlo en las manos era un modo de trilla. Así, en opinión de los rabinos, existía un doble delito.

Inmediatamente los espías se quejaron a Jesús diciendo: "Tus discípulos hacen lo que no está permitido hacer en sábado".[11]

Cuando se lo acusó de violar el sábado en Betesda, Jesús se defendió afirmando su condición de Hijo de Dios y declarando que él obraba en armonía con el Padre. Ahora que atacaban a sus discípulos, él citó a sus acusadores ejemplos del Antiguo Testamento, actos realizados en sábado por quienes estaban en el servicio de Dios.

Los maestros judíos se jactaban de su conocimiento de las Escrituras, y la respuesta del Salvador implicaba una represión por su ignorancia de los Escritos Sagrados. Dijo: "¿Ni aun esto habéis leído, qué hizo David cuando tuvo hambre, él, y los que con él estaban; cómo entró en la casa de Dios, y tomó los panes de la proposición, y comió... los cuales no era lícito comer, sino a sólo los sacerdotes?" "El sábado ha sido instituido para el hombre y no el hombre para el sábado". "¿Tampoco habéis leído en la Ley que en día de sábado los sacerdotes, en el Templo, quebrantan el sábado sin incurrir en culpa? Pues yo os digo que hay aquí algo mayor que el Templo". "El Hijo del hombre también es señor del sábado".[12]

Si estaba bien que David satisficiese su hambre comiendo el pan que había sido apartado para un uso santo, entonces estaba bien que los discípulos supliesen su necesidad recogiendo granos en las horas sagradas del sábado. Además, los sacerdotes del templo realizaban el sábado una labor más intensa que en otros días. La misma labor en asuntos seculares habría sido pecaminosa; pero la obra de los sacerdotes se hacía en servicio a Dios. Ellos cumplían los ritos que señalaban al poder redentor de Cristo, y su labor estaba en armonía con el propósito del sábado. Pero ahora, Cristo mismo había venido. Los discípulos, al hacer la obra de Cristo, estaban sirviendo a Dios, y era correcto hacer en sábado lo que era necesario para el cumplimiento de esa obra.

Cristo quería enseñar a sus discípulos y a sus enemigos que el servicio de Dios está antes que cualquier otra cosa. El objetivo de la obra de Dios en este mundo es la redención del hombre; por tanto, lo que es necesario hacer en sábado, en cumplimiento de esa obra, está de acuerdo con la ley del sábado. Luego Jesús coronó su argumento declarándose "Señor del sábado"; un Ser por encima de todo cuestionamiento y por encima de toda ley. Este Juez infinito absuelve a los discípulos de culpa, apelando a los mismos estatutos que se los acusaba de estar violando.

Jesús no dejó pasar el asunto sin formular una represión a sus enemigos. Declaró que en su ceguera habían interpretado mal el propósito del sábado. Dijo: "Si ustedes supieran lo que significa: 'Lo que pido de ustedes es misericordia y no sacrificio', no condenarían a los que no son culpables".[13] Sus muchos ritos formalistas no podían suplir la falta de esa integridad veraz y amor tierno que siempre caracterizarán al verdadero adorador de Dios.

Cristo volvió a reiterar la verdad de que en sí mismos los sacrificios no tienen valor. Eran un medio, y no un fin. Su propósito consistía en dirigir a los hombres al Salvador, y así ponerlos en armonía con Dios. Lo que Dios valora es el servicio de amor. Faltando éste, el mero ceremonial le es una ofensa. Así sucede con el sábado. Estaba destinado a poner a los hombres en comunión con Dios; pero cuando la mente quedaba absorbida por ritos tediosos, el propósito del sábado se frustraba. Su simple observancia exterior era una burla.

Otro sábado, al entrar Jesús en una sinagoga, vio allí a un hombre que tenía una mano paralizada. Los fariseos lo vigilaban, deseosos de ver lo que iba a hacer. El Salvador sabía muy bien que al sanar en sábado sería considerado como transgresor, pero no vaciló en derribar el muro de los requerimientos tradicionales que rodeaban al sábado. Jesús invitó al afligido a ponerse de pie, y luego preguntó: "¿Es lícito hacer bien en sábado, o hacer mal? ¿Salvar la vida, o quitarla?" Era una máxima entre los judíos que el dejar de hacer el bien, cuando había oportunidad, era hacer el mal; el descuidar de salvar una vida era matar. Así se enfrentó Jesús con los rabinos en su propio terreno. "Pero ellos permanecieron callados. Jesús se les quedó mirando, enojado y entristecido por la dureza de su corazón, y le dijo al hombre: 'Extiende la mano'. La extendió, y la mano le quedó restablecida".[14]

Cuando le preguntaron: "¿Es lícito curar en sábado?", Jesús contestó: "¿Quién de vosotros que tenga una sola oveja, si ésta cae en un hoyo en día de sábado, no la agarra y la saca? Pues, ¡cuánto más vale un hombre que una oveja! Por tanto, es lícito hacer bien en sábado".[15]

Los espías no se atrevían a contestar a Jesús en presencia de la multitud, por temor a meterse en dificultades. Sabían que él había dicho la verdad. Antes que violar sus tradiciones, dejarían sufrir a un hombre, mientras que aliviarían a un animal por causa de la pérdida que sufriría el dueño si lo descuidaba. Así manifestaban mayor cuidado por un animal que por el hombre, que fue hecho a la imagen de Dios. Esto ilustra el funcionamiento de todas las religiones falsas. Tienen su origen en el deseo del hombre de exaltarse por encima de Dios, pero llegan a degradar al hombre por debajo del nivel de las bestias. Toda religión que combate la soberanía de Dios, defrauda al hombre de la gloria que le fue concedida en la creación, y que ha de serle restaurada en Cristo. Toda religión falsa enseña a sus adeptos a descuidar las necesidades, sufrimientos y derechos de los hombres. El evangelio concede un alto valor a la humanidad como adquisición hecha por la sangre de Cristo, y enseña a considerar con ternura las necesidades y desgracias del hombre. El Señor dice: "Haré más precioso que el oro fino al varón, y más que el oro de Ofir al hombre".[16]

Cuando Jesús se dirigió a los fariseos con la pregunta de si era lícito hacer bien o mal en sábado, salvar la vida o matar, los confrontó con sus propios malos deseos. Con acerbo odio ellos deseaban matarlo, mientras él salvaba vidas e impartía felicidad a muchedumbres. ¿Era mejor matar en sábado, según se proponían ellos hacer, que sanar a los afligidos como lo había hecho él? ¿Era más justo tener homicidio en el corazón en el santo día de Dios, que tener hacia todos un amor que se expresara en hechos de misericordia?

Al sanar al hombre que tenía una mano seca, Jesús condenó la costumbre de los judíos, y dejó al cuarto mandamiento tal cual Dios lo había dado. "Es lícito hacer el bien en los sábados", declaró. Poniendo a un lado las restricciones sin sentido de los judíos, Cristo honró el sábado, mientras que los que se quejaban contra él deshonraban el día santo de Dios.

Los que sostienen que Cristo abolió la ley enseñan que violó el sábado y justificó a sus discípulos en lo mismo. Así están asumiendo la misma actitud que los cavilosos judíos. En esto contradicen el testimonio de Cristo mismo, quien declaró: "He guardado los mandamientos de mi Padre, y permanezco en su amor". Ni el Salvador ni sus discípulos violaron la ley del sábado. Cristo fue el representante vivo de la ley. En su vida no se halló ninguna violación de sus santos preceptos. Frente a una nación de testigos que buscaban ocasión de condenarlo, pudo decir sin que lo contradijeran: "¿Quién de vosotros me convence de pecado?"[17]

El Salvador no había venido para poner a un lado lo que los patriarcas y profetas habían dicho; porque él mismo había hablado mediante esos hombres representativos. Todas las verdades de la Palabra de Dios provenían de él. Esas gemas inestimables habían sido puestas en engastes falsos. Su preciosa luz había sido empleada para servir al error. Dios deseaba que fuesen sacadas de su marco de error y puestas en el de la verdad. Esa obra podía ser hecha únicamente por una mano divina. Por su conexión con el error, la verdad había estado sirviendo a la causa del enemigo de Dios y del hombre. Cristo había venido para colocarla donde glorificase a Dios y obrase la salvación de la humanidad.

Jesús dijo: "El sábado por causa del hombre es hecho; no el hombre por causa del sábado". Las instituciones que Dios estableció son para beneficio de la humanidad. "Y todo esto es para vuestro bien". "Sea Pablo, sea Apolos, sea Cefas, sea el mundo, sea la vida, sea la muerte, sea lo presente, sea lo por venir, todo es vuestro; y vosotros de Cristo, y Cristo de Dios". La Ley de los Diez Mandamientos, de la cual el sábado forma parte, fue dada por Dios a su pueblo como una bendición. Moisés dijo: "Nos mandó Jehová que cumplamos todos estos estatutos, y que temamos a Jehová nuestro Dios, para que nos vaya bien todos los días, y para que nos conserve la vida, como hasta hoy". Y mediante el salmista se dio este mensaje a Israel: "Servid a Jehová con alegría; venid ante su presencia con regocijo. Reconoced que Jehová es Dios, él nos hizo, y no nosotros a nosotros mismos; pueblo suyo somos, y ovejas de su prado. Entrad por sus puertas con acción de gracias, por sus atrios con alabanza". Y cerca de todos los que guardan "el sábado de profanarlo", el Señor declara: "Los llevaré al monte de mi santidad, y los recrearé en mi casa de oración".[18]

"El Hijo del hombre es Señor aun del sábado". Estas palabras rebosan instrucción y consuelo. Ya que el sábado fue hecho para el hombre, es el día del Señor. Pertenece a Cristo. Porque "todas las cosas por él fueron hechas... sin él nada de lo que ha sido hecho fue hecho". Y como lo hizo todo, también creó el sábado. Por él fue apartado como monumento recordativo de la obra de la creación. Nos presenta a Cristo como Creador tanto como Santificador. Declara que el que creó todas las cosas en el cielo y en la tierra, y mediante quien todas las cosas existen, es cabeza de la iglesia, y que por su poder somos reconciliados con Dios. Porque, hablando de Israel, dijo: "Les di además mis sábados como señal entre ellos y yo, para que supieran que yo soy Yahvéh, que los santifico";[19] que los hace santos. Entonces el sábado es una señal del poder de Cristo para santificarnos. Es dado a todos los que Cristo hace santos. Como señal de su poder santificador, el sábado es dado a todos los que por medio de Cristo llegan a formar parte del Israel de Dios.

Y el Señor dice: "Si retrajeres del sábado tu pie, de hacer tu voluntad en mi día santo, y al sábado llamares delicias, santo, glorioso de Jehová... entonces te deleitarás en Jehová". A todos los que reciban el sábado como señal del poder creador y redentor de Cristo les resultará una delicia. Viendo a Cristo en él, se deleitan en él. El sábado les indica las obras de la creación como evidencia de su gran poder redentor. Al par que recuerda la perdida paz del Edén, habla de la paz restaurada por medio del Salvador. Y todo lo que encierra la naturaleza repite su invitación: "Venid a mí todos los que estáis trabajados y cargados, y yo os haré descansar".[20]

[1] Job 38:7; Gén. 1:31. [2] Gén. 2:3; Sal. 111:4; Rom. 1:20. [3] Juan 1:1-3. [4] 2 Cor. 4:6. [5] Sal. 92:4, 5. [6] Isa. 40:18-29; 41:10; 45:22; Eze. 20:20. [7] Éxo. 16:28, NVI. [8] Mat. 5:18, RVA; Isa. 66:23, RVA. [9] Éxo. 20:8, BJ; 22:31. [10] Ver Deut. 23:24, 25. [11] Mat. 12:2, BJ. [12] Luc. 6:3, 4, RVA; Mar. 2:27, BJ; Mat. 12:5, 6, BJ; Mar. 2:28, BJ. [13] Mat. 12:7, NVI. [14] Mar. 3:4, 5, NVI. [15] Mat. 12:10-12, BJ. [16] Isa. 13:12. [17] Juan 15:10; 8:46, VM. [18] 2 Cor. 4:15, BJ; 1 Cor. 3:22, 23; Deut. 6:24; Sal. 100:2-4; Isa. 56:6, 7, RVA. [19] Juan 1:3; Eze. 20:12, BJ. [20] Isa. 58:13, 14, RVA; Mat. 11:28.

Capítulo 30

La ordenación de los Doce

"DESPUÉS subió al monte, y llamó a sí a los que él quiso; y vinieron a él. Y estableció a doce, para que estuviesen con él, y para enviarlos a predicar".

Debajo de los protectores árboles de la ladera de la montaña, pero a corta distancia del Mar de Galilea, fueron llamados los Doce al apostolado y fue predicado el Sermón del Monte. Los campos y las colinas eran los lugares favoritos de Jesús, y muchas de sus enseñanzas fueron dadas al aire libre antes que en el templo o las sinagogas. Ninguna sinagoga podría haber contenido a las multitudes que lo seguían. Pero no sólo por esta razón prefería él enseñar en los campos y huertos; Jesús amaba las escenas de la naturaleza. Para él, cada tranquilo retiro era un templo sagrado.

Fue bajo los árboles del Edén donde los primeros moradores de la tierra eligieron su santuario. Allí Cristo se había comunicado con el padre de la humanidad. Cuando fueron desterrados del Paraíso, nuestros primeros padres siguieron adorando en los campos y vergeles, y allí Cristo se encontraba con ellos y les comunicaba el evangelio de su gracia. Fue Cristo quien habló a Abraham bajo los robles de Mamre; con Isaac cuando salió a orar en los campos a la hora del crepúsculo; con Jacob en la colina de Betel; con Moisés entre las montañas de Madián; y con el joven David mientras cuidaba sus rebaños. Fue por indicación de Cristo que durante quince siglos el pueblo hebreo había dejado sus hogares durante una semana cada año, y había morado en cabañas formadas con ramas verdes, "ramas con fruto de árbol hermoso, ramas de palmeras, ramas de árboles frondosos, y sauces de los arroyos".[1]

Mientras entrenaba a sus discípulos, Jesús elegía apartarse de la confusión de la ciudad a la tranquilidad de los campos y las colinas, pues estaba más en armonía con las lecciones de abnegación que deseaba enseñarles. Y durante su ministerio amó congregar a la gente en derredor suyo bajo los cielos azules, en algún collado hermoso o en la playa a orillas del lago. Allí, rodeado por las obras de su propia creación, podía redirigir los pensamientos de sus oyentes de lo artificial a lo natural. En el crecimiento y desarrollo de la naturaleza se revelaban los principios de su reino. Si los hombres levantaban sus ojos a las colinas de Dios, y contemplaban las maravillosas obras de sus manos, podían aprender lecciones preciosas de la verdad divina. La enseñanza de Cristo les era repetida en las cosas de la naturaleza. Así sucede con todos los que salen a los campos con Cristo en su corazón. Se sentirán rodeados por una influencia santa. Las cosas de la naturaleza toman las parábolas de nuestro Señor y repiten sus consejos. Por medio de la comunión con Dios en la naturaleza, la mente se eleva y el corazón halla reposo.

Estaba por darse el primer paso en la organización de la iglesia, que después de la partida de Cristo había de ser su representante en la tierra. No tenía ningún santuario costoso a su disposición, pero el Salvador condujo a sus discípulos al lugar de retraimiento que él amaba, y en la mente de ellos los sagrados incidentes de aquel día quedaron para siempre vinculados con la belleza de la montaña, del valle y del mar.

Jesús llamó a sus discípulos para enviarlos como testigos suyos, para que declararan al mundo lo que habían visto y oído de él. Su cargo era el más importante al cual hubiesen sido llamados alguna vez los seres humanos, y únicamente el de Cristo lo superaba. Debían ser colaboradores con Dios para la salvación del mundo. Así como en el Antiguo Testamento los doce patriarcas se destacan como representantes de Israel, así los doce apóstoles habrían de destacarse como representantes de la iglesia evangélica.

El Salvador conocía el carácter de los hombres a quienes había elegido; todas sus debilidades y errores estaban expuestos delante de él; conocía los peligros que tendrían que arrostrar, la responsabilidad que recaería sobre ellos; y su corazón amaba tiernamente a esos elegidos. A solas sobre una montaña, cerca del Mar de Galilea, pasó toda la noche en oración por ellos, mientras ellos dormían al pie de la montaña. Al amanecer los llamó a sí, porque tenía algo importante que comunicarles.

Esos discípulos habían estado durante algún tiempo asociados con Jesús en su labor activa. Juan y Santiago, Andrés y Pedro, con Felipe, Natanael y Mateo, habían estado más íntimamente conectados con él que los demás, y presenciado un mayor número de sus milagros. Pero Santiago y Juan tenían una relación más estrecha con él. Estaban casi constantemente con él, presenciando sus milagros y oyendo sus palabras. Juan había penetrado en una intimidad aun mayor con Jesús, de tal manera que se lo distingue como aquel a quien Jesús amaba. El Salvador los amaba a todos, pero el de Juan era el espíritu más receptivo. Era el más joven de todos, y con mayor confianza infantil abría su corazón a Jesús. Así llegó a simpatizar más con Cristo, y por su medio el Salvador comunicó a su pueblo las enseñanzas espirituales más profundas.

A la cabeza de uno de los grupos en los cuales estaban divididos los apóstoles se destaca el nombre de Felipe. Fue el primer discípulo a quien Jesús dirigió la orden terminante: "Sígueme". Felipe era de Betsaida, la ciudad de Andrés y Pedro. Había escuchado la enseñanza de Juan el Bautista, y lo había oído anunciar a Cristo como el Cordero de Dios. Felipe era un sincero buscador de la verdad, pero era tardo de corazón para creer. Aunque se había unido a Cristo, la manera en que lo anunció a Natanael demuestra que no estaba plenamente convencido de la divinidad de Jesús. Si bien Cristo había sido proclamado por la voz del cielo como Hijo de Dios, para Felipe era "Jesús, el hijo de José, de Nazaret".[2] Cuando los cinco mil fueron alimentados, otra vez se reveló la falta de fe de Felipe. Para probarlo, Jesús preguntó: "¿De dónde compraremos pan para que coman éstos?" La respuesta de Felipe tendía a la incredulidad: "Doscientos denarios de pan no bastarían para que cada uno de ellos tomase un poco".[3] Jesús estaba apenado. Aunque Felipe había visto sus obras y sentido su poder, no tenía fe. Cuando los griegos preguntaron a Felipe acerca de Jesús, no aprovechó la oportunidad para presentarlos al Salvador, sino que fue y se lo dijo a Andrés. Otra vez, en las últimas horas antes de la crucifixión, las palabras de Felipe propendieron a desalentar la fe. Cuando Tomás dijo a Jesús: "Señor, no sabemos a dónde vas; ¿cómo, pues, podemos saber el camino?", el Salvador respondió: "Yo soy el camino, y la verdad, y la vida... Si me conocieseis, también a mi Padre conoceríais".

De Felipe provino la respuesta incrédula: "Señor, muéstranos al Padre, y nos basta".[4] Tan tardo de corazón, tan débil en la fe, era el discípulo que había estado con Jesús durante tres años.

En feliz contraste con la incredulidad de Felipe estaba la confianza infantil de Natanael. Era un hombre de naturaleza intensamente ferviente, cuya fe se apropiaba de las realidades invisibles. Sin embargo, Felipe era un alumno en la escuela de Cristo, y el divino Maestro soportó pacientemente su incredulidad y dureza para creer. Cuando el Espíritu Santo fue derramado sobre los discípulos, Felipe llegó a ser un maestro según el orden divino. Sabía de qué hablaba y enseñaba con una seguridad que infundía convicción en los oyentes.

Mientras Jesús estaba preparando a los discípulos para su ordenación, un hombre que no había sido llamado se presentó con insistencia entre ellos. Era Judas Iscariote, un hombre que profesaba ser seguidor de Cristo; ahora se adelantaba para solicitar un lugar en el círculo íntimo de los discípulos. Con gran fervor y aparente sinceridad declaró: "Maestro, te seguiré a dondequiera que vayas". Jesús no lo rechazó ni le dio la bienvenida, sino que sólo pronunció estas palabras tristes: "Las zorras tienen guaridas, y las aves del cielo nidos; mas el Hijo del hombre no tiene donde recostar su cabeza".[5] Judas creía que Jesús era el Mesías; y uniéndose a los apóstoles esperaba conseguir un alto puesto en el nuevo reino, pero Jesús se propuso desvanecer esa esperanza declarando su pobreza.

Los discípulos estaban ansiosos de que Judas llegase a ser uno de ellos. Parecía un hombre respetable, de agudo discernimiento y habilidad administrativa, y lo recomendaron a Jesús como un hombre que lo ayudaría mucho en su obra. Por tanto, les causó sorpresa que Jesús lo recibiese tan fríamente.

Los discípulos habían quedado muy desilusionados de que Jesús no se hubiese esforzado por conseguir la cooperación de los dirigentes de Israel. Les parecía que era un error no fortalecer su causa obteniendo el apoyo de esos hombres influyentes. Si hubiese rechazado a Judas, en su mente habrían cuestionado la sabiduría de su Maestro. La historia ulterior de Judas les iba a enseñar el peligro que hay en decidir la idoneidad de los hombres para la obra de Dios basándose en el peso de alguna consideración mundanal. La cooperación de hombres como aquellos que los discípulos deseaban asegurarse habría entregado la obra en las manos de sus peores enemigos.

Aun así, cuando Judas se unió a los discípulos no era insensible a la belleza del carácter de Cristo. Sentía la influencia de ese poder divino que atraía a las almas al Salvador. El que no quebraría la caña cascada ni apagaría el pábilo humeante, no rechazaría a esa alma mientras sintiera un deseo de acercarse a la luz. El Salvador leyó el corazón de Judas; conoció los abismos de iniquidad en los cuales se hundiría a menos que fuese librado por la gracia de Dios. Al relacionar a ese hombre consigo, lo puso donde podría estar día tras día en contacto con la manifestación de su propio amor abnegado. Si quería abrir su corazón a Cristo, la gracia divina desterraría al demonio del egoísmo, y aun Judas podría llegar a ser un súbdito del reino de Dios.

Dios toma a los hombres tales como son, con los elementos humanos en su carácter, y los prepara para su servicio, si quieren ser disciplinados y aprender de él. No son elegidos porque sean perfectos, sino a pesar de sus imperfecciones, para que mediante el conocimiento y la práctica de la verdad, y por la gracia de Cristo, puedan ser transformados a su imagen.

Judas tuvo las mismas oportunidades que los demás discípulos. Escuchó las mismas preciosas lecciones. Pero la práctica de la verdad requerida por Cristo contradecía los deseos y propósitos de Judas, y él no quería renunciar a sus ideas con el fin de recibir sabiduría del Cielo.

¡Cuán tiernamente obró el Salvador con aquel que habría de entregarlo! En sus enseñanzas, Jesús se espaciaba en los principios de la benevolencia que herían la misma raíz de la avaricia. Presentó ante Judas el odioso carácter de la codicia, y más de una vez el discípulo se dio cuenta de que su carácter había sido pintado y su pecado señalado; pero no quería confesar ni abandonar su injusticia. Era autosuficiente, y en vez de resistir la tentación continuó practicando sus fraudes. Cristo estaba delante de él, como ejemplo viviente de lo que debía llegar a ser si cosechaba los beneficios de la mediación y el ministerio divinos: pero lección tras lección caía en los oídos de Judas sin que él le prestara atención.

Jesús no le dirigió ninguna reprimenda viva por su avaricia, sino que con paciencia divina soportó a ese hombre que estaba en el error, al par que le daba evidencia de que leía en su corazón como en un libro abierto. Le presentó los más altos incentivos para hacer lo bueno, y al rechazar la luz del cielo, Judas quedaría sin excusa.

En vez de andar en la luz, Judas prefirió conservar sus defectos. Acarició deseos malos, pasiones vengativas y pensamientos lóbregos y rencorosos, hasta que Satanás se posesionó plenamente de él. Judas llegó a ser un representante del enemigo de Cristo.

Cuando llegó a asociarse con Jesús, tenía algunos preciosos rasgos de carácter que podrían haber hecho de él una bendición para la iglesia. Si hubiese estado dispuesto a llevar el yugo de Cristo, podría haber estado entre los principales apóstoles; pero endureció su corazón cuando le señalaron sus defectos, y con orgullo y rebelión prefirió sus ambiciones egoístas, y así se incapacitó para la obra que Dios quería darle.

Todos los discípulos tenían graves defectos cuando Jesús los llamó a su servicio. Aun Juan, quien llegó a estar más íntimamente asociado con el manso y humilde Jesús, no era por naturaleza manso y sumiso. Él y su hermano eran llamados "hijos del trueno". Aun mientras andaban con Jesús, cualquier desprecio hecho a éste despertaba su indignación y espíritu combativo. En el discípulo amado había mal temperamento, venganza y espíritu de crítica. Era orgulloso y ambicionaba ocupar el primer puesto en el reino de Dios. Pero día tras día, en contraste con su propio espíritu violento, contempló la ternura y tolerancia de Jesús, y fue oyendo sus lecciones de humildad y paciencia. Abrió su corazón a la influencia divina y llegó a ser no solamente oidor sino hacedor de las obras del Salvador. Ocultó su yo en Cristo. Aprendió a llevar el yugo y la carga de Cristo.

Jesús reprendía a sus discípulos. Los amonestaba y precavía; pero Juan y sus hermanos no lo abandonaron; prefirieron quedarse con Jesús a pesar de las reprensiones. El Salvador no se apartó de ellos por causa de sus debilidades y errores. Ellos continuaron compartiendo hasta el fin sus pruebas y aprendiendo las lecciones de su vida. Contemplando a Cristo, llegó a transformarse su carácter.

Los apóstoles diferían grandemente en hábitos y genio. Entre ellos estaba el publicano Leví Mateo y el celote Simón, el intransigente enemigo de la autoridad de Roma; el generoso e impulsivo Pedro, y el ruin Judas; Tomás el fiel, aunque tímido y miedoso; Felipe, lento de corazón e inclinado a la duda; y los ambiciosos y jactanciosos hijos de Zebedeo, con sus hermanos. Estos fueron reunidos, con sus diferentes defectos, todos con tendencias al mal heredadas y cultivadas; pero en Cristo y por su medio habrían de habitar en la familia de Dios, aprendiendo a ser uno en fe, doctrina y espíritu. Iban a tener sus pruebas, sus agravios, sus diferencias de opinión; pero mientras Cristo habitase en el corazón de ellos, no habría disensión. Su amor los induciría a amarse unos a otros; las lecciones del Maestro harían armonizar todas las diferencias, poniendo a los discípulos en unidad hasta hacerlos de una sola mente y un mismo criterio. Cristo es el gran centro, y ellos se acercarían el uno al otro en la proporción en que se acercasen al centro.

Cuando Jesús hubo dado su instrucción a los discípulos, congregó al pequeño grupo en derredor suyo y, arrodillándose en medio de ellos y poniendo sus manos sobre sus cabezas, ofreció una oración para dedicarlos a su obra sagrada. Así fueron ordenados al ministerio evangélico los discípulos del Señor.

Como representantes suyos entre los hombres, Cristo no elige a ángeles que nunca cayeron, sino a seres humanos, hombres de pasiones iguales a las de quienes tratan de salvar. Cristo mismo se revistió de humanidad, para poder alcanzar a la humanidad. La divinidad necesitó de la humanidad; porque se requería tanto lo divino como lo humano para traer la salvación al mundo. La divinidad necesitó de la humanidad, para que ésta pudiese proporcionarle un canal de comunicación entre Dios y el hombre. Así sucede con los siervos y mensajeros de Cristo. El hombre necesita un poder exterior a sí mismo para restaurarlo a la semejanza de Dios y habilitarlo para hacer la obra de Dios; pero esto no hace que no sea esencial al agente humano. La humanidad hace suyo el poder divino, Cristo mora en el corazón por fe; y mediante la cooperación con lo divino el poder del hombre se hace eficiente para el bien.

El que llamó a los pescadores de Galilea está llamando todavía a los hombres a su servicio. Y está tan dispuesto a manifestar su poder por medio de nosotros como por medio de los primeros discípulos. Por imperfectos y pecaminosos que seamos, el Señor nos ofrece asociarnos consigo para que seamos aprendices de Cristo. Nos invita a ponernos bajo la instrucción divina para que, unidos con Cristo, podamos realizar las obras de Dios.

"Tenemos este tesoro en vasos de barro, para que la excelencia del poder sea de Dios, y no de nosotros". Esta es la razón por la cual la predicación del evangelio fue confiada a hombres sujetos a error más bien que a los ángeles. Es manifiesto que el poder que obra a través de la debilidad de la humanidad es el poder de Dios; y así se nos anima a creer que el poder que puede ayudar a otros tan débiles como nosotros, también puede ayudarnos a nosotros. Y los que están sujetos a las flaquezas deben poder compadecerse de "los ignorantes y extraviados".[6] Habiendo estado en peligro ellos mismos, conocen los riesgos y dificultades del camino, y por esa razón son llamados a buscar a los demás que están en igual peligro. Hay almas afligidas por la duda, cargadas de flaquezas, débiles en la fe e incapacitadas para comprender al Invisible; pero un amigo a quien pueden ver, que viene a ellos en lugar de Cristo, puede ser el vínculo que corrobore su temblorosa fe en Cristo.

Hemos de colaborar con los ángeles celestiales para presentar a Jesús al mundo. Con avidez casi impaciente, los ángeles aguardan nuestra cooperación; porque el hombre debe ser el canal de comunicación con el hombre. Y cuando nos entregamos a Cristo en una consagración de todo el corazón, los ángeles se regocijan de poder hablar a través de nuestras voces para revelar el amor de Dios.

---

[1] Lev. 23:40. [2] Juan 1:45. [3] Juan 6:5, 7. [4] Juan 14:5-8. [5] Mat. 8:19, 20. [6] 2 Cor. 4:7; Heb. 5:2.

CAPÍTULO 31

El Sermón del Monte

RARA VEZ reunía Cristo a sus discípulos a solas para darles sus palabras. No elegía por auditorio suyo únicamente a quienes conocían el camino de la vida. Era su obra alcanzar a las multitudes que estaban en la ignorancia y el error. Daba sus lecciones de verdad donde éstas podían alcanzar el entendimiento entenebrecido. Él mismo era la Verdad, que de pie, con los lomos ceñidos y las manos siempre extendidas para bendecir, y mediante palabras de advertencia, ruego y estímulo, trataba de elevar a todos los que venían a él.

El Sermón del Monte, aunque dado especialmente a los discípulos, fue pronunciado a oídos de la multitud. Después de la ordenación de los apóstoles, Jesús se fue con ellos a orillas del mar. Allí, por la mañana temprano, la gente había empezado a congregarse. Además de las acostumbradas muchedumbres de los pueblos galileos, había gente de Judea y aun de Jerusalén misma; de Perea, de Decápolis, de Idumea, una región lejana situada al sur de Judea; y de Tiro y Sidón, ciudades fenicias de la costa del Mediterráneo. "Oyendo cuán grandes cosas hacía", ellos habían "venido para oírle, y para ser sanados de sus enfermedades... porque poder salía de él y sanaba a todos".[1]

La estrecha playa no daba cabida al alcance de su voz, ni aun de pie, a todos los que deseaban oírlo, así que Jesús los condujo a la ladera de la montaña. Una vez que llegaron a un espacio despejado de obstáculos, que ofrecía un agradable lugar de reunión para la vasta asamblea, se sentó en la hierba, y los discípulos y la multitud siguieron su ejemplo.

Los discípulos se situaban siempre en el lugar más cercano a Jesús. La gente se agolpaba constantemente en derredor suyo, pero los discípulos comprendían que no debían dejarse apartar de su presencia. Se sentaban a su lado con el fin de no perder una palabra de sus instrucciones. Escuchaban atentamente, ávidos de comprender las verdades que iban a tener que anunciar a todos los países y a todas las edades.

Presintiendo que podían esperar algo más que lo usual, ahora rodearon estrechamente a su Maestro. Creían que el reino iba a ser establecido pronto, y de los sucesos de esa mañana sacaban la segura conclusión de que Jesús iba a hacer algún anuncio concerniente a dicho reino. Una sensación de expectativa dominaba también a la multitud, y los rostros tensos daban evidencia de ese profundo interés. Al sentarse la gente en la verde ladera de la montaña, aguardando las palabras del Maestro divino, todos tenían el corazón embargado por pensamientos de gloria futura. Había escribas y fariseos que esperaban el día en que dominarían a los odiados romanos, y poseerían las riquezas y el esplendor del gran imperio mundial. Los pobres campesinos y pescadores esperaban oír la seguridad de que pronto trocarían sus míseros tugurios, su escasa pitanza, la vida de trabajos y el temor a la escasez por suficientes mansiones y días de comodidad. En lugar de la burda vestimenta que los cubría de día y era su cobertor por la noche, esperaban que Cristo les diese los ricos y costosos mantos de sus conquistadores. Todos los corazones palpitaban con la orgullosa esperanza de que Israel pronto sería honrado ante las naciones como el pueblo elegido del Señor, y Jerusalén exaltada como cabeza de un reino universal.

Cristo frustró esa esperanza de grandeza mundanal. En el Sermón del Monte trató de deshacer la obra que había sido hecha por una falsa educación, y de dar a sus oyentes un concepto correcto de su reino y de su propio carácter. Sin embargo, no atacó directamente los errores de la gente. Vio la miseria del mundo por causa del pecado, pero no delineó demasiado vívidamente la miseria de ellos. Les enseñó algo infinitamente mejor de lo que habían conocido antes. Sin combatir sus ideas acerca del reino de Dios, les habló de las condiciones de entrada a él, dejándolos sacar sus propias conclusiones en cuanto a su naturaleza. Las verdades que enseñó no son menos importantes para nosotros que para la multitud que lo seguía. No necesitamos menos que dicha multitud conocer los principios fundacionales del reino de Dios.

Las primeras palabras de Cristo al pueblo en el monte fueron palabras de bendición. Felices son, dijo, los que reconocen su pobreza espiritual y sienten su necesidad de redención. El evangelio ha de ser predicado a los pobres. No es revelado a los que son orgullosos espiritualmente, a los que pretenden ser ricos y no necesitar nada, sino a los humildes y contritos. Una sola fuente ha sido abierta por causa del pecado, una fuente para el pobre en espíritu.

El corazón orgulloso lucha para ganar la salvación; pero tanto nuestro derecho al cielo como nuestra idoneidad para él se hallan en la justicia de Cristo. El Señor no puede hacer nada para sanar al hombre hasta que, convencido éste de su propia debilidad y despojado de toda suficiencia propia, se entrega al dominio de Dios. Entonces puede recibir el don que Dios espera concederle. De nada es privada el alma que siente su necesidad. Ella tiene acceso sin reserva al Ser en quien mora toda la plenitud. "Porque así dijo el Alto y Sublime, el que habita la eternidad, y cuyo nombre es el Santo: Yo habito en la altura y la santidad, y con el quebrantado y humilde de espíritu, para hacer vivir el espíritu de los humildes, y para vivificar el corazón de los quebrantados".[2]

"Bienaventurados los que lloran, porque ellos recibirán consolación". Por medio de estas palabras Cristo no enseña que el llorar tiene en sí poder de quitar la culpa del pecado. No sanciona la humildad voluntaria o afectada. El lloro del cual él habla no consiste en la melancolía y el lamento. Mientras nos apesadumbramos por causa del pecado, debemos regocijarnos en el precioso privilegio de ser hijos de Dios.

A menudo nos apenamos porque nuestras malas acciones nos producen consecuencias desagradables; pero eso no es arrepentimiento. El verdadero pesar por el pecado es el resultado de la obra del Espíritu Santo. El Espíritu revela la ingratitud del corazón que ha despreciado y agraviado al Salvador, y nos trae contritos al pie de la cruz. Cada pecado vuelve a herir a Jesús; y al mirar a quien hemos traspasado, lloramos por los pecados que le produjeron angustia. Una tristeza tal nos inducirá a renunciar al pecado.

El mundano puede llamar debilidad a esa tristeza; pero es la fuerza que une al penitente con el Ser infinito mediante vínculos que no pueden romperse. Demuestra que los ángeles de Dios están devolviendo al alma las gracias que se perdieron por la dureza de corazón y la transgresión. Las lágrimas del penitente son tan sólo las gotas de lluvia que preceden al brillo del sol de la santidad. Esa tristeza es precursora de un gozo que será una fuente viviente en el alma. "Reconoce, pues, tu maldad, porque contra Jehová tu Dios has prevaricado". "No haré caer mi ira sobre ti, porque misericordioso soy yo, dice Jehová". "A los dolientes de Sión", él ha decidido darles "una corona en vez de cenizas, aceite de alegría en vez de luto, traje de fiesta en vez de espíritu de desaliento".[3]

Y hay consuelo para los que lloran en las pruebas y tristezas. La amargura del pesar y la humillación es mejor que la complacencia del pecado. Por medio de la aflicción Dios nos revela los puntos infectados de nuestro carácter, para que por su gracia podamos vencer nuestros defectos. Nos son revelados capítulos desconocidos con respecto a nosotros mismos, y nos llega la prueba que nos hará aceptar o rechazar la reprensión y el consejo de Dios. Cuando somos probados, no debemos agitarnos y quejarnos. No debemos rebelarnos, ni acongojados soltarnos de la mano de Cristo. Debemos humillar nuestra alma delante de Dios. Los caminos del Señor son oscuros para quien desee ver las cosas desde un punto de vista agradable para sí mismo. Parecen sombríos y tristes para nuestra naturaleza humana. Pero los caminos de Dios son caminos de misericordia, cuyo fin es la salvación. Elías no sabía lo que estaba haciendo cuando en el desierto dijo que estaba harto de la vida, y rogaba que se lo dejase morir. En su misericordia, el Señor no hizo caso de sus palabras. A Elías le quedaba todavía una gran obra que hacer; y cuando su obra fuese hecha, no perecería en el desaliento y la soledad del desierto. No le tocaba descender al polvo de la muerte, sino ascender en gloria, con el convoy de carros celestiales, hasta el trono que está en las alturas.

Las palabras que Dios dirige a los tristes son: "He visto sus caminos; pero le sanaré, y le pastorearé, y le daré consuelo a él y a sus enlutados". "Y cambiaré su lloro en gozo, y los consolaré, y los alegraré de su dolor".[4]

"Bienaventurados los mansos". Las dificultades que hemos de arrostrar pueden ser muy disminuidas por la mansedumbre que se oculta en Cristo. Si poseemos la humildad de nuestro Maestro, nos elevaremos por encima de los desprecios, los rechazos, las molestias a las que estamos expuestos diariamente; y esas cosas dejarán de oprimir nuestro espíritu. La mayor evidencia de nobleza que haya en un cristiano es el dominio propio. El que bajo un ultraje o la crueldad no conserva un espíritu confiado y sereno, despoja a Dios de su derecho a revelar en él su propia perfección de carácter. La humildad de corazón es la fuerza que da la victoria a los seguidores de Cristo; es la prenda de su conexión con los atrios celestiales.

"Jehová es excelso, y atiende al humilde". Quienes revelan el espíritu manso y humilde de Cristo son considerados tiernamente por Dios. El mundo puede mirarlos con desprecio, pero son de gran valor a los ojos de Dios. No sólo los sabios, los grandes, los benefactores, obtendrán entrada en los atrios celestiales; no sólo el activo trabajador, lleno de celo y actividad incesante. No; el pobre de espíritu —que anhela la presencia permanente de Cristo—, el humilde de corazón —cuya más alta ambición es hacer la voluntad de Dios—, ésos obtendrán abundante entrada. Se hallarán entre quienes habrán lavado sus ropas y las habrán emblanquecido en la sangre del Cordero. "Por eso están delante del trono de Dios, y le sirven día y noche en su templo; y el que está sentado sobre el trono extenderá su tabernáculo sobre ellos".[5]

"Bienaventurados los que tienen hambre y sed de justicia". El sentido de indignidad inducirá al corazón a tener hambre y sed de justicia, y ese deseo no será frustrado. Los que den lugar a Jesús en su corazón, llegarán a sentir su amor. Todos los que anhelan poseer la semejanza del carácter de Dios quedarán satisfechos. El Espíritu Santo no deja nunca sin ayuda al alma que mira a Jesús. Toma de las cosas de Cristo y se las revela. Si la mirada se mantiene fija en Cristo, la obra del Espíritu no cesa hasta que el alma queda conformada a su imagen. El elemento puro del amor dará expansión al alma y la capacitará para llegar a un nivel superior, un conocimiento acrecentado de las cosas celestiales, de manera que no descansará hasta alcanzar la plenitud. "Bienaventurados los que tienen hambre y sed de justicia, porque ellos serán saciados".

Los misericordiosos hallarán misericordia, y los limpios de corazón verán a Dios. Todo pensamiento impuro contamina el alma, menoscaba el sentido moral y tiende a obstruir las impresiones del Espíritu Santo. Empaña la visión espiritual, de manera que los hombres no puedan contemplar a Dios. El Señor puede perdonar al pecador arrepentido, y lo perdona; pero aunque esté perdonada, el alma queda manchada. Toda impureza de palabras o de pensamientos debe ser rehuida por aquel que quiera tener un claro discernimiento de la verdad espiritual.

Pero las palabras de Cristo abarcan más que el evitar la impureza sensual, más que el evitar la contaminación ceremonial que los judíos rehuían tan rigurosamente. El egoísmo nos impide contemplar a Dios. El espíritu egoísta juzga a Dios como enteramente igual a sí. A menos que hayamos renunciado a eso, no podemos comprender al Ser que es amor. Únicamente el corazón abnegado, el espíritu humilde y confiado, verá a Dios como "misericordioso y piadoso; tardo para la ira, y grande en misericordia y verdad".[6]

"Bienaventurados los pacificadores". La paz de Cristo nace de la verdad. Está en armonía con Dios. El mundo está en enemistad con la ley de Dios; los pecadores están en enemistad con su Hacedor; y como resultado están en enemistad unos con otros. Pero el salmista declara: "Mucha paz tienen los que aman tu ley, y no hay para ellos tropiezo". Los hombres no pueden fabricar la paz. Los planes humanos para la purificación y elevación de los individuos o la sociedad no lograrán la paz, porque no alcanzan al corazón. El único poder que puede crear o perpetuar la paz verdadera es la gracia de Cristo. Cuando ésta esté implantada en el corazón, desalojará las malas pasiones que causan luchas y disensiones. "En lugar de la zarza crecerá ciprés, y en lugar de la ortiga crecerá arrayán"; y el desierto de la vida "se gozará y florecerá como la rosa".[7]

Las multitudes se asombraban de estas enseñanzas, que eran tan diferentes de los preceptos y ejemplos de los fariseos. El pueblo había llegado a pensar que la felicidad consistía en la posesión de las cosas de este mundo, y que la fama y los honores de los hombres eran altamente codiciables. Era muy agradable ser llamado "Rabí", ser alabado como sabio y religioso, y hacer ostentación de sus virtudes delante del público. Esto era considerado como el colmo de la felicidad. Pero en presencia de esta vasta muchedumbre, Jesús declaró que las ganancias y los honores terrenales era toda la recompensa que tales personas recibirían alguna vez. Él hablaba con certeza, y un poder convincente acompañaba sus palabras. La gente callaba, y se apoderaba de ellos un sentimiento de temor. Se miraban unos a otros con duda. ¿Quién de entre ellos se salvaría si eran verdaderas las enseñanzas de ese Hombre? Muchos estaban convencidos de que este Maestro notable era movido por el Espíritu de Dios, y que los sentimientos que expresaba eran divinos.

Después de explicar lo que constituye la verdadera felicidad y cómo puede obtenerse, Jesús definió más puntualmente el deber de sus discípulos como maestros elegidos por Dios para conducir a otros por la senda de justicia y vida eterna. Él sabía que ellos sufrirían a menudo desilusiones y desalientos, y que encontrarían oposición decidida, que serían insultados y verían rechazado su testimonio. Bien sabía él que, en el cumplimiento de su misión, los hombres humildes que escuchaban tan atentamente sus palabras habrían de soportar calumnias, torturas, encarcelamiento y muerte, y prosiguió:

"Bienaventurados los que padecen persecución por causa de la justicia, porque de ellos es el reino de los cielos. Bienaventurados sois cuando por mi causa os vituperen y os persigan, y digan toda clase de mal contra vosotros, mintiendo. Gozaos y alegraos, porque vuestro galardón es grande en los cielos; porque así persiguieron a los profetas que fueron antes de vosotros".

El mundo ama el pecado y aborrece la justicia, y ésta era la causa de su hostilidad hacia Jesús. Todos los que rechazan su amor infinito hallarán en el cristianismo un elemento perturbador. La luz de Cristo disipa las tinieblas que cubren sus pecados, y les manifiesta la necesidad de una reforma. Mientras los que se entregan a la influencia del Espíritu Santo empiezan a guerrear contra sí mismos, los que se aferran al pecado combaten la verdad y a sus representantes.

Así se crea disensión, y los seguidores de Cristo son acusados de perturbar a la gente. Pero es la comunión con Dios lo que les trae la enemistad del mundo. Están llevando el oprobio de Cristo. Están andando por la senda en que anduvieron los más nobles de la tierra. No deben arrostrar la persecución con tristeza, sino con regocijo. Cada prueba de fuego es un agente de Dios para refinarlos. Cada una de ellas los prepara para su obra de colaboradores suyos. Cada conflicto tiene su lugar en la gran batalla por la justicia, y cada uno sumará al gozo de su triunfo final. Teniendo eso en vista, la prueba de su fe y paciencia será alegremente aceptada antes que temida y evitada. Ansiosos de cumplir su obligación para con el mundo y fijando su deseo en la aprobación de Dios, sus siervos han de cumplir cada deber sin tener en cuenta el temor o el favor de los hombres.

Jesús dijo: "Vosotros sois la sal de la tierra". No se aparten del mundo con el fin de escapar de la persecución. Han de morar entre los hombres, para que el sabor del amor divino pueda ser como sal que preserve al mundo de la corrupción.

Los corazones que responden a la influencia del Espíritu Santo son los conductos por medio de los cuales fluye la bendición de Dios. Si los que sirven a Dios fuesen quitados de la tierra, y si su Espíritu se retirase de entre los hombres, este mundo quedaría en desolación y destrucción, fruto del dominio de Satanás. Aunque los impíos no lo saben, incluso deben las bendiciones de esta vida a la presencia, en el mundo, del pueblo de Dios al cual desprecian y oprimen. Si los cristianos lo son sólo de nombre, son como la sal que ha perdido su sabor. No tienen influencia para el bien en el mundo. Por su falsa representación de Dios son peores que los incrédulos del mundo.

"Vosotros sois la luz del mundo". Los judíos pensaban limitar los beneficios de la salvación a su propia nación; pero Cristo les demostró que la salvación es como la luz del sol. Pertenece a todo el mundo. La religión de la Biblia no se ha de limitar a lo contenido entre las tapas de un libro ni entre las paredes de una iglesia. No ha de ser sacada a luz ocasionalmente para nuestro beneficio, y luego guardarse de nuevo cuidadosamente. Ha de santificar la vida diaria, manifestarse en toda transacción comercial y en todas nuestras relaciones sociales.

El verdadero carácter no se forma desde el exterior, para vestirnos con él; irradia desde adentro. Si queremos conducir a otros por la senda de la justicia, los principios de la justicia deben estar engastados en nuestro propio corazón. Nuestra profesión de fe puede proclamar la teoría de la religión, pero es nuestra piedad práctica la que predica la palabra de verdad. La vida consecuente, la santa conversación, la integridad inquebrantable, el espíritu activo y benévolo, el ejemplo piadoso; tales son los medios por los cuales la luz es comunicada al mundo.

Jesús no se había espaciado en las especificaciones de la ley, pero no quería dejar que sus oyentes sacasen la conclusión de que había venido para poner de lado sus requerimientos. Sabía que había espías listos para valerse de toda palabra que pudiese ser torcida para servir a su propósito. Conocía el prejuicio que existía en la mente de muchos de sus oyentes, y no dijo nada que pudiese perturbar su fe en la religión y las instituciones que les habían sido confiadas por medio de Moisés. Cristo mismo había dado la ley moral y la ceremonial. No había venido para destruir la confianza en sus propias instrucciones. A causa de su gran reverencia por la ley y los profetas, procuraba abrir una brecha en la muralla de los requerimientos tradicionales que limitaba a los judíos. Mientras trataba de poner a un lado sus falsas interpretaciones de la ley, cuidadosamente precavió a sus discípulos de renunciar a las verdades vitales confiadas a los hebreos.

Los fariseos se jactaban de su obediencia a la ley; pero conocían tan poco de sus principios a través de la práctica diaria, que para ellos las palabras del Salvador eran como una herejía. Mientras él barría las inmundicias bajo las cuales la verdad había estado enterrada, los circunstantes pensaban que barría la verdad misma. Se murmuraban unos a otros que se estaba burlando la ley, pero él leyó sus pensamientos y les dijo:

"No penséis que he venido para abrogar la ley o los profetas; no he venido para abrogar, sino para cumplir". Así refutó Jesús la acusación de los fariseos. Su misión en este mundo consistía en vindicar los sagrados derechos de esa ley que ellos lo acusaban de violar. Si la ley de Dios hubiese podido cambiarse o abrogarse, Cristo no habría necesitado sufrir las consecuencias de nuestra transgresión. Él vino para explicar la relación de la ley con el hombre, e ilustrar sus preceptos por medio de su propia vida de obediencia.

Dios nos ha dado sus santos preceptos porque ama a la humanidad. Para escudarnos de los resultados de la transgresión, nos revela los principios de la justicia. La Ley es una expresión del pensamiento de Dios: cuando se la recibe en Cristo, llega a ser nuestro pensamiento. Nos eleva por encima del poder de los deseos y tendencias naturales, por encima de las tentaciones que inducen a pecar. Dios desea que seamos felices, y nos ha dado los preceptos de la ley para que obedeciéndolos tengamos gozo. Cuando en ocasión del nacimiento de Jesús los ángeles cantaron:

"¡Gloria en las alturas a Dios,
  y en la tierra paz,
  buena voluntad para con los hombres!",[8]

estaban declarando los principios de la ley que él había venido a magnificar y hacerla honrable.

Cuando la Ley fue proclamada desde el Sinaí, Dios hizo conocer a los hombres la santidad de su carácter, para que por el contraste pudiesen ver la pecaminosidad del carácter humano. La ley fue dada para convencerlos de pecado y revelar su necesidad de un Salvador. Haría esto al ser aplicados sus principios al corazón por medio del Espíritu Santo. Todavía tiene que hacer esta obra. En la vida de Cristo son aclarados los principios de la ley; y mientras el Espíritu Santo de Dios toca el corazón, mientras la luz de Cristo revela a los hombres la necesidad que ellos tienen de su sangre purificadora y de su justicia justificadora, la ley sigue siendo un agente para atraernos a Cristo, con el fin de que podamos ser justificados por la fe. "La ley de Jehová es perfecta, que convierte el alma".[9]

Jesús dijo: "Mientras existan el cielo y la tierra, ni una letra ni una tilde de la ley desaparecerán hasta que todo se haya cumplido".[10] El sol que brilla en los cielos y la sólida tierra sobre la cual moramos son testigos de Dios de que su ley es inmutable y eterna. Aunque ellos desaparezcan, los preceptos divinos permanecerán. "Es más fácil que desaparezcan el cielo y la tierra, que caiga una sola tilde de la ley".[11] El sistema de tipos que señalaba a Cristo como el Cordero de Dios iba a ser abolido cuando él muriese; pero los preceptos del Decálogo son tan inmutables como el trono de Dios.

Puesto que "la ley de Jehová es perfecta", cualquier variación de ella debe ser mala. Los que desobedecen los mandamientos de Dios, y enseñan a otros a hacerlo, son condenados por Cristo. La vida de obediencia del Salvador sostuvo los derechos de la ley; probó que la ley puede ser guardada en la humanidad, y mostró la excelencia del carácter que la obediencia desarrollaría. Todos los que obedecen como él obedeció, declaran igualmente que la ley es "santa, justa y buena".[12] Por otro lado, todos los que violan los mandamientos de Dios sostienen el aserto de Satanás de que la ley es injusta y no puede ser obedecida. Así secundan los engaños del gran adversario y deshonran a Dios. Son hijos del maligno, que fue el primer rebelde contra la ley de Dios. Admitirlos en el cielo sería volver a introducir elementos de discordia y rebelión, y hacer peligrar el bienestar del universo. Ningún hombre que desprecia voluntariamente un principio de la ley entrará en el reino de los cielos.

Los rabinos consideraban su justicia como pasaporte para el cielo; pero Jesús declaró que era insuficiente e indigna. Las ceremonias externas y un conocimiento teórico de la verdad constituían la justicia farisaica. Los rabinos aseveraban ser santos por sus propios esfuerzos en guardar la ley; pero sus obras habían divorciado la justicia de la religión. Mientras eran escrupulosos en las observancias rituales, sus vidas eran inmorales y degradadas. Su así llamada justicia no podría nunca entrar en el reino de los cielos.

En el tiempo de Cristo, el mayor engaño de la mente humana consistía en creer que un mero asentimiento a la verdad constituía justicia. En toda experiencia humana, un conocimiento teórico de la verdad ha demostrado ser insuficiente para salvar al alma. No produce frutos de justicia. Una celosa estimación por lo que se llama verdad teológica a menudo acompaña a un odio por la verdad genuina manifestada en la vida. Los capítulos más sombríos de la historia están cargados con el recuerdo de crímenes cometidos por fanáticos religiosos. Los fariseos se llamaban hijos de Abraham y se jactaban de poseer los oráculos de Dios; pero esas ventajas no los preservaban del egoísmo, la malicia, la codicia de ganancias y la más baja hipocresía. Pensaban ser los mayores religiosos del mundo, pero su así llamada ortodoxia los condujo a crucificar al Señor de la gloria.

Aun subsiste el mismo peligro. Muchos dan por sentado que son cristianos simplemente porque aceptan ciertos dogmas teológicos. Pero no han hecho penetrar la verdad en la vida práctica. No la han creído ni amado; por tanto, no han recibido el poder y la gracia que vienen a través de la santificación de la verdad. Los hombres pueden profesar creer en la verdad; pero si eso no los hace sinceros, bondadosos, pacientes, tolerantes e inclinados hacia lo celestial, es una maldición para sus poseedores, y por la influencia de ellos es una maldición para el mundo.

La justicia que Cristo enseñaba es la conformidad del corazón y la vida a la voluntad revelada de Dios. Los hombres pecadores sólo pueden llegar a ser justos si tienen fe en Dios y mantienen una conexión vital con él. Entonces la verdadera piedad elevará los pensamientos y ennoblecerá la vida. Entonces las formas externas de la religión armonizarán con la pureza interna del cristiano. Entonces las ceremonias requeridas en el servicio de Dios no serán ritos sin significado como los de los fariseos hipócritas.

Jesús consideró los mandamientos por separado, y explicó la profundidad y anchura de sus requerimientos. En vez de quitarles una jota de su fuerza, demostró cuán abarcantes son sus principios y desenmascaró el error fatal de los judíos en su demostración exterior de obediencia. Declaró que por medio del mal pensamiento o la mirada concupiscente se quebranta la ley de Dios. El que toma parte en la menor injusticia está violando la ley y degradando su propia naturaleza moral. El homicidio existe primero en la mente. El que concede al odio un lugar en su corazón está poniendo sus pies en la senda del homicida, y sus ofrendas son aborrecibles para Dios.

Los judíos cultivaban un espíritu de venganza. En su odio hacia los romanos expresaban duras acusaciones y complacían al maligno manifestando sus atributos. Así se estaban preparando para realizar las terribles acciones a las cuales él los conducía. En la vida religiosa de los fariseos no había nada que recomendase piedad para los gentiles. Jesús no los estimuló a continuar engañándose con el pensamiento de que en su corazón podían levantarse contra sus opresores y alimentar la esperanza de vengarse de sus agravios.

Es cierto que existe una indignación justificable, aun en los seguidores de Cristo. Cuando ven que Dios es deshonrado y su servicio puesto en oprobio, cuando ven al inocente oprimido, una justa indignación conmueve el alma. Un enojo tal, nacido de una moral sensible, no es pecado. Pero los que por cualquier supuesta provocación se sienten libres para ceder a la ira o al resentimiento, están abriendo el corazón a Satanás. La amargura y animosidad deben ser desterradas del alma si queremos estar en armonía con el cielo.

El Salvador fue más lejos que esto. Dijo: "Si traes tu ofrenda al altar, y allí te acuerdas de que tu hermano tiene algo contra ti, deja allí tu ofrenda delante del altar, y anda, reconcíliate primero con tu hermano, y entonces ven y presenta tu ofrenda". Muchos son celosos en los servicios religiosos, mientras que entre ellos y sus hermanos hay desgraciadas divergencias que deben reconciliar. Dios exige de ellos que hagan cuanto puedan para restaurar la armonía. Hasta que no hayan hecho eso, él no puede aceptar sus servicios. El deber del cristiano en este asunto está claramente señalado.

Dios derrama sus bendiciones sobre todos. Él "hace salir su sol sobre malos y buenos... hace llover sobre justos e injustos". "Él es benigno para con los ingratos y malos".[13] Nos invita a ser como él. Jesús dijo: "Bendecid a los que os maldicen, haced bien a los que os aborrecen... para que seáis hijos de vuestro Padre que está en los cielos". Tales son los principios de la ley, y los manantiales de vida.

El ideal de Dios para sus hijos es más elevado de lo que puede alcanzar el más sublime pensamiento humano. "Sed, pues, vosotros perfectos, como vuestro Padre que está en los cielos es perfecto". Esta orden es una promesa. El plan de redención contempla nuestro rescate del poder de Satanás. Cristo separa siempre del pecado al alma contrita. Vino para destruir las obras del diablo, y ha hecho provisión para que el Espíritu Santo sea impartido a toda alma arrepentida para guardarla de pecar.

La intervención del tentador no debe considerarse una excusa para cometer una mala acción. Satanás se alegra cuando oye a los profesos seguidores de Cristo buscar excusas por su deformidad de carácter. Son esas excusas las que inducen a pecar. No hay excusa para el pecar. Un temperamento santo, una vida semejante a la de Cristo, es accesible para todo hijo de Dios arrepentido y creyente.

El ideal del carácter cristiano es la semejanza con Cristo. Como el Hijo del hombre fue perfecto en su vida, quienes lo siguen han de ser perfectos en la suya. Jesús fue hecho semejante a sus hermanos en todas las cosas. Se hizo carne, como somos carne. Tuvo hambre y sed, y sintió cansancio. Fue sostenido por el alimento y refrigerado por el sueño. Participó de la suerte del hombre, aunque era el inmaculado Hijo de Dios. Era Dios en la carne. Su carácter debe ser el nuestro. El Señor dice de quienes creen en él: "Habitaré y andaré entre ellos, y seré su Dios, y ellos serán mi pueblo".[14]

Cristo es la escalera que vio Jacob, cuya base descansaba en la tierra y cuya cima llegaba a la puerta del cielo, hasta el mismo umbral de la gloria. Si esa escalera no hubiese llegado a la tierra, y le hubiese faltado un solo peldaño, habríamos estado perdidos. Pero Cristo nos alcanza donde estamos. Tomó nuestra naturaleza y venció, para que nosotros, tomando su naturaleza, podamos vencer. Hecho "en semejanza de carne de pecado",[15] vivió una vida sin pecado. Ahora, por su divinidad, echa mano del trono del cielo, mientras que por su humanidad llega hasta nosotros. Él nos invita a obtener por la fe en él la gloria del carácter de Dios. Por tanto, hemos de ser perfectos como nuestro "Padre que está en los cielos es perfecto".

Jesús demostró en qué consiste la justicia, y señaló a Dios como su fuente. Ahora encara los deberes prácticos. Al dar limosna, al orar, al ayunar, dijo él, no debe hacerse nada para llamar la atención u obtener alabanzas para sí. Dar con sinceridad, para beneficiar a los pobres que sufren. Al orar, poner al alma en comunión con Dios. Al ayunar, no andar con la cabeza inclinada y el corazón lleno de pensamientos relativos al yo. El corazón del fariseo es un suelo árido e infructuoso, en el cual ninguna semilla de vida divina puede crecer. El que más completamente se entrega a Dios, es el que le rendirá el servicio más aceptable. Porque mediante el compañerismo con Dios los hombres llegan a ser colaboradores con él en cuanto a presentar su carácter a la humanidad.

El servicio prestado con sinceridad de corazón tiene gran recompensa. "Tu Padre que ve en lo secreto te recompensará en público". Por medio de la vida que vivimos mediante la gracia de Cristo se forma el carácter. La belleza original empieza a ser restaurada en el alma. Se le imparten los atributos del carácter de Cristo, y la imagen del Ser divino empieza a resplandecer. Los rostros de los hombres y mujeres que andan y trabajan con Dios expresan la paz del cielo. Están rodeados por la atmósfera celestial. Para esas almas, el reino de Dios ya empezó. Tienen el gozo de Cristo, el gozo de ser una bendición para la humanidad. Tienen el honor de ser aceptados para servir al Maestro; se les ha confiado el hacer su obra en su nombre.

"Ninguno puede servir a dos señores". No podemos servir a Dios con un corazón dividido. La religión de la Biblia no es una influencia entre muchas otras; su influencia debe ser suprema, impregnando y dominando todo lo demás. No ha de ser como una pincelada de color aplicada aquí y allí sobre la tela, sino que ha de impregnar toda la vida, como si la tela fuese sumergida en el color, hasta que cada hilo de dicha tela quede teñido con un tinte profundo e indeleble.

"Así que, si tu ojo es bueno, todo tu cuerpo estará lleno de luz; pero si tu ojo es maligno, todo tu cuerpo estará en tinieblas". La pureza y firmeza de propósito son las condiciones mediante las cuales se recibe la luz de Dios. El que desee conocer la verdad debe estar dispuesto a aceptar todo lo que ella revele. No puede transigir con el error. El vacilar y ser tibio en obedecer la verdad, es elegir las tinieblas del error y el engaño satánico.

Los métodos mundanales y los invariables principios de la justicia no se fusionan imperceptiblemente como los colores del arco iris. Entre los dos, el Dios eterno ha trazado una separación amplia y clara. La semejanza de Cristo se destaca tanto de la de Satanás como el mediodía contrasta con la medianoche. Y únicamente los que vivan la vida de Cristo son sus colaboradores. Si se acaricia un pecado en el alma, o se retiene una mala práctica en la vida, todo el ser queda contaminado. El hombre viene a ser un instrumento de iniquidad.

Todos los que han escogido el servicio de Dios han de confiar en su cuidado. Cristo señaló a las aves que volaban por el cielo y a las flores del campo, e invitó a sus oyentes a tener en cuenta esos objetos de la creación de Dios. Dijo: "¿No valéis vosotros mucho más que ellas?"[16] La medida de la atención divina concedida a cualquier objeto es proporcional con su rango en la escala de los seres. La Providencia vela sobre el pequeño gorrión marrón. Las flores del campo y la hierba que cubre la tierra participan de la atención y el cuidado de nuestro Padre celestial. El gran Artífice Maestro pensó en los lirios y los hizo tan hermosos que superan la gloria de Salomón. ¡Cuánto mayor interés ha de tener por el hombre, que es la imagen y gloria de Dios! Anhela ver a sus hijos revelar un carácter según su semejanza. Así como el rayo del sol imparte a las flores sus variados y delicados matices, así Dios imparte al alma la hermosura de su propio carácter.

Todos los que eligen el reino de amor, justicia y paz de Cristo, y consideran sus intereses superiores a todo lo demás, están vinculados con el mundo celestial y poseen toda bendición necesaria para esta vida. En el libro de la providencia divina, o tomo de la vida, se nos da a cada uno una página. Esa página contiene todo detalle de nuestra historia; aun los cabellos de nuestra cabeza están contados. Los hijos de Dios nunca están ausentes de la mente divina.

"No os afanéis por el día de mañana". Hemos de seguir a Cristo día por día. Dios no nos concede ayuda para mañana. Con el fin de que no se confundan, él no da a sus hijos todas las indicaciones para el viaje de su vida de una sola vez. Les explica tan sólo lo que pueden recordar y cumplir. La fuerza y sabiduría impartidas son para la emergencia del momento presente. "Si alguno de vosotros tiene falta de sabiduría" —para hoy—, "pídala a Dios, el cual da a todos abundantemente y sin reproche, y le será dada".[17]

"No juzguéis, para que no seáis juzgados". No se estimen mejores que los demás ni se erijan en sus jueces. Ya que no pueden discernir los motivos, no pueden juzgar a otro. Si lo critican, están emitiendo una sentencia sobre vuestro propio caso; porque demuestran ser partícipes con Satanás, el acusador de los hermanos. El Señor dice: "Examinaos a vosotros mismos si estáis en la fe; probaos a vosotros mismos". Tal es nuestra obra. "Si, pues, nos examinásemos a nosotros mismos, no seríamos juzgados".[18]

El buen árbol producirá buenos frutos. Si el fruto es desagradable al paladar e inútil, el árbol es malo. Así también el fruto que se produce en la vida atestigua de las condiciones del corazón y la excelencia del carácter. Las buenas obras jamás pueden comprar la salvación, pero son una evidencia de la fe que obra por el amor y purifica el alma. Y aunque la recompensa eterna no nos es concedida por causa de nuestros méritos, estará, sin embargo, en proporción con la obra hecha por medio de la gracia de Cristo.

Así expuso Cristo los principios de su reino, y demostró que eran la gran regla de la vida. Y para grabar la lección, añadió una ilustración. Dijo: "No es suficiente que oigan mis palabras. Por medio de la obediencia deben hacer de ellas el fundamento de su carácter. El yo sólo es arena movediza. Si edifican sobre teorías e invenciones humanas, vuestra casa caerá. Quedará arrasada por los vientos de la tentación y las tempestades de la prueba. Pero estos principios que les he dado permanecerán. Recíbanme; edifiquen sobre mis palabras".

"Cualquiera pues, que me oye estas palabras, y las hace, le compararé a un hombre prudente, que edificó su casa sobre la roca. Descendió lluvia, y vinieron ríos, y soplaron vientos, y golpearon contra aquella casa; y no cayó, porque estaba fundada sobre la roca".[19]

---

[1] Mar. 3:8; Luc. 6:17-19. [2] Isa. 57:15. [3] Jer. 3:13, 12; Isa. 61:3, NVI. [4] Isa. 57:18; Jer. 31:13. [5] Sal. 138:6; Apoc. 7:15. [6] Éxo. 34:6. [7] Sal. 119:165; Isa. 55:13; 35:1. [8] Luc. 2:14. [9] Sal. 19:7. [10] Mat. 5:18, NVI. [11] Luc. 16:17, NVI. [12] Rom. 7:12. [13] Luc. 6:35. [14] 2 Cor. 6:16. [15] Rom. 8:3. [16] Mat. 6:26, VM. [17] Mat. 6:34; Sant. 1:5. [18] 2 Cor. 13:5; 1 Cor. 11:31. [19] Mat. 7:24, 25.

CAPÍTULO 32

El centurión

CRISTO había dicho al noble cuyo hijo sanara: "Si no viereis señales y milagros no creeréis".[1] Lo entristecía que su propia nación requiriese esas señales externas de su carácter de Mesías. Repetidas veces se había asombrado de su incredulidad. Pero también se asombró de la fe del centurión que fue a él. El centurión no puso en duda el poder del Salvador. Ni siquiera le pidió que fuese en persona a realizar el milagro. Dijo: "Solamente di la palabra, y mi criado sanará".

El siervo del centurión había sido herido de parálisis, y estaba a punto de morir. Entre los romanos los siervos eran esclavos que se compraban y vendían en los mercados, y eran tratados con ultrajes y crueldad; pero el centurión amaba tiernamente a su siervo, y deseaba grandemente que se restableciese. Creía que Jesús podía sanarlo. No había visto al Salvador, pero los informes que oyera le habían inspirado fe. A pesar del formalismo de los judíos, este oficial romano estaba convencido de que tenían una religión superior a la suya. Ya había derribado las vallas del prejuicio y el odio nacionales que separaban a los conquistadores de los conquistados. Había manifestado respeto por el servicio de Dios, y demostrado bondad a los judíos adoradores de Dios. En la enseñanza de Cristo, según le había sido explicada, hallaba lo que satisfacía la necesidad del alma. Todo lo que había de espiritual en él respondía a las palabras del Salvador. Pero se sentía indigno de presentarse ante Jesús, y rogó a los ancianos judíos que le pidiesen que sanase a su siervo. Pensaba que ellos conocían al gran Maestro, y que sabían cómo acercarse a él para obtener su favor.

Al entrar Jesús en Capernaum fue recibido por una delegación de ancianos, quienes le presentaron el deseo del centurión. Le hicieron notar que era "digno de concederle esto; que ama nuestra nación, y él nos edificó una sinagoga".

Jesús partió inmediatamente hacia la casa del oficial; pero, asediado por la multitud, avanzaba lentamente. Las nuevas de su llegada le precedieron, y el centurión, en su timidez, le envió este mensaje: "Señor, no te molestes, pues no soy digno de que entres bajo mi techo". Pero el Salvador siguió andando, y el centurión, atreviéndose por fin a acercársele, completó el mensaje diciendo: "Ni aun me tuve por digno de venir a ti; pero di la palabra, y mi siervo será sano. Porque también yo soy hombre puesto bajo autoridad, y tengo soldados bajo mis órdenes; y digo a éste: Ve, y va; y al otro: Ven, y viene; y a mi siervo: Haz esto, y lo hace". [Es decir:] "Así como yo represento al poder de Roma y mis soldados reconocen mi autoridad como suprema, así tú representas el poder del Dios infinito y todas las cosas creadas obedecen tu palabra. Puedes ordenar a la enfermedad que se aleje, y te obedecerá. Puedes convocar a tus mensajeros celestiales, y ellos impartirán virtud sanadora. Pronuncia tan sólo la palabra, y mi siervo sanará".

"Al oír esto, Jesús se maravilló de él, y volviéndose, dijo a la gente que le seguía: Os digo que ni aun en Israel he hallado tanta fe". Y al centurión le dijo: "Como creíste, te sea hecho. Y su criado fue sanado en aquella misma hora".

Los ancianos judíos que recomendaron al centurión ante Cristo habían demostrado cuánto distaban de poseer el espíritu del evangelio. No reconocían que nuestra gran necesidad es lo único que nos da derecho a la misericordia de Dios. En su propia justicia, alababan al centurión por los favores que había manifestado a "nuestra nación". Pero el centurión dijo de sí mismo: "No soy digno". Su corazón había sido conmovido por la gracia de Cristo. Veía su propia indignidad; pero no temió pedir ayuda. No confiaba en su propia bondad; su argumento era su gran necesidad. Su fe echó mano de Cristo en su verdadero carácter. No creyó en él meramente como un hacedor de milagros, sino como el Amigo y Salvador de la humanidad.

Así es como cada pecador puede venir a Cristo. "Nos salvó, por obras de justicia que nosotros hubiéramos hecho, sino por su misericordia".[2] Cuando Satanás nos dice que somos pecadores y que no podemos esperar recibir la bendición de Dios, digámosle que Cristo vino al mundo para salvar a los pecadores. No tenemos nada que nos recomiende a Dios; pero la súplica que podemos presentar ahora y siempre es la que se basa en nuestra absoluta falta de fuerza, condición que hace de su poder redentor una necesidad. Renunciando a toda confianza en uno mismo, podemos mirar la cruz del Calvario y decir:

"Ningún precio en mis manos traigo,
   simplemente a tu cruz me aferro".[3]

Desde la niñez los judíos habían sido instruidos acerca de la obra del Mesías. Habían tenido las inspiradas declaraciones de patriarcas y profetas, y la enseñanza simbólica de las ceremonias sacrificiales; pero habían despreciado la luz, y ahora no veían en Jesús nada que fuese deseable. Pero el centurión —nacido en el paganismo, educado en la idolatría de la Roma imperial, entrenado como soldado, aparentemente separado de la vida espiritual por causa de su educación y ambiente, y aun más por el fanatismo de los judíos y el desprecio de sus propios compatriotas para con el pueblo de Israel— percibió la verdad a la cual los hijos de Abraham eran ciegos. No aguardó para ver si los judíos mismos recibirían a quien declaraba ser su Mesías. Al resplandecer sobre él "la luz verdadera, que alumbra a todo hombre",[4] aunque estaba muy lejos, percibió la gloria del Hijo de Dios.

Para Jesús, esto era una prenda de la obra que el evangelio iba a lograr entre los gentiles. Con gozo miró anticipadamente a la congregación de almas de todas las naciones en su reino. Con profunda tristeza describió a los judíos lo que les acarrearía el rechazar la gracia: "Os digo que vendrán muchos del oriente y del occidente, y se sentarán con Abraham e Isaac y Jacob en el reino de los cielos; mas los hijos del reino serán echados a las tinieblas de afuera, allí será el lloro y el crujir de dientes". ¡Oh, cuántos hay que se están preparando para la misma fatal desilusión! Mientras las almas que están en las tinieblas del paganismo aceptan su gracia, ¡cuántos hay en los países cristianos sobre los cuales la luz resplandece sólo para ser rechazada!

A unos 30 kilómetros de Capernaum, en una altiplanicie que dominaba la ancha y hermosa llanura de Esdraelón, se hallaba la aldea de Naín, hacia la cual Jesús encaminó luego sus pasos. Le acompañaban muchos de sus discípulos, con otras personas, y a lo largo de todo el camino la gente acudía, deseosa de oír sus palabras de amor y compasión, trayéndole sus enfermos para que los sanase, y siempre con la esperanza de que el que ejercía tan maravilloso poder se declararía Rey de Israel. Una multitud lo rodeaba a cada paso; la que lo seguía por la senda pedregosa que llevaba hacia las puertas de la aldea montañosa era una muchedumbre alegre y llena de expectativa.

Mientras se acercaban, vieron venir hacia ellos un cortejo fúnebre que salía de las puertas. A paso lento y triste se encaminaba al cementerio. En un féretro abierto, llevado al frente, se hallaba el cuerpo del muerto, y en derredor de él estaban las plañideras, que llenaban el aire con sus llantos quejumbrosos. Todos los habitantes del pueblo parecían haberse reunido para demostrar su respeto al muerto y su simpatía hacia sus afligidos deudos.

Era una escena para despertar simpatías. El muerto era el hijo único de su madre viuda. La solitaria doliente iba siguiendo hacia la sepultura a su único apoyo y consuelo terrenal. "Y cuando el Señor la vio, se compadeció de ella". Mientras ella caminaba llorando enceguecida, sin notar su presencia, él se acercó a ella y amablemente le dijo: "No llores". Jesús estaba por cambiar su pesar en gozo, pero no podía evitar esta expresión de tierna simpatía.

"Y acercándose, tocó el féretro". Ni aun el contacto con la muerte podía contaminarlo. Los portadores se detuvieron y cesaron los lamentos de las plañideras. Los dos grupos se reunieron alrededor del féretro, esperando contra toda esperanza. Allí se hallaba un hombre que había desterrado la enfermedad y vencido a demonios; ¿estaba también la muerte sujeta a su poder?

Con voz clara y llena de autoridad pronuncia estas palabras: "Joven, a ti te digo, levántate". Esa voz penetra los oídos del muerto. El joven abre los ojos. Jesús lo toma de la mano y lo levanta. Su mirada se posa sobre la que estaba llorando junto a él, y madre e hijo se unen en un abrazo largo, estrecho y gozoso. La multitud mira en silencio, como hechizada. "Y todos tuvieron miedo". Por un rato permanecieron callados y reverentes, como en la misma presencia de Dios. Luego "glorificaban a Dios, diciendo: Un gran profeta se ha levantado entre nosotros; y: Dios ha visitado a su pueblo". El cortejo fúnebre volvió a Naín como una procesión triunfal. "Y se extendió la fama de él por toda Judea, y por toda la región de alrededor".

El que estuvo al lado de la apenada madre a las puertas de Naín, vela con todo enlutado al lado del ataúd. Se conmueve de simpatía por nuestro pesar. Su corazón, que se compadeció y amó, es un corazón de invariable ternura. Su palabra, que resucitó a los muertos, no es menos eficaz ahora que cuando se dirigió al joven de Naín. Él dice: "Toda potestad me es dada en el cielo y en la tierra".[5] Ese poder no ha disminuido por el transcurso de los años, ni agotado por la incesante actividad de su rebosante gracia. Para todos los que creen en él, todavía es un Salvador viviente.

Jesús cambió el pesar de la madre en gozo cuando le devolvió su hijo; sin embargo, el joven sólo fue restaurado a esta vida terrenal para soportar sus tristezas, sus afanes, sus peligros, y para volver a caer bajo el poder de la muerte. Pero Jesús consuela nuestra tristeza por los muertos con un mensaje de esperanza infinita: "Yo soy... el que vivo, y estuve muerto; mas he aquí que vivo por siglos de siglos... Y tengo las llaves de la muerte y del Hades". "Así que, por cuanto los hijos participaron de carne y sangre, él también participó de lo mismo, para destruir por medio de la muerte al que tenía el imperio de la muerte, esto es, al diablo, y librar a todos los que por el temor de la muerte estaban durante toda la vida sujetos a servidumbre".[6]

Satanás no puede retener a los muertos en su poder cuando el Hijo de Dios les ordena que vivan. No puede retener en la muerte espiritual a una sola alma que con fe reciba la palabra de poder de Cristo. Dios dice a todos los que están muertos en el pecado: "Despiértate, tú que duermes, y levántate de los muertos".[7] Esa palabra es vida eterna. Así como la palabra de Dios ordenó al primer hombre que viviera, así sigue dándonos vida; así como la palabra de Cristo: "Joven, a ti te digo, levántate", dio la vida al joven de Naín, así también esa frase: "Levántate de los muertos", es vida para el alma que la recibe. Dios "nos ha librado de la potestad de las tinieblas, y trasladado al reino de su amado Hijo".[8] En su palabra, todo nos es ofrecido. Si la recibimos, tenemos liberación.

"Y si el Espíritu de aquel que levantó de los muertos a Jesús mora en vosotros, el que levantó de los muertos a Cristo Jesús vivificará también vuestros cuerpos mortales por su Espíritu que mora en vosotros". "Porque el Señor mismo con voz de mando, con voz de arcángel, y con trompeta de Dios, descenderá del cielo; y los muertos en Cristo resucitarán primero. Luego nosotros los que vivimos, los que hayamos quedado, seremos arrebatados juntamente con ellos en las nubes para recibir al Señor en el aire, y así estaremos siempre con el Señor".[9] Tales son las palabras de consuelo con que él nos invita a que nos consolemos unos a otros.

---

[1] Juan 4:48, RVA. [2] Tito 3:5. [3] De la 5ª estrofa del himno en inglés *Rock of Ages*, escrito en 1776 por Augustus M. Toplady, un ministro anglicano. [4] Juan 1:9. [5] Mat. 28:18. [6] Apoc. 1:17, 18; Heb. 2:14, 15. [7] Efe. 5:14. [8] Col. 1:13. [9] Rom. 8:11; 1 Tes. 4:16, 17.

CAPÍTULO 33

"¿Quiénes son mis hermanos?"

LOS HIJOS de José distaban mucho de simpatizar con Jesús en su obra. Los informes que llegaban a ellos acerca de su vida y sus labores los llenaban de asombro y congoja. Oían que pasaba noches enteras en oración, que durante el día lo rodeaban grandes compañías de gente, y que no se tomaba siquiera tiempo para comer. Sus amigos estaban convencidos de que su trabajo incesante lo estaba agotando; no podían explicar su actitud para con los fariseos, y algunos temían que su razón se estuviese alterando.

Sus hermanos oyeron hablar de eso, y también de la acusación presentada por los fariseos de que expulsaba a los demonios por el poder de Satanás. Sentían agudamente el oprobio que les reportaba su relación con Jesús. Sabían qué tumulto habían creado sus palabras y sus obras, y no sólo estaban alarmados por sus osadas declaraciones, sino que se indignaban porque denunciaba a los escribas y fariseos. Llegaron a la conclusión de que debía ser persuadido u obligado a dejar de trabajar así, e indujeron a María a unirse con ellos, pensando que por amor a ella podrían persuadirlo a ser más prudente.

Precisamente antes de esto, Jesús había realizado por segunda vez el milagro de sanar a un hombre poseído, ciego y mudo, y los fariseos habían reiterado la acusación: "Por el príncipe de los demonios echa fuera los demonios".[1] Cristo les dijo claramente que al atribuir la obra del Espíritu Santo a Satanás se estaban separando de la fuente de bendición. Los que habían hablado contra Jesús mismo, sin discernir su carácter divino, podrían ser perdonados; porque podían ser inducidos por el Espíritu Santo a ver su error y arrepentirse. Cualquiera que sea el pecado, si el alma se arrepiente y cree, la culpa queda lavada en la sangre de Cristo; pero el que rechaza la obra del Espíritu Santo se coloca donde el arrepentimiento y la fe no pueden alcanzarlo. Es por medio del Espíritu Santo que obra Dios en el corazón; cuando los hombres rechazan voluntariamente al Espíritu y declaran que esa obra divina proviene de Satanás, cortan el canal por el cual Dios puede comunicarse con ellos. Cuando se rechaza finalmente al Espíritu, no hay más nada que Dios pueda hacer para el alma.

Los fariseos a quienes Jesús dirigió esta amonestación no creían la acusación que presentaban contra él. No había uno solo de esos dignatarios que no se sintiese atraído hacia el Salvador. Habían oído en su propio corazón la voz del Espíritu que lo declaraba el Ungido de Israel y los instaba a confesarse sus discípulos. A la luz de su presencia, habían comprendido su falta de santidad y habían anhelado una justicia que ellos no podían crear. Pero después de rechazarlo, habría sido demasiado humillante recibirlo como Mesías. Habiendo puesto los pies en la senda de la incredulidad, eran demasiado orgullosos para confesar su error. Y para no tener que reconocer la verdad, trataban con violencia desesperada rebatir la enseñanza del Salvador. La evidencia de su poder y misericordia los exasperaba. No podían impedir que el Salvador realizase milagros, no podían acallar su enseñanza; pero hacían cuanto estaba a su alcance para representarlo mal y falsificar sus palabras. Sin embargo, el convincente Espíritu de Dios los seguía, y tenían que crear muchas barreras para resistir su poder. El agente más poderoso que pueda ponerse en juego en el corazón humano estaba contendiendo con ellos, pero no querían ceder.

No es Dios quien ciega los ojos de los hombres y endurece su corazón. Él les manda luz para corregir sus errores y conducirlos por sendas seguras; es por el rechazo de esa luz que los ojos se ciegan y el corazón se endurece. Con frecuencia, esto se realiza gradual y casi imperceptiblemente. La luz viene al alma a través de la Palabra de Dios, de sus siervos, o por la intervención directa de su Espíritu; pero cuando un rayo de luz es despreciado, se produce un embotamiento parcial de las percepciones espirituales, y la segunda revelación de luz se discierne menos claramente. Así aumentan las tinieblas, hasta que anochece en el alma. Así había sucedido con esos dirigentes judíos. Estaban convencidos de que un poder divino acompañaba a Cristo, pero con el fin de resistir a la verdad, atribuyeron la obra del Espíritu Santo a Satanás. Al hacer eso prefirieron deliberadamente el engaño; se entregaron a Satanás, y desde entonces fueron dominados por su poder.

Estrechamente relacionada con la amonestación de Cristo acerca del pecado contra el Espíritu Santo se halla la amonestación contra las palabras ociosas y malignas. Las palabras son un indicio de lo que hay en el corazón. "Porque de la abundancia del corazón habla la boca". Pero las palabras son más que un indicio del carácter; tienen poder para afectar al carácter. Los hombres son influenciados por sus propias palabras. A menudo, bajo un impulso momentáneo, provocado por Satanás, expresan celos o malas sospechas, dicen algo que no creen en realidad; pero la expresión produce un efecto en los pensamientos. Son engañados por sus palabras, y llegan a creer como verdad lo que dijeron a instigación de Satanás. Habiendo expresado una vez una opinión o decisión son, con frecuencia, demasiado orgullosos para retractarse, y tratan de demostrarse que tienen razón, hasta que llegan a creer que realmente la tienen. Es peligroso pronunciar una palabra de duda, peligroso cuestionar y criticar la verdad divina. El hábito de hacer críticas descuidadas e irreverentes afecta al carácter y fomenta la irreverencia e incredulidad. Más de un hombre que cede a este hábito lo ha hecho inconsciente del peligro, hasta que estuvo dispuesto a criticar y rechazar la obra del Espíritu Santo. Jesús dijo: "Toda palabra ociosa que hablen los hombres, de ella darán cuenta en el día del juicio. Porque por tus palabras serás justificado, y por tus palabras serás condenado".

Luego añadió una advertencia a quienes habían sido impresionados por sus palabras, lo habían oído gustosamente, pero que no se habían entregado para que el Espíritu Santo morase en ellos. No sólo por la resistencia, sino también por la negligencia, es destruida el alma. Jesús dijo: "Cuando el espíritu inmundo sale del hombre, anda por lugares secos, buscando reposo, y no lo halla. Entonces dice: Volveré a mi casa de donde salí; y cuando llega, la halla desocupada, barrida y adornada. Entonces va, y toma consigo otros siete espíritus peores que él, y entrados, moran allí".

En los días de Cristo, como hoy, eran muchos los que parecían momentáneamente emancipados del dominio de Satanás; por medio de la gracia de Dios habían quedado libres de los malos espíritus que dominaran su alma. Se gozaban en el amor de Dios; pero, como los oyentes representados en la parábola por el terreno pedregoso, no permanecían en su amor. No se entregaban a Dios diariamente para que Cristo morase en su corazón; y cuando volvía el mal espíritu, con "otros siete espíritus peores que él", quedaban completamente dominados por el poder del maligno.

Cuando el alma se entrega a Cristo, un nuevo poder se posesiona del nuevo corazón. Se realiza un cambio que ningún hombre puede realizar por su cuenta. Es una obra sobrenatural, que introduce un elemento sobrenatural en la naturaleza humana. El alma que se entrega a Cristo llega a ser una fortaleza suya, que él sostiene en un mundo en rebelión, y él no quiere que otra autoridad sea reconocida en ella sino la suya. Un alma así guardada en posesión por los agentes celestiales es inexpugnable a los asaltos de Satanás. Pero a menos que nos entreguemos al dominio de Cristo, seremos dominados por el malvado. Debemos estar inevitablemente bajo el dominio de uno o de otro de los dos grandes poderes que están contendiendo por la supremacía del mundo. No es necesario que elijamos deliberadamente servir al reino de las tinieblas para pasar bajo su dominio. Basta que descuidemos de aliarnos con el reino de la luz. Si no cooperamos con los agentes celestiales, Satanás se posesionará de nuestro corazón y lo hará su morada. La única defensa contra el maligno es Cristo morando en el corazón por medio de la fe en su justicia. A menos que lleguemos a estar conectados vitalmente con Dios, jamás podremos resistir los efectos profanos del egoísmo, de la complacencia propia y de la tentación a pecar. Podemos dejar muchos malos hábitos y por un tiempo separarnos de Satanás; pero sin una conexión vital con Dios a través de nuestra entrega a él momento tras momento, seremos vencidos. Sin un conocimiento personal de Cristo y una comunión continua, estamos a la merced del enemigo, y al fin haremos lo que nos ordene.

Jesús dijo: "El postrer estado de aquel hombre viene a ser peor que el primero. Así también acontecerá a esta mala generación". Nadie se endurece tanto como el que ha despreciado la invitación de la misericordia y mostrado aversión al Espíritu de gracia. La manifestación más común del pecado contra el Espíritu Santo consiste en despreciar persistentemente la invitación del Cielo a arrepentirse. Cada paso dado en rechazar a Cristo, es un paso hacia el rechazo de la salvación y hacia el pecado contra el Espíritu Santo.

Al rechazar a Cristo, el pueblo judío cometió el pecado imperdonable; y por desoír la invitación de la misericordia podemos cometer el mismo error. Insultamos al Príncipe de la vida, y lo avergonzamos delante de la sinagoga de Satanás y ante el universo celestial cuando nos negamos a escuchar a sus mensajeros comisionados, y escuchando en su lugar a los agentes de Satanás que quisieran apartar de Cristo nuestra alma. Siempre que uno haga eso no puede hallar esperanza o perdón, y finalmente perderá todo deseo de reconciliarse con Dios.

Mientras Jesús estaba todavía enseñando a la gente, sus discípulos trajeron la noticia de que su madre y sus hermanos estaban afuera y deseaban verlo. Él sabía lo que sentían en su corazón, y "respondiendo él al que le decía esto, dijo: ¿Quién es mi madre, y quiénes son mis hermanos? Y extendiendo su mano hacia sus discípulos, dijo: He aquí mi madre y mis hermanos. Porque todo aquel que hiciere la voluntad de mi Padre que está en los cielos, ése es mi hermano, y hermana, y madre".

Todo el que reciba a Cristo por la fe estará unido a él por un vínculo más íntimo que el del parentesco humano. Serán uno con él, como él era uno con el Padre. Al creer y hacer sus palabras, su madre se relacionaba en forma salvadora con Jesús y más estrechamente que a través de su vínculo natural con él. Sus hermanos no se beneficiarían de su conexión con él a menos que lo aceptasen como su Salvador personal.

¡Qué apoyo habría encontrado Jesús en sus parientes terrenales si hubiesen creído en él como enviado del cielo y cooperado con él en hacer la obra de Dios! Su incredulidad echó una sombra sobre la vida terrenal de Jesús. Fue una parte de la amargura de esa copa de desgracia que él bebió por nosotros.

El Hijo de Dios sentía agudamente la enemistad encendida en el corazón humano contra el evangelio, y le resultaba muy dolorosa en su hogar; porque su propio corazón estaba lleno de bondad y amor, y apreciaba la tierna consideración en las relaciones familiares. Sus hermanos deseaban que él cediese a sus ideas, cuando una actitud tal habría estado en completa contradicción con su misión divina. Consideraban que él necesitaba de sus consejos. Lo juzgaban desde su punto de vista humano, y pensaban que si dijera solamente cosas aceptables para los escribas y fariseos, evitaría las controversias desagradables que sus palabras despertaban. Pensaban que estaba loco al pretender que tenía autoridad divina, y al presentarse ante los rabinos como reprobador de sus pecados. Sabían que los fariseos estaban buscando ocasiones de acusarlo, y les parecía que ya les había dado bastantes.

Con un campo visual estrecho no podían sondear la misión que había venido a cumplir, y por tanto no podían simpatizar con él en sus pruebas. Sus palabras groseras y carentes de aprecio demostraban que no tenían verdadera percepción de su carácter, y que no discernían cómo lo divino se fusionaba con lo humano. Con frecuencia lo veían lleno de pesar; pero en vez de confortarlo, su genio y sus palabras sólo herían su corazón. Su naturaleza sensible era torturada, sus motivos mal comprendidos, su obra mal entendida.

A menudo sus hermanos presentaban la filosofía de los fariseos, trillada y envejecida, y se atrevían a pensar que podían enseñar al que entendía toda la verdad y comprendía todos los misterios. Condenaban libremente lo que no podían entender. Sus reproches lo herían hasta los tuétanos, y cansaban y angustiaban su alma. Profesaban tener fe en Dios y creían que lo estaban vindicando, cuando Dios estaba con ellos en la carne y no lo reconocían.

Estas cosas hacían muy espinosa la senda de Jesús. Tanto se condolía Cristo de la incomprensión que había en su propio hogar, que le era un alivio ir adonde ella no reinaba. Había un hogar que le agradaba visitar: la casa de Lázaro, María y Marta; porque en la atmósfera de fe y amor su espíritu hallaba descanso. Sin embargo, no había nadie en la tierra que pudiese comprender su misión divina ni conocer la carga que llevaba en favor de la humanidad. Con frecuencia podía hallar descanso únicamente estando a solas y en comunión con su Padre celestial.

Los que son llamados a sufrir por causa de Cristo, que tienen que soportar incomprensión y desconfianza aun en su propia casa, pueden hallar consuelo en el pensamiento de que Jesús soportó lo mismo. Se compadece de ellos. Los invita a hallar compañerismo en él y alivio donde él lo halló: en la comunión con el Padre.

Los que aceptan a Cristo como su Salvador personal no son dejados huérfanos, para sobrellevar solos las pruebas de la vida. Él los recibe como miembros de la familia celestial, los invita a llamar a su Padre, Padre de ellos también. Son sus "pequeñitos", caros al corazón de Dios, vinculados con él por los vínculos más tiernos y permanentes. Tiene para con ellos una ternura muy grande, que supera la que nuestros padres o madres han sentido hacia nosotros en nuestra incapacidad así como lo divino supera a lo humano.

En las leyes dadas a Israel hay una hermosa ilustración de la relación de Cristo con su pueblo. Cuando por causa de la pobreza un hebreo había quedado obligado a separarse de su patrimonio y a venderse como esclavo, el deber de redimirlo a él y su herencia recaía sobre el pariente más cercano.[2] Así también la obra de redimirnos a nosotros y nuestra herencia, perdida por el pecado, recayó sobre quien era pariente cercano nuestro. Y con el fin de redimirnos, él se hizo pariente de nosotros. Más cercano que el padre, la madre, el hermano, el amigo o el amante es el Señor nuestro Salvador. Él dice: "No temas, porque yo te redimí; te puse nombre, mío eres tú... Porque a mis ojos fuiste de grande estima, fuiste honorable, y yo te amé; daré, pues, hombres por ti, y naciones por tu vida".[3]

Cristo ama a los seres celestiales que rodean su trono; pero ¿qué explicará el gran amor con que nos amó a nosotros? No lo podemos comprender, pero en nuestra propia experiencia podemos saber que es verdad. Y si mantenemos una relación de parentesco con él, ¡con qué ternura debemos considerar a los que son hermanos y hermanas de nuestro Señor! ¿No debiéramos ser rápidos para reconocer los derechos de nuestra relación divina? Adoptados en la familia de Dios, ¿no honraremos a nuestro Padre y a nuestra parentela?

---

[1] Mat. 9:34. [2] Ver Lev. 25:25, 47-49; Rut 2:20. [3] Isa. 43:1, 4.

CAPÍTULO 34
La invitación

"**V**ENID a mí todos los que estáis trabajados y cargados, y yo os haré descansar". Estas palabras de consuelo fueron dirigidas a la multitud que seguía a Jesús. El Salvador había dicho que únicamente a través de él podían los hombres recibir un conocimiento de Dios. Había hablado de sus discípulos como a quienes se les dio un conocimiento de las cosas celestiales. Pero no dejó que nadie se sintiese privado de su cuidado y amor. Todos los que están trabajados y cargados pueden ir a él.

Los escribas y rabinos, con su escrupulosa atención a las formas religiosas, tenían una sensación de necesidad que los ritos de penitencia nunca podían satisfacer. Los publicanos y los pecadores podían fingir estar contentos con lo sensual y terreno, pero en su corazón había desconfianza y temor. Jesús miró a los angustiados y de corazón cargado, a aquellos cuyas esperanzas estaban marchitas, y a quienes trataban de aplacar el anhelo del alma con los goces terrenales, y los invitó a todos a hallar reposo en él.

Tiernamente invitó así a la gente que se afanaba: "Llevad mi yugo sobre vosotros, y aprended de mí, que soy manso y humilde de corazón; y hallaréis descanso para vuestras almas".

En estas palabras Cristo habla a todo ser humano. Sépanlo o no, todos están cansados y agobiados. Todos están abrumados por cargas que únicamente Cristo puede quitar. La carga más pesada que llevamos es la del pecado. Si se nos deja solos para llevarla, nos aplastará. Pero el Ser sin pecado tomó nuestro lugar. "Jehová cargó en él el pecado de todos nosotros".[1] Él llevó la carga de nuestra culpa. Él sacará la carga de nuestros hombros cansados. Él nos dará reposo. También llevará la carga de congoja y pesar. Nos invita a confiarle todos nuestros cuidados, porque nos lleva sobre su corazón.

El Hermano Mayor de nuestra familia humana está al lado del trono eterno. Mira a toda alma que vuelve su rostro hacia él como el Salvador. Sabe por experiencia cuáles son las debilidades de la humanidad, cuáles son nuestras necesidades y dónde reside la fuerza de nuestras tentaciones; porque fue tentado en todo punto, así como nosotros, aunque sin pecar. Él vela sobre ti, tembloroso hijo de Dios. ¿Eres tentado? Él te librará. ¿Eres débil? Él te fortalecerá. ¿Eres ignorante? Él te iluminará. ¿Estás herido? Él te sanará. El Señor "cuenta el número de las estrellas"; y sin embargo, "sana a los quebrantados de corazón, y venda sus heridas".[2] Su invitación es: "Venid a mí". Cualesquiera que sean tus ansiedades y pruebas, presenta tu caso ante el Señor. Tu espíritu será fortalecido para poder resistir. Se te abrirá el camino para librarte de estorbos y dificultades. Cuanto más débil e impotente te reconozcas, tanto más fuerte llegarás a ser en su fortaleza. Cuanto más pesadas tus cargas, más bienaventurado el descanso que hallarás al echarlas sobre el Portador de las cargas. El descanso que Cristo ofrece depende de ciertas condiciones, pero éstas están claramente especificadas. Son tales que todos pueden cumplirlas. Él nos dice exactamente cómo se ha de hallar su descanso.

"Llevad mi yugo sobre vosotros", dice Jesús. El yugo es un instrumento de servicio. Se enyuga a los bueyes para el trabajo, y el yugo es esencial para que puedan trabajar eficazmente. Por medio de esta ilustración Cristo nos enseña que somos llamados a servir mientras dure la vida. Hemos de tomar su yugo sobre nosotros con el fin de que podamos ser colaboradores con él.

El yugo que nos une al servicio es la ley de Dios. La gran ley de amor revelada en el Edén, proclamada en el Sinaí, y en el nuevo pacto escrita en el corazón, es la que liga al obrero humano a la voluntad de Dios. Si fuésemos dejados para seguir nuestras propias inclinaciones, para ir simplemente adonde nos conduzca nuestra voluntad, caeríamos en las filas de Satanás y llegaríamos a poseer sus atributos. Por tanto, Dios nos encierra en su voluntad, que es superior, noble y elevadora. Él desea que asumamos con paciencia y sabiduría los deberes de servirle. El yugo de este servicio lo llevó Cristo mismo en su humanidad. Él dijo: "Me complazco en hacer tu voluntad, oh Dios mío, y tu ley está en medio de mi corazón". "He descendido del cielo, no para hacer mi voluntad, sino la voluntad del que me envió".[3] El amor por Dios, el celo por su gloria y el amor por la humanidad caída trajeron a Jesús a esta tierra para sufrir y morir. Tal fue el poder dominante en su vida. Y él nos invita a adoptar este principio.

Son muchos aquellos cuyo corazón se aflige bajo una carga de congojas porque tratan de alcanzar la norma del mundo. Han elegido su servicio, aceptado sus perplejidades, adoptado sus costumbres. Así su carácter queda mancillado y su vida convertida en una carga agobiadora. Con el fin de satisfacer la ambición y los deseos mundanales, hieren la conciencia y traen sobre sí una carga adicional de remordimiento. La congoja continua desgasta las fuerzas vitales. Nuestro Señor desea que pongan a un lado ese yugo de esclavitud. Los invita a aceptar su yugo, y dice: "Mi yugo es fácil, y ligera mi carga". Los invita a buscar primeramente el reino de Dios y su justicia, y les promete que todas las cosas que necesiten para esta vida les serán añadidas. La congoja es ciega, y no puede discernir el futuro; pero Jesús ve el fin desde el principio. En toda dificultad tiene su camino preparado para traer alivio. Nuestro Padre celestial tiene, para proveernos de lo que necesitamos, mil maneras de las cuales no sabemos nada. Los que aceptan el principio de hacer del servicio y la honra de Dios la voluntad suprema, verán desvanecerse las perplejidades y percibirán una senda clara delante de sus pies.

Jesús dice: "Aprended de mí, que soy manso y humilde de corazón; y hallaréis descanso". Debemos entrar en la escuela de Cristo, aprender de su mansedumbre y humildad. La redención es ese proceso por medio del cual el alma es entrenada para el cielo. Ese entrenamiento significa [tener] un conocimiento de Cristo. Significa emanciparse de ideas, hábitos y prácticas que se adquirieron en la escuela del príncipe de las tinieblas. El alma debe ser librada de todo lo que se opone a la lealtad a Dios.

En el corazón de Cristo, donde reinaba perfecta armonía con Dios, había perfecta paz. Nunca lo halagaban los aplausos, ni lo deprimían las censuras o el chasco. En medio de la mayor oposición o el trato más cruel, seguía de buen ánimo. Pero muchos que profesan ser sus seguidores tienen un corazón ansioso y angustiado, porque temen confiarse a Dios. No se entregan completamente a él; es porque rehuyen las consecuencias que una entrega tal puede involucrar. A menos que se rindan así a él, no podrán hallar paz.

El amor a sí mismo es lo que trae inquietud. Cuando hayamos nacido de lo alto, habrá en nosotros el mismo sentir que hubo en Jesús, el sentir que lo indujo a humillarse para que pudiésemos ser salvos. Entonces no buscaremos el puesto más elevado. Desearemos sentarnos a los pies de Jesús y aprender de él. Comprenderemos que el valor de nuestra obra no consiste en hacer ostentación y ruido en el mundo, ni en ser activos y celosos en nuestra propia fuerza. El valor de nuestra obra está en proporción al impartimiento del Espíritu Santo. La confianza en Dios trae otras santas cualidades mentales, de manera que en la paciencia podemos poseer nuestras almas.

El yugo se coloca sobre los bueyes para ayudarles a arrastrar la carga, para aliviar esa carga. Así también sucede con el yugo de Cristo. Cuando nuestra voluntad esté absorbida en la voluntad de Dios, y usemos sus dones para bendecir a otros, hallaremos liviana la carga de la vida. El que anda en el camino de los mandamientos de Dios camina en compañía de Cristo, y en su amor el corazón reposa. Cuando Moisés oró: "Te ruego que me muestres ahora tu camino, para que te conozca", el Señor le contestó: "Mi presencia irá contigo, y te daré descanso". Y por medio de los profetas se dio el mensaje: "Así dijo Jehová: Paraos en los caminos, y mirad, y preguntad por las sendas antiguas, cuál sea el buen camino, y andad por él, y hallaréis descanso para vuestra alma". Y él dice: "¡Oh, si hubieras escuchado mis mandamientos!, entonces tu paz habría sido como un río, y tu justicia como las olas del mar".[4]

Los que aceptan la palabra de Cristo al pie de la letra, y entregan su alma a su custodia y su vida para que él la ordene, hallarán paz y quietud. Ninguna cosa del mundo puede entristecerlos cuando Jesús los alegra con su presencia. En la perfecta aquiescencia hay reposo perfecto. El Señor dice: "Tú guardarás en completa paz a aquel cuyo pensamiento en ti persevera; porque en ti ha confiado".[5] Nuestra vida puede parecer enredada, pero si nos confiamos al sabio Artífice Maestro, él pondrá de manifiesto el modelo de vida y carácter que sea para su propia gloria. Y ese carácter, que expresa la gloria —o carácter— de Cristo, será recibido en el Paraíso de Dios. Los miembros de una raza renovada caminarán con él en vestiduras blancas, porque son dignos.

A medida que entremos a través de Jesús en el reposo, el cielo comienza aquí. Respondemos a su invitación: "Ven, aprende de mí", y al ir así comenzamos la vida eterna. El cielo consiste en un incesante acercarse a Dios a través de Cristo. Cuanto más tiempo estemos en el cielo de la dicha, tanto más y aún más de la gloria se abrirá ante nosotros; y cuanto más conozcamos a Dios, tanto más intensa será nuestra felicidad. A medida que caminemos con Jesús en esta vida, podemos ser llenados de su amor, satisfechos con su presencia. Podemos recibir aquí todo lo que la naturaleza humana puede soportar. Pero, ¿qué es eso comparado con el más allá? Allí "están delante del trono de Dios, y le sirven día y noche en su templo; y el que está sentado en el trono extenderá su tabernáculo sobre ellos. No tendrán más hambre ni sed, y el sol no caerá más sobre ellos, ni calor alguno, porque el Cordero que está en medio del trono los pastoreará, y los guiará a fuentes de aguas de vida; y Dios enjugará toda lágrima de los ojos de ellos".[6]

---

[1] Isa. 53:6. [2] Sal. 147:4, 3. [3] Sal. 40:8, VM; Juan 6:38. [4] Éxo. 33:13, 14; Jer. 6:16; Isa. 48:18, VM. [5] Isa. 26:3. [6] Apoc. 7:15-17.

CAPÍTULO 35

"Calla, enmudece"

HABÍA SIDO un día lleno de eventos en la vida de Jesús. Al lado del Mar de Galilea había expresado sus primeras parábolas y explicado de nuevo, mediante ilustraciones familiares, la naturaleza de su reino y la manera en que se establecería. Había comparado su propia obra a la del sembrador; y el desarrollo de su reino al crecimiento de la semilla de mostaza y al efecto de la levadura en una medida de harina. Había descrito la gran separación final de los justos y de los impíos mediante las parábolas del trigo y de la cizaña, y de la red del pescador. Había ilustrado las excelsas preciosuras de las verdades que enseñaba mediante el tesoro oculto y la perla de gran precio, mientras que en la parábola del padre de familia había enseñado a sus discípulos cómo habrían de trabajar como representantes suyos.

Todo el día había estado enseñando y sanando; y al llegar la noche, las muchedumbres se agolpaban todavía en derredor de él. Día tras día las había atendido, sin detenerse casi para comer o descansar. Las críticas maliciosas y las falsas representaciones con que los fariseos lo perseguían constantemente, hacían sus labores más pesadas y agobiadoras. Y ahora, el final del día lo hallaba tan sumamente cansado que resolvió retirarse a algún lugar solitario al otro lado del lago.

La costa oriental del lago de Genesaret no estaba deshabitada, pues había aquí y allí aldeas y villas, pero era desolada en comparación con la ribera occidental. Su población era más pagana que judía y tenía poca comunicación con Galilea. Así que le ofrecía a Jesús el retiro que buscaba, y él invitó a sus discípulos a que lo acompañasen allí.

Después que despidiera a la multitud lo llevaron tal "como estaba" al barco, y zarparon apresuradamente. Pero no habían de salir solos. Había otros barcos de pesca cerca de la orilla que pronto se llenaron de gente que se proponía seguir a Jesús, ávida de continuar viéndolo y oyéndolo.

El Salvador estaba por fin aliviado de la presión de la multitud, y, vencido por el cansancio y el hambre, se acostó en la popa del barco y no tardó en quedarse dormido. El anochecer había sido sereno y plácido, y la quietud reinaba sobre el lago. Pero de repente las tinieblas cubrieron el cielo, un viento bajó furioso por los desfiladeros de las montañas que estaban a lo largo de la orilla oriental, y una violenta tempestad estalló sobre el lago.

El sol se había puesto y la negrura de la noche se asentó sobre el tormentoso mar. Las olas, agitadas furiosamente por los vientos aullantes, se arrojaban bravías contra el barco de los discípulos y amenazaban hundirlo. Esos valientes pescadores habían pasado su vida sobre el lago, y habían guiado su embarcación a puerto seguro a través de muchas tempestades; pero ahora su fuerza y habilidad no valían nada. Se hallaban impotentes en las garras de la tempestad, y se desesperaron cuando vieron que su barco se anegaba.

Absortos en sus esfuerzos por salvarse se habían olvidado de que Jesús estaba a bordo. Ahora, reconociendo que eran vanas sus labores y con sólo la muerte delante de sí, se acordaron del Ser a cuya orden habían emprendido el cruce del mar. En Jesús se hallaba su única esperanza. En su desamparo y desesperación clamaron: "¡Maestro, Maestro!" Pero las densas tinieblas lo ocultaban de su vista. Sus voces eran ahogadas por el rugido de la tempestad y no recibían respuesta. La duda y el temor los asaltaron. ¿Los habría abandonado Jesús? El que había vencido a la enfermedad, los demonios y aun la muerte, ¿ahora sería impotente para ayudar a sus discípulos? ¿No se acordaba de ellos en su angustia?

Volvieron a llamar, pero no recibieron otra respuesta que el silbido del rugiente huracán. Ya se estaba hundiendo el barco. Dentro de un momento, según parecía, serían tragados por las aguas hambrientas.

De repente, el fulgor de un rayo rasgó las tinieblas y vieron a Jesús acostado y durmiendo sin que lo perturbase el tumulto. Con asombro y desesperación exclamaron: "Maestro, ¿no tienes cuidado que perecemos?" ¿Cómo podía él descansar tan apaciblemente mientras ellos estaban en peligro, luchado contra la muerte?

Sus clamores despertaron a Jesús. Pero al iluminarlo el resplandor del rayo, vieron la paz del cielo reflejada en su rostro; leyeron en su mirada un amor abnegado y tierno, y sus corazones se volvieron a él exclamando: "¡Señor, sálvanos, que perecemos!"

Jamás un alma dio expresión a ese clamor sin que fuese oído. Mientras los discípulos asían sus remos para hacer un postrer esfuerzo, Jesús se levantó. De pie en medio de los discípulos, mientras la tempestad rugía, las olas se rompían sobre ellos y el relámpago iluminaba su rostro, levantó su mano, tan a menudo empleada en hechos de misericordia, y dijo al mar airado: "Calla, enmudece".

La tempestad cesó. Las olas reposaron. Se disiparon las nubes y las estrellas volvieron a resplandecer. El barco descansaba sobre un mar sereno. Entonces, volviéndose a sus discípulos, Jesús les preguntó con tristeza: "¿Por qué tienen tanto miedo? ¿Todavía no tienen fe?"[1]

El silencio cayó sobre los discípulos. Ni siquiera Pedro intentó expresar la reverencia que llenaba su corazón. Los barcos que habían salido para acompañar a Jesús habían estado en el mismo peligro que el de los discípulos. El terror y la desesperación se habían apoderado de sus ocupantes; pero la orden de Jesús había traído quietud a la escena de tumulto. La furia de la tempestad había arrojado los barcos muy cerca unos de otros, y todos los que estaban a bordo de ellos habían contemplado el milagro. Una vez que se hubo restablecido la calma, el temor quedó olvidado. La gente murmuraba entre sí: "¿Qué hombre es éste, que aun los vientos y el mar le obedecen?"

Cuando Jesús fue despertado para enfrentar la tempestad, estaba en perfecta paz. No había en sus palabras ni en su mirada el menor vestigio de temor, porque no había temor en su corazón. Pero él no confiaba en la posesión del poder omnipotente. No era en calidad de "dueño de la tierra, del mar y del cielo" como descansaba en quietud. Había depuesto ese poder, y aseveraba: "No puedo yo hacer nada por mí mismo".[2] Jesús confiaba en el poder del Padre. Descansaba en la fe —fe en el amor y cuidado de Dios—, y el poder de esa palabra que calmó la tempestad era el poder de Dios.

Así como Jesús reposaba por la fe en el cuidado del Padre, así también hemos de confiar nosotros en el cuidado de nuestro Salvador. Si los discípulos hubiesen confiado en él, habrían sido guardados en paz. Su temor en el tiempo de peligro revelaba su incredulidad. En sus esfuerzos por salvarse a sí mismos se olvidaron de Jesús; y únicamente cuando abandonaron la esperanza de confiar en sí mismos se volvieron a él para que él pudiera ayudarlos.

¡Cuán a menudo la experiencia de los discípulos es la nuestra! Cuando las tempestades de la tentación nos rodean, y fulguran los fieros rayos y las olas nos cubren, batallamos solos contra la tempestad, olvidándonos de que hay Uno que puede ayudarnos. Confiamos en nuestra propia fuerza hasta que perdemos nuestra esperanza y estamos a punto de perecer. Entonces nos acordamos de Jesús, y si clamamos a él para que nos salve, no clamaremos en vano. Aunque con tristeza reprende nuestra incredulidad y confianza propia, nunca deja de darnos la ayuda que necesitamos. En la tierra o en el mar, si tenemos al Salvador en nuestro corazón no necesitamos temer. La fe en el Redentor serenará el mar de la vida, y nos librará del peligro de la manera que él reconoce como la mejor.

Este milagro de calmar la tempestad encierra otra lección espiritual. La experiencia de cada hombre testifica acerca de la verdad de las palabras de la Escritura: "Los impíos son como el mar en tempestad, que no puede estarse quieto... No hay paz, dijo mi Dios, para los impíos".[3] El pecado ha destruido nuestra paz. Mientras el yo no está subyugado, no podemos hallar reposo. Las pasiones predominantes del corazón no pueden ser regidas por facultad humana alguna. Somos tan impotentes en esto como lo eran los discípulos para calmar la rugiente tempestad. Pero el que calmó las olas de Galilea ha pronunciado la palabra de paz para cada alma. Por fiera que sea la tempestad, los que claman a Jesús: "Señor, sálvanos", hallarán liberación. Su gracia, que reconcilia al alma con Dios, aquieta las contiendas de las pasiones humanas, y en su amor el corazón halla descanso. "Cambia la tempestad en sosiego, y se apaciguan sus olas. Luego se alegran, porque se apaciguaron; y así los guía al puerto que deseaban". "Justificados, pues, por la fe, tenemos paz para con Dios por medio de nuestro Señor Jesucristo". "El efecto de la justicia será paz; y la labor de justicia, reposo y seguridad para siempre".[4]

Por la mañana temprano, el Salvador y sus compañeros llegaron a la orilla, y la luz del sol naciente se esparcía sobre el mar y la tierra como una bendición de paz. Pero apenas habían tocado la playa cuando sus ojos fueron heridos por una escena más terrible que la furia de la tempestad. Desde algún escondedero entre las tumbas, dos locos echaron a correr hacia ellos como si quisieran despedazarlos. De sus cuerpos colgaban trozos de cadenas que habían roto al escapar de sus prisiones. Sus carnes estaban desgarradas y sangrientas donde se habían cortado con piedras agudas. A través de su largo y enmarañado cabello fulguraban sus ojos; y la misma imagen humana parecía haber sido borrada por los demonios que los poseían, de modo que se asemejaban más a fieras que a hombres.

Los discípulos y sus compañeros huyeron aterrorizados; pero pronto notaron que Jesús no estaba con ellos, y se volvieron para buscarlo. Allí estaba donde lo habían dejado. El que había calmado la tempestad, que antes se había encontrado con Satanás y lo había vencido, no huyó de delante de esos demonios. Cuando los hombres, crujiendo los dientes y echando espuma por la boca, se acercaron a él, Jesús levantó esa mano que había ordenado a las olas que se calmasen, y los hombres no pudieron acercarse más. Estaban de pie, furiosos, pero impotentes delante de él.

Con autoridad ordenó a los espíritus inmundos que saliesen de ellos. Sus palabras penetraron las oscurecidas mentes de los desafortunados. Vagamente se dieron cuenta de que estaban cerca de alguien que podía salvarlos de los demonios atormentadores. Cayeron a los pies del Salvador para adorarlo; pero cuando sus labios se abrieron para implorar su misericordia, los demonios hablaron por su medio clamando vehementemente: "¿Qué tienes con nosotros, Jesús, Hijo de Dios? Te conjuro por Dios que no me atormentes".

Jesús preguntó: "¿Cómo te llamas?" Y la respuesta fue: "Legión me llamo; porque somos muchos". Usando a esos hombres afligidos como médium, rogaron a Jesús que no los echase fuera del país. En la ladera de una montaña no muy distante pacía una gran piara de cerdos. Los demonios pidieron que se les permitiese entrar en ellos, y Jesús se lo concedió. Inmediatamente el pánico se apoderó de la piara. Echó a correr desenfrenadamente por el acantilado y, sin poder detenerse en la orilla, se arrojó al lago, donde pereció.

Mientras tanto, un cambio maravilloso se había verificado en los endemoniados. Había amanecido en sus mentes. Sus ojos brillaban de inteligencia. Sus rostros, durante tanto tiempo deformados a la imagen de Satanás, se volvieron repentinamente benignos. Se aquietaron las manos manchadas de sangre, y con alegres voces los hombres alabaron a Dios por su liberación.

Desde el acantilado, los cuidadores de los cerdos habían visto todo lo que había sucedido, y se apresuraron a ir a publicar las nuevas a sus amos y a toda la gente. Llena de temor y asombro, la población acudió al encuentro de Jesús. Los dos endemoniados habían sido el terror de toda la región. Para nadie era seguro pasar por donde ellos se hallaban, porque se abalanzaban sobre cada viajero con furia demoníaca. Ahora estos hombres estaban vestidos y en su sano juicio, sentados a los pies de Jesús, escuchando sus palabras y glorificando el nombre de quien los había sanado. Pero la gente que contemplaba esa maravillosa escena no se regocijó. La pérdida de los cerdos le parecía de mayor importancia que la liberación de esos cautivos de Satanás.

Pero esa pérdida les había sobrevenido por misericordia hacia los dueños de los cerdos. Estaban absortos en las cosas terrenales y no se preocupaban por los grandes intereses de la vida espiritual. Jesús deseaba quebrantar el hechizo de la indiferencia egoísta, para que pudiesen aceptar su gracia. Pero el pesar y la indignación por su pérdida temporal cegaron sus ojos con respecto a la misericordia del Salvador.

La manifestación del poder sobrenatural despertó las supersticiones de la gente y excitó sus temores. Si este Forastero quedaba entre ellos, podían seguir mayores calamidades. Ellos temían la ruina financiera, y resolvieron librarse de su presencia. Los que habían cruzado el lago con Jesús hablaron de todo lo que había acontecido la noche anterior; del peligro que habían corrido en la tempestad, y de cómo el viento y el mar habían sido tranquilizados. Pero sus palabras quedaron sin efecto. Con terror la gente se agolpó alrededor de Jesús rogándole que se alejara de ellos, y él accedió, embarcándose inmediatamente hacia la orilla opuesta.

Los habitantes de Gadara tenían delante de sí la evidencia viva del poder y la misericordia de Cristo. Veían a los hombres a quienes él había devuelto la razón; pero tanto temían comprometer sus intereses terrenales, que trataron como a un intruso al que había vencido al príncipe de las tinieblas delante de sus ojos, y desviaron de sus puertas el Don del cielo. No tenemos como los gadarenos la oportunidad de apartarnos de la persona de Cristo; y sin embargo, son muchos los que se niegan a obedecer su palabra porque la obediencia entrañaría el sacrificio de algún interés mundanal. Por temor a que su presencia les cause pérdidas monetarias, muchos rechazan su gracia y ahuyentan de sí a su Espíritu.

Pero el sentimiento de los endemoniados curados fue muy diferente. Ellos deseaban la compañía de su libertador. En su presencia se sentían seguros de los demonios que habían atormentado su vida y agotado su virilidad. Cuando Jesús estaba por subir al barco permanecieron a su lado, y arrodillándose le rogaron que los mantuviese cerca de él, donde pudiesen escuchar siempre sus palabras. Pero Jesús les recomendó que se fuesen a sus casas y contaran cuán grandes cosas el Señor había hecho por ellos.

Ahora tenían una obra que hacer: ir a un hogar pagano y contarles de la bendición que habían recibido de Jesús. Era duro para ellos separarse del Salvador. Seguramente les iban a asediar grandes dificultades en su trato con sus compatriotas paganos. Y su largo aislamiento de la sociedad parecía haberlos descalificado para la obra que él había indicado. Pero tan pronto como Jesús les señaló su deber, estuvieron listos para obedecer. No sólo hablaron de Jesús a sus familias y vecinos, sino que fueron por toda Decápolis declarando por doquiera su poder salvador y describiendo cómo los había librado de los demonios. Al hacer esa obra podían recibir una bendición mayor que si, con el único fin de beneficiarse a sí mismos, hubieran permanecido en su presencia. Es trabajando en la difusión de las buenas nuevas de la salvación como somos acercados al Salvador.

Los dos endemoniados curados fueron los primeros misioneros a quienes Cristo envió a predicar el evangelio en la región de Decápolis. Esos hombres habían tenido el privilegio de oír las enseñanzas de Cristo por unos pocos momentos. Sus oídos no habían recibido un solo sermón de sus labios. No podían instruir a la gente como eran capaces de hacerlo los discípulos que habían estado diariamente con Jesús. Pero llevaban en su persona la evidencia de que Jesús era el Mesías. Podían contar lo que sabían; lo que ellos mismos habían visto, oído y sentido del poder de Cristo. Esto es lo que puede hacer cada uno cuyo corazón ha sido conmovido por la gracia de Dios. Juan, el discípulo amado, escribió: "Lo que era desde el principio, lo que hemos oído, lo que hemos visto con nuestros ojos, lo que hemos contemplado, y palparon nuestras manos tocante al Verbo de vida... lo que hemos visto y oído, eso os anunciamos".[5] Como testigos de Cristo, debemos decir lo que sabemos, lo que nosotros mismos hemos visto, oído y sentido. Si hemos estado siguiendo a Jesús paso a paso, tendremos algo oportuno que decir acerca de la manera en que nos ha conducido. Podemos explicar cómo hemos probado su promesa y la hemos hallado veraz. Podemos dar testimonio de lo que hemos conocido acerca de la gracia de Cristo. Este es el testimonio que nuestro Señor pide, y por falta del cual el mundo perece.

Aunque los habitantes de Gadara no recibieron a Jesús, él no los dejó en las tinieblas que habían elegido. Cuando le pidieron que se apartase de ellos, no habían oído sus palabras. Ignoraban lo que rechazaban. Por tanto, les volvió a mandar luz, y por medio de personas a quienes no podían negarse a escuchar.

Al ocasionar la destrucción de los cerdos, Satanás se proponía apartar a la gente del Salvador e impedir la predicación del evangelio en esa región. Pero este mismo incidente despertó a toda la comarca como no podría haberlo hecho alguna otra cosa, y dirigió la atención hacia Cristo. Aunque el Salvador mismo se fue, los hombres a quienes había sanado permanecieron como testigos de su poder. Los que habían sido médium del príncipe de las tinieblas llegaron a ser canales de luz, mensajeros del Hijo de Dios. Los hombres se maravillaban al escuchar las noticias prodigiosas. Se abrió una puerta para la entrada del evangelio en toda la región. Cuando Jesús volvió a Decápolis, la gente acudió a él, y durante tres días oyeron el mensaje de salvación no sólo los habitantes de un pueblo sino miles de toda la región circundante. Aun el poder de los demonios está bajo el control de nuestro Salvador, y la obra del maligno es dominada para bien.

El encuentro con los endemoniados de Gadara encerraba una lección para los discípulos. Demostró las profundidades de la degradación a las cuales Satanás está tratando de arrastrar a toda la especie humana, y la misión de Cristo para librar a los hombres de su poder. Esos míseros seres que moraban en los sepulcros, poseídos por demonios, esclavos de pasiones indomables y repugnantes concupiscencias, representan lo que la humanidad llegaría a ser si fuese entregada a la jurisdicción satánica. La influencia de Satanás se ejerce constantemente sobre los hombres para alienar los sentidos, dominar la mente para el mal e incitar a la violencia y al crimen. Él debilita el cuerpo, oscurece el intelecto y degrada el alma. Siempre que los hombres rechacen la invitación del Salvador, se entregan a Satanás. En toda ramificación de la vida, en el hogar, en los negocios y aun en la iglesia, son multitudes los que están haciendo esto hoy. Y a causa de esto la violencia y el crimen se han difundido por toda la tierra; y las tinieblas morales, como una mortaja, envuelven las habitaciones de los hombres. Mediante sus especiosas tentaciones, Satanás induce a los hombres a cometer males cada vez peores, hasta provocar completa degradación y ruina. La única salvaguardia contra su poder se halla en la presencia de Jesús. Ante los hombres y los ángeles Satanás se ha revelado como el enemigo y destructor del hombre; Cristo, como su amigo y libertador. Su Espíritu desarrollará en el hombre todo lo que ennoblece el carácter y dignifica la naturaleza. Reconstruirá al hombre para la gloria de Dios en cuerpo, alma y espíritu. "Porque no nos ha dado Dios espíritu de cobardía, sino de poder, de amor y de dominio propio [griego, *mente sana*]". Él nos ha llamado "para alcanzar la gloria [—el carácter—] de nuestro Señor Jesucristo"; nos ha llamado a ser "hechos conformes a la imagen de su Hijo".[6]

Y las almas que han sido degradadas en instrumentos de Satanás todavía siguen, mediante el poder de Cristo, siendo transformadas en mensajeras de justicia, y enviadas por el Hijo de Dios a contar "cuán grandes cosas el Señor ha hecho contigo, y cómo ha tenido misericordia de ti".

---

[1] Mar. 4:40, NVI. [2] Juan 5:30. [3] Isa. 57:20, 21. [4] Sal. 107:29, 30; Rom. 5:1; Isa. 32:17. [5] 1 Juan 1:1-3.
[6] 2 Tim. 1:7; 2 Tes. 2:14; Rom. 8:29.

CAPÍTULO 36

El toque de fe

AL VOLVER de Gadara a la costa occidental, Jesús encontró una multitud reunida para recibirlo, la cual lo saludó con gozo. Él permaneció a orillas del mar por un tiempo, enseñando y sanando, y luego se dirigió a la casa de Leví Mateo para encontrarse con los publicanos en su fiesta. Allí lo encontró Jairo, principal de la sinagoga.

Este anciano de los judíos fue a Jesús con gran angustia y se arrojó a sus pies exclamando: "Mi hija está agonizando; ven y pon las manos sobre ella para que sea salva, y vivirá".

Jesús se encaminó inmediatamente con el príncipe hacia su casa. Aunque los discípulos habían visto tantas de sus obras de misericordia, se sorprendieron al verlo acceder a la súplica del noble rabino; sin embargo, acompañaron a su Maestro, y la gente los siguió, ávida y expectante.

La casa del príncipe no quedaba muy lejos, pero Jesús y sus compañeros avanzaban lentamente porque la muchedumbre lo apretujaba de todos lados. La dilación impacientaba al ansioso padre; pero Jesús, compadeciéndose de la gente, se detenía de vez en cuando para aliviar a algún doliente o consolar a algún corazón acongojado.

Mientras todavía estaban en camino, un mensajero se abrió paso a través de la multitud: traía a Jairo la noticia de que su hija había muerto y que ya era inútil molestar al Maestro. Pero el oído de Jesús captó las palabras. Dijo: "No temas; cree solamente, y será salva".

Jairo se acercó aun más al Salvador y juntos se apresuraron a llegar a la casa del principal. Ya estaban allí las plañideras y los flautistas pagados, llenando el aire con su clamor. La presencia de la muchedumbre y el tumulto contrariaban el espíritu de Jesús. Trató de acallarlos diciendo: "¿Por qué alborotáis y lloráis? La muchacha no está muerta, sino duerme". Ellos se indignaron al oír las palabras del Forastero. Habían visto a la niña en las garras de la muerte, y se burlaron de él. Después de exigir que todos abandonasen la casa, Jesús tomó consigo al padre y a la madre de la niña, y a tres discípulos —Pedro, Santiago y Juan—, y juntos entraron en la cámara mortuoria.

Jesús se acercó a la cama y, tomando la mano de la niña en la suya, pronunció suavemente en el idioma familiar del hogar las palabras: "Muchacha, levántate".

Instantáneamente un temblor pasó por el cuerpo inconsciente. Los latidos de vida volvieron a golpear. Los labios se entreabrieron con una sonrisa. Los ojos se abrieron como si despertasen del sueño, y la niña miró con asombro al grupo que la rodeaba. Se levantó, y sus padres la estrecharon en sus brazos llorando de gozo.

Mientras se dirigía a la casa del principal, Jesús había encontrado en la muchedumbre a una pobre mujer que durante doce años había estado sufriendo de una enfermedad que hacía de su vida una carga. Había gastado todos sus recursos en médicos y remedios, con el único resultado de ser declarada incurable. Pero sus esperanzas revivieron cuando oyó hablar de las curaciones que Cristo realizaba. Estaba segura de que si podía tan sólo ir a él, sería sanada. Con debilidad y sufrimiento fue a la orilla del mar donde él estaba enseñando y trató de atravesar la multitud, pero en vano. Luego lo siguió desde la casa de Leví Mateo, pero tampoco pudo acercársele. Había empezado a desesperarse, cuando, mientras él se abría paso por entre la multitud, llegó cerca de donde ella se encontraba.

Había llegado su áurea oportunidad. ¡Se hallaba en presencia del gran Médico! Pero entre la confusión no podía hablarle, ni lograr más que vislumbrar de paso su figura. Con temor de perder su única oportunidad de alivio, se adelantó con esfuerzo, diciéndose: "Si tocare tan solamente su manto, seré salva". Y mientras él pasaba ella extendió la mano y alcanzó a tocar apenas el borde de su manto. Pero en ese momento supo que había quedado sana. En ese único toque se concentró la fe de su vida, e instantáneamente su dolor y debilidad cedieron lugar al vigor de la salud perfecta.

Con corazón agradecido trató entonces de retirarse de la muchedumbre; pero de repente Jesús se detuvo, y la gente también hizo alto. Jesús se dio vuelta y, mirando en derredor, preguntó con una voz que se oía distintamente por encima de la confusión de la multitud: "¿Quién es el que me ha tocado?" La gente contestó esta pregunta con una mirada de asombro. Como se lo codeaba de todos lados, y se lo empujaba rudamente de aquí para allá, parecía una pregunta extraña.

Pedro, siempre listo para hablar, dijo: "Maestro, la multitud te aprieta y oprime, y dices: ¿Quién es el que me ha tocado?" Jesús contestó: "Alguien me ha tocado; porque yo he conocido que ha salido poder de mí". El Salvador podía distinguir el toque de la fe del contacto casual de la muchedumbre desprevenida. Una confianza tal no debía pasar sin comentario. Él quería dirigir a la humilde mujer palabras de consuelo que fuesen para ella un manantial de gozo; palabras que fuesen una bendición para sus seguidores hasta el fin del tiempo.

Mirando hacia la mujer, Jesús insistió en saber quién lo había tocado. Hallando que era en vano tratar de ocultarse, ella se adelantó temblorosa, y se echó a los pies de Jesús. Con lágrimas de agradecimiento le relató la historia de sus sufrimientos y cómo había hallado alivio. Jesús le dijo amablemente: "Hija, tu fe te ha salvado; ve en paz". Él no dio oportunidad a que la superstición proclamase que había una virtud sanadora en el mero acto de tocar sus vestiduras. No fue mediante el contacto exterior con él que se había realizado la curación, sino por medio de la fe que se aferró a su poder divino.

La muchedumbre maravillada que se apretujaba en derredor de Cristo no se percató del incremento de poder vital. Pero cuando la mujer enferma extendió la mano para tocarlo, creyendo que sería sanada, sintió la virtud sanadora. Así es también en las cosas espirituales. El hablar de religión de una manera casual, el orar sin hambre del alma ni fe viviente, no vale nada. Una fe nominal en Cristo, que lo acepta meramente como Salvador del mundo, jamás puede traer sanidad al alma. La fe que es para salvación no es un mero asentimiento intelectual a la verdad. El que aguarda hasta tener un conocimiento completo antes de ejercer fe, no puede recibir bendición de Dios. No es suficiente creer *acerca de* Cristo; debemos creer *en* él. La única fe que nos beneficiará es la que lo acepta como Salvador personal; la que se apropia de sus méritos para uno mismo. Muchos sostienen que la fe es una opinión. La fe salvadora es una transacción por medio de la cual quienes reciben a Cristo se unen con Dios en una relación de pacto. La fe genuina es vida. Una fe viviente significa un aumento del vigor, una confianza implícita, por medio de la cual el alma llega a ser una potencia vencedora.

Después de sanar a la mujer, Jesús deseó que ella reconociese la bendición recibida. Los dones del evangelio no se obtienen a hurtadillas ni se disfrutan en secreto. Así también el Señor nos invita a confesar su bondad. "Vosotros, pues, sois mis testigos, dice Jehová, que yo soy Dios".[1]

Nuestra confesión de su fidelidad es el agente escogido por el Cielo para revelar a Cristo al mundo. Debemos reconocer su gracia como fue dada a conocer por los santos de antaño; pero lo que será más eficaz es el testimonio de nuestra propia experiencia. Somos testigos de Dios mientras revelamos en nosotros mismos la obra de un poder divino. Cada persona tiene una vida distinta de todas las demás, y una experiencia que difiere esencialmente de la suya. Dios desea que nuestra alabanza ascienda a él marcada por nuestra propia individualidad. Esos preciosos reconocimientos para alabanza de la gloria de su gracia, cuando están respaldadas por una vida semejante a la de Cristo, tienen un poder irresistible que obra para la salvación de las almas.

Cuando los diez leprosos fueron a Jesús para ser sanados, les ordenó ir y mostrarse al sacerdote. En el camino quedaron limpios, pero uno solo volvió para darle gloria. Los otros siguieron su camino, olvidándose de quién los había sanado. ¡Cuántos hay todavía que hoy hacen lo mismo! El Señor obra de continuo para beneficiar a la humanidad. Está siempre impartiendo sus bondades. Levanta a los enfermos de las camas donde languidecen, libra a los hombres de peligros que ellos no ven, envía a los ángeles celestiales para salvarlos de la calamidad, para protegerlos de "la pestilencia que anda en oscuridad" y de la "mortandad que en medio del día destruye";[2] pero sus corazones no quedan impresionados. Él dio toda la riqueza del cielo para redimirlos, y sin embargo no piensan en su gran amor. Por su ingratitud cierran su corazón a la gracia de Dios. Como el brezo del desierto, no saben cuándo viene el bien, y sus almas habitan en los lugares resecos de la soledad.

Es para nuestro propio beneficio refrescar en nuestra memoria todo don de Dios. Así la fe se fortalece para pedir y recibir más y más. Hay para nosotros un mayor estímulo en la menor bendición que recibimos de Dios que en todos los relatos que podemos leer de la fe y la experiencia ajenas. El alma que responda a la gracia de Dios será como un jardín regado. Su salud brotará rápidamente; su luz saldrá en la oscuridad, y se verá sobre él la gloria del Señor. Recordemos, pues, la bondad del Señor y la multitud de sus tiernas misericordias. Como el pueblo de Israel, erijamos nuestras piedras de testimonio, e inscribamos sobre ellas la preciosa historia de los que Dios ha hecho por nosotros. Y mientras repasemos su trato con nosotros en nuestro peregrinar, declaremos con corazones derretidos de gratitud: "¿Cómo puedo pagarle al Señor por tanta bondad que me ha mostrado? ¡Tan sólo brindando con la copa de la salvación e invocando el nombre del Señor! ¡Tan sólo cumpliendo mis promesas al Señor en presencia de todo su pueblo!"[3]

---

[1] Isa. 43:12. [2] Ver Sal. 91:6. [3] Sal. 116:12-14, NVI.

CAPÍTULO 37

Los primeros evangelistas

LOS APÓSTOLES eran miembros de la familia de Jesús y lo habían acompañado mientras viajaban a pie por Galilea. Habían compartido con él los trabajos y penurias que les habían tocado. Habían escuchado sus discursos, habían caminado y hablado con el Hijo de Dios, y de su instrucción diaria habían aprendido a cómo trabajar para la elevación de la humanidad. Mientras Jesús ministraba a las vastas muchedumbres que se congregaban en derredor de él, sus discípulos lo acompañaban, ávidos de hacer cuanto les pidiera y de aliviar su labor. Ayudaban a ordenar a la gente, traían a los afligidos al Salvador y procuraban la comodidad de todos. Estaban alertas para discernir a los oyentes interesados, les explicaban las Escrituras y de diversas maneras trabajaban para su beneficio espiritual. Enseñaban lo que habían aprendido de Jesús, y cada día obtenían una rica experiencia. Pero también necesitaban aprender a trabajar solos. Todavía les faltaba mucha instrucción, gran paciencia y ternura. Ahora, mientras él estaba personalmente con ellos para señalarles sus errores, aconsejarlos y corregirlos, el Salvador los envió como representantes suyos.

Mientras estaban con él, con frecuencia los discípulos se habían sentido perplejos a causa de las enseñanzas de los sacerdotes y fariseos, pero habían llevado sus perplejidades a Jesús. Él les había presentado las verdades de la Escritura en contraste con la tradición. Así había fortalecido su confianza en la Palabra de Dios, y en gran medida los había libertado del temor a los rabinos y de su servidumbre a la tradición. En el entrenamiento de los discípulos, el ejemplo de la vida del Salvador era mucho más efectiva que la mera instrucción doctrinaria. Cuando estuvieran separados de él recordarían cada una de sus miradas, su tono y sus palabras. Con frecuencia, mientras estuvieran en conflicto con los enemigos del evangelio, repetirían sus palabras, y al ver su efecto sobre la gente se regocijarían grandemente.

Llamando a los Doce en derredor de sí, Jesús les ordenó que fueran de dos en dos por los pueblos y aldeas. Ninguno fue enviado solo, sino que el hermano iba asociado con el hermano, el amigo con el amigo. Así podían ayudarse y animarse mutuamente, aconsejarse y orar juntos, la fortaleza de uno supliendo la debilidad del otro. De la misma manera envió más tarde a los 70. Era el propósito del Salvador que los mensajeros del evangelio se asociaran de ese modo. En nuestro propio tiempo la obra de evangelización tendría mucho más éxito si se siguiera fielmente este ejemplo.

El mensaje de los discípulos era el mismo que el de Juan el Bautista y el de Cristo mismo: "El reino de los cielos se ha acercado". No debían entrar en controversia con la gente acerca de si Jesús de Nazaret era el Mesías; sino que en su nombre debían hacer las mismas obras de misericordia que él había hecho. Les ordenó: "Sanad enfermos, limpiad leprosos, resucitad muertos, echad fuera demonios; de gracia recibisteis, dad de gracia".

Durante su ministerio, Jesús dedicó más tiempo a sanar a los enfermos que a predicar. Sus milagros atestiguaban la verdad de sus palabras: que no había venido para destruir sino para salvar. Su justicia iba delante de él y la gloria del Señor era su retaguardia. Doquiera que fuera, le precedían las nuevas de su misericordia. Donde había pasado, los objetos de su compasión se regocijaban en su salud y en el ejercicio de sus facultades recobradas. Se congregaban muchedumbres en derredor de ellos para oír de sus labios las obras que el Señor había realizado. Su voz era el primer sonido que muchos habían oído, su nombre la primera palabra que hubiesen pronunciado, su rostro el primero que hubiesen mirado. ¿Por qué no habrían de amar a Jesús y cantar sus alabanzas? Mientras él pasaba por los pueblos y ciudades, era como una corriente vital que difundía vida y gozo por dondequiera que fuera.

Los seguidores de Cristo han de trabajar como él obró. Hemos de alimentar al hambriento, vestir al desnudo y consolar al doliente y afligido. Hemos de ministrar al que desespera e inspirar esperanza al descorazonado. Y para nosotros se cumplirá también la promesa: "Irá tu justicia delante de ti, y la gloria de Jehová será tu retaguardia".[1] El amor de Cristo, manifestado en un ministerio abnegado, será más eficaz para reformar al malhechor que la espada o la corte de justicia. Éstas son necesarias para infundir terror al violador de la ley, pero el amante misionero puede hacer más que eso. A menudo el corazón se endurecerá bajo la represión; pero se enternecerá bajo el amor de Cristo. El misionero puede no sólo aliviar las enfermedades físicas, sino también conducir al pecador al gran Médico, quien es capaz de limpiar el alma de la lepra del pecado. Por medio de sus siervos, Dios quiere que el enfermo, el infortunado, el poseído por espíritus malignos, oiga su voz. Mediante sus agentes humanos desea ser un Consolador tal como el mundo no conoce.

En su primera gira misionera los discípulos debían ir solamente a "las ovejas perdidas de la casa de Israel". Si entonces hubiesen predicado el evangelio a los gentiles o a los samaritanos, habrían perdido su influencia sobre los judíos. Excitando el prejuicio de los fariseos, se habrían involucrado en una controversia que los habría desanimado en el mismo comienzo de sus labores. Inclusive los apóstoles fueron lentos para comprender que el evangelio debía darse a todas las naciones. Hasta que ellos mismos no comprendiesen esta verdad, no estarían preparados para trabajar por los gentiles. Si los judíos querían recibir el evangelio, Dios se proponía hacerlos sus mensajeros a los gentiles. Por tanto, eran los primeros que debían oír el mensaje.

Por todo el campo de labor de Cristo había almas que tomaban conciencia de su necesidad, hambrientas y sedientas de la verdad. Había llegado el tiempo en que debían enviarse las nuevas de su amor a esas almas anhelantes. A todas éstas debían ir los discípulos como representantes de Jesús. Los creyentes debían ser inducidos a mirarlos como maestros designados divinamente, y así cuando el Salvador les fuese quitado no quedarían sin instructores.

En esta primera gira los discípulos debían ir sólo adonde Jesús había estado antes y había conquistado amigos. Su preparación para el viaje debía ser de lo más sencilla. No debían permitir que cosa alguna distrajese su mente de su gran obra, o despertara alguna oposición y cerrase la puerta para labores ulteriores. No debían adoptar la vestimenta de los maestros religiosos ni usar atavío alguno que los distinguiese de los humildes campesinos. No debían entrar en las sinagogas y convocar a las gentes a cultos públicos; sus esfuerzos debían limitarse al trabajo de casa en casa. No habían de malgastar tiempo en saludos inútiles ni en ir de casa en casa para ser agasajados. Pero en todo lugar debían aceptar la hospitalidad de los que fuesen dignos, de los que les diesen bienvenida cordial como si recibiesen al mismo Cristo. Debían entrar en la morada con el hermoso saludo: "Paz sea a esta casa".[2] Ese hogar iba a ser bendecido por sus oraciones, sus cantos de alabanza y la exposición de las Escrituras en el círculo familiar.

Esos discípulos debían ser heraldos de la verdad y preparar el camino para la llegada de su Maestro. El mensaje que tenían que llevar era la palabra de vida eterna, y el destino de los hombres dependía de que lo aceptasen o rechazasen. Para impresionar a la gente con su solemnidad, Jesús ordenó a sus discípulos: "Si alguno no os recibiere, ni oyere vuestras palabras, salid de aquella casa o ciudad, y sacudid el polvo de vuestros pies. De cierto os digo que en el día del juicio será más tolerable el castigo para la tierra de Sodoma y de Gomorra, que para aquella ciudad".

Ahora el ojo del Salvador penetra lo futuro; contempla los campos más amplios en los cuales, después de su muerte, los discípulos van a ser sus testigos. Su mirada profética abarca lo que experimentarán sus siervos a través de todos los siglos hasta que vuelva por segunda vez. Muestra a sus seguidores los conflictos que tendrán que arrostrar; revela el carácter y el plan de la batalla. Les expone los peligros que deberán afrontar, la abnegación que necesitarán. Desea que cuenten el costo, para no ser sorprendidos imprevistamente por el enemigo. Su lucha no la reñirán contra carne y sangre, sino "contra los principados, contra las potestades, contra los gobernantes de las tinieblas de este mundo, contra las huestes espirituales de iniquidad en las regiones celestiales".[3] Tendrán que contender contra fuerzas sobrenaturales, pero se les asegura una ayuda sobrenatural. Todos los seres celestiales están en ese ejército. Y hay más que ángeles en las filas. El Espíritu Santo, el representante del Capitán de la hueste del Señor, baja para dirigir la batalla. Nuestras flaquezas pueden ser muchas, y graves nuestros pecados y errores; pero la gracia de Dios es para todos los que la pidan con contrición. El poder de la Omnipotencia está listo para obrar en favor de quienes confían en Dios.

Jesús dijo: "He aquí, yo os envío como a ovejas en medio de lobos; sed, pues, prudentes como serpientes, y sencillos como palomas". Cristo mismo no suprimió una palabra de la verdad, sino que la dijo siempre con amor. Ejerció el mayor tacto y atención reflexiva y bondadosa en su trato con la gente. Nunca fue rudo ni dijo sin necesidad una palabra severa; nunca causó un dolor innecesario a un alma sensible. No censuró la debilidad humana. Denunció intrépidamente la hipocresía, la incredulidad y la iniquidad, pero su voz se quebraba al pronunciar sus severas reprensiones. Lloró sobre Jerusalén, la ciudad que él amaba, que se negaba a recibirlo a él, el Camino, la Verdad y la Vida. Sus habitantes lo rechazaron a él, el Salvador, pero los consideró con compasiva ternura y con una tristeza tan profunda que quebrantaba su corazón. Cada alma era preciosa a su vista. Aunque siempre se conducía con dignidad divina, se inclinaba con la consideración más tierna hacia cada miembro de la familia de Dios. En todos los hombres veía a almas caídas a quienes era su misión salvar.

Los siervos de Cristo no han de actuar según los dictados del corazón natural. Necesitan tener una íntima comunión con Dios, no sea que, bajo la provocación, el yo se levante y ellos dejen escapar un torrente de palabras inconvenientes, que disten mucho de ser como el rocío y como las suaves gotas que refrescan las plantas agostadas. Esto es lo que Satanás quiere que hagan; porque éstos son sus métodos. Es el dragón el que se aíra; es el espíritu de Satanás el que se revela en la cólera y las acusaciones. Pero los siervos de Dios han de ser representantes suyos. Él desea que trafiquen únicamente con la moneda del cielo, la verdad que lleva su propia imagen e inscripción. El poder por el cual han de vencer al mal es el poder de Cristo. La gloria de Cristo es su fuerza. Han de fijar sus ojos en su belleza. Entonces podrán presentar el evangelio con tacto y amabilidad divinos. Y el espíritu que se mantiene amable bajo la provocación hablará más eficazmente en favor de la verdad que cualquier argumento, por enérgico que sea.

Los que se ven envueltos en una controversia con los enemigos de la verdad tienen que enfrentar no sólo a los hombres, sino a Satanás y a sus agentes. Recuerden las palabras del Salvador: "Yo os envío como corderos en medio de lobos".[4] Confíen en el amor de Dios, y su espíritu se conservará sereno, aun bajo los insultos personales. El Salvador los revestirá con una armadura divina. Su Espíritu Santo influirá en la mente y el corazón, de manera que sus voces no reproducirán las notas de los aullidos de los lobos.

Continuando con sus instrucciones a sus discípulos, Jesús dijo: "Guardaos de los hombres". No debían poner una confianza implícita en los que no conocían a Dios, ni hacerlos sus consejeros; porque esto daría una ventaja a los agentes de Satanás. Las invenciones humanas contrarrestan con frecuencia los planes de Dios. Los que edifican el templo del Señor deben construir de acuerdo con el modelo mostrado en el monte: la semejanza divina. Dios es deshonrado y se traiciona el evangelio cuando sus siervos dependen del consejo de hombres que no están bajo la dirección del Espíritu Santo. La sabiduría terrenal es locura para Dios. Los que en ella confían, errarán ciertamente.

"Os entregarán a los concilios... y aun ante gobernadores y reyes seréis llevados por causa de mí, para testimonio a ellos y a los gentiles".[5] La persecución esparcirá la luz. Los siervos de Cristo serán llevados ante los grandes de la tierra, quienes, de otra manera, tal vez nunca habrían oído el evangelio. La verdad ha sido presentada falsamente a esos hombres. Han escuchado falsas acusaciones con respecto a la fe de los discípulos de Cristo. A menudo su único medio de conocer el verdadero carácter de esa fe es el testimonio de quienes son llevados a juicio por ella. En el examen se les pide que contesten, y sus jueces escuchan el testimonio dado. La gracia de Dios será concedida a sus siervos para hacer frente a la emergencia. Jesús dijo: "En aquella hora os será dado qué habéis de hablar. Porque no sois vosotros los que habláis, sino el Espíritu de vuestro Padre que habla en vosotros". Al iluminar el Espíritu de Dios la mente de sus siervos, la verdad será presentada con su poder y preciosidad divinos. Los que rechazan la verdad se levantarán para acusar y oprimir a los discípulos. Pero bajo la pérdida y el sufrimiento, y aun hasta la muerte, los hijos del Señor han de revelar la mansedumbre de su Ejemplo divino. Así se verá el contraste entre los agentes de Satanás y los representantes de Cristo. El Salvador será ensalzado ante los gobernantes y la gente.

Los discípulos no fueron dotados del valor y la fortaleza de los mártires hasta que necesitaron esa gracia. Entonces se cumplió la promesa del Salvador. Cuando Pedro y Juan testificaron ante el Sanedrín, los hombres "se maravillaban; y les conocían que habían estado con Jesús". De Esteban se dice que "todos los que estaban sentados en el concilio, al fijar los ojos en él, vieron su rostro como el rostro de un ángel". Los hombres "no podían resistir a la sabiduría y al Espíritu con que hablaba". Y Pablo, escribiendo acerca de su propio juicio ante un tribunal de los Césares, dice: "En mi primera defensa ninguno estuvo a mi lado, sino que todos me desampararon... Pero el Señor estuvo a mi lado, y me dio fuerzas, para que por mí fuese cumplida la predicación, y que todos los gentiles oyesen. Así fui librado de la boca del león".[6]

Los siervos de Cristo no debían preparar discurso alguno para pronunciarlo cuando fuesen llevados a juicio. Debían hacer su preparación día tras día al atesorar las preciosas verdades de la Palabra de Dios, y al fortalecer su fe por medio de la oración. Cuando fuesen llevados a juicio, el Espíritu Santo les haría recordar las mismas verdades que necesitasen.

Un esfuerzo diario y ferviente para conocer a Dios, y a Jesucristo a quién él enviara, iba a impartir poder y eficiencia al alma. El conocimiento obtenido por medio del escrutinio diligente de las Escrituras iba a cruzar como rayo en la memoria al debido momento. Pero si alguno descuidaba el familiarizarse con las palabras de Cristo, y nunca probara el poder de su gracia en las dificultades, no podía esperar que el Espíritu Santo le hiciese recordar sus palabras. Debían servir a Dios diariamente con afecto indiviso, y luego confiar en él.

Tan acérrima sería la enemistad hacia el evangelio, que aun los vínculos terrenales más tiernos serían pisoteados. Los discípulos de Cristo serían entregados a la muerte por los miembros de sus propias familias. Añadió: "Seréis aborrecidos de todos por causa de mi nombre; mas el que persevere hasta el fin, éste será salvo". Pero les ordenó no exponerse innecesariamente a la persecución. Con frecuencia, él mismo dejaba un campo de labor por otro con el fin de escapar de quienes estaban buscando su vida. Cuando fue rechazado en Nazaret, y sus propios conciudadanos trataron de matarlo, se fue a Capernaum, y allí la gente se asombró de su enseñanza; "porque su palabra era con autoridad".[7] Asimismo sus siervos no debían desanimarse por la persecución, sino buscar un lugar donde pudiesen seguir trabajando por la salvación de las almas.

El siervo no es superior a su señor. El Príncipe del cielo fue llamado Belcebú, y sus discípulos serán calumniados de la misma manera. Pero cualquiera sea el peligro, los que siguen a Cristo deben confesar sus principios. Deben despreciar el ocultamiento. No pueden permanecer no alineados hasta estar seguros de poder confesar la verdad sin riesgo. Son puestos como centinelas, para advertir a los hombres de su peligro. La verdad recibida de Cristo debe ser impartida a todos, libre y abiertamente. Jesús dijo: "Lo que os digo en tinieblas, decidlo en la luz; y lo que oís al oído, proclamadlo desde las azoteas".

Jesús mismo nunca compró la paz por medio de la transigencia. Su corazón rebosaba de amor por toda la familia humana, pero nunca fue indulgente con sus pecados. Amaba demasiado a los seres humanos para guardar silencio mientras éstos seguían una conducta funesta para su alma; el alma que él había comprado con su propia sangre. Él trabajaba para que el hombre fuese fiel a sí mismo, fiel a su más elevado y eterno interés. Los siervos de Cristo son llamados a hacer la misma obra, y deben velar, no sea que, al tratar de evitar la discordia, renuncien a la verdad. Han de seguir "lo que contribuye a la paz",[8] pero la paz verdadera jamás puede obtenerse poniendo en peligro los principios. Y ningún hombre puede ser fiel a los principios sin incitar la oposición. Un cristianismo espiritual recibirá la oposición de los hijos de desobediencia. Pero Jesús ordenó a sus discípulos: "No temáis a los que matan el cuerpo, mas el alma no pueden matar". Los que son fieles a Dios no necesitan temer el poder de los hombres ni la enemistad de Satanás. En Cristo está segura su vida eterna. Lo único que han de temer es renunciar a la verdad, y así traicionar el cometido con que Dios los honró.

Es obra de Satanás llenar los corazones humanos de duda. Los induce a mirar a Dios como un Juez severo. Los tienta a pecar, y luego a considerarse demasiado viles para acercarse a su Padre celestial o para provocar su compasión. El Señor comprende todo eso. Jesús asegura a sus discípulos la simpatía de Dios por ellos en sus necesidades y debilidades. No se exhala un suspiro, no se siente un dolor, ni ningún agravio atormenta el alma, sin que también se estremezca de palpitaciones el corazón del Padre.

La Biblia nos muestra a Dios en un lugar alto y santo, no en un estado de inactividad, ni en silencio y soledad, sino rodeado por diez mil veces diez millares y millares de millares de seres santos, todos dispuestos a hacer su voluntad. A través de canales que no podemos discernir está en activa comunicación con cada parte de su dominio. Pero es en el grano de arena de este mundo, en las almas por cuya salvación dio a su Hijo unigénito, donde su interés y el interés de todo el cielo se concentran. Dios se inclina desde su trono para oír el clamor de los oprimidos. A toda oración sincera, él contesta: "Aquí estoy". Levanta al angustiado y pisoteado. En todas nuestras aflicciones, él es afligido. En cada tentación y prueba, el ángel de su presencia está cerca para librarnos.

Ni siquiera un gorrión cae al suelo sin que lo note el Padre. El odio de Satanás contra Dios lo induce a odiar todo objeto del cuidado del Salvador. Trata de arruinar la obra manual de Dios y se deleita en destruir aun a los animales. Es sólo a través del cuidado protector de Dios que los pájaros son preservados para alegrarnos con sus cantos de gozo. Pero él no se olvida ni aun de los gorriones. "Así que, no tengan miedo; ustedes valen más que muchos gorriones".[9]

Y Jesús continúa: "Así como me confiesen ante los hombres, los confesaré ante Dios y los santos ángeles. Han de ser mis testigos en la tierra, conductos a través de los cuales pueda fluir mi gracia para sanar al mundo. Así también seré vuestro representante en el cielo. El Padre no considera vuestro carácter deficiente, sino que los ve revestidos de mi perfección. Soy el medio a través del cual les llegarán las bendiciones del Cielo. Todo el que me confiese por compartir mi sacrificio por los perdidos, será confesado como participante en la gloria y el gozo de los redimidos".

El que quiera confesar a Cristo debe tener a Cristo morando en él. No puede comunicar lo que no recibió. Los discípulos podían hablar fácilmente de las doctrinas, podían repetir las palabras de Cristo mismo; pero a menos que poseyeran una mansedumbre y un amor como los de Cristo, no lo estaban confesando. Un espíritu contrario al espíritu de Cristo lo negaría, cualquiera que fuese la profesión de fe. Los hombres pueden negar a Cristo por medio de la calumnia, el hablar neciamente y palabras falsas o hirientes. Pueden negarlo por rehuir las cargas de la vida, o perseguir el placer pecaminoso. Pueden negarlo por conformarse con el mundo, tener una conducta descortés, amar sus propias opiniones, justificar al yo, acariciar dudas, buscar dificultades y morar en tinieblas. De todas estas maneras declaran que Cristo no está en ellos. Y, dice él, "cualquiera que me niegue delante de los hombres, yo también lo negaré delante de mi Padre que está en los cielos".

El Salvador ordenó a sus discípulos que no esperasen que la enemistad del mundo hacia el evangelio sería vencida, ni que después de un tiempo la oposición cesaría. Dijo: "No he venido para meter paz, sino espada". La creación de esta lucha no es efecto del evangelio, sino resultado de la oposición a él. De todas las persecuciones, la más difícil de soportar es la desavenencia en el hogar, el alejamiento afectivo de los seres terrenales más queridos. Pero Jesús declara: "El que ama a padre o madre más que a mí, no es digno de mí; y el que ama a hijo o hija más que a mí, no es digno de mí; y el que no toma su cruz y sigue en pos de mí, no es digno de mí".

La misión de los siervos de Cristo es un alto honor y un cometido sagrado. Dice él: "El que a vosotros recibe, a mí me recibe; y el que a me recibe a mí, recibe al que me envió". Ningún acto de bondad manifestado hacia ellos en su nombre dejará de ser reconocido y recompensado. Y en el mismo tierno reconocimiento, él incluye a los más débiles y humildes miembros de la familia de Dios. "Cualquiera que dé a uno de estos pequeñitos un vaso de agua fría solamente —a los que son como niños en su fe y conocimiento de Cristo—, por cuanto es discípulo, de cierto os digo que no perderá su recompensa".

Así terminó el Salvador sus instrucciones. En el nombre de Cristo salieron los Doce elegidos, como él había salido, "para dar buenas nuevas a los pobres... sanar a los quebrantados de corazón; a pregonar libertad a los cautivos, y vista a los ciegos; a poner en libertad a los oprimidos; a predicar el año agradable del Señor".[10]

---

[1] Isa. 58:8. [2] Luc. 10:5. [3] Efe. 6:12, VM. [4] Luc. 10:3. [5] Mat. 10:17, 18. [6] Hech. 4:13; 6:15, 10; 2 Tim. 4:16, 17. [7] Mar. 13:13; Luc. 4:32. [8] Rom. 14:19. [9] Mateo 10:31, NVI. [10] Luc. 4:18, 19.

Capítulo 38

"Vengan, descansen un poco"

AL VOLVER de su gira misionera, "los apóstoles se juntaron con Jesús, y le contaron todo lo que habían hecho, y lo que habían enseñado. Él les dijo: Venid vosotros aparte a un lugar desierto, y descansad un poco. Porque eran muchos los que iban y venían, de manera que ni aun tenían tiempo para comer".

Los discípulos vinieron a Jesús y le contaron todo. Su relación íntima con él los animaba a presentarle todos los incidentes favorables y desfavorables que les ocurrieran, el gozo que sentían al ver los resultados de sus labores, y el pesar que les causaban sus fracasos, faltas y debilidades. Habían cometido errores en su primera obra de evangelización, y mientras relataban francamente a Cristo sus experiencias, él vio que necesitaban mucha instrucción. También vio que se habían cansado en el trabajo y necesitaban reposo.

Pero no podían obtener la privacidad necesaria donde estaban entonces; "porque eran muchos los que iban y venían, de manera que ni aun tenían tiempo para comer". La gente se agolpaba en derredor de Cristo, ansiosa de ser sanada y ávida de escuchar sus palabras. Muchos se sentían atraídos a él; porque les parecía ser la fuente de toda bendición. Muchos de los que se agolpaban en derredor de Cristo para recibir el precioso don de la salud lo aceptaban como su Salvador. Muchos otros, que entonces temían confesarlo a causa de los fariseos, se convirtieron cuando descendió el Espíritu Santo, y delante de sacerdotes y príncipes airados lo reconocieron como el Hijo de Dios.

Pero ahora Cristo anhelaba recogimiento, para poder estar con sus discípulos; pues tenía mucho que decirles. En su obra habían pasado por la prueba del conflicto y habían encontrado oposición de diversas formas. Hasta ahí habían consultado a Cristo en todo; pero durante algún tiempo habían estado solos, y a veces habían estado muy angustiados en cuanto a saber qué hacer. Habían hallado mucho estímulo en su trabajo; porque Cristo no los había mandado sin su Espíritu, y por medio de la fe en él habían realizado muchos milagros; pero ahora necesitaban alimentarse con el Pan de Vida. Necesitaban ir a un lugar de retraimiento, donde pudiesen estar en comunión con Jesús y recibir instrucciones para su obra futura.

"Él les dijo: Venid vosotros aparte a un lugar desierto, y descansad un poco". Cristo está lleno de ternura y compasión por todos los que participan en su servicio. Él quería mostrar a sus discípulos que Dios no requiere sacrificio sino misericordia. Ellos habían consagrado toda su alma a trabajar por la gente, y esto agotó su fuerza física y mental. Era su deber descansar.

Al notar los discípulos cómo sus labores tenían éxito, corrían peligro de atribuirse el mérito a sí mismos, de albergar orgullo espiritual, y así caer bajo las tentaciones de Satanás. Les esperaba una gran obra, y lo primero que debían aprender era que su fuerza no residía en sí mismos, sino en Dios. Como Moisés en el desierto del Sinaí, como David entre las colinas de Judea, o Elías a orillas del arroyo de Querit, los discípulos necesitaban apartarse del escenario de su intensa actividad para comulgar con Cristo, con la naturaleza y con su propio corazón.

Mientras los discípulos habían estado ausentes en su gira misionera, Jesús había visitado otras aldeas y pueblos, predicando el evangelio del reino. Fue más o menos por ese tiempo que recibió la noticia de la muerte del Bautista. Ese evento le presentó vívidamente el fin hacia el cual se dirigían sus propios pasos. Densas sombras se estaban acumulando sobre su senda. Los sacerdotes y rabinos estaban buscando ocasión para lograr su muerte, los espías vigilaban sus pasos y por todas partes se multiplicaban las maquinaciones para destruirlo. Habían llegado a Herodes noticias de la predicación de los apóstoles por toda Galilea, y eso había llamado su atención a Jesús y su obra. Decía: "Este es Juan el Bautista; ha resucitado de los muertos", y expresó el deseo de ver a Jesús. Herodes temía constantemente que se preparase secretamente una revolución con el objeto de destronarlo y librar a la nación judía del yugo romano. Entre la gente cundía el espíritu de descontento e insurrección. Era evidente que las labores públicas de Cristo en Galilea no podían continuar por mucho tiempo. Se acercaban las escenas de sus sufrimientos, y él anhelaba apartarse por unos momentos de la confusión de la multitud.

Con corazones entristecidos los discípulos de Juan habían sepultado su cuerpo mutilado. Luego fueron y se lo contaron a Jesús. Esos discípulos habían sentido envidia de Cristo cuando les parecía que apartaba a la gente de Juan. Se habían puesto de parte de los fariseos para acusarlo cuando se hallaba sentado con los publicanos en la fiesta de Mateo. Habían dudado de su misión divina porque no había libertado al Bautista. Pero ahora que su maestro había muerto, y anhelaban consuelo en su gran tristeza y dirección para su obra futura, vinieron a Jesús y unieron su interés con el suyo. Ellos también necesitaban momentos de quietud para estar en comunión con el Salvador.

Cerca de Betsaida, en el extremo norte del lago, había una región solitaria, por entonces embellecida con el fresco verdor de la primavera, que ofrecía un placentero retiro a Jesús y sus discípulos. Se dirigieron hacia ese lugar, cruzando el agua con su bote. Ahí estarían lejos de las vías de comunicación, y del bullicio y la agitación de la ciudad. Las escenas de la naturaleza eran en sí mismas un reposo, un cambio grato para los sentidos. Ahí podrían ellos escuchar las palabras de Cristo sin oír las airadas interrupciones, las réplicas y acusaciones de los escribas y fariseos. Ahí disfrutarían de unos cortos momentos de preciosa comunión en la compañía de su Señor.

El descanso que Cristo y sus discípulos tomaron no era un descanso egoísta y complaciente. El tiempo que pasaron en retiro no lo dedicaron a buscar placeres. Conversaron acerca de la obra de Dios y de la posibilidad de alcanzar mayor eficiencia para trabajar. Los discípulos habían estado con Cristo y podían comprenderlo; él no necesitaba hablarles en parábolas. Él corrigió sus errores y les aclaró la mejor manera de acercarse a la gente. Les reveló más plenamente los preciosos tesoros de la verdad divina. Fueron vitalizados por el poder divino, e inspirados con esperanza y valor.

Aunque Jesús podía obrar milagros y había dotado a sus discípulos del poder de realizarlos también, recomendó a sus cansados siervos retirarse al campo y descansar. Cuando dijo que la mies era mucha y pocos los obreros, no impuso a sus discípulos la necesidad de trabajar sin cesar, sino que dijo: "Rogad, pues, al Señor de la mies, que envíe obreros a su mies".[1] Dios ha asignado a cada uno su obra según su capacidad,[2] y él no quiere que unos pocos estén recargados de responsabilidades mientras que otros no llevan ninguna carga ni preocupación del alma.

Las compasivas palabras de Cristo se dirigen tanto a sus obreros actuales como a sus discípulos de entonces. "Venid... aparte... y descansad un poco", dice a los que están cansados y agobiados. No es sabio estar siempre bajo la tensión del trabajo y la excitación, aun al atender las necesidades espirituales de los hombres; porque de esa manera se descuida la piedad personal y se agobian las facultades de la mente, el alma y el cuerpo. Se exige abnegación de los discípulos de Cristo, y se debe hacer sacrificios; pero se debe tener cuidado, no sea que por su exceso de celo Satanás se aproveche de la debilidad humana y perjudique la obra de Dios.

En la estima de los rabinos, el *sumun* de la religión era estar siempre en bulliciosa actividad. Ellos dependían de alguna realización externa para manifestar su piedad superior. Así separaban sus almas de Dios y se encerraban en la suficiencia propia. Todavía existen los mismos peligros. Al aumentar la actividad, si los hombres llegan a tener éxito en ejecutar algún trabajo para Dios, existe el peligro de que confíen en los planes y métodos humanos. Tienden a orar menos y a tener menos fe. Como los discípulos, corremos el peligro de perder de vista nuestra dependencia de Dios y tratar de hacer de nuestra actividad un salvador. Necesitamos mirar constantemente a Jesús comprendiendo que es su poder el que realiza la obra. Aunque debemos trabajar fervientemente para la salvación de los perdidos, también debemos dedicar tiempo a la meditación, la oración y el estudio de la Palabra de Dios. Es únicamente la obra realizada con mucha oración y santificada por el mérito de Cristo la que al fin habrá resultado eficaz para el bien.

Ninguna vida estuvo tan llena de trabajo y responsabilidad como la de Jesús; sin embargo, ¡cuán a menudo se lo encontraba en oración! ¡Cuán constante era su comunión con Dios! Repetidas veces en la historia de su vida terrenal se encuentran registros como éste: "Levantándose muy de mañana, siendo aún muy oscuro, salió y se fue a un lugar desierto, y allí oraba". "Y se reunía mucha gente para oírle, y para que los sanase de sus enfermedades. Mas él se apartaba a lugares desiertos, y oraba". "En aquellos días él fue al monte a orar, y pasó la noche orando a Dios".[3]

En una vida completamente dedicada al beneficio ajeno, el Salvador hallaba necesario retirarse de los caminos muy transitados y de las muchedumbres que lo seguían día tras día. Debía apartarse de una vida de incesante actividad y contacto con las necesidades humanas, para buscar recogimiento y comunión ininterrumpida con su Padre. Como uno de nosotros, participante de nuestras necesidades y debilidades, dependía enteramente de Dios, y en el lugar secreto de oración buscaba fuerza divina con el fin de salir fortalecido para enfrentar los deberes y las pruebas. En un mundo de pecado, Jesús soportó luchas y torturas del alma. En la comunión con Dios podía descargarse de los pesares que lo abrumaban. Allí encontraba bienestar y gozo.

En Cristo el clamor de la humanidad llegaba al Padre de compasión infinita. Como hombre suplicaba al trono de Dios, hasta que su humanidad se cargaba de una corriente celestial que conectaba a la humanidad con la divinidad. Por medio de la comunión continua recibía vida de Dios para impartirla al mundo. Su experiencia debe ser la nuestra.

"Venid vosotros aparte", nos invita. Si hiciésemos caso a su palabra, seríamos más fuertes y más útiles. Los discípulos buscaban a Jesús y le relataban todo; y él los estimulaba e instruía. Si hoy tomásemos tiempo para ir a Jesús y contarle nuestras necesidades, no quedaríamos chasqueados; él estaría a nuestra diestra para ayudarnos. Necesitamos más sencillez, más confianza y seguridad en nuestro Salvador. Aquel cuyo nombre es "Dios fuerte, Padre eterno, Príncipe de paz"; de quien está escrito: "El principado sobre su hombro", es el Consejero Admirable. Él nos ha invitado a que le pidamos sabiduría. Y la "da a todos abundantemente y sin reproche".[4]

En todos los que están sometidos al adiestramiento de Dios debe revelarse una vida que no está en armonía con el mundo, sus costumbres o prácticas; y cada uno necesita tener una experiencia personal en la obtención de un conocimiento de la voluntad de Dios. Debemos oírlo individualmente hablarnos al corazón. Cuando todas las demás voces son acalladas, y en la quietud esperamos ante él, el silencio del alma hace más distinta la voz de Dios. Nos invita: "Estad quietos, y conoced que yo soy Dios".[5] Sólo aquí puede encontrarse verdadero reposo. Y ésta es la preparación eficaz para todo trabajo a realizar para Dios. En medio de la muchedumbre apresurada y la tensión de las intensas actividades de la vida, el alma que es así refrigerada quedará rodeada de una atmósfera de luz y de paz. La vida respirará fragancia, y revelará un poder divino que alcanzará los corazones de los hombres.

---

[1] Mat. 9:38. [2] Ver Efe. 4:11-13. [3] Mar. 1:35; Luc. 5:15, 16; 6:12. [4] Isa. 9:6; Sant. 1:5. [5] Sal. 46:10.

CAPÍTULO 39

"Denles ustedes de comer"

CRISTO se había retirado con sus discípulos a un lugar aislado, pero estos raros momentos de apacible quietud no tardaron en verse interrumpidos. Los discípulos pensaban haberse retirado donde no serían molestados; pero tan pronto como la multitud echó de menos al divino Maestro, preguntó: "¿Dónde está?" Había entre ella algunos que habían notado la dirección que tomaran Cristo y sus discípulos. Muchos fueron por tierra para buscarlos, mientras que otros siguieron en sus barcos, cruzando el agua. La Pascua se acercaba, y de cerca y de lejos se reunían, para ver a Jesús, grupos de peregrinos que se dirigían a Jerusalén. Su número fue en aumento, hasta que se reunieron como cinco mil hombres, sin contar las mujeres y los niños. Antes que Cristo llegara a la orilla, una muchedumbre lo estaba esperando, pero él desembarcó sin ser observado y pasó un corto tiempo aislado con los discípulos.

Desde la ladera de la colina él miró a la multitud en movimiento, y su corazón se conmovió de simpatía. Aunque interrumpido y privado de su descanso, no manifestó impaciencia. Vio que una necesidad mayor requería su atención, mientras contemplaba a la gente acudir y acudir. "Y tuvo compasión de ellos, porque eran como ovejas que no tenían pastor". Abandonando su retiro, halló un lugar conveniente donde poder atenderlos. La gente no recibía ayuda de los sacerdotes y príncipes; pero las sanadoras aguas de vida fluían de Cristo mientras enseñaba a la multitud el camino de la salvación.

La gente escuchaba las palabras misericordiosas que brotaban tan libremente de los labios del Hijo de Dios. Oían las palabras de gracia, tan sencillas y claras que les parecían bálsamo de Galaad para sus almas. El poder sanador de su mano divina impartía alegría y vida a los moribundos, y comodidad y salud a los que sufrían enfermedades. El día les parecía como el cielo en la tierra, y no se daban la menor cuenta de cuánto tiempo hacía que no habían comido.

Pero el día llegaba a su fin. El sol se estaba hundiendo en el occidente, y sin embargo la gente se demoraba. Jesús había trabajado todo el día sin comer ni descansar. Estaba pálido por el cansancio y el hambre, y los discípulos le rogaron que dejase de trabajar. Pero él no podía apartarse de la muchedumbre que lo oprimía de todas partes.

Los discípulos se acercaron finalmente a él, insistiendo en que para el mismo beneficio de la gente había que despedirla. Muchos habían venido de lejos y no habían comido desde la mañana. En las aldeas y pueblos de los alrededores podían conseguir alimentos. Pero Jesús dijo: "Dadles vosotros de comer", y luego, volviéndose a Felipe, preguntó:

"¿De dónde compraremos pan para que coman éstos?" Esto lo dijo para probar la fe del discípulo. Felipe miró el mar de cabezas y pensó que sería imposible proveer alimentos para satisfacer las necesidades de una muchedumbre tan grande. Contestó que 200 denarios de pan no alcanzarían para que cada uno tuviese un poco. Jesús preguntó cuánto alimento podía encontrarse entre la multitud. Andrés dijo: "Aquí está un muchacho, que tiene cinco panes de cebada y dos pescaditos; mas ¿qué es esto para tantos?" Jesús ordenó que le trajesen esas cosas, y luego pidió a los discípulos que hiciesen sentar a la gente sobre la hierba, en grupos de 50 y de 100 personas, para conservar el orden y con el fin de que todos pudiesen observar lo que iba a hacer. Hecho esto, Jesús tomó los alimentos, y "levantando los ojos al cielo, bendijo, y partió y dio los panes a los discípulos, y los discípulos a la multitud". "Y comieron todos, y se saciaron. Y recogieron de los pedazos doce cestas llenas, y de lo que sobró de los peces".

El que enseñaba a la gente la manera de obtener paz y felicidad se preocupaba tanto de sus necesidades temporales como de las espirituales. La gente estaba cansada y débil. Había madres con niños en brazos, y niñitos que se aferraban de sus faldas. Muchos habían estado de pie durante horas. Habían estado tan intensamente interesados en las palabras de Cristo, que ni siquiera habían pensado en sentarse, y la muchedumbre era tan numerosa que había peligro de que se pisotearan unos a otros. Jesús les daba ahora ocasión de descansar, invitándolos a sentarse. Había mucha hierba en ese lugar, y todos podían reposar cómodamente.

Cristo nunca obró un milagro que no fuese para suplir una necesidad genuina, y cada milagro era de un carácter destinado a conducir a la gente al árbol de la vida, cuyas hojas son para la sanidad de las naciones. El alimento sencillo que las manos de los discípulos hicieron circular contenía un cúmulo de lecciones preciosas. Era un menú humilde el que había sido provisto; los pescaditos y los panes de cebada eran la comida diaria de los pescadores que vivían alrededor del Mar de Galilea. Cristo podría haber extendido delante de la gente una comida opípara, pero los alimentos preparados sólo para satisfacer el apetito no habrían impartido una lección para su bien. Cristo les enseñó en esa lección que las provisiones naturales de Dios para el hombre habían sido pervertidas. Y nunca nadie disfrutó de lujosos festines preparados para satisfacer el gusto pervertido como esa gente disfrutó del descanso y de la comida sencilla que Jesús le proveyó tan lejos de las residencias de los hombres.

Si los hombres hoy fuesen sencillos en sus costumbres, y viviesen en armonía con las leyes de la naturaleza, como Adán y Eva en el principio, habría abundante provisión para las necesidades de la familia humana. Habría menos deseos imaginarios, y más oportunidades para trabajar según los métodos de Dios. Pero el egoísmo y la complacencia del gusto antinatural han producido pecado y miseria en el mundo, por los excesos de un lado, y por las carencias del otro.

Jesús no trataba de atraer a la gente a sí por medio de la satisfacción de sus deseos de lujo. Para esa vasta muchedumbre, cansada y hambrienta después del largo día de excitaciones, el sencillo menú era una garantía no sólo de su poder, sino de su tierno cuidado por ellos en las necesidades comunes de la vida. El Salvador no ha prometido los lujos del mundo a quienes lo sigan; su alimento puede ser sencillo y aun escaso; su suerte puede hallarse limitada estrechamente por la pobreza; pero él ha empeñado su palabra de que su necesidad será suplida, y ha prometido lo que es mucho mejor que los bienes mundanales: el permanente bienestar de su propia presencia.

Al alimentar a los cinco mil, Jesús alzó el velo del mundo de la naturaleza y reveló el poder que se ejerce constantemente para nuestro bien. En la producción de las mieses terrenales, Dios obra un milagro cada día. A través de agentes naturales se realiza la misma obra efectuada al alimentar a la multitud. Los hombres preparan el suelo y siembran la semilla, pero es la vida de Dios la que hace germinar la semilla. Es la lluvia, el aire y el sol de Dios lo que hace producir "primero hierba, luego espiga, después grano lleno en la espiga".[1] Es Dios quien alimenta diariamente a millones con las mieses de esta tierra. Los hombres están llamados a cooperar con Dios en el cuidado del grano y la preparación del pan, y por eso pierden de vista la intervención divina. No dan a Dios la gloria que se debe a su santo nombre. Atribuyen la obra de su poder a causas naturales o a instrumentos humanos. Glorifican al hombre en lugar de Dios, y pervierten para usos egoístas sus dones misericordiosos, haciendo de ellos una maldición en vez de una bendición. Dios está tratando de cambiar todo esto. Desea que nuestros sentidos embotados sean vivificados para discernir su bondad misericordiosa y glorificarlo por la manifestación de su poder. Desea que lo reconozcamos en sus dones, con el fin de que ellos sean, como él quería, una bendición para nosotros. Con este fin fueron realizados los milagros de Cristo.

Después que la multitud hubo sido alimentada, sobró abundante comida; pero el que dispone de todos los recursos del poder infinito dijo: "Recoged los pedazos que sobraron, para que no se pierda nada". Estas palabras significaban más que poner el pan en los cestos. La lección era doble. Nada se debe desperdiciar. No debemos dilapidar ninguna ventaja temporal. No debemos descuidar nada de lo que tienda a beneficiar a un ser humano. Recójase todo lo que aliviará la necesidad de los hambrientos de esta tierra. Debe manifestarse el mismo cuidado en las cosas espirituales. Cuando se recogieron los cestos de fragmentos, la gente se acordó de sus amigos en casa. Querían que ellos participasen del pan que Cristo había bendecido. El contenido de los canastos fue distribuido entre la ávida muchedumbre y llevado por toda la región circundante. Así también los que estuvieron en la fiesta debían dar a otros el pan que proviene del cielo, para satisfacer el hambre del alma. Debían repetir lo que habían aprendido acerca de las cosas admirables de Dios. Nada debía perderse. Ni una sola palabra concerniente a su salvación eterna habría de caer inútilmente al suelo.

El milagro de los panes enseña una lección en cuanto a depender de Dios. Cuando Cristo alimentó a los cinco mil, la comida no estaba a la mano. Aparentemente él no disponía de recursos. Allí estaba, en el desierto, con cinco mil hombres, además de las mujeres y los niños. Él no había invitado a la vasta muchedumbre a seguirlo; ella había venido sin invitación ni orden. Pero él sabía que después de haber escuchado por tanto tiempo sus instrucciones, se sentirían hambrientos y débiles; porque él era uno con ellos en su necesidad de alimento. Estaban lejos de sus casas y la noche se acercaba. Muchos estaban sin recursos para comprar alimento. El que por ellos había ayunado 40 días en el desierto, no quería dejarlos volver hambrientos a sus casas. La providencia de Dios había colocado a Jesús donde se hallaba; y él dependía de su Padre celestial para obtener los medios con qué aliviar la necesidad.

Y cuando somos puestos en estrecheces, debemos depender de Dios. Debemos ejercer sabiduría y juicio en toda acción de la vida, para no colocarnos en tribulaciones por procederes temerarios. No debemos sumirnos en dificultades por descuidar los medios que Dios ha provisto y usar mal las facultades que nos ha dado. Los obreros de Cristo deben obedecer implícitamente sus instrucciones. La obra es de Dios, y si queremos beneficiar a otros debemos seguir sus planes. El yo no debe ser hecho un centro; el yo no puede recibir honra. Si hacemos planes según nuestras propias ideas, el Señor nos abandonará a nuestros propios errores. Pero cuando, después de seguir sus directivas, somos puestos en estrecheces, nos librará. No debemos entregarnos al desánimo, sino que en toda emergencia debemos procurar la ayuda del Ser que tiene recursos infinitos a su disposición. A menudo estaremos rodeados de circunstancias penosas, y entonces, con la más plena confianza, debemos depender de Dios. Él guardará a toda alma inmersa en la perplejidad por tratar de andar en el camino del Señor.

Por medio del profeta, Cristo nos ha pedido: "Que partas tu pan con el hambriento" y sacies "al alma afligida"; "que cuando veas al desnudo, lo cubras", "y a los pobres errantes albergues en casa". Nos ha ordenado: "Id por todo el mundo y predicad el evangelio a toda criatura".[2] Pero cuán a menudo nos descorazonamos, y nos falta la fe, al ver cuán grande es la necesidad y cuán pequeños los medios en nuestras manos. Como Andrés al mirar los cinco panes de cebada y los dos pescaditos, exclamamos: "¿Qué es esto para tantos?" Con frecuencia vacilamos, nada dispuestos a dar todo lo que tenemos, temiendo gastar y ser gastados para los demás. Pero Jesús nos ha ordenado: "Dadles *vosotros* de comer". Su orden es una promesa; y la respalda el mismo poder que alimentó a la muchedumbre a orillas del mar.

El acto de Cristo al suplir las necesidades temporales de una muchedumbre hambrienta entraña una profunda lección espiritual para todos sus obreros. Cristo recibía del Padre; él impartía a los discípulos; ellos impartían a la multitud; y las personas unas a otras. Así, todos los que están unidos a Cristo recibirán de él el pan de vida, el alimento celestial, y lo impartirán a otros.

Confiando plenamente en Dios, Jesús tomó la pequeña provisión de panes; y aunque era una pequeña porción para su propia familia de discípulos, no los invitó a ellos a comer, sino que empezó a distribuirles el alimento, ordenándoles servir a la gente. El alimento se multiplicaba en sus manos; y las de los discípulos, al extenderse hacia Cristo, el mismo el Pan de Vida, nunca estaban vacías. La pequeña provisión bastó para todos. Después que las necesidades de la gente quedaron suplidas, los fragmentos fueron recogidos, y Cristo y sus discípulos comieron juntos el precioso alimento proporcionado por el Cielo.

Los discípulos fueron el medio de comunicación entre Cristo y la gente. Esto debe ser de gran estímulo para sus discípulos de hoy. Cristo es el gran centro, la fuente de toda fuerza. Sus discípulos han de recibir de él sus provisiones. Los más inteligentes, los mejor dispuestos espiritualmente, pueden otorgar a otros solamente lo que reciben. De sí mismos no pueden suplir en nada las necesidades del alma. Podemos impartir únicamente lo que recibimos de Cristo; y podemos recibir únicamente a medida que impartimos a otros. A medida que continuamos impartiendo, continuamos recibiendo; y cuanto más impartamos, tanto más recibiremos. Así podemos estar constantemente creyendo, confiando, recibiendo e impartiendo.

La obra de construir el reino de Cristo irá adelante, aunque por todas las apariencias progrese lentamente y las imposibilidades parezcan testificar contra su progreso. La obra es de Dios, y él proporcionará los recursos y enviará ayudadores, discípulos fieles y fervientes, cuyas manos también estarán también llenas de alimento para la muchedumbre hambrienta. Dios no se olvida de los que trabajan con amor para dar la palabra de vida a las almas que perecen, quienes a su vez extienden las manos para recibir alimento para otras almas hambrientas.

En nuestro trabajo para Dios corremos el peligro de confiar demasiado en lo que puede hacer el hombre con sus talentos y habilidades. Así perdemos de vista al único Artífice Maestro. Con demasiada frecuencia el obrero de Cristo deja de comprender su responsabilidad personal. Corre el peligro de traspasar su carga a las organizaciones, en vez de confiar en quien es la fuente de toda fuerza. En la obra de Dios es un grave error confiar en la sabiduría humana o en los números. El trabajar con éxito para Cristo no depende tanto de los números o del talento como de la pureza de propósito, de la verdadera sencillez de una fe ferviente y dependiente. Deben llevarse responsabilidades personales, asumirse deberes personales, realizarse esfuerzos personales en favor de los que no conocen a Cristo. En vez de pasar nuestra responsabilidad a alguna otra persona que consideramos más capacitada que nosotros, obremos según nuestra habilidad.

Cuando se nos presente la pregunta: "¿De dónde compraremos pan para que coman éstos?", no demos la respuesta del incrédulo. Cuando los discípulos oyeron la directiva del Salvador: "Dadles vosotros de comer", se les vino a la mente todas las dificultades. Preguntaron: "¿Iremos por las aldeas a comprar pan?" Así también ahora, cuando la gente está privada del pan de vida, los hijos del Señor preguntan: "¿Enviaremos a llamar a alguien de lejos para que venga y los alimente?" Pero ¿qué dijo Cristo? "Hagan recostar a la gente", y allí los alimentó. Así, cuando estemos rodeados de almas menesterosas sepamos que Cristo está allí. Pongámonos en comunión con él; traigamos nuestros panes de cebada a Jesús.

Tal vez nos parecerán insuficientes los medios que disponemos para la obra; pero si avanzamos con fe, creyendo en el todo suficiente poder de Dios, se nos presentarán abundantes recursos. Si la obra es de Dios, él mismo proveerá los medios para realizarla. Él recompensará la confianza sencilla y honesta en él. Lo poco que se emplee sabia y económicamente en el servicio del Señor del cielo se multiplicará en el mismo acto de impartir. En las manos de Cristo, la pequeña provisión de alimento permaneció sin disminución hasta que la hambrienta multitud quedó satisfecha. Si vamos a la Fuente de toda fuerza, con las manos de nuestra fe extendidas para recibir, seremos sostenidos en nuestra obra, aun en las circunstancias más desfavorables, y seremos capacitados para dar a otros el pan de vida.

El Señor dice: "Dad, y se os dará". "El que siembra con mezquindad, con mezquindad también segará; y el que siembra generosamente, generosamente también segará... Y puede Dios hacer que toda gracia abunde en vosotros; a fin de que, teniendo siempre toda suficiencia en todo, tengáis abundancia para toda buena obra; según está escrito:

"Ha esparcido, ha dado a los pobres;
su justicia permanece para siempre.

"Y el que suministra simiente al sembrador, y pan para manutención, suministrará y multiplicará vuestra simiente para sembrar, y aumentará los productos de vuestra justicia; estando vosotros enriquecidos en todo, para toda forma de liberalidad; la cual obra por medio de nosotros acciones de gracias a Dios".[3]

---

[1] Mar. 4:28. [2] Isa. 58:7-10; Mar. 16:15. [3] Luc. 6:38; 2 Cor. 9:6-11, VM.

Capítulo 40
Una noche sobre el lago

S ENTADA sobre la llanura cubierta de hierba, en el crepúsculo primaveral, la gente comió los alimentos que Cristo proveyera. Las palabras que habían oído ese día les habían llegado como la voz de Dios. Las obras de sanidad que habían presenciado eran de tal carácter que únicamente el poder divino podía realizarlas. Pero el milagro de los panes llamó la atención de cada uno en esa vasta muchedumbre. Todos habían participado de su beneficio. En los días de Moisés, Dios había alimentado a Israel con maná en el desierto; ¿y quién era éste que los había alimentado ese día sino el Ser que había sido anunciado por Moisés? Ningún poder humano podía crear, de cinco panes de cebada y dos pescaditos, suficiente alimento como para alimentar a miles de personas hambrientas. Y se decían unos a otros: "Este verdaderamente es el profeta que había de venir al mundo".

Durante todo el día esta convicción se había fortalecido. Ese acto culminante les aseguraba que entre ellos se encontraba el Libertador durante tanto tiempo esperado. Las esperanzas de la gente iban en aumento cada vez más. Él era quien haría de Judea un paraíso terrenal, una tierra que fluyese leche y miel. Él podía satisfacer todo deseo. Él podía quebrantar el poder de los odiados romanos. Él podía librar a Judá y Jerusalén. Él podía curar a los soldados heridos en batalla. Él podía suministrar alimento a ejércitos enteros. Él podía conquistar a las naciones y dar a Israel el dominio tanto tiempo anhelado.

En su entusiasmo, la gente está lista para coronarlo rey inmediatamente. Ven que él no hace esfuerzos por llamar la atención a sí mismo o para procurarse honores. En esto es esencialmente diferente de los sacerdotes y príncipes, y los presentes temen que nunca haga valer su derecho al trono de David. Consultando entre sí, se ponen de acuerdo en tomarlo por la fuerza y proclamarlo rey de Israel. Los discípulos se unen a la multitud para declarar que el trono de David es herencia legítima de su Maestro. "Es la modestia de Cristo —dicen— lo que lo hace rechazar tal honor. Que la gente exalte a su Libertador. Que los arrogantes sacerdotes y príncipes se vean obligados a honrar al que viene revestido con la autoridad de Dios".

Con premura se disponen a llevar a cabo su propósito; pero Jesús ve lo que se está tramando y entiende, como no lo pueden hacerlo ellos, cuál será el resultado de un movimiento tal. Inclusive los sacerdotes y príncipes ya están buscando su vida. Lo acusan de apartar a la gente de ellos. La violencia y la insurrección seguirían a un esfuerzo hecho para colocarlo sobre el trono, y la obra del reino espiritual quedaría estorbada. Sin dilación, el movimiento debe ser detenido. Llamando a sus discípulos, Jesús les ordena que tomen el bote y vuelvan enseguida a Capernaum, dejándolo a él despedir a la gente.

Nunca antes había parecido tan imposible cumplir una orden de Cristo. Los discípulos habían esperado durante largo tiempo un movimiento popular que pusiese a Jesús en el trono; no podía soportar el pensamiento de que todo ese entusiasmo fuese reducido a la nada. Las multitudes que se estaban congregando para observar la Pascua estaban ansiosas por ver al nuevo Profeta. Para sus seguidores, ésta parecía la oportunidad áurea de establecer a su amado Maestro sobre el trono de Israel. En el calor de esta nueva ambición, les era difícil irse solos y dejar a Jesús en esa orilla desolada. Protestaron contra tal disposición; pero entonces Jesús les habló con una autoridad que nunca había asumido para con ellos. Sabían que cualquier oposición ulterior de su parte sería inútil, y en silencio se volvieron hacia el mar.

Luego Jesús ordenó a la multitud que se dispersase; y su actitud era tan decidida que nadie se atrevió a desobedecer. Las palabras de alabanza y exaltación murieron en sus labios. En el mismo acto de adelantarse para tomarlo, sus pasos se detuvieron, y se desvanecieron las miradas alegres y anhelantes de sus rostros. En esa muchedumbre había hombres de voluntad fuerte y determinación firme; pero el porte regio de Jesús y sus pocas y tranquilas palabras de orden aquietaron el tumulto y frustraron sus designios. Reconocieron en él un poder superior a toda autoridad terrenal, y sin una pregunta se sometieron.

Cuando fue dejado solo, Jesús "subió al monte a orar aparte". Durante horas continuó intercediendo ante Dios. No oraba por sí mismo sino por los hombres. Pedía poder para revelarles el carácter divino de su misión, para que Satanás no cegase su entendimiento y pervirtiese su juicio. El Salvador sabía que sus días de ministerio personal en la tierra estaban casi terminados y que pocos lo recibirían como su Redentor. Con el alma fatigada y afligida oró por sus discípulos. Ellos serían intensamente probados. Las esperanzas que por mucho tiempo acariciaran, basadas en un engaño popular, habrían de frustrarse de la manera más dolorosa y humillante. En lugar de su exaltación al trono de David, serían testigos de su crucifixión. Por cierto, ésta sería su verdadera coronación. Pero ellos no lo discernían, y en consecuencia les sobrevendrían fuertes tentaciones, que les sería difícil reconocer como tales. Sin el Espíritu Santo para iluminar la mente y ampliar la comprensión, la fe de los discípulos fallaría. A Jesús le dolía que el concepto que ellos tenían de su reino estuviese tan limitado al engrandecimiento y los honores mundanales. Pesaba sobre su corazón la preocupación que sentía por ellos, y derramaba sus súplicas con amarga agonía y lágrimas.

Los discípulos no habían abandonado inmediatamente la tierra, como Jesús les había indicado. Aguardaron un tiempo, esperando que él viniese con ellos. Pero al ver que las tinieblas los rodeaban prestamente, "entrando en una barca, iban cruzando el mar hacia Capernaum". Habían dejado a Jesús descontentos en su corazón, más impacientes con él que nunca antes desde que lo reconocieran como su Señor. Murmuraban porque no les había permitido proclamarlo rey. Se culpaban por haber cedido con tanta facilidad a su orden. Razonaban que si hubiesen sido más persistentes, podrían haber logrado su propósito.

La incredulidad estaba posesionándose de su mente y corazón. El amor a los honores los cegaba. Sabían que Jesús era odiado de los fariseos, y anhelaban verlo exaltado como les parecía que debía serlo. Estar unidos con un Maestro que podía realizar grandes milagros, y, sin embargo, ser vilipendiados como engañadores era una prueba difícil de soportar. ¿Habían de ser tenidos siempre por seguidores de un falso profeta? ¿No habría nunca de asumir Cristo su autoridad como rey? ¿Por qué no se revelaba en su verdadero carácter el que poseía tal poder, y así hacía su senda menos dolorosa? ¿Por qué no había salvado a Juan el Bautista de una muerte violenta? Así razonaban los discípulos hasta que atrajeron sobre sí grandes tinieblas espirituales. Se preguntaban: "¿Podía ser Jesús un impostor, según aseveraban los fariseos?"

Ese día los discípulos habían presenciado las maravillosas obras de Cristo. Parecía que el cielo había bajado a la tierra. El recuerdo de ese día precioso y glorioso debiera haberlos llenado de fe y esperanza. Si de la abundancia de su corazón hubiesen estado conversando respecto a esas cosas, no habrían entrado en tentación. Pero su desilusión absorbía sus pensamientos. Habían olvidado las palabras de Cristo: "Recoged los pedazos que sobraron, para que no se pierda nada". Esas habían sido horas de gran bendición para los discípulos, pero las habían olvidado. Estaban en medio de aguas agitadas. Sus pensamientos eran tempestuosos e irrazonables, y el Señor les dio entonces otra cosa para afligir sus almas y ocupar sus mentes. Dios hace con frecuencia esto cuando los hombres se crean cargas y dificultades. Los discípulos no necesitaban hacerse dificultades. El peligro se estaba acercando rápidamente.

Una violenta tempestad estaba por sobrecogerles, y ellos no estaban preparados para ella. Fue un contraste repentino, porque el día había sido perfecto; y cuando el huracán los alcanzó, sintieron miedo. Olvidaron su desafecto, su incredulidad, su impaciencia. Cada uno se puso a trabajar para impedir que el barco se hundiese. Por mar, era corta la distancia que separaba a Betsaida del punto donde esperaban encontrarse con Jesús, y en un clima normal el viaje requería tan sólo unas horas; pero ahora eran alejados cada vez más del punto escogido. Hasta la cuarta vela de la noche lucharon con los remos. Luego los hombres cansados se dieron por perdidos. En la tempestad y las tinieblas, el mar les había enseñado cuán desamparados estaban, y anhelaron la presencia de su Maestro.

Jesús no los había olvidado. El que velaba en la orilla vio a esos hombres que agobiados de temor luchaban contra la tempestad. Ni por un momento perdió de vista a sus discípulos. Con la más profunda solicitud sus ojos siguieron al barco agitado por la tormenta con su preciosa carga; porque esos hombres habrían de ser la luz del mundo. Como una madre vigila con tierno amor a su hijo, el compasivo Maestro vigilaba a sus discípulos. Cuando sus corazones estuvieron subyugados, apagada su ambición no santa y en humildad oraron pidiendo ayuda, les fue concedida.

En el momento en que ellos se creen perdidos, un rayo de luz revela una figura misteriosa que se aproxima a ellos sobre el agua. Pero no saben que es Jesús. Tienen por enemigo al que viene en su ayuda. El terror se apodera de ellos. Las manos que habían asido los remos con músculos de hierro, los sueltan. El barco se mece al impulso de las olas; todos los ojos están fijos en esa visión de un hombre que camina sobre las espumosas olas de un mar agitado.

Ellos piensan que es un fantasma que presagiaba su destrucción, y gritan atemorizados. Jesús sigue avanzando, como si quisiera rebasarlos; pero lo reconocen, y claman a él pidiéndole ayuda. Su amado Maestro se vuelve, y su voz aquieta su temor: "¡Tened ánimo; yo soy, no temáis!"

Tan pronto como pudieron dar crédito al hecho prodigioso, Pedro se sintió casi fuera de sí de gozo. Como si apenas pudiese creer, exclamó: "Señor, si eres tú, manda que yo vaya a ti sobre las aguas. Y él dijo: Ven".

Mirando a Jesús, Pedro andaba con seguridad; pero cuando con satisfacción propia miró hacia atrás, a sus compañeros que estaban en el barco, sus ojos se apartaron del Salvador. El viento era borrascoso. Las olas se elevaban a gran altura, directamente entre él y el Maestro; y Pedro sintió miedo. Por un instante Cristo quedó oculto de su vista, y su fe le abandonó. Empezó a hundirse. Pero mientras las olas hablaban con la muerte, Pedro elevó sus ojos de las airadas aguas y, fijándolos en Jesús, exclamó: "¡Señor, sálvame!" Inmediatamente Jesús asió la mano extendida, diciéndole: "¡Hombre de poca fe! ¿Por qué dudaste?"

Caminando lado a lado, y teniendo Pedro su mano en la de su Maestro, entraron juntos en el barco. Pero ahora Pedro estaba subyugado y callado. No tenía motivos para jactarse por sobre sus compañeros, porque por la incredulidad y el ensalzamiento propio casi había perdido su vida. Cuando apartó sus ojos de Jesús, perdió pie y se hundía en medio de las ondas.

Cuando la dificultad nos sobreviene, ¡con cuánta frecuencia somos como Pedro! Miramos las olas en vez de mantener nuestros ojos fijos en el Salvador. Nuestros pies resbalan, y las orgullosas aguas pasan por encima de nuestras almas. Jesús no le pidió a Pedro que fuera a él para que pereciera; él no nos invita a seguirlo para luego abandonarnos. Dice: "No temas, porque yo te redimí; te puse nombre, mío eres tú. Cuando pases por las aguas, yo seré contigo; y si por los ríos, no te anegarán. Cuando pases por el fuego, no te quemarás, ni la llama arderá en ti. Porque yo Jehová, Dios tuyo, el Santo de Israel, soy tu Salvador".[1]

Jesús leía el carácter de sus discípulos. Sabía cuán intensamente debía ser probada su fe. En ese incidente sobre el mar deseaba revelar a Pedro su propia debilidad; mostrarle que su seguridad estaba en depender constantemente del poder divino. En medio de las tormentas de la tentación, él podía caminar seguro tan sólo si, desconfiando totalmente de sí mismo, fiaba en el Salvador. En el punto en que Pedro se creía fuerte, era débil; y hasta que no discernió su debilidad no pudo darse cuenta de su necesidad de depender de Cristo. Si hubiese aprendido la lección que Jesús trató de enseñarle en esa experiencia sobre el mar, no habría fracasado cuando le vino la gran prueba.

Día tras día Dios instruye a sus hijos. Por las circunstancias de la vida diaria los está preparando para desempeñar su parte sobre ese escenario más amplio que su providencia les ha designado. Es el resultado de la prueba diaria lo que determina su victoria o su derrota en la gran crisis de la vida.

Los que dejan de darse cuenta de que dependen constantemente de Dios serán vencidos por la tentación. Podemos suponer ahora que nuestros pies están seguros y que nunca seremos movidos. Debemos decir con confianza: "Yo sé a quién he creído; nada quebrantará mi fe en Dios y en su Palabra". Pero Satanás está proyectando aprovecharse de nuestros rasgos de carácter heredados y cultivados, y cegar nuestros ojos a nuestras propias necesidades y defectos. Sólo a través de la comprensión de nuestra propia debilidad y mirando fijamente a Jesús podemos caminar seguros.

Apenas hubo tomado Jesús su lugar en el barco, el viento cesó, y enseguida llegaron "a la tierra adonde iban". La noche de horror fue sucedida por la luz del alba. Los discípulos, y otros que estaban a bordo, se postraron a los pies de Jesús con corazones agradecidos, diciendo: "Verdaderamente eres Hijo de Dios".

---

[1] Isa. 43:1-3.

CAPÍTULO 41

La crisis en Galilea

CUANDO Cristo prohibió a la gente que lo declararan rey, sabía que había llegado a un punto decisivo en su historia. Las multitudes que hoy deseaban exaltarlo al trono, mañana se apartarían de él. El chasco que sufriera su ambición egoísta iba a transformar su amor en odio, y sus alabanzas en maldiciones. Aunque sabía esto, no tomó medidas para evitar la crisis. Desde el principio no había presentado a sus seguidores ninguna esperanza de recompensas terrenales. A uno que vino deseando ser su discípulo le había dicho: "Las zorras tienen guaridas, y las aves del cielo nidos; mas el Hijo del hombre no tiene dónde recostar su cabeza".[1] Si los hombres pudiesen haber tenido el mundo con Cristo, multitudes le habrían tributado fidelidad; pero no podía aceptar tal servicio. De los que ahora estaban relacionados con él, muchos habían sido atraídos por la esperanza de un reino mundanal. Esos debían ser desengañados. La profunda enseñanza espiritual que hay en el milagro de los panes no había sido comprendida. Tenía que ser aclarada. Y esa nueva revelación iba a traer consigo una prueba concluyente.

La noticia del milagro de los panes se difundió lejos y cerca, y muy temprano a la mañana siguiente la gente acudió a Betsaida para ver a Jesús. Venía en grandes multitudes, por tierra y mar. Quienes lo habían dejado la noche anterior volvieron esperando encontrarlo todavía allí; porque no había barco en el cual pudiese pasar al otro lado. Pero su búsqueda fue infructuosa, y muchos se dirigieron a Capernaum, siempre buscándolo.

Mientras tanto, él había llegado a Genesaret, después de sólo un día de ausencia. Apenas se supo que había desembarcado, la gente lo siguió "por toda aquella región y, donde oían que él estaba, le llevaban en camillas a los que tenían enfermedades".[2]

Después de un tiempo fue a la sinagoga, y allí lo encontraron los que habían ido de Betsaida. Supieron por sus discípulos cómo había cruzado el mar. La furia de la tempestad, las muchas horas de inútil remar contra los vientos adversos, la aparición de Cristo caminando sobre las aguas, los temores así despertados, sus palabras tranquilizadoras, la aventura de Pedro y su resultado, con el repentino aplacamiento de la tempestad y la llegada del barco; todo fue relatado fielmente a la muchedumbre asombrada. No contentos con eso, muchos se reunieron alrededor de Jesús preguntando: "Rabí, ¿cuándo llegaste acá?" Esperaban recibir de sus labios otro relato del milagro.

Jesús no satisfizo su curiosidad. Dijo tristemente: "Me buscáis, no porque habéis visto las señales, sino porque comisteis el pan y os saciasteis". No lo buscaban por algún motivo digno; sino que como habían sido alimentados con los panes, esperaban recibir aún otros beneficios temporales por vincularse con él. El Salvador los instó: "Trabajad, no por la comida que perece, sino por la comida que a vida eterna permanece". [Es decir:] "No busquen sólo el beneficio material. No sea vuestro esfuerzo principal proveer para la vida actual, sino busquen el alimento espiritual, incluso esa sabiduría que durará para vida eterna. Sólo el Hijo de Dios puede darla"; "sobre éste ha puesto Dios el Padre su sello de aprobación".[3]

Por el momento se despertó el interés de los oyentes. Exclamaron: "¿Qué debemos hacer para poner en práctica las obras de Dios?" Habían estado efectuando muchas obras penosas para recomendarse a Dios; y estaban listos para enterarse de cualquier nueva observancia por la cual pudiesen obtener mayor mérito. Su pregunta significaba: "¿Qué debemos hacer para merecer el cielo? ¿Cuál es el precio requerido a pagar para obtener la vida venidera?"

"Respondió Jesús y les dijo: Esta es la obra de Dios, que creáis en el que él ha enviado". El precio del cielo es Jesús. El camino al cielo es a través de la fe en "el Cordero de Dios, que quita el pecado del mundo".[4]

Pero la gente no eligió recibir esa declaración de verdad divina. Jesús había hecho la misma obra que la profecía había predicho que haría el Mesías; pero no confirmaban lo que sus esperanzas egoístas habían representado como su obra. Cristo había alimentado en verdad una vez a la multitud con panes de cebada; pero en los días de Moisés, Israel había sido alimentado con maná durante 40 años, y por lejos se esperaban bendiciones mucho mayores del Mesías. Con corazón desconforme, preguntaban: ¿Por qué, si Jesús podía hacer obras tan admirables como las que habían presenciado, no podía dar a todos los suyos salud, fuerza y riqueza, librarlos de sus opresores y exaltarlos al poder y la honra? El hecho de que aseverara ser el Enviado de Dios y, sin embargo, se negara a ser el Rey de Israel, era un misterio que no podían sondear. Su negativa fue malinterpretada. Muchos concluyeron que no se atrevía a presentar sus derechos porque él mismo dudaba del carácter divino de su misión. Así abrieron su corazón a la incredulidad, y la semilla que Satanás había sembrado llevó fruto según su especie: incomprensión y deserción.

Ahora, medio en tono de burla, un rabino preguntó "¿Qué señal, pues, haces tú, para que veamos, y te creamos? ¿Qué obra haces? Nuestros padres comieron el maná en el desierto, como está escrito: Pan del cielo les dio a comer".

Los judíos honraban a Moisés como dador del maná, tributando alabanzas al instrumento y perdiendo de vista al Ser por causa de quien se realizara la obra. Sus padres habían murmurado contra Moisés, y habían dudado de su misión divina y la habían negado. Ahora, animados por el mismo espíritu, los hijos rechazaban a quien les daba el mensaje de Dios. "Y Jesús les dijo: De cierto, de cierto os digo: No os dio Moisés el pan del cielo; mas mi Padre os da el verdadero pan del cielo". El Dador del maná estaba entre ellos. Era Cristo mismo quien había conducido a los hebreos a través del desierto y los había alimentado diariamente con el pan del cielo. Ese alimento era un tipo del verdadero pan del cielo. El Espíritu que da vida, que fluye de la infinita plenitud de Dios, es el maná verdadero. Jesús dijo: "El pan de Dios es aquel que descendió del cielo y da vida al mundo".[5]

Pensando todavía que Jesús se refería al alimento temporal, algunos de sus oyentes exclamaron: "Señor, danos siempre este pan". Jesús habló entonces claramente: "Yo soy el pan de vida".

La figura que Cristo empleó era familiar para los judíos. Moisés, por inspiración del Espíritu Santo, había dicho: "No sólo de pan vivirá el hombre, mas de todo lo que sale de la boca de Jehová vivirá el hombre". Y el profeta Jeremías había escrito: "Fueron halladas tus palabras, y yo las comí; y tu palabra me fue por gozo y por alegría de mi corazón".[6] Los mismos rabinos solían decir que el comer pan, en su significado espiritual, era estudiar la ley y practicar las buenas obras; a menudo se decía que cuando viniese el Mesías, todo Israel sería alimentado. La enseñanza de los profetas aclaraba la profunda lección espiritual del milagro de los panes. Cristo estaba tratando de exponer esa lección a sus oyentes en la sinagoga. Si hubiesen comprendido las Escrituras, habrían entendido sus palabras cuando dijo: "Yo soy el pan de vida". Sólo el día antes una gran multitud, hambrienta y cansada, había sido alimentada por el pan que él había dado. Así como de ese pan habían recibido fuerza física y refrigerio, así podían recibir de Cristo fuerza espiritual para obtener la vida eterna. Dijo: "El que a mí viene, nunca tendrá hambre; y el que en mí cree, no tendrá sed jamás". Pero añadió: "Mas os he dicho, que aunque me habéis visto, no creéis".

Habían visto a Cristo por medio del testimonio del Espíritu Santo, por medio de la revelación de Dios a sus almas. Las evidencias vivas de su poder habían estado delante de ellos día tras día; sin embargo, pedían otra señal. Si ésta les hubiese sido dada, habrían permanecido tan incrédulos como antes. Si no se convencían por lo que habían visto y oído, era inútil mostrarles más obras maravillosas. La incredulidad siempre hallará excusas para dudar y la razón rechazará las pruebas más positivas.

Cristo volvió a apelar a esos corazones obcecados. "Al que a mí viene, no le echo fuera". Todos los que le recibieran por la fe, dijo él, tendrían vida eterna. Ninguno se perdería. No era necesario que los fariseos y saduceos disputasen acerca de la vida futura. Ya no necesitaban los hombres llorar desesperadamente a sus muertos. "Esta es la voluntad del que me ha enviado: Que todo aquel que ve al Hijo, y cree en él, tenga vida eterna; y yo lo resucitaré en el día postrero".

Pero los líderes del pueblo se ofendieron "y decían: ¿No es éste Jesús, el hijo de José, cuyo padre y madre nosotros conocemos? ¿Cómo, pues, dice éste: Del cielo he descendido?" Refiriéndose con escarnio al origen humilde de Jesús, procuraron despertar prejuicios. Aludieron despectivamente a su vida como trabajador galileo, y a su familia pobre y humilde. Los asertos de este carpintero sin educación, dijeron, eran indignos de su atención. Y a causa de su nacimiento misterioso insinuaron que era de parentesco dudoso, y así presentaron las circunstancias humanas de su nacimiento como una mancha sobre su historia.

Jesús no intentó explicar el misterio de su nacimiento. No contestó las preguntas relativas a su descenso del cielo, como no había contestado las preguntas acerca de cómo había cruzado el mar. No llamó la atención a los milagros que distinguían su vida. Voluntariamente se había hecho sin reputación, tomando la forma de un siervo. Pero sus palabras y obras revelaban su carácter. Todos aquellos cuyo corazón estaba abierto a la iluminación divina reconocerían en él al "unigénito del Padre, lleno de gracia y de verdad".[7]

El prejuicio de los fariseos era más hondo de lo que sus preguntas indicaban; tenía su raíz en la perversidad de su corazón. Cada palabra y acto de Jesús despertaba en ellos antagonismo; porque el espíritu que ellos albergaban no podía hallar ni un acorde de respuesta en él.

"Ninguno puede venir a mí, si el Padre que me envió no le trajere; y yo le resucitaré en el día postrero. Escrito está en los profetas: Y serán todos enseñados por Dios. Así que, todo aquel que oyó al Padre, y aprendió de él, viene a mí". Nadie irá jamás a Cristo, salvo quienes respondan a la atracción del amor del Padre. Pero Dios está atrayendo todos los corazones a él, y únicamente los que resisten a su atracción se negarán a ir a Cristo.

En la frase "serán todos enseñados por Dios", Jesús se refirió a la profecía de Isaías: "Y todos tus hijos serán enseñados de Jehová; y se multiplicará la paz de tus hijos".[8] Este pasaje se lo apropiaban los judíos. Se jactaban de que Dios era su Maestro. Pero Jesús mostró cuán vano era este aserto; porque dijo: "Todo aquel que oyó al Padre, y aprendió de él, viene a mí". Sólo por medio de Cristo podían ellos recibir un conocimiento del Padre. La humanidad no podía soportar la visión de su gloria. Los que han aprendido de Dios han estado escuchando la voz de su Hijo, y en Jesús de Nazaret reconocerán al Ser a quien a través de la naturaleza y la revelación ha declarado al Padre.

"De cierto, de cierto os digo: El que cree en mí, tiene vida eterna". Por medio del amado Juan, que escuchó estas palabras, el Espíritu Santo declaró a las iglesias: "Este es el testimonio: que Dios nos ha dado vida eterna; y esta vida está en su Hijo. El que tiene al Hijo, tiene la vida".[9] Y Jesús dijo: "Yo lo resucitaré en el día postrero". Cristo se hizo una carne con nosotros, para que pudiésemos ser un espíritu con él. En virtud de esta unión hemos de salir de la tumba; no meramente como una manifestación del poder de Cristo, sino porque, a través de la fe, su vida ha llegado a ser nuestra. Los que ven a Cristo en su verdadero carácter y lo reciben en el corazón, tienen vida eterna. Por medio del Espíritu es como Cristo mora en nosotros; y el Espíritu de Dios, recibido en el corazón por la fe, es el principio de la vida eterna.

La gente le había referido a Cristo acerca del maná que sus padres comieron en el desierto, como si al suministrar ese alimento se hubiese realizado un milagro mayor que el que Jesús había hecho; pero él les demostró cuán débil era ese don comparado con las bendiciones que él había venido a otorgar. El maná sólo podía sustentar esa existencia terrenal; no impedía la llegada de la muerte, ni aseguraba la inmortalidad; mientras que el pan del cielo alimentaría el alma para la vida eterna. El Salvador dijo: "Yo soy el pan de vida. Vuestros padres comieron el maná en el desierto, y murieron. Este es el pan que desciende del cielo, para que el que de él come, no muera. Yo soy el pan vivo que descendió del cielo; si alguno comiere de este pan, vivirá para siempre". Cristo añadió luego otra figura a ésta. Únicamente muriendo podía impartir vida a los hombres, y en las palabras que siguen señala su muerte como el medio de salvación. Dice: "El pan que yo daré es mi carne, la cual yo daré por la vida del mundo".

Los judíos estaban por celebrar la Pascua en Jerusalén, en conmemoración de la noche en que Israel fue liberado, cuando el ángel destructor hirió los hogares de Egipto. En el cordero pascual Dios deseaba que ellos viesen al Cordero de Dios, y que a través de ese símbolo recibiesen a quien se daba a sí mismo para la vida del mundo. Pero los judíos habían llegado a dar toda la importancia al símbolo, mientras pasaban por alto su significado. No discernieron el cuerpo del Señor. La misma verdad que estaba simbolizada en la ceremonia pascual era enseñada en las palabras de Cristo. Pero tampoco la discernieron.

Entonces los rabinos exclamaron airadamente: "¿Cómo puede éste darnos a comer su carne?" Aparentaron comprender sus palabras en el mismo sentido literal como lo hizo Nicodemo cuando preguntó: "¿Cómo puede un hombre nacer siendo viejo?"[10] Hasta cierto punto comprendían lo que Jesús quería decir, pero no querían reconocerlo. Torciendo sus palabras, esperaban prejuiciar a la gente contra él.

Cristo no suavizó su representación simbólica. Reiteró la verdad con lenguaje aun más fuerte: "De cierto, de cierto os digo: Si no coméis la carne del Hijo del hombre, y bebéis su sangre, no tenéis vida en vosotros. El que come mi carne y bebe mi sangre, tiene vida eterna; y yo lo resucitaré en el día postrero. Porque mi carne es verdadera comida, y mi sangre es verdadera bebida. El que come mi carne y bebe mi sangre, en mí permanece, y yo en él".

Comer la carne y beber la sangre de Cristo es recibirlo como Salvador personal, creyendo que perdona nuestros pecados y que somos completos en él. ¿Cómo llegamos a ser participantes de su naturaleza? Por medio de la contemplación de su amor, por habitar en su amor, por beber en su amor. Lo que el alimento es para el cuerpo, Cristo debe serlo para el alma. El alimento no puede beneficiarnos a menos que lo comamos, a menos que llegue a ser parte de nuestro ser. Así también Cristo no tiene valor para nosotros si no lo conocemos como un Salvador personal. Un conocimiento teórico no nos beneficiará. Debemos alimentarnos de él, recibirlo en el corazón, de manera que su vida llegue a ser nuestra vida. Su amor y su gracia deben ser asimilados.

Pero aun estas figuras no alcanzan para presentar el privilegio de la relación del creyente con Cristo. Jesús dijo: "Como me envió el Padre viviente, y yo vivo por el Padre, asimismo el que me come, él también vivirá por mí". Así como el Hijo de Dios vivía por medio de la fe en el Padre, así hemos de vivir nosotros por medio de la fe en Cristo. Tan plenamente estaba Jesús entregado a la voluntad de Dios que sólo el Padre aparecía en su vida. Aunque tentado en todos los puntos como nosotros, se destacó ante el mundo sin llevar mancha alguna del mal que lo rodeaba. Así también hemos de vencer nosotros como Cristo venció.

¿Eres un seguidor de Cristo? Entonces todo lo que está escrito acerca de la vida espiritual está escrito para ti, y puedes obtenerlo uniéndote a Jesús. ¿Languidece tu celo? ¿Se ha enfriado tu primer amor? Acepta otra vez el amor de Cristo que se te ofrece. Come de su carne, bebe de su sangre, y llegarás a ser uno con el Padre y con el Hijo.

Los judíos incrédulos se negaron a ver otra cosa que no fuese el sentido más literal de las palabras del Salvador. Por la ley ritual se les prohibía probar la sangre, y ahora torcieron las fuertes palabras de Cristo hasta hacerlo parecer sacrílego, y disputaban entre sí acerca de él. Muchos, aun entre los discípulos dijeron: "Dura es esta palabra; ¿quién la puede oír?"

El Salvador les respondió: "*¿Esto* os ofende? ¿Pues qué, si viereis al Hijo del hombre subir adonde estaba primero? El espíritu es el que da vida; la carne para nada aprovecha; las palabras que yo os he hablado son espíritu y son vida".

La vida de Cristo, que da vida al mundo, está en su palabra. Fue por medio de su palabra como Jesús sanó la enfermedad y echó los demonios; por su palabra calmó el mar y resucitó a los muertos; y la gente dio testimonio de que su palabra era con poder. Él hablaba la palabra de Dios, como había hablado por medio de todos los profetas y los maestros del Antiguo Testamento. Toda la Biblia es una manifestación de Cristo, y el Salvador deseaba fijar la fe de sus seguidores en la Palabra. Cuando su presencia visible se hubiese retirado, la Palabra debía ser la fuente de poder para ellos. Como su Maestro, debían vivir "de toda palabra que sale de la boca de Dios".[11]

Así como nuestra vida física es sostenida por el alimento, así nuestra vida espiritual es sostenida por la palabra de Dios. Y cada alma ha de recibir vida de la Palabra de Dios para sí. Así como debemos comer por nosotros mismos con el fin de recibir nutrimento, así debemos recibir la Palabra por nosotros mismos. No debemos obtenerla simplemente a través de otra mente. Debiéramos estudiar cuidadosamente la Biblia, pidiendo a Dios la ayuda del Espíritu Santo para poder comprender su Palabra. Debiéramos tomar un versículo y concentrar la mente en la tarea de descubrir el pensamiento que Dios puso en ese versículo para nosotros. Debiéramos espaciarnos en el pensamiento hasta que llegue a ser nuestro y sepamos "lo que dice el Señor".

En sus promesas y amonestaciones, Jesús se dirige a mí. Dios amó de tal manera al mundo que dio a su Hijo unigénito, para que, creyendo en él, *yo* no perezca, sino que tenga vida eterna. Las experiencias que se relatan en la Palabra de Dios deben llegar a ser *mis* experiencias. La oración y la promesa, el precepto y la amonestación, son míos. "Con Cristo estoy juntamente crucificado, y ya no vivo yo, mas vive Cristo en mí; y lo que ahora vivo en la carne, lo vivo en la fe del Hijo de Dios, el cual *me* amó y se entregó a sí mismo por *mí*".[12] A medida que la fe recibe y asimila así los principios de la verdad, llegan a ser parte del ser y la fuerza motriz de la vida. La Palabra de Dios, recibida en el alma, amolda los pensamientos y participa en el desarrollo del carácter.

Mirando constantemente a Jesús con el ojo de la fe seremos fortalecidos. Dios hará las revelaciones más preciosas a sus hijos hambrientos y sedientos. Hallarán que Cristo es un Salvador personal. A medida que se alimenten de su Palabra, hallarán que ella es espíritu y vida. La Palabra destruye la naturaleza terrenal y natural, e imparte una nueva vida en Cristo Jesús. El Espíritu Santo viene al alma como Consolador. Por medio del factor transformador de su gracia, la imagen de Dios se reproduce en el discípulo; llega a ser una nueva criatura. El amor reemplaza al odio y el corazón recibe la semejanza divina. Esto es lo que significa vivir de "toda palabra que sale de la boca de Dios". Esto es comer el Pan que descendió del cielo.

Cristo había expresado una verdad sagrada y eterna acerca de la relación entre él y sus seguidores. Él conocía el carácter de quienes aseveraban ser sus discípulos, y sus palabras probaron su fe. Declaró que debían creer y actuar según su enseñanza. Todos los que lo recibieran serían participantes de su naturaleza y serían amoldados a su carácter. Esto involucraría renunciar a sus ambiciones más queridas. Requeriría la completa entrega de sí mismos a Jesús. Serían llamados a convertirse en abnegados, mansos y humildes de corazón. Si querían participar en el don de la vida y la gloria del cielo debían andar en la senda estrecha recorrida por el Hombre del Calvario.

La prueba era demasiado grande. El entusiasmo de quienes habían procurado tomarlo por la fuerza y hacerlo rey se enfrió. Este discurso pronunciado en la sinagoga —declararon— les había abierto los ojos. Ahora estaban desilusionados. En su parecer, las palabras de él eran una confesión directa de que no era el Mesías, y de que no se habrían de obtener recompensas terrenales por estar en relación con él. Habían dado la bienvenida a su poder de obrar milagros; estaban ávidos de verse libres de la enfermedad y el sufrimiento; pero no podían simpatizar con su vida de sacrificio propio. No les interesaba el misterioso reino espiritual del cual les hablaba. Los que no eran sinceros, los egoístas, los que lo habían buscado, no lo deseaban más. Si no quería consagrar su poder e influencia para obtener su libertad de los romanos, nada querían tener que ver con él.

Jesús les dijo claramente: "Hay algunos de vosotros que no creen"; y añadió: "Por eso os he dicho que ninguno puede venir a mí, si no le fuere dado del Padre". Él deseaba que comprendiesen que si no eran atraídos a él, era porque sus corazones no estaban abiertos al Espíritu Santo. "El hombre animal no percibe las cosas que son del Espíritu de Dios, porque le son locura; y no las puede entender, porque se han de examinar espiritualmente".[13] Es por medio de la fe que el alma contempla la gloria de Jesús. Esta gloria está oculta hasta que, a través del Espíritu Santo, la fe se enciende en el alma.

Por causa del reproche público dirigido a su incredulidad, esos discípulos se alejaron aun más de Jesús. Estaban profundamente disgustados y, deseando herir al Salvador y satisfacer la malicia de los fariseos, le dieron la espalda y lo abandonaron con desdén. Habían hecho su elección: habían tomado la forma sin el espíritu, la cáscara sin el grano. Nunca habían de cambiar de decisión, porque no anduvieron más con Jesús.

"Su aventador está en su mano, y limpiará su era; y recogerá su trigo en el granero".[14] Esta fue una de las ocasiones en que se hizo limpieza. Por causa de las palabras de verdad estaba separándose el tamo del trigo. Porque eran demasiado vanos y justos en su propia estima para recibir represión, y amaban demasiado el mundo para aceptar una vida de humildad, muchos se apartaron de Jesús. Hoy muchos están haciendo todavía la misma cosa. El alma de muchos es probada hoy como lo fue la de los discípulos en la sinagoga de Capernaum. Cuando la verdad convence al corazón, ven que su vida no está de acuerdo con la voluntad de Dios. Ven la necesidad de un cambio completo en sí; pero no están dispuestos a realizar esta obra de negarse a sí mismos. Por tanto, se aíran cuando sus pecados son descubiertos. Se alejan ofendidos, así como los discípulos abandonaron a Jesús, murmurando: "Dura es esta palabra; ¿quién la puede oír?"

La alabanza y la adulación agradarían a sus oídos; pero la verdad no es bienvenida; no la pueden oír. Cuando las muchedumbres siguen y son alimentadas, y se oyen los gritos de triunfo, sus voces claman alabanzas; pero cuando el escrutinio del Espíritu de Dios revela su pecado y los invita a dejarlo, dan la espalda a la verdad y no andan más con Jesús.

Cuando esos discípulos desafectos se alejaron de Cristo, un espíritu diferente se apoderó de ellos. No podían ver atractivo alguno en quien una vez habían considerado tan interesante. Buscaron a sus enemigos, porque estaban en armonía con su espíritu y obra. Interpretaron mal las palabras de Jesús, falsificaron sus declaraciones e impugnaron sus motivos. Mantuvieron su actitud, recogiendo todo detalle que se pudiera volver contra él; y fue tal la indignación suscitada por esos falsos informes que su vida peligró.

Cundió rápidamente la noticia de que, por su propia confesión, Jesús de Nazaret no era el Mesías. Y así la corriente del sentimiento popular se volvió contra él en Galilea, así como había acontecido el año anterior en Judea. ¡Ay de Israel! Rechazaron a su Salvador porque deseaban un conquistador que les diese poder temporal. Deseaban el alimento que perece, y no el que dura para vida eterna.

Con corazón anhelante Jesús vio que quienes habían sido sus discípulos se apartaban de él, la Vida y la Luz de los hombres. El sentir que su compasión no era apreciada, su amor no era correspondido, su misericordia despreciada, su salvación rechazada, lo llenó de una tristeza indecible. Eran eventos como éstos los que lo hacían varón de dolores, experimentado en quebranto.

Sin intentar impedir a los que se apartaban a que lo hicieran, Jesús se volvió a los Doce y dijo: "¿Queréis acaso iros también vosotros?"

Pedro respondió preguntando: "Señor, ¿a quién iremos? Tú tienes palabras de vida eterna, —y añadió—: "Nosotros hemos creído y conocemos que tú eres el Cristo, el Hijo del Dios viviente".

"¿A quién iremos?" Los maestros de Israel eran esclavos del formalismo. Los fariseos y saduceos estaban en constante contienda. Dejar a Jesús era caer entre los que se aferraban a ritos y ceremonias, y entre hombres ambiciosos que buscaban su propia gloria. Los discípulos habían encontrado más paz y gozo desde que habían aceptado a Cristo que en toda su vida anterior. ¿Cómo podrían volver a los que habían despreciado y perseguido al Amigo de los pecadores? Habían estado buscando durante mucho tiempo al Mesías; ahora había venido, y no podían apartarse de su presencia para ir a quienes buscaban su vida para matarlo y que los habían perseguido por haberse hecho sus seguidores.

"¿A quién iremos?" No podían dejar la enseñanza de Cristo, sus lecciones de amor y misericordia, por las tinieblas de la incredulidad, la iniquidad del mundo. Mientras abandonaban al Salvador muchos de quienes habían presenciado sus obras admirables, Pedro expresó la fe de los discípulos: "Tú eres el Cristo". El mismo pensamiento de perder esta ancla de sus almas los llenaba de temor y dolor. Verse privados de un Salvador era quedar a la deriva en un mar sombrío y tormentoso.

Muchas de las palabras y los actos de Jesús parecen misteriosas para las mentes finitas, pero cada palabra y acto tenía un propósito definido en la obra de nuestra redención; cada uno estaba calculado para producir su propio resultado. Si pudiésemos comprender sus propósitos, todo parecería importante, completo y en armonía con su misión.

Aunque ahora no podemos comprender las obras y los caminos de Dios, podemos discernir su gran amor, que es la base de todo su trato con los hombres. El que vive cerca de Jesús comprenderá mucho del misterio de la piedad. Reconocerá la misericordia que administra represión, que prueba el carácter y saca a luz el propósito del corazón.

Cuando Jesús presentó la verdad escrutadora que provocó que tantos de sus discípulos se volvieran atrás, sabía cuál sería el resultado de sus palabras; pero tenía un propósito de misericordia que cumplir. Previó que en la hora de la tentación cada uno de sus amados discípulos sería probado severamente. Su agonía en el Getsemaní, su entrega y crucifixión, serían para ellos una prueba muy penosa. Si no les hubiese venido una prueba previa, habrían estado relacionados con ellos muchos impulsados sólo por motivos egoístas. Cuando su Señor fuese condenado en el tribunal; cuando la multitud que lo había saludado como Rey lo silbase y lo vilipendiase; cuando la muchedumbre escarnecedora clamase: "Crucifícale"; cuando sus ambiciones mundanales fuesen frustradas, estos egoístas, renunciando a su fidelidad a Jesús, habrían abrumado el corazón de los discípulos con una amarga tristeza adicional al pesar y chasco que sentían al ver naufragar sus esperanzas más caras. En esa hora de tinieblas, el ejemplo de quienes se apartasen de él podría haber arrastrado a otros con ellos. Pero Jesús provocó esta crisis mientras por medio de su presencia personal todavía podía fortalecer la fe de sus verdaderos seguidores.

¡Compasivo Redentor que, en pleno conocimiento de la suerte que le esperaba, allanó tiernamente el camino para los discípulos, los preparó para su prueba culminante y los fortaleció para la aflicción final!

---

[1] Mat. 8:20. [2] Mar. 6:55, NVI. [3] Juan 6:27, NVI. [4] Juan 1:29. [5] Juan 6:33. [6] Deut. 8:3; Jer. 15:16. [7] Juan 1:14. [8] Isa. 54:13. [9] 1 Juan 5:11, 12. [10] Juan 3:4. [11] Mat. 4:4. [12] Gál. 2:20. [13] 1 Cor. 2:14, RVA. [14] Mat. 3:12.

CAPÍTULO 42

La tradición

L OS ESCRIBAS y fariseos, esperando ver a Jesús en la Pascua, le habían preparado una trampa. Pero Jesús, conociendo su propósito, no se presentó a esa reunión. "Entonces se acercaron a Jesús ciertos escribas y fariseos". Como él no fue a ellos, ellos acudieron a él. Por un tiempo había parecido que el pueblo de Galilea iba a recibir a Jesús, y que quedaría quebrantado el poder de la jerarquía en esa región. La misión de los Doce, indicadora de la extensión de la obra de Cristo, al poner a los discípulos en conflicto más directo con los rabinos, había excitado de nuevo los celos de los dirigentes de Jerusalén. Los espías que ellos habían mandado a Capernaum durante la primera parte de su ministerio, cuando trataron de acusarlo de quebrantar el sábado, habían sido confundidos; pero los rabinos estaban resueltos a llevar a cabo sus propósitos. Ahora enviaron otra delegación para vigilar sus movimientos y encontrar alguna acusación contra él.

Como antes, el ámbito de su queja era su desprecio de los preceptos tradicionales que recargaban la ley de Dios. Supuestamente estaban ideados para proteger la observancia de la ley, pero eran considerados como más sagrados que la ley misma. Cuando entraban en conflicto con los mandamientos dados desde el Sinaí, se daba la preferencia a los preceptos rabínicos.

Entre las observancias que con más rigor se imponían estaba la de la purificación ceremonial. El descuido de las formas que debían observarse antes de comer era considerado un pecado aborrecible, que debía ser castigado tanto en este mundo como en el venidero; y se tenía por virtud el destruir al transgresor.

Las reglas acerca de la purificación eran innumerables. Y la vida entera no habría bastado para aprenderlas todas. La vida de quienes trataban de observar los requerimientos rabínicos era una larga lucha contra la contaminación ceremonial, un sin fin de lavacros y purificaciones. Mientras la gente estaba ocupada en distinciones triviales, en observar lo que Dios no había pedido, su atención era desviada de los grandes principios de la ley.

Cristo y sus discípulos no observaban esos lavamientos ceremoniales, y los espías hicieron de esa negligencia la base de su acusación. Sin embargo, no hicieron un ataque directo contra Cristo, sino que vinieron a él con una crítica hacia sus discípulos. En presencia de la muchedumbre dijeron: "¿Por qué tus discípulos quebrantan la tradición de los ancianos? Porque no se lavan las manos cuando comen pan".

Siempre que el mensaje de la verdad llega a las almas con poder especial, Satanás excita a sus agentes para que provoquen alguna disputa referente a alguna cuestión de menor importancia. Así trata de distraer la atención de la cuestión verdadera. Siempre que se inicia una buena obra, hay maquinadores listos para entrar en disputa sobre cuestiones de forma o tecnicismos, para apartar la mente de las realidades vivas. Cuando es evidente que Dios está por obrar de una manera especial en favor de su pueblo, éste no debe dejarse arrastrar a una controversia que ocasionará tan sólo la ruina de las almas. Las cuestiones que más nos conciernen son: ¿Creo con fe salvadora en el Hijo de Dios? ¿Está mi vida en armonía con la ley divina? "El que cree en el Hijo tiene vida eterna; pero el que rehúsa creer en el Hijo no verá la vida". "Y en esto sabemos que nosotros lo conocemos, si guardamos sus mandamientos".[1]

Jesús no intentó defenderse a sí mismo o a sus discípulos. No aludió a las acusaciones contra él, sino que procedió a desenmascarar el espíritu que impulsaba a esos machacadores de los ritos humanos. Les dio un ejemplo de lo que estaban haciendo constantemente, y de lo que acababan de hacer antes de venir a buscarlo. Les dijo: "Bien invalidáis el mandamiento de Dios para guardar vuestra tradición. Porque Moisés dijo: Honra a tu padre y a tu madre; y: El que maldiga al padre o a la madre, muera irremisiblemente. Pero vosotros decís: Basta que diga un hombre al padre o a la madre: Es Corbán (que quiere decir, mi ofrenda a Dios) todo aquello con que pudiera ayudarte, y no le dejáis hacer más por su padre o por su madre". Desechaban el quinto mandamiento como si no tuviese consecuencias, pero eran muy meticulosos para cumplir las tradiciones de los ancianos. Enseñaban a la gente que el consagrar su propiedad al templo era un deber más sagrado aún que el sostén de sus padres; y que, por grande que fuera la necesidad de éstos, era sacrilegio dar al padre o a la madre cualquier porción de lo que había sido así consagrado. Un hijo infiel no tenía más que pronunciar la palabra "Corbán" sobre su propiedad, dedicándola así a Dios, y podía conservarla para su propio uso durante toda la vida, y después de su muerte quedaba asignada al servicio del templo. De esta manera quedaba libre, tanto en su vida como en su muerte, para deshonrar y defraudar a sus padres bajo el pretexto de una presunta devoción a Dios.

Nunca, ni por sus palabras ni por sus acciones, menoscabó Jesús la obligación del hombre de presentar dones y ofrendas a Dios. Cristo fue quien dio todas las indicaciones de la ley acerca de los diezmos y las ofrendas. Cuando estuvo en la tierra elogió a la mujer pobre que dio todo lo que tenía a la tesorería del templo. Pero el aparente celo por Dios de los sacerdotes y rabinos era un simulacro que cubría su deseo de exaltación propia. El pueblo era engañado por ellos. Llevaba pesadas cargas que Dios no le había impuesto. Aun los discípulos de Cristo no estaban completamente libres del yugo que tenían uncido por causa de los prejuicios heredados y la autoridad rabínica. Ahora, por medio de la revelación del verdadero espíritu de los rabinos, Jesús trató de libertar de la servidumbre de la tradición a todos los que deseaban realmente servir a Dios.

Dirigiéndose a los astutos espías dijo: "Hipócritas, bien profetizó de vosotros Isaías, cuando dijo: Este pueblo de labios me honra; mas su corazón está lejos de mí. Pues en vano me honran, enseñando como doctrinas, mandamientos de hombres". Las palabras de Cristo eran una acusación de todo el sistema farisaico. Él declaró que al poner sus requerimientos por encima de los principios divinos, los rabinos se ponían por encima de Dios.

Los delegados de Jerusalén se llenaron de ira. No pudieron acusar a Cristo como violador de la ley dada en el Sinaí, porque hablaba como quien la defendía contra sus tradiciones. Los grandes preceptos de la ley, que él había presentado, se destacaban con sorprendente contraste frente a las mezquinas reglas que los hombres habían ideado.

A la multitud, y más tarde con mayor plenitud a sus discípulos, Jesús les explicó que la contaminación no proviene de afuera, sino de adentro. La pureza e impureza son características del alma. Es la mala acción, la mala palabra, el mal pensamiento, la transgresión de la ley de Dios, y no la negligencia de las ceremonias externas ordenadas por los hombres, lo que contamina a un hombre.

Los discípulos notaron la ira de los espías al ver desenmascarada su falsa enseñanza. Vieron sus miradas airadas y oyeron las palabras de descontento y venganza que murmuraban. Olvidándose de cuán a menudo Cristo había dado evidencias de que leía el corazón como un libro abierto, le contaron del efecto de sus palabras. Esperando que él se reconciliara con los enfurecidos magistrados, dijeron a Jesús: "¿Sabes que los fariseos se ofendieron cuando oyeron esta palabra?"

Él contestó: "Toda planta que no plantó mi Padre celestial, será desarraigada". Las costumbres y tradiciones tan altamente apreciadas por los rabinos eran de este mundo, no del cielo. Por grande que fuese su autoridad sobre la gente, no podían soportar la prueba de Dios. Cada invención humana que haya sustituido los mandamientos de Dios resultará inútil en ese día en que "Dios traerá toda obra a juicio, juntamente con toda cosa encubierta, sea buena o sea mala".[2]

La sustitución de los preceptos de Dios por los preceptos de los hombres no ha cesado. Aun entre los cristianos se encuentran instituciones y costumbres que no tienen mejor fundamento que la tradición de los padres. Tales instituciones, al descansar sobre la mera autoridad humana, han suplantado a las de designación divina. Los hombres se aferran a sus tradiciones y reverencian sus costumbres, y alimentan odio contra quienes tratan de mostrarles su error. En esta época, cuando se nos pide que llamemos la atención a los mandamientos de Dios y la fe de Jesús, vemos la misma enemistad que se manifestó en los días de Cristo. Acerca del pueblo remanente de Dios está escrito: "El dragón se llenó de ira contra la mujer; y se fue a hacer guerra contra el resto de la descendencia de ella, los que guardan los mandamientos de Dios y tienen el testimonio de Jesucristo".[3]

Pero "toda planta que no plantó mi Padre celestial, será desarraigada". En lugar de la autoridad de los así llamados padres de la iglesia, Dios nos invita a aceptar la Palabra del Padre eterno, el Señor de los cielos y la tierra. En ella sola se encuentra la verdad sin mezcla de error. David dijo: "Más que todos mis enseñadores he entendido, porque tus testimonios son mi meditación. Más que los viejos he entendido, porque he guardado tus mandamientos".[4] Todos los que aceptan la autoridad humana, las costumbres de la iglesia o las tradiciones de los padres presten atención a la amonestación que encierran las palabras de Cristo: "En vano me honran, enseñando como doctrinas mandamientos de hombres".

---

[1] Juan 3:36; 1 Juan 2:3. [2] Ecl. 12:14. [3] Apoc. 12:17. [4] Sal. 119:99, 100.

CAPÍTULO 43

Barreras quebrantadas

DESPUÉS de su encuentro con los fariseos, Jesús se retiró de Capernaum, y cruzando Galilea se fue a la región de colinas en los confines de Fenicia. Mirando hacia el oeste podía ver, dispersas por la llanura que se extendía abajo, las antiguas ciudades de Tiro y Sidón con sus templos paganos, sus magníficos palacios y emporios de comercio, y los puertos llenos de barcos. Más allá estaba la expansión azul del Mediterráneo, sobre el cual los mensajeros el evangelio iban a llevar sus buenas nuevas hasta los centros del gran imperio mundial. Pero el tiempo no había llegado todavía. La obra que le esperaba ahora consistía en preparar a sus discípulos para su misión. Al venir a esa región esperaba encontrar el retraimiento que no había podido conseguir en Betsaida. Sin embargao, éste no era su único propósito al hacer el viaje.

"Una mujer cananea que había salido de aquella región clamaba, diciendo: ¡Señor, Hijo de David, ten misericordia de mí! Mi hija es gravemente atormentada por un demonio".[1] Los habitantes de ese distrito pertenecían a la antigua raza cananea. Eran idólatras, y despreciados y odiados por los judíos. A esa clase pertenecía la mujer que ahora venía a Jesús. Era pagana, y por tanto estaba excluida de las ventajas que los judíos disfrutaban diariamente. Había muchos judíos que vivían entre los fenicios, y las noticias de la obra de Cristo habían penetrado hasta esa región. Algunos de los habitantes habían escuchado sus palabras y presenciado sus obras maravillosas. Esa mujer había oído del profeta, quien, según se decía, sanaba toda clase de enfermedades. Al oír de su poder, la esperanza había nacido en su corazón. Inspirada por su amor maternal, resolvió presentarle el caso de su hija. Tuvo el firme propósito de llevar su aflicción a Jesús. Él debía sanar a su hija. Ella había buscado ayuda en los dioses paganos, pero no la había obtenido. Y a veces se había sentido tentada a pensar: "¿Qué puede hacer por mí este maestro judío?" Pero le había llegado esta nueva: "Sana toda clase de enfermedades, sean pobres o ricos los que a él acudan por auxilio". Y decidió no perder su única esperanza.

Cristo conocía la situación de esa mujer. Él sabía que ella anhelaba verlo, y se colocó en su camino. Ayudándola en su aflicción, él podía dar una representación viva de la lección que quería enseñar. Para esto había llevado a sus discípulos a esa región. Deseaba que ellos viesen la ignorancia existente en las ciudades y aldeas cercanas a la tierra de Israel. El pueblo al cual había sido dada toda oportunidad de comprender la verdad no conocía las necesidades de quienes los rodeaban. No hacían ningún esfuerzo para ayudar a las almas que estaban en tinieblas. El muro de separación que el orgullo judío había erigido impedía incluso a los discípulos sentir simpatía por el mundo pagano. Pero esas barreras debían ser derribadas.

Cristo no respondió inmediatamente a la petición de la mujer. Recibió a esa representante de una raza despreciada como la habrían recibido los judíos. Con ello quería que sus discípulos notasen la manera fría y despiadada con que los judíos tratarían un caso tal, evidenciado en su recepción de la mujer, y la manera compasiva con que quería que ellos tratasen una angustia tal, según lo manifestó en la subsiguiente concesión de lo pedido por ella.

Pero aunque Jesús no respondió, la mujer no perdió su fe. Mientras él obraba como si no la hubiese oído, ella lo siguió y continuó suplicándole. Molestos por su impertinencia, los discípulos pidieron a Jesús que la despidiera. Veían que su Maestro la trataba con indiferencia y, por tanto, suponían que le agradaba el prejuicio de los judíos contra los cananeos. Pero era a un Salvador compasivo a quien la mujer dirigía su súplica, y en respuesta a la petición de los discípulos, Jesús dijo: "No soy enviado sino a las ovejas perdidas de la casa de Israel". Aunque esta respuesta parecía estar de acuerdo con el prejuicio de los judíos, era una reprensión implícita para los discípulos, quienes la entendieron más tarde como destinada a recordarles lo que él les había dicho con frecuencia: que había venido al mundo para salvar a todos los que querían aceptarlo.

La mujer presentaba su caso con insistencia y creciente fervor, postrándose a los pies de Cristo y clamando: "¡Señor, socórreme!" Jesús, aparentando todavía rechazar sus súplicas, según el prejuicio despiadado de los judíos, contestó: "No está bien tomar el pan de los hijos y echarlo a los perrillos". Esto era virtualmente aseverar que no era justo conceder a los extranjeros y enemigos de Israel las bendiciones traídas al pueblo favorecido de Dios. Esta respuesta habría desanimado por completo a una suplicante menos ferviente. Pero la mujer vio que había llegado su oportunidad. Bajo la aparente negativa de Jesús vio una compasión que él no podía ocultar. Contestó: "Sí, Señor; pero aun los perrillos comen de las migajas que caen de la mesa de sus amos". En tanto que los hijos de la casa comen a la mesa del padre, aun los perros no quedan sin alimento. Tienen derecho a las migajas que caen de la mesa abundantemente surtida. Así que mientras se daban a Israel muchas bendiciones, ¿no había también alguna para ella? Si era considerada como un perro, ¿no tenía, como tal, derecho a una migaja de su gracia?

Jesús acababa de apartarse de su campo de labor porque los escribas y fariseos lo buscaban para quitarle la vida. Ellos murmuraban y se quejaban. Manifestaban incredulidad y amargura, y rechazaban la salvación que tan gratuitamente se les ofrecía. En este caso, Cristo se encuentra con un miembro de una raza infortunada y despreciada, que no había sido favorecida por la luz de la Palabra de Dios; y sin embargo esa persona se entrega enseguida a la divina influencia de Cristo, y tiene fe implícita en su capacidad de concederle el favor pedido. Ruega que se le den las migajas que caen de la mesa del Maestro. Si puede tener el privilegio de un perro, está dispuesta a ser considerada como un perro. No tiene prejuicio nacional ni religioso, ni orgullo alguno que influya en su conducta, y reconoce inmediatamente a Jesús como el Redentor y como capaz de hacer todo lo que ella le pide.

El Salvador está satisfecho. Ha probado su fe en él. Por medio de su trato con ella ha demostrado que aquella que Israel había considerado como paria, ya no es extranjera sino una hija en la familia de Dios. Y como hija es su privilegio participar de los dones del Padre. Ahora Cristo le concede su pedido, y concluye la lección para los discípulos. Volviéndose hacia ella con una mirada de compasión y amor, dice: "Oh mujer, grande es tu fe; hágase contigo como quieres". Desde esa hora su hija quedó sana. El demonio no la atormentó más. La mujer se fue, reconociendo a su Salvador y feliz por habérsele concedido su oración.

Este fue el único milagro que Jesús realizó durante ese viaje. Para ejecutar ese acto fue a los confines de Tiro y Sidón. Deseaba socorrer a la mujer afligida, y al mismo tiempo dar un ejemplo de su obra de misericordia hacia un miembro de un pueblo despreciado para beneficio de sus discípulos cuando no estuviese más con ellos. Deseaba sacarlos de su exclusividad judaica e interesarlos en el trabajo por los que no fuesen de su propio pueblo.

Jesús anhelaba revelar los profundos misterios de la verdad que habían quedado ocultos durante siglos, para que los gentiles fuesen coherederos con los judíos y "copartícipes de la promesa en Cristo Jesús por medio del evangelio".[2] Los discípulos tardaron mucho en aprender esta verdad, y el Maestro divino les dio lección tras lección. Al recompensar la fe del centurión en Capernaum y al predicar el evangelio a los habitantes de Sicar ya había evidenciado que no compartía la intolerancia de los judíos. Pero los samaritanos tenían cierto conocimiento de Dios; y el centurión había manifestado bondad hacia Israel. Ahora Jesús relacionó a los discípulos con una pagana a quien ellos consideraban tan desprovista como cualquiera de su pueblo de motivos para esperar favores de él. Quiso dar un ejemplo de cómo debía tratarse a una persona tal. Los discípulos habían pensado que él dispensaba demasiado libremente los dones de su gracia. Quería mostrarles que su amor no debía circunscribirse a raza o nación alguna.

Cuando dijo: "No soy enviado sino a las ovejas perdidas de la casa de Israel", dijo la verdad, y en su obra en favor de la mujer cananea cumplió su comisión. Esa mujer era una de las ovejas perdidas que Israel debiera haber rescatado. Esa era la obra que había sido asignada a Israel, la obra que habían descuidado, la obra que Cristo estaba haciendo.

Este acto abrió más plenamente la mente de los discípulos a la labor que les esperaba entre los gentiles. Vieron un amplio campo de utilidad fuera de Judea. Vieron almas que sobrellevaban tristezas desconocidas para los que eran más altamente favorecidos. Entre quienes se les había enseñado a despreciar había almas que anhelaban la ayuda del poderoso Sanador, y quienes tenían hambre de la luz de la verdad que había sido dada en tanta abundancia a los judíos.

Después, cuando los judíos se apartaron aun más tenazmente de los discípulos, porque estos declaraban que Jesús era el Salvador del mundo, y cuando el muro de separación entre judíos y gentiles fue derribado por la muerte de Cristo, esta lección y otras similares, que señalaban la obra de evangelización que debía hacerse sin restricción de costumbres o nacionalidades, ejercieron una influencia poderosa en los representantes de Cristo y dirigieron sus labores.

La visita del Salvador a Fenicia y el milagro realizado allí tenían un propósito aun más amplio. Esa obra no fue hecha sólo para la mujer afligida, sus discípulos y quienes recibieran sus labores, sino también para que creyeran "que Jesús es el Cristo, el Hijo de Dios, y para que creyendo, [tuvieran] vida en su nombre".[3] Los mismos factores que separaban de Cristo a los hombres hace más de 1.900 años están actuando hoy. El espíritu que levantó el muro de separación entre judíos y gentiles sigue obrando. El orgullo y el prejuicio han levantado fuertes murallas de separación entre diferentes clases de hombres. Cristo y su misión han sido mal representados, y multitudes se sienten virtualmente apartadas del ministerio del evangelio. Pero no deben sentirse separadas de Cristo. No hay barreras que el hombre o Satanás puedan erigir y que la fe no pueda traspasar.

Con fe, la mujer de Fenicia se lanzó contra las barreras que habían sido acumuladas entre judíos y gentiles. A pesar del desaliento, sin prestar atención a las apariencias que podrían haberla inducido a dudar, confió en el amor del Salvador. Así es como Cristo desea que confiemos en él. Las bendiciones de la salvación son para toda alma. Nada, a no ser su propia elección, puede impedir a algún hombre que llegue a ser participante de la promesa hecha en Cristo por el evangelio.

Las castas son odiosas para Dios. Él desconoce cuanto tenga ese carácter. A su vista las almas de todos los hombres tienen igual valor. "De una sangre ha hecho todo el linaje de los hombres, para que habitasen sobre toda la faz de la tierra; y les ha prefijado el orden de los tiempos, y los límites de su habitación; para que busquen a Dios, si en alguna manera, palpando, puedan hallarle; aunque ciertamente no está lejos de cada uno de nosotros". Sin distinción de edad, estatus, nacionalidad o privilegio religioso, todos están invitados a ir a él y vivir. "Todo aquel que en él creyere, no será avergonzado. Porque no hay diferencia". "No hay judío ni griego; no hay esclavo ni libre". "El rico y el pobre se encuentran; a ambos los hizo Jehová". "El mismo que es Señor de todos, es rico para con todos los que lo invocan; porque todo aquel que invocare el nombre del Señor, será salvo".[4]

---

[1] Mat. 15:22. [2] Efe. 3:6. [3] Juan 20:31. [4] Hech. 17:26, 27; Rom. 10:11, 12; Gál. 3:28; Prov. 22:2; Rom. 10:12, 13.

CAPÍTULO 44

La verdadera señal

"VOLVIENDO a salir de la región de Tiro, vino por Sidón al Mar de Galilea, pasando por la región de Decápolis".[1]

En la región de Decápolis fue donde los endemoniados de Gadara habían sido sanados. Allí la gente, alarmada por la destrucción de los cerdos, había obligado a Jesús a apartarse de entre ellos. Pero había escuchado a los mensajeros que él dejara atrás, y se había despertado el deseo de verlo. Cuando Jesús volvió a esa región, se reunió una muchedumbre en derredor de él y le trajeron a un hombre sordo y tartamudo. Jesús no sanó a ese hombre, como era su costumbre, por medio de una sola palabra. Apartándolo de la multitud, puso sus dedos en sus oídos y tocó su lengua; mirando al cielo, suspiró al pensar en los oídos que no querían abrirse a la verdad y las lenguas que se negaban a reconocer al Redentor. A la orden: "Sé abierto", le fue devuelta al hombre la facultad de hablar y, violando la recomendación de no contarlo a nadie, publicó por todas partes el relato de su curación.

Jesús subió a una montaña y allí la muchedumbre acudió a él trayendo a sus enfermos y cojos y poniéndolos a sus pies. Él los sanaba a todos; y la gente, pagana como era, glorificaba al Dios de Israel. Durante tres días ese gentío continuó rodeando al Salvador, durmiendo de noche al aire libre y de día agolpándose ávidamente para oír las palabras de Cristo y ver sus obras. Al fin de los tres días se habían agotado sus provisiones. Jesús no quería despedirlos hambrientos, e invitó a sus discípulos a que les diesen alimentos. Otra vez los discípulos manifestaron su incredulidad. En Betsaida habían visto cómo, con la bendición de Cristo, su pequeña provisión alcanzó para alimentar a la multitud; sin embargo, ahora no trajeron todo lo que tenían ni confiaron en su poder de multiplicarlo en favor de las muchedumbres hambrientas. Además, los que Jesús había alimentado en Betsaida eran judíos; éstos eran gentiles y paganos. El prejuicio judío todavía era fuerte en el corazón de los discípulos, y respondieron a Jesús: "¿De dónde podrá alguien saciar de pan a éstos aquí en el desierto?" Pero, obedientes a su palabra, le trajeron lo que tenían: siete panes y dos pescaditos. La multitud fue alimentada y sobraron siete grandes cestos de fragmentos. Cuatro mil hombres, además de las mujeres y los niños, repusieron así sus fuerzas, y Jesús los despidió llenos de alegría y con corazones agradecidos.

Luego, tomando un bote con sus discípulos, cruzó el lago hasta Magdala, en el extremo sur de la llanura de Genesaret. En la región de Tiro y Sidón su espíritu había quedado confortado por causa de la implícita confianza de la mujer sirofenicia. Los paganos de Decápolis lo habían recibido con júbilo. Ahora, al desembarcar otra vez en Galilea

—donde su poder se había manifestado del modo más sorprendente, donde había efectuado la mayor parte de sus obras de misericordia y había difundido su enseñanza—, fue recibido con incredulidad despectiva.

Una delegación de fariseos había sido reforzada con representantes de los ricos y señoriales saduceos, el partido de los sacerdotes, los escépticos y aristócratas de la nación. Las dos sectas habían estado en acerba enemistad. Los saduceos cortejaban el favor del poder gobernante con el fin de conservar su propia posición y autoridad. Por otro lado, los fariseos fomentaban el odio popular contra los romanos, anhelando el tiempo cuando podrían quitarse el yugo del conquistador. Pero los fariseos y saduceos se unieron ahora contra Cristo. Los iguales se buscan; y el mal, dondequiera que exista, se confabula con el mal para destruir al bien.

Ahora los fariseos y saduceos vinieron a Cristo, pidiendo una señal del cielo. Cuando, en los días de Josué, Israel salió a pelear contra los cananeos en Bet-orón, el sol se detuvo a la orden del líder hasta que se logró la victoria; y muchos prodigios similares se habían manifestado en la historia de Israel. Exigieron a Jesús alguna señal parecida. Pero esas señales no eran lo que los judíos necesitaban. Ninguna mera evidencia externa podía beneficiarlos. Lo que necesitaban no era esclarecimiento intelectual, sino renovación espiritual.

Jesús dijo: "¡Hipócritas! que sabéis distinguir el aspecto del cielo [—pues estudiando el cielo podían predecir el tiempo—], ¡mas las señales de los tiempos no podéis!" Las propias palabras de Cristo, pronunciadas con el poder del Espíritu Santo que los convencía de pecado, eran la señal que Dios había dado para su salvación. Y habían sido dadas señales directas del cielo para atestiguar la misión de Cristo. El canto de los ángeles a los pastores, la estrella que guió a los magos, la paloma y la voz desde el cielo en ocasión de su bautismo, eran testimonios en favor de Cristo.

"Y gimiendo en su espíritu, dijo: ¿Por qué pide señal esta generación?" "Pero señal no le será dada, sino la señal del profeta Jonás". Como Jonás había estado tres días y tres noches en el vientre de la ballena, Cristo habría de pasar el mismo tiempo "en el corazón de la tierra". Y así como la predicción de Jonás fue una señal para los habitantes de Nínive, así la predicación de Cristo era una señal para su generación. Pero, ¡qué contraste en la recepción de la palabra! La gente de la gran ciudad pagana tembló al oír la advertencia de Dios. Reyes y nobles se humillaron; encumbrados y humildes juntos clamaron al Dios del cielo, y su misericordia les fue concedida. Cristo había dicho: "Los hombres de Nínive se levantarán en el juicio con esta generación, y la condenarán; porque ellos se arrepintieron a la predicación de Jonás, y he aquí más que Jonás en este lugar".[2]

Cada milagro que Cristo realizaba era una señal de su divinidad. Él estaba haciendo la obra que había sido predicha acerca del Mesías; pero para los fariseos esas obras de misericordia eran una ofensa positiva. Los dirigentes judíos miraban con despiadada indiferencia el sufrimiento humano. En muchos casos su egoísmo y opresión habían causado la aflicción que Cristo aliviaba. Así que sus milagros les eran un reproche.

Lo que indujo a los judíos a rechazar la obra del Salvador era la más alta evidencia de su carácter divino. El mayor significado de sus milagros se ve en el hecho de que eran para bendición de la humanidad. La más alta evidencia de que él venía de Dios estriba en que su vida revelaba el carácter de Dios. Hacía las obras y hablaba las palabras de Dios. Una vida tal es el mayor de todos los milagros.

Cuando en nuestra época se presenta el mensaje de verdad, son muchos los que, como los judíos, claman: "Muéstrennos una señal. Realicen un milagro". Cristo no ejecutó milagros a pedido de los fariseos. No hizo milagros en el desierto en respuesta a las insinuaciones de Satanás. No nos imparte poder para vindicarnos a nosotros mismos o satisfacer las demandas de la incredulidad y el orgullo. Pero el evangelio no queda sin una señal de su origen divino. ¿No es acaso un milagro que podamos liberarnos de la esclavitud de Satanás? La enemistad contra Satanás no es natural para el corazón humano; es implantada por la gracia de Dios. Cuando el que ha estado dominado por una voluntad terca y extraviada queda liberado y se entrega de todo corazón a la atracción de los agentes celestiales de Dios, se realizó un milagro; así también ocurre cuando un hombre que ha estado bajo un engaño poderoso llega a entender la verdad moral. Cada vez que un alma se convierte y aprende a amar a Dios y a guardar sus mandamientos, se cumple la promesa de Dios: "Os daré corazón nuevo, y pondré espíritu nuevo dentro de vosotros".[3] El cambio en el corazón humano, la transformación del carácter humano, es un milagro que revela a un Salvador que vive eternamente y obra para rescatar a las almas. Una vida consecuente en Cristo es un gran milagro. En la predicación de la Palabra de Dios, la señal que debe manifestarse ahora y siempre es la presencia del Espíritu Santo, para hacer de la Palabra un poder regenerador para quienes la oyen. Tal es el testimonio de Dios ante el mundo para la misión divina de su Hijo.

Los que deseaban una señal de parte de Jesús habían endurecido de tal manera su corazón en la incredulidad que no discernían en el carácter de [Cristo] la semejanza de Dios. No querían ver que su misión cumplía las Escrituras. En la parábola del rico y Lázaro, Jesús dijo a los fariseos: "Si no oyen a Moisés y a los profetas, tampoco se persuadirán aunque alguno se levantare de los muertos".[4] Ninguna señal que se pudiese dar en el cielo o en la tierra los habría de beneficiar.

Jesús, "gimiendo en su espíritu", y apartándose del grupo de caviladores, volvió al barco con sus discípulos. En silencio pesaroso cruzaron de nuevo el lago. Sin embargo, no regresaron al lugar que habían dejado, sino que se dirigieron hacia Betsaida, cerca de donde habían sido alimentados los cinco mil. Al llegar a la orilla más alejada, Jesús dijo: "Guardaos de la levadura de los fariseos y de los seduceos". Desde los tiempos de Moisés los judíos habían tenido por costumbre apartar de sus casas toda levadura en ocasión de la Pascua, y así se les había enseñado a considerarla como un tipo del pecado. Sin embargo, los discípulos no entendieron a Jesús. En su repentina partida de Magdala se habían olvidado de llevar pan, y sólo tenían un pan consigo. Entendieron que se refería a esta circunstancia, y que les recomendaba no comprar pan a un fariseo o a un saduceo. A menudo su falta de fe y percepción espiritual los había conducido a incomprensiones similares de las palabras de Cristo. En esta ocasión él los reprendió por pensar que quien había alimentado a miles de personas con unos pocos pescaditos y panes de cebada, pudiera referirse en esta solemne amonestación meramente al alimento temporal. Existía el peligro de que el astuto razonamiento de los fariseos y saduceos leudara a sus discípulos con incredulidad, y esto los hiciese considerar livianamente las obras de Cristo.

Los discípulos se inclinaban a pensar que su Maestro debiera haber otorgado una señal en los cielos cuando se la habían pedido. Creían que él era perfectamente capaz de realizarla, y que una señal tal habría silenciado a sus enemigos. No discernían la hipocresía de esos caviladores.

Meses más tarde, "juntándose por millares la multitud, tanto que unos a otros se atropellaban", Jesús repitió la misma enseñanza. "Comenzó a decir a sus discípulos, primeramente: Guardaos de la levadura de los fariseos, que es la hipocresía".[5]

La levadura puesta en la harina obra imperceptiblemente y convierte toda la masa a su propia naturaleza. Así también, si se le permite existir en el corazón, la hipocresía impregna el carácter y la vida. Cristo ya había reprendido un notable ejemplo de la hipocresía farisaica al denunciar la práctica del "Corbán", por medio de la cual se ocultaba una negligencia del deber filial bajo una afectación de generosidad hacia el templo. Los escribas y fariseos insinuaban principios engañosos. Ocultaban la verdadera tendencia de sus doctrinas, y aprovechaban toda ocasión para inculcarlas arteramente en el ánimo de sus oyentes. Esos falsos principios, una vez aceptados, obraban como la levadura en la harina, impregnando y transformando el carácter. Esa enseñanza engañosa era lo que hacía tan difícil para la gente recibir las palabras de Cristo.

Las mismas influencias obran hoy por medio de los que tratan de explicar la ley de Dios de modo de hacerla conformar con sus prácticas. Esa clase no ataca abiertamente la ley, sino que presenta teorías especulativas que minan sus principios. La explican en forma que destruye su fuerza.

La hipocresía de los fariseos era el resultado del egoísmo. La glorificación propia era el objetivo de su vida. Esto era lo que los inducía a pervertir y aplicar mal las Escrituras, y los cegaba en cuanto al propósito de la misión de Cristo. Aun los discípulos de Cristo estaban en peligro de albergar este mal sutil. Los que decían seguir a Cristo, pero no lo habían dejado todo para ser sus discípulos, estaban influenciados en gran medida por el razonamiento de los fariseos. Con frecuencia vacilaban entre la fe y la incredulidad, y no discernían los tesoros de sabiduría escondidos en Cristo. Aun los discípulos, si bien exteriormente lo habían abandonado todo por amor a Jesús, no habían cesado en su corazón de buscar grandes cosas para sí. Este espíritu era lo que motivaba la disputa acerca de quién sería el mayor. Era lo que se interponía entre ellos y Cristo, haciéndolos tan apáticos hacia su misión de sacrificio propio, tan lentos para comprender el ministerio de la redención. Así como la levadura, si se la deja completar su obra, ocasionará corrupción y descomposición, el espíritu egoísta, si se lo acaricia, produce la contaminación y la ruina del alma.

¡Cuán difundido está, hoy como antaño, este pecado sutil y engañoso entre los seguidores de nuestro Señor! ¡Cuán a menudo nuestro servicio para Cristo, y nuestra comunión entre unos y otros, queda manchado por el secreto deseo de exaltar al yo! ¡Cuán prestamente se manifiesta el pensamiento de adulación propia y el anhelo de la aprobación humana! Es el amor al yo, el deseo de un camino más fácil que el señalado por Dios, lo que induce a sustituir los preceptos divinos por las teorías y tradiciones humanas. A sus propios discípulos se dirigen las palabras amonestadoras de Cristo: "Mirad, guardaos de la levadura de los fariseos".

La religión de Cristo es la sinceridad misma. El celo por la gloria de Dios es el móvil implantado por el Espíritu Santo; y sólo la obra eficaz del Espíritu puede implantar ese móvil. Únicamente el poder de Dios puede desterrar el egoísmo y la hipocresía. Este cambio es la señal de su obra. Cuando la fe que aceptamos destruye el egoísmo y la simulación, cuando nos induce a buscar la gloria de Dios y no la nuestra, podemos saber que es del debido carácter. "Padre, glorifica tu nombre", fue el principio fundamental de la vida de Cristo; y si lo seguimos, será el principio fundamental de nuestra vida. Nos ordena "andar como él anduvo"; "y en esto sabemos que nosotros le conocemos, si guardamos sus mandamientos".[6]

---

[1] Mar. 7:31. [2] Mat. 12:40, 41. [3] Eze. 36:26. [4] Luc. 16:31. [5] Luc. 12:1. [6] Juan 12:28; 1 Juan 2:6, 3.

Capítulo 45

Presagios de la cruz

L A OBRA de Cristo en la tierra se acercaba rápidamente a su fin. Ante él, en vívido relieve, se hallaban las escenas hacia las cuales sus pies lo llevaban. Aun antes de asumir la humanidad él vio toda la senda que debía recorrer con el fin de salvar lo que se había perdido. Cada angustia que iba a desgarrar su corazón, cada insulto que iba a amontonarse sobre su cabeza, cada privación que estaría llamado a soportar, fueron presentados a su vista antes que pusiera a un lado su corona y manto reales y bajara del trono para revestir su divinidad con humanidad. La senda desde el pesebre hasta el Calvario estuvo toda ante sus ojos. Conoció la angustia que le sobrevendría. Lo sabía todo, y sin embargo dijo: "He aquí yo vengo (en el rollo del libro está escrito de mí); me complazco en hacer tu voluntad, oh Dios mío, y tu ley está en medio de mi corazón".[1]

Siempre vio delante de sí el resultado de su misión. Su vida terrenal, tan llena de trabajo y abnegación, fue alegrada por la perspectiva de que no soportaría todas esas penurias en vano. Al dar su vida por la vida de los hombres, recobraría para el mundo su lealtad a Dios. Aunque primero debía recibir el bautismo de sangre; aunque los pecados del mundo iban a abrumar su alma inocente; aunque la sombra de una desgracia indecible pesaba sobre él; a pesar de todo, por el gozo que le fue propuesto, eligió soportar la cruz y menospreció el oprobio.

Las escenas que le esperaban todavía estaban ocultas para los elegidos compañeros de su ministerio; pero se acercaba el tiempo en que debían contemplar su agonía. Debían verlo, a quien amaban y en quien confiaban, entregado a sus enemigos y colgado de la cruz del Calvario. Pronto tendría que dejar que afrontaran el mundo sin el consuelo de su presencia visible. Él sabía cómo los perseguirían el odio acérrimo y la incredulidad, y deseaba prepararlos para sus pruebas.

Jesús y sus discípulos habían llegado a uno de los pueblos de los alrededores de Cesarea de Filipos. Estaban fuera de los límites de Galilea, en una región donde prevalecía la idolatría. Allí se encontraban los discípulos apartados de la influencia predominante del judaísmo y relacionados más íntimamente con el culto pagano. En derredor de sí veían representadas las formas de la superstición que existían en todas partes del mundo. Jesús deseaba que la contemplación de esas cosas los indujese a sentir su responsabilidad hacia los paganos. Durante su estada en dicha región trató de substraerse a la tarea de enseñar a la gente, con el fin de dedicarse más plenamente a sus discípulos.

Iba a hablarles de los sufrimientos que le aguardaban. Pero primero se apartó solo, y oró a Dios que sus corazones fuesen preparados para recibir sus palabras. Al reunírseles no les comunicó enseguida lo que deseaba impartirles. Antes de hacerlo les dio una oportunidad de confesar su fe en él, para que pudiesen ser fortalecidos para la prueba venidera. Preguntó: "¿Quién dicen los hombres que es el Hijo del hombre?"

Con tristeza, los discípulos se vieron obligados a confesar que Israel no había sabido reconocer a su Mesías. En verdad, al ver sus milagros, algunos lo habían declarado Hijo de David. Las multitudes que habían sido alimentadas en Betsaida habían deseado proclamarlo rey de Israel. Muchos estaban listos para aceptarlo como un profeta; pero no creían que fuese el Mesías.

Jesús hizo entonces una segunda pregunta, relacionada con los discípulos mismos: "Y vosotros, ¿quién decís que soy yo?" Pedro respondió: "Tú eres el Cristo, el Hijo del Dios viviente".

Desde el principio, Pedro había creído que Jesús era el Mesías. Muchos otros que habían sido convencidos por la predicación de Juan el Bautista, y habían aceptado a Cristo, empezaron a dudar en cuanto a la misión de Juan cuando fue encarcelado y ejecutado; y ahora dudaban de que Jesús fuese el Mesías a quien habían esperado tanto tiempo. Muchos de los discípulos que habían esperado ardientemente que Jesús ocupase el trono de David, lo dejaron cuando percibieron que no tenía tal intención. Pero Pedro y sus compañeros no se desviaron de su fidelidad. El curso vacilante de los que ayer lo alababan y hoy lo condenaban no destruyó la fe del verdadero seguidor del Salvador. Pedro declaró: "Tú eres el Cristo, el Hijo del Dios viviente". Él no esperó que los honores regios coronasen a su Señor, sino que lo aceptó en su humillación.

Pedro había expresado la fe de los Doce. Sin embargo, los discípulos distaban mucho de entender la misión de Cristo. La oposición y las mentiras de los sacerdotes y príncipes, aun cuando no podían apartarlos de Cristo, les causaban gran perplejidad. Ellos no veían claramente el camino. La influencia de su primera educación, la enseñanza de los rabinos, el poder de la tradición, seguían interfiriendo su visión de la verdad. De vez en cuando resplandecían sobre ellos los preciosos rayos de luz de Jesús; pero con frecuencia eran como hombres que andaban a tientas en medio de las sobras. Pero en ese día, antes que fuesen confrontados con la gran prueba de su fe, el Espíritu Santo descansó sobre ellos con poder. Por un corto tiempo sus ojos fueron apartados de "las cosas que se ven" para contemplar "las que no se ven".[2] Bajo el disfraz de la humanidad discernieron la gloria del Hijo de Dios.

Jesús contestó a Pedro: "Bienaventurado eres, Simón, hijo de Jonás, porque no te lo reveló carne ni sangre, sino mi Padre que está en los cielos".

La verdad que Pedro había confesado es el fundamento de la fe del creyente. Es esa verdad que Cristo mismo ha declarado ser vida eterna. Pero la posesión de este conocimiento no era motivo para el engreimiento. No le había sido revelado a Pedro por alguna sabiduría o bondad propias. Nunca puede la humanidad, por sí misma, obtener un conocimiento de lo divino. "Es más alta que los cielos; ¿qué harás? Es más profunda que el Seol; ¿cómo la conocerás?" Únicamente el espíritu de adopción puede revelarnos las cosas profundas de Dios, las que "ojo no vio, ni oído oyó, y que jamás entraron en pensamiento humano. Pero a nosotros nos las ha revelado Dios por medio de su Espíritu; porque el Espíritu escudriña todas las cosas, y aun las cosas profundas de Dios". "El secreto de Jehová es para los que le temen"; y que Pedro discerniera la gloria de Dios era evidencia de que se contaba entre los que habían sido "enseñados por Dios".[3] ¡Ah!, en verdad, "bienaventurado eres, Simón, hijo de Jonás, porque no te lo reveló carne ni sangre".

Jesús continuó: "Yo también te digo, que tú eres Pedro, y sobre esta roca edificaré mi iglesia; y las puertas del Hades no prevalecerán contra ella". La palabra Pedro significa "una piedra"; "un canto rodado". Pedro no era la roca sobre la cual se fundaría la iglesia. Las puertas del infierno prevalecieron contra él cuando negó a su Señor con imprecaciones y juramentos. La iglesia fue edificada sobre el Ser contra quien las puertas del infierno no podían prevalecer.

Siglos antes del advenimiento del Salvador, Moisés había señalado a "la Roca" de salvación de Israel. El salmista había cantado acerca de "la roca fuerte". Isaías había escrito: "Por tanto, Jehová el Señor dice así: He aquí que he puesto en Sión por fundamento una piedra, piedra probada, angular, preciosa, de cimiento estable". Pedro mismo, escribiendo por inspiración, aplica esta profecía a Jesús. Dice: "Si habéis gustado y probado que es bueno el Señor. Allegándoos a él, como a piedra viva, rechazada en verdad de los hombres, mas para con Dios escogida y preciosa, vosotros también, como piedras vivas, sois edificados en un templo espiritual".[4]

"Nadie puede poner otro fundamento que el que está puesto, el cual es Jesucristo".[5] Y Jesús dijo: "Sobre esta roca edificaré mi iglesia". En la presencia de Dios y de todos los seres celestiales, en la presencia del invisible ejército del infierno, Cristo fundó su iglesia sobre la Roca viva. Esa Roca es él mismo; su propio cuerpo quebrantado y herido por nosotros. Las puertas del infierno no prevalecerán contra la iglesia edificada sobre este fundamento.

¡Cuán débil parecía la iglesia cuando Cristo pronunció estas palabras! Se componía apenas de un puñado de creyentes, contra quienes se dirigiría todo el poder de los demonios y de los hombres malos; sin embargo, los discípulos de Cristo no debían temer. Edificados sobre la Roca de su fortaleza, no podían ser derribados.

Durante seis mil años la fe ha edificado sobre Cristo. Durante seis mil años los diluvios y las tempestades de la ira satánica han azotado la Roca de nuestra salvación; pero ella sigue inconmovible.

Pedro había expresado la verdad que es el fundamento de la fe de la iglesia, y Jesús lo honró como representante de todo el cuerpo de creyentes. Dijo: "A ti daré las llaves del reino de los cielos; y todo lo que atares en la tierra será atado en los cielos; y todo lo que desatares en la tierra será desatado en los cielos".

"Las llaves del reino de los cielos" son las palabras de Cristo. Todas las palabras de la Santa Escritura son suyas y están incluidas en esa fase. Esas palabras tienen poder para abrir y cerrar el cielo. Declaran las condiciones bajo las cuales los hombres son recibidos o rechazados. Así la obra de quienes predican la Palabra de Dios tiene sabor de vida para vida o de muerte para muerte. La suya es una misión cargada de resultados eternos.

El Salvador no confió la obra del evangelio a Pedro individualmente. En una ocasión ulterior, repitiendo las palabras que le fueron dichas a Pedro, las aplicó directamente a la iglesia. Y lo mismo fue dicho en sustancia también a los Doce como representantes del cuerpo de creyentes. Si Jesús hubiese delegado en uno de los discípulos alguna autoridad especial sobre los demás, no los encontraríamos contendiendo con tanta frecuencia acerca de quién sería el mayor. Se habrían sometido al deseo de su Maestro y habrían honrado a aquel a quien él hubiese elegido.

En vez de nombrar a uno como su cabeza, Cristo dijo de los discípulos: "No queráis que os llamen Rabí... Ni seáis llamados maestros; porque uno es vuestro Maestro, el Cristo".[6]

"Cristo es la cabeza de todo varón". Dios, quien puso todas las cosas bajo los pies del Salvador, "lo dio por cabeza sobre todas las cosas a la iglesia, la cual es su cuerpo, la plenitud de Aquel que todo lo llena en todo". La iglesia está edificada sobre Cristo como su fundamento; ha de obedecer a Cristo como su cabeza. No debe depender del hombre ni ser controlada por el hombre. Muchos sostienen que una posición de confianza en la iglesia les da autoridad para dictar lo que otros hombres deben creer y hacer. Dios no sanciona esta pretensión. El Salvador declara: "Todos vosotros sois hermanos". Todos están expuestos a la tentación y a cometer errores. No podemos depender de ningún ser finito para ser guiados. La Roca de la fe es la presencia viva de Cristo en la iglesia. De ella puede depender el más débil, y los que se creen los más fuertes resultarán ser los más débiles, a menos que hagan de Cristo su eficiencia. "Maldito el varón que confía en el hombre, y pone carne por su brazo". El Señor "es la Roca, cuya obra es perfecta". "Bienaventurados todos los que en él confían".[7]

Después de la confesión de Pedro, Jesús encargó a los discípulos que a nadie dijeran que él era el Cristo. Este encargo fue hecho por causa de la resuelta oposición de los escribas y fariseos. Aun más, la gente y los discípulos mismos tenían un concepto tan falso del Mesías, que el anunciar públicamente su venida no les daría una verdadera idea de su carácter o de su obra. Pero día tras día él se estaba revelando a ellos como el Salvador, y así deseaba darles un verdadero concepto de sí como el Mesías.

Los discípulos seguían esperando que Cristo reinase como un príncipe temporal. Creían que, si bien les había ocultado durante tanto tiempo su designio, no permanecería siempre en la pobreza y oscuridad; debía estar cerca el tiempo para establecer su reino. Los discípulos nunca se detuvieron a pensar que los sacerdotes y rabinos no iban a cejar en su odio, que Cristo sería rechazado por su propia nación, condenado como impostor y crucificado como malhechor. Pero la hora del poder de las tinieblas se acercaba y Jesús debía exponer ante sus discípulos el conflicto que les esperaba. Él se entristecía al anticipar la prueba.

Hasta entonces había evitado darles a conocer cualquier cosa que se relacionase con sus sufrimientos y su muerte. En su conversación con Nicodemo había dicho: "Como Moisés levantó la serpiente en el desierto, así es necesario que el Hijo del hombre sea levantado, para que todo aquel que en él cree, no se pierda, mas tenga vida eterna".[8] Pero los discípulos no lo habían oído, y si lo hubiesen oído, no lo habrían entendido. Pero ahora habían estado con Jesús, escuchando sus palabras y contemplando sus obras, hasta que, no obstante la humildad de su ambiente y la oposición de los sacerdotes y del pueblo, podían unirse al testimonio de Pedro: "Tú eres el Cristo, el Hijo del Dios viviente". Ahora había llegado el momento de descorrer el velo que ocultaba el futuro. "Desde entonces comenzó Jesús a declarar a sus discípulos que le era necesario ir a Jerusalén y padecer mucho de los ancianos, de los principales sacerdotes y de los escribas; y ser muerto, y resucitar al tercer día".

Y los discípulos escucharon mudos de tristeza y asombro. Cristo había aceptado el reconocimiento de Pedro cuando lo declaró Hijo de Dios; y ahora sus palabras, que anunciaban sus sufrimientos y su muerte, parecían incomprensibles. Pedro no pudo guardar silencio. Se asió de su Maestro como para apartarlo de su suerte inminente, exclamando: "Señor, ten compasión de ti; en ninguna manera esto te acontezca".

Pedro amaba a su Señor; pero Jesús no lo elogió por manifestar así el deseo de escudarlo del sufrimiento. Las palabras de Pedro no eran de naturaleza que fuesen de ayuda y solaz para Jesús en la gran prueba que le esperaba. No estaba en armonía con el misericordioso propósito de Dios hacia un mundo perdido, ni con la lección de abnegación que Jesús había venido a enseñar por medio de su propio ejemplo. Pedro no deseaba ver la cruz en la obra de Cristo. La impresión que sus palabras harían se oponía directamente a la que Jesús deseaba producir en la mente de sus seguidores, y el Salvador fue movido a pronunciar una de las más severas reprensiones que jamás salieran de sus labios: "¡Quítate de delante de mí, Satanás!; me eres tropiezo, porque no pones la mira en las cosas de Dios, sino en las de los hombres".

Satanás estaba tratando de desanimar a Jesús y apartarlo de su misión; y Pedro, en su amor ciego, estaba dando voz a la tentación. El príncipe del mal era el autor del pensamiento. Su instigación estaba detrás de esa súplica impulsiva. En el desierto, Satanás había ofrecido a Cristo el dominio del mundo a condición de que abandonase la senda de humillación y sacrificio. Ahora estaba presentando la misma tentación al discípulo de Cristo. Estaba tratando de fijar la mirada de Pedro en la gloria terrenal, con el fin de que no contemplase la cruz hacia la cual Jesús deseaba dirigir sus ojos. A través de Pedro, Satanás volvía a apremiar a Jesús con la tentación. Pero el Salvador no le hizo caso; pensaba en su discípulo. Satanás se había interpuesto entre Pedro y su Maestro, para que el corazón del discípulo no fuese conmovido por la visión de la humillación de Cristo en su favor. Las palabras de Cristo no fueron pronunciadas a Pedro, sino al que estaba tratando de separarlo de su Redentor. "¡Quítate de delante de mí, Satanás!" [Es decir:] "No te interpongas más entre mí y mi siervo errante. Déjame allegarme cara a cara con Pedro para que pueda revelarle el misterio de mi amor".

Fue una amarga lección para Pedro, una lección que aprendió lentamente: que la senda de Cristo en la tierra pasaba por la agonía y la humillación. El discípulo rehuía la comunión con su Señor en el sufrimiento. Pero en el calor del horno reconocería su bendición. Mucho tiempo más tarde, cuando su cuerpo activo se inclinaba bajo el peso de los años y las labores, escribió: "Amados, no os sorprendáis del fuego de prueba que os ha sobrevenido, como si alguna cosa extraña os aconteciese, sino gozaos por cuanto sois participantes de los padecimientos de Cristo, para que también en la revelación de su gloria os gocéis con gran alegría".[9]

Entonces Jesús explicó a sus discípulos que su propia vida de abnegación era un ejemplo de lo que debía ser la de ellos. Llamando a su derredor juntamente con sus discípulos a la gente que había permanecido cerca, dijo: "Si alguno quiere venir en pos de mí, niéguese a sí mismo, tome su cruz cada día, y sígame". La cruz estaba asociada con el poder de Roma. Era el instrumento de la forma de muerte más cruel y humillante. Se obligaba a los más bajos criminales a que llevasen la cruz hasta el lugar de su ejecución; y con frecuencia, cuando se la estaban por poner sobre los hombros, resistían con desesperada violencia, hasta que quedaban dominados y se ataba sobre ellos el instrumento de tortura. Pero Jesús ordenaba a sus discípulos que tomasen la cruz para llevarla en pos de él. Para los discípulos, sus palabras, aunque vagamente comprendidas, señalaban su sumisión a la más acerba humillación; una sumisión hasta la muerte por causa de Cristo. El Salvador no podría haber descrito una entrega más completa. Pero todo esto él lo había aceptado por ellos. Jesús no reputó el cielo como lugar deseable mientras estábamos perdidos. Él dejó los atrios celestiales por una vida de oprobios e insultos y una muerte ignominiosa. El que era rico en los inestimables tesoros del cielo se hizo pobre, con el fin de que por su pobreza fuésemos enriquecidos. Hemos de seguir la senda que él pisó.

El amor por las almas por las cuales Cristo murió significa crucificar el yo. Quien es hijo de Dios debe desde entonces considerarse como un eslabón de la cadena arrojada para salvar al mundo, es uno con Cristo en su plan de misericordia, y sale con él a buscar y salvar a los perdidos. El cristiano ha de comprender siempre que se ha consagrado a Dios, y que en su carácter ha de revelar a Cristo al mundo. La abnegación, la simpatía y el amor manifestados en la vida de Cristo deben reaparecer en la vida del que trabaja para Dios.

"El que quiera salvar su vida, la perderá; y todo el que pierda su vida por causa de mí y del evangelio, la salvará". El egoísmo es muerte. Ningún órgano del cuerpo podría vivir si limitase su servicio a sí mismo. Si el corazón dejase de enviar su sangre vital a la mano y la cabeza, no tardaría en perder su fuerza. Así como nuestra sangre vital, así el amor de Cristo se difunde por todas las partes de su cuerpo místico. Somos miembros unos de otros, y el alma que se niega a impartir perecerá. Y, dijo Jesús, "¿qué aprovechará al hombre si ganare todo el mundo, y perdiere su alma? ¿O qué recompensa dará el hombre por su alma?"

Más allá de la pobreza y humillación del presente, él señaló a sus discípulos su venida en gloria, no con el esplendor de un trono terrenal, sino con la gloria de Dios y las huestes celestiales. Y entonces, dijo, "pagará a cada uno conforme a sus obras". Luego, para alentarlos, les dio la promesa: "De cierto os digo que hay algunos de los que están aquí no gustarán la muerte, hasta que hayan visto al Hijo del hombre viniendo en su reino". Pero los discípulos no comprendieron sus palabras. La gloria parecía lejana. Sus ojos estaban fijos en la visión más cercana, la vida terrenal de pobreza, humillación y sufrimiento. ¿Debían abandonar sus brillantes expectativas del reino del Mesías? ¿No habían de ver a su Señor exaltado al trono de David? ¿Podría ser que Cristo viviese como humilde vagabundo sin hogar y fuera despreciado, rechazado y ejecutado? La tristeza oprimía su corazón, por cuanto amaban a su Maestro. La duda también acosaba sus mentes, porque les parecía incomprensible que el Hijo de Dios fuese sometido a tan cruel humillación. Se preguntaban por qué habría de ir voluntariamente a Jerusalén para recibir el trato que les había dicho que iba a recibir. ¿Cómo podía resignarse a una suerte tal, y dejarlos en mayores tinieblas que aquellas en las cuales se debatían antes que se revelase a ellos?

Los discípulos razonaban: En la región de Cesarea de Filipos, Cristo estaba fuera del alcance de Herodes y de Caifás. No tenía nada que temer del odio de los judíos ni del poder de los romanos. ¿Por qué no trabajar allí, lejos de los fariseos? ¿Por qué necesitaba entregarse a la muerte? Si había de morir, ¿cómo podría establecer su reino tan firmemente que las puertas del infierno no prevaleciesen contra él? Para los discípulos esto era, en verdad, un misterio.

Ahora estaban viajando por la ribera del Mar de Galilea hacia la ciudad donde todas sus esperanzas quedarían destrozadas. No se atrevían a reprender a Cristo, pero conversaban entre sí en tono bajo y pesaroso acerca de lo que sería el futuro. Aun en medio de sus dudas se aferraban al pensamiento de que alguna circunstancia imprevista podría impedir la suerte que parecía aguardar a su Señor. Así se entristecieron y dudaron, esperaron y temieron, durante seis largos y lóbregos días.

[1] Sal. 40:7, 8, VM. [2] 2 Cor. 4:18. [3] Job 11:8; 1 Cor. 2:9, 10, VM; Sal. 25:14, RVA; Juan 6:45. [4] Deut. 32:4; Sal. 62:7; Isa. 28:16; 1 Ped. 2:3-5, VM. [5] 1 Cor. 3:11. [6] Mat. 23:8, 10. [7] 1 Cor. 11:3; Efe. 1:22, 23; Mat. 23:8; Jer. 17:5; Deut. 32:4; Sal. 2:12. [8] Juan 3:14, 15. [9] 1 Ped. 4:12, 13.

CAPÍTULO 46

La transfiguración

L A NOCHE se estaba acercando cuando Jesús llamó a su lado a tres de sus discípulos —Pedro, Santiago y Juan— y los condujo, a través de los campos y por una senda escarpada, hasta una montaña solitaria. El Salvador y sus discípulos habían pasado el día viajando y enseñando, y la ascensión a la montaña aumentaba su cansancio. Cristo había aliviado a muchos dolientes de sus sufrimientos mentales y corporales; había hecho pasar impulsos de vida por sus cuerpos debilitados; pero también él estaba vestido de humanidad y, juntamente con sus discípulos, se sentía cansado por la ascensión.

La luz del sol poniente todavía se demoraba en la cumbre montañosa, y doraba con su gloria desvaneciente el sendero que recorrían. Pero pronto la luz desapareció tanto de las colinas como de los valles y el sol se hundió bajo el horizonte occidental, y los viajeros solitarios quedaron envueltos en la oscuridad de la noche. La lobreguez de cuanto los rodeaba parecía estar en armonía con sus vidas pesarosas, en derredor de las cuales se congregaban y espesaban las nubes.

Los discípulos no se atrevían a preguntarle a Cristo adónde iba ni con qué fin. Con frecuencia él había pasado noches enteras orando en las montañas. Aquel cuya mano había formado los montes y valles se encontraba en casa con la naturaleza, y disfrutaba su quietud. Los discípulos siguieron a Cristo adonde los llevaba, aunque preguntándose por qué su Maestro los conducía a esa penosa ascensión cuando ya estaban cansados y cuando él también necesitaba reposo.

Finalmente, Cristo les dice que no han de ir más lejos. Apartándose un poco de ellos, el Varón de dolores derrama sus súplicas con fuerte clamor y lágrimas. Implora fuerzas para soportar la prueba en favor de la humanidad. Él mismo debe establecer nueva comunión con la Omnipotencia, porque únicamente así puede contemplar lo futuro. Y vuelca los anhelos de su corazón en favor de sus discípulos, para que en la hora del poder de las tinieblas no les falle la fe. El rocío pesa sobre su cuerpo postrado, pero él no le presta atención. Las espesas sombras de la noche lo rodean, pero él no considera su lobreguez. Y así las horas pasan lentamente. Al principio, los discípulos unen sus oraciones a las suyas con sincera devoción; pero después de un tiempo los vence el cansancio y, a pesar de que tratan de sostener su interés en la escena, se duermen. Jesús les ha hablado de sus sufrimientos; los trajo consigo esta noche para que pudiesen orar con él; aun ahora está orando por ellos. El Salvador ha visto la tristeza de sus discípulos, y ha deseado aliviar su pesar dándoles la seguridad de que su fe no ha sido inútil. No todos, aun entre los Doce, pueden recibir la revelación que desea impartirles. Sólo los tres que han de presenciar su angustia en el Getsemaní han sido elegidos para estar con él en el monte. Ahora, la parte principal de su oración es que les sea dada una manifestación de la gloria que tuvo con el Padre antes que el mundo fuese, que su reino pueda ser revelado a los ojos humanos, y que sus discípulos puedan ser fortalecidos para contemplarlo. Ruega que ellos puedan presenciar una manifestación de su divinidad que los consuele, en la hora de su agonía suprema, con el conocimiento de que él es ciertamente el Hijo de Dios y de que su muerte ignominiosa es parte del plan de la redención.

Su oración es oída. Mientras está postrado humildemente sobre el suelo pedregoso, los cielos se abren de repente, las áureas puerta de la ciudad de Dios se abren de par en par y una radiación santa desciende sobre el monte, rodeando la figura del Salvador. Su divinidad interna refulge a través de la humanidad, y va al encuentro de la gloria que viene de lo alto. Levantándose de su posición postrada, Cristo se destaca con majestad divina. Ha desaparecido la agonía de su alma. Ahora su rostro brilla "como el sol" y sus vestiduras son blancas "como la luz".

Los discípulos, despertándose, observan los raudales de gloria que iluminan el monte. Con temor y asombro contemplan el cuerpo radiante de su Maestro. Y al ser habilitados para soportar la luz maravillosa, ven que Jesús no está solo. Al lado de él hay dos seres celestiales que conversan íntimamente con él. Son Moisés, quien había hablado sobre el Sinaí con Dios, y Elías, a quien se concedió el alto privilegio —otorgado tan sólo a otro de los hijos de Adán— de jamás estar bajo el poder de la muerte.

Quince siglos antes, sobre el monte Pisga, Moisés había contemplado la tierra prometida. Pero a causa de su pecado en Meriba no le fue dado entrar en ella. No le tocó el gozo de conducir a la hueste de Israel a la herencia de sus padres. Su ferviente súplica —"Pase yo, te ruego, y vea aquella tierra buena que está más allá del Jordán, aquel buen monte, y el Líbano"—[1] le fue denegada. La esperanza, que durante 40 años había iluminado las tinieblas de sus peregrinaciones por el desierto, debió frustrarse. Una tumba en el desierto fue el fin de esos años de trabajo y pesada congoja de corazón. Pero "Aquel que es poderoso para hacer todas las cosas mucho más abundantemente de lo que pedimos o entendemos",[2] había contestado en esta medida la oración de su siervo. Moisés pasó bajo el dominio de la muerte, pero no permaneció en la tumba. Cristo mismo le devolvió la vida. Satanás, el tentador, había reclamado el cuerpo de Moisés por causa de su pecado; pero Cristo el Salvador lo sacó del sepulcro.[3]

En el monte de la transfiguración, Moisés atestiguaba la victoria de Cristo sobre el pecado y la muerte. Representaba a quienes saldrán del sepulcro en la resurrección de los justos. Elías, que había sido trasladado al cielo sin ver la muerte, representaba a los que estarán viviendo en la tierra cuando venga Cristo por segunda vez, quienes serán "transformados, en un momento, en un abrir y cerrar de ojo, a la final trompeta"; cuando "esto mortal se vista de inmortalidad", y "esto corruptible se vista de incorrupción". Jesús estaba vestido por la luz del cielo, como aparecerá cuando venga la "segunda vez, sin relación con el pecado, para salvar". Porque vendrá "en la gloria de su Padre con los santos ángeles".[4] La promesa del Salvador a los discípulos se cumplió. Sobre el monte, el futuro reino de gloria fue representado en miniatura: Cristo el Rey, Moisés el representante de los santos resucitados, y Elías de los que serán trasladados.

Los discípulos aún no comprenden la escena; pero se regocijan de que el paciente Maestro, el manso y humilde, que ha peregrinado de acá para allá como extranjero sin ayuda, haya sido honrado por los favores del cielo. Creen que Elías ha venido para anunciar el reinado del Mesías, y que el reino de Cristo está por establecerse en la tierra. Quieren desterrar para siempre el recuerdo de su temor y desaliento. Desean permanecer aquí, donde la gloria de Dios se revela. Pedro exclama: "Maestro, bueno es para nosotros que estemos aquí; y hagamos tres enramadas: una para ti, una para Moisés, y una para Elías". Los discípulos confían en que Moisés y Elías han sido enviados para proteger a su Maestro y establecer su autoridad como rey.

Pero antes de la corona debe venir la cruz; y el tema de la deliberación con Jesús no es su inauguración como rey, sino su fallecimiento, que ha de acontecer en Jerusalén. Llevando la debilidad de la humanidad, y cargado con su tristeza y pecado, Cristo caminó solo en medio de los hombres. Mientras las tinieblas de la prueba venidera lo apremiaban, estuvo en soledad de espíritu en un mundo que no lo conocía. Aun sus amados discípulos, absortos en sus propias dudas, tristezas y esperanzas ambiciosas, no habían comprendido el misterio de su misión. Él había morado entre el amor y el compañerismo del cielo; pero en el mundo que había creado se hallaba en soledad. Ahora el cielo había enviado sus mensajeros a Jesús; no ángeles, sino hombres que habían soportado sufrimientos y tristezas y podían simpatizar con el Salvador en la prueba de su vida terrenal. Moisés y Elías habían sido colaboradores de Cristo. Habían compartido su anhelo de salvar a los hombres. Moisés había rogado por Israel: "Que perdones ahora su pecado; y si no, ráeme ahora de tu libro que has escrito".[5] Elías había conocido la soledad de espíritu mientras durante tres años y medio había llevado el peso del odio y la desgracia de la nación. Había estado solo de parte de Dios sobre el Monte Carmelo. Solo, había huido al desierto con angustia y desesperación. Estos hombres, escogidos antes que cualquier ángel que rodease el trono, habían venido para conversar con Jesús acerca de las escenas de sus sufrimientos, y para consolarlo con la seguridad de la simpatía del cielo. La esperanza del mundo, la salvación de todo ser humano, fue el tema de su encuentro.

Vencidos por el sueño, los discípulos oyeron poco de lo que sucedió entre Cristo y los mensajeros celestiales. Por haber dejado de velar y orar, no recibieron lo que Dios deseaba darles: un conocimiento de los sufrimientos de Cristo y de la gloria que le seguiría. Perdieron la bendición que podrían haber obtenido compartiendo su abnegación. Esos discípulos fueron lentos de corazón para creer y poco apreciadores del tesoro con que el Cielo trataba de enriquecerlos.

Sin embargo, recibieron gran luz. Se les aseguró que todo el cielo conocía el pecado de la nación judía al rechazar a Cristo. Se les dio una percepción más clara de la obra del Redentor. Vieron con sus ojos y oyeron con sus oídos cosas que estaban más allá de la comprensión humana. Fueron "testigos oculares de su grandeza",[6] y comprendieron que Jesús era de veras el Mesías, de quien los patriarcas y profetas habían testificado, y que era reconocido como tal por el universo celestial.

Mientras aún estaban mirando la escena sobre el monte, "una nube de luz los cubrió; y he aquí una voz desde la nube, que decía: Este es mi hijo amado, en quien tengo complacencia; a él oíd". Mientras contemplaban la nube de gloria, más resplandeciente que la que iba delante de las tribus de Israel en el desierto; mientras oían la voz de Dios que hablaba con pavorosa majestad que hizo temblar la montaña, los discípulos cayeron abrumados al suelo. Permanecieron postrados, con los rostros ocultos, hasta que Jesús se les acercó y, tocándolos, disipó sus temores con su voz bien conocida:

"Levantaos, y no temáis". Aventurándose a alzar los ojos, vieron que la gloria celestial se había desvanecido y que Moisés y Elías habían desaparecido. Estaban sobre el monte, solos con Jesús.

[1] Deut. 3:25. [2] Efe. 3:20. [3] Jud. 9. [4] 1 Cor. 15:51-53; Heb. 9:28; Mar. 8:38. [5] Éxo. 32:32. [6] Ver 2 Ped. 1:16.

CAPÍTULO 47

"Nada será imposible"

DESPUÉS de haber pasado toda la noche en la montaña, a la salida del sol Jesús y sus discípulos descendieron a la llanura. Absortos en sus pensamientos, los discípulos iban asombrados y callados. Pedro mismo no tenía una palabra que decir. Gustosamente habrían permanecido en ese santo lugar que había sido tocado por la luz del cielo, y donde el Hijo de Dios había manifestado su gloria; pero había que trabajar por el pueblo, que ya estaba buscando a Jesús desde lejos y cerca.

Al pie de la montaña se había reunido una gran compañía conducida allí por los discípulos que habían quedado atrás, pero que no sabían adónde se había dirigido Jesús. Al acercarse el Salvador, encargó a sus tres compañeros que guardasen silencio acerca de lo que habían presenciado, diciendo: "No digáis a nadie la visión, hasta que el Hijo del hombre resucite de los muertos". La revelación hecha a los discípulos debía ser meditada en su corazón y no divulgada. El relatarla a las multitudes no habría hecho sino excitar el ridículo o la ociosa admiración. Y ni aun los nueve apóstoles iban a entender la escena hasta después que Cristo resucitase de los muertos. Cuán lentos de comprensión eran los mismos tres discípulos favorecidos, puede verse en el hecho de que, a pesar de todo lo que Cristo había dicho acerca de lo que le esperaba, se preguntaban entre sí lo que significaría el resucitar de entre los muertos. Sin embargo, no pidieron explicación a Jesús. Sus palabras acerca del futuro los habían llenado de tristeza; no buscaron otra revelación concerniente a lo que preferían creer que nunca acontecería.

Al divisar a Jesús, la gente que estaba en la llanura corrió a su encuentro, saludándolo con expresiones de reverencia y gozo. Sin embargo, su ojo avizor discernió que estaban en gran perplejidad. Los discípulos parecían turbados. Acababa de ocurrir una circunstancia que les había ocasionado amargo chasco y humillación.

Mientras estaban esperando al pie de la montaña, un padre les había traído a su hijo para que lo librasen de un espíritu mudo que lo atormentaba. Cuando Jesús mandó a los Doce a predicar por Galilea, les había conferido autoridad sobre los espíritus inmundos para poder echarlos. Mientras conservaron firme su fe, los malos espíritus habían obedecido sus palabras. Ahora, en el nombre de Cristo, ordenaron al espíritu torturador que dejase a su víctima, pero el demonio no había hecho sino burlarse de ellos mediante un nuevo despliegue de su poder. Los discípulos, incapaces de explicarse su derrota, sentían que estaban atrayendo deshonor sobre sí mismos y su Maestro. Y en la multitud había escribas que sacaron partido de esa oportunidad para humillarlos. Agolpándose en derredor de los discípulos los acosaron con preguntas, tratando de demostrar que ellos y su Maestro eran impostores. Los rabinos declaraban triunfantemente que allí había un espíritu malo que ni los discípulos ni Cristo mismo podrían vencer. La gente se inclinaba a concordar con los escribas, y dominaba a la muchedumbre un sentimiento de desprecio y burla.

Pero de repente las acusaciones cesaron. Se vio a Jesús y los tres discípulos que se acercaban, y con una rápida reversión de sentimientos la gente se volvió para recibirlos. La noche de comunión con la gloria celestial había dejado su rastro sobre el Salvador y sus compañeros. En su semblante había una luz que infundía reverencia a quienes los observaban. Los escribas se retiraron temerosos, mientras que la gente daba la bienvenida a Jesús.

Como si hubiese sido testigo de todo lo que había ocurrido, el Salvador fue a la escena del conflicto y fijando su mirada en los escribas preguntó: "¿Qué disputáis con ellos?"

Pero las voces que antes habían sido atrevidas y desafiantes, ahora permanecieron calladas. El silencio embargaba a todo el grupo. Entonces el padre afligido se abrió paso entre la muchedumbre, y cayendo a los pies de Jesús expresó su angustia y desaliento.

Dijo: "Maestro, traje a ti mi hijo, que tiene un espíritu mudo, el cual, dondequiera que lo toma, lo sacude... y dije a tus discípulos que lo echasen fuera, y no pudieron".

Jesús miró en derredor suyo a la multitud espantada, a los escribas cavilosos, a los discípulos perplejos. Leía la incredulidad en todo corazón; y con voz llena de tristeza exclamó: "¡Oh generación incrédula! ¿Hasta cuándo he de estar con vosotros? ¿Hasta cuándo os he de soportar?" Luego ordenó al padre angustiado: "Trae acá a tu hijo".

El muchacho fue traído y, al posarse los ojos del Salvador sobre él, el espíritu malo lo arrojó al suelo en convulsiones de agonía. Se revolcaba y echaba espuma por la boca, hendiendo el aire con clamores pavorosos.

El Príncipe de la vida y el príncipe de las potestades de las tinieblas habían vuelto a encontrarse en el campo de batalla: Cristo, en cumplimiento de su misión de "pregonar libertad a los cautivos, y... a poner en libertad a los oprimidos";[1] Satanás, tratando de retener a su víctima bajo su dominio. Invisibles, los ángeles de luz y las huestes de ángeles malos se cernían cerca del lugar para contemplar el conflicto. Por un momento, Jesús permitió que el espíritu maligno manifestase su poder, con el fin de que los espectadores comprendiesen el libramiento que se iba a producir.

La muchedumbre miraba con el aliento en suspenso; el padre, con una agonía de esperanza y temor. Jesús preguntó: "¿Cuánto tiempo hace que le sucede esto?" El padre contó la historia de los largos años de sufrimiento, y luego, como si no lo pudiese soportar más, exclamó: "Si puedes hacer algo, ten misericordia de nosotros, y ayúdanos". "¡Si puedes!" Hasta el padre dudaba ahora del poder de Cristo.

Jesús respondió: "Si puedes creer, al que cree todo le es posible". No le faltaba poder a Cristo; pero la curación del hijo dependía de la fe del padre. Estallando en lágrimas, comprendiendo su propia debilidad, el padre se confió completamente a la misericordia de Cristo, exclamando: "Creo; ayuda mi incredulidad".

Jesús se volvió hacia el enfermo y dijo: "Espíritu mudo y sordo, yo te mando, sal de él, y no entres más en él". Se oyó un alarido y un forcejeo agonizante. El demonio, al salir, parecía estar por quitar la vida a su víctima. Luego el muchacho quedó acostado sin movimiento y aparentemente sin vida. La multitud murmuró: "Está muerto". Pero Jesús lo tomó de la mano y, alzándolo, lo presentó en perfecta sanidad mental y corporal a su padre. El padre y el hijo alabaron el nombre de su Liberador. Los espectadores quedaron admirados "de la grandeza de Dios", mientras los escribas, derrotados y abatidos, se apartaron malhumorados.

"Si puedes hacer algo, ten misericordia de nosotros, y ayúdanos". ¡Cuántas almas cargadas por el pecado han repetido esta oración! Y para todas, la respuesta del Salvador compasivo es: "Si puedes creer, al que cree todo le es posible". Es la fe la que nos conecta con el Cielo y nos imparte fuerza para luchar contra las potestades de las tinieblas. En Cristo, Dios ha provisto medios para subyugar todo rasgo pecaminoso y resistir toda tentación, por más fuerte que sea. Pero muchos sienten que les falta la fe, y por tanto permanecen lejos de Cristo. Confíen esas almas, en su indignidad impotente, en la misericordia de su Salvador compasivo. No se miren a sí mismas, sino a Cristo. El que sanó al enfermo y echó a los demonios cuando caminaba entre los hombres es hoy el mismo Redentor poderoso. La fe viene por medio de la palabra de Dios. Entonces, aférrense de la promesa: "Al que a mí viene, no lo echo fuera".[2] Arrójense a sus pies clamando: "Creo; ayuda [*tú*] mi incredulidad". Nunca perecerán mientras hagan eso; nunca.

En un corto tiempo los discípulos favorecidos habían contemplado los extremos de la gloria y la humillación. Habían visto a la humanidad transfigurada a la imagen de Dios y degradada a la semejanza de Satanás. Desde la montaña, donde había conversado con los mensajeros celestiales y había sido proclamado Hijo de Dios por medio de la voz de la radiante gloria, habían visto a Jesús descender para hacer frente al espectáculo angustioso y repugnante del joven endemoniado, con rostro desencajado, que hacía crujir sus dientes en espasmos de agonía que ningún poder humano podía aliviar. Y este poderoso Redentor, que tan sólo unas horas antes estuvo glorificado delante de sus discípulos asombrados, se agachó para levantar a la víctima de Satanás de la tierra donde se revolcaba y devolverla, sana de mente y cuerpo, a su padre y a su hogar.

Esta era una lección objetiva de la redención: el Ser Divino procedente de la gloria del Padre se rebajaba para salvar a los perdidos. También representaba la misión de los discípulos. La vida de los siervos de Cristo no ha de pasarse sólo en la cumbre de la montaña con Jesús, en horas de iluminación espiritual. Tienen trabajo que hacer en la llanura. Las almas que Satanás ha esclavizado están esperando la palabra de fe y oración que las liberte.

Los nueve discípulos todavía seguían pensando en su amargo fracaso; y cuando Jesús estuvo otra vez solo con ellos, le preguntaron: "¿Por qué nosotros no pudimos echarlo fuera?" Jesús les contestó: "Por vuestra poca fe; porque de cierto os digo, que si tuviereis fe como un grano de mostaza, diréis a este monte: Pásate de aquí allá, y se pasará; y nada os será imposible. Pero este género no sale sino con oración y ayuno". Su incredulidad, que los privaba de sentir una simpatía más profunda hacia Cristo, y la negligencia con que habían considerado la obra sagrada a ellos confiada, les habían hecho fracasar en el conflicto contra las potestades de las tinieblas.

Las palabras con que Cristo señalara su muerte les habían infundido tristeza y duda. Y la elección de los tres discípulos para que acompañasen a Jesús a la montaña había excitado los celos de los otros nueve. En vez de fortalecer su fe por medio de la oración y la meditación en las palabras de Cristo, se habían estado espaciando en sus desalientos y agravios personales. En este estado de tinieblas habían emprendido el conflicto contra Satanás.

Con el fin de tener éxito en un conflicto tal, debían encarar la obra con un espíritu diferente. Su fe debía ser fortalecida por medio de la oración ferviente, el ayuno y la humillación del corazón. Debían vaciarse del yo, y ser llenados con el Espíritu y del poder de Dios. La súplica ferviente y perseverante dirigida a Dios con fe —fe que lleva a depender completamente de Dios y a consagrarse sin reservas a su obra— es la única que puede prevalecer para traer a los hombres la ayuda del Espíritu Santo en la batalla contra los principados y potestades, los gobernantes de las tinieblas de este mundo y las huestes espirituales de iniquidad en las regiones celestiales.

Jesús dijo: "Si tuvierais fe como un grano de mostaza, diréis a este monte: Pásate de aquí allá, y se pasará". Aunque muy pequeñita, la semilla de mostaza contiene el mismo principio vital misterioso que produce el crecimiento del árbol más imponente. Cuando la semilla de mostaza es echada en la tierra, el germen diminuto se apropia de cada elemento que Dios ha provisto para su nutrición y emprende prestamente su lozano desarrollo. Si tenemos una fe tal, nos posesionaremos de la Palabra de Dios y de todos los agentes útiles que él ha provisto. Así nuestra fe se fortalecerá, y traerá en nuestra ayuda el poder del Cielo. Los obstáculos que Satanás acumula sobre nuestra senda, aunque aparentemente tan insuperables como las altísimas montañas, desaparecerán ante el mandato de la fe. "Nada os será imposible".

CAPÍTULO 48

¿Quién es el mayor?

AL VOLVER a Capernaum, Jesús no se dirigió a los lugares bien conocidos donde había enseñado a la gente, sino que con sus discípulos buscó silenciosamente la casa que habría de ser su hogar provisorio. Durante el resto de su estada en Galilea se proponía instruir a los discípulos más bien que trabajar por las multitudes.

Durante el viaje por Galilea, Cristo nuevamente había procurado preparar la mente de sus discípulos para las escenas que les esperaban. Les había dicho que debía subir a Jerusalén para morir y resucitar. Y les había anunciado el hecho extraño y terrible de que iba a ser entregado en manos de sus enemigos. Aun así los discípulos no comprendieron sus palabras. Aunque la sombra de un gran pesar había caído sobre ellos, el espíritu de rivalidad tuvo cabida en su corazón. Disputaban entre sí acerca de quién sería considerado el mayor en el reino. Pensaban ocultar la disensión a Jesús, y no se mantenían como de costumbre cerca de él, sino que permanecían rezagados, de manera que él iba delante de ellos cuando entraron en Capernaum. Jesús leía sus pensamientos, y anhelaba aconsejarlos e instruirlos. Pero esperó para ello una hora de tranquilidad, cuando estuviesen con su corazón dispuesto para recibir sus palabras.

A poco de llegar a la ciudad, el cobrador del impuesto para el templo vino a Pedro con la pregunta: "¿Vuestro Maestro no paga las dos dracmas?" Este tributo no era un impuesto civil, sino una contribución religiosa exigida anualmente a cada judío para el sostén del templo. El negarse a pagar el tributo sería considerado como deslealtad al templo; en la estima de los rabinos, un pecado muy grave. La actitud del Salvador hacia las leyes rabínicas, y sus claras represiones a los defensores de la tradición, ofrecían un pretexto para acusarlo de estar tratando de destruir el servicio del templo. Ahora sus enemigos vieron una oportunidad para desacreditarlo. En el cobrador del tributo encontraron a un aliado dispuesto.

Pedro vio en la pregunta del cobrador una insinuación de sospecha acerca de la lealtad de Cristo hacia el templo. Celoso del honor de su Maestro, contestó apresuradamente, sin consultarlo, que Jesús pagaría el tributo.

Pero Pedro había comprendido tan sólo parcialmente el propósito del indagador. Ciertas clases de personas estaban exentas de pagar el tributo. En el tiempo de Moisés, cuando los levitas fueron puestos aparte para el servicio del santuario, no les fue dada herencia entre el pueblo. El Señor dijo: "Leví no tuvo parte ni heredad con sus hermanos;

Jehová es su heredad".[1] En los días de Cristo, los sacerdotes y levitas todavía eran considerados como dedicados especialmente al templo, y no se requería de ellos que diesen la contribución anual para su sostén. También los profetas estaban exentos de ese pago. Al requerir el tributo de Jesús, los rabinos negaban su derecho como profeta o maestro, y lo trataban como lo hacían con una persona común. Si se negaba a pagar el tributo, ello sería presentado como deslealtad al templo; mientras que, por otro lado, el pago justificaría la actitud que asumían al no reconocerlo como profeta.

Tan sólo poco tiempo antes Pedro había reconocido a Jesús como el Hijo de Dios; pero ahora perdió la oportunidad para hacer resaltar el carácter de su Maestro. Por su respuesta al cobrador, de que Jesús pagaría el tributo, sancionó virtualmente el falso concepto que de él estaban tratando de difundir los sacerdotes y príncipes.

Cuando Pedro entró en la casa, el Salvador no se refirió a lo que había sucedido, sino que preguntó: "¿Qué te parece, Simón? Los reyes de la tierra, ¿de quiénes cobran los tributos o los impuestos? ¿De sus hijos, o de los extraños? Pedro le respondió: De los extraños". Jesús dijo: "Luego los hijos están exentos". Mientras que los habitantes de un país tienen que pagar impuesto para sostener a su rey, los hijos del monarca son eximidos. Así también Israel, el profeso pueblo de Dios, debía sostener su culto; pero Jesús, el Hijo de Dios, no se hallaba bajo esa obligación. Si los sacerdotes y levitas estaban exentos por su relación con el templo, con cuánta más razón el Ser para quien el templo era la casa de su Padre.

Si Jesús hubiese pagado el tributo sin protestar, habría reconocido virtualmente la justicia del pedido y así habría negado su divinidad. Pero aunque consideró apropiado satisfacer la demanda, negó la pretensión sobre la cual se basaba. Al proveer para el pago del tributo dio evidencia de su carácter divino. Quedó de manifiesto que él era uno con Dios, y por tanto no se hallaba bajo tributo como mero súbdito del reino.

Indicó a Pedro: "Ve al mar, y echa el anzuelo, y el primer pez que saques, tómalo, y al abrirle la boca, hallarás un estatero; tómalo, y dáselo por mí y por ti".

Aunque había revestido su divinidad con la humanidad, en este milagro reveló su gloria. Era evidente que era quien había declarado por medio de David: "Porque mía es toda bestia del bosque, y los millares de animales en los collados. Conozco a todas las aves de los montes, y todo lo que se mueve en los campos me pertenece. Si yo tuviese hambre, no te lo diría a ti; porque mío es el mundo y su plenitud".[2]

Aunque Jesús demostró claramente que no se hallaba bajo la obligación de pagar tributo, no entró en controversia alguna con los judíos acerca del asunto; porque ellos hubieran interpretado mal sus palabras y las habrían vuelto contra él. Antes de ofenderlos reteniendo el tributo, hizo aquello que no se le podía exigir con justicia. Esta lección iba a ser de gran valor para sus discípulos. Pronto se iban a realizar notables cambios en su relación con el servicio del templo, y Cristo les enseñó a no colocarse innecesariamente en antagonismo con el orden establecido. Hasta donde les fuese posible, debían evitar el dar ocasión para que su fe fuese mal interpretada. Aunque los cristianos no han de sacrificar un solo principio de la verdad, deben evitar la controversia siempre que sea posible.

Cuando Cristo y los discípulos estuvieron solos en la casa, mientras Pedro se había ido al mar, Jesús llamó a los otros a sí y les preguntó: "¿Qué disputabais entre vosotros en el camino?" La presencia de Jesús y su pregunta dieron al asunto un matiz enteramente diferente del que les había parecido que tenía mientras disputaban por el camino. La vergüenza y un sentimiento de condenación los indujo a guardar silencio. Jesús les había dicho que iba a morir por ellos, y la ambición egoísta de ellos ofrecía un doloroso contraste con el amor altruista que él manifestaba.

Cuando Jesús les dijo que iba a morir y resucitar, trataba de entablar una conversación con ellos acerca de la gran prueba de su fe. Si hubiesen estado listos para recibir lo que deseaba hacerles conocer, se habrían ahorrado amarga angustia y desesperación. Sus palabras les habrían impartido consuelo en la hora de duelo y desilusión. Pero aunque había hablado muy claramente de lo que le esperaba, la mención de que pronto iba a ir a Jerusalén reanimó en ellos la esperanza de que se estuviese por establecer el reino. Y eso los indujo a preguntarse quiénes desempeñarían los cargos más elevados. Al volver Pedro del mar, los discípulos le hablaron de la pregunta del Salvador, y al fin uno se atrevió a preguntar a Jesús: "¿Quién es el mayor en el reino de los cielos?"

El Salvador reunió a sus discípulos en derredor de sí y les dijo: "Si alguno quiere ser el primero, será el postrero de todos, y el servidor de todos". Tenían estas palabras una solemnidad y un carácter impresionante que los discípulos distaban mucho de comprender. Ellos no podían ver lo que Cristo discernía. No entendían la naturaleza del reino de Cristo, y esta ignorancia era la aparente causa de su disputa. Pero la causa verdadera yacía más profunda. Al explicar la naturaleza del reino, Cristo podía apaciguar por un tiempo su disputa; pero esto no afectaría la causa fundamental. Aun después de haber recibido el conocimiento más completo, cualquier cuestión de preferencia podría renovar la dificultad, y el desastre podría amenazar a la iglesia después de la partida de Cristo. La lucha por el puesto más elevado era la manifestación del mismo espíritu que diera origen a la gran controversia en los mundos superiores e hiciera bajar a Cristo del cielo para morir. Surgió delante de él una visión de Lucifer, el hijo del alba, que superaba en gloria a todos los ángeles que rodeaban el trono y estaba unido al Hijo de Dios por los vínculos más íntimos. Lucifer había dicho: "Seré semejante al Altísimo",[3] y su deseo de exaltación había introducido la lucha en los atrios celestiales y desterrado una multitud de las huestes de Dios. Si Lucifer hubiese deseado realmente ser como el Altísimo, jamás habría abandonado el puesto que le había sido señalado en el cielo; porque el espíritu del Altísimo se manifiesta sirviendo abnegadamente. Lucifer deseaba el poder de Dios, pero no su carácter. Buscaba para sí el lugar más alto, y todo ser impulsado por su espíritu hará lo mismo. Así resultarán inevitables la alienación, la discordia y la contención. El dominio viene a ser el premio del más fuerte. El reino de Satanás es un reino de fuerza; cada uno mira al otro como un obstáculo para su propio progreso, o como un escalón para poder trepar a un puesto más elevado.

Mientras Lucifer consideró como presa deseable el ser igual a Dios, Cristo, el Exaltado, "se anonadó a sí mismo, tomando forma de siervo, hecho semejante a los hombres; y hallado en la condición como hombre, se humilló a sí mismo, hecho obediente hasta la muerte, y muerte de cruz".[4] En estos momentos le esperaba la cruz; y sus propios discípulos estaban tan llenos de egoísmo —del mismo principio que rige el reino de Satanás— que no podían sentir simpatía por su Señor, ni siquiera entenderlo mientras les hablaba de su humillación por ellos.

Muy tiernamente, aunque con énfasis solemne, Jesús trató de corregir el mal. Les mostró cuál es el principio que rige en el reino de los cielos, y en qué consiste la verdadera grandeza, según las normas celestiales. Los que eran impulsados por el orgullo y el amor a la distinción, pensaban en sí mismos y en la recompensa que habrían de recibir, más bien que en cómo podían devolver a Dios los dones que habían recibido. No tendrían cabida en el reino de los cielos, porque estaban identificados con las filas de Satanás.

Antes del honor está la humildad. Para ocupar un lugar elevado ante los hombres, el Cielo elige al obrero que, como Juan el Bautista, asume un lugar humilde delante de Dios. El discípulo que más se asemeja a un niño es el más eficiente en la labor para Dios. Los seres celestiales pueden cooperar con aquel que no trata de ensalzarse a sí mismo sino de salvar almas. El que siente más profundamente su necesidad de la ayuda divina la pedirá; y el Espíritu Santo le dará vislumbres de Jesús que fortalecerán y elevarán su alma. Saldrá de la comunión con Cristo para trabajar en favor de los que perecen en sus pecados. Está ungido para su misión; y tiene éxito donde muchos de los sabios e intelectuales preparados fracasarían.

Pero cuando los hombres se ensalzan a sí mismos, y se consideran necesarios para el éxito del gran plan de Dios, el Señor los desecha. Queda demostrado que el Señor no depende de ellos. La obra no se detiene porque ellos sean separados de ella, sino que sigue adelante con mayor poder.

No era suficiente que los discípulos de Jesús fuesen instruidos en cuanto a la naturaleza de su reino. Lo que necesitaban era un cambio de corazón que los pusiese en armonía con sus principios. Llamando a un niñito a sí, Jesús lo puso en medio de ellos; y luego, rodeándolo tiernamente con sus brazos, dijo: "A menos que ustedes cambien y se vuelvan como niños, no entrarán en el reino de los cielos".[5] La sencillez, el olvido de sí mismo y el amor confiado del niñito son los atributos que el Cielo aprecia. Son las características de la verdadera grandeza.

Jesús volvió a explicar a sus discípulos que su reino no se caracterizaba por la dignidad y ostentación terrenales. A los pies de Jesús se olvidan todas estas distinciones. Se ve a los ricos y a los pobres, a los sabios y a los ignorantes, mutuamente cercanos, sin pensamiento alguno de casta ni de preeminencia mundanal. Allí todos se encuentran como almas compradas por la sangre de Jesús, y todos por igual subordinados al Ser que los redimió para Dios.

El alma sincera y contrita es preciosa a la vista de Dios. Él pone su señal sobre los hombres, no según su jerarquía ni su riqueza, ni por su grandeza intelectual, sino por su unidad con Cristo. El Señor de gloria queda satisfecho con los que son mansos y humildes de corazón. David dijo: "Me diste asimismo el escudo de tu salvación... y tu benignidad (—como un elemento del carácter humano—) me ha engrandecido".[6]

Dijo Jesús: "El que recibe en mi nombre a un niño como este, me recibe a mí; y el que a mí me recibe, no me recibe a mí sino al que me envió". "Jehová dijo así: El cielo es mi trono, y la tierra estrado de mis pies... pero miraré a aquel que es pobre y humilde de espíritu, y que tiembla a mi palabra".[7]

Las palabras del Salvador despertaron en los discípulos un sentimiento de desconfianza propia. En su respuesta, él no había indicado a nadie en particular; pero Juan se sintió inducido a preguntar si en cierto caso su acción había sido correcta. Con el espíritu de un niño, presentó el asunto ante Jesús. Dijo: "Maestro, hemos visto a uno que en tu nombre echaba fuera demonios, pero él no nos sigue; y se lo prohibimos, porque no nos seguía".

Santiago y Juan habían pensado que al reprimir a ese hombre tenían en cuenta el honor de su Señor; pero empezaban a ver que habían sido celosos por la propia. Reconociendo su error, aceptaron la represión de Jesús: "No se lo prohibáis; porque ninguno hay que haga milagro en mi nombre, que luego pueda decir mal de mí". Ninguno de los que en alguna forma se manifestaban amistosos con Cristo debía ser repelido. Había muchos que estaban profundamente conmovidos por el carácter y la obra de Cristo, y cuyo corazón se estaba abriendo a él con fe; y los discípulos, que no podían leer los motivos, debían tener cuidado de no desalentar a esas almas. Cuando Jesús ya no estuviese personalmente entre ellos, y la obra quedase en sus manos, no debían participar de un espíritu estrecho y exclusivista, sino manifestar la misma abarcante simpatía que habían visto en su Maestro.

El hecho de que alguno no obre en todas las cosas conforme a nuestras ideas y opiniones personales no nos justifica para prohibirle que trabaje para Dios. Cristo es el gran Maestro; nosotros no hemos de juzgar ni dar órdenes, sino que cada uno debe sentarse con humildad a los pies de Jesús y aprender de él. Cada alma a la cual Dios ha hecho voluntaria es un conducto por medio del cual Cristo revelará su amor perdonador. ¡Cuán cuidadosos debemos ser para no desalentar a uno de los que transmiten la luz de Dios, con el fin de no interceptar los rayos que él quiere hacer brillar sobre el mundo!

La dureza y frialdad manifestadas por un discípulo hacia una persona a la que Cristo estaba atrayendo —un acto como el de Juan al prohibir a otro que realizase milagros en nombre de Cristo—, podía desviar sus pies hacia la senda del enemigo y causar la pérdida de un alma. Jesús dijo que antes de hacer una cosa semejante, mejor sería que "se le atase una piedra de molino al cuello, y se lo arrojase" al mar. Y añadió: "Si tu mano te fuere ocasión de caer, córtala; mejor te es entrar a la vida manco, que teniendo dos manos ir al infierno, al fuego que no puede ser apagado. Y si tu pie te fuere ocasión de caer, córtalo; mejor te es entrar a la vida cojo, que teniendo dos pies ser echado en el infierno".[8]

¿Por qué empleó Jesús este lenguaje vehemente, que no podría haber sido más enérgico? Porque "el Hijo del hombre ha venido para salvar lo que se había perdido". ¿Habrán de tener sus discípulos menos consideración por las almas de sus semejantes que la manifestada por la Majestad del cielo? Cada alma costó un precio infinito, y ¡cuán terrible es el pecado de apartar a un alma de Cristo de manera que para ella el amor, la humillación y la agonía del Salvador hayan sido vanos!

"¡Ay del mundo por los tropiezos!, porque es necesario que vengan tropiezos".[9] El mundo, inspirado por Satanás, se opondrá seguramente a los que siguen a Cristo y tratará de destruir su fe; pero ¡ay de aquel que lleve el nombre de Cristo y sin embargo sea hallado haciendo esa obra! Nuestro Señor queda avergonzado por quienes aseveran servirle pero representan falsamente su carácter; y multitudes son engañadas y conducidas hacia sendas falsas.

Cualquier hábito o práctica que pueda inducir a pecar y atraer deshonra sobre Cristo debe ser desechado cueste lo que costare. Lo que deshonra a Dios no puede beneficiar al alma. La bendición del Cielo no puede acompañar a un hombre que viole los eternos principios de lo recto. Y un pecado acariciado es suficiente para lograr la degradación del carácter y extraviar a otros. Si para salvar el cuerpo de la muerte uno se cortaría un pie o una mano, o aun se arrancaría un ojo, ¡con cuánto más fervor debiéramos desechar el pecado, que trae muerte al alma!

En el ceremonial del templo se añadía sal a todo sacrificio. Eso, como la ofrenda del incienso, significaba que únicamente la justicia de Cristo podía hacer el culto aceptable para Dios. Refiriéndose a esa práctica, Jesús dijo: "Todo sacrificio será salado con sal". "Tened sal en vosotros mismos, y tened paz los unos con los otros". Todos los que quieran presentarse "en sacrificio vivo, santo, agradable a Dios",[10] deben recibir la sal que salva, la justicia de nuestro Salvador. Entonces vienen a ser "la sal de la tierra",[11] que restringe el mal entre los hombres, así como la sal preserva de la corrupción. Pero si la sal ha perdido su sabor; si no hay más que una profesión de piedad, sin el amor de Cristo, no hay poder para el bien. La vida no puede ejercer una influencia salvadora sobre el mundo. Jesús dice: "Vuestra energía y eficiencia en la edificación de mi reino dependen de que reciban mi Espíritu. Deben participar de mi gracia para ser sabor de vida para vida. Entonces no habrá rivalidad ni esfuerzo para complacerse a sí mismo, ni se deseará el puesto más alto. Poseerán ese amor que no busca lo suyo, sino que otro se enriquezca".

Fije el pecador arrepentido sus ojos en "el Cordero de Dios que quita el pecado del mundo";[12] y, contemplándolo, irá cambiando. Su temor se trueca en gozo, sus dudas en esperanza. Brota la gratitud. El corazón de piedra se quebranta. Una oleada de amor inunda el alma. Cristo es en él una fuente de agua que brota para vida eterna. Cuando vemos a Jesús, Varón de dolores y experimentado en quebrantos, trabajando para salvar a los perdidos, despreciado, escarnecido, ridiculizado, moviéndose de una ciudad a otra hasta cumplir su misión; cuando lo contemplamos en el Getsemaní, transpirando gruesas gotas de sangre, y muriendo en agonía sobre la cruz; cuando veamos eso, ya no reconoceremos el clamor del yo. Mirando a Jesús, nos avergonzaremos de nuestra frialdad, nuestro letargo, nuestro egoísmo. Estaremos dispuestos a ser cualquier cosa o nada, para así servir de todo corazón al Maestro. Nos regocijará el llevar la cruz en pos de Jesús, el sufrir pruebas, vergüenza o persecución por su causa amada.

"Así que, los que somos fuertes debemos soportar las flaquezas de los débiles, y no agradarnos a nosotros mismos".[13] A nadie que crea en Cristo se lo debe tener en poco, aun cuando su fe sea débil y sus pasos vacilen como los de un niñito. Todo lo que nos da ventaja sobre otro —sea la educación o el refinamiento, la nobleza de carácter, el entrenamiento cristiano o la experiencia religiosa— nos impone una deuda para con los menos favorecidos; y debemos servirlos en cuanto esté en nuestro poder. Si somos fuertes, debemos sostener las manos de los débiles. Los ángeles de gloria, que contemplan el rostro del Padre en el cielo, se gozan en servir a sus pequeñuelos. Las almas temblorosas, que tal vez tienen muchos rasgos de carácter censurables, les son especialmente encargadas. Hay siempre ángeles presentes donde más se los necesita, con quienes tienen que pelear la batalla más dura contra el yo y cuyo ambiente es más desalentador. Y los verdaderos seguidores de Cristo cooperarán en ese ministerio.

Si alguno de esos pequeñuelos fuese vencido y obrase mal contra nosotros, es nuestro deber procurar su restauración. No esperemos que haga el primer esfuerzo para la reconciliación. Cristo pregunta: "¿Qué os parece? Si un hombre tiene cien ovejas, y se descarría una de ellas, ¿no deja las noventa y nueve y va por los montes a buscar la que se había descarriado? Y si acontece que la encuentra, de cierto os digo que se regocija más por aquélla, que por las noventa y nueve que no se descarriaron. Así, no es la voluntad de vuestro Padre que está en los cielos que se pierda uno de estos pequeños".

Con espíritu de mansedumbre, "considerándote a ti mismo, no sea que tú también seas tentado",[14] ve al que yerra y "repréndelo estando tú y él solos". No lo avergüences exponiendo su falta a otros, ni deshonres a Cristo haciendo público el pecado o error de quien lleva su nombre. Con frecuencia hay que decir claramente la verdad al que yerra; debe inducírsele a ver su error para que se reforme. Pero no hemos de juzgarlo ni condenarlo. No intentemos justificarnos. Sean todos nuestros esfuerzos para recobrarlo. Para tratar las heridas del alma se necesita el tacto más delicado, la más fina sensibilidad.

Lo único que puede valernos en esto es el amor que fluye del que sufrió en el Calvario. Con ternura compasiva, trate el hermano con el hermano, sabiendo que si tiene éxito "salvará de muerte un alma, y cubrirá multitud de pecados".[15]

Pero aun este esfuerzo puede ser infructuoso. Entonces, dijo Jesús, "toma aún contigo a uno o dos". Puede ser que su influencia unida prevalezca donde la del primero no tuvo éxito. No siendo partes en la dificultad, habrá más probabilidad de que obren imparcialmente, y este hecho dará a su consejo mayor peso para el que yerra.

Si no quiere escucharlos, entonces, pero no antes, se debe presentar el asunto a todo el cuerpo de creyentes. Únanse los miembros de iglesia, como representantes de Cristo, en oración y súplica amante para que el ofensor pueda ser restaurado. El Espíritu Santo hablará a través de sus siervos, suplicando al descarriado que vuelva a Dios. El apóstol Pablo, hablando por inspiración, dice: "Como si Dios rogase por medio nuestro; os rogamos en nombre de Cristo: Reconciliaos con Dios".[16] El que rechaza este esfuerzo conjunto en su favor, ha roto el vínculo que lo une a Cristo, y así se ha separado de la comunión de la iglesia. Desde entonces, dijo Jesús, ténganlo "por gentil y publicano". Pero no se lo ha de considerar como separado de la misericordia de Dios. No lo han de despreciar ni descuidar los que antes eran sus hermanos, sino tratar con ternura y compasión, como una de las ovejas perdidas a las que todavía Cristo está procurando traer a su redil.

La instrucción de Cristo en cuanto al trato con los que yerran repite en forma más específica la enseñanza dada a Israel a través de Moisés: "No aborrecerás a tu hermano en tu corazón; razonarás con tu prójimo, para que no participes de su pecado".[17] Quiere decir que si uno descuida el deber que Cristo ordenó en cuanto a tratar de restaurar a quienes están en error y pecado, se hace partícipe del pecado. Somos tan responsables de los males que podríamos haber detenido como si los hubiésemos cometido nosotros mismos.

Pero debemos mostrarle el error al que lo hizo. No debemos hacer de ello un asunto de comentario y crítica entre nosotros mismos; ni siquiera después que haya sido expuesto a la iglesia nos es permitido repetirlo a otros. El conocimiento de las faltas de los cristianos será tan sólo una piedra de tropiezo para el mundo incrédulo; y espaciándonos en esas cosas sólo podemos recibir daño nosotros mismos; porque por medio de la contemplación somos transformados. Mientras tratamos de corregir los errores de un hermano, el Espíritu de Cristo nos inducirá a escudarlo, tanto como sea posible, de la crítica aun de sus propios hermanos, y tanto más de la censura del mundo incrédulo. Nosotros mismos erramos y necesitamos la compasión y el perdón de Cristo, y él nos invita a tratarnos mutuamente como deseamos que él nos trate.

"Todo lo que atéis en la tierra, será atado en el cielo; y todo lo que desatéis en la tierra, será desatado en el cielo". Obren como embajadores del cielo, y lo que resulte de vuestro trabajo será para la eternidad.

Pero no hemos de llevar esta gran responsabilidad solos. Cristo mora dondequiera que se obedezca su palabra con corazón sincero. No sólo está presente en las asambleas de la iglesia, sino que estará dondequiera que sus discípulos, por poco que sean, se reúnan en su nombre. Y dice: "Si dos de vosotros se pusieren de acuerdo en la tierra acerca de cualquier cosa que pidieren, les será hecho por mi Padre que está en los cielos".

Jesús dice: "Mi Padre que está en los cielos", como para recordar a sus discípulos que mientras que por su humanidad está vinculado con ellos, y participa de sus pruebas y simpatiza con ellos en sus sufrimientos, por su divinidad está conectado con el trono del Infinito. ¡Admirable garantía! Los seres celestiales se unen con los hombres en compasión y labor para la salvación de lo que estaba perdido. Y todo el poder del cielo se pone en combinación con la capacidad humana para atraer a las almas a Cristo.

¹ Deut. 10:9. ² Sal. 50:10-12. ³ Isa. 14:12, 14. ⁴ Fil. 2:7, 8, RVA. ⁵ Mat. 18:3, NVI. ⁶ Sal. 18:35. ⁷ Isa. 66:1, 2. ⁸ Mar. 9:43-45. ⁹ Mat. 18:7. ¹⁰ Rom. 12:1. ¹¹ Mat. 5:13. ¹² Juan 1:29. ¹³ Rom. 15:1. ¹⁴ Gál. 6:1. ¹⁵ Sant. 5:20. ¹⁶ 2 Cor. 5:20. ¹⁷ Lev. 19:17.

Capítulo 49

La Fiesta de los Tabernáculos

TRES VECES al año los judíos debían congregarse en Jerusalén con propósitos religiosos. Desde la columna de nube que lo envolvía, el invisible Líder de Israel había dado las instrucciones referentes a esas reuniones. Durante el cautiverio, los judíos no pudieron observarlas; pero cuando el pueblo volvió a su patria, reanudó la observancia de esas fiestas recordativas. Dios quería que esos aniversarios llamasen hacia él la mente del pueblo. Con tan sólo pocas excepciones, los sacerdotes y dirigentes de la nación habían perdido de vista ese propósito. El que había ordenado esas asambleas nacionales y entendía su significado presenciaba su perversión.

La Fiesta de los Tabernáculos [o de las Cabañas] era la reunión final del año. Dios quería que en esa ocasión el pueblo reflexionase en su bondad y misericordia. Todo el país había estado bajo su dirección y recibiendo su bendición. Día y noche su cuidado se había ejercido de continuo. El sol y la lluvia habían hecho fructificar la tierra. Se había recogido la cosecha de los valles y llanuras de Palestina. Se habían juntado las olivas, y guardado el precioso aceite en vasijas. Las palmeras habían dado sus provisiones. Los purpúreos racimos de la vid habían sido hollados en el lagar.

La fiesta duraba siete días, y para su celebración los habitantes de Palestina, con muchos de otras regiones, dejaban sus casas y acudían a Jerusalén. De lejos y de cerca venía la gente trayendo en sus manos una muestra de regocijo. Ancianos y jóvenes, ricos y pobres, todos traían algún don como tributo de agradecimiento a quien había coronado el año con su bondad y hecho a sus sendas rebosar gordura. Todo lo que podía agradar al ojo, y dar expresión al gozo universal, era traído de los bosques; la ciudad tenía la apariencia de una hermosa selva.

Esa fiesta no era sólo un agradecimiento por la cosecha, sino además un memorial del cuidado protector de Dios sobre Israel en el desierto. Con el fin de conmemorar su vida en tiendas, durante la fiesta los israelitas moraban en cabañas o tabernáculos de ramas verdes. Los erigían en las calles, en los atrios del templo o en los techos de las casas. Las colinas y los valles que rodeaban a Jerusalén también estaban salpicados de esas moradas de hojas, y parecían bullir de gente.

Los adoradores celebraban esa ocasión con cantos sagrados y agradecimiento. Un poco antes de la fiesta venía el Día de la Expiación, en el cual, después de confesar sus pecados, el pueblo era declarado en paz con el Cielo. Así se preparaba el camino para el regocijo de la fiesta. Se elevaba el salmo triunfal: "Alabad a Jehová, porque él es bueno;

porque para siempre es su misericordia",[1] mientras que toda clase de música, mezclada con clamores de hosanna, acompañaba el canto al unísono. El templo era el centro del gozo universal. Allí se veía la pompa de las ceremonias de los sacrificios. Allí, alineado a ambos lados de las gradas de mármol blanco del edificio sagrado, el coro de levitas dirigía el servicio de canto. La multitud de los adoradores, agitando sus palmas y ramas de mirto, unía su voz a los acordes, y repetía el coro; y luego la melodía era entonada por voces cercanas y lejanas, hasta que de las colinas circundantes parecían brotar cantos de alabanza.

Por la noche, el templo y su atrio resplandecían con luz artificial. La música, la agitación de las palmas, los gratos hosannas, el gran concurso de gente, sobre el cual la luz se derramaba desde las lámparas colgantes, el atavío de los sacerdotes y la majestad de las ceremonias se combinaban para formar una escena que impresionaba profundamente a los espectadores. Pero la ceremonia más impresionante de la fiesta, la que causaba el mayor regocijo, era una conmemoración de cierto evento del peregrinaje por el desierto.

Al alba del día los sacerdotes emitían una larga y aguda nota con sus trompetas de plata, y las trompetas que contestaban, así como los alegres gritos del pueblo desde sus cabañas, que repercutían por las colinas y los valles, daban la bienvenida al día de fiesta. Después el sacerdote sacaba de las aguas del Cedrón un cántaro de agua y, alzándolo en alto mientras resonaban las trompetas, subía las altas gradas del templo, al compás de la música, con paso lento y mesurado, cantando mientras tanto: "Nuestros pies estuvieron dentro de tus puertas, oh Jerusalén".[2]

Llevaba el cántaro al altar, que ocupaba una posición central en el atrio de los sacerdotes. Allí había dos palanganas de plata, con un sacerdote de pie al lado de cada una. El cántaro de agua era derramado en una, y un cántaro de vino en la otra; y el contenido de ambas, fluyendo por un caño que comunicaba con el Cedrón, era conducido al Mar Muerto. La presentación del agua consagrada representaba la fuente que a la orden de Dios había brotado de la roca para aplacar la sed de los hijos de Israel. Entonces repercutían los acordes jubilosos: "Porque mi fortaleza y mi canción es... Jehová. Sacaréis con gozo aguas de las fuentes de la salvación".[3]

Mientras los hijos de José se preparaban para asistir a la Fiesta de los Tabernáculos, vieron que Cristo no hacía ningún movimiento que significase intención de asistir a ella. Y lo observaban con ansiedad. Desde la curación realizada en Betesda no había asistido a las fiestas nacionales. Con el fin de evitar un conflicto inútil con los dirigentes de Jerusalén, había limitado sus labores a Galilea. Su aparente indiferencia hacia las grandes asambleas religiosas, y la enemistad manifestada hacia él por los sacerdotes y rabinos, eran una causa de perplejidad para quienes lo rodeaban, y aun para sus discípulos y familiares. En sus enseñanzas se había espaciado en las bendiciones de la obediencia a la ley de Dios; sin embargo, él mismo parecía indiferente al servicio que había sido establecido divinamente. Su trato con los publicanos y otros de mala reputación, su desprecio por las observancias rabínicas y la libertad con que dejaba de lado las exigencias tradicionales acerca del sábado, todo parecía ponerlo en antagonismo con las autoridades religiosas y suscitaba muchas preguntas. Sus hermanos pensaban que era un error de su parte alienarse de los grandes y sabios de la nación. Sentían que esos hombres debían tener razón, y que Jesús estaba haciendo mal al ponerse en antagonismo con ellos. Pero habían presenciado su vida sin tacha y, aunque no se contaban entre sus discípulos, habían quedado profundamente impresionados por sus obras. Su popularidad en Galilea halagaba su ambición; todavía esperaban que daría una prueba de su poder que indujera a los fariseos a ver que él era lo que pretendía ser. ¡Y si fuese el Mesías, el Príncipe de Israel! Ellos acariciaban este pensamiento con orgullosa satisfacción.

Tanta ansiedad sentían acerca de esto, que rogaron a Jesús que fuese a Jerusalén. "Y le dijeron sus hermanos: Sal de aquí, y vete a Judea, para que también tus discípulos vean las obras que haces. Porque ninguno que procura darse a conocer hace algo en secreto. Si estas cosas haces, manifiéstate al mundo". El "si" [condicional] expresaba duda e incredulidad. Le atribuían cobardía y debilidad. Si él sabía que era el Mesías, ¿por qué guardaba esa extraña reserva e inacción? Si poseía realmente tal poder, ¿por qué no iba audazmente a Jerusalén y hacía valer sus derechos? ¿Por qué no cumplía en Jerusalén las obras maravillosas que de él se relataban en Galilea? Decían: "No te ocultes en provincias aisladas para realizar tus obras poderosas para beneficio de campesinos y pescadores ignorantes. Preséntate en la capital, conquista el apoyo de sacerdotes y príncipes y une a la nación para establecer el nuevo reino".

Estos hermanos de Jesús razonaban por influjo del mismo motivo egoísta que con tanta frecuencia se encuentra en el corazón de los que aman la ostentación. Ese espíritu es el que gobierna el mundo. Ellos se ofendían porque, en vez de buscar un trono temporal, Cristo se había declarado el pan de vida. Quedaron muy desilusionados cuando tantos de sus discípulos lo abandonaron. Ellos mismos se apartaron de él para escapar a la cruz que representaba el reconocer lo que sus obras revelaban: que era el Enviado de Dios.

"Entonces Jesús les dijo: Mi tiempo aún no ha llegado, mas vuestro tiempo siempre está presto. No puede el mundo aborreceros a vosotros; mas a mí me aborrece, porque yo testifico de él, que sus obras son malas. Subid vosotros a la fiesta; yo no subo todavía a esa fiesta, porque mi tiempo aún no se ha cumplido. Y habiéndoles dicho esto, se quedó en Galilea". Sus hermanos le habían hablado en tono de autoridad, prescribiéndole la conducta que debía seguir. Les devolvió su reprensión, clasificándolos no con sus discípulos abnegados, sino con el mundo. Dijo: "No puede el mundo aborreceros a vosotros; mas a mí me aborrece, porque yo testifico de él, que sus obras son malas". El mundo no odia a los que le son semejantes en espíritu; los ama como suyos.

Para Cristo, el mundo no era un lugar de comodidad y engrandecimiento propio. No buscaba una oportunidad para apoderarse de su poder y gloria. Él no aceptaba tal premio. Era el lugar al cual su Padre lo había enviado. Había sido dado para la vida del mundo, para realizar el gran plan de la redención. Estaba haciendo su obra en favor de la raza caída. Pero no había de ser presuntuoso, ni precipitarse al peligro, ni tampoco apresurar una crisis. Cada acontecimiento de su obra tenía su hora señalada. Debía esperar con paciencia. Sabía que iba a ser blanco del odio del mundo; sabía que su obra resultaría en su muerte; pero exponerse prematuramente no habría sido obrar según la voluntad de su Padre.

Desde Jerusalén las noticias de los milagros de Cristo se habían difundido dondequiera que estuvieren dispersos los judíos; y aunque durante muchos meses él había permanecido ausente de las fiestas, el interés por él no había disminuido. Muchos, de todas partes del mundo, habían ido a la Fiesta de los Tabernáculos con la esperanza de verlo. Al principio de la fiesta muchos preguntaron por él. Los fariseos y príncipes esperaban que viniese, deseosos de tener oportunidad para condenarlo. Preguntaban ansiosos: "¿Dónde está?" Pero nadie lo sabía. En todas las mentes predominaban pensamientos relativos a él. Nadie se atrevía a reconocerlo como el Mesías por temor a los sacerdotes y príncipes, pero por doquiera había discusiones serenas pero fervorosas acerca de él. Muchos lo defendían como enviado de Dios, mientras que otros lo denunciaban como engañador del pueblo.

Mientras tanto Jesús había llegado silenciosamente a Jerusalén. Había elegido una ruta poco frecuentada, para evitar a los viajeros que se dirigían a la ciudad desde todas partes. Si se hubiese unido a cualesquiera de las caravanas que subían a la fiesta, la atención pública hubiera sido atraída hacia él al entrar en la ciudad, y una demostración popular en su favor habría predispuesto a las autoridades contra él. Para evitar esto, prefirió hacer el viaje solo.

En medio de la fiesta, cuando la expectación acerca de él estaba en su apogeo, entró al atrio del templo en presencia de la multitud. Porque estaba ausente de la fiesta, se había dicho que no se atrevía a colocarse bajo el poder de los sacerdotes y príncipes. Todos se sorprendieron al notar su presencia. Toda voz se acalló. Todos se admiraban de la dignidad y el valor de su porte en medio de enemigos poderosos sedientos de su vida.

Así de pie, convertido en el centro de atracción de esa vasta muchedumbre, Jesús les habló como nadie lo había hecho. Sus palabras demostraron un conocimiento de las leyes e instituciones de Israel, del ritual de los sacrificios y las enseñanzas de los profetas, que superaba por mucho al de los sacerdotes y rabinos. Quebrantó las barreras del formalismo y la tradición. Las escenas de la vida futura parecían abiertas delante de él. Como quien contempla al Invisible, habló de lo terrenal y lo celestial, lo humano y lo divino, con autoridad positiva. Sus palabras fueron muy claras y convincentes; y de nuevo, como en Capernaum, la gente se asombró de su doctrina: "porque su palabra era con autoridad".[4] Con una variedad de representaciones advirtió a sus oyentes acerca de la calamidad que seguiría a todos los que rechazasen las bendiciones que él había venido a traerles. Les había dado toda prueba posible de que venía de Dios, y había hecho todo esfuerzo posible para inducirlos al arrepentimiento. No sería rechazado y asesinado por su propia nación si podía salvarlos de la culpabilidad de un hecho semejante.

Todos se admiraban de su conocimiento de la ley y las profecías; y de uno a otro pasaba la pregunta: "¿Cómo sabe éste letras, sin haber estudiado?" Nadie era considerado apto para ser maestro religioso a menos que hubiese estudiado en las escuelas de los rabinos, y tanto Jesús como Juan el Bautista habían sido representados como ignorantes porque no habían recibido esa preparación. Quienes los oían se asombraban de su conocimiento de las Escrituras, "sin haber estudiado". A la verdad no habían aprendido de los hombres; pero el Dios del cielo era su Maestro, y de él habían recibido la más alta clase de sabiduría.

Mientras Jesús hablaba en el atrio del templo, la gente permaneció hechizada. Los mismos hombres que eran los más violentos contra él se vieron imposibilitados de perjudicarlo. Por el momento todos los demás intereses se olvidaron.

Día tras día enseñó a la gente, hasta el último, "el gran día de la fiesta". La mañana de ese día halló al pueblo cansado por el largo período de festividad. De repente Jesús alzó la voz, en tono que repercutía por los atrios del templo, y dijo: "Si alguno tiene sed, venga a mí y beba. El que cree en mí, como dice la Escritura, de su interior correrán ríos de agua viva". La condición del pueblo daba fuerza a este llamamiento. Habían estado participando de una continua escena de pompa y festividad, sus ojos estaban deslumbrados por la luz y el color, y sus oídos halagados por la más rica música; pero no había nada en toda esa ceremonia que satisficiese las necesidades del espíritu, nada que aplacase la sed del alma por lo imperecedero. Jesús los invitó a venir y beber en la fuente de la vida, de aquello que sería en ellos un manantial de agua que brotaría para vida eterna.

El sacerdote había cumplido esa mañana la ceremonia que conmemoraba la acción de golpear la roca en el desierto. Esa roca era un símbolo del Ser que por su muerte haría fluir raudales de salvación a todos los sedientos. Las palabras de Cristo eran el agua de vida. Allí, en presencia de la congregada muchedumbre, se puso aparte para ser herido, con el fin de que el agua de vida pudiese fluir hacia el mundo. Al herir a Cristo, Satanás pensaba destruir al Príncipe de la vida; pero de la roca herida fluyó agua viva. Mientras Jesús hablaba al pueblo, los corazones se conmovieron con una extraña reverencia y muchos estuvieron dispuestos a exclamar, como la mujer de Samaria: "Dame esa agua, para que no tenga yo sed".[5]

Jesús conocía las necesidades del alma. La pompa, las riquezas y los honores no pueden satisfacer al corazón. "Si alguno tiene sed, venga a mí y beba". El rico, el pobre, el encumbrado y el humilde son igualmente bienvenidos. Él promete aliviar la mente agobiada, consolar al triste, dar esperanza al abatido. Muchos de los que oyeron a Jesús lloraban por esperanzas frustradas, muchos alimentaban un agravio secreto, muchos estaban tratando de satisfacer su inquieto anhelo con las cosas del mundo y la alabanza de los hombres; pero cuando habían ganado todo, encontraban que habían trabajado tan sólo para llegar a una cisterna rota en la cual no podían aplacar su sed. Allí estaban, en medio del resplandor de la gozosa escena, descontentos y tristes. Ese clamor repentino —"Si alguno tiene sed"— los arrancó de su pesarosa meditación y, mientras escuchaban las palabras que siguieron, su mente se reanimó con una nueva esperanza. El Espíritu Santo presentó delante de ellos el símbolo, hasta que vieron en él el inestimable don de la salvación.

El clamor que Cristo dirige al alma sedienta sigue repercutiendo, y nos apela con mayor poder que a quienes lo oyeron en el templo en ese último día de la fiesta. La fuente está abierta para todos. A los cansados y exhaustos se ofrece la refrigerante bebida de la vida eterna. Jesús sigue clamando: "Si alguno tiene sed, venga a mí y beba". "El que tiene sed, venga; y el que quiera, tome del agua de la vida gratuitamente". "El que bebiere del agua que yo le daré, no tendrá sed jamás; sino que el agua que yo le daré será en él una fuente de agua que salte para vida eterna".[6]

[1] Sal. 106:1. [2] Sal. 122:2. [3] Isa. 12:2, 3. [4] Luc. 4:32. [5] Juan 4:15. [6] Apoc. 22:17; Juan 4:14.

Capítulo 50

Entre trampas

TODO el tiempo que Jesús pasó en Jerusalén durante la fiesta fue seguido por espías. Día tras día se probaban nuevas estratagemas para silenciarlo. Los sacerdotes y príncipes estaban atentos para entramparlo. Se proponían impedirle por medio de la violencia que obrase. Pero eso no era todo. Deseaban humillar a este rabino galileo delante de la gente.

En el primer día de su presencia en la fiesta, los príncipes habían acudido a él y le habían preguntado con qué autoridad enseñaba. Querían apartar de él la atención de la gente y atraerla a la cuestión de su derecho para enseñar, y así a su propia importancia y autoridad.

Jesús dijo: "Mi doctrina no es mía, sino de aquel que me envió. El que quiera hacer la voluntad de Dios, conocerá si la doctrina es de Dios, o si yo hablo por mi propia cuenta".[1] Jesús hizo frente a la pregunta de esos contenciosos no contestando la objeción misma, sino dando a conocer la verdad vital para la salvación del alma. La percepción y apreciación de la verdad, dijo, dependen menos de la mente que del corazón. La verdad debe ser recibida en el alma; exige el homenaje de la voluntad. Si la verdad pudiese ser sometida a la razón sola, el orgullo no sería un palo en la rueda de su recepción. Pero debe de ser recibida a través de la obra de la gracia en el corazón; y su recepción depende de que se renuncie a todo pecado revelado por el Espíritu de Dios. Las ventajas del hombre para obtener un conocimiento de la verdad, por grandes que sean, no le beneficiarán a menos que el corazón esté abierto para recibir la verdad y renuncie concienzudamente a toda costumbre y práctica opuestas a sus principios. A los que así se entregan a Dios, con el honesto deseo de conocer y hacer su voluntad, se les revela la verdad como el poder de Dios para su salvación. Estos podrán distinguir entre el que habla de parte de Dios y el que habla meramente de sí mismo. Los fariseos no habían puesto su voluntad del lado de la voluntad de Dios. No estaban buscando conocer la verdad, sino hallar alguna excusa para evadirla; Cristo demostró que ésta era la razón por que ellos no entendían su enseñanza.

Luego dio una prueba por la cual podía distinguirse al verdadero maestro del impostor: "El que habla por su propia cuenta, su propia gloria busca; pero el que busca la gloria del que le envió, éste es verdadero, y no hay en él injusticia".[2] El que busca su propia gloria habla sólo de sí mismo. El espíritu de exaltación propia delata su origen. Pero Cristo estaba buscando la gloria de Dios. Pronunciaba las palabras de Dios. Tal era la evidencia de su autoridad como maestro de la verdad.

Jesús dio a los rabinos una evidencia de su divinidad demostrándoles que leía su corazón. Desde que había curado al paralítico en Betesda, habían estado maquinando su muerte. Así violaban ellos mismos la ley que profesaban defender. Él dijo: "¿No os dio Moisés la ley, y ninguno de vosotros cumple la ley? ¿Por qué procuráis matarme?"

Como raudo fulgor de luz, esas palabras revelaron a los rabinos el abismo de ruina al cual se estaban por lanzar. Por un instante quedaron llenos de terror. Vieron que estaban en conflicto con el Poder infinito. Pero no querían ser advertidos. Con el fin de mantener su influencia sobre la gente, deseaban ocultar sus designios homicidas. Eludiendo la pregunta de Jesús, exclamaron: "Demonio tienes; ¿quién procura matarte?" Insinuaban que las obras maravillosas de Jesús eran instigadas por un espíritu maligno.

Cristo no prestó atención a esa insinuación. Continuó demostrando que su obra de curación en Betesda estaba en armonía con la ley sabática, y que estaba justificada por la interpretación que los mismos judíos daban a la ley. Dijo: "Por cierto, Moisés os dio la circuncisión... y en sábado circuncidáis al hombre". Según la ley, cada niño debía ser circuncidado al octavo día. Si ese día caía en sábado, el rito debía realizarse ese día. ¿Cuánto más armonizaba con el espíritu de la ley el hacer sano "completamente a un hombre" en sábado? Y les aconsejó: "No juzguéis según la apariencia, sino juzgad con justo juicio".

Los príncipes quedaron callados; y muchos del pueblo exclamaron: "¿No es éste a quien buscan para matarlo? Pues mirad, habla públicamente, y no le dicen nada. ¿Habrán reconocido en verdad los príncipes que éste es el Cristo?"

Muchos de los que escuchaban a Cristo moraban en Jerusalén y, no siendo ignorantes de los complots de los príncipes contra él, se sentían atraídos hacia él por un poder irresistible. Se iban convenciendo de que era el Hijo de Dios. Pero Satanás estaba listo para sugerirles dudas; y por este medio se preparaba el camino para sus propias ideas erróneas acerca del Mesías y de su venida. Se creía generalmente que Cristo nacería en Belén, pero que después de un tiempo desaparecería y que en su segunda aparición nadie sabría de dónde venía. No eran pocos los que sostenían que el Mesías no tendría ninguna relación natural con la humanidad. Y debido a que el concepto popular de la gloria del Mesías no se cumplía en Jesús de Nazaret, muchos prestaron atención a la sugerencia: "Pero éste, sabemos de dónde es; mas cuando venga el Cristo, nadie sabrá de dónde sea".

Mientras así estaban vacilando entre la duda y la fe, Jesús descubrió sus pensamientos y les contestó diciendo: "A mí me conocéis, y sabéis de dónde soy; y no he venido de mí mismo, pero el que me envió es verdadero, a quien vosotros no conocéis". Aseveraban conocer lo que debía ser el origen de Cristo, pero lo ignoraban completamente. Si hubiesen vivido de acuerdo con la voluntad de Dios, habrían conocido a su Hijo cuando se les manifestó.

Los oyentes no podían entender las palabras de Cristo. Eran claramente una repetición del aserto que él había hecho en presencia del Sanedrín muchos meses antes, cuando se declaró Hijo de Dios. Y así como los príncipes trataron entonces de hacerlo morir, también en esta ocasión trataron de apoderarse de él; pero fueron impedidos por un poder invisible que puso límite a su ira diciéndoles: "Hasta aquí llegarán, pero no pasarán adelante".[3]

Entre el pueblo muchos creían en él y decían: "El Cristo, cuando venga, ¿hará más señales que las que éste hace?" Los líderes de los fariseos, que estaban considerando ansiosamente el curso de los acontecimientos, notaron las expresiones de simpatía entre la muchedumbre. Dirigiéndose con premura a los sacerdotes principales, les presentaron sus planes para arrestarlo. Sin embargo, convinieron en apresarlo cuando estuviese solo; porque no se atrevían a prenderlo en presencia del pueblo. Otra vez demostró Jesús que leía sus propósitos. Él dijo: "Todavía un poco de tiempo estaré con vosotros, e iré al que me envió. Me buscaréis, y no me hallaréis; y a donde yo estaré, vosotros no podréis venir". Pronto hallaría un refugio fuera del alcance de su desprecio y odio. Ascendería al Padre, para ser de nuevo el Adorado de los ángeles; y sus homicidas nunca podrían llegar allí.

Con desprecio dijeron los rabinos: "¿Adónde se irá éste, que no lo hallemos? ¿Se irá a los dispersos entre los griegos, y enseñará a los griegos?" ¡Poco sospechaban estos caviladores que en sus palabras despectivas estaban describiendo la misión de Cristo! Todo el día había extendido sus manos hacia un pueblo desobediente y contradictor; sin embargo, pronto sería hallado de quienes no lo buscaban, y entre un pueblo que no había invocado su nombre sería hecho manifiesto.[4]

Muchos que estaban convencidos de que Jesús era el Hijo de Dios fueron extraviados por el falso razonamiento de los sacerdotes y rabinos. Estos maestros habían repetido con gran efecto las profecías concernientes al Mesías, que reinaría "en el monte de Sión y en Jerusalén, y delante de sus ancianos" sería "glorioso"; que dominaría "de mar a mar, y desde el río hasta los confines de la tierra".[5] Luego habían hecho comparaciones despectivas entre la gloria allí descrita y la humilde apariencia de Jesús. Pervertían las mismas palabras de la profecía para sancionar el error. Si el pueblo hubiese estudiado con sinceridad la Palabra por sí mismo, no habría sido extraviado. El capítulo 61 de Isaías testifica que Cristo habría de hacer la misma obra que hacía. El capítulo 53 presenta su rechazamiento y sus sufrimientos en el mundo, y el capítulo 59 describe el carácter de los sacerdotes y rabinos.

Dios no obliga a los hombres a renunciar a su incredulidad. Delante de ellos está la luz y las tinieblas, la verdad y el error. A ellos les toca decidir lo que aceptarán. La mente humana está dotada de poder para discernir entre el bien y el mal. Dios quiere que los hombres no decidan por impulso, sino por el peso de la evidencia, comparando cuidadosamente un pasaje de la Escritura con otro. Si los judíos hubiesen puesto a un lado sus prejuicios y comparado la profecía escrita con los hechos que caracterizaban la vida de Jesús, habrían percibido una hermosa armonía entre las profecías y su cumplimiento en la vida y el ministerio del humilde galileo.

Muchos son engañados hoy de la misma manera que los judíos. Hay maestros religiosos que leen la Biblia a la luz de su propio entendimiento y tradiciones; y la gente no escudriña las Escrituras por su cuenta, ni juzga por sí misma en lo tocante a la verdad, sino que renuncian a su propio criterio y confían sus almas a sus dirigentes. La predicación y enseñanza de su Palabra es uno de los medios que Dios ordenó para difundir la luz; pero debemos someter la enseñanza de cada hombre al test de la Escritura. Quienquiera que estudie con oración la Biblia deseando conocer la verdad, para poder obedecerla, recibirá iluminación divina. Entenderá las Escrituras. "El que quisiere hacer su voluntad [la de Dios], conocerá de la doctrina".[6]

El último día de la fiesta, los oficiales enviados por los sacerdotes y príncipes para arrestar a Jesús volvieron sin él. Los interrogaron airadamente: "¿Por qué no lo habéis traído?" Con rostro solemne contestaron: "¡Jamás hombre alguno ha hablado como este hombre!"

Aunque tenían el corazón endurecido, fueron enternecidos por sus palabras. Mientras estaba hablando en el atrio del templo, se habían quedado cerca con el fin de oír algo que pudiese volverse contra él. Pero, mientras escuchaban, se olvidaron del propósito por el que habían sido enviados. Estaban como arrobados. Cristo se reveló en sus almas. Vieron lo que los sacerdotes y príncipes no querían ver: la humanidad inundada por la gloria de la divinidad. Volvieron tan llenos de este pensamiento, tan impresionados por sus palabras, que a la pregunta: "¿Por qué no lo habéis traído?", pudieron tan sólo responder: "¡Jamás habló hombre alguno como este hombre habla!"[7]

Los sacerdotes y príncipes, al llegar por primera vez a la presencia de Cristo, habían sentido la misma convicción. Su corazón se había conmovido profundamente, se había grabado en ellos el pensamiento: "Jamás hombre alguno ha hablado como este hombre". Pero habían ahogado la convicción del Espíritu Santo. Ahora, enfurecidos porque aun los instrumentos de la ley sentían la influencia del odiado galileo, clamaron: "¿También vosotros habéis sido engañados? ¿Acaso ha creído en él alguno de los gobernantes, o de los fariseos? Mas esta gente que no sabe la ley, maldita es".

A quienes se anuncia el mensaje de verdad rara vez preguntan: "¿Es verdad?", sino: "¿Quién lo propaga?" Las multitudes lo estiman por el número de los que lo aceptan; y se vuelve a hacer la pregunta: "¿Ha creído en él alguno de los hombres instruidos o de los dirigentes de la religión?" Los hombres no son hoy más favorables a la verdadera piedad que en los días de Cristo. Siguen buscando intensamente el beneficio terrenal, con descuido de las riquezas eternas; y no es un argumento contra la verdad el hecho de que muchos no estén dispuestos a aceptarla, o de que no es recibida por los grandes de este mundo, ni siquiera por los líderes religiosos.

De nuevo los sacerdotes y príncipes procedieron a trazar planes para arrestar a Jesús. Insistían en que si se lo dejaba en libertad apartaría al pueblo de los líderes establecidos, y que la única conducta segura consistía en silenciarlo sin dilación. En el apogeo de su discusión fueron refrenados repentinamente. Nicodemo preguntó: "¿Juzga acaso nuestra ley a un hombre si primero no lo oye, y sabe lo que ha hecho?" El silencio cayó sobre la asamblea. Las palabras de Nicodemo penetraron en sus conciencias. No podían condenar a un hombre sin haberle oído. No sólo por esta razón permanecieron silenciosos los altaneros príncipes, mirando fijamente a aquel que se atrevía a hablar en favor de la justicia. Quedaron asombrados y enfadados de que uno de entre ellos mismos hubiese sido tan impresionado por el carácter de Jesús como para hablar una palabra en su defensa. Reponiéndose de su asombro, se dirigieron a Nicodemo con mordaz sarcasmo: "¿Eres tú también galileo? Escudriña y ve que de Galilea nunca se ha levantado profeta".

Sin embargo, la protesta detuvo el procedimiento del consejo. Los príncipes no pudieron llevar a cabo su propósito de condenar a Jesús sin oírlo. Derrotados por el momento, "cada uno se fue a su casa; y Jesús se fue al monte de los Olivos".

Jesús se apartó de la excitación y confusión de la ciudad, de las ávidas muchedumbres y de los traicioneros rabinos, para ir a la tranquilidad de los huertos de olivos, donde podía estar solo con Dios. Pero temprano por la mañana volvió al templo, y al ser rodeado por la gente se sentó y les enseñó.

Pronto fue interrumpido. Un grupo de fariseos y escribas se acercó a él arrastrando con ellos a una mujer aterrorizada, a quien, con voces duras y ansiosas, acusaron de haber violado el séptimo mandamiento. Habiéndola empujado hasta la presencia de Jesús, le dijeron, con hipócrita exhibición de respeto: "En la ley nos mandó Moisés apedrear a tales mujeres. Tú, pues, ¿qué dices?"

Su pretendida reverencia ocultaba una profunda maquinación para arruinarlo. Querían valerse de esa oportunidad para asegurar su condena, pensando que cualquiera que fuese la decisión hecha por él, hallarían ocasión para acusarlo. Si indultaba a la mujer, se lo acusaría de despreciar la ley de Moisés. Si la declaraba digna de muerte, se lo podía acusar ante los romanos de asumir una autoridad que sólo les pertenecía a ellos.

Jesús miró por un momento la escena: la temblorosa víctima avergonzada, los dignatarios de rostro duro, sin rastros de compasión humana. Su espíritu de pureza inmaculada sentía repugnancia por este espectáculo. Bien sabía él con qué propósito se le había traído este caso. Leía el corazón, y conocía el carácter y la vida de cada uno de quienes estaban en su presencia. Los hombres que se hacían pasar por guardianes de la justicia habían inducido ellos mismos a su víctima al pecado para poder entrampar a Jesús. No dando señal de haber oído la pregunta, se agachó y, fijos los ojos en el suelo, comenzó a escribir en el polvo.

Impacientes por su dilación y su aparente indiferencia, los acusadores se acercaron para imponer el asunto a su atención. Pero cuando sus ojos, siguiendo los de Jesús, cayeron sobre el pavimento a sus pies, cambió la expresión de su rostro. Allí, trazados delante de ellos, estaban los secretos culpables de su propia vida. El pueblo, que miraba, vio el cambio repentino de expresión, y se adelantó para descubrir lo que ellos estaban mirando con tanto asombro y vergüenza.

Al par que profesaban reverencia por la ley, los rabinos, al presentar la acusación contra la mujer, estaban violando lo que la ley establecía. Era el deber del esposo iniciar la acción contra ella. Y las partes culpables debían ser castigadas por igual. La acción de los acusadores no tenía ninguna autorización. Por tanto, Jesús les hizo frente en su propio terreno. La ley especificaba que al castigar por apedreamiento, los testigos del caso debían arrojar la primera piedra. Levantándose entonces, y fijando sus ojos en los ancianos maquinadores, Jesús dijo: "El que de vosotros esté sin pecado sea el primero en arrojar la piedra contra ella". Y volviéndose a agachar, continuó escribiendo en el suelo.

No había puesto de lado la ley dada por Moisés, ni había usurpado la autoridad de Roma. Los acusadores habían sido derrotados. Ahora, habiendo sido arrancado su manto de pretendida santidad, estaban, culpables y condenados, en la presencia de la Pureza infinita. Temblaban de miedo, no sea que la iniquidad oculta de sus vidas fuese revelada a la muchedumbre; y uno tras otro, con la cabeza y los ojos bajos, se fueron furtivamente, dejando a su víctima con el compasivo Salvador.

Jesús se enderezó, y mirando a la mujer dijo: "Mujer, ¿dónde están los que te acusaban? ¿Ninguno te condenó? Ella dijo: Ninguno, Señor. Entonces Jesús le dijo: Ni yo te condeno; vete, y no peques más".

La mujer había estado temblando de miedo ante Jesús. Sus palabras: "El que entre vosotros esté sin pecado, arroje él primero la piedra contra ella",[8] habían sido para ella como una sentencia de muerte. No se atrevía a alzar sus ojos al rostro del Salvador, sino que esperó silenciosamente su suerte. Con asombro vio a sus acusadores alejarse mudos y confundidos; luego cayeron en sus oídos estas palabras de esperanza: "Ni yo tampoco te condeno; vete; y en adelante no peques más".[9] Su corazón se enterneció, y se arrojó a los pies de Jesús, expresando con sollozos su amor agradecido, confesando sus pecados con lágrimas amargas.

Esto fue para ella el principio de una vida nueva, una vida de pureza y paz, consagrada al servicio de Dios. Al levantar a esta alma caída, Jesús hizo un milagro mayor que al sanar la más grave enfermedad física. Curó la enfermedad espiritual que es para muerte eterna. Esa mujer penitente llegó a ser una de sus seguidoras más fervientes. Con amor y devoción abnegados ella retribuyó su misericordia perdonadora.

En su acto de perdonar a esa mujer y estimularla a vivir una vida mejor, el carácter de Jesús resplandece con la belleza de la justicia perfecta. Aunque no toleró el pecado ni redujo el sentido de la culpabilidad, no buscó condenar sino salvar. El mundo tenía para esta mujer pecadora solamente desprecio y escarnio; pero Jesús le dirigió palabras de consuelo y esperanza. El Ser sin pecado se compadece de las debilidades de la pecadora, y le tiende una mano ayudadora. Mientras los fariseos hipócritas la denuncian, Jesús le ordena: "Vete, y no peques más".

No es seguidor de Cristo el que, desviando la mirada, se aparta de los que yerran, dejándolos proseguir sin estorbos su camino descendente. Los que se adelantan para acusar a otros y son celosos en llevarlos a la justicia, son con frecuencia en su propia vida más culpables que ellos. Los hombres aborrecen al pecador, mientras aman el pecado. Cristo aborrece el pecado, pero ama al pecador; tal ha de ser el espíritu de todos los que le sigan. El amor cristiano es lento en censurar, presto para discernir el arrepentimiento, listo para perdonar, para animar, para afirmar al errante en la senda de la santidad, para corroborar sus pies en ella.

---

[1] Juan 7:16, 17. [2] Juan 7:18. [3] Job 38:11. [4] Rom. 10:20, 21. [5] Isa. 24:23; Sal. 72:8. [6] Juan 7:17, RVA. [7] Juan 7:46, VM. [8] Juan 8:7, VM. [9] Juan 8:11, VM

Capítulo 51
"La luz de la vida"

"**O**TRA VEZ Jesús les habló, diciendo: Yo soy la luz del mundo; el que me sigue no andará en tinieblas, sino que tendrá la luz de la vida".

Cuando pronunció estas palabras, Jesús estaba en el atrio del templo especialmente relacionado con los servicios de la Fiesta de los Tabernáculos. En el centro de este patio se levantaban dos majestuosas columnas que soportaban portalámparas de gran tamaño. Después del sacrificio de la tarde se encendían todas las lámparas, que arrojaban su luz sobre Jerusalén. Esa ceremonia estaba destinada a conmemorar la columna de luz que guiaba a Israel en el desierto, y también a señalar la venida del Mesías. Por la noche, cuando las lámparas estaban encendidas, el atrio era teatro de gran regocijo. Los hombres canosos, los sacerdotes del templo y los príncipes del pueblo se unían en danzas festivas al sonido de la música instrumental y los cantos de los levitas.

En la iluminación de Jerusalén el pueblo expresaba su esperanza en la venida del Mesías para derramar su luz sobre Israel. Pero para Jesús la escena tenía un significado más amplio. Como las lámparas radiantes del templo alumbraban cuanto las rodeaba, así Cristo, la fuente de luz espiritual, ilumina las tinieblas del mundo. Sin embargo, el símbolo era imperfecto. Esa gran luz que su propia mano había puesto en los cielos era una representación más verdadera de la gloria de su misión.

Era de mañana; el sol acababa de levantarse sobre el Monte de los Olivos, y sus rayos caían con deslumbrante brillo sobre los palacios de mármol, e iluminaban el oro de las paredes del templo, cuando Jesús, señalándolo, dijo: "Yo soy la luz del mundo".

Mucho tiempo después estas palabras fueron repetidas, por uno que las escuchara, en aquel sublime pasaje: "En él estaba la vida, y la vida era la luz de los hombres. La luz en las tinieblas resplandece, y las tinieblas no prevalecieron contra ella... Aquella luz verdadera, que alumbrara a todo hombre, venía a este mundo". Y mucho después de haber ascendido Jesús al cielo, Pedro también, escribiendo bajo la iluminación del Espíritu divino, recordó el símbolo que Cristo había usado: "Tenemos también la palabra profética más segura, a la cual hacéis bien en estar atentos como a una antorcha que alumbra en lugar oscuro, hasta que el día esclarezca y el lucero de la mañana salga en vuestros corazones".[1]

En la manifestación de Dios a su pueblo, la luz había sido siempre un símbolo de su presencia. En el principio, a la orden de la palabra creadora, la luz resplandeció de las tinieblas. Para guiar a las numerosas huestes de Israel, la luz estuvo envuelta en la columna de nube de día y en la columna de fuego de noche. La luz brilló con grandiosa majestad, alrededor del Señor, sobre el Monte Sinaí. La luz descansaba sobre el propiciatorio en el tabernáculo. La luz llenó el templo de Salomón al ser dedicado. La luz brilló sobre las colinas de Belén cuando los ángeles trajeron a los pastores que velaban el mensaje de la redención.

Dios es luz; y en las palabras: "Yo soy la luz del mundo", Cristo declaró su unidad con Dios y su relación con toda la familia humana. Fue él quien al principio había hecho "que de las tinieblas resplandeciese la luz".[2] Él es la luz del sol, la luna y las estrellas. Él era la luz espiritual que en símbolos, tipos y profecías había resplandecido sobre Israel. Pero la luz no fue dada sólo para los judíos. Así como los rayos del sol penetran hasta los remotos rincones de la tierra, así la luz del Sol de Justicia brilla sobre toda alma.

"Aquel era la luz verdadera, que alumbra a todo hombre que viene a este mundo".[3] El mundo ha tenido sus grandes maestros, hombres de intelecto gigantesco e investigaciones maravillosas, hombres cuyas declaraciones han estimulado el pensamiento y abierto vastos campos del conocimiento; y esos hombres han sido honrados como guías y benefactores de su raza. Pero hay Uno que está por encima de ellos. "A todos los que le recibieron, a los que creen en su nombre, les dio potestad de ser hechos hijos de Dios... A Dios nadie lo vio jamás; el unigénito Hijo, que está en el seno del Padre, él lo ha dado a conocer". Podemos remontar la línea de los grandes maestros del mundo hasta donde se extienden los anales humanos; pero la Luz era anterior a ellos. Así como la luna y los planetas del sistema solar brillan por la luz reflejada del sol, así, hasta donde su enseñanza es verdadera, los grandes pensadores del mundo reflejan los rayos del Sol de Justicia. Toda gema del pensamiento, todo destello del intelecto, procede de la Luz del mundo. Hoy día oímos hablar mucho de "educación superior". La verdadera "educación superior" es la que imparte el Ser "en quien están escondidos todos los tesoros de la sabiduría y del conocimiento". "En él estaba la vida, y la vida era la luz de los hombres".[4] Jesús dijo: "El que me sigue, no andará en tinieblas, sino que tendrá la luz de la vida"

Con las palabras: "Yo soy la luz del mundo", Jesús declaró ser el Mesías. En el templo donde ahora Cristo estaba enseñando, el anciano Simón lo había declarado "luz para ser revelada a los gentiles, y la gloria de tu pueblo Israel". En esas palabras le había aplicado una profecía conocida por todo Israel. El Espíritu Santo había declarado por medio del profeta Isaías: "Poco es para mí que tú seas mi siervo para levantar las tribus de Jacob, y para que restaures el remanente de Israel; también te di por luz de las naciones, para que seas mi salvación hasta lo postrero de la tierra".[5] Por lo general se entendía que esta profecía se refería al Mesías, y cuando Jesús dijo: "Yo soy la luz del mundo", el pueblo no pudo dejar de reconocer su aserto de ser el Prometido.

Para los fariseos y príncipes este aserto parecía una usurpación arrogante. No podían tolerar que un hombre semejante a ellos tuviera tales pretensiones. Simulando ignorar sus palabras, preguntaron: "¿Tú quién eres?" Estaban empeñados en forzarlo a declararse el Cristo. Su apariencia y su obra eran tan diferentes de las expectativas del pueblo que, como sus astutos enemigos creían, una proclama directa de sí mismo como el Mesías provocaría que lo rechazaran como impostor.

Pero a su pregunta: "¿Tú quién eres?", él replicó: "Lo que desde principio os he dicho".[6] Lo que había sido revelado en sus palabras se revelaba también en su carácter. Él era la personificación de las verdades que enseñaba. Continuó diciendo: "Nada hago por mí mismo, sino que según me enseñó el Padre, así hablo. Porque el que me envió, conmigo está; no me ha dejado solo el Padre, porque yo hago siempre lo que le agrada". No procuró probar su pretensión mesiánica, sino que mostró su unidad con Dios. Si sus mentes hubiesen estado abiertas al amor de Dios, habrían recibido a Jesús.

Entre sus oyentes, muchos eran atraídos a él por fe, y a éstos les dijo: "Si vosotros permaneciereis en mi palabra, seréis verdaderamente mis discípulos; y conoceréis la verdad, y la verdad os hará libres".

Estas palabras ofendieron a los fariseos. Pasando por alto la larga sujeción de la nación a un yugo extranjero, exclamaron coléricamente: "Linaje de Abraham somos, y jamás hemos sido esclavos de nadie. ¿Cómo dices tú: Seréis libres?" Jesús miró a esos hombres esclavos de la malicia, cuyos pensamientos se concentraban en la venganza, y contestó con tristeza: "De cierto, de cierto os digo, que todo aquel que hace pecado, esclavo es del pecado". Ellos estaban en la peor clase de servidumbre: regidos por el espíritu del maligno.

Todo aquel que rehúsa entregarse a Dios está bajo el dominio de otro poder. No es su propio dueño. Puede hablar de libertad, pero está en la más abyecta esclavitud. No le es dado ver la belleza de la verdad, porque su mente está bajo el dominio de Satanás. Mientras se lisonjea de estar siguiendo los dictados de su propio juicio, obedece la voluntad del príncipe de las tinieblas. Cristo vino para romper las cadenas de la esclavitud del pecado para el alma. "Así que, si el Hijo os libertare, seréis verdaderamente libres". Se nos dice: "Porque la ley del Espíritu de vida en Cristo Jesús me ha librado de la ley del pecado y de la muerte".[7]

En la obra de la redención no hay compulsión. No se emplea ninguna fuerza exterior. Bajo la influencia del Espíritu de Dios el hombre es dejado libre para elegir a quién ha de servir. En el cambio que se produce cuando el alma se entrega a Cristo hay la más completa sensación de libertad. La expulsión del pecado es obra del alma misma. Por cierto, no tenemos poder para librarnos a nosotros mismos del dominio de Satanás; pero cuando deseamos ser libertados del pecado, y en nuestra gran necesidad clamamos por un poder exterior y superior a nosotros, las facultades del alma quedan dotadas de la energía divina del Espíritu Santo y ellas obedecen los dictados de la voluntad en cumplimiento de la voluntad de Dios.

La única condición bajo la cual es posible la libertad del hombre es que éste llegue a ser uno con Cristo. "La verdad os hará libres"; y Cristo es la verdad. El pecado sólo puede triunfar por medio del debilitamiento de la mente y la destrucción de la libertad del alma. La sujeción a Dios es la restauración del yo de uno; de la verdadera gloria y dignidad del hombre. La ley divina, a la cual somos inducidos a sujetarnos, es "la ley de la libertad".[8]

Los fariseos se habían declarado a sí mismos hijos de Abraham. Jesús les dijo que solamente haciendo las obras de Abraham podían justificar esta pretensión. Los verdaderos hijos de Abraham vivirían, como él, una vida de obediencia a Dios. No procurarían matar al que hablaba la verdad que le había sido dada por Dios. Al conspirar contra Cristo, los rabinos no estaban haciendo las obras de Abraham. La mera descendencia de Abraham no tenía valor alguno. Sin una conexión espiritual con él —lo cual manifestaría que poseían el mismo espíritu— y haciendo las mismas obras, ellos no eran sus hijos.

Este principio se aplica con igual propiedad a una cuestión que ha agitado por mucho tiempo al mundo cristiano: la cuestión de la sucesión apostólica. El descender de Abraham no se prueba por medio del nombre y el linaje, sino por la semejanza de carácter. Así, la sucesión apostólica tampoco descansa en la transmisión de la autoridad eclesiástica, sino sobre la relación espiritual. Una vida activada por el espíritu de los apóstoles, el creer y enseñar las verdades que ellos enseñaron; ésta es la verdadera evidencia de la sucesión apostólica. Es lo que constituye a los hombres sucesores de los primeros maestros del evangelio.

Jesús negó que los judíos fueran hijos de Abraham. Dijo: "Vosotros hacéis las obras de vuestro padre". En mofa respondieron: "*Nosotros* no somos nacidos de fornicación; un padre tenemos, que es Dios". Estas palabras, que aludían a las circunstancias del nacimiento de Cristo, estaban destinadas a ser una estocada contra Cristo en presencia de los que estaban comenzando a creer en él. Jesús no prestó oído a esa ruin insinuación, sino que dijo: "Si vuestro padre fuera Dios, ciertamente me amaríais: porque yo de Dios he salido, y he venido".

Sus obras testificaban del parentesco de ellos con el que era mentiroso y asesino. Jesús dijo: "Vosotros sois de vuestro padre el diablo, y los deseos de vuestro padre queréis hacer. Él ha sido homicida desde el principio, y no ha permanecido en la verdad, porque no hay verdad en él... Y a mí, porque digo la verdad, no me creéis".[9] Jesús no fue recibido por los líderes judíos por causa de que hablaba la verdad y la decía con certeza. Era la verdad lo que ofendía a estos hombres que se creían justos. La verdad exponía la falacia del error; condenaba sus enseñanzas y prácticas, y no era bienvenida. Ellos preferían cerrar los ojos a la verdad antes que humillarse para confesar que habían estado en el error. No amaron la verdad. No la desearon, aun cuando era la verdad.

"¿Quién de vosotros me convence de pecado? Y si digo la verdad, ¿por qué no me creéis?" Día tras día, durante tres años, los enemigos de Cristo lo habían seguido, procurando hallar alguna mancha en su carácter. Satanás y toda la confederación del mal habían estado tratando de vencerlo; pero nada habían hallado en él de lo cual sacar ventaja. Hasta los demonios se vieron obligados a confesar: "Sé quién eres, el Santo de Dios".[10] Jesús vivió la ley a la vista del cielo, de los mundos no caídos y de los hombres pecadores. Delante de los ángeles, de los hombres y de los demonios había pronunciado sin que nadie se las discutiera palabras que, si hubiesen procedido de cualesquiera otros labios, hubieran sido blasfemia: "Yo hago siempre lo que le agrada".

Que los judíos, a pesar de no poder hallar pecado en Cristo, no lo recibieran, probaba que no estaban en comunión con Dios. No reconocían la voz de Dios en el mensaje de su Hijo. Pensaban que estaban condenando a Cristo; pero al rechazarlo estaban sentenciándose a sí mismos. Jesús dijo: "El que es de Dios, las palabras de Dios oye; por esto no las oís vosotros, porque no sois de Dios".

La lección es verdadera para todos los tiempos. Muchos hombres que se deleitan en objetar, criticar y buscar algo que cuestionar en la Palabra de Dios, piensan que de esa manera están dando muestras de independencia de pensamiento y agudeza mental. Suponen que están condenando a la Biblia, cuando en verdad se están condenando a sí mismos. Ponen de manifiesto que son incapaces para apreciar las verdades de origen celestial y de alcance eterno. En presencia de la gran montaña de la justicia de Dios, sus espíritus no sienten temor reverencial. Se ocupan en buscar pajas y motas, con lo cual revelan una naturaleza estrecha y terrena, un corazón que pierde rápidamente su capacidad para apreciar a Dios. Aquel cuyo corazón ha respondido al toque divino buscará lo que aumente su conocimiento de Dios, y refine y eleve el carácter. Como una flor que se torna al sol para que sus brillantes rayos le den bellos colores, así se tornará el alma al Sol de Justicia, para que la luz del cielo embellezca el carácter con las gracias del carácter de Cristo.

Jesús continuó, poniendo de manifiesto un pronunciado contraste entre la actitud de los judíos y la de Abraham: "Abraham vuestro padre se gozó de que había de ver mi día; y lo vio, y se gozó".

Abraham había deseado mucho ver al Salvador prometido. Elevó la más ferviente oración para que antes de su muerte pudiera contemplar al Mesías. Y vio a Cristo. Se le dio una iluminación sobrenatural, y reconoció el carácter divino de Cristo. Vio su día, y se gozó. Se le dio una visión del sacrificio divino por el pecado. Tuvo una ilustración de ese sacrificio en su propia vida. Recibió la orden: "Toma ahora tu hijo, tu único, Isaac, a quien amas... y ofrécelo... en holocausto". Sobre el altar del sacrificio colocó al hijo de la promesa, el hijo en quien se centraban sus esperanzas. Luego, mientras aguardaba junto al altar con el cuchillo levantado para obedecer a Dios, oyó una voz del cielo que le decía: "No extiendas tu mano sobre el muchacho, ni le hagas nada; porque ya conozco que temes a Dios, por cuanto no me rehusaste tu hijo, tu único".[11] Se le impuso esta terrible prueba a Abraham para que pudiera ver el día de Cristo y comprender el gran amor de Dios hacia el mundo, tan grande que para levantarlo de su degradación dio a su Hijo unigénito para que sufriera la muerte más ignominiosa.

Abraham aprendió de Dios la mayor lección que haya sido dada a los mortales. Su oración porque pudiera ver a Cristo antes de morir fue contestada. Vio a Cristo; vio todo lo que el mortal puede ver y vivir. Mediante una entrega completa fue capaz de entender la visión acerca de Cristo que se le había dado. Se le mostró que al dar a su Hijo unigénito para salvar a los pecadores de la ruina eterna, Dios hacía un sacrificio mayor y más maravilloso que el que jamás pudiera hacer el hombre.

La experiencia de Abraham contestó la pregunta: "¿Con qué me presentaré ante Jehová, y adoraré al Dios Altísimo? ¿Me presentaré ante él con holocaustos, con becerros de un año? ¿Se agradará Jehová de millares de carneros, o de diez mil arroyos de aceite? ¿Daré mi primogénito por mi rebelión, el fruto de mis entrañas por el pecado de mi alma?" En las palabras de Abraham: "Dios se proveerá de cordero para el holocausto, hijo mío",[12] y en la provisión de Dios de un sacrifico en lugar de Isaac, se declaró que el hombre no puede hacer expiación por sí mismo. El sistema pagano de sacrificios era totalmente inaceptable para Dios. Ningún padre debe ofrecer a su hijo o a su hija como sacrificio propiciatorio. Solamente el Hijo de Dios puede cargar con la culpa del mundo.

A través de su propio sufrimiento Abraham fue capacitado para contemplar la misión de sacrificio del Salvador. Pero Israel no podía entender lo que era tan desagradable para su corazón orgulloso. Las palabras de Cristo concernientes a Abraham no tuvieron para sus oyentes ningún significado profundo. Los fariseos vieron en ellas sólo un nuevo motivo para poner reparos. Contestaron con desprecio, como si quisieran probar que Jesús debía ser un loco: "Aún no tienes cincuenta años, ¿y has visto a Abraham?"

Con solemne dignidad Jesús respondió: "De cierto, de cierto os digo: Antes que Abraham fuese, YO SOY".

Cayó el silencio sobre la vasta concurrencia. El nombre de Dios, dado a Moisés para expresar la presencia eterna, había sido reclamado como suyo por este Rabino galileo. Se había proclamado el Existente por sí mismo, el que había sido prometido a Israel, "cuya procedencia es de antiguo tiempo, desde los días de la eternidad".[13]

Otra vez los sacerdotes y rabinos clamaron contra Jesús acusándolo de blasfemo. Su pretensión de ser uno con Dios los había incitado antes a quitarle la vida, y pocos meses más tarde declararon lisa y llanamente: "Por buena obra no te apedreamos, sino por la blasfemia; porque tú, siendo hombre, te haces Dios".[14] Porque era y reconocía ser el Hijo de Dios, estaban resueltos a matarlo. Ahora muchos del pueblo, poniéndose de parte de los sacerdotes y rabinos, tomaron piedras para arrojárselas. "Pero Jesús se escondió y salió del templo; y atravesando por en medio de ellos, se fue".

La Luz estaba brillando en las tinieblas, pero "las tinieblas no pudieron sofocarla".[15]

"Al pasar Jesús, vio a un hombre ciego de nacimiento. Y le preguntaron sus discípulos, diciendo: Rabí, ¿quién pecó, éste o sus padres, para que haya nacido ciego? Respondió Jesús: No es que pecó éste, ni sus padres, sino para que las obras de Dios se manifiesten en él... Dicho esto, escupió en tierra, e hizo lodo con la saliva, y untó con el lodo los ojos del ciego, y le dijo: Ve a lavarte en el estanque de Siloé (que traducido es, Enviado). Fue entonces, y se lavó, y regresó viendo".

Era una creencia generalizada entre los judíos que el pecado es castigado en esta vida. Se consideraba que cada aflicción era el castigo por causa de alguna falta cometida por el mismo que sufría o por sus padres. Es verdad que todo sufrimiento es el resultado de la transgresión de la ley de Dios, pero esta verdad había sido falseada. Satanás, el autor del pecado y de todos sus resultados, había inducido a los hombres a considerar la enfermedad y la muerte como procedentes de Dios; un castigo infligido arbitrariamente por causa del pecado. Por tanto, aquel a quien le sobrevenía una gran aflicción o calamidad debía soportar la carga adicional de ser considerado un gran pecador.

Así fue preparado el camino para que los judíos rechazaran a Jesús. El que "llevó... nuestras enfermedades, y sufrió nuestros dolores", iba a ser tenido por los judíos "por azotado, por herido de Dios y abatido"; y de él escondieron "el rostro".[16]

Dios había dado una lección destinada a prevenir esto. La historia de Job había mostrado que el sufrimiento es infligido por Satanás, pero que Dios predomina sobre él con fines de misericordia. Pero Israel no entendió la lección. Al rechazar a Cristo, los judíos repetían el mismo error por el cual Dios había reprobado a los amigos de Job.

Los discípulos compartían la creencia de los judíos concerniente a la relación del pecado y el sufrimiento. Al corregir Jesús su error, no explicó la causa de la aflicción del hombre, sino que les dijo cuál sería el resultado. Por causa de ello se manifestarían las obras de Dios. Él dijo: "Entre tanto que estoy en el mundo, luz soy del mundo". Entonces, habiendo untado los ojos del ciego, lo envió a lavarse en el estanque de Siloé, y el hombre recibió la vista. Así Jesús contestó la pregunta de los discípulos de una manera práctica, como respondía él generalmente a las preguntas que se le dirigían nacidas de la curiosidad. Los discípulos no estaban llamados a discutir la cuestión de quién había pecado o no, sino a entender el poder y la misericordia de Dios al dar vista al ciego. Era evidente que no había virtud sanadora en el lodo, ni en el estanque adonde el ciego fue enviado a lavarse, sino que la virtud estaba en Cristo.

Los fariseos no pudieron menos que quedar atónitos por esta curación. Sin embargo, se llenaron más que nunca de odio; porque el milagro había sido hecho en sábado.

Los vecinos del joven y quienes lo habían conocido ciego dijeron: "¿No es éste el que se sentaba y mendigaba?" Lo miraban con duda; pues sus ojos estaban abiertos, su semblante cambiado y alegre, y parecía ser otro hombre. La pregunta pasaba de uno a otro. Algunos decían: "Él es"; otros: "A él se parece". Pero el que había recibido la gran bendición decidió la cuestión diciendo: "Yo soy". Entonces les habló de Jesús y de la manera en que él había sido sanado, y ellos le preguntaron: "¿Dónde está él? Él dijo: No sé".

Entonces lo llevaron ante el concilio de los fariseos. Nuevamente se le preguntó al hombre cómo había recibido la vista. "Él les dijo: Me puso lodo sobre los ojos, y me lavé, y veo. Entonces algunos de los fariseos decían: Ese hombre no procede de Dios, porque no guarda el sábado". Los fariseos esperaban hacer aparecer a Jesús como pecador, y por tanto no ser el Mesías. No sabían que el que había sanado al ciego había hecho el sábado y conocía todas sus obligaciones. Aparentaban tener admirable celo por la observancia del sábado, sin embargo estaban planeando un homicidio en ese mismo día. Pero al enterarse de ese milagro muchos quedaron muy impresionados y convencidos de que quien había abierto los ojos del ciego era más que un hombre común. En respuesta al cargo de que Jesús era pecador porque no guardaba el sábado, dijeron: "¿Cómo puede un hombre pecador hacer estas señales?"

Los rabinos volvieron a dirigirse al ciego: "¿Qué dices tú del que te abrió los ojos? Y él dijo: Que es profeta". Los fariseos aseguraron entonces que no había nacido ciego ni recibido la vista. Llamaron a sus padres y les preguntaron, diciendo: "¿Es éste vuestro hijo, el que vosotros decís que nació ciego?"

Allí estaba el hombre mismo declarando que había sido ciego y que se le había dado la vista; pero los fariseos preferían negar la evidencia de sus propios sentidos antes que admitir que estaban en el error. Tan poderoso es el prejuicio, tan torcida es la justicia farisaica.

A los fariseos les quedaba una esperanza: la de intimidar a los padres del hombre. Con aparente sinceridad preguntaron: "¿Cómo, pues, ve ahora?" Los padres temieron comprometerse; porque se había declarado que cualquiera que reconociese a Jesús como el Cristo fuese expulsado "de la sinagoga"; es decir, excluido de la sinagoga por 30 días. Durante ese tiempo ningún hijo sería circuncidado o ningún muerto sería lamentado en el hogar del ofensor. La sentencia era considerada como una gran calamidad; y si no mediaba arrepentimiento, era seguida por una pena mucho mayor. La obra realizada en favor de su hijo había convencido a los padres; sin embargo, respondieron: "Sabemos que éste es nuestro hijo, y que nació ciego; pero cómo ve ahora, no lo sabemos; o quién le haya abierto los ojos, nosotros tampoco lo sabemos; edad tiene, preguntadle a él; él hablará por sí mismo". Así transfirieron toda la responsabilidad a su hijo; porque no se atrevían a confesar a Cristo.

El dilema en el cual fueron puestos los fariseos —sus dudas y prejuicios, su incredulidad en los hechos del caso— fue revelado a la multitud, especialmente al pueblo común. Jesús había realizado frecuentemente sus milagros en plena calle, y sus obras siempre servían para aliviar el sufrimiento. La pregunta en muchas mentes era: "¿Haría Dios esas obras poderosas mediante un impostor como insistían los fariseos que era Jesús?" La discusión se había vuelto encarnizada por ambas partes.

Los fariseos vieron que estaban dando publicidad a la obra hecha por Jesús. No podían negar el milagro. El ciego rebozaba de gozo y gratitud; contemplaba las maravillas de la naturaleza y se llenaba de deleite ante la hermosura de la tierra y del cielo. Relató libremente su experiencia, y otra vez ellos trataron de silenciarlo, diciendo: "Da gloria a Dios; nosotros sabemos que ese hombre es pecador". Es decir: "No repitas que este hombre te dio la vista; es Dios quien lo ha hecho".

El ciego respondió: "Si es pecador o no, no lo sé; una cosa sé, que habiendo yo sido ciego, ahora veo".

Entonces le preguntaron otra vez: "¿Qué te hizo? ¿Cómo te abrió los ojos?" Procuraron confundirlo con muchas palabras, con el fin de que pensase que había sido engañado. Satanás y sus ángeles malos estaban de parte de los fariseos, y unían sus energías y argucias al razonamiento de los hombres con el fin de contrarrestar la influencia de Cristo. Embotaron las convicciones hondamente arraigadas en muchas mentes. Los ángeles de Dios también estaban presentes para fortalecer al hombre cuya vista había sido restaurada.

Los fariseos no se daban cuenta que estaban tratando más que con un hombre inculto que había nacido ciego; no conocían al Ser con quien estaban en controversia. La luz divina brillaba en las cámaras del alma del ciego. Mientras esos hipócritas procuraban hacerlo descreído, Dios lo ayudó a demostrar, por el vigor y la agudeza de sus respuestas, que no habría de ser entrampado. Replicó: "Ya os lo he dicho, y no habéis querido oír; ¿por qué lo queréis oír otra vez? ¿Queréis también vosotros haceros sus discípulos? Y le injuriaron, y dijeron: Tú eres su discípulo; pero nosotros, discípulos de Moisés somos. Nosotros sabemos que Dios ha hablado a Moisés; pero respecto a ése, no sabemos de dónde sea".

El Señor Jesús conocía la prueba por la cual estaba pasando el hombre, y le dio gracia y palabras, de modo que llegó a ser un testigo por Cristo. Respondió a los fariseos con palabras que eran una hiriente censura a sus cuestionamientos. Aseveraban ser los expositores de las Escrituras y los guías religiosos de la nación; sin embargo allí había Uno que hacía milagros, y ellos confesaban ignorar tanto la fuente de su poder como su carácter y sus pretensiones. El hombre dijo: "Pues esto es lo maravilloso, que vosotros no sepáis de dónde sea, y a mí me abrió los ojos. Y sabemos que Dios no oye a los pecadores; pero si alguno es temeroso de Dios, y hace su voluntad, a ése oye. Desde el principio no se ha oído decir que alguno abriese los ojos a uno que nació ciego. Si éste no viniera de Dios, nada podría hacer".

El hombre había hecho frente a sus inquisidores en su propio terreno. Su razonamiento era incontestable. Los fariseos quedaron atónitos y guardaron silencio; hechizados ante sus palabras penetrantes y resueltas. Durante un breve momento se quedaron en silencio. Luego esos ceñudos sacerdotes y rabinos recogieron sus mantos, como si hubiesen temido contaminarse por el trato con él, sacudieron el polvo de sus pies, y lanzaron denuncias contra él: "¡Tú naciste enteramente en pecados!, ¿y tú *nos* enseñas a nosotros?"[17] Y lo excomulgaron.

Jesús se enteró de lo que había sido hecho; y hallándolo poco después le dijo: "¿Crees tú en el Hijo de Dios?"

Por primera vez el ciego miraba el rostro de quien lo sanara. Delante del concilio había visto a sus padres turbados y perplejos; había mirado los ceñudos rostros de los rabinos; ahora sus ojos descansaban en el amoroso y pacífico semblante de Jesús. Antes de eso, a gran costo para él, lo había reconocido como delegado del poder divino; ahora se le concedió una revelación superior.

A la pregunta del Salvador: "¿Crees tú en el Hijo de Dios?", el ciego respondió: "¿Quién es, Señor, para que crea en él?" Y Jesús dijo: "Pues le has visto, y el que habla contigo, él es". El hombre se arrojó a los pies del Salvador para adorarlo. No solamente había recibido la vista natural, sino que habían sido abiertos los ojos de su entendimiento. Cristo había sido revelado a su alma, y lo recibió como el Enviado de Dios.

Había un grupo de fariseos reunido cerca, y el verlos trajo a la mente de Jesús el contraste que siempre se manifestaba en el efecto de sus palabras y obras. Dijo: "Para juicio he venido yo a este mundo; para que los que no ven, vean, y los que ven, sean cegados". Cristo había venido para abrir los ojos ciegos, para dar luz a los que moran en tinieblas. Había declarado ser la luz del mundo, y el milagro que acababa de realizar testificaba de su misión. El pueblo que contempló al Salvador en su venida fue favorecido con una manifestación más plena de la presencia divina que la que el mundo jamás había gozado antes. El conocimiento de Dios fue revelado más perfectamente. Pero en esa misma revelación los hombres fueron juzgados. Su carácter fue probado y su destino fue determinado.

La manifestación del poder divino, que le había dado al ciego vista natural tanto como espiritual, había sumido a los fariseos en las tinieblas más profundas. Algunos de sus oyentes, al sentir que las palabras de Cristo se aplicaban a ellos, preguntaron: "¿Acaso nosotros también somos ciegos?" Jesús respondió: "Si fuerais ciegos, no tendríais pecado". Si Dios hubiese hecho imposible que ustedes vieran la verdad, vuestra ignorancia no involucraría culpa. "Ahora empero decís: Nosotros vemos". Se creen capaces de ver, y rechazan el único medio por el cual podrían recibir la vista. A todos los que percibieron su necesidad, Jesús les proporcionó ayuda infinita. Pero los fariseos no confesaron necesidad alguna; rehusaron venir a Cristo, y por tanto fueron dejados en ceguedad; una ceguera de la cual ellos mismos eran culpables. Jesús dijo: "Vuestro pecado permanece".[18]

[1] Juan 1:4, 5, 9; 2 Ped. 1:19. [2] 2 Cor. 4:6. [3] Juan 1:9, RVA. [4] Juan 1:12, 18; Col. 2:3; Juan 1:4. [5] Luc. 2:32, RVA; Isa. 49:6. [6] Juan 8:25. [7] Rom. 8:2. [8] Sant. 2:12. [9] Juan 8:44, 45. [10] Juan 8:46, VM; Mar. 1:24. [11] Gén. 22:2, 12. [12] Miq. 6:6, 7; Gén. 22:8. [13] Miq. 5:2, VM. [14] Juan 10:33. [15] Juan 1:5, VM. [16] Isa. 53:4, 3. [17] Juan 9:34, VM. [18] Juan 9:41, VM.

CAPÍTULO 52

El divino Pastor

"**Y**O SOY el buen pastor; el buen pastor su vida da por las ovejas". "Yo soy el buen pastor; y conozco mis ovejas, y las mías me conocen, así como el Padre me conoce, y yo conozco al Padre; y pongo mi vida por las ovejas".

De nuevo Jesús halló acceso a la mente de sus oyentes por medio de las cosas con las que estaban familiarizados. Había comparado la influencia del Espíritu al agua fresca, refrescante. Se había representado a sí mismo como la luz, fuente de vida y alegría para la naturaleza y el hombre. Ahora, mediante un hermoso cuadro pastoril, representó su relación con los que creían en él. Ningún cuadro era más familiar que éste para sus oyentes, y las palabras de Cristo lo vincularon para siempre con él mismo. Nunca mirarían los discípulos a los pastores que cuidasen sus rebaños sin recordar la lección del Salvador. Verían a Cristo en cada pastor fiel. Se verían a sí mismos en cada rebaño indefenso y dependiente.

El profeta Isaías había aplicado esta figura a la misión del Mesías en las alentadoras palabras: "Súbete sobre un monte alto, anunciadora de Sión; levanta fuertemente tu voz, anunciadora en Jerusalén; levántala, no temas; di a las ciudades de Judá: ¡Ved aquí al Dios vuestro!... Como pastor apacentará su rebaño; en su brazo llevará los corderos, y en su seno los llevará". David había cantado: "Jehová es mi pastor; nada me faltará". El Espíritu Santo había declarado por medio de Ezequiel: "Y levantaré sobre ellas a un pastor, y él las apacentará". "Yo buscaré la perdida, y haré volver al redil la descarriada, vendaré la perniquebrada, y fortaleceré la débil". "Y estableceré con ellos pacto de paz... No serán más por despojo de las naciones... sino que habitarán con seguridad, y no habrá quien las espante".[1]

Cristo aplicó estas profecías a sí mismo, y mostró el contraste que había entre su carácter y el de los líderes de Israel. Los fariseos acababan de echar a uno del redil porque había osado testificar el poder de Cristo. Habían excomulgado a un alma a la cual el verdadero Pastor estaba atrayendo. Así habían demostrado que desconocían la obra a ellos encomendada, y que eran indignos del cargo de pastores del rebaño. Jesús les presentó el contraste que existía entre ellos y el buen Pastor, y se declaró el verdadero guardián del rebaño del Señor. Sin embargo, antes de hacerlo habló de sí mismo empleando otra figura.

Él dijo: "El que no entra por la puerta en el redil de las ovejas, sino que sube por otra parte, ése es ladrón y salteador. Mas el que entra por la puerta, el pastor de las ovejas es".

Los fariseos no percibieron que estas palabras iban dirigidas contra ellos. Mientras razonaban en su corazón en cuanto al significado, Jesús les dijo claramente: "Yo soy la puerta; el que por mí entrare, será salvo; y entrará, y saldrá, y hallará pastos. El ladrón no viene sino para hurtar y matar y destruir; yo he venido para que tengan vida, y para que la tengan en abundancia".

Cristo es la puerta del redil de Dios. Por esta puerta todos sus hijos, desde los más remotos tiempos, han hallado entrada. En Jesús, como estaba presentado en los tipos, prefigurado en los símbolos, manifestado en la revelación de los profetas, revelado en las lecciones dadas a sus discípulos y en los milagros obrados en favor de los hijos de los hombres, ellos han contemplado al "Cordero de Dios, que quita el pecado del mundo",[2] y a través de él son introducidos al redil de su gracia. Se han presentado muchos otros objetos para la fe en el mundo; se han ideado ceremonias y sistemas por medio de los cuales los hombres esperan recibir justificación y paz para con Dios, y así hallar entrada en su redil. Pero la única puerta es Cristo, y todos los que han interpuesto alguna otra cosa para que ocupe el lugar de Cristo, todos los que han procurado entrar en el redil de alguna otra manera, son ladrones y asaltantes.

Los fariseos no habían entrado por la puerta. Habían subido al corral por otro camino que no era Cristo, y no estaban realizando el trabajo del verdadero pastor. Los sacerdotes y príncipes, los escribas y fariseos, destruían los pastos vivos y contaminaban los manantiales del agua de vida. Las palabras de la Inspiración describen con fidelidad a esos falsos pastores: "No fortalecisteis las débiles, ni curasteis la enferma; no vendasteis la perniquebrada, ni volvisteis al redil la descarriada, ni buscasteis la perdida, sino que os habéis enseñoreado de ellas con dureza y con violencia".[3]

A través de los tiempos los filósofos y maestros han estado presentando al mundo teorías para satisfacer la necesidad del alma. Cada nación pagana ha tenido sus grandes maestros y sus sistemas religiosos que han ofrecido otros medios de redención aparte de Cristo, han desviado los ojos de los hombres del rostro del Padre y han llenado los corazones de miedo hacia el Ser que les había dado solamente bendiciones. Su obra tiende a despojar a Dios de aquello que le pertenece por creación y por redención. Y esos falsos maestros también roban a los hombres. Millones de seres humanos están sujetos a falsas religiones, en la esclavitud del miedo abyecto, de la indiferencia estólida, trabando duramente como bestias de carga, despojados de esperanza o gozo o aspiración aquí, y dominados tan sólo por un sombrío temor de lo futuro. Solamente el evangelio de la gracia de Dios puede elevar el alma. La contemplación del amor de Dios manifestado en su Hijo conmoverá el corazón y despertará las facultades del alma como ninguna otra cosa puede hacerlo. Cristo vino para crear de nuevo la imagen de Dios en el hombre; y cualquiera que aleje a los hombres de Cristo los aleja de la fuente del desarrollo verdadero; los despoja de la esperanza, el propósito y la gloria de la vida. Es ladrón y asaltante.

"El que entra por la puerta, el pastor de las ovejas es". Cristo es la puerta y también el pastor. Él entra por sí mismo. Es por su propio sacrificio como llega a ser pastor de las ovejas. "A éste abre el portero, y las ovejas oyen su voz; y a sus ovejas llama por nombre, y las saca. Y cuando ha sacado fuera todas las propias, va delante de ellas; y las ovejas le siguen, porque conocen su voz".

De todos los animales, la oveja es uno de los más tímidos e indefensos, y en Oriente el cuidado del pastor por su rebaño es incansable e incesante. Antiguamente, como ahora, había poca seguridad fuera de las ciudades amuralladas. Los merodeadores de las tribus errantes, o las bestias feroces que tenían sus guaridas en las rocas, acechaban para saquear los rebaños. El pastor velaba por su rebaño, sabiendo que lo hacía con peligro de su propia vida. Jacob, que cuidaba los rebaños de Labán en los campos de Harán, al describir su infatigable labor dice: "De día me consumía el calor, y de noche la helada, y el sueño huía de mis ojos".[4] Y fue mientras cuidaba las ovejas de su padre que el joven David, sin ayuda, hacía frente al león y al oso, y arrebataba de entre sus colmillos el cordero robado.

Mientras el pastor guía a su rebaño por sobre las colinas rocosas, a través de los bosques y de las hondonadas desiertas, a los rincones cubiertos de pastos junto a la ribera de los ríos; mientras lo cuida en las montañas durante las noches solitarias, lo protege de los ladrones y con ternura atiende a las enfermizas y débiles, su vida se hace una con la de sus ovejas. Un fuerte lazo de cariño lo une a los objetos de su cuidado. Por grande que sea su rebaño, él conoce a cada oveja. Cada una tiene su nombre, al cual responde cuando la llama el pastor.

Así como un pastor terrenal conoce sus ovejas, así el divino Pastor conoce su rebaño esparcido por el mundo. "Vosotras, ovejas mías, ovejas de mi pasto, hombres sois, y yo vuestro Dios, dice Jehová el Señor". Jesús dice: "Te puse nombre, mío eres tú". "He aquí que en las palmas de las manos te tengo esculpida".[5]

Jesús nos conoce individualmente, y se conmueve con el sentimiento de nuestras flaquezas. Nos conoce a todos por nombre. Conoce la casa en que vivimos, el nombre de cada ocupante. A veces daba instrucciones a sus siervos para que fueran a cierta calle en cierta ciudad, a tal casa, para hallar a una de sus ovejas.

Cada alma es tan plenamente conocida por Jesús como si fuera la única por la cual murió el Salvador. Las penas de cada uno conmueven su corazón. El clamor por ayuda penetra en su oído. Él vino para atraer a todos los hombres a sí. Los invita: "Síganme", y su Espíritu obra en sus corazones para inducirlos a venir a él. Muchos rehúsan ser atraídos. Jesús sabe quiénes son. Sabe también quiénes oyen alegremente su llamado y están listos para colocarse bajo su cuidado pastoral. Él dice: "Mis ovejas oyen mi voz, y yo las conozco, y me siguen". Cuida a cada una como si no hubiera otra sobre la faz de la tierra.

"A sus ovejas llama por nombre, y las saca... y las ovejas le siguen, porque conocen su voz". Los pastores orientales no arrean sus ovejas. No se valen de la fuerza o del miedo; van delante y las llaman. Ellas conocen su voz y obedecen el llamado. Así hace con sus ovejas el Salvador y Pastor. La Escritura dice: "Condujiste a tu pueblo como ovejas por mano de Moisés y de Aarón". Por medio del profeta, Jesús declara: "Con amor eterno te he amado; por tanto, te prolongué mi misericordia". Él no obliga a nadie a seguirlo. Dice: "Con cuerdas humanas los atraje, con cuerdas de amor".[6]

No es el temor al castigo, o la esperanza de la recompensa eterna, lo que induce a los discípulos de Cristo a seguirlo. Contemplan el amor incomparable del Salvador, revelado en su peregrinación en la tierra, desde el pesebre de Belén hasta la cruz del Calvario, y la visión del Salvador atrae, enternece y subyuga el alma. El amor se despierta en el corazón de quienes lo contemplan. Ellos oyen su voz, y lo siguen.

Así como el pastor va delante de sus ovejas y es el primero que hace frente a los peligros del camino, así hace Jesús con su pueblo. "Y cuando ha sacado fuera todas las propias, va delante de ellas". El camino al cielo está consagrado por las huellas del Salvador. La senda puede ser empinada y escabrosa, pero Jesús ha recorrido ese camino; sus pies han pisado las crueles espinas para hacernos más fácil el camino. Él mismo ha soportado todas las cargas que nosotros estamos llamados a soportar.

Aunque ascendió a la presencia de Dios y comparte el trono del universo, Jesús no ha perdido nada de su naturaleza compasiva. Hoy el mismo tierno y simpatizante corazón está abierto a todos los pesares de la humanidad. Hoy las manos que fueron horadadas se extienden para bendecir más abundantemente a su pueblo que está en el mundo. "No perecerán jamás, ni nadie las arrebatará de mi mano". El alma que se ha entregado a Cristo es más preciosa a su vista que el mundo entero. El Salvador habría pasado por la agonía del Calvario para que uno solo pudiera salvarse en su reino. Nunca abandonará a un alma por la cual murió. A menos que sus seguidores elijan abandonarlo, él los sostendrá siempre.

En todas nuestras pruebas tenemos un Ayudador que nunca falla. Él no nos deja solos para luchar contra la tentación, batallar contra el mal y finalmente ser aplastados por las cargas y tristezas. Aunque ahora esté oculto a los ojos mortales, el oído de la fe puede oír su voz que dice: "No temas; yo estoy contigo". Yo soy "el que vivo, y estuve muerto; mas he aquí que vivo por los siglos de los siglos". He soportado vuestras tristezas, experimentado vuestras luchas y hecho frente a vuestras tentaciones. Conozco vuestras lágrimas; yo también he llorado. Conozco los pesares demasiado hondos para ser susurrados a ningún oído humano. No piensen que están solitarios y desamparados. Aunque en la tierra vuestro dolor no toque cuerda sensible alguna en ningún corazón, mírenme a mí, y vivan. "Porque los montes se moverán, y los collados temblarán, pero no se apartará de ti mi misericordia, ni el pacto de mi paz se quebrantará, dijo Jehová, el que tiene misericordia de ti".[7]

Por mucho que un pastor pueda amar a sus ovejas, ama aún más a sus hijos e hijas. Jesús no es solamente nuestro Pastor; es nuestro "Padre eterno". Y él dice: "Conozco mis ovejas, y las mías me conocen. Como el Padre me conoce, y yo conozco al Padre". ¡Qué declaración! —que el Hijo unigénito, el que está en el seno del Padre, es a quien Dios ha declarado ser "el hombre compañero mío"—,[8] ¡que la comunión que existe entre él y el Padre se tome como representación de la que existe entre él y sus hijos en la tierra!

Jesús nos ama porque somos el don de su Padre y la recompensa de su trabajo. Él nos ama como a hijos suyos. Lector, él te ama a ti. El Cielo mismo no puede otorgar nada mayor, nada mejor. Por tanto, confía.

Jesús pensó en todas las almas de la tierra que estaban engañadas por los falsos pastores. Las almas a quienes él anhelaba reunir como ovejas de su prado estaban esparcidas entre lobos, y dijo: "También tengo otras ovejas que no son de este redil; aquellas también debo traer, y oirán mi voz; y habrá un rebaño, y un pastor".[9]

"Por eso me ama el Padre, porque yo pongo mi vida, para volverla a tomar". Es decir, mi Padre los ama tanto, que me ama aun más porque doy mi vida para redimirlos. Al hacerme vuestro sustituto y fiador, mediante la entrega de mi vida, tomando vuestras obligaciones, vuestras transgresiones, soy más amado por mi Padre.

"Pongo mi vida, para volverla a tomar. Nadie me la quita, sino que yo de mí mismo la pongo. Tengo poder para ponerla, y tengo poder para volverla a tomar". Mientras, como miembro de la familia humana, era mortal, como Dios era la fuente de vida para el mundo. Hubiera podido resistir el avance de la muerte y rehusar ponerse bajo su dominio; pero voluntariamente puso su vida para sacar a luz la vida y la inmortalidad. Cargó con el pecado del mundo, soportó su maldición, entregó su vida en sacrificio, para que los hombres no muriesen eternamente. "Ciertamente llevó él nuestras enfermedades, y sufrió nuestros dolores... Herido fue por nuestras rebeliones, molido por nuestros pecados; el castigo de nuestra paz sobre él, y por su llaga fuimos nosotros curados. Todos nosotros nos descarriamos como ovejas, cada cual se apartó por su camino; mas Jehová cargó en él el pecado de todos nosotros".[10]

---

[1] Isa. 40:9-11; Sal. 23:1; Eze. 34:23, 16, 25, 28. [2] Juan 1:29. [3] Eze. 34:4. [4] Gén. 31:40. [5] Eze. 34:31; Isa. 43:1; 49:16. [6] Sal. 77:20; Jer. 31:3; Ose. 11:4. [7] Apoc. 1:18; Isa. 54:10. [8] Juan 10:14, 15; Zac. 13:7. [9] Juan 10:16. [10] Isa. 53:4-6.

CAPÍTULO 53

El último viaje desde Galilea

AL ACERCARSE el fin de su ministerio, Jesús cambió su manera de trabajar. Antes había procurado evitar la excitación y la publicidad. Había rehusado el homenaje del pueblo y pasado rápidamente de un lugar a otro cuando el entusiasmo popular en su favor parecía volverse ingobernable. Vez tras vez había ordenado que nadie declarase que él era el Cristo.

En ocasión de la Fiesta de los Tabernáculos su viaje a Jerusalén fue en secreto y de manera apresurada. Cuando sus hermanos lo instaron a presentarse públicamente como el Mesías, contestó: "Mi tiempo aún no ha llegado".[1] Hizo su viaje a Jerusalén sin ser notado, y entró en la ciudad sin ser anunciado ni honrado por la multitud. Pero no sucedió así en ocasión de su último viaje. Había abandonado Jerusalén por una temporada a causa de la malicia de los sacerdotes y rabinos. Pero ahora regresó de la manera más pública, por una ruta tortuosa y precedido de un anuncio de su venida, como nunca antes lo había hecho. Estaba yendo hacia el escenario de su gran sacrificio, hacia el cual sería dirigida la atención de la gente.

"Y como Moisés levantó la serpiente en el desierto, así es necesario que el Hijo del hombre sea levantado".[2] Así como los ojos de todo Israel se habían dirigido a la serpiente levantada, símbolo de su curación, así todos los ojos debían ser atraídos hacia Cristo, el sacrificio que traería salvación al mundo perdido.

Lo que había inducido a sus hermanos a instarlo a presentarse públicamente al pueblo en ocasión de la Fiesta de los Tabernáculos era un concepto falso de la obra del Mesías, y una falta de fe en el carácter divino de Jesús. Ahora, con un espíritu análogo a éste, los discípulos quisieron impedirle hacer el viaje a Jerusalén. Recordaban sus palabras referentes a lo que había de sucederle allí, conocían la hostilidad implacable de los líderes religiosos, y de buena gana hubieran disuadido a su Maestro de ir allá.

Para el corazón de Cristo era una prueba amarga avanzar contra los temores, los desengaños y la incredulidad de sus amados discípulos. Era duro llevarlos adelante, a la angustia y desesperación que les aguardaban en Jerusalén. Y Satanás estaba listo para apremiar con sus tentaciones al Hijo del hombre. ¿Por qué iría ahora a Jerusalén, a una muerte segura? En todo su derredor había almas hambrientas del pan de vida. Por todas partes había dolientes que aguardaban su palabra sanadora. La obra que había de realizarse mediante el evangelio de su gracia sólo había comenzado. Y él estaba lleno de vigor, en la flor de su virilidad. ¿Por qué no se dirigiría hacia los vastos campos del mundo con las palabras de su gracia, el toque de su poder curativo? ¿Por qué no apropiarse del gozo de impartir luz y alegría a esos entenebrecidos y apenados millones? ¿Por qué dejar la siega de esas multitudes a sus discípulos, tan faltos de fe, tan tardos de entendimiento, tan lentos para obrar? ¿Por qué enfrentar la muerte ahora y dejar la obra recién iniciada? El enemigo que había hecho frente a Cristo en el desierto lo asaltó ahora con fieras y sutiles tentaciones. Si Jesús hubiese cedido por un momento, si hubiera cambiado su conducta en lo mínimo para salvarse, los agentes de Satanás habrían triunfado y el mundo se hubiese perdido.

Pero Jesús "afirmó su rostro para ir a Jerusalén". La única ley de su vida era la voluntad del Padre. Cuando visitó el templo en su niñez, le dijo a María: "¿No sabíais que en los negocios de mi Padre me es necesario estar?" En Caná, cuando María deseaba que él revelara su poder milagroso, su respuesta fue: "Aún no ha venido mi hora".[3] Con las mismas palabras respondió a sus hermanos cuando lo instaban a ir a la fiesta. Pero en el gran plan de Dios había sido señalada la hora en que debía ofrecerse por los pecados de los hombres, y esa hora estaba por sonar. Él no quería faltar ni vacilar. Sus pasos se dirigieron a Jerusalén, donde sus enemigos habían tramado desde hacía mucho tiempo quitarle la vida; ahora la depondría. Afirmó su rostro para ir hacia la persecución, la negación, el rechazo, la condenación y la muerte.

"Y envió mensajeros delante de él, los cuales fueron y entraron en una aldea de los samaritanos para hacerle preparativos". Pero los habitantes rehusaron recibirlo, porque él estaba en camino a Jerusalén. Interpretaron que esto significaba que Cristo manifestaba preferencia por los judíos, a quienes ellos aborrecían con acerbo odio. Si él hubiese venido a restaurar el templo y el culto en el monte Gerizim, lo hubieran recibido alegremente; pero iba en camino a Jerusalén, y no quisieron darle hospitalidad. ¡Cuán poco comprendieron que estaban cerrando sus puertas al mejor don del cielo! Jesús invitaba a los hombres a recibirlo, les pedía favores, para poder acercarse a ellos y otorgarles las más ricas bendiciones. Por cada favor que se le hacía, devolvía una merced más valiosa. Pero esos samaritanos lo perdieron todo por su prejuicio y fanatismo.

Santiago y Juan, los mensajeros de Cristo, se sintieron vejados por el insulto inferido a su Señor. Se llenaron de indignación porque él había sido tratado tan rudamente por los samaritanos a quienes honraba con su presencia. Poco antes habían estado con él en el monte de la transfiguración, y lo habían visto glorificado por Dios y honrado por Moisés y Elías. Pensaban que esta manifiesta deshonra por parte de los samaritanos no debía pasarse por alto sin un castigo ejemplar.

Al volver a Cristo le comunicaron las palabras de los habitantes del pueblo, diciéndole que habían rehusado darle siquiera albergue para la noche. Pensaban que se le había hecho un enorme agravio, y al ver en lontananza el Monte Carmelo, donde Elías había matado a los falsos profetas, dijeron: "¿Quieres que mandemos que descienda fuego del cielo, como hizo Elías, y los consuma?" Se sorprendieron cuando vieron que Jesús se apenaba por sus palabras, y se sorprendieron aun más cuando oyeron su reproche: "Vosotros no sabéis de qué espíritu sois; porque el Hijo del hombre no ha venido para perder las almas de los hombres, sino para salvarlas". Y se fue a otro poblado.

No forma parte de la misión de Cristo obligar a los hombres a recibirlo. Satanás y los hombres impulsados por su espíritu son quienes procuran violentar las conciencias. Pretextando celo por la justicia, los hombres que están confederados con los ángeles malos acarrean sufrimientos a sus prójimos con el fin de convertirlos a sus ideas religiosas; pero Cristo siempre está manifestando misericordia, siempre procurando conquistarlos por medio de la revelación de su amor. Él no puede admitir un rival en el alma ni aceptar un servicio parcial; pero desea sólo un servicio voluntario, la entrega voluntaria del corazón bajo la compulsión del amor. No puede haber una evidencia más concluyente de que poseemos el espíritu de Satanás que la disposición a dañar y destruir a quienes no aprecian nuestro trabajo u obran contrariamente a nuestras ideas.

Todo ser humano es propiedad de Dios en cuerpo, alma y espíritu. Cristo murió para redimir a todos. Nada puede ser más ofensivo para Dios que los hombres, por fanatismo religioso, ocasionen sufrimientos a quienes son la adquisición de la sangre del Salvador.

"Levantándose de allí, vino a la región de Judea al otro lado del Jordán; y volvió el pueblo a juntarse a él, y de nuevo les enseñaba como solía".[4]

Gran parte de los meses finales de su ministerio Cristo la pasó en Perea, la provincia "tras el Jordán" con respecto a Judea. Allí la multitud se agolpaba a su paso, como en los primeros días de su ministerio en Galilea, y él les repitió mucha de su enseñanza anterior.

Así como enviara a los Doce, "designó el Señor también a otros setenta, a quienes envió de dos en dos delante de él a toda ciudad y lugar adonde él había de ir".[5] Estos discípulos habían estado algún tiempo con él, entrenándose para su trabajo. Cuando los Doce fueron enviados en su primera gira misionera, otros discípulos acompañaron a Jesús en su viaje por Galilea. Allí tuvieron ocasión de asociarse íntimamente con él y de recibir instrucción personal directa. Ahora este grupo mayor también debía partir en una misión por separado.

Las directivas hechas a los 70 fueron similares a las que habían sido dadas a los Doce; pero la orden impartida a los Doce de no entrar en ninguna ciudad de gentiles o samaritanos no fue dada a los 70. Aunque Cristo acababa de ser rechazado por los samaritanos, su amor hacia ellos era inalterable. Cuando los 70 partieron en su nombre, ellos visitaron, primero que todas, las ciudades de Samaria.

La visita del Salvador mismo a Samaria, y más tarde la alabanza al buen samaritano y el gozo agradecido del leproso samaritano, quien de entre diez fue el único que volvió para dar gracias a Cristo, fueron eventos de mucho significado para los discípulos. La lección penetró profundamente en el corazón de ellos. Al comisionarlos inmediatamente antes de su ascensión, Jesús mencionó a Samaria junto con Jerusalén y Judea como los lugares donde debían predicar primeramente el evangelio. Su enseñanza los había preparado para cumplir esa comisión. Cuando en el nombre de su Señor ellos fueron a Samaria, hallaron a la gente lista para recibirlos. Los samaritanos se habían enterado de las palabras de alabanza de Cristo y de sus obras de misericordia en favor de hombres de su nación. Vieron que, a pesar del trato rudo que le habían dado, él tenía solamente pensamientos de amor hacia ellos, y sus corazones fueron ganados. Después de su ascensión dieron la bienvenida a los mensajeros del Salvador, y los discípulos cosecharon una preciosa mies de entre quienes antes habían sido sus más acerbos enemigos. "No quebrará la caña cascada, ni apagará el pábilo que humeare; por medio de la verdad traerá justicia". "Y en su nombre esperarán los gentiles".[6]

Al enviar a los 70 Jesús les ordenó, como lo había ordenado a los Doce, no insistir en estar donde no fueran bienvenidos. Les dijo: "En cualquier ciudad donde entréis, y no os reciban, saliendo por sus calles decid: Aun el polvo de vuestra ciudad, que se ha pegado a nuestros pies, lo sacudimos contra vosotros. Pero esto sabed, que el reino de Dios se ha acercado a vosotros". No debían hacer esto por resentimiento o porque se hubiese herido su dignidad, sino para mostrar cuán grave es rechazar el mensaje del Señor o a sus mensajeros. Rechazar a los siervos del Señor es rechazar a Cristo mismo.

Jesús añadió: "Os digo que en el día del juicio será más tolerable el castigo para la tierra de Sodoma, que para ti".[7] Y recordó los pueblos de Galilea donde había cumplido la mayor parte de su ministerio. Con acento de profunda tristeza exclamó: "¡Ay de ti, Corazín! ¡Ay de ti, Betsaida!, que si en Tiro y en Sidón hubieran hecho los milagros que se han hecho en vosotras, tiempo ha que sentadas en cilicio y ceniza, se habrían arrepentido. Por tanto, en el juicio será más tolerable el castigo para Tiro y Sidón que para vosotras. Y tú, Capernaum, que hasta los cielos eres levantada, hasta el Hades serás abatida".

Las más ricas bendiciones del cielo habían sido ofrecidas gratuitamente a esos activos pueblos próximos al Mar de Galilea. Día tras día el Príncipe de la vida había entrado y salido entre ellos. La gloria de Dios, que profetas y reyes habían anhelado ver, había brillado sobre las multitudes que se agolpaban en los caminos del Salvador. Sin embargo, habían rechazado el Don celestial.

Con gran ostentación de prudencia los rabinos habían amonestado al pueblo contra la aceptación de las nuevas doctrinas enseñadas por este nuevo maestro; porque sus teorías y prácticas contradecían las enseñanzas de los padres. El pueblo dio crédito a lo que enseñaban los sacerdotes y fariseos, en lugar de procurar entender por sí mismo la Palabra de Dios. Honraban a los sacerdotes y a los príncipes en vez de honrar a Dios, y rechazaron la verdad con el fin de conservar sus propias tradiciones. Muchos habían sido impresionados y casi persuadidos; pero no obraron de acuerdo con sus convicciones, y no fueron contados entre los partidarios de Cristo. Satanás presentó sus tentaciones, hasta que la luz les pareció tiniebla. Así muchos rechazaron la verdad que hubiera tenido como resultado la salvación de su alma.

El Testigo verdadero dice: "He aquí, yo estoy a la puerta y llamo".[8] Toda amonestación, represión y súplica de la Palabra de Dios o de sus mensajeros es un llamado a la puerta del corazón. Es la voz de Jesús que pide entrar. Con cada llamado desoído se va debilitando la disposición a abrir. Si hoy son despreciadas las impresiones del Espíritu Santo, mañana no serán tan fuertes. El corazón se vuelve menos sensible y cae en una peligrosa inconsciencia en cuanto a lo breve de la vida frente a la gran eternidad venidera. Nuestra condenación en el juicio no se será el resultado del hecho de que hemos estado en el error, sino del hecho de que hemos descuidado las oportunidades enviadas por el cielo para que aprendiésemos lo que es la verdad.

A semejanza de los apóstoles, los 70 habían recibido dones sobrenaturales como sello de su misión. Cuando terminaron su obra, volvieron con gozo diciendo: "Señor, aun los demonios se nos sujetan en tu nombre". Jesús respondió: "Yo veía a Satanás caer del cielo como un rayo".

Escenas del pasado y del futuro se presentaron a la mente de Jesús. Vio a Lucifer cuando fue arrojado por primera vez de los lugares celestiales. Miró hacia adelante, a las escenas de su propia agonía, cuando el carácter del engañador sería expuesto a todos los mundos. Oyó el clamor: "Consumado es",[9] el cual anunciaba que la redención de la raza caída quedaba asegurada para siempre, que el cielo estaba eternamente seguro contra las acusaciones, los engaños y las pretensiones que promoviera Satanás.

Más allá de la cruz del Calvario, con su agonía y vergüenza, Jesús miró hacia el gran día final, cuando el príncipe de las potestades del aire será destruido en la tierra durante tanto tiempo mancillada por su rebelión. Contempló la obra del mal terminada para siempre, y la paz de Dios llenando el cielo y la tierra.

En lo venidero, los seguidores de Cristo habrían de mirar a Satanás como a un enemigo vencido. Sobre la cruz, Cristo iba a ganar la victoria para ellos; deseaba que aceptasen esa victoria como suya. Él dijo: "He aquí os doy potestad de hollar serpientes y escorpiones, y sobre toda fuerza del enemigo, y nada os dañará".

El poder omnipotente del Espíritu Santo es la defensa de toda alma contrita. Cristo no permitirá que pase al dominio del enemigo nadie que haya pedido su protección con fe y arrepentimiento. El Salvador está junto a los suyos que son tentados y probados. Con él no puede haber fracaso, pérdida, imposibilidad, derrota o algo por el estilo; podemos hacer todas las cosas mediante él, que nos fortalece. Cuando vengan las tentaciones y las pruebas, no esperen arreglar todas las dificultades, sino miren Jesús, su Ayudador.

Hay cristianos que piensan y hablan demasiado respecto del poder de Satanás. Piensan en su adversario, oran acerca de él, hablan de él y él parece agrandarse más y más en su imaginación. Es verdad que Satanás es un ser poderoso; pero, gracias a Dios, tenemos un Salvador más poderoso que arrojó del cielo al maligno. Satanás se goza cuando engrandecemos su poder. ¿Por qué no hablamos de Jesús? ¿Por qué no magnificamos su poder y su amor?

El arco iris de la promesa que circunda el trono de lo alto es un testimonio eterno de que "de tal manera amó Dios al mundo, que ha dado a su Hijo unigénito, para que todo aquel que en él cree, no se pierda, mas tenga vida eterna".[10] Atestigua al universo que Dios nunca abandonará a su pueblo en su lucha contra el mal. Es una garantía para nosotros de que contaremos con fuerza y protección mientras permanezca el trono.

Jesús añadió: "Pero no os regocijéis de que los espíritus se os sujetan, sino regocijaos de que vuestros nombres están escritos en los cielos". No se gocen por poseer poder, no sea que pierdan de vista su dependencia de Dios. Tengan cuidado, no sea que se crean suficientes y obren según su propia fuerza, en lugar de hacerlo en el espíritu y la fuerza de su Maestro. El yo siempre está listo para atribuirse el mérito de cualquier éxito alcanzado. Si se lisonjea y exalta al yo, no se graba en otras mentes la verdad de que Dios es todo y en todos. El apóstol Pablo dice: "Cuando soy débil, entonces soy fuerte".[11] Cuando nos damos cuenta de nuestra debilidad, aprendemos a depender de un poder no inherente. Nada puede posesionarse más fuertemente del corazón que el sentido interior de nuestra responsabilidad ante Dios. Nada afecta tan plenamente a los motivos más profundos de la conducta como la sensación del amor perdonador de Cristo. Debemos ponernos en comunión con Dios; entonces seremos impregnados con su Espíritu Santo, el cual nos capacita para relacionarnos con nuestros semejantes. Por tanto, gócense de que mediante Cristo han sido puestos en comunión con Dios, miembros de la familia celestial. Mientras miren más arriba que ustedes mismos, tendrán un sentido continuo de la flaqueza de la humanidad. Cuanto menos aprecien al yo, más clara y plena será vuestra comprensión de la excelencia de vuestro Salvador. Cuanto más estrechamente se relacionen con la fuente de luz y poder, mayor luz brillará sobre ustedes y mayor poder tendrán para trabajar por Dios. Gócense porque son uno con Dios, uno con Cristo y con toda la familia del cielo.

Mientras los 70 escuchaban las palabras de Cristo, el Espíritu Santo impresionaba sus mentes con las realidades vivientes y escribía la verdad en las tablas del alma. Aunque los cercaban multitudes, estaban como a solas con Dios.

Sabiendo que ellos se habían posesionado de la inspiración de la hora, "Jesús se regocijó en el Espíritu, y dijo: Yo te alabo, oh Padre, Señor del cielo y de la tierra, porque escondiste estas cosas de los sabios y entendidos, y las has revelado a los niños. Sí, Padre, porque así te agradó. Todas las cosas me fueron entregadas por mi Padre; y nadie conoce quién es el Hijo sino el Padre; ni quién es el Padre, sino el Hijo, y aquel quien el Hijo lo quiera revelar".

Los hombres honrados por el mundo, los así llamados grandes y sabios, con su alardeada sabiduría, no podían comprender el carácter de Cristo. Lo juzgaban por la apariencia exterior, por la humillación que le cupo como ser humano. Pero a los pescadores y publicanos les había sido dado ver al Invisible. Aun los discípulos no podían entender todo lo que Jesús deseaba revelarles; pero a veces, cuando se sometían al poder del Espíritu Santo, se iluminaban sus mentes. Comprendían que el Dios poderoso, revestido de humanidad, estaba entre ellos. Jesús se regocijó porque, aunque los sabios y prudentes no poseían ese conocimiento, había sido revelado a esos hombres humildes. A menudo, mientras él había presentado las Escrituras del Antiguo Testamento, y les había mostrado cómo se aplicaban a él y a su obra de expiación, ellos habían sido despertados por su Espíritu y elevados a una atmósfera celestial. Tenían un entendimiento más claro de las verdades espirituales habladas por los profetas que sus escritores originales. En adelante no habrían de leer las Escrituras del Antiguo Testamento como las doctrinas de escribas y fariseos, ni como las declaraciones de sabios que habían muerto, sino como una nueva revelación de Dios. Veían al "Espíritu de verdad, al cual el mundo no puede recibir, porque no lo ve, ni lo conoce; pero vosotros lo conocéis, porque mora con vosotros, y estará en vosotros".[12]

Lo único que nos permite obtener una comprensión más perfecta de la verdad consiste en que mantengamos nuestro corazón enternecido y subyugado por el Espíritu de Cristo. El alma debe ser limpiada de la vanidad y el orgullo, y vaciada de todo lo que la domina; y Cristo debe estar entronizado en ella. La ciencia humana es demasiado limitada para comprender la expiación. El plan de la redención es demasiado abarcante para que la filosofía pueda explicarlo. Será siempre un misterio insondable para el razonamiento más profundo. La ciencia de la salvación no puede ser explicada; pero puede ser conocida por experiencia. Sólo el que ve su propia pecaminosidad puede discernir la preciosidad del Salvador.

Las lecciones que Jesús enseñaba, mientras se dirigía lentamente de Galilea a Jerusalén, estaban llenas de instrucción. El pueblo escuchaba ansiosamente sus palabras. En Perea y Galilea el pueblo no estaba tan dominado por el fanatismo de los judíos como en Judea, y las enseñanzas de Cristo hallaban cabida en los corazones.

Muchas de sus parábolas Cristo las presentó durante esos últimos meses de su ministerio. Los sacerdotes y rabinos lo perseguían cada vez más acerbamente, y las amonestaciones que les dirigía iban veladas en símbolos. Ellos no podían entender mal lo que quería decir, pero no podían hallar en sus palabras algo en qué fundar una acusación contra él. En la parábola del fariseo y el publicano, la suficiencia propia manifestada en la oración: "Dios, te doy gracias porque no soy como los otros hombres", contrastaba vívidamente con la plegaria del penitente: "Dios, sé propicio a mí, pecador". Así censuró Cristo la hipocresía de los judíos. Y bajo las figuras de la higuera estéril y la gran cena predijo la sentencia que estaba por caer sobre la nación impenitente. Quienes habían rechazado desdeñosamente la invitación al banquete evangélico oyeron sus palabras de amonestación: "Os digo que ninguno de aquellos hombres que fueron llamados, gustará mi cena".[13]

Muy preciosas fueron las instrucciones impartidas a los discípulos. La parábola de la viuda importuna y del amigo que pedía pan a medianoche dieron nueva fuerza a sus palabras: "Pedid, y se os dará; buscad, y hallaréis; llamad, y se os abrirá". Y a menudo su fe vacilante fue fortalecida por el recuerdo de las palabras que Cristo había dicho: "¿Acaso Dios no hará justicia a sus escogidos, que claman a él día y noche? ¿Se tardará en responderles? Os digo que pronto les hará justicia".[14]

Cristo repitió la hermosa parábola de la oveja perdida. Y dio aun mayor alcance a su lección cuando habló de la dracma perdida y del hijo pródigo. Los discípulos no pudieron apreciar entonces toda la fuerza de estas lecciones; pero después del derramamiento del Espíritu Santo, cuando vieron la conversión de numerosos gentiles y la ira envidiosa de los judíos, comprendieron mejor la lección del hijo pródigo y pudieron participar del gozo de las palabras de Cristo: "Era necesario hacer fiesta y regocijarnos", "porque este mi hijo muerto era, y ha revivido; se había perdido, y es hallado". Y cuando salieron en el nombre de su Señor, enfrentando reproches, pobreza y persecución, a menudo confortaban sus corazones repitiendo su mandato expresado en este último viaje: "No temáis, manada pequeña, porque a vuestro Padre le ha placido daros el reino. Vended lo que poseéis, y dad limosna; haceos bolsas que no se envejezcan, tesoro en los cielos que no se agote; donde ladrón no llega, ni polilla destruye. Porque donde está vuestro tesoro, allí estará también vuestro corazón".[15]

[1] Juan 7:6. [2] Juan 3:14. [3] Luc. 2:49; Juan 2:4. [4] Mar. 10:1. [5] Luc. 10:1. [6] Isa. 42:3; Mat. 12:21. [7] Mat. 10:24. [8] Apoc. 3:20. [9] Juan 19:30. [10] Juan 3:16. [11] 2 Cor. 12:10. [12] Juan 14:17. [13] Luc. 18:11, 13; 14:24. [14] Luc. 11:9; 18:7, 8. [15] Luc. 15:32, 24; 12:32-34.

CAPÍTULO 54

El buen samaritano

E N LA HISTORIA del buen samaritano Cristo ilustra la naturaleza de la verdadera religión. Muestra que ésta no consiste en sistemas, credos o ritos, sino en la ejecución de actos de amor, en hacer el mayor bien a otros, en la bondad genuina.

Mientras Cristo enseñaba a la gente, "un intérprete de la ley se levantó y dijo, para probarle: Maestro, ¿haciendo qué cosa heredaré la vida eterna?" Con expectante atención, la multitud esperó la respuesta. Los sacerdotes y rabinos habían pensado enredar a Cristo induciendo al doctor de la ley a dirigirle esta pregunta. Pero el Salvador no entró en controversia. Obligó al mismo interrogador dar la respuesta. Él dijo: "¿Qué está escrito en la ley? ¿Cómo lees?" Los judíos seguían acusando a Jesús de tratar con liviandad la ley dada desde el Sinaí; pero él encauzó el problema de la salvación hacia la observancia de los mandamientos de Dios.

El doctor de la ley dijo: "Amarás al Señor tu Dios con todo tu corazón, y con toda tu alma, y con todas tus fuerzas, y con toda tu mente; y a tu prójimo como a ti mismo". Jesús dijo: "Bien has respondido; haz esto, y vivirás".

El doctor de la ley no estaba satisfecho con la opinión y las obras de los fariseos. Había estado estudiando las Escrituras con el deseo de aprender su significado real. Tenía un interés vital en el asunto, y había preguntado con sinceridad: "¿Haciendo qué cosa heredaré la vida eterna?" En su respuesta tocante a los requerimientos de la ley pasó por alto todo el cúmulo de preceptos ceremoniales y rituales. No les atribuyó ningún valor, sino que presentó los dos grandes principios de los cuales dependen la ley y los profetas. Esta respuesta, al ser elogiada por Cristo, colocó al Salvador en un terreno ventajoso frente a los rabinos. No podían condenarlo por haber sancionado lo declarado por un expositor de la ley.

"Haz esto, y vivirás", dijo Jesús. Presentó la ley como una unidad divina, enseñando así que no es posible guardar un precepto y quebrantar otro; porque el mismo principio corre por todos ellos. El destino del hombre estará determinado por su obediencia a toda la ley. El amor supremo a Dios y el amor imparcial al hombre son los principios que deben practicarse en la vida.

El legista se reconoció transgresor de la ley. Bajo las palabras escrutadoras de Cristo se vio culpable. No practicaba la justicia de la ley que pretendía entender. No había manifestado amor hacia su prójimo. Necesitaba arrepentirse; pero en vez de hacerlo, trató de justificarse. En lugar de reconocer la verdad, trató de mostrar cuán difícil es la observancia de los mandamientos. Así esperó evitar el fallo condenatorio y vindicarse ante el pueblo. Las palabras del Salvador habían demostrado que su pregunta era innecesaria, puesto que él mismo había sido capaz de contestarla. Con todo, hizo otra, diciendo: "¿Quién es mi prójimo?"

Esta cuestión provocaba entre los judíos interminables disputas. No tenían dudas en cuanto a los paganos y los samaritanos; éstos eran extranjeros y enemigos. Pero ¿dónde debía hacerse la distinción entre la gente de su propia nación, y entre las diferentes clases de la sociedad? ¿A quiénes debían considerar prójimos el sacerdote, el rabino, el anciano? Se pasaban la vida en un sinfín de ceremonias para purificarse. Enseñaban que el trato con la multitud ignorante y descuidada causaba una contaminación cuya supresión requería un esfuerzo tedioso. ¿Debía considerar a los "inmundos" como prójimos?

De nuevo Jesús rehusó ser arrastrado a una controversia. No denunció el fanatismo de quienes lo estaban vigilando para condenarlo. Pero por medio de un simple relato expuso ante sus oyentes un cuadro tal del superabundante amor celestial, que tocó todos los corazones y arrancó del doctor de la ley una confesión de la verdad.

El modo de disipar las tinieblas consiste en dar entrada a la luz. La mejor manera de tratar con el error consiste en presentar la verdad. Es la revelación del amor de Dios lo que pone de manifiesto la deformidad y el pecado del corazón centrado en el yo.

Jesús dijo: "Un hombre descendía de Jerusalén a Jericó, y cayó en manos de ladrones, los cuales lo despojaron; e hiriéndolo, se fueron, dejándolo medio muerto. Aconteció que descendió un sacerdote por aquel camino, y viéndolo, pasó de largo. Asimismo un levita, llegando cerca de aquel lugar, y viéndolo, pasó de largo".[1] Esta no era una escena imaginaria, sino un suceso reciente, conocido exactamente como fue presentado. El sacerdote y el levita que habían pasado por un costado estaban entre la multitud que escuchaba las palabras de Cristo.

Al ir de Jerusalén a Jericó el viajero tenía que pasar por una región del desierto de Judea. El camino atravesaba una hondonada despoblada y peñascosa que estaba infestada de ladrones, y que a menudo era teatro de violencias. Era allí donde el viajero fue atacado, despojado de todo lo que tenía de valor, herido y magullado, y dejado medio muerto junto al camino. Mientras yacía en esa condición, apareció el sacerdote por ese camino; pero él dirigió tan sólo una mirada de soslayo al herido. Luego apareció el levita. Curioso por saber lo que había acontecido, se detuvo y miró al doliente. Estaba convencido de lo que debía hacer; pero no era un deber agradable. Deseaba no haber venido por ese camino, para no haber necesitado ver al herido. Se persuadió de que el caso no le concernía.

Ambos hombres pertenecían al oficio sagrado y profesaban exponer las Escrituras. Pertenecían a la clase especialmente elegida para representar a Dios ante el pueblo. Se debían "compadecer de los ignorantes y extraviados", para poder guiar a los hombres al entendimiento del gran amor de Dios hacia la humanidad. La obra que estaban llamados a hacer era la misma que Jesús había descrito como suya cuando dijo: "El Espíritu del Señor está sobre mí, por cuanto me ha ungido para dar buenas nuevas a los pobres; me ha enviado a sanar a los quebrantados de corazón; a pregonar libertad a los cautivos, y vista a los ciegos; a poner en libertad a los oprimidos".[2]

Los ángeles del cielo miran la angustia de la familia de Dios en la tierra, y están dispuestos a cooperar con los hombres para aliviar la opresión y el sufrimiento. En su providencia, Dios había guiado al sacerdote y al levita a lo largo del camino en el cual yacía el herido doliente, con el fin de que pudieran ver que necesitaba misericordia y ayuda. Todo el cielo observó para ver si el corazón de esos hombres sería movido por la piedad hacia el infortunio humano. El Salvador era el que había instruido a los hebreos en el desierto; desde las columnas de nube y de fuego había enseñado una lección muy diferente de la que el pueblo estaba recibiendo ahora de sus sacerdotes y maestros. Las provisiones misericordiosas de la ley se extendían aun a los animales inferiores, que no pueden expresar con palabras sus necesidades y sufrimientos. Por medio de Moisés se habían dado instrucciones a los hijos de Israel al respecto: "Si encontrares el buey de tu enemigo o su asno extraviado, vuelve a llevárselo. Si vieres el asno del que te aborrece caído debajo de su carga, ¿lo dejarás sin ayuda? Antes bien lo ayudarás a levantarlo". Pero mediante el hombre herido por los ladrones, Jesús presentó el caso de un hermano que sufría. ¡Cuánto más debieran haberse conmovido de piedad hacia él que hacia una bestia de carga! Por medio de Moisés se les había advertido que el Señor su Dios era "Dios grande, poderoso y temible... que hace justicia al huérfano y a la viuda; que ama también al extranjero". Por lo cuál él ordenó: "Amaréis, pues, al extranjero". "Lo amarás como a ti mismo".[3]

Job había dicho: "El forastero no pasaba fuera la noche; mis puertas abría al caminante". Y cuando dos ángeles en forma de hombres fueron a Sodoma, Lot, inclinándose con su rostro a tierra, dijo: "Ahora, mis señores, os ruego que vengáis a casa de vuestro siervo y os hospedéis".[4] El sacerdote y el levita estaban familiarizados con todas estas lecciones, pero no las ponían en práctica. Entrenados en la escuela del fanatismo nacional, habían llegado a ser egoístas, estrechos y exclusivistas. Cuando miraron al hombre herido, no podían afirmar si pertenecía a su nación o no. Pensaron que podía ser uno de los samaritanos, y se alejaron.

El doctor de la ley no vio en la conducta de ellos, tal como Cristo la había descrito, nada contrario a lo que se le había enseñado concerniente a los requerimientos de la ley. Pero luego se le presentó otra escena:

Un samaritano, de viaje, llegó a donde estaba el doliente y, al verlo, se compadeció de él. No preguntó si el extraño era judío o gentil. Si fuera judío, bien sabía el samaritano que, de haber sido los casos de ambos a la inversa, el hombre le habría escupido en la cara y pasado de largo con desprecio. Pero no vaciló por esto. No consideró que él mismo se exponía a la violencia al detenerse en ese lugar. Le bastaba que allí, delante de él, había un ser humano necesitado y sufriente. Se quitó sus propias vestiduras para cubrirlo. La provisión de aceite y vino que llevaba para el viaje la usó para curar y refrescar al hombre herido. Lo alzó sobre su propia bestia y lo condujo a paso lento y uniforme, de modo que el extraño no fuera sacudido y así se incrementaran sus dolores. Lo llevó a un mesón y lo cuidó durante la noche, vigilándolo con ternura. Por la mañana, cuando el enfermo había mejorado, el samaritano se propuso seguir su viaje. Pero antes de hacerlo le encomendó al huésped, pagó los gastos y dejó un depósito en su favor; y no contento aún con eso, hizo provisión para cualquier necesidad adicional y dijo al mesonero: "Cuídamelo; y todo lo que gastes de más, yo te lo pagaré cuando regrese".

Después de terminar el relato, Jesús fijó sus ojos en el doctor de la ley, con una mirada que parecía leer su alma, y dijo: "¿Quién, pues, de estos tres te parece [*a ti*] que fue el prójimo del que cayó en manos de los ladrones?"[5]

El doctor de la ley no quiso tomar, ni aun ahora, el nombre del samaritano en sus labios, y contestó: "El que usó de misericordia con él". Jesús dijo: "Ve, y haz *tú* lo mismo".

Así, la pregunta "¿Quién es mi prójimo?" está para siempre contestada. Cristo demostró que nuestro prójimo no es meramente quien pertenece a la misma iglesia o fe que nosotros. No tiene que ver con cuestiones de raza, color o clase social. Nuestro prójimo es toda persona que necesita nuestra ayuda. Nuestro prójimo es toda alma que está herida y magullada por el adversario. Nuestro prójimo es todo aquel que pertenece a Dios.

Mediante el relato del buen samaritano, Jesús pintó un cuadro de sí mismo y de su misión. El hombre había sido engañado, estropeado, robado y arruinado por Satanás, y abandonado para que perezca; pero el Salvador se compadeció de nuestra condición desesperada. Dejó su gloria para venir a rescatarnos. Nos halló a punto de morir, y se hizo cargo de nuestro caso. Sanó nuestras heridas. Nos cubrió con su manto de justicia. Nos proveyó un refugio seguro e hizo completa provisión para nosotros a sus propias expensas. Murió para redimirnos. Y señalando su propio ejemplo, dice a sus seguidores: "Esto os mando: Que os améis unos a otros". "Como yo os he amado, que también os améis unos a otros".[6]

La pregunta del doctor de la ley a Jesús había sido: "¿Haciendo qué cosa heredaré la vida eterna?" Y Jesús, reconociendo el amor a Dios y al hombre como la esencia de la justicia, le había dicho: "Haz esto, y vivirás". El samaritano había obedecido los dictados de un corazón bondadoso y amante, y con eso había dado pruebas de ser observador de la ley. Cristo le ordenó al doctor de la ley: "Ve, y haz tú lo mismo". Se espera que los hijos de Dios hagan, y no meramente digan. "El que dice que permanece en él, debe andar como él anduvo".[7]

La lección no es menos necesaria hoy en el mundo que cuando salió de los labios de Jesús. El egoísmo y la fría formalidad casi han extinguido el fuego del amor y disipado las gracias que podrían hacer fragante el carácter. Muchos de los que profesan su nombre han perdido de vista el hecho de que los cristianos deben representar a Cristo. A menos que haya sacrificio personal por el bien de otros en el círculo familiar, en el vecindario, en la iglesia y en dondequiera que podamos, y cualquiera sea nuestra profesión, no somos cristianos.

Cristo unió sus intereses con los de la humanidad, y nos pide que nos identifiquemos con él para la salvación de la humanidad. Él dice: "De gracia recibisteis, dad de gracia".[8] El pecado es el mayor de todos los males, y debemos apiadarnos del pecador y ayudarlo. Son muchos los que yerran y sienten su vergüenza y desatino. Tienen hambre de palabras de aliento. Miran sus equivocaciones y errores hasta que casi son arrojados a la desesperación. No debemos descuidar a esas almas. Si somos cristianos, no pasaremos por un costado, manteniéndonos tan lejos como nos sea posible de quienes más necesitan nuestra ayuda. Cuando veamos a un ser humano en angustia, ya sea por la aflicción o por el pecado, nunca diremos: "Esto no me incumbe".

"Vosotros que sois espirituales, restauradle con espíritu de mansedumbre".[9] Por medio de la fe y la oración hagan retroceder el poder del enemigo. Hablen palabras de fe y valor, que serán como bálsamo sanador para el golpeado y herido. Muchos, muchos son los que han desmayado y se han desanimado en la gran lucha de la vida, cuando una palabra de bondadoso estímulo los habría fortalecido para vencer. Nunca debemos pasar junto a un alma que sufre sin tratar de impartirle el consuelo con el cual nosotros somos consolados por Dios.

Todo esto no es sino el cumplimiento del principio de la ley: el principio ilustrado en el relato del buen samaritano y manifestado en la vida de Jesús. Su carácter revela el verdadero significado de la ley, y muestra qué significa amar a nuestro prójimo como a nosotros mismos. Y cuando los hijos de Dios manifiestan misericordia, bondad y amor hacia todos los hombres, también atestiguan del carácter de los estatutos del cielo. Dan testimonio de que "la ley de Jehová es perfecta, que convierte el alma". Y cualquiera que deja de manifestar este amor viola la ley que profesa reverenciar. Por el espíritu que manifestamos hacia nuestros hermanos declaramos cuál es nuestro espíritu hacia Dios. El amor de Dios en el corazón es la única fuente de amor hacia nuestro prójimo. "Si alguno dice: Yo amo a Dios, y aborrece a su hermano, es mentiroso. Porque el que no ama a su hermano a quien ha visto, ¿cómo puede amar a Dios a quien no ha visto?" Amados, "si nos amamos unos a otros, Dios permanece en nosotros, y su amor se ha perfeccionado en nosotros".[10]

---

[1] Luc. 10:30-32. [2] Heb. 5:2, RVA; Luc. 4:18. [3] Éxo. 23:4, 5; Deut. 10:17-19; Lev. 19:34. [4] Job 31:32; Gén. 19:2. [5] Luc. 10:35, 36. [6] Juan 15:17; 13:34. [7] 1 Juan 2:6. [8] Mat. 10:8. [9] Gál. 6:1. [10] Sal. 19:7; 1 Juan 4:20, 12.

CAPÍTULO 55

Sin manifestación exterior

ALGUNOS de los fariseos habían ido a Jesús y le habían preguntado "cuándo había de venir el reino de Dios". Habían pasado más de tres años desde que Juan el Bautista diera el mensaje que a manera de toque de trompeta había repercutido por el país: "Arrepentíos, porque el reino de los cielos se ha acercado".[1] Y sin embargo los fariseos no veían señal alguna del establecimiento del reino. Muchos de los que habían rechazado a Juan, y a cada paso se habían opuesto a Jesús, estaban insinuando que su misión había fracasado.

Jesús contestó: "El reino de Dios no vendrá con advertencia [manifestación exterior, VM], ni dirán: Helo aquí, o helo allí; porque he aquí el reino de Dios está entre vosotros". El reino de Dios comienza en el corazón. No busquen aquí o allí manifestaciones de poder terrenal que señalen su llegada.

Él dijo, dirigiéndose a sus discípulos: "Tiempo vendrá cuando desearéis ver uno de los días del Hijo del hombre, y no lo veréis". [Es decir:] "Por cuanto no va acompañada de pompa mundanal, están en peligro de no discernir la gloria de mi misión. No comprenden cuán grande es su presente privilegio de tener entre ustedes, aunque velado por la humanidad, al que es la vida y la luz de los hombres. Vendrán días en que mirarán retrospectivamente y con ansias las oportunidades que ahora disfrutan, el de caminar y hablar con el Hijo de Dios".

Por causa de su egoísmo y mundanalidad, ni los discípulos de Jesús podían comprender la gloria espiritual que él procuraba revelarles. No fue sino hasta después de la ascensión de Cristo al Padre y del derramamiento del Espíritu Santo sobre los creyentes, que los discípulos apreciaron plenamente el carácter y la misión del Salvador. Después de haber recibido el bautismo del Espíritu comenzaron a comprender que habían estado en la misma presencia del Señor de gloria. A medida que les eran recordados los dichos de Cristo, sus mentes se abrían para comprender las profecías y entender los milagros obrados por él. Las maravillas de su vida pasaban delante de ellos, y parecían hombres que despertaban de un sueño. Se dieron cuenta de que el "Verbo fue hecho carne, y habitó entre nosotros (y vimos su gloria, gloria como del unigénito del Padre), lleno de gracia y de verdad".[2] En verdad, Cristo había venido de Dios a un mundo pecaminoso para salvar a los caídos hijos e hijas de Adán. Entonces los discípulos se estimaron de mucha menor importancia que antes de haber comprendido esto. Nunca se cansaban de referir las palabras y obras del Señor. Sus lecciones, que sólo habían entendido oscuramente, ahora les parecía una nueva revelación. Las Escrituras llegaron a ser para ellos un libro nuevo.

Mientras los discípulos escudriñaban las profecías que testificaban de Cristo, llegaron a estar en comunión con la Deidad, y aprendieron de quien había ascendido al cielo a completar la obra que había comenzado en la tierra. Reconocieron que había en él un conocimiento que ningún ser humano podía comprender sin la ayuda de un agente divino. Necesitaban la ayuda del Ser predicho por reyes, profetas y justos. Con asombro leían y volvían a leer las profecías que delineaban su carácter y su obra. ¡Cuán vagamente habían comprendido las escrituras proféticas; cuán lentos habían sido para recibir las grandes verdades que testificaban de Cristo! Mirándolo en su humillación, mientras andaba como hombre entre los hombres, no habían comprendido el misterio de su encarnación, el carácter dual de su naturaleza. Sus ojos estaban velados, de manera que no reconocían plenamente la divinidad en la humanidad. Pero después que fueron iluminados por el Espíritu Santo, ¡cuánto anhelaban volver a verlo y sentarse a sus pies! ¡Cuánto deseaban acercarse a él y que les explicase las Escrituras que no podían comprender! ¡Cuán atentamente escucharían sus palabras! ¿Qué había querido decir Cristo cuando dijo: "Aún tengo muchas cosas que deciros, pero ahora no las podéis sobrellevar"?[3] ¡Cuán ávidos estaban de saberlo todo! Les apenaba que su fe hubiese sido tan débil, que sus ideas hubiesen sido tan equivocadas como para fracasar en comprender la realidad.

Dios había enviado un heraldo que proclamase la venida de Cristo para llamar la atención de la nación judía y del mundo a su misión; para que los hombres pudiesen prepararse para recibirlo. El admirable personaje a quien Juan había anunciado había estado entre ellos por más de 30 años, y en realidad no lo conocieron como el enviado de Dios. El remordimiento se apoderó de los discípulos porque habían dejado que la incredulidad prevaleciente fermentase sus opiniones y anublase su entendimiento. La Luz de este mundo sombrío había estado resplandeciendo entre su lobreguez, y ellos habían fallado en comprender de dónde provenían sus rayos. Se preguntaban por qué se habían conducido de modo que fuese necesario que Cristo los reprendiese. Con frecuencia repetían sus conversaciones y decían: "¿Por qué permitimos que las consideraciones terrenales y la oposición de sacerdotes y rabinos confundieran nuestros sentidos, de manera que no comprendiésemos que entre nosotros estaba uno mayor que Moisés, que nos instruía uno más sabio que Salomón? ¡Cuán embotados estaban nuestros oídos, cuán débil era nuestro entendimiento!"

Tomás no quiso creer hasta que hubo metido su dedo en la herida hecha por los soldados romanos. Pedro lo había negado en su humillación y rechazo. Estos dolorosos recuerdos acudían claramente a sus mentes. Habían estado con él, pero no lo habían conocido ni apreciado. Pero ahora, ¡cuánto conmovían su corazón esas cosas al reconocer su incredulidad!

Mientras los sacerdotes y príncipes se combinaban contra ellos y eran llevados ante concilios y arrojados a la cárcel, los discípulos de Cristo se regocijaban de "haber sido tenidos por dignos de padecer afrenta por causa del Nombre".[4] Se regocijaban en probar, ante los hombres y los ángeles, que reconocían la gloria de Cristo y elegían seguirlo aun a costa de perder todo lo demás.

Es tan cierto hoy, como en los días apostólicos, que sin la iluminación del Espíritu divino la humanidad no puede discernir la gloria de Cristo. La verdad y la obra de Dios no son apreciadas por un cristianismo que ama al mundo y transige con él. No es en la comodidad, ni en los honores terrenales o la conformidad con el mundo donde se encuentra a quienes siguen al Maestro. Han dejado muy atrás esas cosas, y ahora se hallan en las sendas del trabajo, la humillación y el oprobio, en el frente de batalla "contra principados, contra potestades, contra los gobernadores de estas tinieblas de este siglo, contra huestes espirituales de maldad en las regiones celestes".[5] Y así, como en los días de Cristo, son incomprendidos, vilipendiados y oprimidos por los sacerdotes y fariseos del tiempo actual.

El reino de Dios no viene con manifestación exterior. El evangelio de la gracia de Dios, con su espíritu de abnegación, jamás puede estar en armonía con el espíritu del mundo. Los dos principios son antagónicos. "El hombre animal no percibe las cosas que son del Espíritu de Dios, porque le son locura; y no las puede entender, porque se han de examinar espiritualmente".[6]

Pero hoy en el mundo religioso hay multitudes que creen estar trabajando para el establecimiento del reino de Cristo como un dominio terrenal y temporal. Desean hacer de nuestro Señor el regidor de los reinos de este mundo, el gobernante de sus tribunales y comandante de sus campos militares, de sus asambleas legislativas, de sus palacios y plazas. Esperan que reine por medio de promulgaciones legales, impuestas por autoridad humana. Como Cristo no está aquí en persona, ellos mismos quieren obrar en su lugar ejecutando las leyes de su reino. El establecimiento de un reino tal es lo que los judíos deseaban en los días de Cristo. Habrían recibido a Jesús si él hubiese estado dispuesto a establecer un dominio temporal, a imponer lo que consideraban como leyes de Dios, y hacerlos los expositores de su voluntad y los agentes de su autoridad. Pero él dijo: "Mi reino no es de este mundo".[7] No quiso aceptar el trono terrenal.

El gobierno bajo el cual Jesús vivía era corrompido y opresivo; por todos lados había abusos clamorosos: extorsión, intolerancia y crueldad insultante. Sin embargo, el Salvador no intentó hacer reformas civiles: No atacó los abusos nacionales ni condenó a los enemigos nacionales. No interfirió en la autoridad ni en la administración de los que estaban en el poder. El que era nuestro ejemplo se mantuvo alejado de los gobiernos terrenales. No porque fuese indiferente a los padecimientos de los hombres, sino porque el remedio no consistía en medidas simplemente humanas y externas. Para ser eficiente, la cura debía alcanzar a los hombres individualmente, y debía regenerar el corazón.

No se establece el reino de Cristo por medio de las decisiones de los tribunales o los consejos o asambleas legislativas, ni por el patrocinio de los grandes del mundo, sino por la implantación de la naturaleza de Cristo en la humanidad por medio de la obra del Espíritu Santo. "A todos los que le recibieron, a los que creen en su nombre, les dio potestad de ser hechos hijos de Dios; los cuales no son engendrados de sangre, ni de voluntad de carne, ni de voluntad de varón, sino de Dios".[8] He aquí el único poder que pueda obrar la elevación de la humanidad. Y el agente humano que ha de cumplir esta obra es la enseñanza y la práctica de la Palabra de Dios.

Cuando el apóstol Pablo empezó su ministerio en Corinto, ciudad populosa, rica y perversa, contaminada por los infames vicios del paganismo, dijo: "Me propuse no saber entre vosotros cosa alguna sino a Jesucristo, y a éste crucificado". Escribiendo más tarde a algunos de los que habían sido corrompidos por los pecados más viles, pudo decir: "Y esto erais algunos; mas ya habéis sido lavados, ya habéis sido santificados, ya habéis sido justificados en el nombre del Señor Jesús, y por el Espíritu de nuestro Dios". "Gracias doy a mi Dios siempre por vosotros, por la gracia de Dios que os fue dada en Cristo Jesús".[9]

Ahora, como en los días de Cristo, la obra del reino de Dios no le corresponde a los que están reclamando el reconocimiento y apoyo de los gobernantes terrenales y de las leyes humanas, sino a los que están declarando al pueblo en su nombre esas verdades espirituales que obrarán, en quienes las reciban, la experiencia de Pablo: "Con Cristo estoy juntamente crucificado, y ya no vivo yo, mas vive Cristo en mí". Entonces trabajarán como Pablo para beneficio de los hombres. Él dijo: "Así que, somos embajadores en nombre de Cristo, como si Dios rogase por medio de nosotros; os rogamos en nombre de Cristo: Reconciliaos con Dios".[10]

[1] Mat. 3:2. [2] Juan 1:14. [3] Juan 16:12. [4] Hech. 5:41. [5] Efe. 6:12. [6] 1 Cor. 2:14, RVA. [7] Juan 18:36. [8] Juan 1:12, 13. [9] 1 Cor. 2:2; 6:11; 1:4. [10] Gál. 2:20; 2 Cor. 5:20.

CAPÍTULO 56

"Dejen que los niños vengan a mí"

JESÚS siempre amó a los niños. Aceptaba su simpatía infantil, y su amor sincero y sin afectación. La agradecida alabanza de sus labios puros era música para sus oídos y refrigeraba su espíritu cuando estaba oprimido por el trato con hombres astutos e hipócritas. Dondequiera que fuera el Salvador, la benignidad de su rostro y sus modales amables y bondadosos le granjeaban el amor y la confianza de los niños.

Entre los judíos era costumbre llevar a los niños a algún rabino con el fin de que les impusiese las manos para bendecirlos; pero los discípulos pensaban que el trabajo del Salvador era demasiado importante para ser interrumpido de esa manera. Cuando las madres vinieron a él con sus pequeñuelos, los discípulos las miraron con desagrado. Pensaron que esos niños eran demasiado tiernos para ser beneficiados por una visita a Jesús, y concluyeron que su presencia le desagradaría. Pero fueron los discípulos quienes incurrieron en su desagrado. El Salvador comprendía los cuidados y la carga de las madres que estaban tratando de educar a sus hijos de acuerdo con la Palabra de Dios. Había oído sus oraciones. Él mismo las había atraído a su presencia.

Una madre con su hijo había dejado su casa para hallar a Jesús. En el camino habló de su diligencia a una vecina, y ésta también quiso que Jesús bendijese a sus hijos. Así se reunieron varias madres con sus pequeñuelos. Algunos de los niños ya habían pasado de la infancia a la niñez y a la adolescencia. Cuando las madres expresaron su deseo, Jesús oyó con simpatía la petición tímida y lagrimeante. Pero esperó para ver cómo las tratarían los discípulos. Cuando los vio despedir a las madres pensando hacerle un favor, les mostró su error diciendo: "Dejad a los niños venir a mí, y no se lo impidáis; porque de los tales es el reino de Dios". Tomó a los niños en sus brazos, puso las manos sobre ellos y les dio la bendición por la que habían venido.

Las madres quedaron consoladas. Volvieron a sus casas fortalecidas y bendecidas por las palabras de Cristo. Quedaron animadas para reasumir sus cargas con nueva alegría, y para trabajar con esperanza por sus hijos. Las madres de hoy han de recibir sus palabras con la misma fe. Cristo es tan ciertamente un Salvador personal hoy como cuando vivió como hombre entre los hombres. Es tan ciertamente el ayudador de las madres hoy como cuando reunía a los pequeñuelos en sus brazos en Judea. Los hijos de nuestros hogares son tanto la adquisición de su sangre como lo eran los niños de entonces.

Jesús conoce la preocupación del corazón de cada madre. El que tuvo una madre que luchó contra la pobreza y la privación, simpatiza con cada madre en sus labores. El que hizo un largo viaje para aliviar el ansioso corazón de una mujer cananea, hará otro tanto por las madres de hoy. El que devolvió a la viuda de Naín su único hijo, y en su agonía sobre la cruz se acordó de su propia madre, se conmueve hoy por la tristeza de una madre. En todo pesar y en toda necesidad dará consuelo y ayuda.

Acudan las madres a Jesús con sus perplejidades. Hallarán gracia suficiente para ayudarlas en la conducción de sus hijos. Las puertas están abiertas para toda madre que quiera poner sus cargas a los pies del Salvador. El que dijo: "Dejad a los niños venir a mí, y no se lo impidáis", sigue invitando a las madres a llevarle sus pequeñuelos para que sean bendecidos por él. Aun el lactante en los brazos de su madre puede morar bajo la sombra del Todopoderoso por medio de la fe de la madre que ora. Juan el Bautista estuvo lleno del Espíritu Santo desde su nacimiento. Si queremos vivir en comunión con Dios, nosotros también podemos esperar que el Espíritu divino amolde a nuestros pequeñuelos, aun desde los primeros momentos.

En los niños que eran puestos en contacto con él, Jesús veía a los hombres y mujeres que serían herederos de su gracia y súbditos de su reino, algunos de los cuales llegarían a ser mártires por su causa. Él sabía que estos niños lo escucharían y aceptarían como su Redentor con mayor facilidad que los adultos, muchos de los cuales eran sabios en las cosas del mundo y duros de corazón. En su enseñanza, él descendía a su nivel. Él, la Majestad del cielo, no desdeñaba contestar sus preguntas y simplificar sus importantes lecciones para adaptarlas a su entendimiento infantil. Plantaba en sus mentes las semillas de la verdad, que en años ulteriores brotarían y darían fruto para vida eterna.

Todavía es verdad que los niños son más susceptibles a las enseñanzas del evangelio; sus corazones están abiertos a las influencias divinas, y son fuertes para retener las lecciones recibidas. Los niñitos pueden ser cristianos y tener una experiencia de acuerdo con sus años. Necesitan ser educados en las cosas espirituales, y los padres deben darles todas las ventajas, para que adquieran un carácter semejante al de Cristo.

Los padres y las madres deben considerar a sus hijos como los miembros más jóvenes de la familia del Señor, confiados a ellos para que los eduquen para el cielo. Las lecciones que nosotros mismos aprendemos de Cristo debemos darlas a nuestros hijos a medida que sus mentes jóvenes puedan recibirlas, revelándoles poco a poco la belleza de los principios del cielo. Así llega a ser el hogar cristiano una escuela donde los padres sirven como ayudantes de enseñanza, mientras que Cristo es el maestro principal.

Al trabajar por la conversión de nuestros hijos no debemos esperar que las emociones violentas sean la evidencia esencial de que están convencidos de pecado. Ni tampoco es necesario saber el momento exacto cuando se convierten. Debemos enseñarles a traer sus pecados a Jesús, a pedirle que los perdone, y a creer que los perdona y los recibe como recibía a los niños cuando estaba personalmente en la tierra.

Mientras la madre enseña a sus hijos a obedecerle porque la aman, les enseña las primeras lecciones de su vida cristiana. El amor de la madre representa ante el niño el amor de Cristo, y los pequeñuelos que confían y obedecen a su madre están aprendiendo a confiar y obedecer al Salvador.

Jesús era el modelo para los niños, y también es el ejemplo de los padres. Él hablaba como quien tenía autoridad, y su palabra tenía poder; sin embargo, en todo su trato con hombres rudos y violentos no empleó una sola expresión desprovista de bondad o descortés. La gracia de Cristo en el corazón impartirá una dignidad proveniente del cielo y un sentido de lo que es apropiado. Suavizará cuanto haya de duro, y subyugará todo lo tosco y poco amable. Inducirá a los padres y las madres a tratar a sus hijos como seres inteligentes, como quisieran ellos mismos ser tratados.

Padres, al educar a sus hijos, estudien las lecciones que Dios ha dado en la naturaleza. Si quisieran cultivar un clavel, o una rosa o un lirio, ¿cómo lo harían? Pregunten al jardinero por medio de qué proceso logra que prosperen primorosamente toda rama y hoja y se desarrollen con simetría y hermosura. Él les dirá que no es mediante un trato rudo ni un esfuerzo violento; porque eso no haría sino romper los delicados tallos. Es por medio de pequeñas atenciones repetidas con frecuencia. Riega el suelo y protege las crecientes plantas del viento impetuoso y del sol abrasador, y Dios las hace prosperar y florecer con hermosura. Al tratar con sus hijos, sigan el método del jardinero. Por medio de toques suaves, por medio de un ministerio amante, traten de moldear su carácter según el modelo del carácter de Cristo.

Estimulen la expresión del amor hacia Dios y de unos hacia otros. La razón por la cual hay tantos hombres y mujeres de corazón duro en el mundo es porque el verdadero afecto ha sido considerado como debilidad, y ha sido desalentado y reprimido. La mejor naturaleza de esas personas fue ahogada en la infancia; y a menos que la luz del amor divino derrita su frío egoísmo, su felicidad quedará arruinada para siempre. Si queremos que nuestros hijos posean el tierno espíritu de Jesús y la simpatía que los ángeles manifiestan por nosotros, debemos estimular los impulsos generosos y amantes de la infancia.

Enseñen a los niños a ver a Cristo en la naturaleza. Sáquenlos al aire libre, bajo los nobles árboles del huerto; y en todas las cosas maravillosas de la creación enséñenles a ver una expresión de su amor. Enséñenles que él hizo las leyes que gobiernan todas las cosas vivientes, que él ha hecho leyes para nosotros, y que esas leyes son para nuestra felicidad y nuestro gozo. No los cansen con largas oraciones y tediosas exhortaciones, sino que por medio de las lecciones objetivas de la naturaleza enséñenles a obedecer la ley de Dios.

A medida que se granjeen su confianza en ustedes como discípulos de Cristo, les será fácil enseñarles el gran amor con el cual nos ha amado. Mientras traten de hacerles claras las verdades de la salvación y los conduzcan a Cristo como un Salvador personal, los ángeles estarán a vuestro lado. El Señor dará gracia a los padres y las madres para interesar a sus pequeñuelos en la preciosa historia del Bebé de Belén, quien es en verdad la esperanza del mundo.

Cuando Jesús dijo a sus discípulos que no impidiesen a los niños que fueran a él, hablaba a sus seguidores de todas las épocas: a los dirigentes de la iglesia, a los ministros y sus ayudantes, y a todos los cristianos. Jesús está atrayendo a los niños y nos ordena: "Dejad a los niños venir a mí". Es como si nos dijese: "Vendrán a mí si no se los impiden".

No permitan que vuestro carácter diferente del de Cristo lo represente falsamente. No aparten a los pequeñuelos de él por vuestra frialdad y dureza. Jamás les hagan sentir que el cielo no sería un lugar agradable para ellos si ustedes estuvieran allí. No hablen de la religión como algo que los niños no pueden entender, ni obren como si no esperaran que acepten a Cristo en su infancia. No les den la falsa impresión de que la religión de Cristo es una religión lóbrega, y que al ir al Salvador deben renunciar a todo lo que llena de gozo la vida.

A medida que el Espíritu Santo mueve los corazones de los niños, cooperemos con su obra. Enseñémosles que el Salvador los llama, que nada puede darle mayor gozo que el hecho de que ellos se entreguen a él en la flor y frescura de sus años.

El Salvador considera con infinita ternura las almas que compró con su propia sangre. Son la adquisición de su amor. Las mira con anhelo indecible. Su corazón se siente atraído no sólo hacia los niños que mejor se comportan, sino también hacia quienes han heredado rasgos de carácter criticables. Muchos padres no comprenden cuánta responsabilidad tienen ellos por esos rasgos de sus niños. No tienen ternura y sabiduría para tratar con los que yerran, a quienes hicieron lo que son. Jesús considera a esos niños con compasión. Él delinea con exactitud de causa a efecto.

El que trabaja para Cristo puede ser su agente para atraer a esos niños al Salvador. Con sabiduría y tacto puede ligarlos a su corazón, puede darles valor y esperanza, y por la gracia de Cristo puede verlos transformados en carácter, de manera que se pueda decir de ellos: "Porque de los tales es el reino de Dios".

Capítulo 57

"Una sola cosa te falta"

"**A**L SALIR él para seguir su camino, vino uno corriendo, e hincando la rodilla delante de él, le preguntó: Maestro bueno, ¿qué haré para heredar la vida eterna?"

El joven que hizo esta pregunta era un príncipe. Tenía grandes posesiones y ocupaba un cargo de responsabilidad. Había visto el amor que Cristo manifestara hacia los niños que le trajeron; cuán tiernamente los recibió y alzó en sus brazos, y su corazón ardió de amor por el Salvador. Sintió deseos de ser su discípulo. Se había conmovido tan profundamente que, mientras Cristo iba por su camino, corrió tras él y, arrodillándose a sus pies, le hizo con sinceridad y fervor esa pregunta de suma importancia para su alma y la de todo ser humano: "Maestro bueno, ¿qué haré para heredar la vida eterna?"

Cristo dijo: "¿Por qué me llamas bueno? Ninguno hay bueno, sino sólo uno, Dios". Jesús deseaba probar la sinceridad del joven, y conseguir que expresara la manera en que lo consideraba bueno. ¿Se daba cuenta de que el Ser a quien hablaba era el Hijo de Dios? ¿Cuál era el verdadero sentimiento de su corazón?

Este príncipe tenía en alta estima su propia justicia. En realidad, no suponía que fuese deficiente en algo, pero no estaba completamente satisfecho. Sentía la necesidad de algo que no poseía. ¿Podría Jesús bendecirlo como había bendecido a los niñitos y satisfacer la necesidad de su alma?

En respuesta a su pregunta, Jesús le dijo que la obediencia a los mandamientos de Dios era necesaria si quería obtener la vida eterna; y citó varios de los mandamientos que muestran el deber del hombre para con sus semejantes. La respuesta del príncipe fue positiva: "Todo esto lo he guardado desde mi juventud. ¿Qué más me falta?"

Cristo miró al rostro del joven como si leyera su vida y escudriñara su carácter. Lo amaba, y anhelaba darle la paz, la gracia y el gozo que cambiarán materialmente su carácter. Le dijo: "Una cosa te falta; anda, vende todo lo que tienes, y dalo a los pobres, y tendrás tesoro en el cielo; y ven, sígueme, tomando tu cruz".

Cristo sentía atracción por este joven. Sabía que era sincero en su aserto: "Todo esto lo he guardado desde mi juventud". El Redentor anhelaba crear en él un discernimiento que lo habilitara para ver la necesidad de una devoción nacida del corazón y de la bondad cristiana. Anhelaba ver en él un corazón humilde y contrito que, consciente del amor supremo que ha de dedicarse a Dios, ocultara su falta en la perfección de Cristo.

Jesús vio en este príncipe precisamente la persona cuya ayuda necesitaba si el joven quería llegar a ser colaborador con él en la obra de la salvación. Con tal que quisiera ponerse bajo la dirección de Cristo, sería un poder para el bien. En un grado notable, el príncipe podría haber representado a Cristo; porque poseía cualidades que, si se unía con el Salvador, lo habilitarían para llegar a ser una fuerza divina entre los hombres. Cristo, leyendo su carácter, lo amó. El amor hacia Cristo estaba despertándose en el corazón del príncipe; porque el amor engendra amor. Jesús anhelaba verlo colaborar con él. Anhelaba hacerlo como él, un espejo en el cual se reflejase la semejanza de Dios. Anhelaba desarrollar la excelencia de su carácter y santificarlo para uso del Maestro. Si el príncipe se hubiese entregado a Cristo, habría crecido en la atmósfera de su presencia. Si hubiese hecho esa elección, ¡cuán diferente habría sido su futuro!

"Una cosa te falta", dijo Jesús. "Si quieres ser perfecto, anda, vende lo que tienes, y dalo a los pobres, y tendrás tesoro en el cielo; y ven y sígueme". Cristo leyó el corazón del príncipe. Una sola cosa le faltaba, pero esa cosa era un principio vital. Necesitaba el amor de Dios en el alma. Esa sola falta, si no era suplida, le resultaría fatal; corrompería toda su naturaleza. Tolerándolo, el egoísmo se fortalecería. Con el fin de que pudiese recibir el amor de Dios, debía renunciar a su supremo amor a sí mismo.

Cristo dio a este hombre una prueba. Lo invitó a elegir entre el tesoro celestial y la grandeza mundanal. El tesoro celestial le estaba asegurado si quería seguir a Cristo. Pero debía renunciar al yo; debía entregar su voluntad al dominio de Cristo. Al joven príncipe le fue ofrecida la santidad misma de Dios. Tuvo el privilegio de llegar a ser hijo de Dios y coheredero con Cristo del tesoro celestial. Pero debía tomar la cruz y seguir al Salvador con verdadera abnegación.

Las palabras de Cristo fueron en verdad para el príncipe la invitación: "Escogeos hoy a quién sirváis".[1] Le fue dejada a él la decisión. Jesús anhelaba que se convirtiera. ¡Le había mostrado el foco infeccioso en su carácter, y con profundo interés vigilaba el resultado mientras el joven pesaba la cuestión! Si decidía seguir a Cristo, debía obedecer sus palabras en todo. Debía apartarse de sus proyectos ambiciosos. ¡Con qué anhelo ferviente, con qué ansia del alma, miró el Salvador al joven, esperando que cediese a la invitación del Espíritu de Dios!

Cristo presentó las únicas condiciones que pondrían al príncipe donde éste perfeccionaría un carácter cristiano. Sus palabras eran palabras de sabiduría, aunque parecían severas y exigentes. En aceptarlas y obedecerlas estaba la única esperanza de salvación del príncipe. Su posición exaltada y sus bienes ejercían sobre su carácter una sutil influencia para el mal. Si los prefiriese, suplantarían a Dios en sus afectos. El guardar poco o mucho sin entregarlo a Dios sería retener lo que reduciría su fuerza y eficiencia moral; porque si se aprecian las cosas de este mundo, por inciertas e indignas que sean, llegan a absorberlo todo.

El príncipe discernió prestamente todo lo que involucraban las palabras de Cristo, y se entristeció. Si se hubiese dado cuenta del valor del don ofrecido, se habría alistado prestamente como uno de los seguidores de Cristo. Era miembro del honorable concilio de los judíos, y Satanás le estaba tentando con lisonjeras perspectivas de lo futuro. Quería el tesoro celestial, pero también quería las ventajas temporales que sus riquezas le proporcionarían. Lamentaba que existiesen tales condiciones; deseaba la vida eterna, pero no estaba dispuesto a hacer el sacrificio necesario. El costo de la vida eterna le parecía demasiado grande, y se fue triste, "porque tenía muchas posesiones".

Su aserto de que había guardado la ley de Dios era falso. Demostró que las riquezas eran su ídolo. No podía guardar los mandamientos de Dios mientras el mundo ocupaba el primer lugar en sus afectos. Amaba los dones de Dios más que al Dador. Cristo había ofrecido su comunión al joven. "Sígueme", le dijo. Pero el Salvador no significaba tanto para él como sus bienes o su propia fama entre los hombres. Renunciar al visible tesoro terrenal por el tesoro invisible y celestial era un riesgo demasiado grande. Rechazó el ofrecimiento de la vida eterna y se fue, y desde entonces el mundo habría de recibir su culto. Millares están pasando por esta prueba, y pesan a Cristo contra el mundo; y muchos eligen el mundo. Como el joven príncipe, se apartan del Salvador diciendo en su corazón: "No tendré a este Hombre como mi líder".

Se nos presenta el trato de Cristo con el joven como una lección objetiva. Dios nos dio la regla de conducta que debe seguir cada uno de sus siervos. Es la obediencia a su ley; no sólo una obediencia legal, sino una obediencia que penetra en la vida y se ejemplifica en el carácter. Dios fijó su propia norma de carácter para todos los que quieren llegar a ser súbditos de su reino. Únicamente quienes lleguen a ser colaboradores con Cristo, únicamente los que digan: "Señor, todo lo que tengo y soy te pertenece", serán reconocidos como hijos e hijas de Dios. Todos deberán considerar lo que significa desear el cielo, y sin embargo apartarse de él por causa de las condiciones impuestas. Pensemos en lo que significa decir *"No"* a Cristo. El príncipe dijo: "No, yo no puedo darte todo". ¿Decimos nosotros lo mismo? El Salvador ofrece compartir con nosotros la obra que Dios nos ha dado para realizar. Nos ofrece emplear los recursos que Dios nos ha dado para llevar a cabo su obra en el mundo. Únicamente de esa manera puede salvarnos.

Los bienes del príncipe le habían sido confiados para que se demostrase un fiel mayordomo; tenía que administrar esos bienes para beneficio de los menesterosos. También ahora confía Dios recursos a los hombres, así como talentos y oportunidades, con el fin de que sean sus agentes para ayudar a los pobres y dolientes. Quien emplea como Dios quiere los bienes que le han confiado, llega a ser un colaborador con el Salvador. Gana almas para Cristo, porque es un representante de su carácter.

A los que, como el joven príncipe, ocupan altos puestos de confianza y tienen grandes posesiones, puede parecer un sacrificio demasiado grande el renunciar a todo con el fin de seguir a Cristo. Pero ésta es la regla de conducta para todos los que quieran llegar a ser sus discípulos. No puede aceptarse algo que sea menos que la obediencia. La entrega del yo es la sustancia de las enseñanzas de Cristo. Con frecuencia es presentada y ordenada en un lenguaje que parece autoritario porque no hay otra manera de salvar al hombre que separándolo de esas cosas que, si las conservase, desmoralizarían todo el ser.

Cuando los seguidores de Cristo devuelven lo suyo al Señor, acumulan tesoros que se les darán cuando oigan las palabras: "Bien, buen siervo y fiel... entra en el gozo de tu Señor". "El cual, habiéndole sido propuesto gozo, sufrió la cruz, menospreciando la vergüenza, y se sentó a la diestra del trono de Dios".[2] El gozo de ver almas redimidas, almas eternamente salvadas, es la recompensa de todos los que ponen sus pies en las pisadas del Ser que dijo: "Sígueme".

---

[1] Jos. 24:15. [2] Mat. 25:23; Heb. 12:2, RVA.

Capítulo 58

"¡Lázaro, sal fuera!"

ENTRE los más constantes discípulos de Cristo se contaba Lázaro de Betania. Desde la primera ocasión en que se encontraran, su fe en Cristo había sido fuerte; su amor por Jesús era profundo, y el Salvador lo amaba muchísimo. En favor de Lázaro se realizó el mayor de los milagros de Cristo. El Salvador bendecía a todos los que buscaban su ayuda; ama a toda la familia humana, pero está unido a algunos de sus miembros por lazos peculiarmente tiernos. Su corazón estaba ligado con fuertes vínculos de afecto a la familia de Betania, y para un miembro de ella realizó su obra más maravillosa.

Con frecuencia Jesús hallaba descanso en el hogar de Lázaro. El Salvador no tenía hogar propio; dependía de la hospitalidad de sus amigos y discípulos, y a menudo, cuando estaba cansado y sediento de compañía humana, le era grato refugiarse en ese hogar apacible, lejos de las sospechas y los celos de los airados fariseos. Allí encontraba una sincera bienvenida, y amistad pura y santa. Allí podía hablar con sencillez y perfecta libertad, sabiendo que sus palabras serían comprendidas y atesoradas.

Nuestro Salvador apreciaba un hogar tranquilo y oyentes que manifestasen interés. Sentía anhelos de ternura, cortesía y afecto humano. Los que recibían la instrucción celestial que él estaba siempre listo para impartir eran grandemente bendecidos. Mientras las multitudes seguían a Cristo por los campos abiertos, les revelaba las bellezas del mundo natural. Trataba de abrir sus ojos para que las entendiesen y pudieran ver cómo la mano de Dios sostiene el mundo. Con el fin de que expresasen aprecio por la bondad y benevolencia de Dios, llamaba la atención de sus oyentes al rocío que caía suavemente, a las lluvias apacibles y al resplandeciente sol, otorgados tanto a buenos como a malos. Deseaba que los hombres se dieran cuenta más plenamente de la consideración que Dios concede a los instrumentos humanos que creó. Pero las multitudes eran lentas para entender, y en el hogar de Betania Cristo hallaba descanso del pesado conflicto de la vida pública. Allí abría, ante un auditorio que lo apreciaba, el libro de la Providencia. En esas entrevistas privadas revelaba a sus oyentes lo que no se arriesgaba a decir a la multitud mixta. No necesitaba hablar en parábolas a sus amigos.

Mientras Cristo daba sus lecciones maravillosas, María se sentaba a sus pies, escuchándolo con reverencia y devoción. En una ocasión, Marta, perpleja por el afán de preparar la comida, apeló a Cristo diciendo: "Señor, ¿no te da cuidado que mi hermana me deje servir sola? Dile, pues, que me ayude". Esto sucedió en ocasión de la primera visita de Cristo a Betania. El Salvador y sus discípulos acababan de hacer un viaje penoso a pie desde Jericó. Marta estaba ansiosa por proveer para su comodidad, y en su ansiedad se olvidó de la cortesía debida a su Huésped. Jesús le contestó con palabras llenas de mansedumbre y paciencia: "Marta, Marta, afanada y turbada estás con muchas cosas. Pero sólo una cosa es necesaria; y María ha escogido la buena parte, la cual no le será quitada". María atesoraba en su mente las preciosas palabras que caían de los labios del Salvador, palabras que eran más preciosas para ella que las joyas más costosas de esta tierra.

La "una cosa" que Marta necesitaba era un espíritu de calma y devoción, una ansiedad más profunda por el conocimiento referente a la vida futura e inmortal y las gracias necesarias para el progreso espiritual. Necesitaba menos ansiedad por las cosas pasajeras y más por esas cosas que perduran para siempre. Jesús quiere enseñar a sus hijos a aprovechar toda oportunidad de obtener el conocimiento que los hará sabios para la salvación. La causa de Cristo necesita personas meticulosas y enérgicas. Hay un amplio campo para las Martas con su celo por la obra religiosa activa. Pero deben sentarse primero con María a los pies de Jesús. Sean la diligencia, la presteza y la energía santificadas por la gracia de Cristo; entonces la vida será un irresistible poder para el bien.

El pesar penetró en el apacible hogar donde Jesús había descansado. Lázaro fue herido por una enfermedad repentina, y sus hermanas mandaron llamar al Salvador diciendo: "Señor, he aquí el que amas está enfermo". Se dieron cuenta de la violencia de la enfermedad que había abatido a su hermano, pero sabían que Cristo se había demostrado capaz de sanar toda clase de dolencias. Creían que él simpatizaría con ellas en su angustia; por tanto, no exigieron urgentemente su presencia inmediata, sino que mandaron tan sólo el confiado mensaje: "El que amas está enfermo". Pensaron que él respondería inmediatamente y estaría con ellas tan pronto como pudiese llegar a Betania.

Ansiosamente esperaron noticias de Jesús. Mientras había una chispa de vida en su hermano, oraron y esperaron la venida de Jesús. Pero el mensajero volvió sin él. Sin embargo, trajo el mensaje: "Esta enfermedad no es para muerte", y ellas se aferraron a la esperanza de que Lázaro viviría. Con ternura trataron de dirigir palabras de esperanza y aliento al sufriente casi inconsciente. Cuando Lázaro murió se quedaron amargamente desilusionadas; pero sentían la gracia sostenedora de Cristo, y esto les impidió culpar en forma alguna al Salvador.

Cuando Cristo oyó el mensaje, los discípulos pensaron que lo había recibido fríamente. No manifestó el pesar que ellos esperaban de él. Mirándolos a ellos dijo: "Esta enfermedad no es para muerte, sino para la gloria de Dios, para que el Hijo de Dios sea glorificado por ella". Permaneció dos días en el lugar donde estaba. Esta demora fue un misterio para los discípulos. Pensaban: "¡De cuánto consuelo sería su presencia para la familia afligida!" Era bien conocido por los discípulos su intenso afecto por esa familia de Betania, y estaban sorprendidos de que no respondiese al triste comunicado: "El que amas está enfermo".

Durante esos dos días Cristo pareció haber desechado el mensaje de su mente; porque no habló de Lázaro. Los discípulos pensaban en Juan el Bautista, precursor de Jesús. Se habían preguntado por qué Jesús, que tenía el poder de realizar milagros admirables, había permitido que Juan languideciera en la cárcel y muriese en forma violenta. Ya que poseía tal poder, ¿por qué no había salvado Jesús la vida de Juan? Esta pregunta la habían formulado a menudo los fariseos, y la presentaban como un argumento incontestable contra el aserto de Cristo de ser el Hijo de Dios. El Salvador había advertido a sus discípulos acerca de las pruebas, pérdidas y persecuciones. ¿Los abandonaría en la prueba?

Algunos se preguntaban si no habían estado equivocados acerca de su misión. Todos estaban profundamente perturbados.

Después de aguardar dos días, Jesús dijo a los discípulos: "Vamos a Judea otra vez". Los discípulos se preguntaban por qué, si Jesús iba a ir a Judea, había esperado dos días. Pero lo que más predominaba en sus mentes era una ansiedad por Cristo y por sí mismos. No podían ver sino peligro en lo que estaba por hacer. Dijeron: "Rabí, ahora procuraban los judíos apedrearte, ¿y otra vez vas allá? Respondió Jesús: ¿No tiene el día doce horas?" [Es decir:] "Estoy bajo la dirección de mi Padre; mientras haga su voluntad, mi vida está segura. Mis doce horas del día todavía no han terminado. He comenzado el último remanente de mi día; pero mientras queda algo, estoy seguro".

Él continuó: "El que anda de día, no tropieza, porque ve la luz de este mundo". El que hace la voluntad de Dios, que camina en la senda que Dios le ha trazado, no puede tropezar ni caer. La luz del Espíritu guiador de Dios le da una clara percepción de su deber, y lo conduce hasta el final de su obra. "Pero el que anda de noche, tropieza, porque no hay luz en él". El que anda en la senda que se eligió, donde Dios no lo ha llamado, tropezará. Para él, el día se trueca en noche, y dondequiera que esté, no está seguro.

"Dicho esto, les dijo después: Nuestro amigo Lázaro duerme; mas voy para despertarlo". "Nuestro amigo Lázaro duerme". ¡Cuán conmovedoras son estas palabras! ¡Cuán llenas de simpatía! Mientras pensaban en el peligro que su Maestro estaba por arrostrar yendo a Jerusalén, los discípulos casi se habían olvidado de la familia enlutada en Betania. Pero no así Cristo. Los discípulos se sintieron reprendidos. Se habían chasqueado porque Cristo no respondió más prestamente al mensaje. Habían estado tentados a pensar que él no tenía por Lázaro y sus hermanas el tierno amor que ellos le atribuían, y que debiera haberse vuelto rápidamente con el mensajero. Pero las palabras: "Nuestro amigo Lázaro duerme", despertaron en ellos los correctos sentimientos en sus mentes. Quedaron convencidos de que Cristo no se había olvidado de sus amigos que sufrían.

"Dijeron entonces sus discípulos: Señor, si duerme, sanará. Pero Jesús decía esto de la muerte de Lázaro; y ellos pensaron que hablaba del reposar del sueño". A sus hijos creyentes Cristo les representa la muerte como un sueño. Su vida está escondida con Cristo en Dios, y hasta que suene la última trompeta los que mueren dormirán en él.

"Entonces Jesús les dijo claramente: Lázaro ha muerto; y me alegro por vosotros, de no haber estado allí, para que creáis; mas vamos a él". Tomás no podía ver otra cosa sino que a su Maestro le estaba reservada la muerte si iba a Judea; pero fortaleció su espíritu y dijo a los otros discípulos: "Vamos también nosotros, para que muramos con él". Conocía el odio de los judíos hacia Cristo. Querían lograr su muerte, pero ese propósito no había tenido éxito, porque le quedaba todavía una parte del tiempo que se le había concedido. Durante ese tiempo, Jesús gozaba de la custodia de los ángeles celestiales; y aun en las regiones de Judea, donde los rabinos maquinaban cómo apresarlo y darle muerte, no podía sucederle mal alguno.

Los discípulos se asombraron de las palabras de Cristo cuando dijo: "Lázaro ha muerto; y me alegro... de no haber estado allí". ¿Había sido por propia elección que el Salvador había evitado ir al hogar de sus amigos que sufrían? Aparentemente había dejado solas a Marta y María, así como al moribundo Lázaro. Pero no estaban solos. Cristo contemplaba toda la escena, y después de la muerte de Lázaro las enlutadas hermanas fueron sostenidas por su gracia. Jesús presenció el pesar de sus corazones desgarrados, mientras su hermano luchaba contra su poderoso enemigo: la muerte. Sintió los trances de su angustia, y dijo a sus discípulos: "Lázaro ha muerto". Pero Cristo no sólo tenía que pensar en quienes amaba en Betania; tenía que considerar la educación de sus discípulos. Ellos habrían de ser sus representantes ante el mundo, para que la bendición del Padre pudiese abarcar a todos. Por su bien permitió que Lázaro muriera. Si le hubiese devuelto la salud cuando estaba enfermo, el milagro, que es la evidencia más positiva de su carácter divino, no se habría realizado.

Si Cristo hubiese estado en la pieza del enfermo, Lázaro no habría muerto; porque Satanás no hubiera tenido poder sobre él. La muerte no podría haber lanzado su dardo contra Lázaro en presencia del Dador de la vida. Por tanto, Cristo permaneció lejos. Dejó que el enemigo ejerciese su poder, para luego hacerlo retroceder como enemigo vencido. Permitió que Lázaro pasase bajo el dominio de la muerte; y las hermanas apenadas vieron a su hermano yaciente en la tumba. Cristo sabía que mientras mirasen el rostro muerto de su hermano, su fe en el Redentor sería probada severamente. Pero sabía que a causa de la lucha por la cual estaban pasando ahora, su fe resplandecería con poder mucho mayor. Permitió todos los dolores y penas que soportaron. Su tardanza no indicaba que las amase menos, pero sabía que para ellas, para Lázaro, para él mismo y para sus discípulos debía ganarse una victoria.

"Por vosotros... para que creáis". A todos los que tantean para sentir la mano guiadora de Dios, el momento de mayor desaliento es cuando más cerca está la ayuda divina. Mirarán atrás con agradecimiento a la parte más oscura del camino. "Sabe el Señor librar de tentación a los piadosos".[1] Jesús los saca de toda tentación y prueba con una fe más firme y una experiencia más rica.

Al demorarse en ir a Lázaro, Cristo tenía un propósito de misericordia para con los que no le habían recibido. Tardó, con el fin de que, al resucitar a Lázaro, pudiese dar a su pueblo obstinado e incrédulo otra evidencia de que él era de veras "la resurrección y la vida". Le costaba renunciar a toda esperanza con respecto a su pueblo, las pobres y extraviadas ovejas de la casa de Israel. Su impenitencia le partía el corazón. En su misericordia se propuso darles una evidencia más de que era el Restaurador, el único que podía sacar a luz la vida y la inmortalidad. Habría de ser una evidencia que los sacerdotes no podrían malinterpretar. Tal fue la razón de su demora en ir a Betania. Ese milagro culminante, la resurrección de Lázaro, habría de poner el sello de Dios sobre su obra y su pretensión a la divinidad.

En su viaje a Betania, Jesús, de acuerdo con su costumbre, atendió a los enfermos y menesterosos. Al llegar a la aldea, mandó un mensajero a las hermanas para avisarles de su llegada. Cristo no entró enseguida en la casa, sino que permaneció en un lugar tranquilo al lado del camino. La gran ostentación externa manifestada por los judíos en ocasión de la muerte de un deudo no estaba en armonía con el espíritu de Cristo. Oía los lamentos de las plañideras, y no quería encontrarse con las hermanas en medio de la confusión. Entre los que lloraban estaban los parientes de la familia, algunos de los cuales ocupaban altos puestos de responsabilidad en Jerusalén. Entre ellos se encontraban algunos de los más acerbos enemigos de Cristo. Él conocía su propósito, y por tanto no se dio a conocer enseguida.

El mensaje fue dado a Marta con tanta reserva que las otras personas que estaban en la pieza no lo oyeron. Absorta en su pesar, María no oyó las palabras. Levantándose enseguida, Marta salió al encuentro de su Señor, pero pensando que ella había ido al sepulcro donde estaba Lázaro, María permaneció sumida silenciosamente en su pesar.

Marta se apresuró a ir al encuentro de Jesús con el corazón agitado por emociones en conflicto. En el rostro expresivo de él, ella leyó la misma ternura y amor que siempre había estado allí. Su confianza en él no había variado, pero pensaba en su amado hermano, a quien Jesús también amaba. Con el pesar que brotaba de su corazón porque Cristo no había venido antes y, sin embargo, con la esperanza de que aun ahora podría hacer algo para consolarlas, dijo: "Señor, si hubieses estado aquí, mi hermano no habría muerto". Vez tras vez, en medio del tumulto creado por las plañideras, las hermanas habían repetido esas palabras.

Con compasión humana y divina, Jesús miró el rostro entristecido y acongojado de Marta. Ésta no tenía deseos de volver a relatar lo sucedido; todo estaba expresado por las palabras patéticas: "Señor, si hubieses estado aquí, mi hermano no habría muerto". Pero mirando aquel rostro lleno de amor, añadió: "Mas también sé ahora que todo lo que pidas de Dios, Dios te lo dará".

Jesús animó su fe diciendo: "Tu hermano resucitará". Su respuesta no estaba destinada a inspirar esperanza en un cambio inmediato. Dirigía el Señor los pensamientos de Marta más allá de la restauración actual de su hermano y los fijaba en la resurrección de los justos. Lo hizo para que pudiese ver en la resurrección de Lázaro una garantía de la resurrección de todos los justos, y una seguridad de que sucedería por el poder del Salvador.

Marta contestó: "Yo sé que resucitará en la resurrección, en el día postrero".

Tratando aún de dar una verdadera dirección a su fe, Jesús declaró: "Yo soy la resurrección y la vida". En Cristo hay vida original, no prestada ni derivada de otra. "El que tiene al Hijo, tiene la vida".[2] La divinidad de Cristo es la garantía que el creyente tiene de la vida eterna. Jesús dijo: "El que cree en mí, aunque esté muerto, vivirá. Y todo aquel que vive y cree en mí, no morirá eternamente. ¿Crees esto?" Cristo miraba hacia adelante, a su segunda venida. Entonces los justos muertos serán resucitados incorruptibles, y los justos vivos serán trasladados al cielo sin ver la muerte. El milagro que Cristo estaba por realizar, al resucitar a Lázaro de los muertos, representaría la resurrección de todos los justos muertos. Por medio de sus palabras y sus obras se declaró el Autor de la resurrección. El que pronto iba a morir en la cruz estaba allí con las llaves de la muerte, vencedor del sepulcro, y afirmaba su derecho y poder para dar vida eterna.

A las palabras del Salvador: "¿Crees esto?", Marta respondió: "Sí, Señor; yo he creído que tú eres el Cristo, el Hijo de Dios, que has venido al mundo". No comprendía en todo su significado las palabras dichas por Cristo, pero confesó su fe en su divinidad, y su confianza de que él podía realizar cuanto le agradase hacer.

"Habiendo dicho esto, fue y llamó a María su hermana, diciéndole en secreto: El Maestro está aquí y te llama". Dio su mensaje en forma tan queda como le fue posible; porque los sacerdotes y príncipes estaban listos para arrestar a Jesús en cuanto se les ofreciese la oportunidad. Los clamores de las plañideras impidieron que las palabras de Marta fuesen oídas.

Al oír el mensaje, María se levantó apresuradamente y con mirada y rostro anhelantes salió de la pieza. Pensando que iba al sepulcro a llorar, las plañideras la siguieron. Cuando llegó al lugar donde Jesús estaba, se postró a sus pies y dijo con labios temblorosos: "Señor, si hubieses estado aquí, no habría muerto mi hermano". Los clamores de las plañideras eran dolorosos; y ella anhelaba poder cambiar algunas palabras tranquilas a solas con Jesús. Pero conocía la envidia y los celos que albergaban contra Cristo en su corazón algunos de los presentes, y se limitó a expresar su pesar.

"Jesús entonces, al verla llorando, y a los judíos que la acompañaban, también llorando, se estremeció en espíritu y se conmovió". Leyó el corazón de todos los presentes. Veía que, en muchos, lo que pasaba como demostración de pesar era tan sólo fingimiento. Sabía que algunos de los del grupo, que manifestaban ahora un pesar hipócrita, estarían antes de mucho maquinando la muerte, no sólo del poderoso taumaturgo, sino del que iba a ser resucitado de los muertos. Cristo podría haberlos despojado de su falso pesar. Pero dominó su justa indignación. No pronunció las palabras que podría haber pronunciado con toda verdad, porque amaba a la que, arrodillada a sus pies con tristeza, creía verdaderamente en él.

Preguntó: "¿Dónde lo pusisteis? Le dijeron: Señor, ven y ve". Juntos se dirigieron a la tumba. Era una escena triste. Lázaro había sido muy amado, y sus hermanas lo lloraban con corazones quebrantados, mientras que los que habían sido sus amigos mezclaban sus lágrimas con las de las hermanas enlutadas. A la vista de esta angustia humana, y porque los amigos afligidos pudiesen llorar a sus muertos mientras el Salvador del mundo estaba al lado, "Jesús lloró". Aunque era Hijo de Dios, había tomado sobre sí la naturaleza humana y lo conmovía el pesar humano. Su corazón tierno y compasivo se conmueve siempre de simpatía por los dolientes. Llora con los que lloran y se regocija con los que se regocijan.

No era sólo por causa de su simpatía humana hacia María y Marta que Jesús lloró. En sus lágrimas había un pesar que superaba tanto el pesar humano como los cielos superan a la tierra. Cristo no lloraba por Lázaro, pues iba a sacarlo de la tumba. Lloró porque muchos de los que ahora estaban llorando por Lázaro pronto maquinarían la muerte de quien era la resurrección y la vida. Pero ¡cuán incapaces eran los judíos incrédulos de interpretar debidamente sus lágrimas! Algunos que podían ver como causa de su pesar sólo las circunstancias externas de la escena que estaba delante de él, dijeron suavemente: "Mirad cómo lo amaba". Otros, tratando de sembrar la semilla de la incredulidad en el corazón de los presentes, decían con irrisión: "¿No podía éste, que abrió los ojos al ciego, haber hecho que Lázaro no muriera?" Si Jesús era capaz de salvar a Lázaro, ¿por qué lo dejó morir?

Con ojo profético, Cristo vio la enemistad de los fariseos y saduceos. Sabía que estaban premeditando su muerte. Sabía que algunos de los que ahora manifestaban aparentemente tanta simpatía, no tardarían en cerrarse la puerta de la esperanza y los portales de la ciudad de Dios. Estaba por producirse, en su humillación y crucifixión, una escena que traería como resultado la destrucción de Jerusalén, y en esa ocasión nadie lloraría a los muertos. La retribución que iba a caer sobre Jerusalén quedó plenamente retratada delante de él. Vio a Jerusalén rodeada por las legiones romanas. Sabía que muchos de los que ahora estaban llorando a Lázaro morirían en el sitio de la ciudad, y que en su muerte no habría esperanza.

No lloró Cristo sólo por la escena que tenía delante de sí. Descansaba sobre él el peso de la tristeza de los siglos. Vio los terribles efectos de la transgresión de la ley de Dios. Vio que en la historia del mundo, comenzando con la muerte de Abel, había existido sin cesar el conflicto entre lo bueno y lo malo. Mirando a través de los años venideros vio los sufrimientos y el pesar, las lágrimas y la muerte, que habrían de ser la suerte de los hombres. Su corazón fue traspasado por el dolor de la familia humana de todos los siglos y de todos los países. Los ayes de la raza pecaminosa pesaban sobre su alma, y la fuente de sus lágrimas estalló mientras anhelaba aliviar toda su angustia.

"Jesús, profundamente conmovido otra vez, vino al sepulcro". Lázaro había sido puesto en una cueva rocosa, y una piedra maciza había sido colocada frente a la entrada. "Quitad la piedra", dijo Cristo. Pensando que sólo deseaba mirar al muerto, Marta objetó diciendo que el cuerpo había estado sepultado cuatro días y que la corrupción ya había empezado su obra. Esta declaración, hecha antes de la resurrección de Lázaro, no dejó a los enemigos de Cristo lugar para decir que se había practicado un engaño. En lo pasado, los fariseos habían hecho circular falsas declaraciones acerca de las más maravillosas manifestaciones del poder de Dios. Cuando Cristo devolvió la vida a la hija de Jairo había dicho: "La niña no está muerta, sino duerme".[3] Como ella había estado enferma tan sólo un corto tiempo y fue resucitada inmediatamente después de su muerte, los fariseos declararon que la niña no había muerto; que Cristo mismo había dicho que estaba tan sólo dormida. Habían tratado de dar la impresión de que Cristo no podía sanar la enfermedad, que había juego sucio en sus milagros. Pero en este caso nadie podía negar que Lázaro había muerto.

Cuando el Señor está por hacer una obra, Satanás induce a alguien a objetar. Cristo dijo: "Quitad la piedra" [Es decir:] "En cuanto sea posible, preparen el camino para mi obra". Pero la naturaleza positiva y vehemente de Marta hizo valer sus derechos. Ella no quería que el cuerpo ya en descomposición fuese expuesto a las miradas. El corazón humano es tardo para entender las palabras de Cristo, y la fe de Marta no había captado el verdadero significado de su promesa.

Cristo reprendió a Marta, pero sus palabras fueron pronunciadas con la mayor amabilidad. "¿No te he dicho que si crees, verás la gloria de Dios?" [Vale decir:] "¿Por qué tienes que dudar con respecto a mi poder? ¿Por qué razonar contrariamente a mis requerimientos? Tienes mi palabra. Si quieres creer, verás la gloria de Dios". Las imposibilidades naturales no pueden impedir la obra del Omnipotente. El escepticismo y la incredulidad no son humildad. La creencia implícita en la palabra de Cristo es verdadera humildad, verdadera entrega propia.

"Quitad la piedra". Cristo podría haber ordenado a la piedra que se apartase, y habría obedecido a su voz. Podría haber ordenado a los ángeles que estaban a su lado que la sacasen. A su orden, manos invisibles habrían removido la piedra. Pero debía ser sacada por manos humanas. Así Cristo quería mostrar que la humanidad debe cooperar con la divinidad. No se pide al poder divino que haga lo que el poder humano puede hacer. Dios no prescinde de la ayuda del hombre. Lo fortalece y coopera con él mientras emplea las facultades y capacidades que se le dan.

La orden se obedeció. La piedra fue puesta a un lado. Todo se hizo abierta y deliberadamente. Se dio a todos la oportunidad de ver que no se obraba un engaño. Allí estaba el cuerpo de Lázaro en su tumba rocosa, frío y silencioso en la muerte. Los clamores de las plañideras se acallaron. Sorprendido y expectante, el séquito rodeó el sepulcro, esperando ver lo que ha de seguir.

Sereno, Cristo está de pie delante de la tumba. Una solemnidad sagrada descansa sobre todos los presentes. Cristo se acerca aun más al sepulcro y, alzando los ojos al cielo, dice: "Padre, gracias te doy por haberme oído". No mucho tiempo antes de esto los enemigos de Cristo lo habían acusado de blasfemia, y habían recogido piedras para arrojárselas porque aseveraba ser el Hijo de Dios. Lo acusaban de realizar milagros por medio del poder de Satanás. Pero aquí Cristo llama a Dios su Padre, y con perfecta confianza declara que es el Hijo de Dios.

En todo lo que hacía, Cristo cooperaba con su Padre. Siempre se esmeraba por hacer evidente que no realizaba su obra independientemente; era por medio de la fe y la oración que hacía sus milagros. Cristo deseaba que todos conociesen su relación con su Padre. Dijo: "Padre, gracias te doy por haberme oído. Yo sabía que siempre me oyes; pero lo dije por causa de la multitud que está alrededor, para que crean que tú me has enviado". En esta ocasión los discípulos y la gente iban a recibir la evidencia más convincente de la relación que existía entre Cristo y Dios. Se les debía mostrar que el aserto de Cristo no era una mentira.

"Y habiendo dicho esto, clamó a gran voz: ¡Lázaro, ven fuera!" Su voz, clara y penetrante, entra en los oídos del muerto. Mientras habla, la divinidad fulgura a través de la humanidad. En su rostro, iluminado por la gloria de Dios, la gente ve la prueba de su poder. Cada ojo está fijo en la entrada de la cueva. Cada oído está atento al menor sonido. Con interés intenso y doloroso, todos aguardan la prueba de la divinidad de Cristo, la evidencia que debe probar su aserto de que es el Hijo de Dios o extinguir esa esperanza para siempre.

Hay agitación en la tumba silenciosa, y el que estaba muerto se pone de pie a la puerta del sepulcro. Sus movimientos son trabados por el sudario en que fuera guardado, y Cristo dice a los espectadores asombrados: "Desatadle, y dejadle ir". Vuelve a mostrarles que el obrero humano ha de cooperar con Dios. La humanidad debe trabajar por la humanidad. Lázaro queda libre y está de pie ante los presentes, no demacrado por la enfermedad, ni con miembros débiles y temblorosos, sino como un hombre en la flor de la vida y con el vigor de una noble virilidad. Sus ojos brillan de inteligencia y de amor por su Salvador. Se arroja a los pies de Jesús para adorarlo.

Al principio los espectadores quedan mudos de asombro. Luego sigue una inenarrable escena de regocijo y agradecimiento. Las hermanas reciben a su hermano vuelto a la vida como el don de Dios, y con lágrimas de gozo expresan en forma entrecortada sus agradecimientos al Salvador. Y mientras el hermano, las hermanas y los amigos se regocijan en esa reunión, Jesús se retira de la escena. Cuando buscan al Dador de la vida, no lo pueden hallar.

¹ 2 Ped. 2:9. ² 1 Juan 5:12. ³ Mar. 5:39.

CAPÍTULO 59

Conspiraciones sacerdotales

BETANIA estaba tan cerca de Jerusalén que pronto llegaron a la ciudad las noticias de la resurrección de Lázaro. Por medio de los espías que habían presenciado el milagro, los dirigentes judíos fueron puestos rápidamente al tanto de los hechos. Convocaron inmediatamente una reunión del Sanedrín para decidir qué debía hacerse. Ahora Cristo había demostrado plenamente su dominio sobre la muerte y el sepulcro. Este gran milagro era la evidencia máxima que Dios ofrecía a los hombres de que había enviado a su Hijo al mundo para salvarlo. Era una demostración del poder divino que bastaba para convencer a toda mente dotada de razón y conciencia iluminada. Muchos de los que presenciaron la resurrección de Lázaro fueron inducidos a creer en Jesús. Pero el odio de los sacerdotes contra él se intensificó. Habían rechazado todas las pruebas menores de su divinidad, y este nuevo milagro no hizo sino enfurecerlos. El muerto había sido resucitado a plena luz del día y ante una multitud de testigos. Ningún sofisma podía destruir tal evidencia. Por esta misma razón, la enemistad de los sacerdotes se hizo más mortífera. Estaban más determinados que nunca a detener la obra de Cristo.

Los saduceos, aunque no estaban a favor de Cristo, no habían estado tan llenos de malicia hacia él como los fariseos. Su odio no había sido tan acerbo. Pero ahora estaban cabalmente alarmados. Ellos no creían en la resurrección de los muertos. Basados en la así llamada ciencia, habían razonado que era imposible que un cuerpo muerto reviviera. Pero mediante unas pocas palabras de Cristo su teoría había sido desbaratada. Se había puesto de manifiesto la ignorancia de ellos tocante a las Escrituras y el poder de Dios. Vieron la imposibilidad de destruir la impresión hecha en el pueblo por ese milagro. ¿Cómo podrían los hombres ser apartados del que había triunfado hasta arrancarle sus muertos al sepulcro? Se pusieron en circulación falsos informes, pero el milagro no podía negarse, y no sabían cómo contrarrestar sus efectos. Hasta entonces los saduceos no habían alentado el plan de matar a Cristo. Pero después de la resurrección de Lázaro creyeron que únicamente mediante su muerte podrían ser reprimidas sus intrépidas denuncias contra ellos.

Los fariseos creían en la resurrección, y no podían dejar de ver en ese milagro una evidencia de que el Mesías estaba entre ellos. Pero siempre se habían opuesto a la obra de Cristo. Desde el principio lo habían aborrecido porque había desenmascarado sus pretensiones hipócritas. Les había quitado el manto de rigurosos ritos bajo el cual ocultaban su deformidad moral. La religión pura que él enseñaba había condenado su hueca profesión de piedad. Ansiaban vengarse de él por sus agudos reproches. Habían procurado inducirlo a decir o hacer algo que les diera ocasión de condenarlo. En varias ocasiones habían intentado apedrearlo, pero él se había apartado tranquilamente, y lo habían perdido de vista.

Todos los milagros que realizaba en sábado eran para aliviar al afligido, pero los fariseos habían procurado condenarlo como violador del sábado. Habían tratado de incitar a los herodianos contra él. Presentándolo como procurando establecer un reino rival, consultaron con ellos en cuanto a cómo matarlo. Para excitar a los romanos contra él se lo habían representado como tratando de subvertir su autoridad. Habían ensayado todos los recursos para impedir que influyera en el pueblo. Pero hasta entonces sus intentos habían fracasado. Las multitudes que habían presenciado sus obras de misericordia, y oído sus enseñanzas puras y santas, sabían que los suyos no eran los hechos y las palabras de un violador del sábado o un blasfemo. Aun los oficiales enviados por los fariseos habían sido tan influenciados por sus palabras que no pudieron echar mano de él. En su desesperación, los judíos finalmente habían publicado un edicto decretando que cualquiera que profesase fe en Jesús fuera expulsado de la sinagoga.

De modo que cuando los sacerdotes, príncipes y ancianos se reunieron en concilio, era firme su determinación de silenciar al que obraba tales maravillas que todos los hombres admiraban. Los fariseos y los saduceos estaban más cerca de la unión que nunca antes. Divididos hasta entonces, se unificaron en oposición a Cristo. En concilios anteriores Nicodemo y José habían impedido la condenación de Jesús, y por esa razón no fueron convocados esta vez. Había en el concilio otros hombres influyentes que creían en Cristo, pero su influencia no prevaleció contra la de los malignos fariseos.

Sin embargo, no todos los miembros del concilio concordaban. Por entonces el Sanedrín no constituía un cuerpo legal. Existía sólo por tolerancia. Algunos de sus miembros ponían en duda la "sabiduría" de dar muerte a Cristo. Temían que ello provocara una insurrección entre el pueblo e indujera a los romanos a quitar a los sacerdotes los favores otorgados hasta allí, y a despojarlos del poder que todavía conservaban. Los saduceos, aunque unidos en su odio contra Cristo, se inclinaban a ser cautelosos en sus movimientos, por temor a que los romanos los privaran de su alta posición.

En este concilio, convocado para planear la muerte de Cristo, estaba presente el Testigo que oyó las palabras jactanciosas de Nabucodonosor, que presenció la fiesta idolátrica de Belsasar, que estaba presente cuando Cristo en Nazaret se proclamó a sí mismo el Ungido. Este Testigo estaba ahora haciendo sentir a los príncipes qué clase de obra estaban haciendo. Los sucesos de la vida de Cristo surgieron ante ellos con una claridad que los alarmó. Recordaron la escena del templo, cuando Jesús, entonces un adolescente de 12 años, de pie ante los sabios doctores de la ley les hacía preguntas que los asombraban. El milagro recién realizado daba testimonio de que Jesús no era otro que el Hijo de Dios. Las Escrituras del Antiguo Testamento concernientes al Cristo resplandecían ante su mente con su verdadero significado. Perplejos y turbados, los príncipes preguntaron: "¿Qué haremos?" Había división en el concilio. Bajo la impresión del Espíritu Santo, los sacerdotes y príncipes no podían desterrar la convicción de que estaban luchando contra Dios.

Mientras el concilio estaba en el colmo de la perplejidad, Caifás, el sumo sacerdote, se puso de pie. Era un hombre orgulloso y cruel, déspótico e intolerante. Entre sus conexiones familiares había saduceos soberbios, atrevidos, temerarios, llenos de ambición y crueldad ocultas bajo un manto de pretendida justicia. Caifás había estudiado las profecías y, aunque ignoraba su verdadero significado, dijo con gran autoridad y aplomo: "Vosotros no sabéis nada; ni pensáis que nos conviene que un hombre muera por el pueblo, y no que toda la nación perezca". Aunque Jesús sea inocente, aseguraba el sumo sacerdote, debía ser quitado del camino. Molestaba porque atraía el pueblo a sí y menoscababa la autoridad de los príncipes. Él era uno solo; y era mejor que muriese antes de permitir que la autoridad de los príncipes fuese debilitada. En caso de que el pueblo llegara a perder la confianza en sus príncipes, el poder nacional sería destruido. Caifás afirmaba que después de este milagro los adeptos de Jesús se levantarían probablemente en revolución. Los romanos vendrán entonces —decía él— y cerrarán nuestro templo, abolirán nuestras leyes y nos destruirán como nación. ¿Qué valor tiene la vida de este galileo en comparación con la vida de la nación? Si él obstaculiza el bienestar de Israel, ¿no se presta servicio a Dios matándolo? Mejor es que un hombre perezca y no que toda la nación sea destruida.

Al declarar que un hombre debía morir por la nación, Caifás demostró que tenía algún conocimiento de las profecías, aunque muy limitado. Pero Juan, al describir esta escena, toma la profecía y expone su amplio y profundo significado. Él dice: "Y no solamente por la nación, sino también para congregar en uno a los hijos de Dios que estaban dispersos". ¡Cuán inconscientemente reconocía el arrogante Caifás la misión del Salvador!

En los labios de Caifás esta preciosísima verdad se convirtió en mentira. La idea que él defendía se basaba en un principio tomado del paganismo. Entre los paganos, el conocimiento confuso de que uno debía morir por la raza humana los había llevado a ofrecer sacrificios humanos. Así, por medio del sacrificio de Cristo, Caifás proponía salvar a la nación culpable no de la transgresión, sino en la transgresión, con el fin de que pudiera continuar en el pecado. Y por medio de este razonamiento pensaba acallar las protestas de quienes pudieran atreverse, no obstante, a decir que nada digno de muerte habían hallado en Jesús.

En este concilio los enemigos de Cristo habían sido profundamente convencidos. El Espíritu Santo había impresionado sus mentes. Pero Satanás se esforzó por dominarlos. Insistió en recordarle los perjuicios que ellos habían sufrido por causa de Cristo. Cuán poco había honrado él su justicia. Cristo presentaba una justicia mucho mayor, que debían poseer todos los que quisieran ser hijos de Dios. Sin tomar en cuenta sus formas y ceremonias, había animado a los pecadores a ir directamente a Dios como a un Padre misericordioso y hacerle conocer sus necesidades. Así, en opinión de ellos, había hecho caso omiso del sacerdocio. Había rehusado reconocer la teología de las escuelas rabínicas. Había desenmascarado las malas prácticas de los sacerdotes y había dañado irreparablemente su influencia. Había menoscabado el efecto de sus máximas y tradiciones, declarando que aunque hacían cumplir estrictamente la ley ritual, invalidaban la ley de Dios. Satanás les trajo ahora todo eso a la memoria.

Satanás les insinuó que con el fin de mantener su autoridad debían dar muerte a Jesús. Ellos siguieron ese consejo. El hecho de que pudieran perder el poder que entonces ejercían era suficiente razón, pensaban, para que llegasen a alguna decisión. Con excepción de algunos miembros que no osaron expresar sus convicciones, el Sanedrín recibió las palabras de Caifás como palabras de Dios. El concilio sintió alivio; cesó la discordia. Decidieron dar muerte a Cristo en la primera oportunidad favorable. Al rechazar la prueba de la divinidad de Jesús, estos sacerdotes y príncipes se habían encerrado a sí mismos en tinieblas impenetrables. Se habían puesto enteramente bajo el dominio de Satanás, para ser arrastrados por él al mismo abismo de la ruina eterna. Sin embargo, era tal su engaño que estaban contentos consigo mismos. Se consideraban patriotas que procuraban la salvación de la nación.

Con todo, el Sanedrín temió tomar medidas imprudentes contra Jesús, no fuese que el pueblo llegara a exasperarse y la violencia tramada contra él cayera sobre ellos mismos. En vista de esto, el concilio postergó la ejecución de la sentencia que había pronunciado. El Salvador tenía conocimiento de la conspiración de los sacerdotes. Sabía que ansiaban eliminarlo y que su propósito se cumpliría pronto. Pero no le incumbía a él precipitar la crisis, y se retiró de esa región llevando consigo a los discípulos. Así, mediante su propio ejemplo, Jesús recalcó de nuevo la instrucción que les había dado: "Cuando os persigan en esta ciudad, huid a la otra".[1] Había un amplio campo en el cual trabajar por la salvación de las almas; y a menos que la lealtad a él lo requiriera, los siervos del Señor no debían poner en peligro su vida.

Jesús ya había consagrado al mundo tres años de labor pública. Ante ellos estaba su ejemplo de abnegación y desinteresada benevolencia. Su vida de pureza, sufrimiento y devoción era conocida por todos. Sin embargo, sólo ese corto período de tres años fue todo lo que el mundo pudo soportar la presencia de su Redentor.

Su vida fue una vida sujeta a persecuciones e insultos. Arrojado de Belén por un rey celoso, rechazado por su propio pueblo en Nazaret, condenado a muerte sin una causa en Jerusalén, Jesús, con sus pocos seguidores fieles, halló asilo temporario en una ciudad extranjera. El que siempre se había conmovido por el infortunio humano, que había sanado al enfermo, devuelto la vista al ciego, el oído al sordo y el habla al mudo, el que había alimentado al hambriento y consolado al afligido, fue expulsado por el pueblo al cual se había esforzado por salvar. El que anduvo sobre las agitadas olas y con una palabra acalló su rugiente furia, el que echaba fuera demonios que al salir reconocían que era el Hijo de Dios, el que interrumpió los sueños de la muerte, el que mantuvo a miles pendientes de sus palabras de sabiduría, no pudo alcanzar el corazón de los que estaban cegados por el prejuicio y el odio, y quienes rechazaban tercamente la luz.

---

[1] Mat. 10:23.

Capítulo 60

La ley del nuevo reino

EL TIEMPO de la Pascua se estaba acercando, y de nuevo Jesús se dirigió hacia Jerusalén. Su corazón tenía la paz de la perfecta unidad con la voluntad del Padre, y con pasos vivos avanzaba hacia el lugar del sacrificio. Pero una sensación de misterio, duda y temor sobrecogía a los discípulos. El Salvador "iba delante, y ellos se asombraron, y le seguían con miedo".

Otra vez Jesús llamó a sí a los Doce, y con mayor claridad que nunca les explicó su entrega y sufrimientos. Él dijo: "He aquí subimos a Jerusalén, y se cumplirán todas las cosas escritas por los profetas acerca del Hijo del hombre. Pues será entregado a los gentiles, y será escarnecido, y afrentado, y escupido. Y después que lo hayan azotado, lo matarán; mas al tercer día resucitará. Pero ellos nada comprendieron de estas cosas, y esta palabra les era encubierta, y no entendían lo que se les decía".

¿No habían proclamado poco antes por doquiera: "El reino de los cielos se ha acercado"? ¿No había prometido Cristo mismo que muchos se sentarían con Abraham, Isaac y Jacob en el reino de Dios? ¿No había prometido, a cuantos lo habían dejado todo por su causa, 100 veces tanto en esta vida y una parte en su reino? ¿Y no había hecho a los Doce la promesa especial de que ocuparían puestos de alto honor en su reino, que se sentarían en tronos para juzgar a las doce tribus de Israel? Acababa de decir que debían cumplirse todas las cosas escritas en los profetas concernientes a él. ¿Y no habían predicho los profetas la gloria del reino del Mesías? Frente a estos pensamientos, sus palabras con respecto a su entrega, persecución y muerte parecían vagas y sombrías. Ellos creían que a pesar de cualesquiera dificultades que pudieran sobrevenir, el reino se establecería pronto.

Juan, hijo de Zebedeo, había sido uno de los dos primeros discípulos que siguieron a Jesús. Él y su hermano Santiago habían estado entre el primer grupo que había dejado todo por servirle. Alegremente habían abandonado a su familia y sus amigos para poder estar con él; habían caminado y conversado con él; habían estado con él en el retiro del hogar y en las asambleas públicas. Él había aquietado sus temores, liberado de sus peligros, aliviado sus sufrimientos y confortado sus pesares, y con paciencia y ternura les había enseñado, hasta que sus corazones parecían ligados al suyo, y en el ardor de su amor anhelaban estar más cerca de él que nadie en su reino. En toda oportunidad posible, Juan se situaba junto al Salvador y Santiago anhelaba ser honrado con una estrecha conexión con él.

La madre de ellos era una seguidora de Cristo y le había servido generosamente con sus recursos. Con el amor y la ambición de una madre por sus hijos, codiciaba para ellos el lugar más honrado en el nuevo reino. Por eso los animó a hacer una petición.

La madre y sus hijos vinieron a Jesús para pedirle que les otorgara algo que anhelaban en su corazón.

—¿Qué queréis que os haga? —preguntó él.

La madre pidió:

—Ordena que en tu reino se sienten estos dos hijos míos, el uno a tu derecha y el otro a tu izquierda.

Jesús los trató con ternura, y no censuró su egoísmo por buscar preferencia sobre sus hermanos. Él leía sus corazones y conocía la profundidad de su cariño hacia él. El amor de ellos no era un afecto meramente humano; aunque fluía a través de la terrenidad de sus canales humanos, era una emanación de la fuente de su propio amor redentor. Él no lo criticó, sino que lo ahondó y purificó. Dijo: "¿Podéis beber del vaso que yo he de beber, y ser bautizados con el bautismo con que soy bautizado?" Ellos recordaron sus misteriosas palabras, que señalaban la prueba y el sufrimiento, pero contestaron confiadamente: "Podemos". Consideraban que sería el más alto honor demostrar su lealtad compartiendo todo lo que aconteciera a su Señor.

Él dijo: "A la verdad, de mi vaso beberéis, y con el bautismo con que yo soy bautizado, seréis bautizados"; delante de él había una cruz en vez de un trono, y por compañeros suyos, a su derecha y a su izquierda, dos malhechores. Juan y Santiago tuvieron que participar de los sufrimientos con su Maestro; uno fue el primero de los hermanos que pereció a espada; el otro, el que por más tiempo hubo de soportar trabajos, críticas y persecución.

Jesús continuó: "Pero el sentaros a mi derecha y a mi izquierda, no es mío darlo, sino a aquellos para quienes está preparado por mi Padre". En el reino de los cielos no se gana la posición por medio del favoritismo. No se la merece ni se la recibe por medio de un regalo arbitrario. Es el resultado del carácter. La corona y el trono son las prendas de una condición alcanzada; son las arras de la victoria sobre sí mismo por medio de nuestro Señor Jesucristo.

Largo tiempo después, cuando se había unido en simpatía con Cristo por la participación de sus sufrimientos, el Señor le reveló a Juan cuál es la condición de la proximidad en su reino. Cristo dijo: "Al que venciere, le daré que se siente conmigo en mi trono, así como yo he vencido, y me he sentado con mi Padre en su trono". "Al que venciere, yo lo haré columna en el templo de mi Dios, y nunca más saldrá de allí; y escribiré sobre él el nombre de mi Dios... y mi nombre nuevo".[1] Y así lo escribió el apóstol Pablo: "Yo ya estoy para ser sacrificado, y el tiempo de mi partida está cercano. He peleado la buena batalla, he acabado la carrera, he guardado la fe. Por lo demás, me está guardada la corona de justicia, la cual me dará el Señor, juez justo, en aquel día".[2]

El que estará más cerca de Cristo será el que en la tierra haya bebido más hondamente del espíritu de su amor desinteresado: amor que "no es jactancioso, no se envanece... no busca lo suyo, no se irrita, no guarda rencor";[3] amor que mueve al discípulo, así como movía al Señor, a dar todo, a vivir, trabajar y sacrificarse, aun hasta la muerte, por la salvación de la humanidad. Este espíritu se puso de manifiesto en la vida de Pablo. Él dijo: "Porque para mí el vivir es Cristo", porque su vida revelaba a Cristo ante los hombres; "y el morir es ganancia", ganancia para Cristo; la muerte misma pondría de manifiesto el poder de su gracia y ganaría almas para él. Y dijo: "Será magnificado Cristo en mi cuerpo, o por vida o por muerte".[4]

Cuando los diez se enteraron de la petición de Santiago y Juan, se disgustaron mucho. El puesto más alto en el reino era precisamente lo que cada uno estaba buscando para sí mismo, y se enojaron porque los dos discípulos habían obtenido una aparente ventaja sobre ellos.

Otra vez pareció renovarse la contienda en cuanto a cuál sería el mayor, cuando Jesús, llamándolos a sí, dijo a los indignados discípulos: "Sabéis que los que son tenidos por gobernantes de las naciones se enseñorean de ellas, y sus grandes ejercen sobre ellas potestad. Pero no será así entre vosotros".

En los reinos del mundo la posición significaba engrandecimiento propio. Se obligaba al pueblo a existir para beneficio de las clases gobernantes. La influencia, la riqueza y la educación eran otros tantos medios de obtener el dominio de las masas humanas para el uso de los líderes. Las clases superiores debían pensar, decidir, disfrutar y gobernar; las inferiores debían obedecer y servir. La religión, como todas las demás cosas, era asunto de autoridad. Se esperaba que el pueblo creyera y practicara lo que les indicaban sus superiores. Se desconocía totalmente el derecho del hombre como hombre, de pensar y actuar por sí mismo.

Cristo estaba estableciendo un reino sobre principios diferentes. Él llamaba a los hombres no a asumir autoridad, sino a servir, a sobrellevar los fuertes las flaquezas de los débiles. El poder, la posición, el talento y la educación colocaban a su poseedor bajo una obligación mayor de servir a sus semejantes. Aun al menor de los discípulos de Cristo se dice: "Todo esto es por el bien de ustedes".[5]

"El hijo del hombre no vino para ser servido, sino para servir, y para dar su vida en rescate por muchos". Entre sus discípulos, Cristo era en todo sentido un guardián, un portador de cargas. Él compartía su pobreza, practicaba la abnegación personal en beneficio de ellos, iba delante de ellos para allanar los lugares más difíciles, y pronto consumaría su obra en la tierra entregando su vida. El principio por el cual Cristo se regía debe regir a los miembros de la iglesia, la cual es su cuerpo. El plan y fundamento de la salvación es el amor. En el reino de Cristo los mayores son los que siguen el ejemplo dado por él y actúan como pastores de su rebaño.

Las palabras de Pablo revelan la verdadera dignidad y honra de la vida cristiana: "Por lo cual, siendo libre de todos, me he hecho siervo de todos", "no procurando mi propio beneficio, sino el de muchos, para que sean salvos".[6]

En asuntos de conciencia, el alma debe ser dejada libre. Nadie debe dominar la mente de otro, juzgar por otro o prescribirle su deber. Dios da a cada alma libertad para pensar y seguir sus propias convicciones. "De manera que cada uno de nosotros dará a Dios cuenta de sí". Nadie tiene derecho a sumergir su propia individualidad en la de otro. En todos los asuntos en que hay principios en juego, "cada uno esté plenamente convencido en su propia mente".[7] En el reino de Cristo no hay opresión señoril ni imposición de costumbres. Los ángeles del cielo no vienen a la tierra para mandar y exigir homenaje, sino como mensajeros de misericordia, para cooperar con los hombres en la elevación de la humanidad.

Los principios y las palabras mismas de la enseñanza del Salvador, en su divina hermosura, permanecieron en la memoria del discípulo amado. En sus últimos días, el pensamiento central del testimonio de Juan a las iglesias fue: "Este es el mensaje que habéis oído desde el principio: Que nos amemos unos a otros... En esto hemos conocido el amor, en que él puso su vida por nosotros; también nosotros debemos poner nuestras vidas por los hermanos".[8]

Tal era el espíritu que animaba a la iglesia primitiva. Después del derramamiento del Espíritu Santo, "la multitud de los que habían creído era de un corazón y un alma; y ninguno decía ser suyo propio nada de lo que poseía, sino que tenían todas las cosas en común". "No había entre ellos ningún necesitado". "Y con gran poder los apóstoles daban testimonio de la resurrección del Señor Jesús; y abundante gracia era sobre todos ellos".[9]

CAPÍTULO 61

Zaqueo

E N CAMINO a Jerusalén, "habiendo entrado Jesús en Jericó, iba pasando por la ciudad". A pocos kilómetros del Jordán, en la orilla occidental del valle que se extiende allí y forma una llanura, descansaba la ciudad en medio de una vegetación tropical, exuberante de hermosura. Con sus palmeras y ricos jardines regados por manantiales, brillaba como una esmeralda en un marco de colinas de piedra caliza y desoladas barrancas que se interponían entre Jerusalén y la ciudad de la llanura.

Muchas caravanas en camino a la fiesta pasaban por Jericó. Su arribo era siempre una ocasión festiva, pero ahora un interés más profundo excitaba al pueblo. Se sabía que el Rabino galileo que poco antes había resucitado a Lázaro estaba en la multitud; y aunque abundaban los susurros acerca de las maquinaciones de los sacerdotes, las muchedumbres anhelaban rendirle homenaje.

Jericó era una de las ciudades apartadas antiguamente para los sacerdotes, y a la sazón un gran número de ellos residía allí. Pero la ciudad también tenía una población de un carácter muy diferente. Era un gran centro de tráfico, y había allí oficiales y soldados romanos, y extranjeros de diferentes regiones, a la vez que la recaudación de los derechos aduaneros la convertía en la residencia de muchos publicanos.

El "jefe de los publicanos", Zaqueo, era judío, pero detestado por sus compatriotas. Su posición y fortuna eran el premio de una profesión que ellos aborrecían y a la cual consideraban como sinónimo de injusticia y extorsión. Sin embargo, el acaudalado funcionario de aduana no era del todo el endurecido hombre de mundo que parecía. Bajo su apariencia de mundanalidad y orgullo había un corazón susceptible a las influencias divinas. Zaqueo había oído hablar de Jesús. Se habían divulgado extensamente las noticias referentes a uno que se había comportado con bondad y cortesía para con las clases proscritas. En este jefe de los publicanos se había despertado un anhelo de vivir una vida mejor. A pocos kilómetros de Jericó, Juan el Bautista había predicado a orillas del Jordán y Zaqueo había oído el llamamiento al arrepentimiento. La instrucción dada a los publicanos: "No exijáis más de lo que os está ordenado",[1] aunque exteriormente desatendida, había impresionado su mente. Conocía las Escrituras, y estaba convencido de que su práctica era incorrecta. Ahora, al oír las palabras que se decían venir del gran Maestro, sintió que era un pecador a la vista de Dios. Sin embargo, lo que había oído tocante a Jesús encendía la esperanza en su corazón. El arrepentimiento y la reforma de la vida eran posibles aun para él; ¿no era publicano uno de los más fieles discípulos del nuevo Maestro?

Zaqueo comenzó inmediatamente a seguir la convicción que se había apoderado de él y a hacer restitución a quienes había perjudicado.

Ya había empezado a volver así sobre sus pasos, cuando se supo en Jericó que Jesús estaba entrando en la ciudad. Zaqueo resolvió verlo. Comenzaba a comprender cuán amargos eran los frutos del pecado y cuán difícil el camino del que procura volver de una conducta incorrecta. El ser mal entendido, el tropezar con la sospecha y desconfianza en el esfuerzo por corregir sus errores, era difícil de soportar. El jefe de los publicanos anhelaba mirar el rostro del Ser cuyas palabras habían hecho nacer la esperanza en su corazón.

Las calles estaban atestadas, y Zaqueo, que era de poca estatura, no iba a ver nada por encima de las cabezas del gentío. Nadie le daría lugar; así que, corriendo delante de la multitud hasta donde un frondoso sicómoro extendía sus ramas sobre el camino, el rico recaudador de impuestos trepó a un sitio entre las ramas desde donde podría examinar a la procesión que pasaba abajo. Mientras el gentío se aproximaba en su recorrido, Zaqueo escudriñaba con ojos anhelantes para distinguir la figura del Ser a quien ansiaba ver.

Por encima del clamor de los sacerdotes y rabinos y las voces de bienvenida de la multitud, el inexpresado deseo del principal de los publicanos habló al corazón de Jesús. Repentinamente, justo debajo el sicómoro, un grupo se detiene, la compañía que iba adelante y la que iba atrás hace alto, y mira hacia arriba Uno cuya mirada parece leer el alma. Casi dudando de sus sentidos, el hombre que está en el árbol oye las palabras: "Zaqueo, date prisa, desciende, porque hoy es necesario que pose yo en tu casa".

La multitud hace lugar y Zaqueo, caminando como en un sueño, se dirige hacia su casa. Pero los rabinos miran con rostros ceñudos y murmuran con descontento y desdén que Jesús "había entrado a posar con un hombre pecador".

Zaqueo había quedado abrumado, asombrado y silenciado por el amor y la condescendencia de Cristo al rebajarse ante él, tan indigno. Pero ahora el amor y la alabanza hacia su recién hallado Maestro rompieron el sello de sus labios. Resolvió hacer públicos su confesión y su arrepentimiento.

En presencia de la multitud, "Zaqueo, puesto en pie, dijo al Señor: He aquí, Señor, la mitad de mis bienes doy a los pobres; y si en algo he defraudado a alguno, se lo devuelvo cuadruplicado.

"Jesús le dijo: Hoy ha venido la salvación a esta casa; por cuanto él también es hijo de Abraham".

Cuando el joven y rico príncipe se hubo alejado de Jesús, los discípulos se habían maravillado de las palabras de su Maestro: "¡Cuán difícil les es entrar en el reino de Dios a los que confían en las riquezas!" Ellos habían exclamado el uno al otro: "¿Quién, pues, podrá ser salvo?" Ahora tenían una demostración de la veracidad de las palabras de Cristo: "Lo que es imposible para los hombres, es posible para Dios".[2] Vieron cómo, por la gracia de Dios, un rico podía entrar en el reino.

Antes que Zaqueo mirara el rostro de Cristo, había iniciado la obra que ponía de manifiesto que era un verdadero penitente. Antes que fuera acusado por el hombre, había confesado su pecado. Se había rendido a la convicción del Espíritu Santo, y había empezado a seguir la enseñanza de las palabras escritas para el antiguo Israel tanto como para nosotros. El Señor había dicho hacía mucho tiempo: "Cuando tu hermano empobreciere y se acogiere a ti, tú lo ampararás; como forastero y extranjero vivirá contigo. No tomarás de él usura ni ganancia, sino tendrás temor de tu Dios, y tu hermano vivirá contigo. No le darás tu dinero a usura, ni tus víveres a ganancia". "Y no engañe ninguno a su prójimo; sino temed a vuestro Dios".[3] Estas palabras habían sido pronunciadas por Cristo mismo cuando estaba envuelto en la columna de nube, y la primera respuesta de Zaqueo al amor de Cristo consistió en manifestar compasión hacia el pobre y doliente.

Los publicanos habían formado una confederación para oprimir al pueblo y ayudarse mutuamente en sus prácticas fraudulentas. En su extorsión, no estaban sino siguiendo la costumbre que había llegado a ser casi universal. Aun los sacerdotes y rabinos que los despreciaban eran culpables de enriquecerse mediante prácticas deshonestas bajo el manto de su cargo sagrado. Pero tan pronto como Zaqueo se rindió a la influencia del Espíritu Santo, abandonó toda práctica contraria a la integridad.

No es genuino ningún arrepentimiento que no obre una reforma. La justicia de Cristo no es un manto para cubrir pecados que no han sido confesados ni abandonados; es un principio de vida que transforma el carácter y rige la conducta. La santidad es integridad para con Dios; es la entrega total del corazón y la vida para que en ellos residan los principios del cielo.

En su vida de negocios el cristiano ha de representar delante del mundo la manera en que nuestro Señor dirigiría las empresas comerciales. En toda transacción ha de dejar manifiesto que Dios es su Maestro. Ha de escribirse "Santidad al Señor" en el diario y el libro mayor, en escrituras, recibos y letras de cambio. Los que profesan seguir a Cristo y comercian de un modo injusto dan un falso testimonio contra el carácter de un Dios santo, justo y misericordioso. Toda alma convertida querrá, como Zaqueo, rubricar la entrada de Cristo en su corazón mediante el abandono de las prácticas injustas que caracterizaban su vida. A semejanza del príncipe de los publicanos, dará prueba de su sinceridad haciendo restitución. El Señor dice: "Si el impío restituyere la prenda, devolviere lo que hubiere robado, y caminare en los estatutos de la vida, no haciendo iniquidad... no se le recordará ninguno de sus pecados que había cometido... vivirá ciertamente".[4]

Si hemos perjudicado a otros en cualquier transacción comercial injusta, si nos hemos extralimitado en el comercio o defraudado a algún hombre, aun dentro del marco de la ley, deberíamos confesar nuestro agravio y hacer restitución en la medida de lo posible. Es justo que devolvamos no sólo lo que hemos tomado, sino todo lo que se habría ganado con ello si se lo hubiese usado correcta y sabiamente durante el tiempo que haya estado en nuestro poder.

El Salvador dijo a Zaqueo: "Hoy ha venido la salvación a esta casa". No solamente Zaqueo fue bendecido, sino toda su familia con él. Cristo fue a su casa para darle lecciones de verdad e instruir a su familia en las cosas del reino. Ellos habían sido expulsados de la sinagoga por causa del desprecio de los rabinos y adoradores, pero ahora su casa era la más favorecida de toda Jericó; acogieron bajo su propio techo al divino Maestro y oyeron por sí mismos las palabras de vida.

Cuando Cristo es recibido como Salvador personal, esa salvación viene al alma. Zaqueo no había recibido a Jesús en su casa meramente como un invitado pasajero, sino como al que mora en el templo del alma. Los escribas y fariseos, que lo acusaban de ser pecador, murmuraron contra Cristo porque se hizo su huésped, pero el Señor lo reconoció como hijo de Abraham. Porque "los que son de fe, éstos son hijos de Abraham".[5]

---

[1] Luc. 3:13. [2] Mar. 10:24, 26; Luc. 18:27. [3] Lev. 25:35-37, 17. [4] Eze. 33:15, 16. [5] Gál. 3:7.

Capítulo 62

La fiesta en casa de Simón

SIMÓN de Betania era considerado un discípulo de Jesús. Era uno de los pocos fariseos que se habían unido abiertamente a los seguidores de Cristo. Reconocía a Jesús como Maestro, y esperaba que fuese el Mesías, pero no lo había aceptado como Salvador. Su carácter no había sido transformado; sus principios no habían cambiado.

Simón había sido sanado de la lepra, y era eso lo que le había atraído a Jesús. Deseaba manifestar su gratitud, y en ocasión de la última visita de Cristo a Betania ofreció una fiesta al Salvador y a sus discípulos. Esa fiesta reunió a muchos de los judíos. Había entonces mucha excitación en Jerusalén. Cristo y su misión llamaban la atención más que nunca antes. Los que habían ido a la fiesta vigilaban estrechamente sus movimientos, y algunos con ojos no amistosos.

El Salvador había llegado a Betania solamente seis días antes de la Pascua, y de acuerdo con su costumbre había buscado descanso en la casa de Lázaro. Los muchos viajeros que iban hacia la ciudad difundieron las noticias de que él estaba en camino a Jerusalén y reposaría el sábado en Betania. Había gran entusiasmo entre la gente. Muchos se dirigieron a Betania; algunos llevados por la simpatía para con Jesús, y otros por la curiosidad de ver al que había sido resucitado.

Muchos esperaban oír de Lázaro una descripción maravillosa de escenas vistas más allá de la muerte. Se sorprendían de que no les dijera nada. Él nada tenía para decir de ese género de cosas. La Inspiración declara: "Los muertos nada saben... Su amor y su odio y su envidia fenecieron ya".[1] Pero Lázaro tenía un admirable testimonio que dar respecto a la obra de Cristo. Había sido resucitado con ese propósito. Con certeza y poder declaraba que Jesús era el Hijo de Dios.

Los informes llevados de vuelta a Jerusalén por los que visitaron Betania aumentaban la excitación. La gente estaba ansiosa por ver y oír a Jesús. Por todas partes se indagaba si Lázaro lo acompañaría a Jerusalén, y si el profeta sería coronado rey en ocasión de la Pascua. Los sacerdotes y príncipes veían que su influencia sobre el pueblo estaba debilitándose aún más, y su odio contra Jesús se volvía más acerbo. Difícilmente podían esperar la oportunidad de quitarlo para siempre de su camino. A medida que transcurría el tiempo empezaron a temer que, después de todo, no viniese a Jerusalén. Recordaban cuán a menudo había frustrado sus designios criminales, y temían que ahora hubiese leído sus propósitos contra él y permaneciera lejos. Mal podían ocultar su ansiedad, y se preguntaban: "¿Qué les parece? ¿No vendrá a la fiesta?"

Convocaron un concilio de sacerdotes y fariseos. Desde la resurrección de Lázaro las simpatías del pueblo estaban tan plenamente con Cristo que sería peligroso apoderarse de él abiertamente. De modo que las autoridades determinaron prenderlo secretamente y llevarlo al tribunal tan calladamente como fuese posible. Esperaban que cuando se conociera su condena, la voluble corriente de la opinión pública se pusiera a favor de ellos.

Así se proponían destruir a Jesús. Pero los sacerdotes y rabinos sabían que mientras Lázaro viviese no estarían seguros. La misma existencia de un hombre que había estado cuatro días en la tumba y que había sido resucitado por una palabra de Jesús ocasionaría, tarde o temprano, una reacción. El pueblo se vengaría de sus dirigentes por haber quitado la vida a quien podía realizar tal milagro. Por tanto, el Sanedrín decidió que Lázaro también debía morir. A tales extremos conducen a sus esclavos la envidia y el prejuicio. El odio y la incredulidad de los líderes judíos habían crecido hasta disponerlos a quitar la vida incluso a quien el poder infinito había rescatado del sepulcro.

Mientras se tramaba esto en Jerusalén, Jesús y sus amigos estaban invitados a la fiesta de Simón. En la mesa, a un lado del Salvador estaba sentado Simón, a quien él había curado de una enfermedad repugnante, y al otro lado Lázaro, a quien había resucitado. Marta servía, pero María escuchaba fervientemente cada palabra que salía de los labios de Jesús. En su misericordia, Jesús había perdonado sus pecados, había llamado de la tumba a su amado hermano, y el corazón de María estaba lleno de gratitud. Ella había oído hablar a Jesús de su muerte cercana, y en su profundo amor y tristeza había anhelado honrarlo. A costa de gran sacrificio personal había adquirido un vaso de alabastro de "nardo puro, de mucho precio", para ungir su cuerpo. Pero muchos declaraban ahora que él estaba a punto de ser coronado rey. Su pena se convirtió en gozo, y ansiaba ser la primera en honrar a su Señor. Quebrando el vaso de ungüento, derramó su contenido sobre la cabeza y los pies de Jesús; luego, llorando postrada, le humedecía los pies con sus lágrimas y se los secaba con su larga y flotante cabellera.

Ella había procurado evitar ser observada, y sus movimientos podrían haber pasado inadvertidos, pero el ungüento llenó la pieza con su fragancia y delató su acto a todos los presentes. Judas consideró ese acto con gran disgusto. En vez de esperar para oír lo que Cristo diría sobre el asunto, comenzó a susurrar a sus compañeros más próximos críticas contra Cristo porque toleraba tal desperdicio. Astutamente hizo sugerencias tendientes a provocar descontento.

Judas era el tesorero de los discípulos, y de su pequeño depósito había extraído secretamente para su propio uso, reduciendo así sus recursos a una escasa pitanza. Estaba ansioso de poner en su bolsa todo lo que pudiera obtener. A menudo había que sacar dinero de la bolsa para aliviar a los pobres; y cuando se compraba alguna cosa que Judas no consideraba esencial, él solía decir: "¿Por qué se hace este despilfarro? ¿Por qué no se coloca el costo de esto en la bolsa que yo llevo para los pobres?" Ahora el acto de María contrastaba tanto con su egoísmo que él quedaba expuesto a la vergüenza; y de acuerdo con su costumbre trató de dar un motivo digno a su crítica en cuanto a la dádiva de ella. Dirigiéndose a los discípulos, preguntó: "¿Por qué no fue este perfume vendido por trescientos denarios, y dado a los pobres? Pero dijo esto, no porque cuidara de los pobres, sino porque era ladrón, y teniendo la bolsa, sustraía de lo que se echaba en ella". Judas no tenía amor por los pobres. Si el ungüento de María se hubiese vendido y el importe hubiera caído en su poder, los pobres no habrían recibido beneficio.

Judas tenía un elevado concepto de su propia capacidad administrativa. Se consideraba muy superior a sus condiscípulos como hombre de finanzas, y él los había inducido
a considerarlo de la misma manera. Había ganado su confianza y tenía gran influencia
sobre ellos. Su aparente simpatía por los pobres los engañaba, y su artera insinuación los
indujo a mirar con desconfianza la devoción de María. El murmullo circuyó la mesa: "¿Para qué este desperdicio? Porque esto podía haberse vendido a gran precio, y haberse dado a los pobres".

María oyó las palabras de crítica. Su corazón temblaba en su interior. Temía que su
hermana la reprendiera por derrochadora. El Maestro también podía considerarla im-
próvida. Estaba por ausentarse sin ser elogiada ni excusada, cuando oyó la voz de su Señor: "Dejadla; ¿por qué la molestáis?" Él vio que estaba turbada y apenada. Sabía que mediante ese acto de servicio había expresado su gratitud por el perdón de sus pecados, e
impartió alivio a su mente. Elevando su voz por encima del murmullo de censuras dijo:
"Buena obra me ha hecho. Siempre tendréis a los pobres con vosotros, y cuando queráis
les podréis hacer bien; pero a mí no siempre me tendréis. Ésta ha hecho lo que podía; porque se ha anticipado a ungir mi cuerpo para la sepultura".

El don fragante que María había pensado prodigar al cuerpo muerto del Salvador, lo
derramó sobre él en vida. En el entierro, su dulzura sólo hubiera llenado la tumba; pero
ahora llenó su corazón con la seguridad de su fe y amor. José de Arimatea y Nicodemo
no ofrecieron su don de amor a Jesús durante su vida. Con lágrimas amargas trajeron sus
costosas especias especias para su cuerpo rígido e inconsciente. Las mujeres que llevaron sustan-
cias aromáticas a la tumba hallaron que su diligencia era vana, porque él había resucitado. Pero María, al derramar su amor sobre el Salvador mientras él era consciente de su
devoción, lo ungió para la sepultura. Y cuando él penetró en las tinieblas de su gran prueba, llevó consigo el recuerdo de ese acto, un anticipo del amor que le tributarían para
siempre los que redimiera.

Muchos son los que ofrendan sus dones preciosos a los muertos. Cuando están alrededor de su cuerpo frío, silencioso, abundan en palabras de amor. La ternura, el aprecio
y la devoción son prodigados al que no ve ni oye. Si esas palabras se hubiesen dicho cuando mucho las necesitaba el espíritu fatigado, cuando el oído podía oír y el corazón sentir,
¡cuán preciosa habría sido su fragancia!

María no sabía el significado pleno de su acto de amor. No podía contestar a sus acusadores. No podía explicar por qué había escogido esa ocasión para ungir a Jesús. El Espíritu Santo había planificado en lugar suyo, y ella había obedecido sus impulsos. La Inspiración no se rebaja para dar razones. Una presencia invisible habla a la mente y al alma,
y mueve el corazón a la acción. Esa es su propia justificación.

Cristo le dijo a María el significado de su acción, y con ello le dio más de lo que él había recibido. Él dijo: "Al derramar este perfume sobre mi cuerpo, lo ha hecho a fin de pre-
pararme para la sepultura". Así como el frasco de alabastro fue quebrado y se llenó la casa entera con su fragancia, así Cristo moriría, su cuerpo sería quebrantado; pero él
resucitaría de la tumba y la fragancia de su vida llenaría la tierra. "Cristo nos amó, y se
entregó a sí mismo por nosotros, ofrenda y sacrificio a Dios en olor fragante".[2]

Cristo declaró: "De cierto os digo que dondequiera que se predique este evangelio, en
todo el mundo, también se contará lo que ésta ha hecho, para memoria de ella". Mirando hacia el futuro, el Salvador habló con certeza concerniente a su evangelio. Iba a pre-
dicarse en todo el mundo. Y hasta donde el evangelio se extendiese, el don de María ex-
halaría su fragancia y los corazones serían bendecidos por su acto impensado. Se

levantarían y caerían los reinos; los nombres de los monarcas y conquistadores serían olvidados; pero la acción de esta mujer sería inmortalizada en las páginas de la historia sagrada. Hasta que el tiempo no fuera más, ese frasco de alabastro contaría la historia del abundante amor de Dios por la raza caída.

La acción de María estaba en pronunciado contraste con la que Judas estaba por realizar. ¡Cuán terminante lección pudiera haberle dado Cristo a aquel que había sembrado la semilla de la crítica y los malos pensamientos en la mente de los discípulos! ¡Cuán justamente el acusador podría haber sido acusado! Aquel que lee los motivos de cada corazón y entiende toda acción, pudo haber abierto ante los presentes en la fiesta los capítulos oscuros en la experiencia de Judas. Podría haber desenmascarado la falsa pretensión sobre la cual el traidor basaba sus palabras; porque, en vez de tener simpatía para con los pobres, él les robaba el dinero destinado a aliviarlos. Jesús podría haber excitado la indignación contra él porque oprimía a la viuda, al huérfano y al asalariado. Pero si Cristo hubiese desenmascarado a Judas, esto se hubiera considerado como una razón para la traición. Y aunque acusado de ser un ladrón, Judas hubiera ganado simpatía hasta entre los discípulos. El Salvador no lo censuró, y así evitó darle una excusa para su traición.

Pero la mirada que Jesús dirigió a Judas lo convenció de que el Salvador discernía su hipocresía, y que leía su carácter vil y despreciable. Y al elogiar la acción de María, que había sido tan severamente condenada, Cristo había censurado a Judas. Antes de eso, el Salvador nunca le había hecho un reproche directo. Ahora la reprensión había provocado resentimiento en su corazón, y resolvió vengarse. De la cena fue directamente al palacio del sumo sacerdote, donde estaba reunido el concilio, y ofreció entregar a Jesús en sus manos.

Los sacerdotes se alegraron muchísimo. A esos líderes de Israel se les había dado el privilegio de recibir a Cristo como su Salvador, sin dinero y sin precio. Pero rechazaron el precioso don que les fue ofrecido con el más tierno espíritu de amor constrictivo. Rehusaron aceptar la salvación que es de más alto valor que el oro, y compraron a su Salvador por 30 piezas de plata.

Judas se había entregado a la avaricia hasta que ésta había subyugado todo buen rasgo de su carácter. Envidiaba la ofrenda hecha a Jesús. Su corazón estaba lleno de celos porque el Salvador había sido objeto de un don digno de los monarcas de la tierra. Y entregó a su Señor por una cantidad muy inferior al costo del frasco de ungüento.

Los discípulos no se parecían a Judas. Ellos amaban al Salvador. Pero no apreciaban debidamente su exaltado carácter. Si hubiesen comprendido lo que él había hecho por ellos, hubieran sentido que nada que se le ofrendaba era malgastado. Los sabios del Oriente, que sabían tan poco de Jesús, habían manifestado un más genuino aprecio del honor debido a él. Trajeron sus preciosos dones al Salvador, y se inclinaron en homenaje delante de él cuando sólo era un niño y yacía en un pesebre.

Cristo apreciaba los actos de cortesía que brotaban del corazón. Cuando alguien le hacía un favor, lo bendecía con cortesía celestial. No rechazaba la flor más sencilla arrancada por la mano de un niño que se la ofrecía con amor. Aceptaba las ofrendas de los niños, bendecía a los donantes e inscribía sus nombres en el libro de la vida. En las Escrituras se menciona el ungimiento de Jesús por parte de María para distinguirla de las otras Marías. Los actos de amor y reverencia para con Jesús son una evidencia de la fe en él como el Hijo de Dios. Y, como evidencia de la lealtad de una mujer a Cristo, el Espíritu Santo menciona: "Si ha lavado los pies de los santos; si ha socorrido a los afligidos; si ha practicado toda buena obra".[3]

Cristo se deleitó en el ardiente deseo de María de hacer bien a su Señor. Aceptó la abundancia del afecto puro que sus discípulos no entendieron ni quisieron entender. El deseo que María tenía de prestar ese servicio a su Señor fue de más valor para Cristo que todo el precioso ungüento del mundo, porque expresaba el aprecio de ella por el Redentor del mundo. El amor de Cristo la constreñía. Llenaba su alma la sin par excelencia del carácter de Cristo. Ese ungüento era un símbolo del corazón de la donante. Era la demostración exterior de un amor alimentado por las corrientes celestiales hasta que desbordaba.

El acto de María fue precisamente la lección que necesitaban los discípulos para mostrarles que la expresión de su amor por Cristo lo alegraría. Él había sido todo para ellos, y no comprendían que pronto serían privados de su presencia, que pronto no podrían ofrecerle prueba alguna de gratitud por su gran amor. La soledad de Cristo, separado de las cortes celestiales, viviendo la vida de los seres humanos, nunca fue entendida ni apreciada por los discípulos como debiera haber sido. Él se apenaba a menudo porque sus discípulos nunca le daban lo que debiera haber recibido de ellos. Sabía que si hubiesen estado bajo la influencia de los ángeles celestiales que le acompañaban, ellos también habrían pensado que ninguna ofrenda era de suficiente valor para manifestar el afecto espiritual del corazón.

Su comprensión posterior les dio una verdadera idea de las muchas cosas que podrían haber hecho para expresar a Jesús el amor y la gratitud de sus corazones, mientras estaban junto a él. Cuando ya no estuvo con ellos, y se sintieron en verdad como ovejas sin pastor, empezaron a ver cómo le podrían haber manifestado atenciones que habrían infundido alegría a su corazón. Ya no cargaron de reproches a María, sino a sí mismos. ¡Oh, si hubiesen podido recoger sus censuras, su presentación del pobre como más digno del don que era Cristo! Sintieron el reproche agudamente cuando quitaron de la cruz el cuerpo magullado de su Señor.

La misma necesidad es evidente en nuestro mundo hoy. Pero pocos aprecian todo lo que Cristo es para ellos. Si lo hicieran, expresarían el gran amor de María, ofrendarían libremente el ungüento. No considerarían un derroche un costoso ungüento. Nada tendrían por demasiado caro como para darlo por Cristo, ningún acto de abnegación o sacrificio personal sería demasiado grande como para soportarlo por amor a él.

Las palabras dichas con indignación —"¿Para qué este desperdicio?"— recordaron vívidamente a Cristo el mayor sacrificio jamás hecho: el don del sí mismo en propiciación por un mundo perdido. El Señor sería tan generoso con su familia humana que no se podría decir que él podía haber hecho más. En el don de Jesús, Dios dio el cielo entero. Desde el punto de vista humano, tal sacrificio era un derroche extravagante. Para el raciocinio humano, todo el plan de la salvación es un derroche de mercedes y recursos. La abnegación y el sacrificio sincero nos salen al encuentro en todas partes. Bien pueden las huestes celestiales mirar con asombro a la familia humana que rehúsa ser elevada y enriquecida con el infinito amor expresado en Cristo. Bien pueden ellas exclamar: "¿Por qué se hace este gran derroche?"

Pero la expiación por un mundo perdido debía ser plena, abundante y completa. La ofrenda de Cristo era sumamente abundante para enriquecer a toda alma que Dios había creado. No debía restringirse de modo que no excediera al número de los que aceptarían el gran Don. No todos los hombres se salvan; sin embargo, el plan de la redención no es un desperdicio porque no logra todo lo que está provisto por su liberalidad. Debía haber suficiente y sobrar.

Simón, el huésped, había sido influenciado por la crítica de Judas respecto al don de María, y estaba sorprendido por la conducta de Jesús. Su orgullo farisaico estaba ofendido. Sabía que muchos de sus huéspedes estaban mirando a Cristo con desconfianza y desagrado. Simón dijo en su corazón: "Este, si fuera profeta, conocería quién y qué clase de mujer es la que lo toca, que es pecadora".

Al curar a Simón de la lepra, Cristo lo había salvado de una muerte en vida. Pero ahora Simón se preguntaba si el Salvador era un profeta. Porque Cristo permitió que esa mujer se acercara a él, porque no la rechazó con indignación como a una cuyos pecados eran demasiado grandes para ser perdonados, porque no demostró que se daba cuenta de que ella había caído, Simón fue tentado a pensar que él no era un profeta. Él meditaba: "Jesús no sabe nada en cuanto a esta mujer que es tan liberal en sus demostraciones, de lo contrario no permitiría que la tocase".

Pero era la ignorancia de Simón respecto a Dios y a Cristo lo que lo inducía a pensar así. No comprendía que el Hijo de Dios debía actuar como Dios, con compasión, ternura y misericordia. El plan de Simón consistía en no prestar atención al servicio de penitencia de María. El acto de ella, de besar los pies de Cristo y ungirlos con ungüento, era exasperante para su duro corazón. Y pensó que si Cristo era un profeta, debería reconocer a los pecadores y rechazarlos.

A estos pensamientos inexpresados contestó el Salvador: "Simón, una cosa tengo que decirte... Un acreedor tenía dos deudores: el uno le debía quinientos denarios, y el otro cincuenta; y no teniendo ellos con qué pagar, perdonó a ambos. Di, pues, ¿cuál de ellos le amará más? Respondiendo Simón, dijo: Pienso que aquel a quien perdonó más. Y él le dijo: Rectamente has juzgado".

Como Natán con David, Cristo ocultó el objetivo de su ataque bajo el velo de una parábola. Cargó a su huésped con la responsabilidad de pronunciar sentencia contra sí mismo. Simón había arrastrado al pecado a la mujer a quien ahora despreciaba. Ella había sido profundamente agraviada por él. Simón y la mujer estaban representados por medio de los dos deudores de la parábola. Jesús no se propuso enseñar qué diferentes grados de obligación debían sentir las dos personas, porque cada una tenía una deuda de gratitud que nunca podría pagar. Pero Simón se sentía más justo que María, y Jesús deseaba que viese cuán grande era realmente su culpa. Deseaba mostrarle que su pecado superaba al de ella en la medida en que la deuda de 500 denarios excedía a la de 50.

Ahora Simón comenzó a verse desde un nuevo punto de vista. Vio cómo era considerada María por quien era más que un profeta. Vio que, con penetrante ojo profético, Cristo leía el corazón de amor y devoción de ella. Sobrecogido de vergüenza, se dio cuenta de que estaba en la presencia de uno que era superior a él.

Cristo continuó: "Entré en tu casa, y no me diste agua para mis pies"; pero con lágrimas de arrepentimiento, impulsada por el amor, María ha lavado mis pies y los ha secado con su cabellera. "No me diste beso, mas ésta", que tú desprecias, "desde que entré no ha cesado de besar mis pies". Cristo enumeró las oportunidades que Simón había tenido para mostrar su amor por su Señor, y su aprecio por lo que se le había hecho. Claramente, aunque con delicada cortesía, el Salvador aseguró a sus discípulos que su corazón se apena cuando sus hijos dejan de mostrar su gratitud hacia él con palabras y hechos de amor.

El Escudriñador de los corazones leyó el motivo que impulsó la acción de María, y también vio el espíritu que inspiró las palabras de Simón. "¿Ves esta mujer?", le dijo. Es una pecadora. "Te digo que sus muchos pecados le son perdonados porque amó mucho; mas aquel a quien se le perdona poco, poco ama".

La frialdad y el descuido de Simón para con el Salvador demostraban cuán poco apreciaba la merced que había recibido. Pensaba que honraba a Jesús invitándolo a su casa. Pero ahora se vio a sí mismo como era en realidad. Mientras pensaba estar leyendo a su Huésped, su Huésped estaba leyéndolo a él. Vio cuán verdadero era el juicio de Cristo en cuanto a él. Su religión había sido un manto farisaico. Había despreciado la compasión de Jesús. No lo había reconocido como al representante de Dios. Mientras María era una pecadora perdonada, él era un pecador no perdonado. La severa norma de justicia que había deseado aplicar contra María lo condenaba a él.

Simón fue conmovido por la bondad de Jesús al no censurarlo abiertamente delante de los huéspedes. Él no había sido tratado como deseaba que María fuese tratada. Vio que Jesús no quiso exponer a otros su culpa, sino que, por una correcta exposición del caso, trató de convencer su mente y subyugar su corazón manifestándole benevolencia. Una denuncia severa hubiera endurecido el corazón de Simón contra el arrepentimiento, pero una paciente admonición lo convenció de su error. Vio la magnitud de la deuda que tenía para con su Señor. Su orgullo fue humillado, se arrepintió, y el orgulloso fariseo llegó a ser un humilde y abnegado discípulo.

María había sido considerada como una gran pecadora, pero Cristo conocía las circunstancias que habían moldeado su vida. Él hubiera podido extinguir toda chispa de esperanza en su alma, pero no lo hizo. Era él quien la había librado de la desesperación y la ruina. Siete veces ella había oído la reprensión que Cristo hiciera a los demonios que controlaban su corazón y mente. Había oído su intenso clamor al Padre en su favor. Sabía cuán ofensivo es el pecado para su inmaculada pureza, y con su poder ella había vencido.

Cuando a la vista humana parecía un caso perdido, Cristo vio en María aptitudes para lo bueno. Vio los mejores rasgos de su carácter. El plan de la redención ha investido a la humanidad con grandes posibilidades, y en María esas posibilidades habrían de realizarse. Por medio de su gracia ella llegó a ser participante de la naturaleza divina. La que había caído, y cuya mente había sido habitación de demonios, fue puesta en estrecho compañerismo y ministerio con el Salvador. Fue María la que se sentaba a sus pies y aprendía de él. Fue María la que derramó sobre su cabeza el precioso ungüento y bañó sus pies con sus lágrimas. María estuvo junto a la cruz, y lo siguió hasta el sepulcro. María fue la primera en ir a la tumba después de su resurrección. Fue María la primera que proclamó al Salvador resucitado.

Jesús conoce las circunstancias que rodean a cada alma. Tú puedes decir: "Soy pecador, muy pecador". Puedes serlo; pero cuanto peor seas, tanto más necesitas a Jesús. Él no se aparta de nadie que llora contrito. No dice a nadie todo lo que podría revelar, pero ordena a toda alma temblorosa que cobre aliento. Perdonará libremente a todo aquel que acuda a él en busca de perdón y restauración.

Cristo podría encargar a los ángeles del cielo que derramen los frascos de su ira sobre nuestro mundo, para destruir a los que están llenos de odio hacia Dios. Podría limpiar esta mancha negra de su universo. Pero no lo hace. Él está ahora junto al altar del incienso, presentando ante Dios las oraciones de quienes desean su ayuda.

A las almas que se vuelven a él en procura de refugio, Jesús las eleva por encima de las acusaciones y el chismerío. Ningún hombre ni ángel malo puede acusar a esas almas. Cristo las une a su propia naturaleza divino-humana. Ellas están de pie junto al gran Portador del pecado, en la luz que procede del trono de Dios. "¿Quién acusará a los escogidos de Dios? Dios es el que justifica. ¿Quién es el que condenará? Cristo es el que murió; más aún, el que también resucitó, el que además está a la diestra de Dios, el que también intercede por nosotros".[4]

---

[1] Ecl. 9:5, 6. [2] Efe. 5:2. [3] 1 Tim. 5:10. [4] Rom. 8:33, 34.

CAPÍTULO 63

"Tu Rey viene"

"**A**LÉGRATE mucho, hija de Sión; da voces de júbilo, hija de Jerusalén; he aquí tu rey vendrá a ti, justo y salvador, humilde, y cabalgando sobre un asno, sobre un pollino hijo de asna".[1]

Quinientos años antes del nacimiento de Cristo, el profeta Zacarías predijo así la venida del Rey de Israel. Esta profecía se iba a cumplir ahora. El que siempre había rechazado los honores reales iba a entrar en Jerusalén como el prometido heredero del trono de David.

Fue en el primer día de la semana cuando Cristo hizo su entrada triunfal en Jerusalén. Las multitudes que se habían congregado para verlo en Betania lo acompañaban ansiosas de presenciar su recepción. Mucha gente que iba en camino a la ciudad para observar la Pascua se unió a la multitud que acompañaba a Jesús. Toda la naturaleza parecía regocijarse. Los árboles estaban vestidos de verdor y sus flores difundían una delicada fragancia en el aire. Una nueva vida y gozo animaban al pueblo. La esperanza del nuevo reino estaba resurgiendo.

Como quería entrar cabalgando a Jerusalén, Jesús había enviado a dos de sus discípulos para que le trajesen un asna y su pollino. En ocasión de su nacimiento el Salvador dependió de la hospitalidad de extraños. El pesebre en el cual yaciera era un lugar de descanso prestado. Y ahora, aunque le pertenecían los millares de animales en los collados, dependió de la bondad de un extraño para conseguir un animal sobre el cual entrar en Jerusalén como su Rey. Pero de nuevo su divinidad se reveló, aun en las minuciosas indicaciones dadas a sus discípulos con respecto a su diligencia. Según lo predijo, la súplica: "El Señor los necesita", fue atendida de buena gana. Jesús escogió para su uso un pollino sobre el cual nadie se había sentado. Con alegre entusiasmo, los discípulos extendieron sus mantos sobre la bestia y sentaron encima a su Maestro. En ocasiones anteriores Jesús había viajado siempre a pie, y los discípulos se extrañaron al principio de que ahora decidiese cabalgar. Pero la esperanza brilló en sus corazones con el gozoso pensamiento de que estaba por entrar en la capital para proclamarse rey y hacer valer su autoridad real. Mientras cumplían su diligencia, comunicaron sus radiantes esperanzas a los amigos de Jesús y, despertando hasta lo sumo la expectativa del pueblo, la excitación se extendió lejos y cerca.

Cristo seguía la costumbre de los judíos en cuanto a una entrada real. El animal sobre el cual cabalgaba era el que montaban los reyes de Israel, y la profecía había predicho que así vendría el Mesías a su reino. Ni bien se sentó sobre el pollino, una algazara de triunfo hendió el aire. La multitud lo aclamó como Mesías, su Rey. Ahora Jesús aceptaba el homenaje que nunca antes había permitido, y los discípulos recibieron esto como una prueba de que se realizarían sus gozosas esperanzas y lo verían establecerse en el trono. La multitud estaba convencida de que la hora de su emancipación estaba cerca. En su imaginación vieron a los ejércitos romanos expulsados de Jerusalén, y a Israel convertido una vez más en nación independiente. Todos estaban felices y excitados; competían unos con otros por rendirle homenaje. No podían exhibir pompa y esplendor exteriores, pero le tributaban la adoración de corazones felices. Eran incapaces de presentarle dones costosos, pero extendían sus mantos como alfombra en su camino, y esparcían también en él ramas de oliva y palmas. No podían encabezar la procesión triunfal con estandartes reales, pero esparcían palmas, emblema natural de victoria, y las agitaban en alto con sonoras aclamaciones y hosannas.

A medida que avanzaba, la multitud aumentaba continuamente con los que habían oído de la venida de Jesús y se apresuraban a unirse a la procesión. Los espectadores se mezclaban de continuo con la muchedumbre y preguntaban: "¿Quién es éste? ¿Qué significa toda esta conmoción?" Todos habían oído hablar de Jesús y esperaban que fuese a Jerusalén; pero sabían que él había desalentado hasta entonces todo esfuerzo que se hiciera para colocarlo en el trono, y se asombraban grandemente al saber que realmente era él. Se maravillaban de que se hubiese producido este cambio en quien había declarado que su reino no era de este mundo.

Esas voces son acalladas por un clamor de triunfo. Es muchas veces repetido por la ansiosa muchedumbre; es recogido por el pueblo a gran distancia, y repercute en las colinas y los valles circunvecinos. Y ahora la procesión es engrosada por el gentío de Jerusalén. De las multitudes reunidas para asistir a la Pascua, miles salen para dar la bienvenida a Jesús. Lo saludan agitando palmas y prorrumpiendo en cantos sagrados. Los sacerdotes hacen sonar en el templo la trompeta para el servicio de la tarde, pero pocos responden, y los príncipes se dicen el uno al otro con alarma: "Mirad, el mundo se va tras él".

Nunca antes en su vida terrenal había permitido Jesús una demostración semejante. Él previó claramente el resultado. Lo llevaría a la cruz. Pero era su propósito presentarse públicamente de esa manera como el Redentor. Deseaba llamar la atención al sacrificio que habría de coronar su misión en favor de un mundo caído. Mientras el pueblo estaba reunido en Jerusalén para celebrar la Pascua, él, el Cordero antitípico, mediante un acto voluntario se destinó a sí mismo como una oblación. Iba a ser necesario que su iglesia, en todos los siglos siguientes, hiciese de su muerte por los pecados del mundo un tema de profunda meditación y estudio. Cada hecho conectado con ella sería verificado más allá de toda duda. Entonces, era necesario que los ojos de todo el pueblo se dirigieran ahora a él; los eventos que precedieran a su gran sacrificio debían ser tales que llamasen la atención al sacrificio mismo. Después de una demostración como la que acompañó su entrada en Jerusalén, todos los ojos seguirían su rápida marcha hasta la escena final.

Los eventos relacionados con la cabalgata triunfal serían motivo de conversación en todo idioma y pondrían a Jesús en toda mente. Después de su crucifixión muchos recordarían esos eventos en conexión con su proceso y muerte. Serían inducidos a escudriñar las profecías y se convencerían de que Jesús era el Mesías; y en todos los países los conversos a la fe se multiplicarían.

En esta escena de triunfo de su vida terrenal, el Salvador podría haber aparecido escoltado por ángeles celestiales y anunciado por la trompeta de Dios; pero una demostración tal habría sido contraria al propósito de su misión, contraria a la ley que había gobernado su vida. Él permaneció fiel a la humilde suerte que había aceptado. Debía llevar la carga de la humanidad hasta el momento de dar su vida por la vida del mundo.

Este día, que les parecía a los discípulos el día culminante de sus propias vidas, habría sido oscurecido con nubes muy tenebrosas si hubiesen sabido que esta escena de regocijo no era sino un preludio de los sufrimientos y la muerte de su Maestro. Aunque repetidas veces les había hablado de su inevitable sacrificio, sin embargo, en el alegre triunfo presente, olvidaron sus tristes palabras y miraron hacia adelante, a su próspero reinado sobre el trono de David.

Continuamente se agregaba más gente a la procesión y, con pocas excepciones, todos los que se unían eran atrapados por la inspiración de la hora, y ayudaban a acrecentar los hosannas que sonaban y repercutían de colina en colina y de valle en valle. El clamor subía continuamente: "¡Hosanna al Hijo de David! ¡Bendito el que viene en el nombre del Señor! ¡Hosanna en las alturas!"

El mundo nunca antes había visto tal procesión triunfal. No se parecía en nada a la de los famosos conquistadores de la tierra. Ningún séquito de afligidos cautivos, como trofeo del valor real, caracterizaba esa escena. Pero alrededor del Salvador estaban los gloriosos trofeos de sus obras de amor por los pecadores. Los cautivos que él había rescatado del poder de Satanás alababan a Dios por su liberación. Los ciegos a quienes había restaurado la vista abrían la marcha. Los mudos cuya lengua él había desatado voceaban las más sonoras hosannas. Los cojos a quienes había sanado saltaban de gozo y eran los más activos en arrancar palmas para hacerlas ondear delante del Salvador. Las viudas y los huérfanos ensalzaban el nombre de Jesús por sus misericordiosas obras para con ellos. Los leprosos a quienes había limpiado extendían a su paso sus inmaculados vestidos y lo saludaban como el Rey de gloria. Estaban en esa multitud los que su voz había despertado del sueño de la muerte. Lázaro, cuyo cuerpo se había corrompido en el sepulcro, pero que ahora se gozaba en la fuerza de una gloriosa virilidad, guiaba a la bestia sobre la cual cabalgaba el Salvador.

Muchos fariseos eran testigos de la escena y, ardiendo de envidia y malicia, procuraron cambiar la corriente del sentimiento popular. Con toda su autoridad trataron de silenciar al pueblo; pero sus exhortaciones y amenazas sólo incrementaron el entusiasmo. Temían que esa multitud, por la fuerza del número, hiciera rey a Jesús. Como último recurso se abrieron paso a través del gentío hasta donde estaba el Salvador, y lo abordaron con palabras reprobatorias y amenazantes: "Maestro, reprende a tus discípulos". Declararon que tan ruidosa demostración era contraria a la ley, y que no sería permitida por las autoridades. Pero fueron reducidos al silencio por la respuesta de Jesús: "Os digo que si éstos callaran, las piedras clamarían". Tal escena de triunfo estaba determinada por Dios mismo. Había sido predicha por el profeta, y el hombre era incapaz de desviar el propósito de Dios. Si los hombres no hubiesen cumplido el plan de Dios, él habría dado voz a las piedras inanimadas y ellas habrían saludado a su Hijo con aclamaciones de alabanza. Mientras los fariseos, reducidos al silencio, se apartaban, cientos de voces repitieron las palabras de Zacarías: "Alégrate mucho, hija de Sión; da voces de júbilo, hija de Jerusalén; he aquí tu rey vendrá a ti, justo y salvador, humilde, y cabalgando sobre un asno, sobre un pollino hijo de asna".[2]

Cuando la procesión llegó a la cresta de la colina y estaba por descender a la ciudad, Jesús se detuvo, y con él toda la multitud. Delante de él yacía Jerusalén en su gloria, bañada por la luz del sol poniente. El templo atraía todas las miradas. Al destacarse entre todo con majestuosa grandeza, parecía señalar hacia el cielo como si indicara al pueblo quién era el único Dios verdadero y viviente. El templo había sido durante mucho tiempo el orgullo y la gloria de la nación judía. Los romanos también se enorgullecían de su magnificencia. Un rey nombrado por los romanos había unido sus esfuerzos a los de los judíos para reedificarlo y embellecerlo, y el emperador de Roma lo había enriquecido con sus dones. Su solidez, riqueza y magnificencia lo habían convertido en una de las maravillas del mundo.

Mientras el sol poniente matizaba y doraba los cielos, su esplendente gloria iluminaba el puro mármol blanco de las paredes del templo y hacía fulgurar los dorados capitales de sus columnas. Desde la colina en que estaban detenidos Jesús y sus seguidores, el templo ofrecía la apariencia de una maciza estructura de nieve engastada con pináculos dorados. A la entrada había una vid de oro y plata, con hojas verdes y macizos racimos de uvas, ejecutada por los más hábiles artífices. Esta estructura representaba a Israel como una próspera vid. El oro, la plata y el verde brillante estaban combinados con raro gusto y exquisita destreza manual; al enroscarse graciosamente alrededor de las blancas y refulgentes columnas, adhiriéndose con brillantes zarcillos a sus dorados ornamentos, capturaba el esplendor del sol poniente y refulgía como si hubiese recibido gloria prestada del cielo.

Jesús contempla la escena y la vasta muchedumbre acalla sus gritos, encantada por la repentina visión de belleza. Todas las miradas se dirigen al Salvador, esperando ver en su rostro la admiración que ellos sienten. Pero en vez de eso observan una nube de tristeza. Se sorprenden y chasquean al ver sus ojos llenos de lágrimas, y su cuerpo estremeciéndose de la cabeza a los pies como un árbol ante la tempestad, mientras un gemido de angustia irrumpe de sus temblorosos labios, como nacido de las profundidades de un corazón quebrantado. ¡Qué cuadro ofrece esto a los ángeles que observan! ¡Su amado Jefe agonizando hasta las lágrimas! ¡Qué cuadro para la alegre multitud que con aclamaciones de triunfo y agitando palmas lo escoltaba a la gloriosa ciudad, donde esperaba inocentemente que reinase! Jesús había llorado junto a la tumba de Lázaro, pero fue con pesar divino en simpatía con la miseria humana. Pero esta súbita tristeza era como una nota de lamentación en un gran coro triunfal. En medio de una escena de regocijo, cuando todos estaban rindiéndole homenaje, el Rey de Israel lloraba; no silenciosas lágrimas de alegría, sino lágrimas acompañadas de gemidos de irreprimible agonía. La multitud fue herida por una repentina lobreguez. Sus aclamaciones fueron acalladas. Muchos lloraban simpatizando con un pesar que no comprendían.

Las lágrimas de Jesús no fueron derramadas porque anticipaba su sufrimiento. Delante de él estaba el Getsemaní, donde pronto lo envolvería el horror de una gran oscuridad. También estaba a la vista la puerta de las ovejas, a través de cual habían sido llevados durante siglos los animales para los sacrificios. Esa puerta pronto habría de abrirse para él, el gran Antitipo, hacia cuyo sacrificio por los pecados del mundo habían señalado todas esas ofrendas. Bien cerca estaba el Calvario, el lugar de su agonía inminente. Sin embargo, no era por causa de estos recuerdos de su muerte cruel por lo que el Redentor lloraba y gemía con espíritu angustiado. Su tristeza no era egoísta. El pensamiento de su propia agonía no intimidaba a esa alma noble y abnegada. Era la visión de Jerusalén lo que traspasaba el corazón de Jesús: la Jerusalén que había rechazado al Hijo de Dios y desdeñado su amor, la que rehusaba ser convencida por sus poderosos milagros y que estaba por quitarle la vida. Él vio lo que ella era en su culpabilidad por rechazar a su Redentor, y lo que podría haber sido ser si hubiese aceptado al único que podía curar su herida. Él había venido a salvarla; ¿cómo podía abandonarla?

Israel había sido un pueblo favorecido; Dios había hecho del templo su habitación; era "de hermosa perspectiva, el gozo de toda la tierra".[3] Allí estaba la crónica de más de mil años de custodia protectora y tierno amor de Cristo, como de un padre que sustenta a su hijo único. En ese templo los profetas habían proferido sus solemnes advertencias. Allí se habían mecido los incensarios encendidos, mientras el incienso, mezclado con las oraciones de los adoradores, ascendía a Dios. Allí había fluido la sangre de los animales, típico de la sangre de Cristo. Allí Jehová había manifestado su gloria sobre el propiciatorio. Allí los sacerdotes habían oficiado, y había continuado la pompa de los símbolos y las ceremonias durante siglos. Pero todo eso debía tener un final.

Jesús levantó su mano —la mano que a menudo bendecía a los enfermos y sufrientes— y, extendiéndola hacia la ciudad condenada, con palabras entrecortadas de pena exclamó: "¡Oh si también tú conocieses, a lo menos en este tu día, lo que es para tu paz!" Aquí el Salvador se detuvo, y no expresó lo que hubiera podido ser la condición de Jerusalén si hubiese aceptado la ayuda que Dios deseaba darle: el don de su Hijo amado. Si Jerusalén hubiese conocido lo que era su privilegio conocer, y hecho caso de la luz que el Cielo le había enviado, podría haberse destacado en la dignidad de la prosperidad como reina de los reinos, libre en la fuerza del poder dado por su Dios. No habría habido soldados armados a sus puertas ni banderas romanas flameando en sus muros. El glorioso destino que podría haber exaltado a Jerusalén si hubiese aceptado a su Redentor levantado antes en el Hijo de Dios. Vio que hubiera podido ser sanada por él de su grave enfermedad, librada de la servidumbre y establecida como poderosa metrópoli de la tierra. La paloma de la paz hubiera salido de sus muros rumbo a todas las naciones. Hubiera sido la gloriosa diadema del mundo.

Pero el brillante cuadro de lo que Jerusalén podría haber sido se desvanece de la vista del Salvador. Él se da cuenta de que ahora ella está bajo el yugo romano, soportando el ceño de Dios, condenada a su juicio retributivo. Reanuda el hilo interrumpido de su lamentación: "Mas ahora está encubierto de tus ojos. Porque vendrán días sobre ti, cuando tus enemigos te rodearán con vallado, y te sitiarán, y por todas partes te estrecharán, y te derribarán a tierra, y a tus hijos dentro de ti, y no dejarán en ti piedra sobre piedra, por cuanto no conociste el tiempo de tu visitación".

Cristo vino para salvar a Jerusalén con sus hijos; pero el orgullo, la hipocresía, el celo y la malicia fariseicos le habían impedido cumplir su propósito. Jesús conocía la terrible retribución que se le infligiría a la ciudad condenada. Vio a Jerusalén cercada de ejércitos, a sus sitiados habitantes arrastrados al hambre y la muerte, a las madres alimentándose con los cuerpos muertos de sus propios hijos, a padres e hijos arrebatándose unos a otros el último bocado, y los afectos naturales destruidos por los punzantes retorcijones del hambre. Vio que la testarudez de los judíos, evidenciada en su rechazo de la salvación ofrecida, también los induciría a rehusar someterse a los ejércitos invasores. Contempló el Calvario, sobre el cual él habría de ser levantado, cuajado de cruces como un bosque de árboles. Vio a sus desventurados habitantes sufriendo torturas sobre el potro y crucificados, los hermosos palacios destruidos, el templo en ruinas, y de sus macizas murallas ni una piedra sobre otra, mientras la ciudad era arada como un campo. Bien podía el Salvador llorar de agonía con esa escena espantosa a la vista.

Jerusalén había sido la niña de su cuidado y, como un padre tierno se lamenta sobre un hijo descarriado, así Jesús lloró sobre la ciudad amada. ¿Cómo puedo abandonarte? ¿Cómo puedo verte condenada a la destrucción? ¿Puedo permitirte colmar la copa de tu iniquidad? Un alma es de tanto valor que, en comparación con ella, los mundos se reducen a la insignificancia; pero aquí estaba por perderse una nación entera. Cuando el sol ya en su ocaso desapareciera de la vista, el día de gracia de Jerusalén habría terminado. Mientras la procesión estaba detenida sobre la cresta del Monte de los Olivos, no era todavía demasiado tarde para que Jerusalén se arrepintiese. El ángel de la misericordia estaba entonces plegando sus alas para descender por los escalones del trono de oro con el fin de dar lugar a la justicia y al juicio inminentes. Pero el gran corazón de amor de Cristo todavía intercedía por Jerusalén, que había desdeñado sus misericordias y despreciado amonestaciones, y que estaba por empapar sus manos en su sangre. Si sólo quisiera arrepentirse, aún no era demasiado tarde. Mientras los últimos rayos del sol poniente se demoraban sobre el templo, la torre y el pináculo, ¿no la guiaría algún ángel bueno al amor del Salvador e impediría su sentencia? ¡Bella e impía ciudad, que había apedreado a los profetas, que había rechazado al Hijo de Dios, que se sujetaba ella misma por su impenitencia en grillos de servidumbre: su día de misericordia casi había pasado!

Sin embargo, el Espíritu de Dios habla otra vez a Jerusalén. Antes que el día concluya, Cristo recibe otro testimonio. La voz del testigo se eleva en respuesta al llamado de un pasado profético. Si Jerusalén quiere oír el llamado, si quiere recibir al Salvador que está entrando por sus puertas, todavía puede salvarse.

Los príncipes de Jerusalén han recibido informes de que Jesús se aproxima a la ciudad con un gran concurso de gente. Pero no dan la bienvenida al Hijo de Dios. Salen con temor a su encuentro, esperando dispersar a la multitud. Cuando la procesión está por descender del Monte de los Olivos, los príncipes la interceptan. Inquieren la causa del tumultuoso regocijo. Y cuando preguntan: "¿Quién es éste?", los discípulos, llenos con el espíritu de inspiración, contestan. En elocuentes acordes repiten las profecías concernientes a Cristo:

Adán les dirá: Esta es la simiente de la mujer, que herirá la cabeza de la serpiente.

Pregúntenle a Abraham, quien les dirá: Es "Melquisedec, rey de Salem",[4] Rey de paz.

Jacob les dirá: Es Siloh, de la tribu de Judá.

Isaías les dirá: "Emanuel", "Admirable, Consejero, Dios fuerte, Padre eterno, Príncipe de paz".[5]

Jeremías les dirá: La rama de David, "Jehová, justicia nuestra".[6]

Daniel les dirá: Es el Mesías.

Oseas les dirá: Él es el "Dios de los ejércitos; Jehová es su nombre".[7]

Juan el Bautista les dirá: Es "el Cordero de Dios, que quita el pecado del mundo".[8]

El gran Jehová ha proclamado desde su trono: "Este es mi Hijo amado".[9]

Nosotros, sus discípulos, declaramos: Este es Jesús, el Mesías, el Príncipe de la vida, el Redentor del mundo.

Y el príncipe de los poderes de las tinieblas lo reconoce, diciendo: "Sé quien eres, el Santo de Dios".[10]

---

[1] Zac. 9:9. [2] Zac. 9:9. [3] Sal. 48:2, VM. [4] Gén. 14:18. [5] Isa. 7:14; 9:6. [6] Jer. 23:6. [7] Ose. 12:5. [8] Juan 1:29. [9] Mat. 3:17. [10] Mar. 1:24.

CAPÍTULO 64

Un pueblo condenado

LA ENTRADA triunfal de Cristo en Jerusalén fue una débil representación de su venida en las nubes del cielo con poder y gloria, entre el triunfo de los ángeles y el regocijo de los santos. Entonces se cumplirán las palabras de Cristo a los sacerdotes y fariseos: "Desde ahora no me veréis, hasta que digáis: Bendito el que viene en el nombre del Señor". A Zacarías se le mostró en visión profética ese día de triunfo final; y él también contempló la condenación de quienes rechazaron a Cristo en su primer advenimiento: "Mirarán a mí, a quien traspasaron, y llorarán como se llora por hijo unigénito, afligiéndose por él como quien se aflige por el primogénito".[1] Cristo previó esta escena cuando contempló la ciudad y lloró sobre ella. En la ruina temporal de Jerusalén vio la destrucción final de ese pueblo culpable de la sangre [derramada] del Hijo de Dios.

Los discípulos veían el odio de los judíos por Cristo, pero no veían lo que eso atraería. Aún no comprendían la verdadera condición de Israel, ni la retribución que iba a caer sobre Jerusalén. Cristo se lo reveló mediante una significativa lección objetiva.

La última súplica a Jerusalén había sido hecha en vano. Los sacerdotes y príncipes habían oído la antigua voz profética repercutir en la multitud en respuesta a la pregunta: "¿Quién es éste?", pero no la aceptaron como la voz de la Inspiración. Con ira y asombro trataron de silenciar a la gente. En la muchedumbre había funcionarios romanos, y ante éstos denunciaron sus enemigos a Jesús como el cabecilla de una rebelión. Lo acusaron de querer apoderarse del templo y reinar como rey en Jerusalén.

Pero la serena voz de Jesús acalló por un momento a la muchedumbre clamorosa al declarar de nuevo que él no había venido para establecer un reino temporal; pronto ascendería a su Padre, y sus acusadores no lo verían más hasta que volviese nuevamente en gloria. Entonces, pero demasiado tarde para su salvación, lo reconocerían. Estas palabras fueron pronunciadas por Jesús con tristeza y poder singular. Los oficiales romanos callaron subyugados. Su corazón, aunque ajeno a la influencia divina, se conmovió como nunca se había conmovido. En el rostro sereno y solemne de Jesús vieron amor, benevolencia y dignidad apacibles. Fueron sacudidos por una simpatía que no podían entender. En vez de arrestar a Jesús, estaban más dispuestos a tributarle homenaje. Volviéndose hacia los sacerdotes y príncipes los acusaron de crear disturbios. Esos líderes, enfadados y derrotados, se volvieron a la gente con sus quejas y discutían airadamente entre sí.

Mientras tanto Jesús entró en el templo sin que nadie lo notara. Todo estaba tranquilo allí, porque la escena sobre el Monte de los Olivos había atraído a la gente. Durante un corto tiempo Jesús permaneció en el templo, mirándolo con ojos tristes. Luego se alejó con sus discípulos y volvió a Betania. Cuando la gente lo buscó para ponerlo sobre el trono, no pudo hallarlo.

Toda esa noche Jesús la pasó en oración, y por la mañana volvió al templo. Mientras iba, pasó al lado de un huerto de higueras. Tenía hambre y, "viendo de lejos una higuera que tenía hojas, fue a ver si tal vez hallaba en ella algo; pero cuando llegó a ella, nada halló sino hojas, pues no era tiempo de higos".

No era tiempo de higos maduros, excepto en ciertas localidades; y acerca de las tierras altas que rodean Jerusalén se podía decir con acierto: "No era tiempo de higos". Pero en el huerto al cual Jesús se acercó había un árbol que parecía más adelantado que los demás. Ya estaba cubierto de hojas. En la higuera es natural que los frutos aparezcan antes que afloren las hojas. Por tanto, este árbol cubierto de hojas prometía frutos bien desarrollados. Pero su apariencia era engañosa. Al revisar sus ramas, desde la más baja hasta la más alta, Jesús no "halló sino hojas". Era una masa de engañoso follaje, nada más.

Cristo pronunció contra ella una maldición agostadora. Dijo: "Nunca jamás coma nadie fruto de ti". A la mañana siguiente, mientras el Salvador y sus discípulos volvían otra vez a la ciudad, las ramas agostadas y las hojas marchitas llamaron su atención. Pedro dijo: "Maestro, mira, la higuera que maldijiste se ha secado".

El acto de Cristo de maldecir la higuera había asombrado a los discípulos. Les pareció muy diferente de su proceder y sus obras. Con frecuencia lo habían oído declarar que no había venido para condenar al mundo, sino para que el mundo pudiese ser salvo por él. Recordaban sus palabras: "El Hijo del hombre no ha venido para perder las almas de los hombres, sino para salvarlas".[2] Había realizado sus obras maravillosas para restaurar, nunca para destruir. Los discípulos lo habían conocido sólo como el Restaurador, el Sanador. Este acto era único. Y se preguntaban: "¿Cuál era su propósito?"

Dios "es amador de misericordia". "Vivo yo, dice Jehová el Señor, que no quiero la muerte del impío". Para él la obra de destrucción y sentencias condenatorias es una "extraña operación".[3] Pero, con misericordia y amor, alza el velo del futuro y revela a los hombres los resultados de una conducta pecaminosa.

La maldición de la higuera fue una parábola actuada. Ese árbol estéril, que desplegaba su follaje ostentoso a la vista de Cristo, era un símbolo de la nación judía. El Salvador deseaba presentar claramente a sus discípulos la causa y la certeza de la suerte de Israel. Con este propósito invistió al árbol con cualidades morales y lo hizo el exponente de la verdad divina. Los judíos se distinguían de todas las demás naciones porque profesaban lealtad a Dios. Habían sido favorecidos especialmente por el Señor, y aseveraban tener más justicia que los demás pueblos. Pero estaban corrompidos por el amor al mundo y la codicia de ganancias. Se jactaban de su conocimiento, pero eran ignorantes de los requerimientos de Dios y estaban llenos de hipocresía. Como el árbol estéril, extendían sus ramas ostentosas, de apariencia exuberante y hermosas a la vista, pero no daban "sino hojas". La religión judía —con su templo magnífico, sus altares sagrados, sus sacerdotes mitrados y sus ceremonias impresionantes— era hermosa en su apariencia externa, pero carente de humildad, amor y benevolencia.

Ningún árbol del huerto tenía fruta, pero los árboles sin hojas no despertaban expectativas ni defraudaban esperanzas. Esos árboles representaban a los gentiles. Estaban tan desprovistos de piedad como los judíos; pero no profesaban servir a Dios. No hacían pretensiosos alardes de bondad. Estaban ciegos con respecto a las obras y los caminos de Dios. Para ellos no había llegado aún el tiempo de los higos. Todavía estaban esperando el día que les traería luz y esperanza. Los judíos, que habían recibido mayores bendiciones de Dios, eran responsables por el abuso que habían hecho de esos dones. Los privilegios de los que se habían jactado sólo aumentaban su culpabilidad.

Jesús había acudido a la higuera con hambre, para hallar alimento. Así también había venido a Israel, anhelante de hallar en él los frutos de la justicia. Les había prodigado sus dones, con el fin de que pudiesen llevar frutos para bendición del mundo. Les había concedido toda oportunidad y todo privilegio, y en pago buscaba su simpatía y cooperación en su obra de gracia. Anhelaba ver en ellos abnegación y compasión, celo por Dios y una profunda preocupación de alma por la salvación de sus semejantes. Si hubiesen guardado la ley de Dios, habrían hecho la misma obra abnegada que hacía Cristo. Pero el amor a Dios y a los hombres estaba eclipsado por el orgullo y la suficiencia propia. Se atrajeron la ruina al negarse a servir a otros. No dieron al mundo los tesoros de la verdad que Dios les había confiado. Podrían haber leído tanto su pecado como su castigo en el árbol estéril. Marchitada bajo la maldición del Salvador, allí, de pie, seca hasta la raíz, la higuera representaba lo que sería el pueblo judío cuando la gracia de Dios se apartase de él. Por cuanto se negaba a impartir bendiciones, ya no las recibiría. El Señor dijo: "Te perdiste, oh Israel".[4]

La advertencia es para todos los tiempos. El acto de Cristo de maldecir el árbol que con su propio poder había creado se destaca como una amonestación a todas las iglesias y a todos los cristianos. Nadie puede vivir la ley de Dios sin servir a otros. Pero son muchos los que no viven la vida misericordiosa y abnegada de Cristo. Algunos de los que se creen excelentes cristianos no entienden lo que constituye servir a Dios. Planifican y estudian para agradarse a sí mismos. Sólo obran con respecto al yo. Para ellos el tiempo sólo tiene valor en la medida que les permite juntar cosas para sí. Este es su objetivo en todos los asuntos de la vida. No obran para otros, sino para sí mismos. Dios los creó para vivir en un mundo donde debe realizarse un servicio abnegado. Los designó para ayudar a sus semejantes de toda manera posible. Pero el yo es tan enorme que no pueden ver otra cosa. No están en contacto con la humanidad. Los que así viven para el yo son como la higuera, que tenía mucha apariencia pero no llevaba fruto. Observan las formas del culto, pero sin arrepentimiento ni fe. Profesan honrar la ley de Dios, pero les falta obediencia. Dicen, pero no hacen. En la sentencia pronunciada sobre la higuera Cristo demostró cuán abominable es a sus ojos esa vana pretensión. Declaró que quien peca abiertamente es menos culpable que quien profesa servir a Dios pero no lleva fruto para su gloria.

La parábola de la higuera, contada antes de la visita de Cristo a Jerusalén, tenía una conexión directa con la lección que enseñó al maldecir el árbol estéril. Por la higuera estéril de la parábola el jardinero había intercedido: "Déjala todavía este año, hasta que yo cave alrededor de ella, y la abone. Y si diere fruto, bien; y si no, la cortarás después".[5] Debía aumentar el cuidado al árbol infructuoso. Debía tener todas las ventajas posibles. Pero si permanecía sin dar fruto, nada podría salvarlo de la destrucción. En la parábola no se indicó el resultado del trabajo del jardinero. Dependía del pueblo al cual se dirigían las palabras de Cristo. Ellos estaban representados por el árbol infructuoso, y a ellos les tocaba decidir su propio destino. Se les había concedido toda ventaja que el Cielo podía otorgarles, pero no aprovecharon sus acrecentadas bendiciones. El acto de Cristo al maldecir la higuera estéril demostró el resultado. Ellos habían determinado su propia destrucción.

Por más de mil años la nación judía había abusado de la misericordia de Dios y atraído sus juicios. Había rechazado sus advertencias y dado muerte a sus profetas. Los judíos contemporáneos de Cristo se hicieron responsables de esos pecados al seguir la misma conducta. La culpa de esa generación estribaba en que había rechazado las misericordias y amonestaciones de que fuera objeto. La gente que vivía en el tiempo de Cristo estaba cerrando sobre sí los grilletes que la nación había estado forjando durante siglos.

En toda época se otorgó a los hombres su día de luz y privilegios, un tiempo de gracia en el que pueden reconciliarse con Dios. Pero esa gracia tiene un límite. La misericordia puede interceder durante años, y ser despreciada y rechazada. Pero al fin llega un tiempo cuando ella hace su última súplica. El corazón se endurece de tal manera que cesa de responder al Espíritu de Dios. Entonces la voz dulce y cautivadora ya no suplica más al pecador, y cesan las represiones y advertencias.

Ese día había llegado para Jerusalén. Jesús lloró con angustia sobre la ciudad condenada, pero no la podía librar. Había agotado todo recurso. Al rechazar las amonestaciones del Espíritu de Dios, Israel había rechazado el único medio de auxilio. No había otro poder por el cual pudiese ser librado.

La nación judía era un símbolo de las personas de todas las épocas que desprecian las súplicas del amor infinito. Las lágrimas de Cristo cuando lloró sobre Jerusalén fueron derramadas por causa de los pecados de todos los tiempos. En los juicios pronunciados sobre Israel, los que rechazan las represiones y advertencias del Espíritu Santo de Dios pueden leer su propia condenación.

En esta generación muchos están siguiendo el mismo camino que los judíos incrédulos. Han presenciado las manifestaciones del poder de Dios; el Espíritu Santo ha hablado a su corazón; pero se aferran a su incredulidad y resistencia. Dios les manda advertencias y reproches, pero no están dispuestos a confesar sus errores, y rechazan su mensaje y a sus mensajeros. Los mismos medios que él usa para rescatarlos llegan a ser para ellos una piedra de tropiezo.

Los profetas de Dios eran aborrecidos por el apóstata Israel porque por medio de ellos eran revelados los pecados secretos del pueblo. Acab consideraba a Elías como su enemigo porque el profeta reprendía fielmente las iniquidades secretas del rey. Así también hoy los siervos de Cristo, los que reprenden el pecado, encuentran desprecios y desaires. La verdad bíblica, la religión de Cristo, lucha contra una fuerte corriente de impureza moral. El prejuicio es aun más fuerte en los corazones humanos ahora que en los días de Cristo. Cristo no cumplía las expectativas de los hombres; su vida era un reproche para sus pecados, y lo rechazaron. Así también ahora la verdad de la Palabra de Dios no armoniza con las prácticas e inclinaciones naturales de los hombres, y millares rechazan su luz. Impulsados por Satanás, los hombres ponen en duda la Palabra de Dios y prefieren ejercer su juicio independiente. Eligen las tinieblas antes que la luz, pero lo hacen con peligro de su propia alma. Los que cavilaban acerca de las palabras de Cristo siempre encontraban un motivo mayor para cavilar, hasta que se apartaron de la verdad y la vida. Así acontece ahora. Dios no se propone suprimir toda objeción que el corazón carnal pueda presentar contra la verdad. Para los que rechazan los preciosos rayos de luz que iluminarían las tinieblas, los misterios de la Palabra de Dios permanecen así para siempre. La verdad se les oculta. Caminan ciegamente y no conocen la ruina que les espera.

Cristo contempló el mundo de todos los siglos desde la altura del Monte de los Olivos; y sus palabras se aplican a toda alma que desprecia las súplicas de la misericordia divina. Oh, escarnecedor de su amor, él se dirige hoy a ti. A ti, aun a ti, que debieras conocer las cosas que pertenecen a tu paz. Cristo está derramando amargas lágrimas por ti, quien no tienes lágrimas para derramarlas por ti mismo. Ya se está manifestando en ti esa fatal dureza de corazón que destruyó a los fariseos. Y toda evidencia de la gracia de Dios, todo rayo de la luz divina, o enternece y subyuga el alma, o la confirma en una impenitencia sin esperanza.

Cristo previó que Jerusalén permanecería empedernida e impenitente; pero toda la culpa y todas las consecuencias de la misericordia rechazada eran responsabilidad de ella. Así también sucederá con toda alma que esté siguiendo la misma conducta. El Señor declara: "Te perdiste, oh Israel". "Oye, tierra. He aquí yo traigo mal sobre este pueblo, el fruto de sus pensamientos; porque no escucharon mis palabras, y aborrecieron mi ley".[6]

[1] Mat. 23:39; Zac. 12:10. [2] Luc. 9:56. [3] Miq. 7:18, RVA; Eze. 33:11; Isa. 28:21. [4] Ose. 13:9. [5] Luc. 13:8, 9. [6] Ose. 13:9; Jer. 6:19.

CAPÍTULO 65

Cristo purifica de nuevo el templo

AL COMIENZO de su ministerio Cristo había echado del templo a quienes lo contaminaban con su tráfico profano; y su porte severo y divino había infundido terror al corazón de los mercaderes astutos. Al final de su misión vino de nuevo al templo y lo halló tan profanado como antes. El estado de cosas era peor aún que entonces. El atrio exterior del templo parecía un amplio corral de ganado. Con los gritos de los animales y el ruido metálico de las monedas se mezclaban el clamoreo de los airados altercados de los negociantes, y en medio de ellos se oían las voces de los hombres ocupados en los oficios sagrados. Los mismos dignatarios del templo se ocupaban en comprar y vender, y en cambiar dinero. Estaban tan completamente dominados por su afán de lucrar, que a la vista de Dios no eran mejores que los ladrones.

Los sacerdotes y príncipes consideraban algo trivial la solemnidad de la obra que debían realizar. En cada Pascua y Fiesta de los Tabernáculos se mataban miles de animales, y los sacerdotes recogían la sangre y la vertían sobre el altar. Los judíos se habían familiarizado con el ofrecimiento de sangre, y casi habían perdido de vista el hecho de que era el pecado lo que hacía necesario todo ese derramamiento de sangre de animales. No discernían que prefiguraba la sangre del amado Hijo de Dios, la cual sería derramada para la vida del mundo, y que por el ofrecimiento de los sacrificios los hombres debían ser dirigidos al Redentor crucificado.

Jesús miró a las inocentes víctimas de los sacrificios, y vio cómo los judíos habían convertido esas grandes convocaciones en escenas de derramamiento de sangre y crueldad. En lugar de sentir humilde arrepentimiento del pecado habían multiplicado los sacrificios de animales, como si Dios pudiera ser honrado por un servicio que no nacía del corazón. Los sacerdotes y príncipes habían endurecido sus corazones a través del egoísmo y la avaricia. Habían convertido en un medio para obtener ganancias los mismos símbolos que señalaban al Cordero de Dios. Así, a los ojos del pueblo, se había destruido en gran medida la santidad del ritual de los sacrificios. Eso despertó la indignación de Jesús; él sabía que su sangre, que pronto iba a ser derramada por los pecados del mundo, sería tan poco apreciada por los sacerdotes y ancianos como la sangre de los animales que vertían incesantemente.

Cristo había hablado contra estas prácticas mediante los profetas. Samuel había dicho: "¿Se complace Jehová tanto en los holocaustos y víctimas, como en que se obedezca las palabras de Jehová? Ciertamente el obedecer es mejor que los sacrificios, y el prestar atención que la grosura de los carneros". E Isaías, al ver en visión profética la apostasía de los judíos, se dirigió a ellos como si fuesen gobernantes de Sodoma y Gomorra: "Príncipes de Sodoma, oíd la palabra de Jehová; escuchad la ley de nuestro Dios, pueblo de Gomorra. ¿Para qué me sirve, dice Jehová, la multitud de vuestros sacrificios? Hastiado estoy de holocaustos de carneros y de sebo de animales gordos; no quiero sangre de bueyes, ni de ovejas, ni de machos cabríos. ¿Quién demanda esto de vuestras manos, cuando venís a presentaros delante de mí para hollar mis atrios?" "Lavaos y limpiaos; quitad la iniquidad de vuestras obras de delante de mis ojos; dejad de hacer lo malo; aprended a hacer el bien; buscad el juicio, restituid al agraviado, haced justicia al huérfano, amparad a la viuda".[1]

El mismo que había dado estas profecías repetía ahora por última vez la advertencia. En cumplimiento de la profecía, el pueblo había proclamado rey de Israel a Jesús. Él había recibido su homenaje y aceptado el título de rey. Debía actuar como tal. Sabía que serían vanos sus esfuerzos por reformar un sacerdocio corrompido; no obstante, su obra debía hacerse; debía darse a un pueblo incrédulo la evidencia de su misión divina.

De nuevo la mirada penetrante de Jesús recorrió los profanados atrios del templo. Todos los ojos se volvieron hacia él. Sacerdotes y príncipes, fariseos y gentiles, todos miraron con asombro y temor reverente al que estaba ante ellos con la majestad del Rey del cielo. La divinidad fulguraba a través de la humanidad, invistiendo a Cristo con una dignidad y gloria que nunca antes había manifestado. Los que estaban más cerca se alejaron de él tanto como lo permitía el gentío. Excepto por unos pocos discípulos suyos, el Salvador estuvo solo. Se acalló todo sonido. El profundo silencio parecía insoportable. Cristo habló con un poder que osciló sobre el pueblo como una tempestad poderosa: "Escrito está: Mi casa, casa de oración será llamada, mas vosotros cueva de ladrones la habéis hecho". Su voz repercutió por el templo como trompeta. El desagrado de su rostro parecía fuego consumidor. Con autoridad ordenó: "Quitad de aquí esto".[2]

Tres años antes los príncipes del templo se habían avergonzado de su fuga ante el mandato de Jesús. Después se habían asombrado de sus propios temores y de su implícita obediencia a un solo Hombre humilde. Habían sentido que era imposible que se repitiera su humillante sumisión. Sin embargo, ahora estaban más aterrados que entonces, y su prisa para obedecer su mandato fue mayor. No había nadie que osara discutir su autoridad. Los sacerdotes y comerciantes huyeron de su presencia arreando su ganado delante de ellos.

Al alejarse del templo se encontraron con una multitud que venía con sus enfermos en busca del gran Médico. El informe dado por la gente que huía indujo a algunos de ellos a volverse. Temieron encontrarse con uno tan poderoso cuya simple mirada había echado de su presencia a los sacerdotes y príncipes. Pero muchos de ellos se abrieron paso entre el gentío que se precipitaba, ansiosos por llegar al que era su única esperanza. Cuando la multitud huyó del templo, muchos quedaron atrás. Estos se unieron ahora a los que acababan de llegar. De nuevo se llenaron los atrios del templo de enfermos y moribundos, y una vez más Jesús los atendió.

Después de un rato los sacerdotes y príncipes se atrevieron a volver al templo. Cuando el pánico hubo pasado les sobrecogió la ansiedad de saber cuál sería el siguiente paso de Jesús. Esperaban que tomara el trono de David. Volvieron quedamente al templo, y oyeron las voces de hombres, mujeres y niños que alababan a Dios. Al entrar quedaron estupefactos ante la maravillosa escena. Vieron sanos a los enfermos, con vista a los ciegos, con audición a los sordos y saltando de gozo a los tullidos. Los niños eran los primeros en regocijarse. Jesús había sanado sus enfermedades; los había estrechado en sus brazos, había recibido sus besos de agradecido afecto, y algunos de ellos se habían dormido sobre su pecho mientras él enseñaba a la gente. Ahora con alegres voces los niños pregonaban sus alabanzas. Repetían los hosannas del día anterior y agitaban triunfalmente palmas ante el Salvador. En el templo resonaban y repercutían las aclamaciones: "Bendito el que viene en el nombre de Jehová". "He aquí tu rey vendrá a ti, justo y salvador".[3] "¡Hosanna al Hijo de David!"

El sonido de esas voces libres y espontáneas era una ofensa para los encargados del templo, y decidieron poner coto a tales demostraciones. Manifestaron al pueblo que la casa de Dios era profanada por los pies de los niños y los gritos de regocijo. Al notar que sus palabras no impresionaban al pueblo, los príncipes recurrieron a Cristo: "¿Oyes lo que éstos dicen? Y Jesús les dijo: Sí; ¿nunca leísteis: De la boca de los niños y de los que maman perfeccionaste la alabanza?" La profecía había predicho que Cristo sería proclamado rey, y esa predicción debía cumplirse. Los sacerdotes y príncipes de Israel rehusaron proclamar su gloria, y Dios indujo a los niños a ser sus testigos. Si las voces de los niños hubiesen sido silenciadas, las mismas columnas del templo habrían pregonado las alabanzas del Salvador.

Los fariseos estaban enteramente perplejos y desconcertados. Uno a quien no podían intimidar ejercía el mando. Jesús había señalado su posición como guardián del templo. Nunca antes había asumido esa clase de autoridad. Nunca antes habían tenido sus palabras y obras tan gran poder. Él había efectuado obras maravillosas en toda Jerusalén, pero nunca antes de una manera tan solemne e impresionante. En presencia del pueblo que había sido testigo de sus obras maravillosas, los sacerdotes y príncipes no se atrevieron a manifestarle abierta hostilidad. Aunque airados y confundidos por su respuesta, fueron incapaces de realizar cualquier cosa adicional ese día.

A la mañana siguiente el Sanedrín consideró de nuevo qué conducta debía adoptar hacia Jesús. Tres años antes habían exigido una señal de su dignidad mesiánica. A partir de esa ocasión él había realizado obras poderosas por todo el país. Había sanado a los enfermos, alimentado milagrosamente a miles de personas, caminado sobre las olas y aquietado el mar agitado. Había leído repetidas veces los corazones como un libro abierto; había expulsado a los demonios y resucitado muertos. Antes los príncipes le habían pedido evidencias de su carácter de Mesías. Ahora decidieron exigirle no una señal de su autoridad, sino alguna admisión o declaración por la cual pudiera ser condenado.

Yendo al templo donde él estaba enseñando le preguntaron: "¿Con qué autoridad haces estas cosas?, ¿y quién te dio esta autoridad?" Esperaban que afirmase que su autoridad procedía de Dios. Se proponían negar un aserto tal. Pero Jesús les hizo frente con una pregunta que al parecer concernía a otro asunto e hizo depender su respuesta a ellos de que contestaran esa pregunta. Dijo: "El bautismo de Juan, ¿de dónde era? ¿Del cielo, o de los hombres?"

Los sacerdotes vieron que estaban en un dilema del cual ningún sofisma los podía sacar. Si decían que el bautismo de Juan era del cielo, se pondría de manifiesto su inconsecuencia. Cristo les diría: "¿Por qué entonces no creísteis en él?" Juan había testificado de Cristo: "He aquí el Cordero de Dios, que quita el pecado del mundo".[4] Si los sacerdotes creían el testimonio de Juan, ¿cómo podían negar que Cristo fuese el Mesías? Si declaraban su verdadera creencia, que el ministerio de Juan era de los hombres, iban a provocar una tormenta de indignación sobre ellos, porque el pueblo creía que Juan era un profeta.

La multitud esperaba la decisión con intenso interés. Sabían que los sacerdotes habían profesado aceptar el ministerio de Juan, y esperaban que reconocieran sin reservas que era enviado de Dios. Pero después de consultarse secretamente, los sacerdotes decidieron no comprometerse. Simulando ignorancia, hipócritamente dijeron: "No sabemos". Jesús les dijo: "Yo tampoco os diré con qué autoridad hago estas cosas".

Los escribas, sacerdotes y príncipes fueron reducidos todos al silencio. Desconcertados y chasqueados, permanecieron cabizbajos, sin atreverse a dirigir más preguntas a Cristo. Por su cobardía e indecisión habían perdido en gran medida el respeto del pueblo, que observaba y se divertía al ver derrotados a esos hombres orgullosos y santurrones.

Todos los dichos y hechos de Cristo eran importantes, y su influencia habría de sentirse con intensidad creciente después de su crucifixión y ascensión. Muchos de quienes habían aguardado ansiosamente el resultado de las preguntas de Jesús finalmente llegaron a ser sus discípulos; antes que nada, atraídos a él por sus palabras de ese día lleno de acontecimientos. Nunca se desvanecería de sus mentes la escena en el atrio del templo. El contraste entre Jesús y el sumo sacerdote mientras hablaban juntos era notable. El orgulloso dignatario del templo estaba vestido con ricas y costosas vestimentas. Sobre la cabeza tenía una tiara reluciente. Su porte era majestuoso; su cabello y su larga barba flotante estaban plateados por los años. Su apariencia infundía terror a los espectadores. Ante ese augusto personaje estaba la Majestad del cielo, sin adornos ni ostentación. En sus vestiduras había manchas del viaje; su rostro estaba pálido y expresaba una paciente tristeza; sin embargo, allí estaban escritas una dignidad y benevolencia que contrastaban extrañamente con el orgullo, la confianza propia y el semblante airado del sumo sacerdote. Muchos de los que oyeron las palabras y vieron los hechos de Jesús en el templo, desde entonces lo tuvieron en sus corazones por profeta de Dios. Pero mientras el sentimiento popular se inclinaba por Jesús, el odio de los sacerdotes hacia él aumentaba. La sabiduría por medio de la cual había escapado de las trampas que le tendieron era una nueva evidencia de su divinidad, y añadía combustible a su ira.

En su debate con los rabinos no era el propósito de Cristo humillar a sus oponentes. No se alegraba de verlos en apuros. Tenía una importante lección que enseñar. Había mortificado a sus enemigos permitiéndoles caer en la red que le habían tendido. Al reconocer ellos su ignorancia en cuanto al carácter de Juan el Bautista, dieron a Jesús una oportunidad para hablar, y él la aprovechó presentándoles su verdadera condición y añadiendo otras amonestaciones a las muchas ya dadas.

Él dijo: "¿Qué os parece? Un hombre tenía dos hijos, y acercándose al primero, le dijo: Hijo, ve hoy a trabajar en mi viña. Respondiendo él, dijo: No quiero; pero después, arrepentido, fue. Y acercándose al otro, le dijo de la misma manera; y respondiendo él, dijo: Sí, Señor, voy. Y no fue. ¿Cuál de los dos hizo la voluntad de su padre?"

Esta abrupta pregunta tomó desprevenidos a sus oyentes. Habían seguido de cerca la parábola, y respondieron inmediatamente: "El primero". Fijando en ellos firmemente sus ojos, Jesús respondió en tonos severos y solemnes: "De cierto os digo, que los publicanos y las rameras van delante de vosotros al reino de Dios. Porque vino a vosotros Juan en camino de justicia, y no le creísteis; pero los publicanos y las rameras le creyeron; y vosotros, viendo esto, no os arrepentisteis después para creerle".

Los sacerdotes y príncipes no podían dar sino una respuesta correcta a la pregunta de Cristo, y así obtuvo él su opinión en favor del primer hijo. Este representaba a los publicanos, que eran despreciados y odiados por los fariseos. Los publicanos habían sido groseramente inmorales. Habían sido en verdad transgresores de la ley de Dios, mostrando en sus vidas una resistencia absoluta a sus requerimientos. Habían sido desagradecidos y profanos; cuando se les pidió que fueran a trabajar en la viña del Señor, habían dado una negativa desdeñosa. Pero cuando vino Juan, predicando arrepentimiento y bautismo, los publicanos recibieron su mensaje y fueron bautizados.

El segundo hijo representaba a los dirigentes de la nación judía. Algunos de los fariseos se habían arrepentido y recibido el bautismo de Juan; pero los dirigentes no quisieron reconocer que él había venido de Dios. Sus advertencias y denuncias no los indujo a reformarse. Ellos "desecharon los designios de Dios respecto de sí mismos, no siendo bautizados por Juan".[5] Trataron su mensaje con desdén. Como el segundo hijo —que cuando fue llamado dijo: "Sí, señor, voy", pero no fue—, los sacerdotes y príncipes profesaban obediencia pero desobedecían. Hacían gran profesión de piedad, aseveraban ser obedientes a la ley de Dios, pero sólo prestaban una falsa obediencia. Los publicanos eran denunciados y maldecidos por los fariseos como infieles; pero por medio de su fe y sus obras demostraban que iban al reino de los cielos delante de esos hombres santurrones, a quienes se les había dado gran luz pero cuyas obras no correspondían a su profesión de piedad.

Los sacerdotes y príncipes no estaban dispuestos a soportar estas verdades escudriñadoras. Sin embargo, guardaron silencio, esperando que Jesús dijese algo que pudieran usar contra él; pero debían soportar aun más.

Cristo dijo: "Oíd otra parábola: Hubo un hombre, padre de familia, el cual plantó una viña, la cercó de vallado, cavó en ella un lagar, edificó una torre, y la arrendó a unos labradores, y se fue lejos. Y cuando se acercó el tiempo de los frutos, envió sus siervos a los labradores, para que recibiesen sus frutos. Mas los labradores, tomando a los siervos, a uno golpearon, a otro mataron, y a otro apedrearon. Envió de nuevo otros siervos, más que los primeros; e hicieron con ellos de la misma manera. Finalmente les envió su hijo, diciendo: Tendrán respeto a mi hijo. Mas los labradores, cuando vieron al hijo, dijeron entre sí: Este es el heredero; venid, matémoslo, y apoderémonos de su heredad. Y tomándolo, lo echaron fuera de la viña, y lo mataron. Cuando venga, pues, el señor de la viña, ¿qué hará a aquellos labradores?"

Jesús se dirigió a todos los presentes; pero los sacerdotes y príncipes respondieron. Dijeron: "A los malos destruirá sin misericordia, y arrendará su viña a otros labradores, que le paguen el fruto a su tiempo". Al principio los que hablaban no habían percibido la aplicación de la parábola, pero luego vieron que habían pronunciado su propia condenación. En la parábola, el Señor de la viña representaba a Dios, la viña a la nación judía y el vallado a la ley divina que la protegía. La torre era un símbolo del templo. El señor de la viña había hecho todo lo necesario para su prosperidad. "¿Qué más se podía hacer a mi viña, que yo no haya hecho en ella?"[6] Así se representaba el infatigable cuidado de Dios por Israel. Y como los labradores debían devolver al dueño una debida proporción de los frutos de la viña, así el pueblo de Dios debía honrarlo mediante una vida que correspondiese a sus sagrados privilegios. Pero así como los labradores habían matado a los siervos que el señor les envió en busca de fruto, así los judíos habían dado muerte a los profetas a quienes Dios les enviara para llamarlos al arrepentimiento. Mensajero tras mensajero había sido muerto. Hasta aquí la aplicación de la parábola no podía objetarse, y en lo que siguiera no sería menos evidente. En el amado hijo a quien el señor de la viña envió finalmente a sus desobedientes siervos, a quien ellos habían prendido y matado, los sacerdotes y príncipes vieron un cuadro claro de Jesús y su suerte inminente. Ellos ya estaban maquinando la muerte del Ser a quien el Padre les había enviado como última apelación. En la retribución infligida a los ingratos labradores estaba pintada la sentencia de los que matarían a Cristo.

Mirándolos con piedad, el Salvador continuó: "¿Nunca leísteis en las Escrituras: La piedra que desecharon los edificadores, ha venido a ser cabeza del ángulo. El Señor ha hecho esto, y es cosa maravillosa en nuestros ojos? Por tanto os digo, que el reino de Dios será quitado de vosotros, y será dado a gente que produzca los frutos de él. Y el que cayere sobre esta piedra será quebrantado; y sobre quien ella cayere, lo desmenuzará".

Los judíos habían repetido a menudo esta profecía en las sinagogas, aplicándola al Mesías venidero. Cristo era la piedra del ángulo del sistema judaico y de todo el plan de la salvación. Los edificadores judíos, los sacerdotes y príncipes de Israel, ahora estaban rechazando esta piedra fundacional. El Salvador les llamó la atención a las profecías que debían mostrarles su peligro. Por todos los medios a su alcance procuró exponerles la naturaleza de la acción que estaban por realizar.

Y sus palabras tenían otro propósito. Al hacer la pregunta: "Cuando venga, pues, el Señor de la viña, ¿qué hará a aquellos labradores?" Cristo se proponía que los fariseos contestaran como lo hicieron. Quería que se condenaran a sí mismos. Sus advertencias, al no urgirlos al arrepentimiento, sellarían su sentencia, y él deseaba que ellos vieran que se habían acarreado su propia ruina. Él quería mostrarles la justicia de Dios al privarlos de sus privilegios nacionales, cosa que ya había empezado, y que terminaría no sólo con la destrucción de su templo y ciudad, sino también con la dispersión de la nación.

Los oyentes reconocieron la advertencia. Pero a pesar de la sentencia que habían pronunciado sobre sí mismos, los sacerdotes y príncipes estaban dispuestos a completar el cuadro diciendo: "Este es el heredero; venid, matémoslo". "Pero al buscar cómo echarle mano, temían al pueblo", porque el sentimiento popular estaba a favor de Cristo.

Al citar la profecía de la piedra rechazada, Cristo se refirió a un acontecimiento verídico en la historia de Israel. El incidente estaba relacionado con la edificación del primer templo. Si bien es cierto que tuvo una aplicación especial en ocasión de la primera venida de Cristo, y debiera haber impresionado con una fuerza especial a los judíos, también tiene una lección para nosotros. Cuando se levantó el templo de Salomón, las inmensas piedras usadas para los muros y el fundamento habían sido preparadas por completo en la cantera; desde allí se las traía al lugar de la edificación, y ninguna herramienta se debía usar sobre ellas; lo único que tenían que hacer los obreros era colocarlas en su lugar. Para ser usada en el fundamento se había traído una piedra de un tamaño poco común y de una forma peculiar; pero los obreros no podían encontrar lugar para ella, y no querían aceptarla. Era una molestia para ellos mientras yacía abandonada en el camino. Mucho tiempo permaneció rechazada. Pero cuando los edificadores llegaron al fundamento de la esquina, buscaron por largo tiempo una piedra de suficiente tamaño y fortaleza, y de la forma apropiada, para ocupar ese lugar particular y soportar el gran peso que habría de descansar sobre ella. Si hubiesen escogido erróneamente la piedra de ese lugar, hubiera estado en peligro todo el edificio. Debían encontrar una piedra capaz de resistir la influencia del sol, las heladas y la tempestad. Se habían elegido diversas piedras en diferentes momentos, pero habían quedado desmenuzadas bajo la presión del inmenso peso. Otras no podían soportar el efecto de los bruscos cambios atmosféricos. Pero al fin la atención de los edificadores se dirigió a la piedra por tanto tiempo rechazada. Había quedado expuesta al aire, al sol y a la tormenta, sin revelar la más leve rajadura. Los edificadores la examinaron. Había soportado todas las pruebas menos una. Si podía soportar la prueba de una gran presión, la aceptarían como piedra de esquina. Se hizo la prueba. La piedra fue aceptada, se la llevó a la posición asignada y se encontró que ocupaba exactamente el lugar. En visión profética se le mostró a Isaías que esa piedra era un símbolo de Cristo. Él dice:

"A Jehová de los ejércitos, a él santificad; sea él vuestro temor, y él sea vuestro miedo. Entonces él será por santuario; pero a las dos casas de Israel, por piedra para tropezar, y por tropezadero para caer, y por lazo y por red al morador de Jerusalén. Y muchos tropezarán entre ellos, y caerán, y serán quebrantados; y se enredarán y serán apresados". Conduciéndoselo en visión profética al primer advenimiento, al profeta se le mostró que Cristo había de soportar aflicciones y pruebas de las cuales era un símbolo el trato dado a la piedra principal del ángulo del templo de Salomón. "Por tanto, Jehová el Señor dice así: He aquí que yo he puesto en Sión por fundamento una piedra, piedra probada, angular, preciosa, de cimiento estable; el que creyere, no se apresure".[7]

En su sabiduría infinita, Dios escogió la piedra fundamental y la colocó él mismo. La llamó "cimiento estable". El mundo entero puede colocar sobre él sus cargas y pesares; puede soportarlo todo. Con perfecta seguridad, todos pueden edificar sobre él. Cristo es una "piedra probada". Nunca chasquea a los que confían en él. Él ha soportado toda prueba. Él ha soportado la carga de la culpa de Adán y de su posteridad, y ha salido más que vencedor de los poderes del mal. Ha llevado las cargas arrojadas sobre él por cada pecador arrepentido. En Cristo ha hallado alivio el corazón culpable. Él es el fundamento estable. Todo el que deposita en él su confianza, descansa perfectamente seguro.

En la profecía de Isaías se declara que Cristo es un fundamento seguro y a la vez una piedra de tropiezo. El apóstol Pedro, escribiendo bajo la inspiración del Espíritu Santo, muestra claramente para quiénes Cristo es una piedra fundamental, y para quiénes una roca de escándalo:

"Ahora... han probado lo bueno que es el Señor. Cristo es la Piedra viva, rechazada por los seres humanos pero escogida y preciosa ante Dios. Al acercarse a él, también ustedes son como piedras vivas, con las cuales se está edificando una casa espiritual. De este modo llegan a ser un sacerdocio santo, para ofrecer sacrificios espirituales que Dios acepta por medio de Jesucristo. Así dice la Escritura: 'Miren que pongo en Sión una piedra principal escogida y preciosa, y el que confíe en ella no será jamás defraudado'. Para ustedes los creyentes, esta piedra es preciosa; pero para los incrédulos, 'la piedra que desecharon los constructores ha llegado a ser la piedra angular', y también: 'una piedra de tropiezo y una roca que hace caer'. Tropiezan al desobedecer la palabra, para la cual estaban destinados".[8]

Para todos los que creen, Cristo es el fundamento seguro. Estos son los que caen sobre la Roca y son quebrantados. Así se representan la sumisión a Cristo y la fe en él. Caer sobre la Roca y ser quebrantado es abandonar nuestra justicia propia e ir a Cristo con la humildad de un niño, arrepentidos de nuestras transgresiones y creyendo en su amor perdonador. Y es asimismo por medio de la fe y la obediencia como edificamos sobre Cristo como nuestro fundamento.

Sobre esta piedra viviente pueden edificar por igual los judíos y los gentiles. Es el único fundamento sobre el cual podemos edificar con seguridad. Es bastante ancho para todos y bastante fuerte para soportar el peso y la carga del mundo entero. Y por la comunión con Cristo, la Piedra viviente, todos los que edifican sobre ese fundamento llegan a ser piedras vivas. Muchas personas se modelan, pulen y hermosean por sus propios esfuerzos, pero no pueden llegar a ser "piedras vivas" porque no están conectados con Cristo. Sin esta conexión, el hombre no puede salvarse. Sin la vida de Cristo en nosotros no podemos resistir los embates de la tentación. Nuestra seguridad eterna depende de nuestra edificación sobre el fundamento seguro. Multitudes están edificando hoy sobre fundamentos que no han sido probados. Cuando caiga la lluvia, brame la tempestad y vengan las crecientes, su casa caerá, porque no está fundada sobre la Roca eterna, la principal piedra del ángulo, Cristo Jesús.

"Tropiezan en la palabra, siendo desobedientes"; Cristo es una roca de tropiezo. Pero "la piedra que desecharon los edificadores, ha venido a ser cabeza del ángulo". Como la piedra rechazada, Cristo soportó en su misión terrenal el desdén y el ultraje. Fue "despreciado y desechado entre los hombres, varón de dolores, experimentado en quebranto... fue menospreciado, y no lo estimamos". Pero estaba cerca el tiempo en que sería glorificado. Por su resurrección de la muerte habría de ser "declarado Hijo de Dios con poder".[9] En su segunda venida habrá de revelarse como Señor del cielo y de la tierra. Los que ahora estaban por crucificarlo tendrían que reconocer su grandeza. Ante el universo, la piedra rechazada vendría a ser cabeza del ángulo.

"Sobre quien ella cayere, lo desmenuzará". El pueblo que rechazó a Cristo iba a ver pronto su ciudad y su nación destruidas. Su gloria sería deshecha y disipada como el polvo delante del viento. ¿Y qué fue lo que destruyó a los judíos? Fue la roca que hubiera constituido su seguridad si hubiesen edificado sobre ella. La bondad de Dios fue despreciada, la justicia rechazada, la misericordia desdeñada. Los hombres se opusieron resueltamente a Dios, y todo lo que hubiera sido su salvación se tornó en su destrucción. Todo lo que Dios ordenó para que vivieran, les resultó causa de muerte. En la crucifixión de Cristo por parte de los judíos estaba involucrada la destrucción de Jerusalén. La sangre vertida en el Calvario fue el peso que los hundió en la ruina para este mundo y el venidero. Así será en el gran día final, cuando se pronuncie sentencia sobre los que rechazan la gracia de Dios. Cristo, su roca de escándalo, les parecerá entonces una montaña vengadora. La gloria de su rostro, que es vida para los justos, será fuego consumidor para los impíos. Por causa del amor rechazado, la gracia menospreciada, el pecador será destruido.

Mediante muchas ilustraciones y repetidas advertencias Jesús mostró cuál sería para los judíos el resultado de rechazar al Hijo de Dios. En esas palabras él se estaba dirigiendo a todos los que en cada siglo rehúsan recibirlo como su Redentor. Cada amonestación es para ellos. El templo profanado, el hijo desobediente, los falsos labradores, los edificadores insensatos, todos tienen su contraparte en la experiencia de cada pecador. Y a menos que el pecador se arrepienta, la sentencia que ellos presagiaron será suya.

---

[1] 1 Sam. 15:22; Isa. 1:10-12, 16, 17. [2] Juan 2:16. [3] Sal. 118:26; Zac. 9:9. [4] Juan 1:29. [5] Luc. 7:30. [6] Isa. 5:4. [7] Isa. 8:13-15; 28:16. [8] 1 Ped. 2:3-8, NVI. [9] Isa. 53:3; Rom. 1:4.

CAPÍTULO 66

Controversias

LOS SACERDOTES y príncipes habían escuchado en silencio las acertadas reprensiones de Cristo. No podían refutar sus acusaciones. Pero estaban tanto más resueltos a entramparlo, y con ese objetivo le mandaron espías "que se simulasen justos, a fin de sorprenderle en alguna palabra, para entregarle al poder y autoridad del gobernador". No le mandaron a los ancianos fariseos, a quienes Jesús había hecho frente muchas veces, sino a jóvenes, ardientes y celosos, y a quienes, pensaban ellos, Cristo no conocía. Iban acompañados por algunos herodianos, que debían oír las palabras de Cristo con el fin de poder testificar contra él en su juicio. Los fariseos y los herodianos habían sido acérrimos enemigos, pero estaban ahora unidos en la enemistad contra Cristo.

Los fariseos se habían sentido siempre molestos bajo la exacción del tributo por parte de los romanos. Sostenían que el pago del tributo era contrario a la ley de Dios. Pero ahora veían una oportunidad de tender una trampa a Jesús. Los espías vinieron a él y, con aparente sinceridad, como deseosos de conocer su deber, dijeron: "Maestro, sabemos que dices y enseñas rectamente, y que no haces acepción de personas, sino que enseñas el camino de Dios con verdad. ¿Nos es lícito dar tributo a César, o no?"

Las palabras: "Sabemos que dices y enseñas rectamente", habrían sido una maravillosa admisión si hubiesen sido sinceras. Pero fueron pronunciadas con el fin de engañar. Sin embargo, su testimonio era verdadero. Los fariseos sabían que Cristo hablaba y enseñaba correctamente, y por su propio testimonio serían juzgados.

Los que interrogaban a Jesús pensaban que habían disfrazado suficientemente su propósito; pero Jesús leía su corazón como un libro abierto y sondeó su hipocresía. Les dijo: "¿Por qué me tentáis?", dándoles así una señal que no habían pedido, al mostrarles que leía su propósito oculto. Se vieron aun más confundidos cuando añadió: "Mostradme la moneda". Se la trajeron, y les preguntó: "¿De quién tiene la imagen y la inscripción? Y respondiendo dijeron: De César". Señalando la inscripción de la moneda, Jesús dijo: "Pues dad a César lo que es de César; y a Dios lo que es de Dios".

Los espías habían esperado que Jesús contestase directamente su pregunta, en un sentido o en otro. Si les decía: "Es ilícito pagar tributo a César", lo denunciarían a las autoridades romanas, y éstas lo arrestarían por incitar a la rebelión. Pero en caso de que él declarase lícito pagar el tributo, se proponían acusarlo ante el pueblo como opositor de la ley de Dios. Ahora se sintieron frustrados y derrotados. Sus planes quedaron trastornados. La manera sumaria en que su pregunta había sido decidida no les dejaba nada más que decir.

La respuesta de Cristo no era una evasiva, sino una cándida respuesta a la pregunta. Teniendo en su mano la moneda romana, sobre la cual estaban estampados el nombre y la imagen de César, declaró que ya que estaban viviendo bajo la protección del poder romano, debían dar a ese poder el apoyo que exigía mientras no estuviese en conflicto con un deber superior. Pero mientras se sujetasen pacíficamente a las leyes del país, debían en toda oportunidad tributar su primera fidelidad a Dios.

Las palabras del Salvador —"Dad... a Dios lo que es de Dios"— eran una severa reprensión para los judíos intrigantes. Si hubiesen cumplido fielmente sus obligaciones para con Dios, no habrían llegado a ser una nación quebrantada, sujeta a un poder extranjero. Ninguna insignia romana habría ondeado jamás sobre Jerusalén, ningún centinela romano habría estado a sus puertas, ningún gobernador romano habría regido dentro de sus murallas. Por tanto, la nación judía estaba pagando la penalidad de su apostasía de Dios.

Cuando los fariseos oyeron la respuesta de Cristo, "se maravillaron, y dejándole, se fueron". Había reprendido su hipocresía y presunción, y al hacerlo había establecido un gran principio, un principio que define claramente los límites del deber que tiene el hombre para con el gobierno civil y su deber para con Dios. En muchas mentes quedó resuelta una cuestión irritante. Desde entonces se aferraron al principio correcto. Y aunque muchos se fueron disconformes, vieron que el principio básico de la cuestión había sido expuesto claramente, y se maravillaron del discernimiento previsor de Cristo.

Tan pronto como fueron reducidos a silencio los fariseos, llegaron los saduceos con sus preguntas arteras. Los dos partidos estaban mutuamente en acerba oposición. Los fariseos eran rígidos adherentes de la tradición. Eran rigurosos en las ceremonias externas, diligentes en los lavamientos, ayunos, largas oraciones y limosnas ostentosas. Pero Cristo declaró que anulaban la ley de Dios enseñando como doctrinas los mandamientos de los hombres. Formaban una clase fanática e hipócrita. Sin embargo, había entre ellos personas de piedad verdadera, que aceptaron las enseñanzas de Cristo y llegaron a ser sus discípulos. Los saduceos rechazaban las tradiciones de los fariseos. Profesaban creer la mayor parte de las Escrituras y la consideraban como su norma de acción; pero en la práctica eran escépticos y materialistas.

Los saduceos negaban la existencia de los ángeles, la resurrección de los muertos y la doctrina de una vida futura, con sus recompensas y castigos. En todos esos puntos diferían de los fariseos. Entre los dos partidos el tema especial de controversia era la resurrección. Al principio los fariseos creían firmemente en la resurrección, pero, con esas discusiones, sus opiniones acerca del estado futuro se volvieron confusas. La muerte llegó a ser para ellos un misterio inexplicable. Su incapacidad para hacer frente a los argumentos de los saduceos era ocasión de continua irritación. Las discusiones entre las dos partes tenían generalmente como resultado airadas disputas que los separaban siempre más.

Los saduceos eran mucho menos numerosos que sus oponentes, y no tenían mucho dominio sobre la gente común; pero muchos de ellos eran ricos y ejercían la influencia que imparte la riqueza. En sus filas figuraba la mayoría de los sacerdotes, y de entre ellos se elegía generalmente al sumo sacerdote. Sin embargo, esto se hacía con la expresa estipulación de que no recalcasen sus opiniones escépticas. Debido al número y la popularidad de los fariseos, era necesario que los saduceos diesen su consentimiento externo a sus doctrinas mientras ocuparan algún cargo sacerdotal; pero el mismo hecho de que fueran elegibles para tales cargos daba influencia a sus errores.

Los saduceos rechazaban la enseñanza de Jesús; él estaba animado por un espíritu que, tal cual se manifestaba, no reconocerían; además, su enseñanza acerca de Dios y de la vida futura contradecía sus teorías. Creían en Dios como el único ser superior al hombre; pero argüían que una providencia rectora y una previsión divina privarían al hombre del carácter de agente moral libre y lo degradarían a la posición de un esclavo. Creían que, habiendo creado al hombre, Dios lo había abandonado a sí mismo, independiente de una influencia superior. Sostenían que el hombre estaba libre para regir su propia vida y moldear los acontecimientos del mundo; que su destino estaba en sus propias manos. Negaban que el Espíritu de Dios obrase por medio de los esfuerzos humanos o medios naturales. Sin embargo, sostenían que, por el debido empleo de sus facultades naturales, el hombre podía elevarse e instruirse; que por medio de exigencias rigurosas y austeras podía purificar su vida.

Sus ideas acerca de Dios moldeaban su carácter. Como en su opinión él no tenía interés en el hombre, tenían poca consideración unos por otros; había poca unión entre ellos. Rehusando reconocer la influencia del Espíritu Santo sobre las acciones humanas, carecían de su poder en sus vidas. Como el resto de los judíos, se jactaban mucho de su derecho de nacimiento como hijos de Abraham y de su estricta adhesión a los requerimientos de la ley; pero estaban desprovistos del verdadero espíritu de la ley, así como de la fe y benevolencia de Abraham. Sus simpatías naturales se manifestaban dentro de un círculo estrecho. Creían que era posible para todos los hombres conseguir las comodidades y bendiciones de la vida; y sus corazones no se conmovían por las necesidades y los sufrimientos ajenos. Vivían para sí mismos.

Por medio de sus palabras y obras Cristo testificaba de un poder divino que produce resultados sobrenaturales, de una vida futura más allá de la presente, de Dios como Padre de los hijos de los hombres, que siempre vela por sus intereses verdaderos. Revelaba la obra del poder divino en la benevolencia y compasión que reprendía el carácter egoísta y exclusivista de los saduceos. Enseñaba que tanto para el bien temporal como para el bien eterno del hombre, Dios obra en el corazón por medio del Espíritu Santo. Demostraba el error de confiar en el poder humano para esa transformación del carácter que sólo puede ser realizada por el Espíritu de Dios.

Los saduceos estaban resueltos a desacreditar esta enseñanza. Al buscar una controversia con Jesús confiaban en que arruinarían su reputación, aun cuando no pudiesen obtener su condenación. La resurrección fue el tema acerca del cual decidieron interrogarlo. En caso de manifestarse de acuerdo con ellos, iba a ofender aun más a los fariseos. Si difiriese de su parecer, se proponían poner su enseñanza en ridículo.

Los saduceos razonaban que si el cuerpo se ha de componer en su estado inmortal de las mismas partículas de materia que en su estado mortal; entonces, cuando resucite de los muertos, tendrá que tener carne y sangre y reasumir en el mundo eterno la vida interrumpida en la tierra. En tal caso, concluían, se reanudarían esas relaciones terrenales, el esposo y la esposa volverían a unirse, se consumarían los matrimonios, y todas las cosas continuarían como antes de la muerte, perpetuándose en la vida futura las fragilidades y pasiones de esta vida.

En respuesta a sus cuestionamientos, Jesús alzó el velo de la vida futura. Dijo: "En la resurrección ni se casarán ni se darán en casamiento, sino serán como los ángeles de Dios en el cielo". Demostró que los saduceos estaban equivocados en su creencia. Sus premisas eran falsas. Y añadió: "Erráis, ignorando las Escrituras y el poder de Dios". No los acusó, como había acusado a los fariseos, de hipocresía, sino de error en sus creencias.

Los saduceos se habían lisonjeado de que entre todos los hombres eran los que adherían más estrictamente a las Escrituras. Pero Jesús demostró que no conocían su verdadero significado. Este conocimiento debe ser grabado en el corazón por la iluminación del Espíritu Santo. Su ignorancia de las Escrituras y del poder de Dios, declaró él, eran la causa de su confusión de fe y tinieblas mentales. Trataban de meter los misterios de Dios dentro del ámbito de su raciocinio finito. Cristo los invitó a abrir sus mentes a las verdades sagradas que ampliarían y fortalecerían el entendimiento. Millares se vuelven incrédulos porque sus mentes finitas no pueden comprender los misterios de Dios. No pueden explicar la maravillosa manifestación del poder divino en sus providencias, y por tanto rechazan las evidencias de un poder tal, atribuyéndolas a los agentes naturales que les son aun más difíciles de comprender. La única llave a los misterios que nos rodean consiste en reconocer en todos ellos la presencia y el poder de Dios. Los hombres necesitan reconocer a Dios como el Creador del universo, el que ordena y ejecuta todas las cosas. Necesitan una visión más amplia de su carácter y del misterio de sus agentes.

Cristo declaró a sus oyentes que si no hubiese resurrección de los muertos, las Escrituras que profesaban creer eran inútiles. Él dijo: "Pero respecto a la resurrección de los muertos, ¿no habéis leído lo que os fue dicho por Dios, cuando dijo: Yo soy el Dios de Abraham, el Dios de Isaac y el Dios de Jacob? Dios no es Dios de muertos, sino de vivos". Dios considera las cosas que no son como si fuesen. Él ve el fin desde el principio, y contempla el resultado de su obra como si ya estuviese terminada. Los preciosos muertos, desde Adán hasta el último santo que muera, oirán la voz del Hijo de Dios y saldrán del sepulcro para tener vida inmortal. Dios será su Dios, y ellos serán su pueblo. Habrá una relación íntima y tierna entre Dios y los santos resucitados. Esa condición, que se anticipa en su propósito, es contemplada por él como si ya existiese. Para él los muertos viven.

Los saduceos fueron reducidos a silencio por las palabras de Cristo. No le pudieron contestar. No había dicho una sola palabra de la cual pudiesen aprovecharse para condenarlo. Sus adversarios no habían ganado nada, sino el desprecio del pueblo.

Sin embargo, los fariseos no desesperaban de inducirlo a decir algo que pudiesen usar contra él. Persuadieron a cierto sabio escriba a que interrogase a Jesús acerca de cuál de los diez preceptos de la ley era de mayor importancia.

Los fariseos habían exaltado los cuatro primeros mandamientos, que señalaban el deber del hombre para con su Hacedor, como si fuesen de mucho mayores consecuencias que los otros seis, que definen los deberes del hombre para con sus semejantes. Como resultado, fracasaban enormemente en la piedad práctica. Jesús había mostrado a la gente su gran deficiencia y había enseñado la necesidad de las buenas obras, declarando que se conoce al árbol por sus frutos. Por esta razón lo habían acusado de exaltar los últimos seis mandamientos más que los primeros cuatro.

El escriba se acercó a Jesús con una pregunta directa: "¿Cuál es el primer mandamiento de todos?" La respuesta de Cristo fue directa y categórica: "El primer mandamiento de todos es: Oye, Israel; el Señor nuestro Dios, el Señor uno es. Y amarás al Señor tu Dios con todo tu corazón, y con toda tu alma, y con toda tu mente y con todas tus fuerzas. Este es el principal mandamiento". El segundo es semejante al primero, dijo Cristo; porque se desprende de él: "Amarás a tu prójimo como a ti mismo. No hay otro mandamiento mayor que éstos". "De estos dos mandamientos pende toda la ley y los profetas".

Los primeros cuatro mandamientos del Decálogo están resumidos en el primer gran precepto: "Amarás al Señor tu Dios con todo tu corazón". Los últimos seis están incluidos en el otro: "Amarás a tu prójimo como a ti mismo". Ambos mandamientos son una expresión del principio del amor. No puede guardarse el primero y violar el segundo, ni puede guardarse el segundo mientras se viola el primero. Cuando Dios ocupe en el trono del corazón su lugar legítimo, nuestro prójimo recibirá el lugar que le corresponde. Lo amaremos como a nosotros mismos. Únicamente cuando amemos a Dios en forma suprema será posible amar a nuestro prójimo imparcialmente.

Y puesto que todos los mandamientos están resumidos en el amor a Dios y al hombre, se sigue que ningún precepto puede quebrantarse sin violar este principio. Así enseñó Cristo a sus oyentes que la ley de Dios no consiste en cierto número de preceptos separados, algunos de los cuales son de gran importancia, mientras que otros tienen poca y pueden ignorarse con impunidad. Nuestro Señor presenta los primeros cuatro y los últimos seis mandamientos como un todo divino, y enseña que el amor a Dios se manifestará por medio de la obediencia a todos sus mandamientos.

El escriba que había interrogado a Jesús estaba bien instruido en la ley, y se asombró de sus palabras. No esperaba que manifestase un conocimiento tan profundo y completo de las Escrituras. Obtuvo una visión más amplia de los principios básicos de los preceptos sagrados. Delante de los sacerdotes y príncipes congregados reconoció honradamente que Cristo había dado la correcta interpretación a la ley, al decir:

"Bien, Maestro, verdad has dicho, que uno es Dios, y no hay otro fuera de él; y el amarle con todo corazón, con todo entendimiento, con toda el alma, y con todas las fuerzas, y amar al prójimo como a uno mismo, más es que todos los holocaustos y sacrificios".

La sabiduría de la respuesta de Cristo había convencido al escriba. Sabía que la religión judía consistía en ceremonias externas más bien que en piedad interna. Sentía en cierta medida la inutilidad de las ofrendas ceremoniales, y del derramamiento de sangre para la expiación del pecado si no iba acompañado de fe. El amor y la obediencia a Dios, la consideración abnegada para con el hombre, le parecían de más valor que todos esos ritos. La disposición de este hombre a reconocer lo correcto del razonamiento de Cristo, y su respuesta decidida y pronta delante de la gente, manifestaban un espíritu completamente diferente del de los sacerdotes y príncipes. El corazón de Jesús se compadeció del honrado escriba que se había atrevido a afrontar el desagrado de los sacerdotes y las amenazas de los príncipes al expresar las convicciones de su corazón. "Jesús entonces, viendo que había respondido sabiamente, le dijo: No estás lejos del reino de Dios".

El escriba estaba cerca del reino de Dios porque reconocía que las obras de justicia son más aceptables para Dios que los holocaustos y sacrificios. Pero necesitaba reconocer el carácter divino de Cristo, y por la fe en él recibir el poder para hacer las obras de justicia. El servicio ritual no tenía ningún valor a menos que estuviese relacionado con Cristo mediante una fe viva. Aun la ley moral no cumple su propósito a menos que se entienda en su relación con el Salvador. Cristo había demostrado repetidas veces que la ley de su Padre contenía algo más profundo que sólo órdenes autoritarias. En la ley se encarnaba el mismo principio revelado en el evangelio. La ley señala su deber al hombre y le muestra su culpabilidad. Este debe buscar en Cristo perdón y poder para hacer lo que la ley ordena.

Los fariseos se habían acercado en derredor de Jesús mientras contestaba la pregunta del escriba. Ahora él les dirigió una pregunta: "¿Qué pensáis del Cristo? ¿De quién es Hijo?" Esta pregunta estaba destinada a probar su fe acerca del Mesías: a demostrar si lo consideraban un simple un hombre o el Hijo de Dios. Un coro de voces contestó: "De David". Tal era el título que la profecía había dado al Mesías. Cuando Jesús revelaba su divinidad por medio de milagros poderosos, cuando sanaba a los enfermos y resucitaba a los muertos, la gente se había preguntado entre sí: "¿No es éste aquel Hijo de David?" La mujer sirofenicia, el ciego Bartimeo y muchos otros habían clamado a él por ayuda: "¡Señor, Hijo de David, ten misericordia de mí!" Mientras cabalgaba en dirección a Jerusalén había sido saludado con la gozosa aclamación: "¡Hosanna al Hijo de David! ¡Bendito el que viene en el nombre del Señor!"[1] Y en el templo los niñitos se habían hecho eco ese mismo día de este alegre reconocimiento. Pero muchos de los que llamaban a Jesús Hijo de David no reconocían su divinidad. No comprendían que el Hijo de David era también el Hijo de Dios.

En respuesta a la declaración de que el Cristo era el Hijo de David, Jesús dijo: "¿Pues cómo David en Espíritu [el Espíritu de Inspiración proveniente de Dios] lo llama Señor, diciendo: Dijo el Señor a mi Señor: Siéntate a mi diestra, hasta que ponga a tus enemigos por estrado de tus pies? Pues si David lo llama Señor, ¿cómo es su hijo? Y nadie le podía responder palabra; ni osó alguno desde aquel día preguntarle más".

[1] Mat. 12:23; 15:22; 21:9.

CAPÍTULO 67

Ayes sobre los fariseos

E RA EL ÚLTIMO DÍA que Cristo enseñaba en el templo. La atención de las vastas muchedumbres que se habían reunido en Jerusalén se centraba en él; el pueblo se había congregado en los atrios del templo, atento a la contienda que se estaba desarrollando y sin perder una palabra de las que caían de los labios de Jesús. Nunca antes se había presenciado una escena tal. Allí estaba el Joven galileo, sin honores terrenales ni insignias reales. En derredor de él estaban los sacerdotes con sus lujosos atavíos, los príncipes con sus mantos e insignias que indicaban su posición exaltada, y los escribas teniendo en sus manos los rollos a los cuales se referían con frecuencia. Jesús estaba serenamente ante ellos con la dignidad de un rey. Como alguien investido con autoridad celestial, miraba sin vacilación a sus adversarios, quienes habían rechazado y despreciado sus enseñanzas y estaban sedientos de su vida. Lo habían asaltado en gran número, pero sus maquinaciones para entramparlo y condenarlo habían sido inútiles. Había enfrentado un desafío tras otro, presentando la verdad pura y brillante en contraste con las tinieblas y los errores de los sacerdotes y fariseos. Había expuesto a esos dirigentes su verdadera condición, y la retribución que con seguridad se atraerían si persistían en sus malas acciones. La amonestación había sido dada fielmente. Sin embargo, Cristo tenía aún otra obra que hacer. Todavía le quedaba otro propósito por cumplir.

El interés del pueblo en Cristo y su obra había aumentado constantemente. A los circunstantes les encantaba su enseñanza, pero también los dejaba grandemente perplejos. Habían respetado a los sacerdotes y rabinos por su inteligencia y piedad aparente. En todos los asuntos religiosos siempre habían prestado obediencia implícita a su autoridad. Pero ahora veían que esos hombres trataban de desacreditar a Jesús, un maestro cuya virtud y conocimiento resplandecían más brillantemente a cada asalto que sufría. Miraban los semblantes abatidos de sacerdotes y ancianos, y allí veían desconcierto y confusión. Se maravillaban de que los príncipes no quisieran creer en Jesús, cuando sus enseñanzas eran tan claras y sencillas. Ellos mismos no sabían qué conducta seguir. Con ávida ansiedad observaban los movimientos de aquellos cuyos consejos habían seguido siempre.

En las parábolas que Cristo había relatado, era su propósito tanto amonestar a los sacerdotes como instruir a la gente que estaba dispuesta a ser enseñada. Pero era necesario hablar aun más claramente. La gente estaba esclavizada por su actitud reverente hacia la tradición y por su fe ciega en un sacerdocio corrupto. Cristo debía romper esas cadenas. El carácter de los sacerdotes, príncipes y fariseos debía ser expuesto más plenamente.

Él dijo: "En la cátedra de Moisés se sientan los escribas y los fariseos. Así que, todo lo que os digan que guardéis, guardadlo y hacedlo; mas no hagáis conforme a sus obras, porque dicen, y no hacen". Los escribas y los fariseos aseveraban estar investidos con una autoridad divina similar a la de Moisés. Se arrogaban el derecho a reemplazarlo como expositores de la ley y jueces del pueblo. Como tales, exigían del pueblo absoluto respeto u obediencia. Jesús invitó a sus oyentes a hacer lo que los rabinos les enseñaban según la ley, pero no a seguir su ejemplo. Ellos mismos no practicaban sus propias enseñanzas.

Y, además, enseñaban muchas cosas contrarias a las Escrituras. Jesús dijo: "Porque atan cargas pesadas y difíciles de llevar, y las ponen sobre los hombros de los hombres; pero ellos ni con un dedo quieren moverlas". Los fariseos imponían una multitud de regulaciones fundamentadas en la tradición, las cuales restringían irracionalmente la libertad personal. Y explicaban ciertas porciones de la ley de tal manera que imponían al pueblo observancias que ellos mismos pasaban por alto en secreto, y de las cuales, cuando servía a sus propósitos, hasta aseveraban estar exentos.

Su objetivo constante era hacer ostentación de su piedad. Nada consideraban demasiado sagrado como para servir a ese fin. Dios había dicho a Moisés acerca de sus mandamientos: "Y las atarás como una señal en tu mano, y estarán como frontales entre tus ojos".[1] Estas palabras tienen un significado profundo. A medida que se medite en la Palabra de Dios y se la practique, el ser entero será ennoblecido. Al obrar con justicia y misericordia las manos revelarán, como señal, los principios de la ley de Dios. Se mantendrán libres de cohecho, y de todo lo que sea corrupto y engañoso. Serán activas en obras de amor y compasión. Los ojos, dirigidos hacia un propósito noble, serán claros y veraces. El semblante expresivo y los ojos que hablan atestiguarán del carácter inmaculado de aquel que ama y honra la Palabra de Dios. Pero los judíos del tiempo de Cristo no discernían todo eso. La orden dada a Moisés había sido torcida en el sentido de que los preceptos de la Escritura debían llevarse sobre la persona. Por consiguiente se escribían en tiras de pergamino [filacterias] que se ataban en forma conspicua en derredor de la cabeza y de las muñecas. Pero esto no daba a la ley de Dios un dominio más firme sobre la mente y el corazón. Se llevaban esos pergaminos meramente como insignias para llamar la atención. Se creía que daban a quienes los llevasen un aire de devoción capaz de inspirar reverencia al pueblo. Jesús asestó un golpe a esta vana pretensión:

"Antes, hacen todas sus obras para ser vistos por los hombres. Pues ensanchan sus filacterias, y extienden los flecos de sus mantos; y aman los primeros asientos en las cenas, y las primeras sillas en las sinagogas; y las salutaciones en las plazas, y que los hombres los llamen: Rabí, Rabí. Pero vosotros no queráis que os llamen Rabí; porque uno es vuestro Maestro, el Cristo, y todos vosotros sois hermanos. Y no llaméis padre vuestro a nadie en la tierra; porque uno es vuestro Padre, el que está en los cielos. Ni seáis llamados maestros; porque uno es vuestro Maestro, el Cristo". En estas claras palabras el Salvador reveló la ambición egoísta que constantemente procuraba obtener cargos y poder manifestando una humildad ficticia, mientras el corazón estaba lleno de avaricia y envidia. Cuando las personas eran invitadas a una fiesta, los huéspedes se sentaban de acuerdo con su rango, y quienes obtenían el lugar más honorable recibían la primera atención y favores especiales. Los fariseos estaban siempre maquinando para obtener esos honores. Jesús reprendió esa práctica.

También reprendió la vanidad manifestada al codiciar el título de rabino o maestro. Declaró que ese título no pertenecía a los hombres, sino a Cristo. Los sacerdotes, escribas, príncipes, expositores y administradores de la ley eran todos hermanos, hijos de un mismo Padre. Jesús enseñó enfáticamente a la gente que no debía dar a ningún hombre un título de honor que significase otorgarle un dominio sobre nuestra conciencia o sobre nuestra fe.

Si Cristo estuviese en la tierra hoy, rodeado por los que llevan el título de "Reverendo" o "Reverendísimo", ¿no repetiría su aserto: "Ni seáis llamados maestros; porque uno es vuestro Maestro, el Cristo"? La Escritura declara acerca de Dios: "Santo y venerable [reverendo, en inglés] es su nombre".[2] ¿A qué ser humano cuadra un título tal? ¡Cuán poco revela el hombre de la sabiduría y justicia que su cargo establece! ¡Cuántos de los que asumen ese título representan falsamente el nombre y el carácter de Dios! ¡Ay, cuántas veces la ambición y el despotismo mundanales y los pecados más viles han estado ocultos bajo las bordadas vestiduras de un cargo alto y santo! El Salvador continuó:

"El que es el mayor de vosotros, sea vuestro siervo. Porque el que se enaltece será humillado, y el que se humilla será enaltecido". Repetidas veces Cristo había enseñado que la verdadera grandeza se mide por medio del valor moral. En la estima del cielo, la grandeza de carácter consiste en vivir para el bienestar de nuestros semejantes, en hacer obras de amor y misericordia. Cristo, el Rey de gloria, fue un siervo del hombre caído.

Jesús dijo: "¡Ay de vosotros, escribas y fariseos, hipócritas!, porque cerráis el reino de los cielos delante de los hombres; pues ni entráis vosotros, ni dejáis entrar a los que están entrando". Pervirtiendo las Escrituras, los sacerdotes y doctores de la ley cegaban la mente de quienes de otra manera habrían recibido un conocimiento del reino de Cristo, y de esa vida interior y divina que es esencial para la verdadera santidad.

"¡Ay de vosotros, escribas y fariseos, hipócritas!, porque devoráis las casas de las viudas, y como pretexto hacéis largas oraciones; por esto recibiréis mayor condenación". Los fariseos ejercían gran influencia sobre la gente, y la aprovechaban para servir a sus propios intereses. Se ganaban la confianza de viudas piadosas, y les indicaban que era su deber dedicar su propiedad a fines religiosos. Habiendo conseguido el dominio de su dinero, los astutos maquinadores lo empleaban para su propio beneficio. Para cubrir su falta de honradez, ofrecían largas oraciones en público y hacían gran ostentación de piedad. Cristo declaró que esta hipocresía les atraería mayor condenación. La misma represión cae sobre muchos que en nuestro tiempo hacen una alta profesión de piedad. Su vida está manchada de egoísmo y avaricia, pero arrojan sobre ella un manto de aparente pureza, y así por un tiempo engañan a sus semejantes. Pero no pueden engañar a Dios. Él lee todo propósito del corazón y juzgará a cada uno según sus obras.

Cristo condenó despiadadamente los abusos, pero se esmeró en no reducir las obligaciones. Reprendió el egoísmo que extorsionaba y aplicaba mal los donativos de la viuda. Al mismo tiempo alabó a la viuda que había traído su ofrenda a la tesorería de Dios. El abuso que hacía el hombre del donativo no podía desviar la bendición que Dios concedía a la dadora.

Jesús estaba en el atrio donde se hallaban los cofres del tesoro, y miraba a los que venían para depositar sus donativos. Muchos de los ricos traían sumas elevadas, que presentaban con gran ostentación. Jesús los miraba tristemente, pero sin hacer comentario acerca de sus ingentes ofrendas. Luego su rostro se iluminó al ver a una pobre viuda acercarse con vacilación, como temerosa de ser observada. Mientras los ricos y altaneros caminaban majestuosamente para depositar sus ofrendas, ella vacilaba como si no se atreviese a ir más adelante. Sin embargo anhelaba hacer algo, por poco que fuese, en favor de la causa que amaba. Ella miró el donativo en su mano. Era muy pequeño en comparación con los que traían quienes la rodeaban, pero era todo lo que tenía. Aprovechando su oportunidad, echó apresuradamente sus dos blancas y se dio vuelta para irse. Pero, al hacerlo, notó que la mirada de Jesús se fijaba intensamente en ella.

El Salvador llamó a sí a sus discípulos y les pidió que notasen la pobreza de la viuda. Entonces sus palabras de elogio cayeron en los oídos de ella: "De verdad os digo, que esta viuda pobre echó más que todos los que han echado en el arca". Lágrimas de gozo llenaron sus ojos al sentir que su acto era comprendido y apreciado. Muchos le habrían aconsejado que guardase su pitanza para su propio uso; puesto en las manos de los bien alimentados sacerdotes se perdería de vista entre los muchos y costosos donativos traídos a la tesorería. Pero Jesús entendía el motivo de ella. Ella creía que el servicio del templo era ordenado por Dios, y anhelaba hacer cuanto pudiese para sostenerlo. Hizo lo que pudo, y su acto habría de ser un monumento a su memoria para todos los tiempos y su gozo en la eternidad. Su corazón fue con su donativo, cuyo valor fue estimado no por el de la moneda, sino por el amor hacia Dios y el interés en su obra que había impulsado la acción.

Jesús dijo acerca de la pobre viuda: "Echó más que todos". Los ricos habían donado de su abundancia, muchos de ellos para ser vistos y honrados por los hombres. Sus grandes donativos no los había privado de ninguna comodidad, ni siquiera de algún lujo; no les había requerido sacrificio alguno, y no podían compararse en valor con las blancas de la viuda.

Es el motivo lo que da carácter a nuestros actos, estampándolos con ignominia o con alto valor moral. No son las cosas grandes que todo ojo ve y que toda lengua alaba lo que Dios considera más precioso. Los pequeños deberes realizados de buena gana, los pequeños donativos dados sin ostentación, y que a los ojos humanos pueden parecer sin valor, con frecuencia se destacan más altamente a su vista. Un corazón lleno de fe y de amor es más querido por Dios que el don más costoso. La pobre viuda dio lo que necesitaba para vivir al dar lo poco que dio. Se privó de alimento con el fin de entregar esas dos blancas a la causa que amaba. Y lo hizo con fe, creyendo que su Padre celestial no pasaría por alto su gran necesidad. Fue este espíritu abnegado y esta fe infantil lo que mereció el elogio del Salvador.

Entre los pobres hay muchos que desean demostrar su gratitud a Dios por su gracia y verdad. Anhelan participar con sus hermanos más prósperos en el sostenimiento de su servicio. Estas almas no deben ser repelidas. Permítaseles poner sus blancas en el banco del cielo. Si las dan con corazón lleno de amor por Dios, estas aparentes bagatelas llegan a ser donativos consagrados, ofrendas inestimables que Dios aprecia y bendice.

Cuando Jesús dijo de la viuda: "Echó más que todos", sus palabras eran verdaderas no sólo en cuanto al motivo sino también acerca de los resultados de su don. Las "dos blancas, o... un cuadrante", han traído a la tesorería de Dios una cantidad de dinero mucho mayor que las contribuciones de esos judíos ricos. La influencia de ese pequeño donativo ha sido como un arroyo, pequeño en su inicio, pero que se ensancha y se profundiza a medida que va fluyendo a través de los siglos. Ha contribuido de mil maneras al alivio de los pobres y a la difusión del evangelio. El ejemplo de abnegación de esa mujer ha obrado y vuelto a obrar en miles de corazones en todo país y en toda época. Ha apelado tanto a ricos como a pobres, y sus ofrendas han aumentado el valor del donativo de ella. La bendición de Dios sobre las blancas de la viuda ha hecho de ellas una fuente de grandes resultados. Así también sucede con cada don entregado y todo acto realizado con un sincero deseo de glorificar a Dios. Está vinculado con los propósitos de la Omnipotencia. Ningún hombre puede medir sus resultados para el bien.

El Salvador continuó denunciando a los escribas y fariseos: "¡Hay de vosotros, guías ciegos! que decís: Si alguno jura por el templo, no es nada; pero si alguno jura por el oro del templo, es deudor. ¡Insensatos y ciegos!, porque ¿cuál es mayor, el oro, o el templo que santifica al oro? También decís: Si alguno jura por el altar, no es nada; pero si alguno jura por la ofrenda que está sobre él, es deudor. ¡Necios y ciegos!, porque ¿cuál es mayor, la ofrenda, o el altar que santifica la ofrenda?" Los sacerdotes interpretaban los requerimientos de Dios de acuerdo con su propia norma falsa y estrecha. Presumían de hacer delicadas distinciones en cuanto a la culpa comparativa de diversos pecados, pasando ligeramente sobre algunos, y tratando a otros, que tal vez eran de menor consecuencia, como imperdonables. Por una gratificación monetaria dispensaban a las personas de sus votos. Y por grandes sumas de dinero a veces pasaban por alto crímenes graves. Al mismo tiempo, en otros casos esos sacerdotes y príncipes pronunciaban severos juicios por ofensas triviales.

"¡Ay de vosotros, escribas y fariseos, hipócritas!, porque diezmáis la menta y el eneldo y el comino, y dejáis lo más importante de la ley: la justicia, la misericordia y la fe. Esto era necesario hacer, sin dejar de hacer aquello". En estas palabras Cristo vuelve a condenar el abuso de la obligación sagrada. No descarta la obligación misma. El sistema del diezmo fue ordenado por Dios y había sido observado desde los tiempos más remotos. Abraham, padre de los fieles, pagó los diezmos de todo lo que poseía. Los príncipes judíos reconocían la obligación de diezmar, y eso estaba bien; pero no dejaban a la gente libre de ejecutar sus propias convicciones del deber. Habían trazado reglas arbitrarias para cada caso. Los requerimientos habían llegado a ser tan complicados que era imposible cumplirlos. Nadie sabía cuándo sus obligaciones estaban satisfechas. Como Dios lo dio, el sistema era justo y razonable; pero los sacerdotes y rabinos habían hecho de él una carga pesada.

Todo lo que Dios ordena tiene importancia. Cristo reconoció que el pago del diezmo es un deber; pero demostró que no podía disculpar la negligencia de otros deberes. Los fariseos eran muy exactos en diezmar las hierbas del jardín como la menta, el anís y la ruda;[3] esto les costaba poco, y les daba reputación de meticulosos y santos. Al mismo tiempo, sus restricciones inútiles oprimían a la gente y destruían el respeto por el sistema sagrado ideado por Dios mismo. Ocupaban la mente de los hombres con distinciones triviales y apartaban su atención de las verdades esenciales. Los asuntos más importantes de la ley —la justicia, la misericordia y la verdad— eran descuidados. Cristo dijo: "Esto era necesario hacer, sin dejar de hacer aquello".

Otras leyes habían sido pervertidas por los rabinos de la misma manera. En las instrucciones dadas por medio de Moisés se prohibía comer cosa inmunda. El consumo de carne de cerdo y la carne de ciertos otros animales estaba prohibido, porque podían llenar la sangre de impurezas y acortar la vida. Pero los fariseos no dejaban esas restricciones como Dios las había dado. Iban a extremos injustificados. Entre otras cosas exigían a la gente que colasen toda el agua que usaran, no sea que contuviese el más pequeño insecto, el cual podía ser clasificado entre los animales inmundos. Jesús, contrastando esas exigencias triviales con la magnitud de sus pecados presentes, dijo a los fariseos: "¡Guías ciegos, que coláis el mosquito, y tragáis el camello!"

"¡Ay de vosotros, escribas y fariseos, hipócritas!, porque sois semejantes a sepulcros blanqueados, que por fuera, a la verdad, se muestran hermosos, mas por dentro están llenos de huesos de muertos y de toda inmundicia". Así como la tumba blanqueada y hermosamente decorada ocultaba en su interior restos putrefactos, así la santidad externa de los sacerdotes y príncipes ocultaba iniquidad. Jesús continuó:

"¡Ay de vosotros, escribas y fariseos, hipócritas!, porque edificáis los sepulcros de los profetas, y adornáis los monumentos de los justos, y decís: Si hubiéramos vivido en los días de nuestros padres, no hubiéramos sido sus cómplices en la sangre de los profetas. Así que dais testimonio contra vosotros mismos, de que sois hijos de aquellos que mataron a los profetas". Con el fin de manifestar su estima por los profetas muertos, los judíos eran muy celosos en hermosear sus tumbas; pero no aprovechaban sus enseñanzas ni prestaban atención a sus represiones.

En los días de Cristo se manifestaba consideración supersticiosa hacia los lugares de descanso de los muertos y se prodigaban grandes sumas de dinero para adornarlos. A la vista de Dios, esto era idolatría. En su indebida consideración por los muertos, los hombres demostraban que no amaban a Dios sobre todas las cosas ni a su prójimo como a sí mismos. La misma idolatría se lleva a grados extremos hoy. Muchos son culpables de descuidar a la viuda y a los huérfanos, a los enfermos y a los pobres, para edificar costosos monumentos en honor a los muertos. Gastan pródigamente tiempo, dinero y trabajo con este fin, pero al mismo tiempo no cumplen sus deberes para con los vivos, deberes que Cristo ordenó claramente.

Los fariseos construían las tumbas de los profetas, adornaban sus sepulcros y se decían unos a otros: "Si hubiésemos vivido en los días de nuestros padres no habríamos participado con ellos en el derramamiento de la sangre de los siervos de Dios". Al mismo tiempo se proponían quitar la vida de su Hijo. Esto debiera ser una lección para nosotros. Debiera abrir nuestros ojos acerca del poder que tiene Satanás para engañar a la mente para que se aparte de la luz de la verdad. Muchos siguen en las huellas de los fariseos. Reverencian a quienes murieron por su fe. Se admiran de la ceguera de los judíos al rechazar a Cristo. Declaran: "Si hubiésemos vivido en su tiempo, habríamos recibido gozosamente sus enseñanzas; nunca habríamos participado en la culpa de los que rechazaron al Salvador". Pero cuando la obediencia a Dios requiere abnegación y humillación, estas mismas personas ahogan sus convicciones y se niegan a obedecer. Así manifiestan el mismo espíritu que los fariseos a quienes condenó Cristo.

Poco comprendían los judíos la terrible responsabilidad que entrañaba el rechazar a Cristo. Desde el tiempo en que fue derramada la primera sangre inocente, cuando el justo Abel cayó a manos de Caín, se ha repetido la misma historia, con culpabilidad cada vez mayor. En cada época los profetas levantaron su voz contra los pecados de reyes, gobernantes y pueblo, pronunciando las palabras que Dios les daba y obedeciendo su voluntad a riesgo de su vida. De generación en generación se fue acumulando un terrible castigo para los que rechazaban la luz y la verdad. Los enemigos de Cristo ahora estaban atrayendo ese castigo sobre sus cabezas. El pecado de los sacerdotes y príncipes era mayor que el de cualquier generación precedente. Al rechazar al Salvador se estaban haciendo responsables por la sangre de todos los justos asesinados desde Abel hasta Cristo. Estaban por llenar hasta rebosar su copa de iniquidad. Y pronto sería derramada sobre sus cabezas en justicia retributiva. Jesús se lo advirtió:

"Para que venga sobre vosotros toda la sangre justa que se ha derramado sobre la tierra, desde la sangre de Abel el justo hasta la sangre de Zacarías, hijo de Berequías, a quien matasteis entre el templo y el altar. De cierto os digo que todo esto vendrá sobre esta generación".

Los escribas y fariseos que escuchaban a Jesús sabían que sus palabras eran verdaderas. Sabían cómo había sido asesinado el profeta Zacarías. Mientras las palabras de amonestación de Dios estaban en sus labios, una furia satánica se apoderó del rey apóstata, y a su orden se dio muerte al profeta. Su sangre se imprimió sobre las mismas piedras del atrio del templo, y no pudo ser borrada; permaneció como testimonio contra el Israel apóstata. Mientras subsistiese el templo, allí estaría la mancha de esa sangre justa, clamando por venganza de Dios. Cuando Jesús se refirió a esos terribles pecados, una conmoción de horror sacudió a la multitud.

Mirando hacia adelante, Jesús declaró que la impenitencia de los judíos y su intolerancia para con los siervos de Dios sería en lo futuro la misma que en lo pasado:

"Por tanto, he aquí yo os envío a vosotros profetas y sabios y escribas; y de ellos, a unos mataréis y crucificaréis, y a otros azotaréis en vuestras sinagogas, y perseguiréis de ciudad en ciudad". Profetas y sabios, llenos de fe y del Espíritu Santo —Esteban, Santiago y muchos otros—, iban a ser condenados y asesinados. Con la mano alzada hacia el cielo, y mientras una luz divina rodeaba su persona, Cristo habló como juez a los que estaban delante de él. Su voz, que tan a menudo se había oído en tonos amables y de súplica, se oyó ahora en represión y condenación. Los oyentes se estremecieron. Nunca habría de borrarse la impresión hecha por sus palabras y su mirada.

La indignación de Cristo iba dirigida contra la hipocresía, los pecados groseros por medio de los cuales los hombres estaban destruyendo su alma, engañando a la gente y deshonrando a Dios. En el especioso razonamiento engañoso de los sacerdotes y príncipes él discernió la obra de los agentes satánicos. Aguda y escudriñadora había sido su denuncia del pecado; pero no habló palabras de represalias. Sintió una santa ira contra el príncipe de las tinieblas; pero no manifestó un temperamento irritado. Así también el cristiano que vive en armonía con Dios, y posee los suaves atributos del amor y la misericordia, sentirá una justa indignación contra el pecado; pero no será incitado por la pasión a vilipendiar a quienes lo vilipendian. Aun al hacer frente a quienes, movidos por un poder infernal, sostienen la mentira, conservará en Cristo la serenidad y el dominio propio.

La compasión divina caracterizaba el semblante del Hijo de Dios mientras dirigía una última mirada al templo y luego a sus oyentes. Con voz ahogada por la profunda angustia de su corazón y amargas lágrimas exclamó: "¡Jerusalén, Jerusalén, que matas a los profetas, y apedreas a los que te son enviados! ¡Cuántas veces quise juntar a tus hijos, como la gallina junta sus polluelos debajo de las alas, y no quisiste!" Esta es la lucha de la separación. En el lamento de Cristo está fluyendo a borbotones el mismo corazón de Dios. Es la misteriosa despedida del amor longánime de la Deidad.

Los fariseos y saduceos quedaron igualmente callados. Jesús reunió a sus discípulos y se dispuso a abandonar el templo, no como quien estuviese derrotado y obligado a huir de la presencia de sus enemigos, sino como quien ha terminado su obra. Se retiró vencedor de la contienda.

Las gemas de verdad que cayeron de los labios de Cristo en ese día memorable fueron atesoradas en muchos corazones. Para ellos brotaron a la vida nuevos pensamientos, se despertaron nuevas aspiraciones y comenzaron una historia nueva. Después de la crucifixión y la resurrección de Cristo, esas personas fueron al frente de combate y cumplieron su comisión divina con una sabiduría y un celo correspondientes a la grandeza de la obra. Dieron un mensaje que impresionaba el corazón de los hombres, debilitando las antiguas supersticiones que habían empequeñecido durante tanto tiempo la vida de millares. Ante su testimonio las teorías y las filosofías humanas llegaron a ser como fábulas ociosas. Grandes fueron los resultados de las palabras del Salvador a esa muchedumbre llena de asombro y pavor en el templo de Jerusalén.

Pero Israel como nación se había divorciado de Dios. Las ramas naturales del olivo estaban quebradas. Mirando por última vez al interior del templo, Jesús dijo con tono patético y lastimero: "He aquí vuestra casa os es dejada desierta. Porque os digo que desde ahora no me veréis, hasta que digáis: Bendito el que viene en el nombre del Señor". Hasta aquí había llamado al templo "casa de mi Padre"; pero ahora, al salir el Hijo de Dios de entre sus murallas, la presencia de Dios se iba a retirar para siempre del templo construido para su gloria. Desde entonces sus ceremonias no tendrían significado, sus ritos serían una mofa.

[1] Deut. 6:8. [2] Sal. 111:9. [3] Ver Luc. 11:42.

CAPÍTULO 68

En el atrio exterior

"HABÍA ciertos griegos entre los que habían subido a adorar en la fiesta. Éstos, pues, se acercaron a Felipe, que era de Betsaida de Galilea, y le rogaron, diciendo: Señor, quisiéramos ver a Jesús. Felipe fue y se lo dijo a Andrés; entonces Andrés y Felipe se lo dijeron a Jesús".

En esos momentos la obra de Cristo parecía haber sufrido una cruel derrota. Él había salido vencedor en la controversia con los sacerdotes y fariseos, pero era evidente que nunca lo recibirían como el Mesías. Había llegado el momento de la separación final. Para sus discípulos, el caso parecía sin esperanzas. Pero Cristo estaba acercándose a la consumación de su obra. Estaba por acontecer el gran suceso que concernía no sólo a la nación judía sino al mundo entero. Cuando Cristo oyó la ferviente petición: "Quisiéramos ver a Jesús", repercutió para él como un eco del clamor del mundo hambriento, su rostro se iluminó y dijo: "Ha llegado la hora para que el Hijo del hombre sea glorificado". En la petición de los griegos vio una prenda de los resultados de su gran sacrificio.

Estos hombres vinieron del Occidente para hallar al Salvador al final de su vida, así como los magos habían venido del Oriente al principio. Cuando nació Cristo, los judíos estaban tan absortos en sus propios planes ambiciosos que no supieron de su venida. Los magos de una tierra pagana vinieron al pesebre con sus donativos para adorar al Salvador. Así también estos griegos, representando a las naciones, las tribus y los pueblos del mundo, vinieron a ver a Jesús. Así también la gente de todas las tierras y de todas las edades sería atraída por la cruz del Salvador. Así "vendrán muchos del oriente y del occidente, y se sentarán con Abraham e Isaac y Jacob en el reino de los cielos".[1]

Los griegos habían oído hablar de la entrada triunfal de Cristo en Jerusalén. Algunos suponían que había echado a los sacerdotes y príncipes del templo, y que iba a tomar posesión del trono de David y reinar como rey de Israel, y habían hecho circular ese rumor. Los griegos anhelaban conocer la verdad acerca de su misión. Dijeron: "Quisiéramos ver a Jesús". Lo que deseaban les fue concedido. Cuando la petición fue presentada a Jesús, estaba en esa parte del templo de la cual todos estaban excluidos menos los judíos, pero salió al atrio exterior donde estaban los griegos, y tuvo una entrevista personal con ellos.

Había llegado la hora de la glorificación de Cristo. Estaba a la sombra de la cruz, y la pregunta de los griegos le mostró que el sacrificio que estaba por hacer traería muchos hijos e hijas a Dios. Él sabía que los griegos pronto lo verían en una situación que ni siquiera habían soñado. Lo verían colocado al lado del ladrón y homicida Barrabás, al que se decidiría dar libertad antes que al Hijo de Dios. Oirían al pueblo, inspirado por los sacerdotes y príncipes, hacer su elección. Y a la pregunta: "¿Qué, pues, haré de Jesús, llamado el Cristo?", se daría la respuesta: "¡Sea crucificado!" Cristo sabía que su reino sería perfeccionado al hacer él esta propiciación por los pecados de los hombres, y que se extendería por todo el mundo. Él iba a obrar como Restaurador, y su Espíritu prevalecería. Por un momento miró el futuro y oyó las voces que proclamaban en todas partes de la tierra. "He aquí el Cordero de Dios, que quita el pecado del mundo".[2] En esos extranjeros vio la garantía de una gran siega, cuando el muro de separación entre judíos y gentiles se derribaría y todas las naciones, lenguas y pueblos oirían el mensaje de salvación. La anticipación de esto, la consumación de sus esperanzas, lo expresó en las palabras: "Ha llegado la hora para que el Hijo del hombre sea glorificado". Pero la manera en que debía realizarse esa glorificación nunca estuvo ausente de la mente de Cristo. La reunión de los gentiles había de seguir a su muerte cercana. Únicamente por medio de su muerte podía salvarse el mundo. Como el grano de trigo, el Hijo de Dios debía ser arrojado en tierra, morir y ser sepultado hasta desaparecer; pero volvería a vivir.

Cristo presentó lo que le esperaba y lo ilustró por medio de las cosas de la naturaleza, para que los discípulos pudiesen entenderlo. El verdadero resultado de su misión iba a ser alcanzado por su muerte. Dijo: "De cierto, de cierto os digo, que si el grano de trigo no cae en la tierra y muere, queda solo; pero si muere, lleva mucho fruto". Cuando el grano de trigo cae en el suelo y muere, brota y lleva fruto. Así también la muerte de Cristo iba a resultar en frutos para el reino de Dios. De acuerdo con la ley del reino vegetal, la vida iba a ser el resultado de su muerte.

Los que cultivan el suelo siempre tendrán presente esta ilustración. Año tras año el hombre preserva su provisión de grano al, aparentemente, arrojar la mejor parte. Durante un tiempo debe quedar oculta en el surco, para que la cuide el Señor. Hasta que aparece la hoja, luego la espiga y finalmente el grano en la espiga. Pero este desarrollo no puede realizarse a menos que el grano esté sepultado, oculto, y, según toda apariencia, perdido.

La semilla enterrada en el suelo produce fruto, y a su vez éste es plantado en tierra. De este modo la cosecha se multiplica. Así producirá fruto para vida eterna la muerte de Cristo en la cruz del Calvario. La contemplación de este sacrificio será la gloria de quienes, como fruto de él, vivirán por los siglos eternos.

El grano de trigo que preserva su propia vida no puede producir fruto. Permanece solo. Cristo podía, si quería, salvarse de la muerte. Pero si lo hubiese hecho, habría permanecido solo. No podría haber conducido hijos e hijas a Dios. Únicamente por medio de la entrega de su vida podía impartir vida a la humanidad. Únicamente cayendo al suelo para morir podía llegar a ser la simiente de esa vasta mies: la gran multitud que de toda nación, tribu, lengua y pueblo será redimida para Dios.

Con esta verdad Cristo relaciona la lección de sacrificio propio que todos deben aprender: "El que ama su vida, la perderá; y el que aborrece su vida en este mundo, para vida eterna la guardará". Todos los que quieran producir frutos como colaboradores de Cristo deben caer primero en el suelo y morir. La vida debe ser echada en el surco de la necesidad del mundo. El amor y el interés propios deben perecer. La ley de la abnegación es la ley de la preservación propia. El labrador preserva su grano arrojándolo lejos. Así sucede en la vida humana. Dar es vivir. La vida que será preservada es la que se haya dado libremente en servicio a Dios y al hombre. Los que por amor a Cristo sacrifican su vida en este mundo, la conservarán por la eternidad.

La vida dedicada al yo es como el grano que se come. Desaparece, pero no hay aumento. Un hombre puede juntar para sí todo lo posible; puede vivir, pensar y hacer planes para sí; pero su vida pasa y no le queda nada. La ley de servirse a sí mismo es la ley de la destrucción propia.

Jesús dijo: "Si alguno me sirve, sígame, y donde yo estuviere, allí también estará mi servidor. Si alguno me sirviere, mi Padre lo honrará". Todos los que han llevado con Jesús la cruz del sacrificio, compartirán con él su gloria. El gozo de Cristo, en su humillación y dolor, consistió en que sus discípulos serían glorificados con él. Son el fruto de su abnegación. El desarrollo de su propio carácter y espíritu en ellos es su recompensa, y será su gozo por toda la eternidad. Este gozo lo comparten ellos con él a medida que el fruto de su trabajo y sacrificio se ve en otros corazones y vidas. Son colaboradores con Cristo, y el Padre los honrará como honra a su Hijo.

El pedido de los griegos, prefigurando la reunión de los gentiles, hizo recordar a Jesús toda su misión. La obra de la redención pasó delante de él, desde el tiempo en que el plan fue trazado en el cielo hasta su muerte, ahora tan cercana. Una nube misteriosa pareció rodear al Hijo de Dios. Su lobreguez fue sentida por los que estaban cerca de él. Quedó arrobado en sus pensamientos. Hasta que al fin rompió el silencio su voz entristecida: "Ahora está turbada mi alma; ¿y qué diré? ¿Padre, sálvame de esta hora?" Cristo estaba bebiendo anticipadamente la copa de amargura. Su humanidad rehuía la hora del desamparo cuando, según todas las apariencias, sería abandonado por Dios mismo, cuando todos lo verían azotado, herido de Dios y abatido. Rehuía la exposición pública, el ser tratado como el peor de los criminales, la muerte vergonzosa e ignominiosa. Un presagio de su conflicto con las potencias de las tinieblas, el peso de la espantosa carga de la transgresión humana y de la ira del Padre a causa del pecado hicieron que el espíritu de Jesús desfalleciera, y la palidez de la muerte cubrió su rostro.

Luego vino la sumisión divina a la voluntad de su Padre. Dijo: "Para esto he llegado a esta hora. Padre, glorifica tu nombre". Únicamente por la muerte de Cristo podía ser derribado el reino de Satanás. Únicamente así podía ser redimido el hombre y Dios glorificado. Jesús consintió en la agonía, aceptó el sacrificio. El Rey del cielo consintió en sufrir como Portador del pecado. "Padre, glorifica tu nombre", dijo. Mientras Cristo decía estas palabras, vino una respuesta de la nube que se cernía sobre su cabeza: "Lo he glorificado, y lo glorificaré otra vez". Toda la vida de Cristo, desde el pesebre hasta el tiempo en que fueron dichas estas palabras, había glorificado a Dios; y en la prueba que se acercaba, sus sufrimientos divino-humanos iban a glorificar en verdad el nombre de su Padre.

Al oírse la voz, una luz brotó de la nube y rodeó a Cristo, como si los brazos del Poder infinito se cerniesen alrededor de él como una muralla de fuego. La gente contempló esa escena con terror y asombro. Nadie se atrevió a hablar. Con labios silenciados y aliento contenido, todos permanecieron con los ojos fijos en Jesús. Habiéndose dado el testimonio del Padre, la nube se alzó y se dispersó en los cielos. Por el momento había terminado la comunión visible entre el Padre y el Hijo.

"Y la multitud que estaba allí, y había oído la voz, decía que había sido un trueno. Otros decían: Un ángel le ha hablado". Pero los griegos investigadores vieron la nube, oyeron la voz, comprendieron su significado y discernieron verdaderamente a Cristo; les fue revelado como el Enviado de Dios.

La voz de Dios había sido oída en ocasión del bautismo de Jesús al principio de su ministerio, y nuevamente en ocasión de su transfiguración sobre el monte. Ahora, al final de su ministerio, fue oída por tercera vez, por un número mayor de personas y en circunstancias peculiares. Jesús acababa de pronunciar la verdad más solemne concerniente a la condición de los judíos. Había hecho su última súplica y pronunciado la condenación de ellos. Dios puso de nuevo su sello sobre la misión de su Hijo. Reconoció al Ser a quien Israel había rechazado. Jesús dijo: "No ha venido esta voz por causa mía, sino por causa de vosotros". Era la evidencia culminante de su carácter de Mesías, la señal del Padre de que Jesús había dicho la verdad y era el Hijo de Dios.

Cristo continuó: "Ahora es el juicio de este mundo; ahora el príncipe de este mundo será echado fuera. Y yo, si fuere levantado de la tierra, a todos atraeré a mí mismo. Y esto decía dando a entender de qué muerte iba a morir". [Vale decir:] "Esta es la crisis del mundo. Si soy hecho propiciación por los pecados de los hombres, el mundo será iluminado. El dominio de Satanás sobre las almas de los hombres será quebrantado. La imagen de Dios que fue borrada en la humanidad será restaurada, y una familia de santos creyentes heredará finalmente el hogar celestial". Tal es el resultado de la muerte de Cristo. El Salvador se pierde en la contemplación de la escena de triunfo evocada delante de él. Ve la cruz —la cruel e ignominiosa cruz, con todo su séquito de horrores— esplendorosa de gloria.

Pero la obra de la redención humana no es todo lo que ha de lograrse por medio de la cruz. El amor de Dios se manifiesta al universo. El príncipe de este mundo es echado fuera. Las acusaciones que Satanás había presentado contra Dios son refutadas. El oprobio que había arrojado contra el Cielo queda para siempre eliminado. Tanto los ángeles como los hombres son atraídos al Redentor. Él dijo: "Yo, si fuere levantado de la tierra, a todos atraeré a mí mismo".

Muchas personas había en derredor de Cristo mientras pronunciaba estas palabras, y una dijo: "Nosotros hemos oído de la ley, que el Cristo permanece para siempre. ¿Cómo, pues, dices tú que es necesario que el Hijo del hombre sea levantado? ¿Quién es este Hijo del hombre? Entonces Jesús les dijo: Aún por un poco está la luz entre vosotros; andad entre tanto que tenéis luz, para que no os sorprendan las tinieblas; porque el que anda en tinieblas, no sabe a dónde va. Entre tanto que tenéis la luz, creed en la luz, para que seáis hijos de luz".

"Pero a pesar de que había hecho tantas señales delante de ellos, no creían en él". Habían preguntado una vez al Salvador: "¿Qué señal, pues, haces tú, para que veamos, y te creamos?"[3] Innumerables señales habían sido dadas; pero habían cerrado los ojos y endurecido su corazón. Ahora que el Padre mismo había hablado, y ya no podían pedir otra señal, seguían negándose a creer.

"Con todo eso, aun de los gobernantes, muchos creyeron en él; pero a causa de los fariseos no lo confesaban, para no ser expulsados de la sinagoga". Amaban la alabanza de los hombres más que la aprobación de Dios. Con el fin de ahorrarse oprobio y vergüenza, negaron a Cristo y rechazaron el ofrecimiento de la vida eterna. ¡Y cuántos, a través de todos los siglos transcurridos desde entonces, han hecho la misma cosa! A todos ellos se aplican las palabras de amonestación del Señor: "El que ama su vida, la perderá". Jesús dijo: "El que me rechaza, y no recibe mis palabras, tiene quien le juzgue; la palabra que he hablado, ella le juzgará en el día postrero".[4]

¡Ay de quienes no conocieron el tiempo de su visitación! Lentamente y con pesar, Cristo dejó para siempre las dependencias del templo.

---

[1] Mat. 8:11. [2] Mat. 27:22; Juan 1:29. [3] Juan 6:30. [4] Juan 12:48.

CAPÍTULO 69

En el Monte de los Olivos

LAS PALABRAS de Cristo a los sacerdotes y príncipes —"He aquí vuestra casa os es dejada desierta"—[1] habían llenado de terror su corazón. Aparentaban indiferencia, pero seguían preguntándose lo que significaban esas palabras. Un peligro invisible parecía amenazarlos. ¿Podría ser que el magnífico templo, que era la gloria de la nación, iba a ser pronto un montón de ruinas? Los discípulos compartían ese presentimiento de mal, y aguardaban ansiosamente alguna declaración más definida por parte de Jesús. Mientras salían con él del templo, llamaron su atención a la fortaleza y belleza del edificio. Las piedras del templo eran del mármol más puro, de perfecta blancura, y algunas de ellas de tamaño casi fabuloso. Una porción de la muralla había resistido el sitio del ejército de Nabucodonosor. En su perfecta obra de albañilería parecía como una sólida piedra sacada entera de la cantera. Los discípulos no podían comprender cómo se podrían derribar esos sólidos muros.

Al ser atraída la atención de Cristo a la magnificencia del templo, ¡cuáles deben haber sido los pensamientos que guardó para sí el Rechazado! El espectáculo que se le ofrecía era bello en verdad, pero dijo con tristeza: "Lo veo todo. Los edificios son de veras admirables. Ustedes me muestran esas murallas como aparentemente indestructibles; pero escuchen mis palabras: Llegará el día en que 'no será dejada aquí piedra sobre piedra que no sea destruida' ".

Las palabras de Cristo habían sido pronunciadas a oídos de un gran número de personas; pero cuando Jesús estuvo solo, Pedro, Juan, Santiago y Andrés vinieron a él mientras estaba sentado en el Monte de los Olivos y le dijeron: "Dinos, ¿cuándo serán estas cosas, y qué señal habrá de tu venida, y del fin del mundo?"[2] En su respuesta a los discípulos, Jesús no consideró por separado la destrucción de Jerusalén y el gran día de su venida. Él mezcló la descripción de esos dos eventos. Si hubiese revelado a sus discípulos los acontecimientos futuros tal como él los contemplaba, no habrían podido soportar la visión. Por misericordia hacia ellos fusionó la descripción de las dos grandes crisis, dejando a los discípulos estudiar por sí mismos el significado. Cuando se refirió a la destrucción de Jerusalén, sus palabras proféticas llegaron más allá de ese acontecimiento hasta la conflagración final de aquel día en que el Señor se levantará de su lugar para castigar al mundo por su iniquidad, cuando la tierra revelará sus sangres y no encubrirá más a sus asesinados. Ese discurso entero no fue dado sólo para los discípulos, sino también para quienes iban a vivir en medio de las últimas escenas de la historia de esta tierra.

Volviéndose a los discípulos, Cristo dijo: "Mirad que nadie os engañe. Porque vendrán muchos en mi nombre, diciendo: Yo soy el Cristo; y a muchos engañarán". Muchos falsos mesías iban a presentarse pretendiendo realizar milagros y declarando que el tiempo de la liberación de la nación judía había llegado. Iban a engañar a muchos. Las palabras de Cristo se cumplieron. Entre su muerte y el sitio de Jerusalén aparecieron muchos falsos mesías. Pero esa amonestación también fue dada a los que viven en esta época del mundo. Los mismos engaños practicados antes de la destrucción de Jerusalén han sido practicados a través de los siglos, y lo serán de nuevo.

"Mas cuando oigáis de guerras y de rumores de guerras, no os turbéis, porque es necesario que suceda así; pero aún no es el fin". Antes de la destrucción de Jerusalén los hombres contendían por la supremacía. Se mataba a emperadores. También se asesinaba a los que se creía más cercanos al trono. Había guerras y rumores de guerras. Cristo dijo: "Es necesario que todo esto acontezca; pero aún no es el fin [de la nación judía como tal]. Porque se levantará nación contra nación, y reino contra reino; y habrá pestes, y hambres, y terremotos en diferentes lugares. Y todo esto será principio de dolores". Cristo dijo: "A medida que los rabinos vean estas señales, declararán que son los juicios de Dios sobre las naciones por mantener a su pueblo escogido en servidumbre. Declararán que estas señales son indicios del advenimiento del Mesías. No se engañen; son el principio de sus juicios. El pueblo se miró a sí mismo. No se arrepintió ni se convirtió para que yo lo sane. Las señales que ellos presenten como indicios de su liberación de la servidumbre serán señales de su destrucción".

"Entonces os entregarán a tribulación, y os matarán, y seréis aborrecidos de todas las gentes por causa de mi nombre. Muchos tropezarán entonces, y se entregarán unos a otros, y unos a otros se aborrecerán". Todo esto lo sufrieron los cristianos. Hubo padres y madres que traicionaron a sus hijos, e hijos que traicionaron a sus padres. Hubo amigos que entregaron a sus amigos al Sanedrín. Los perseguidores cumplieron su propósito matando a Esteban, a Santiago y a otros cristianos.

Mediante sus siervos, Dios dio al pueblo judío una última oportunidad de arrepentirse. Se manifestó por medio de sus testigos cuando se los arrestó, juzgó y encarceló. Sin embargo, sus jueces pronunciaron sobre ellos la sentencia de muerte. Eran hombres de quienes el mundo no era digno, y, por matarlos, los judíos crucificaron de nuevo al Hijo de Dios. Así sucederá nuevamente. Las autoridades harán leyes para restringir la libertad religiosa. Asumirán el derecho que pertenece sólo a Dios. Pensarán que pueden forzar la conciencia, la cual únicamente Dios debe regir. Aun ahora están comenzando; y continuarán esta obra hasta alcanzar el límite que no pueden pasar. Dios se interpondrá en favor de su pueblo leal que observa sus mandamientos.

En toda ocasión en que hay persecución, los que la presencian se deciden a favor de Cristo o en contra de él. Los que manifiestan simpatía por quienes son condenados injustamente demuestran su afecto por Cristo. Otros se sienten ofendidos porque los principios de la verdad cercenan directamente sus prácticas. Muchos tropiezan, caen y apostatan de la fe que una vez defendieron. Los que apostatan en tiempo de prueba llegarán, para conseguir su propia seguridad, a dar falso testimonio y a traicionar a sus hermanos. Cristo nos advirtió todo esto con el fin de que no seamos sorprendidos por la conducta antinatural y cruel de los que rechazan la luz.

Cristo dio a sus discípulos una señal de la ruina que vendría sobre Jerusalén, y les dijo cómo podían escapar: "Cuando viereis a Jerusalén rodeada de ejércitos, sabed entonces que su destrucción ha llegado. Entonces los que estén en Judea, huyan a los montes;

y los que en medio de ella, váyanse; y los que estén en los campos, no entren en ella. Porque estos son días de retribución, para que se cumplan todas las cosas que están escritas". Esta advertencia fue dada para que la recordasen 40 años más tarde, en ocasión de la destrucción de Jerusalén. Los cristianos obedecieron la amonestación, y ni uno de ellos pereció cuando cayó la ciudad.

"Orad, pues, que vuestra huida no sea en invierno ni en sábado",[3] dijo Cristo. El que hizo el sábado no lo abolió clavándolo en su cruz. El sábado no fue anulado ni invalidado por su muerte. Cuarenta años después de su crucifixión todavía habría de ser considerado sagrado. Durante 40 años los discípulos habrían de orar para que su huida no fuese en sábado.

De la destrucción de Jerusalén, Cristo pasó rápidamente al acontecimiento mayor, el último eslabón de la cadena de la historia de esta tierra: la venida del Hijo de Dios en majestad y gloria. Entre esos dos acontecimientos estaban abiertos a la vista de Cristo largos siglos de tinieblas, siglos que para su iglesia estarían marcados con sangre, lágrimas y agonía. Por entonces los discípulos no podían soportar la visión de esas escenas, y Jesús las pasó con una breve mención. Dijo: "Habrá entonces gran tribulación, cual no la ha habido desde el principio del mundo hasta ahora, ni la habrá. Y si aquellos días no fueren acortados, nadie sería salvo; mas por causa de los escogidos, aquellos días serán acortados". Por más de mil años iba a imperar contra los seguidores de Cristo una persecución como el mundo nunca la había conocido antes. Millones y millones de sus fieles testigos iban a ser asesinados. Si Dios no hubiese extendido la mano para preservar a su pueblo, todos habrían perecido. Él dijo: "Mas por causa de los escogidos, aquellos días serán acortados".

Luego, en lenguaje inequívoco, nuestro Señor habla de su segunda venida y anuncia los peligros que precederán a su advenimiento al mundo. "Si alguno os dijere: Mirad, aquí está el Cristo, o mirad, allí está, no lo creáis. Porque se levantarán falsos Cristo, y falsos profetas, y harán grandes señales y prodigios, de tal manera que engañarán, si fuere posible, aun a los escogidos. Ya os lo he dicho antes. Así que, si os dijeren: Mirad, está en el desierto, no salgáis; o mirad, está en los aposentos, no lo creáis. Porque como el relámpago que sale del oriente y se muestra hasta el occidente, así será también la venida del Hijo del hombre". Una de las señales de la destrucción de Jerusalén que Cristo había anunciado era: "Muchos falsos profetas se levantarán, y engañarán a muchos". Se levantaron falsos profetas que engañaron a la gente y llevaron a muchos al desierto. Magos y hechiceros que pretendían tener un poder milagroso arrastraron a la gente en pos de sí a las soledades montañosas. Pero esa profecía fue dada también para los últimos días. Esa señal se dio como una señal de la segunda venida. Aun ahora hay falsos cristos y falsos profetas que muestran señales y prodigios para seducir a los discípulos de Jesús. ¿No oímos el clamor: "Mirad, está en el desierto"? ¿No han ido millares al desierto esperando hallar a Cristo? Y de los miles de reuniones donde los hombres profesan tener comunión con los espíritus desencadenados, ¿no se oye ahora la invitación: "Está en los aposentos"? Tal es la pretensión que el espiritismo hace circular. Pero, ¿qué dice Cristo? "No lo creáis. Porque como el relámpago que sale del oriente y se muestra hasta el occidente, así será también la venida del Hijo del hombre".

El Salvador dio señales de su venida, y aun más que eso: fijó el tiempo en que la primera de estas señales aparecería. "Inmediatamente después de la tribulación de aquellos días, el sol se oscurecerá, y la luna no dará su resplandor, y las estrellas caerán del cielo, y las potencias de los cielos serán conmovidas. Entonces aparecerá la señal del Hijo del hombre en el cielo; y entonces lamentarán todas las tribus de la tierra, y verán al Hijo del hombre viniendo sobre las nubes del cielo, con poder y gran gloria. Y enviará sus ángeles con gran voz de trompeta, y juntarán a sus escogidos, de los cuatro vientos, de un extremo del cielo hasta el otro".

Cristo declaró que al final de la gran persecución papal el sol se oscurecería y la luna no daría su luz. Luego las estrellas caerían del cielo. Y dice: "De la higuera aprended la parábola: Cuando ya su rama está tierna, y brotan las hojas, sabéis que el verano está cerca. Así también vosotros, cuando veáis todas estas cosas, conoced que está cerca, a las puertas".[4]

Cristo ha anunciado las señales de su venida. Declara que podemos saber cuándo está cerca, aun a las puertas. Dice de quienes vean esas señales: "No pasará esta generación hasta que todo esto acontezca". Esas señales han aparecido. Podemos saber con seguridad que la venida del Señor está cercana. Dice: "El cielo y la tierra pasarán, pero mis palabras no pasarán".

Cristo va a venir en las nubes y con gran gloria. Lo acompañará una multitud de ángeles resplandecientes. Vendrá para resucitar a los muertos y transformar a los santos vivos de gloria en gloria. Vendrá para honrar a los que lo amaron y guardaron sus mandamientos, y para llevarlos consigo. No los ha olvidado ni tampoco ha olvidado su promesa. Volverán a unirse los eslabones de la familia. Cuando miremos a nuestros muertos, podremos pensar en la mañana en que la trompeta de Dios resonará, cuando "los muertos serán resucitados incorruptibles, y nosotros seremos transformados". Aun un poco más, y veremos al Rey en su hermosura. Un poco más, y él enjugará toda lágrima de nuestros ojos. Un poco más, y nos presentará sin mancha "delante de su gloria con gran alegría".[5] Por tanto, cuando dio las señales de su venida, dijo: "Cuando estas cosas comiencen a suceder, erguíos y levantad vuestra cabeza, porque vuestra redención está cerca".

Pero Cristo no ha revelado el día y la hora de su venida. Explicó claramente a sus discípulos que él mismo no podía dar a conocer ni el día ni la hora de su segunda aparición. Si hubiese tenido libertad para revelarlo, ¿por qué habría necesitado exhortarlos a mantener una actitud de constante expectativa? Hay quienes aseveran conocer el día y la hora precisos de la aparición de nuestro Señor. Son muy fervientes en trazar el mapa del futuro. Pero el Señor los ha amonestado a que se aparten de ese terreno. El tiempo exacto de la segunda venida del Hijo del hombre es un misterio de Dios.

Cristo continuó señalando la condición del mundo en ocasión de su venida: "Como en los días de Noé, así será la venida del Hijo del hombre. Porque como en los días antes del diluvio estaban comiendo y bebiendo, casándose y dando en casamiento, hasta el día en que Noé entró en el arca, y no entendieron hasta que vino el diluvio y se los llevó a todos, así será también la venida del Hijo del hombre". Cristo no presenta aquí un milenio temporal, mil años en los que todos se han de preparar para la eternidad. Nos dice que como fue en los días de Noé, así será cuando vuelva el Hijo del hombre.

¿Cómo era en los días de Noé? "Vio Jehová que la maldad de los hombres era mucha en la tierra, y que todo designio de los pensamientos del corazón de ellos era de continuo solamente el mal".[6] Los habitantes del mundo antediluviano se apartaron de Jehová y se negaron a hacer su santa voluntad. Siguieron sus propias imaginaciones profanas e ideas pervertidas. Y a causa de su perversidad fueron destruidos; y hoy el mundo está siguiendo el mismo camino. No ofrece señales halagüeñas de gloria milenaria. Los transgresores de la ley de Dios están llenando la tierra de maldad. Sus apuestas, sus carreras de caballos, sus juegos, su disipación, sus prácticas concupiscentes, sus pasiones indomables, rápidamente están llenando el mundo de violencia.

En la profecía referente a la destrucción de Jerusalén, Cristo dijo: "Y por haberse multiplicado la maldad, el amor de muchos se enfriará. Mas el que persevere hasta el fin, éste será salvo. Y será predicado este evangelio del reino en todo el mundo, para testimonio a todas las naciones; y entonces vendrá el fin". Esta profecía volverá a cumplirse. La abundante iniquidad de ese día halla su contraparte en esta generación. Lo mismo ocurre con la predicción referente a la predicación del evangelio. Antes de la caída de Jerusalén, Pablo, escribiendo bajo la inspiración del Espíritu Santo, declaró que el evangelio había sido predicado a "toda criatura debajo del cielo".[7] Así también ahora, antes de la venida del Hijo del hombre, el evangelio eterno ha de ser predicado "a toda nación, tribu, lengua y pueblo". Dios "ha establecido un día en el cual juzgará al mundo".[8] Cristo nos dice cuándo ha de iniciarse ese día. No afirma que todo el mundo se convertirá, sino que "será predicado este evangelio del reino en todo el mundo, para testimonio a todas las naciones; y entonces vendrá el fin". Mediante la proclamación del evangelio al mundo está en nuestro poder el apresurar el regreso de nuestro Señor. No sólo hemos de esperar la venida del día de Dios, sino apresurarla.[9] Si la iglesia de Cristo hubiese hecho su obra como el Señor le ordenaba, todo el mundo habría sido ya amonestado, y el Señor Jesús habría venido a nuestra tierra con poder y gran gloria.

Después que hubo dado las señales de su venida, Cristo dijo: "Cuando veáis todas estas cosas, conoced que está cerca, a las puertas". "Mirad, velad y orad". Dios siempre advirtió a los hombres de los juicios que iban a caer sobre ellos. Los que tuvieron fe en su mensaje para su tiempo y actuaron de acuerdo con esa fe, en obediencia a sus mandamientos, escaparon a los juicios que cayeron sobre los desobedientes e incrédulos. A Noé fueron dirigidas estas palabras: "Entra tú y toda tu casa en el arca; porque a ti he visto justo delante de mí". Noé obedeció y se salvó. Este mensaje llegó a Lot: "Levantaos, salid de este lugar; porque Jehová va a destruir esta ciudad".[10] Lot se puso bajo la custodia de los mensajeros celestiales y se salvó. Así también los discípulos de Cristo fueron advertidos acerca de la destrucción de Jerusalén. Los que se fijaron en la señal de la ruina inminente y huyeron de la ciudad, escaparon de la destrucción. Así también ahora hemos sido advertidos acerca de la segunda venida de Cristo y de la destrucción que ha de sobrecoger al mundo. Los que presten atención a la advertencia se salvarán.

Por cuanto no sabemos el tiempo exacto de su venida, se nos ordena velar. "Bienaventurados aquellos siervos a los cuales su señor, cuando venga, halle velando". Los que velan esperando la venida de su Señor no aguardan en ociosa expectativa. La expectación de la venida de Cristo debe inducir a los hombres a temer al Señor y temer sus juicios sobre la transgresión. Los debe despertar a la enormidad del pecado de rechazar sus ofrecimientos de misericordia. Los que aguardan al Señor purifican su alma por medio de la obediencia a la verdad. Combinan la vigilia atenta con el trabajo ferviente. Por cuanto saben que el Señor está a las puertas, su celo se aviva para cooperar con las inteligencias divinas y trabajar para la salvación de las almas. Estos son los siervos fieles y prudentes que dan a la familia del Señor "a tiempo... su ración".[11] Declaran la verdad que tiene aplicación especial para hoy. Así como Enoc, Noé, Abraham y Moisés declararon cada uno la verdad para su tiempo, así también los siervos de Cristo dan ahora la amonestación especial para su generación.

Pero Cristo presenta otra clase: "Si [el] siervo malo dijere en su corazón: Mi señor tarda en venir; y comenzaré a golpear a sus consiervos, y aun a comer y a beber con los borrachos, vendrá el señor de aquel siervo en día que éste no espera".

El mal siervo dice en su corazón: "Mi señor tarda en venir". No dice que Cristo no vendrá. No se burla de la idea de su segunda venida. Pero en su corazón, y por sus acciones y palabras, declara que la venida de su Señor se demora. Destierra de la mente ajena la convicción de que el Señor va a venir prestamente. Su influencia induce a los hombres a una demora presuntuosa y negligente. Los confirma en su mundanalidad y estupor. Las pasiones terrenales y los pensamientos corruptos se posesionan de su mente. El mal siervo come y bebe con los borrachos, y se une con el mundo en la búsqueda de placeres. Hiere a sus consiervos, acusando y condenando a los que son fieles a su Maestro. Se asocia con el mundo. Siendo semejantes, participan juntos en la transgresión. Es una asimilación temible. Juntamente con el mundo, queda entrampado. "Vendrá el señor de aquel siervo... a la hora que no sabe, y lo castigará duramente, y pondrá su parte con los hipócritas".

"Si no velas, vendré sobre ti como ladrón, y no sabrás en qué hora vendré sobre ti".[12] La venida de Cristo sorprenderá a los falsos maestros. Están diciendo: "Paz y seguridad". Como los sacerdotes y doctores antes de la caída de Jerusalén, esperan que la iglesia disfrute de prosperidad y gloria terrenales. Interpretan las señales de los tiempos como presagios de esto. Pero ¿qué dice la palabra de la Inspiración? "Vendrá sobre ellos destrucción repentina".[13] El día de Dios vendrá como una trampa sobre todos los que moran en la faz de la tierra, quienes hacen de este mundo su hogar. Viene a ellos como ladrón furtivo.

El mundo, lleno de orgías, de placeres impíos, está dormido, dormido en la seguridad carnal. Los hombres están postergando la venida del Señor. Se burlan de las amonestaciones. Se jactan diciendo orgullosamente: "Todas las cosas permanecen así como desde el principio". "Será el día de mañana como éste, o mucho más excelente". [Es decir:] "Nos hundiremos aun más en el amor a los deleites". Pero Cristo dice: "He aquí, yo vengo como ladrón". En el mismo tiempo en que el mundo pregunta con desprecio: "¿Dónde está la promesa de su advenimiento?",[14] se están cumpliendo las señales. Mientras claman: "Paz y seguridad", se acerca la destrucción repentina. Cuando el escarnecedor, el que rechaza la verdad, se ha vuelto presuntuoso; cuando la rutina del trabajo en las diversas formas de ganar dinero se lleva a cabo sin consideración a los principios; cuando los estudiantes procuran ávidamente conocerlo todo menos su Biblia, Cristo viene como ladrón.

En el mundo todo es agitación. Las señales de los tiempos son siniestras. Los eventos venideros ya proyectan sus sombras delante de sí. El Espíritu de Dios se está retirando de la tierra, y una calamidad sigue a otra calamidad por mar y por tierra. Hay tempestades, terremotos, incendios, inundaciones, homicidios de toda magnitud. ¿Quién puede leer el futuro? ¿Dónde hay seguridad? No hay seguridad en nada que sea humano o terrenal. Rápidamente los hombres se están colocando bajo la bandera que han elegido. Inquietos, están aguardando y mirando los movimientos de sus caudillos. Hay quienes están aguardando, velando y trabajando por la aparición de nuestro Señor. Otra clase se está colocando bajo la dirección del primer gran apóstata. Pocos creen de todo corazón y alma que tenemos un infierno que rehuir y un cielo que ganar.

La crisis se está acercando gradual y furtivamente a nosotros. El sol brilla en los cielos y recorre su órbita acostumbrada, y los cielos continúan declarando la gloria de Dios. Los hombres siguen comiendo y bebiendo, plantando y edificando, casándose y dándose en casamiento. Los comerciantes siguen comprando y vendiendo. Los hombres siguen empujándose unos a otros en la contienda por el lugar más elevado. Los amadores de placeres siguen atestando los teatros, los hipódromos, los garitos de juego. Prevalece la más intensa excitación, y sin embargo el tiempo de gracia está llegando rápidamente a su fin, y cada caso está por ser decidido para la eternidad. Satanás ve que su tiempo es corto. Ha puesto todos sus agentes a trabajar con el fin de que los hombres sean engañados, seducidos, ocupados y hechizados hasta que haya terminado el tiempo de gracia y se haya cerrado para siempre la puerta de la misericordia.

Solemnemente llegan hasta nosotros, a través de los siglos, las palabras de advertencia de nuestro Señor desde el Monte de los Olivos: "Mirad también por vosotros mismos, que vuestros corazones no se carguen de glotonería y embriaguez, y de los afanes de esta vida, y venga de repente sobre vosotros aquel día... Velad, pues, en todo tiempo orando que seáis tenidos por dignos de escapar de todas estas cosas que vendrán, y de estar en pie delante del Hijo del hombre".

[1] Mat. 23:38. [2] Mat. 24:3, RVA. [3] Mat. 24:20, RVA. [4] Mat. 24:32, 33 y NOTA 3 del Apéndice. [5] 1 Cor. 15:52; Jud. 24. [6] Gén. 6:5. [7] Col. 1:23, VM. [8] Apoc. 14:6, 14; Hech. 17:31. [9] 2 Ped. 3:12, VM. [10] Gén. 7:1; 19:14. [11] Luc. 12:37, 42. [12] Apoc. 3:3. [13] 1 Tes. 5:3. [14] 2 Ped. 3:4; Isa. 56:12; Apoc. 16:15; 2 Ped. 3:4.

CAPÍTULO 70

"Mis hermanos más pequeños"

"**C**UANDO el Hijo del hombre venga en su gloria, y todos los santos ángeles con él, entonces se sentará en su trono de su gloria, y serán reunidas delante de él todas las naciones, y apartará los unos de los otros". Así pintó Cristo a sus discípulos, en el Monte de los Olivos, la escena del gran día de juicio. Explicó que su decisión girará alrededor de un punto. Cuando las naciones estén reunidas delante de él, habrá tan sólo dos clases; y su destino eterno quedará determinado por lo que hayan hecho o dejado de hacer por él en la persona de los pobres y sufrientes.

En ese día Cristo no presenta a los hombres la gran obra que él hizo por ellos al dar su vida para su redención. Presenta la obra fiel que hayan hecho ellos para él. A los puestos a su diestra dirá: "Venid, benditos de mi Padre, heredad el reino preparado para vosotros desde la fundación del mundo. Porque tuve hambre, y me disteis de comer; tuve sed, y me disteis de beber; fui forastero, y me recogisteis; estuve desnudo, y me cubristeis; enfermo, y me visitasteis; en la cárcel, y vinisteis a mí". Pero los elogiados por Cristo no saben que lo han estado sirviendo. A las preguntas que hacen, perplejos, él contesta: "En cuanto lo hicisteis a uno de estos mis hermanos más pequeños, a mí lo hicisteis".

Jesús dijo a sus discípulos que serían aborrecidos por todos los hombres, perseguidos y afligidos. Muchos serían echados de sus casas y empobrecidos. Muchos sufrirían angustias por causa de la enfermedad y las privaciones. Muchos serían encarcelados. A todos los que abandonasen a sus amigos y su hogar por amor a él les ha prometido en esta vida 100 veces tanto. Ahora asegura una bendición especial a todos los que servirán a sus hermanos. En todos los que sufren por mi nombre, dijo Jesús, me reconocerán a mí. Como me servirían a mí, habrán de servirlos a ellos. Esta será la evidencia de que son mis discípulos.

Todos los que han nacido en la familia celestial son en un sentido especial los hermanos de nuestro Señor. El amor de Cristo une a los miembros de su familia, y dondequiera que se manifieste ese amor se revela la filiación divina. "Todo aquel que ama, es nacido de Dios, y conoce a Dios".[1]

Aquellos a quienes Cristo elogia en el juicio pueden haber sabido poco de teología, pero albergaron sus principios. Por medio de la influencia del Espíritu divino fueron una bendición para quienes los rodeaban. Aun entre los paganos hay quienes han abrigado el espíritu de bondad; antes que las palabras de vida cayesen en sus oídos, manifestaron amistad para con los misioneros, hasta el punto de servirles con peligro de su propia vida. Entre los paganos hay quienes adoran a Dios ignorantemente, quienes no han recibido jamás la luz de un instrumento humano, y sin embargo no perecerán. Aunque ignorantes de la ley escrita de Dios, oyeron su voz hablarles en la naturaleza e hicieron las cosas que la ley requería. Sus obras son evidencia de que el Espíritu Santo ha tocado su corazón, y son reconocidos como hijos de Dios.

¡Cuánto se sorprenderán y alegrarán los humildes de entre las naciones, y entre los paganos, al oír de los labios del Salvador: "En cuanto lo hicisteis a uno de estos mis hermanos más pequeños, a mí lo hicisteis"! ¡Cuán alegre se sentirá el corazón del Amor infinito cuando sus seguidores lo miren con sorpresa y gozo al oír sus palabras de aprobación!

Pero el amor de Cristo no se limita a una clase. Se identifica con cada hijo de la humanidad. Con el fin de que pudiésemos llegar a ser miembros de la familia celestial, él se hizo miembro de la familia terrenal. Es el Hijo del hombre, y así un hermano de cada hijo e hija de Adán. Sus seguidores no se han de sentir separados del mundo que perece en derredor de ellos. Son una parte del gran tejido de la humanidad; y el Cielo los mira como hermanos de los pecadores tanto como de los santos. Los que han caído, los que yerran y los pecaminosos son abarcados por el amor de Cristo; y cada buena acción para elevar a un alma caída, cada acto de misericordia, es aceptado como hecho a él.

Los ángeles del cielo son enviados para servir a los que serán herederos de la salvación. No sabemos ahora quiénes son; aún no se ha manifestado quiénes han de vencer y compartir la herencia de los santos en luz; pero los ángeles del cielo están recorriendo la longitud y la anchura de la tierra tratando de consolar a los afligidos, proteger a los que corren peligro, ganar los corazones de los hombres para Cristo. No se descuida ni se pasa por alto a nadie. Dios no hace acepción de personas, y tiene igual cuidado por todas las almas que creó.

Al abrir la puerta a los necesitados y dolientes hijos de Cristo están dando la bienvenida a ángeles invisibles. Invitan la compañía de los seres celestiales. Ellos traen una sagrada atmósfera de gozo y paz. Vienen con alabanzas en sus labios, y una nota de respuesta se oye en el cielo. Cada hecho de misericordia produce música allí. Desde su trono, el Padre cuenta entre sus más preciosos tesoros a los que trabajan abnegadamente.

Los que están a la izquierda de Cristo, quienes lo han descuidado en la persona de los pobres y dolientes, fueron inconscientes de su culpabilidad. Satanás los cegó; no percibieron lo que debían a sus hermanos. Estuvieron absortos en sí mismos, y no se preocuparon por las necesidades de los demás.

Dios dio riquezas a los ricos para que alivien y ayuden a sus hijos dolientes; pero demasiado a menudo son indiferentes a las necesidades ajenas. Se creen superiores a sus hermanos pobres. No se ponen en el lugar del indigente. No entienden las tentaciones y luchas del pobre, y la misericordia muere en su corazón. En costosas moradas y magníficas iglesias, los ricos se encierran lejos de los pobres; gastan en satisfacer el orgullo y el egoísmo los medios que Dios les dio para beneficiar a los menesterosos. Los pobres quedan despojados diariamente de la educación que debieran tener concerniente a las tiernas compasiones de Dios; porque él hizo amplia provisión para que fuesen confortados en las cosas necesarias para la vida. Están obligados a sentir la pobreza que estrecha la vida, y con frecuencia se sienten tentado a ser envidiosos, celosos y llenos de malas sospechas. Los que no han sufrido por su cuenta la presión de la necesidad, con demasiada frecuencia tratan a los pobres de una manera despreciativa y les hacen sentir que son considerados indigentes.

Pero Cristo lo contempla todo y dice: "Yo fui quien tuvo hambre y sed. Yo fui quien anduvo como extraño. Yo fui el enfermo. Yo estuve en la cárcel. Mientras ustedes banqueteaban en sus mesas abundantemente provistas, yo sufría hambre en el tugurio o la calle vacía. Mientras estaban cómodos en su lujoso hogar, yo no tenía dónde reclinar la cabeza. Mientras llenaban sus guardarropas con ricos atavíos, yo estaba en la indigencia. Mientras buscaban sus placeres, yo languidecía en la cárcel.

"Cuando concedían la pitanza de pan al pobre hambriento, cuando le daban esas delgadas ropas para protegerse de la mordiente escarcha, ¿recordaron que estaban dando al Señor de la gloria? Todos los días de vuestra vida yo estuve cerca de ustedes en la persona de esos afligidos, pero no me buscaron. No entraron en compañerismo conmigo. No los conozco".

Muchos sienten que sería un gran privilegio visitar los escenarios de la vida de Cristo en la tierra, caminar por donde él anduvo, mirar el lago en cuya orilla se deleitaba en enseñar, y las colinas y valles en los cuales sus ojos tan a menudo reposaron. Pero no necesitamos ir a Nazaret, Capernaum o Betania para andar en las pisadas de Jesús. Hallaremos sus huellas al lado del lecho del enfermo, en los tugurios de los pobres, en las atestadas callejuelas de la gran ciudad, y en todo lugar donde haya corazones humanos que necesiten consuelo. Al hacer como Jesús hizo cuando estaba en la tierra, andaremos en sus pisadas.

Todos pueden hallar algo que hacer. Jesús dijo: "A los pobres siempre los tendréis con vosotros",[2] y nadie necesita pensar que no hay lugar donde pueda trabajar para él. Millones y millones de almas humanas a punto de perecer, ligadas por cadenas de ignorancia y pecado, no han oído ni siquiera hablar del amor de Cristo por ellas. Si nuestra condición y la suya fuesen invertidas, ¿qué desearíamos que ellas hiciesen por nosotros? En cuanto está a nuestro alcance hacerlo, tenemos la más solemne obligación de hacer todo eso por ellas. La regla de vida de Cristo, por la cual cada uno de nosotros habrá de subsistir o perderse en el juicio, es: "Todas las cosas que queráis que los hombres hagan con vosotros, así también haced vosotros con ellos".[3]

El Salvador dio su vida preciosa para establecer una iglesia capaz de cuidar de las almas entristecidas y tentadas. Un grupo de creyentes puede ser pobre, sin educación y desconocido; sin embargo, estando en Cristo puede hacer en el hogar, el vecindario y la iglesia, y aun en regiones lejanas, una obra cuyos resultados serán tan abarcantes como la eternidad.

Debido a que esta obra es descuidada, muchos jóvenes discípulos no pasan nunca más allá del mero alfabeto de la experiencia cristiana. Por ayudar a los menesterosos podrían haber mantenido viva la luz que resplandeció en su corazón cuando Jesús les dijo: "Tus pecados te son perdonados". La inquieta energía que es con tanta frecuencia una fuente de peligro para los jóvenes, podría ser encauzada en canales por los cuales fluiría en raudales de bendición. En el trabajo ferviente destinado a hacer el bien a otros se olvidarían del yo.

Los que sirvan a otros serán servidos por el Pastor jefe. Ellos mismos beberán del agua de vida y serán satisfechos. No desearán diversiones excitantes, o algún cambio en su vida. El gran tema de su interés será cómo salvar a las almas que están a punto de perecer. El trato social será provechoso. El amor del Redentor unirá los corazones.

Cuando comprendamos que somos colaboradores con Dios, no pronunciaremos sus promesas con indiferencia. Arderán en nuestro corazón y en nuestros labios. A Moisés, cuando lo llamó para servir a un pueblo ignorante, indisciplinado y rebelde, Dios le prometió: "Mi presencia irá contigo, y te daré descanso". Y dijo: "Yo estaré contigo".[4] Esta promesa es hecha a todos los que trabajan en lugar de Cristo por sus afligidos y sufrientes.

El amor hacia el hombre es la manifestación terrenal del amor hacia Dios. El Rey de gloria vino para ser uno con nosotros con el fin de implantar ese amor y hacernos hijos de una sola familia. Y cuando se cumplan las palabras que pronunció al partir: "Que os améis unos a otros, como yo os he amado",[5] cuando amemos al mundo como él lo amó, entonces se habrá cumplido su misión para con nosotros. Estaremos listos para el cielo, porque tendremos el cielo en nuestro corazón.

"Libra a los que son llevados a la muerte, salva a los que están en peligro de muerte. Porque si dijeres: Ciertamente no lo supimos, ¿acaso no lo entenderá el que pesa los corazones? El que mira por tu alma, él lo conocerá, y dará al hombre según sus obras".[6] En el gran día del juicio, a los que no hayan trabajado para Cristo, los que hayan ido a la deriva pensando en sí mismos y cuidando de sí mismos, el Juez de toda la tierra los pondrá con quienes hicieron lo malo. Reciben la misma condenación.

A cada alma se ha dado un cometido. A cada uno preguntará el gran Pastor: "¿Dónde está la grey que se te dio, tus preciosas ovejas? ¿Qué dirás cuando te visiten con autoridad sobre ti?"[7]

---

[1] 1 Juan 4:7. [2] Juan 12:8. [3] Mat. 7:12. [4] Éxo. 33:14; 3:12. [5] Juan 15:12. [6] Prov. 24:11, 12. [7] Jer. 13:20, 21, BJ.

CAPÍTULO 71

Un Siervo de siervos

E N EL aposento alto de una morada de Jerusalén, Cristo estaba sentado a la mesa con sus discípulos. Se habían reunido para celebrar la Pascua. El Salvador deseaba observar esa fiesta a solas con los Doce. Sabía que había llegado su hora; él mismo era el verdadero cordero pascual, y en el día en que se comiera la Pascua él sería sacrificado. Estaba por beber la copa de ira; pronto iba a recibir el bautismo final de sufrimiento. Pero todavía le quedaban algunas horas de tranquilidad, y quería emplearlas para beneficio de sus discípulos amados.

Toda la vida de Cristo había sido una vida de servicio abnegado. La lección de cada uno de sus actos había sido: "No [vine] para ser servido, sino para servir".[1] Pero los discípulos todavía no habían aprendido la lección. En esta última cena de Pascua, Jesús repitió su enseñanza mediante una ilustración que la grabó para siempre en su mente y corazón.

Las entrevistas de Jesús con sus discípulos eran generalmente momentos de gozo sereno, muy apreciados por todos ellos. Las cenas de Pascua habían sido momentos de especial interés, pero en esta ocasión Jesús estaba afligido. Su corazón estaba apesadumbrado, y una sombra descansaba sobre su semblante. Al reunirse con los discípulos en el aposento alto, percibieron que algo lo apenaba en gran manera, y aunque no sabían la causa, simpatizaban con su pesar.

Mientras estaban reunidos en derredor de la mesa, dijo en tono de conmovedora tristeza: "¡Cuánto he deseado comer con vosotros esta pascua antes que padezca! Porque os digo que no la comeré más, hasta que se cumpla en el reino de Dios. Y habiendo tomado la copa, dio gracias, y dijo: Tomad esto, y repartidlo entre vosotros; porque os digo que no beberé más del fruto de la vid, hasta que el reino de Dios venga".

Cristo sabía que para él había llegado el tiempo de partir del mundo e ir a su Padre. Y habiendo amado a los suyos que estaban en el mundo, los amó hasta el fin. Ahora estaba en la sombra de la cruz, y el dolor torturaba su corazón. Sabía que sería abandonado en la hora de su entrega. Sabía que se le daría muerte por el más humillante procedimiento aplicado a los criminales. Conocía la ingratitud y crueldad de quienes había venido a salvar. Sabía cuán grande era el sacrificio que debía hacer, y para cuántos sería en vano. Sabiendo todo lo que le esperaba, habría sido natural que estuviese abrumado por el pensamiento de su propia humillación y sufrimiento. Pero miraba a los Doce, quienes habían estado con él como suyos, y quienes, pasados el oprobio, el pesar y los malos tratos que iba a soportar, habrían de quedar a luchar en el mundo. Sus pensamientos acerca de lo que él mismo debía sufrir siempre estaban relacionados con sus discípulos. No pensaba en sí mismo. Su cuidado por ellos era lo que predominaba en su mente.

En esta última noche con sus discípulos, Jesús tenía mucho que decirles. Si hubiesen estado preparados para recibir lo que anhelaba impartirles, se habrían librado de una angustia desgarradora, de desaliento e incredulidad. Pero Jesús vio que no podían soportar lo que él tenía para decirles. Al mirar sus rostros, las palabras de advertencia y consuelo se detuvieron en sus labios. Transcurrieron algunos momentos en silencio. Jesús parecía estar aguardando. Los discípulos se sentían incómodos. La simpatía y ternura despertadas por el pesar de Cristo parecían haberse desvanecido. Sus tristes palabras, que señalaban su propio sufrimiento, habían hecho poca impresión. Las miradas que se dirigían unos a otros hablaban de celos y rencillas.

"Hubo también entre ellos una disputa sobre quién de ellos sería el mayor". Esta contienda, continuada en presencia de Cristo, lo apenaba y hería. Los discípulos se aferraban a su idea favorita de que Cristo iba a hacer valer su poder y ocupar su puesto en el trono de David. Y en su corazón, cada uno anhelaba tener el más alto puesto en el reino. Habían colocado su propia estima por encima de sí mismos y por encima de la de los otros, y en vez de considerar más dignos a sus hermanos, cada uno se había puesto en primer lugar. La petición de Juan y Santiago de sentarse a la derecha y a la izquierda del trono de Cristo había excitado la indignación de los demás. El que los dos hermanos se atreviesen a pedir el puesto más alto airó tanto a los diez que presagiaba una alienación. Consideraban que se los había juzgado mal, y que su fidelidad y talentos no eran apreciados. Judas era el más severo con Santiago y Juan.

Cuando los discípulos entraron en el aposento alto, sus corazones estaban llenos de resentimiento. Judas se mantenía al lado de Cristo, a la izquierda; Juan estaba a la derecha. Si había un puesto más elevado que los otros, Judas estaba resuelto a obtenerlo, y se pensaba que este puesto estaba al lado de Cristo. Y Judas era un traidor.

Había surgido otra causa de disensión. Era costumbre, en ocasión de una fiesta, que un criado lavase los pies de los huéspedes, y en esta ocasión se habían hecho preparativos para este servicio. La jarra, el lebrillo y la toalla estaban allí, listos para el lavamiento de los pies; pero no había siervo presente, y les tocaba a los discípulos cumplirlo. Pero cada uno de los discípulos, cediendo al orgullo herido, resolvió no desempeñar el papel de siervo. Todos manifestaban una despreocupación estoica, al parecer inconscientes de que les tocaba hacer algo. Por medio de su silencio rehusaban humillarse.

¿Cómo iba Cristo a llevar a estas pobres almas adonde Satanás no pudiese obtener sobre ellas una victoria decisiva? ¿Cómo podría mostrarles que la mera profesión de discipulado no los hacía discípulos ni les aseguraba un lugar en su reino? ¿Cómo podría mostrarles que es el servicio amante y la verdadera humildad lo que constituye la verdadera grandeza? ¿Cómo habría de encender el amor en su corazón y habilitarlos para comprender lo que anhelaba decirles?

Los discípulos no hacían ningún ademán de servirse unos a otros. Jesús aguardó un rato para ver lo que iban a hacer. Luego él, el Maestro divino, se levantó de la mesa. Poniendo a un lado el manto exterior que habría impedido sus movimientos, tomó una toalla y se ciñó. Con sorprendido interés los discípulos miraban, y en silencio esperaban para ver lo que iba a seguir. "Luego puso agua en un lebrillo, y comenzó a lavar los pies de los discípulos, y a enjugarlos con la toalla con que estaba ceñido". Esta acción abrió los ojos de los discípulos. Amarga vergüenza y humillación llenaron sus corazones. Entendieron el mudo reproche, y se vieron desde un punto de vista completamente nuevo.

Así expresó Cristo su amor por sus discípulos. El espíritu egoísta de ellos lo llenó de tristeza, pero no entró en controversia con ellos acerca de su dificultad. En vez de eso les dio un ejemplo que nunca olvidarían. Su amor hacia ellos no se perturbaba ni se apagaba fácilmente. Sabía que el Padre había puesto todas las cosas en sus manos, y que él provenía de Dios e iba a Dios. Tenía plena conciencia de su divinidad; pero había puesto a un lado su corona y vestiduras reales, y había tomado la forma de un siervo. Uno de los últimos actos de su vida en la tierra consistió en ceñirse como siervo y cumplir la tarea de un siervo.

Antes de la Pascua, Judas se había encontrado por segunda vez con los sacerdotes y escribas y había cerrado el contrato para entregar a Jesús en sus manos. Sin embargo, más tarde se mezcló con los discípulos y, como si fuese inocente de todo mal, se interesó en la ejecución de los preparativos para la fiesta. Los discípulos no sabían nada del propósito de Judas. Sólo Jesús podía leer su secreto. Sin embargo, no lo desenmascaró. Jesús sentía anhelo por su alma. Sentía por él tanta preocupación como por Jerusalén cuando lloró sobre la ciudad condenada. Su corazón clamaba: "¿Cómo podré abandonarte?"[2] El poder constrictivo de ese amor fue sentido por Judas. Mientras las manos del Salvador estaban bañando esos pies contaminados y secándolos con la toalla, el corazón de Judas se conmovió por completo con el impulso de confesar entonces y allí mismo su pecado. Pero no quiso humillarse. Endureció su corazón contra el arrepentimiento; y los antiguos impulsos, puestos a un lado por el momento, volvieron a dominarlo. Entonces Judas se ofendió por el acto de Cristo de lavar los pies de sus discípulos. Si Jesús podía humillarse de tal manera, pensaba, no podía ser el rey de Israel. Eso destruía toda esperanza de honores mundanales en un reino temporal. Judas quedó convencido de que no había nada que ganar siguiendo a Cristo. Después de verlo degradarse a sí mismo, como pensaba, se confirmó en su propósito de negarlo y confesarse engañado. Fue poseído por un demonio, y resolvió completar la obra que había convenido hacer: entregar a su Señor.

Judas, al elegir su puesto en la mesa, había tratado de colocarse en primer lugar, y Cristo, como siervo, lo sirvió a él primero. Juan, hacia quien Judas había tenido tan amargos sentimientos, fue dejado hasta lo último. Pero Juan no lo consideró como una reprensión o desprecio. Mientras los discípulos observaban la acción de Cristo, se sentían muy conmovidos. Cuando llegó el turno de Pedro, éste exclamó con asombro: "Señor, ¿tú me lavas los pies?" La condescendencia de Cristo quebrantó su corazón. Se llenó de vergüenza al pensar que ninguno de los discípulos cumplía ese servicio. Cristo dijo: "Lo que yo hago, tú no lo comprendes ahora; mas lo entenderás después". Pedro no podía soportar el ver a su Señor, a quien creía ser Hijo de Dios, desempeñar la parte de un siervo. Toda su alma se rebelaba contra esta humillación. No se daba cuenta que para esto había venido Cristo al mundo. Con gran énfasis exclamó: "¡No me lavarás los pies jamás!"

Solemnemente, Cristo dijo a Pedro: "Si no te lavare, no tendrás parte conmigo". El servicio que Pedro rechazaba era el tipo de una limpieza superior. Cristo había venido para lavar el corazón de la mancha del pecado. Al rehusar permitir a Cristo que le lavase los pies, Pedro rehusaba la limpieza superior incluida en la inferior. Estaba realmente rechazando a su Señor. No es humillante para el Maestro que le permitamos obrar nuestra purificación. La verdadera humildad consiste en recibir con corazón agradecido cualquier provisión hecha en favor de nosotros, y en prestar servicio para Cristo con fervor.

Al oír esas palabras —"Si no te lavare, no tendrás parte conmigo"—, Pedro renunció a su orgullo y terquedad. No podía soportar el pensamiento de estar separado de Cristo; habría significado la muerte para él. Dijo: "No sólo mis pies, sino también las manos y la cabeza. Jesús le dijo: El que está lavado, no necesita sino lavarse los pies, pues está todo limpio".

Estas palabras significan más que la limpieza corporal. Cristo aún está hablando de la limpieza superior ilustrada por la inferior. El que sale del baño está limpio, pero los pies calzados de sandalias se cubren pronto de polvo y necesitan ser lavados de nuevo. Así Pedro y sus hermanos habían sido lavados en la gran fuente abierta para el pecado y la impureza. Cristo los reconocía como suyos. Pero la tentación los había inducido al mal, y aún necesitaban su gracia limpiadora. Cuando Jesús se ciñó con una toalla para lavar el polvo de sus pies, deseó por este mismo acto lavar la alienación, los celos y el orgullo de sus corazones. Esto era mucho más importante que lavar sus polvorientos pies. Con el espíritu que entonces manifestaban, ninguno de ellos estaba preparado para tener comunión con Cristo. Hasta que fuesen puestos en un estado de humildad y amor, no estaban preparados para participar de la cena pascual, o para compartir el servicio recordativo que Cristo estaba por instituir. Sus corazones debían ser limpiados. El orgullo y el egoísmo crean disensión y odio, pero Jesús se los quitó al lavarles los pies. Se realizó un cambio en sus sentimientos. Mirándolos, Jesús pudo decir: "Vosotros limpios estáis". Ahora había unión de corazón, amor de unos por otros. Habían llegado a ser humildes y enseñables. Excepto Judas, cada uno estaba listo para conceder a otro el lugar más elevado. Ahora, con corazones subyugados y agradecidos, podían recibir las palabras de Cristo.

Como Pedro y sus hermanos, nosotros también hemos sido lavados en la sangre de Cristo; sin embargo, a menudo la pureza del corazón se ensucia por el contacto con el mal. Debemos ir a Cristo por su gracia purificadora. Pedro rehuía poner sus pies sucios en contacto con las manos de su Señor y Maestro; pero ¡con cuánta frecuencia ponemos en contacto con el corazón de Cristo nuestro corazón pecaminoso y contaminado! ¡Cuán penosos le resultan nuestro temperamento malo, nuestra vanidad y nuestro orgullo! Sin embargo, debemos llevarle todas nuestras flaquezas y contaminación. Él es el único que puede lavarnos. No estamos preparados para la comunión con él a menos que seamos limpiados por su eficacia.

Jesús dijo a los discípulos: "Vosotros limpios estáis, aunque no todos". Él había lavado los pies de Judas, pero éste no le había entregado su corazón. Este no fue purificado. Judas no se había sometido a Cristo.

Después que Cristo hubo lavado los pies de los discípulos se puso la ropa que se había sacado, se sentó de nuevo y les dijo: "¿Sabéis lo que os he hecho? Vosotros me llamáis Maestro, y Señor; y decís bien, porque lo soy. Pues si yo, el Señor y el Maestro, he lavado vuestros pies, vosotros también debéis lavaros los pies los unos a los otros. Porque ejemplo os he dado, para que como yo os he hecho, vosotros también hagáis. De cierto, de cierto os digo: El siervo no es mayor que su señor, ni el enviado es mayor que el que le envió".

Cristo quería que sus discípulos comprendiesen que aunque les había lavado los pies, esto no le restaba dignidad. "Vosotros me llamáis Maestro, y Señor; y decís bien, porque lo soy". Y siendo tan infinitamente superior, impartió gracia y significado al servicio. Nadie era tan exaltado como Cristo, y sin embargo él se rebajó a cumplir el deber más humilde. Con el fin de que los suyos no fuesen engañados por el egoísmo que habita en el corazón natural y que se fortalece por el servicio a sí mismo, Cristo les dio el ejemplo de humildad. No quiso dejar a cargo del hombre este gran asunto. Lo consideró de tanta importancia, que él mismo, Uno igual con Dios, actuó como siervo de sus discípulos. Mientras estaban contendiendo por el puesto más elevado, el Ser ante quien toda rodilla ha de doblarse, a quien los ángeles de gloria se honran en servir, se agachó para lavar los pies de quienes lo llamaban Señor. Lavó los pies de su traidor.

En su vida y sus lecciones, Cristo dio un ejemplo perfecto del ministerio abnegado que tiene su origen en Dios. Dios no vive para sí. Al crear el mundo y al sostener todas las cosas está sirviendo constantemente a otros. Él "hace salir su sol sobre malos y buenos, y... hace llover sobre justos e injustos".[3] Este ideal de ministerio fue confiado por Dios a su Hijo. Jesús fue dado para que estuviese a la cabeza de la humanidad, con el fin de que por su ejemplo pudiese enseñar lo que significa servir. Toda su vida fue regida por una ley de servicio. Sirvió a todos, ministró a todos. Así vivió la ley de Dios, y por su ejemplo nos mostró cómo debemos obedecerla nosotros.

Vez tras vez Jesús había tratado de establecer este principio entre sus discípulos. Cuando Santiago y Juan hicieron su pedido de preeminencia, él dijo: "El que quiera hacerse grande entre vosotros será vuestro servidor".[4] [Es decir:] "En mi reino, el principio de preferencia y supremacía no tiene lugar. La única grandeza es la grandeza de la humildad. La única distinción se halla en la devoción al servicio de los demás".

Ahora, habiendo lavado los pies de los discípulos, dijo: "Ejemplo os he dado, para que como yo os he hecho, vosotros también hagáis". En estas palabras Cristo no sólo ordenaba la práctica de la hospitalidad. Quería enseñar algo más que el lavamiento de los pies de los huéspedes para quitar el polvo del viaje. Cristo estaba instituyendo un servicio religioso. Por medio del acto de nuestro Señor, esa ceremonia humillante fue transformada en rito consagrado. Debía ser observado por los discípulos, para que siempre recordasen sus lecciones de humildad y servicio.

Este rito es la preparación indicada por Cristo para el servicio sacramental. Mientras se alberga orgullo y divergencia y se contiende por la supremacía, el corazón no puede entrar en compañerismo con Cristo. No estamos preparados para recibir la comunión de su cuerpo y su sangre. Por eso Jesús indicó que se observase primeramente la ceremonia conmemorativa de su humillación.

Al llegar a este rito, los hijos de Dios deben recordar las palabras del Señor de vida y gloria: "¿Sabéis lo que os he hecho? Vosotros me llamáis Maestro, y Señor; y decís bien, porque lo soy. Pues si yo, el Señor y el Maestro, he lavado vuestros pies, vosotros también debéis lavaros los pies los unos a los otros. Porque ejemplo os he dado, para que como yo os he hecho, vosotros también hagáis. De cierto, de cierto os digo: El siervo no es mayor que su señor, ni el enviado es mayor que el que lo envió. Si sabéis estas cosas, bienaventurados seréis si las hiciereis". Hay en el hombre una disposición a estimarse superior que su hermano, a trabajar para sí, a buscar el puesto más alto; y con frecuencia esto produce malas sospechas y amargura de espíritu. El rito que precede a la Cena del Señor está destinado a aclarar esos malentendidos, a sacar al hombre de su egoísmo, a bajarlo de sus zancos de exaltación propia y a la humildad de corazón que lo inducirá a servir a su hermano.

El santo Vigilante del cielo está presente en esos momentos para hacer de ellos momentos de escrutinio del alma, de convicción de pecado y de bienaventurada seguridad de que los pecados están perdonados. Cristo, en la plenitud de su gracia, está allí para cambiar la corriente de los pensamientos que han estado fluyendo por cauces egoístas. El Espíritu Santo despierta las sensibilidades de quienes siguen el ejemplo de su Señor. Mientras así se recuerda la humillación del Salvador por nosotros, los pensamientos se eslabonan con los pensamientos; se evoca una cadena de recuerdos, recuerdos de la gran bondad de Dios y del favor y la ternura de los amigos terrenales. Se recuerdan las bendiciones olvidadas, los favores ultrajados, las bondades despreciadas. Quedan de manifiesto las raíces de amargura que habían ahogado la preciosa planta del amor. Son tenidos en cuenta los defectos del carácter, el descuido de los deberes, la ingratitud hacia Dios, la frialdad hacia nuestros hermanos. Se ve el pecado como Dios lo ve. Nuestros pensamientos no son pensamientos de complacencia propia, sino de severa censura propia y humillación. La mente queda vivificada para quebrantar toda barrera que ha causado alienación. Se ponen a un lado las palabras y los pensamientos malos. Se confiesan y perdonan los pecados. La subyugadora gracia de Cristo entra en el alma, y el amor de Cristo acerca los corazones unos a otros en bienaventurada unidad.

A medida que así se aprende la lección del servicio preparatorio, se enciende el deseo de vivir una vida espiritual más elevada. El Testigo divino responderá a ese deseo. El alma será elevada. Podemos participar de la Comunión con el sentimiento consciente de que nuestros pecados están perdonados. El sol de la justicia de Cristo llenará las cámaras de la mente y el templo del alma. Contemplaremos al "Cordero de Dios, que quita el pecado del mundo".[5]

Para los que reciben el espíritu de este servicio, jamás puede llegar a ser una mera ceremonia. Su constante lección será: "Servíos por amor los unos a los otros".[6] Al lavar los pies a sus discípulos, Cristo dio evidencia de que haría, por humilde que fuera, cualquier servicio que los hiciese herederos con él de la eterna riqueza del tesoro del cielo. Sus discípulos, al cumplir el mismo rito, se comprometen del mismo modo a servir a sus hermanos. Dondequiera que este rito se celebre debidamente, los hijos de Dios se ponen en santa relación, para ayudarse y bendecirse unos a otros. Se comprometen a entregar su vida al ministerio abnegado. Y esto no sólo unos por otros. Su campo de labor es tan vasto como lo era el de su Maestro. El mundo está lleno de personas que necesitan nuestro ministerio. Por todos lados hay pobres, desamparados e ignorantes. Los que hayan tenido comunión con Cristo en el aposento alto, saldrán a servir como él sirvió.

Jesús, que era servido por todos, vino a ser siervo de todos. Y porque ministró a todos, volverá a ser servido y honrado por todos. Y los que quieren participar de sus atributos, y con él compartir el gozo de ver almas redimidas, deben seguir su ejemplo de ministerio abnegado.

Todo esto abarcaban las palabras de Cristo: "Ejemplo os he dado, para que como yo os he hecho, vosotros también hagáis". Tal era el propósito del rito que él estableció. Y dice: "Si sabéis estas cosas", si conocéis el propósito de sus lecciones, "bienaventurados seréis si las hiciereis".

---

[1] Mat. 20:28. [2] Ose. 11:8. [3] Mat. 5:45. [4] Mat. 20:26. [5] Juan 1:29. [6] Gál. 5:13.

CAPÍTULO 72

"En memoria de mí"

"EL SEÑOR Jesús, la noche que fue entregado, tomó pan; y habiendo dado gracias, lo partió, y dijo: Tomad, comed; esto es mi cuerpo que por vosotros es partido; haced esto en memoria de mí. Asimismo tomó también la copa, después de haber cenado, diciendo: Esta copa es el nuevo pacto en mi sangre; haced esto todas las veces que la bebiereis, en memoria de mí. Así, pues, todas las veces que comiereis este pan, y bebiereis esta copa, la muerte del Señor anunciáis hasta que él venga".[1]

Cristo se hallaba en el punto de transición entre dos sistemas y sus dos grandes fiestas. Él, el Cordero inmaculado de Dios, estaba por presentarse como ofrenda por el pecado, y así acabaría con el sistema de tipos y ceremonias que durante cuatro mil años había señalado a su muerte. Mientras comía la Pascua con sus discípulos, instituyó en su lugar el rito que habría de conmemorar su gran sacrificio. La fiesta nacional de los judíos iba a desaparecer para siempre. El servicio que Cristo establecía sería observado por sus discípulos en todos los países y a través de todos los siglos.

La Pascua fue ordenada como una conmemoración del libramiento de Israel de la esclavitud egipcia. Dios había indicado que año tras año, cuando los hijos preguntasen el significado de ese rito, se les repitiese la historia. Así había de mantenerse fresca en las mentes de todos esa maravillosa liberación. El rito de la Cena del Señor fue dado para conmemorar la gran liberación obrada como resultado de la muerte de Cristo. Este rito ha de celebrarse hasta que él venga por segunda vez con poder y gloria. Es el medio por el cual ha de mantenerse fresco en nuestra mente su gran obra en favor de nosotros.

En ocasión de su liberación de Egipto, los hijos de Israel comieron la cena de Pascua de pie, con sus lomos ceñidos, con su bordón en la mano, listos para el viaje. La manera en que celebraban este rito armonizaba con su condición; porque estaban por ser arrojados del país de Egipto, e iban a empezar un viaje penoso y difícil a través del desierto. Pero en el tiempo de Cristo las condiciones habían cambiado. Ya no estaban por ser arrojados de un país extraño, sino que moraban en su propia tierra. En armonía con el reposo que les había sido dado, el pueblo tomaba entonces la cena pascual en posición recostada. Se colocaban canapés en derredor de la mesa, y los huéspedes descansaban en ellos apoyándose en el brazo izquierdo, y teniendo la mano derecha libre para manejar la comida. En esta posición, un huésped podía poner la cabeza sobre el pecho del que seguía en orden hacia arriba. Y los pies, hallándose al borde exterior del canapé, podían ser lavados por uno que pasase alrededor de la parte exterior del círculo.

Cristo estaba todavía a la mesa en la cual se había servido la cena pascual. Delante de él estaban los panes sin levadura que se usaban en ocasión de la Pascua. El vino pascual, exento de toda fermentación, estaba sobre la mesa. Esos emblemas empleó Cristo para representar su propio sacrificio sin mácula. Nada que fuese corrompido por la fermentación, símbolo de pecado y muerte, podía representar al Cordero "sin mancha y sin contaminación".[2]

"Y mientras comían, tomó Jesús el pan, y bendijo, y lo partió, y dio a sus discípulos, y dijo: Tomad, comed; esto es mi cuerpo. Y tomando la copa, y habiendo dado gracias, les dio, diciendo: Bebed de ella todos; porque esto es mi sangre del nuevo pacto, que por muchos es derramada para remisión de los pecados. Y os digo que desde ahora no beberé más de este fruto de la vid, hasta aquel día en que lo beba nuevo con vosotros en el reino de mi Padre".

El traidor Judas estaba presente en el servicio sacramental. Recibió de Jesús los emblemas de su cuerpo quebrantado y su sangre derramada. Oyó las palabras: "Haced esto en memoria de mí". Y sentado allí, en la misma presencia del Cordero de Dios, el traidor reflexionaba en sus propósitos sombríos y albergaba pensamientos de resentimiento y venganza.

Mientras les lavaba los pies, Cristo había dado pruebas convincentes de que conocía el carácter de Judas. "No estáis limpios todos",[3] había dicho. Estas palabras convencieron al falso discípulo de que Cristo leía su propósito secreto. Pero ahora Jesús habló más claramente. Sentado a la mesa con los discípulos, mirándolos, dijo: "No hablo de todos vosotros; yo sé a quienes he elegido; mas para que se cumpla la Escritura: El que come pan conmigo, levantó contra mí su calcañar".

Aun entonces los discípulos no sospecharon de Judas. Pero vieron que Cristo parecía muy afligido. Una nube se posó sobre todos ellos, un presentimiento de alguna terrible calamidad cuya naturaleza no comprendían. Mientras comían en silencio, Jesús dijo: "De cierto os digo, que uno de vosotros me va a entregar". Al oír esas palabras, el asombro y la consternación se apoderaron de ellos. No podían comprender cómo cualquiera de ellos pudiese tratar traicioneramente a su divino Maestro. ¿Por qué causa podría traicionarlo? ¿Y ante quién? ¿En el corazón de quién podría nacer tal designio? ¡Por cierto que no sería en el de ninguno de los Doce favorecidos, quienes, sobre todos los demás, habían tenido el privilegio de oír sus enseñanzas y habían compartido su admirable amor, y por quienes había manifestado tan grande consideración al ponerlos en íntima comunión con él!

Al darse cuenta de la importancia de sus palabras y recordar cuán ciertos eran sus dichos, el temor y la desconfianza propia se apoderaron de ellos. Comenzaron a escudriñar su propio corazón para ver si albergaba algún pensamiento contra su Maestro. Con la más dolorosa emoción, uno tras otro preguntó: "¿Soy yo, Señor?" Pero Judas guardaba silencio. Al fin, Juan, con profunda angustia, preguntó: "Señor, ¿quién es?" Y Jesús contestó: "El que mete la mano conmigo en el plato, ése me va a entregar. A la verdad el Hijo del hombre va, según está escrito de él, mas ¡ay de aquel hombre por quien el Hijo del hombre es entregado! Bueno le fuera a ese hombre no haber nacido". Los discípulos se habían escrutado mutuamente los rostros al preguntar: "¿Soy yo, Señor?" Y ahora el silencio de Judas atraía todos los ojos hacia él. En medio de la confusión de preguntas y expresiones de asombro, Judas no había oído las palabras de Jesús en respuesta a la pregunta de Juan. Pero ahora, para escapar al escrutinio de los discípulos, preguntó como ellos: "¿Soy yo, Maestro?" Jesús replicó solemnemente: "Tú lo has dicho".

Sorprendido y confundido al ver expuesto su propósito, Judas se levantó apresuradamente para salir del aposento. "Entonces Jesús le dijo: Lo que vas a hacer, hazlo más pronto... Cuando él, pues, hubo tomado el bocado, luego salió; y era ya de noche". Era la noche para el traidor cuando, apartándose de Cristo, penetró en las tinieblas de afuera.

Hasta que hubo dado este paso, Judas no había traspasado la posibilidad de arrepentirse. Pero cuando abandonó la presencia de su Señor y de sus condiscípulos, había hecho la decisión final. Había cruzado el límite.

Admirable había sido la longanimidad de Jesús en su trato con esta alma tentada. No se dejó sin hacer nada que pudiera hacerse para salvar a Judas. Después que hubo pactado dos veces entregar a su Señor, Jesús todavía le dio oportunidad de arrepentirse. Leyendo el propósito secreto del corazón del traidor, Cristo dio a Judas la evidencia final y convincente de su divinidad. Eso fue para el falso discípulo el último llamado al arrepentimiento. El corazón divino-humano de Cristo no escatimó súplica alguna que pudiera hacer. Las olas de la misericordia, repelidas por el orgullo obstinado, volvían en mayor reflujo de amor subyugador. Pero aunque estaba sorprendido y alarmado al ver descubierta su culpabilidad, Judas se hizo tan sólo más resuelto en ella. Desde la Cena sacramental salió para completar la obra de traición.

Al pronunciar el ay sobre Judas, Cristo también tenía un propósito de misericordia hacia sus discípulos. Les dio así la evidencia culminante de su condición de Mesías. Dijo: "Os lo digo antes que suceda, para que cuando suceda, creáis que YO SOY". Si Jesús hubiese guardado silencio, en aparente ignorancia de lo que iba a sobrevenirle, los discípulos podrían haber pensado que su Maestro no tenía previsión divina, y que había sido sorprendido y entregado en las manos de la turba homicida. Un año antes Jesús había dicho a los discípulos que había escogido a Doce, y que uno de ellos era diablo. Ahora las palabras que había dirigido a Judas demostraban que su Maestro conocía plenamente su traición, lo cual fortalecería la fe de los verdaderos discípulos de Cristo durante su humillación. Y cuando Judas hubiese llegado a su horrendo fin, recordarían el ay pronunciado por Jesús sobre el traidor.

El Salvador tenía aún otro propósito. Él no había privado de su ministerio a aquel que sabía era el traidor. Los discípulos no entendieron sus palabras cuando, mientras les lavaba los pies, dijo: "No estáis limpios todos", ni tampoco cuando declaró en la mesa: "El que come pan conmigo, levantó contra mí su calcañar".[4] Pero más tarde, cuando su significado fue evidente, pudieron reflexionar acerca de la paciencia y misericordia de Dios hacia el pecador más empedernido.

Aunque Jesús conocía a Judas desde el principio, le lavó los pies. Y el traidor tuvo el privilegio de unirse a Cristo en la participación del sacramento. Un Salvador longánime ofreció al pecador todo incentivo para recibirlo, para arrepentirse y ser limpiado de la contaminación del pecado. Este ejemplo es para nosotros. Cuando suponemos que alguien está en error y pecado, no debemos separarnos de él. No lo dejemos, por causa de una separación indiferente, presa de la tentación, ni lo impulsemos al terreno de batalla de Satanás. Tal no es el método de Cristo. Fue porque los discípulos estaban descarriados y en falta que Cristo lavó sus pies; y así todos, menos uno de los Doce, fueron inducidos al arrepentimiento.

El ejemplo de Cristo prohíbe la exclusividad en la Cena del Señor. Es verdad que el pecado abierto excluye a los culpables. Esto lo enseña claramente el Espíritu Santo.[5] Pero, fuera de esto, nadie ha de pronunciar juicio. Dios no ha dejado a los hombres el decir quiénes se han de presentar en esas ocasiones. Porque ¿quién puede leer el corazón?

¿Quién puede distinguir la cizaña del trigo? "Por tanto, pruébese cada uno a sí mismo, y coma así del pan, y beba de la copa". Porque "cualquiera que comiere este pan o bebiere esta copa del Señor indignamente, será culpado del cuerpo y de la sangre del Señor". "Porque el que come y bebe indignamente, sin discernir el cuerpo del Señor, juicio come y bebe para sí".[6]

Cuando los creyentes se congregan para celebrar los ritos, están presentes mensajeros invisibles a los ojos humanos. Puede haber un Judas en el grupo, y en tal caso hay allí mensajeros del príncipe de las tinieblas, porque ellos acompañan a todos los que rehúsan ser dirigidos por el Espíritu Santo. También están presentes los ángeles celestiales. Estos visitantes invisibles están presentes en toda ocasión tal. Pueden entrar en el grupo personas que no son de todo corazón siervos de la verdad y la santidad, pero que desean tomar parte en el rito. No debe prohibírseles. Hubo testigos presenciales que estuvieron presentes cuando Jesús lavó los pies de los discípulos y de Judas. Hay ojos más que humanos que contemplan la escena.

Por medio del Espíritu Santo, Cristo está allí para poner el sello a su propio rito. Está allí para convencer y enternecer el corazón. Ni una mirada, ni un pensamiento de contrición escapa a su atención. Él aguarda al arrepentido y contrito de corazón. Todas las cosas están listas para la recepción de esa alma. El que lavó los pies de Judas anhela lavar de cada corazón la mancha del pecado.

Nadie debe excluirse de la Comunión porque pueda estar presente alguna persona indigna. Cada discípulo está llamado a participar públicamente de ella y así dar testimonio de que acepta a Cristo como un Salvador personal. Es en esas ocasiones, designadas por él mismo, que Cristo se encuentra con su pueblo y los fortalece por su presencia. Incluso corazones y manos indignos pueden administrar el rito; sin embargo, Cristo está allí para ministrar a sus hijos. Todos los que vienen con su fe fija en él serán grandemente bendecidos. Todos los que descuidan esos momentos de privilegio divino sufrirán una pérdida. Acerca de ellos puede decirse con acierto: "No estáis limpios todos".

Al participar con sus discípulos del pan y del vino, Cristo se comprometió como su Redentor. Les confió el pacto nuevo, por medio del cual todos los que lo reciben llegan a ser hijos de Dios, coherederos con Cristo. Por medio de este pacto venía a ser suya toda bendición que el cielo podía conceder para esta vida y la venidera. Este pacto debía ser ratificado con la sangre de Cristo. Y la administración del sacramento debía recordar a los discípulos el sacrificio infinito hecho por cada uno de ellos como parte del gran conjunto de la humanidad caída.

Pero el servicio de la Comunión no habría de ser una ocasión de tristeza. Ese no era su propósito. Mientras los discípulos del Señor se reúnen alrededor de su mesa, no han de recordar y lamentar sus faltas. No han de espaciarse en su experiencia religiosa pasada, haya sido ésta elevadora o deprimente. No han de recordar las discrepancias entre ellos y sus hermanos. El rito preparatorio ha abarcado todo eso. El examen propio, la confesión del pecado, la reconciliación de las disputas, todo eso se ha hecho. Ahora han venido para encontrarse con Cristo. No han de permanecer en la sombra de la cruz, sino en su luz salvadora. Han de abrir el alma a los brillantes rayos del Sol de Justicia. Con corazones purificados por la preciosísima sangre de Cristo, en plena conciencia de su presencia, aunque invisible, han de oír sus palabras: "La paz os dejo, mi paz os doy; yo no os la doy como el mundo la da".[7]

Nuestro Señor dice: "Bajo la convicción del pecado, recuerden que yo morí por ustedes. Cuando sean oprimidos, perseguidos y afligidos por mi causa y la del evangelio, recuerden mi amor, el cual fue tan grande que di mi vida por ustedes. Cuando sus deberes parezcan rigurosos y severos, y sus cargas demasiado pesadas, recuerden que por causa de ustedes soporté la cruz menospreciando la vergüenza. Cuando el corazón se atemorice ante la penosa prueba, recuerden que su Redentor vive para interceder por ustedes".

El rito de la Comunión señala hacia la segunda venida de Cristo. Estaba destinado a mantener esa esperanza viva en la mente de los discípulos. En cualquier oportunidad en que se reunían para conmemorar su muerte, relataban cómo él, "tomando la copa, y habiendo dado gracias, les dio, diciendo: Bebed de ella todos; porque esto es mi sangre del nuevo pacto, que por muchos es derramada para remisión de los pecados. Y os digo que desde ahora no beberé más de este fruto de la vid, hasta aquel día en que lo beba nuevo con vosotros en el reino de mi Padre". En su tribulación hallaban consuelo en la esperanza del regreso de su Señor. Les era indeciblemente precioso el pensamiento: "Todas las veces que comiereis este pan, y bebiereis esta copa, la muerte del Señor anunciáis hasta que él venga".[8]

Estas son las cosas que nunca debemos olvidar. El amor de Jesús, con su poder constreñidor, debe mantenerse fresco en nuestra memoria. Cristo instituyó ese rito para que hablase a nuestros sentidos del amor de Dios expresado en favor de nosotros. No puede haber unión entre nuestras almas y Dios excepto a través de Cristo. La unión y el amor entre hermanos y entre hermanas deben ser cimentados y hechos eternos por el amor de Jesús. Y nada menos que la muerte de Cristo podía hacer eficaz para nosotros ese amor. Es únicamente por causa de su muerte que nosotros podemos considerar con gozo su segunda venida. Su sacrificio es el centro de nuestra esperanza. En eso debemos fijar nuestra fe.

Demasiado a menudo los ritos que señalan la humillación y los padecimientos de nuestro Señor son considerados como una forma. Fueron instituidos con un propósito. Nuestros sentidos necesitan ser vivificados para comprender el misterio de la piedad. Es privilegio de todos comprender mucho mejor de lo que los comprendemos los sufrimientos expiatorios de Cristo. "Como Moisés levantó la serpiente en el desierto", así el Hijo de Dios fue levantado, "para que todo aquel que en él cree, no se pierda, mas tenga vida eterna".[9] Debemos mirar la cruz del Calvario, que sostiene a su Salvador moribundo. Nuestros intereses eternos exigen que manifestemos fe en Cristo.

Nuestro Salvador dijo: "Si no coméis la carne del Hijo del hombre, y bebéis su sangre, no tenéis vida en vosotros... Porque mi carne es verdadera comida, y mi sangre es verdadera bebida".[10] Esto es verdad de nuestra naturaleza física. Incluso esta vida terrenal se lo debemos a la muerte de Cristo. El pan que comemos ha sido comprado por su cuerpo quebrantado. El agua que bebemos ha sido comprada por su sangre derramada. Jamás alguien, santo o pecador, come su alimento diario sin ser nutrido por el cuerpo y la sangre de Cristo. La cruz del Calvario está estampada en cada pan. Está reflejada en cada manantial. Todo esto enseñó Cristo al designar los emblemas de su gran sacrificio. La luz que resplandece de ese rito de la Comunión en el aposento alto hace sagradas las provisiones para nuestra vida diaria. La despensa familiar viene a ser como la mesa del Señor, y cada comida un sacramento.

¡Y cuánto más ciertas son las palabras de Cristo en cuanto a nuestra naturaleza espiritual! Él declara: "El que come mi carne y bebe mi sangre, tiene vida eterna". Es recibiendo la vida derramada por nosotros en la cruz del Calvario como podemos vivir la vida de santidad. Y esa vida la recibimos por recibir su Palabra, haciendo las cosas que él ordenó. Así llegamos a ser uno con él. Él dice: "El que come mi carne, y bebe mi sangre, en mí permanece, y yo en él. Como me envió el Padre viviente, y yo vivo por el Padre, asimismo el que me come, él también vivirá por mí".[11] Este pasaje se aplica en un sentido especial a la santa Comunión. Mientras la fe contempla el gran sacrificio de nuestro Señor, el alma asimila la vida espiritual de Cristo. Y esa alma recibirá fortaleza espiritual de cada Comunión. El rito forma una conexión viviente por medio del cual el creyente queda ligado a Cristo, y así ligado al Padre. En un sentido especial, forma una conexión entre Dios y los dependientes seres humanos.

Al recibir el pan y el vino, que simbolizan el cuerpo quebrantado y la sangre derramada de Cristo, nos unimos imaginariamente a la escena de Comunión en el aposento alto. Parece que estamos pasando por el jardín consagrado por la agonía de quien llevó los pecados del mundo. Presenciamos la lucha por la cual se obtuvo nuestra reconciliación con Dios. El Cristo crucificado es exhibido entre nosotros.

Contemplando al Redentor crucificado comprendemos más plenamente la magnitud y el significado del sacrificio hecho por la Majestad del cielo. El plan de salvación es glorificado delante de nosotros, y el pensamiento del Calvario despierta emociones vivas y sagradas en nuestro corazón. Habrá alabanza a Dios y al Cordero en nuestro corazón y en nuestros labios; porque el orgullo y la adoración del yo no pueden florecer en el alma que mantiene frescas en su memoria las escenas del Calvario.

Los pensamientos de quien contempla el amor sin par del Salvador se elevarán, su corazón se purificará, su carácter se transformará. Saldrá para ser una luz para el mundo, para reflejar en cierto grado ese amor misterioso. Cuanto más contemplemos la cruz de Cristo, más plenamente adoptaremos el lenguaje del apóstol cuando dijo: "Lejos esté de mí gloriarme, sino en la cruz de nuestro Señor Jesucristo, por quien el mundo me es crucificado a mí, y yo al mundo".[12]

[1] 1 Cor. 11:23-26. [2] 1 Ped. 1:19. [3] Juan 13:11. [4] Juan 13:11, 18. [5] 1 Cor. 5:11. [6] 1 Cor. 11:28, 27, 29. [7] Juan 14:27. [8] 1 Cor. 11:26. [9] Juan 3:14, 15. [10] Juan 6:53-55. [11] Juan 6:54, 56, 57. [12] Gál. 6:14.

CAPÍTULO 73

"No se angustien"

MIRANDO a sus discípulos con amor divino y con la más tierna simpatía, Cristo dijo: "Ahora es glorificado el Hijo del hombre, y Dios es glorificado en él". Judas había abandonado el aposento alto y Cristo estaba solo con los once. Iba a hablar de su inminente separación de ellos; pero antes de hacerlo señaló al gran objetivo de su misión. Eso que estaba siempre delante de sí. Era su gozo que toda su humillación y sufrimiento glorificara el nombre del Padre. Hacia eso dirigió primero los pensamientos de sus discípulos.

Luego, dirigiéndose a ellos con el término cariñoso de "hijitos", dijo: "Aún estaré con vosotros un poco. Me buscaréis; pero como dije a los judíos, así os digo ahora a vosotros: A donde yo voy, vosotros no podéis ir".

Los discípulos no podían regocijarse cuando oyeron esto. El temor se apoderó de ellos. Se acercaron aun más al Salvador. Su Maestro y Señor, su amado Instructor y Amigo, les era más querido que la vida. A él habían pedido ayuda en todas sus dificultades, consuelo en sus tristezas y frustraciones. Ahora estaba por abandonarlos a ellos, un grupo solitario y dependiente. Oscuros eran los presentimientos que les llenaban el corazón.

Pero las palabras del Salvador estaban llenas de esperanza. Él sabía que iban a ser asaltados por el enemigo, y que la astucia de Satanás tiene más éxito contra los que están deprimidos por las dificultades. Por tanto, quiso desviar su atención de "las cosas que se ven" a "las que no se ven".[1] Desvió sus pensamientos del exilio terrenal hacia el hogar celestial.

Dijo: "No se turbe vuestro corazón; creéis en Dios, creed también en mí. En la casa de mi Padre muchas moradas hay; si así no fuera, yo os lo hubiera dicho, voy, pues, a preparar lugar para vosotros. Y si me fuere y os preparare lugar, vendré otra vez, y os tomaré a mí mismo, para que donde yo estoy, vosotros también estéis. Y sabéis a dónde voy, y sabéis el camino". [Es decir:] "Por causa de ustedes vine al mundo. Estoy trabajando en favor de ustedes. Cuando me vaya, seguiré trabajando intensamente por ustedes. Vine al mundo a revelarme a ustedes para que pudieran creer. Voy al Padre para cooperar con él en favor de ustedes". El objetivo de la partida de Cristo era lo opuesto de lo que temían los discípulos. No significaba una separación final. Se iba para prepararles un lugar, con el fin de poder regresar y tomarlos consigo. Mientras les estuviese edificando mansiones, ellos debían edificar un carácter conforme a la semejanza divina.

Los discípulos aún estaban perplejos. Tomás, siempre acosado por las dudas, dijo: "Señor, no sabemos a dónde vas; ¿cómo, pues, podemos saber el camino? Jesús le dijo: Yo soy el camino, y la verdad, y la vida; nadie viene al Padre, sino por mí. Si me conocieseis, también a mi Padre conoceríais; y desde ahora lo conocéis, y lo habéis visto".

No hay muchos caminos al cielo. Nadie puede escoger su propio camino. Cristo dice: "Yo soy el camino... Nadie viene al Padre, sino por mí". Desde que fuera predicado el primer sermón evangélico, cuando en el Edén se declaró que la simiente de la mujer aplastaría la cabeza de la serpiente, Cristo ha sido enaltecido como el camino, la verdad y la vida. Él era el camino cuando Adán vivía, cuando Abel ofreció a Dios la sangre del cordero muerto, que representaba la sangre del Redentor. Cristo fue el camino por el cual fueron salvos los patriarcas y los profetas. Él es el único camino por el cual podemos tener acceso a Dios.

Cristo dijo: "Si me conocieseis, también a mi Padre conoceríais; y desde ahora lo conocéis, y lo habéis visto". Pero ni aun así entendieron los discípulos. Felipe exclamó: "Señor, muéstranos al Padre, y nos basta".

Asombrado por esa dureza de comprensión, Cristo preguntó con dolorosa sorpresa: "¿Tanto tiempo hace que estoy con vosotros, y no me has conocido, Felipe?" ¿Es posible que no vean al Padre en las obras que hace por medio de mí? ¿No creen que he venido para testificar acerca del Padre? "¿Cómo, pues, dices tú: Muéstranos al Padre?" "El que me ha visto a mí, ha visto al Padre". Cristo no había dejado de ser Dios cuando se hizo hombre. Aunque se había humillado hasta asumir la humanidad, aún era suya la Deidad. Cristo solo podía representar al Padre ante la humanidad, y los discípulos habían tenido el privilegio de contemplar esa representación por más de tres años.

"Creedme que yo soy en el Padre, y el Padre en mí; de otra manera, creedme por las mismas obras". Su fe podría haber descansado segura en la evidencia dada por las obras de Cristo, obras que jamás hombre alguno ha hecho, ni podrá hacer, por sí mismo. Las obras de Cristo atestiguaban su divinidad. El Padre había sido revelado por él.

Si los discípulos creían en esa relación vital entre el Padre y el Hijo, su fe no los abandonaría cuando vieran los sufrimientos y la muerte de Cristo para salvar a un mundo que perecía. Cristo estaba tratando de conducirlos de su baja condición de fe a la experiencia que podían recibir si realmente comprendían lo que él era: Dios en carne humana. Deseaba que viesen que su fe debía conducirlos a Dios, y anclarse allí. ¡Con cuánto fervor y perseverancia procuró nuestro compasivo Salvador preparar a sus discípulos para la tormenta de tentación que pronto iba a azotarlos! Él quería que estuviesen ocultos con él en Dios.

Mientras Cristo pronunciaba esas palabras, la gloria de Dios resplandecía en su semblante, y todos los presentes sintieron un sagrado temor al escuchar sus palabras con arrobada atención. Sus corazones fueron más decididamente atraídos hacia él; y mientras eran atraídos a Cristo con mayor amor, también eran atraídos los unos hacia los otros. Sentían que el cielo estaba muy cerca, y que las palabras que escuchaban eran un mensaje enviado a ellos por su Padre celestial.

Cristo continuó: "De cierto, de cierto os digo: El que en mí cree, las obras que yo hago, él las hará también". El Salvador anhelaba profundamente que sus discípulos entendiesen con qué propósito su divinidad se había unido a la humanidad. Vino al mundo para revelar la gloria de Dios, para que el hombre pudiese ser elevado por medio de su poder restaurador. Dios se manifestó en él con el fin de él que pudiese manifestarse en ellos. Jesús no reveló cualidades ni ejerció facultades que los hombres no puedan tener a través de la fe en él. Su perfecta humanidad es lo que todos sus seguidores pueden poseer si quieren vivir sometidos a Dios como él lo estuvo.

"Y aún mayores hará; porque yo voy al Padre". Con esto no quiso decir Cristo que la obra de los discípulos sería de un carácter más exaltado que la propia, sino que tendría mayor extensión. No se refirió meramente a la ejecución de milagros, sino a todo lo que sucedería bajo la operación del Espíritu Santo.

Después de la ascensión del Señor, los discípulos percibieron el cumplimiento de su promesa. Las escenas de la crucifixión, resurrección y ascensión de Cristo fueron para ellos una realidad viviente. Vieron que las profecías se habían cumplido literalmente. Escudriñaron las Escrituras y aceptaron su enseñanza con una fe y seguridad desconocidas antes. Sabían que el Maestro divino era todo lo que había aseverado ser. Y al contar ellos su propia experiencia y al exaltar el amor de Dios, los corazones humanos se enternecían y subyugaban, y multitudes creían en Jesús.

La promesa del Salvador a sus discípulos es una promesa para su iglesia hasta el fin del tiempo. Dios no quería que su admirable plan para redimir a los hombres sólo lograse resultados insignificantes. Todos los que quieran ir a trabajar, no confiando en lo que ellos mismos pueden hacer sino en lo que Dios puede hacer por ellos y por medio de ellos, experimentarán ciertamente el cumplimiento de su promesa. Él declara: "Aún mayores [obras] hará; porque yo voy al Padre".

Hasta entonces los discípulos no conocían los recursos y el poder ilimitado del Salvador. Él les dijo: "Hasta ahora nada habéis pedido en mi nombre".[2] Explicó que el secreto de su éxito residiría en pedir fuerza y gracia en su nombre. Estaría delante del Padre para pedir por ellos. La oración del suplicante humilde es presentada por él como su propio deseo en favor de esa alma. Cada oración sincera es oída en el cielo. Tal vez no sea expresada con fluidez; pero si se pone el corazón en ella, ascenderá al Santuario donde Jesús ministra y él la presentará al Padre hermosa y fragante con el incienso de su propia perfección, y sin una palabra inapropiada o balbuceante.

La senda de la sinceridad e integridad no es una senda libre de obstrucción, pero en toda dificultad hemos de ver una invitación a orar. Ningún ser viviente tiene algún poder que no haya recibido de Dios, y la fuente de donde proviene está abierta para el ser humano más débil. Jesús dijo: "Todo lo que pidiereis al Padre en mi nombre, lo haré, para que el Padre sea glorificado en el Hijo. Si algo pidiereis en mi nombre, yo lo haré".

"En mi nombre", ordenó Cristo a sus discípulos que orasen. Sus seguidores han de permanecer delante de Dios en el nombre de Cristo. Son estimables a los ojos del Señor por causa del valor del sacrificio hecho por ellos. Son tenidos por preciosos a causa de la justicia imputada de Cristo. Por causa de Cristo el Señor perdona a quienes le temen. No ve en ellos la vileza del pecador. Reconoce en ellos la semejanza de su Hijo en quien ellos creen.

El Señor se chasquea cuando su pueblo se tiene en muy baja estima. Desea que su heredad escogida se estime según el valor que él le ha atribuido. Dios los quiere; de lo contrario no hubiera enviado a su Hijo a una empresa tan costosa para redimirlos. Los necesita, y le agrada cuando le dirigen las más elevadas demandas con el fin de glorificar su nombre. Pueden esperar grandes cosas si tienen fe en sus promesas.

Pero orar en nombre de Cristo significa mucho. Significa que hemos de aceptar su carácter, manifestar su espíritu y realizar sus obras. La promesa del Salvador se nos da bajo cierta condición. Dice: "Si me amáis, guardad mis mandamientos". Él salva a los hombres no en el pecado, sino del pecado; y los que le aman mostrarán su amor por medio de la obediencia.

Toda verdadera obediencia proviene del corazón. La de Cristo procedía del corazón. Y si nosotros consentimos, se identificará de tal manera con nuestros pensamientos y fines, amoldará de tal manera nuestro corazón y mente en conformidad con su voluntad, que cuando le obedezcamos estaremos tan sólo ejecutando nuestros propios impulsos. La voluntad, refinada y santificada, hallará su más alto deleite en servirle. Cuando conozcamos a Dios como es nuestro privilegio conocerlo, nuestra vida será una vida de continua obediencia. Si apreciamos el carácter de Cristo y tenemos comunión con Dios, el pecado llegará a sernos odioso.

Así como Cristo vivió la ley en la humanidad, así podemos vivirla nosotros si tan sólo nos asimos del Fuerte para obtener fortaleza. Pero no hemos de colocar la responsabilidad de nuestro deber en otros, y esperar que ellos nos digan lo que debemos hacer. No podemos depender de la humanidad para obtener consejos. El Señor nos enseñará nuestro deber tan voluntariamente como enseñaría a cualquier otra persona. Si acudimos a él con fe, nos dirá sus misterios a nosotros personalmente. A menudo nuestro corazón arderá en nosotros cuando él se ponga en comunión con nosotros como lo hizo con Enoc. Los que decidan no hacer, en ningún ramo, algo que desagrade a Dios, sabrán, luego de presentarle su caso, exactamente qué conducta seguir. Y recibirán no solamente sabiduría sino fuerza. Se les impartirá poder para obedecer, para servir, según lo prometió Cristo. Todo cuanto se dio a Cristo —todas las cosas destinadas a suplir la necesidad de los hombres caídos—, se le dio como a la cabeza y representante de la humanidad. "Y cualquier cosa que pidiéremos, la recibiremos de él, porque guardamos sus mandamientos, y hacemos las cosas que son agradables delante de él".[3]

Antes de ofrecerse como víctima para el sacrificio, Cristo buscó el don más esencial y completo que pudiese otorgar a sus seguidores, un don que pusiese a su alcance los ilimitados recursos de la gracia. Dijo: "Yo rogaré al Padre, y os dará otro Consolador, para que esté con vosotros para siempre: el Espíritu de verdad, al cual el mundo no puede recibir, porque no lo ve, ni lo conoce; pero vosotros lo conocéis, porque mora con vosotros, y estará en vosotros. No os dejaré huérfanos; vendré a vosotros".[4]

Antes de esto, el Espíritu había estado en el mundo; desde el mismo comienzo de la obra de redención había estado moviéndose en los corazones de los hombres. Pero mientras Cristo estaba en la tierra, los discípulos no habían deseado otro ayudador. No sería hasta verse privados de la presencia de Jesús que sentirían su necesidad del Espíritu, y entonces vendría.

El Espíritu Santo es el representante de Cristo, pero despojado de la personalidad humana e independiente de ella. Estorbado por la humanidad, Cristo no podía estar personalmente en todo lugar. Por tanto, convenía a sus discípulos que fuese al Padre y enviase el Espíritu como su sucesor en la tierra. Entonces nadie podría tener ventaja alguna por causa de su situación o contacto personal con Cristo. Por medio del Espíritu el Salvador sería accesible a todos. En este sentido estaría más cerca de ellos que si no hubiese ascendido a lo alto.

"El que me ama, será amado por mi Padre, y yo le amaré, y me manifestaré a él". Jesús leía el futuro de sus discípulos. Veía a uno llevado al cadalso, otro a la cruz, otro al destierro entre las solitarias rocas del mar, otros a la persecución y la muerte. Los animó con la promesa de que en toda prueba estaría con ellos. Esta promesa no ha perdido nada de su fuerza. El Señor sabe todo lo relativo a sus fieles siervos suyos que por su causa están en la cárcel o desterrados en islas solitarias. Él los consuela con su propia presencia. Cuando por causa de la verdad el creyente está frente a tribunales inicuos, Cristo está a su lado. Todos los oprobios que caen sobre él, caen sobre Cristo. Cristo vuelve a ser condenado en la persona de su discípulo. Cuando uno está encerrado entre las paredes de la cárcel, Cristo cautiva el corazón con su amor. Cuando uno sufre la muerte por causa suya, Cristo dice: "Yo soy... el que vivo, y estuve muerto; mas he aquí que vivo por siglos de siglos... Y tengo las llaves de la muerte y del Hades".[5] La vida sacrificada por mí es preservada para la gloria eterna.

En toda ocasión y todo lugar, en todas las tristezas y aflicciones, cuando la perspectiva parece sombría y el futuro nos deja perplejos, y nos sentimos impotentes y solos, se envía el Consolador en respuesta a la oración de fe. Las circunstancias pueden separarnos de todo amigo terrenal, pero ninguna circunstancia ni distancia puede separarnos del Consolador celestial. Dondequiera que estemos, adondequiera que vayamos, siempre está a nuestra diestra para respaldarnos, sostenernos, levantarnos y animarnos.

Los discípulos todavía no comprendían las palabras de Cristo en su sentido espiritual, y él volvió a explicarles su significado. Por medio del Espíritu, dijo, se manifestaría a ellos. "El Consolador, el Espíritu Santo, a quien el Padre enviará en mi nombre, él os enseñará todas las cosas". Ya no dirán: "No puedo comprender". Ya no verán oscuramente como por un espejo. Podrán "comprender con todos los santos cuál sea la anchura, la longitud, la profundidad y la altura, y de conocer el amor de Cristo, que excede a todo conocimiento".[6]

Los discípulos debían dar testimonio de la vida y obra de Cristo. A través de sus palabras él habría de hablar a todos los pueblos sobre la faz de la tierra. Pero en la humillación y muerte de Cristo iban a sufrir gran prueba y chasco. Con el fin de que después de esto la palabra de ellos fuese exacta, Jesús prometió con respecto al Consolador: "Os recordará todo lo que yo os he dicho".

Continuó: "Aún tengo muchas cosas que deciros, pero ahora no las podéis sobrellevar. Pero cuando venga el Espíritu de verdad, él os guiará a toda la verdad; porque no hablará por su propia cuenta, sino que hablará todo lo que oyere, y os hará saber las cosas que habrán de venir. Él me glorificará; porque tomará de lo mío, y os lo hará saber". Jesús había abierto delante de sus discípulos una vasta extensión de la verdad. Pero les era muy difícil diferenciar sus lecciones de las tradiciones y máximas de los escribas y fariseos. Habían sido educados para aceptar las enseñanzas de los rabinos como la voz de Dios, y eso aún dominaba sus mentes y amoldaba sus sentimientos. Las ideas terrenales y las cosas temporales todavía ocupaban mucho lugar en sus pensamientos. No entendían la naturaleza espiritual del reino de Cristo, aunque él se los había explicado tantas veces. Sus mentes se habían confundido. No comprendían el valor de las Escrituras que Cristo presentaba. Muchas de sus lecciones parecían no hallar cabida en sus mentes. Jesús vio que no comprendían el verdadero significado de sus palabras. Compasivamente les prometió que el Espíritu Santo les recordaría esos dichos. Y había dejado sin decir muchas cosas que no podían ser comprendidas por los discípulos. Estas también les serían reveladas por el Espíritu. El Espíritu habría de vivificar su entendimiento para que pudiesen apreciar las cosas celestiales. Jesús dijo: "Cuando venga el Espíritu de verdad, él os guiará a toda la verdad".

El Consolador es llamado el "Espíritu de verdad". Su obra consiste en definir y mantener la verdad. Primero mora en el corazón como el Espíritu de verdad, y así llega a ser el Consolador. Hay consuelo y paz en la verdad, pero no puede hallarse verdadera paz ni consuelo en la mentira. Por medio de falsas teorías y tradiciones es como Satanás obtiene su poder sobre la mente. Induciendo a los hombres a adoptar normas falsas, deforma el carácter. El Espíritu Santo habla a la mente y graba la verdad en el corazón a través de las Escrituras. Así expone el error y lo expulsa del alma. Es por medio del Espíritu de verdad, obrando a través de la Palabra de Dios, como Cristo subyuga a sí mismo a su pueblo escogido.

Al describir a sus discípulos la obra interior del Espíritu Santo, Jesús trató de inspirarlos con el gozo y la esperanza que alentaba su propio corazón. Se regocijaba por causa de la ayuda abundante que había provisto para su iglesia. El Espíritu Santo era el más elevado de todos los dones que podía solicitar de su Padre para la exaltación de su pueblo. El Espíritu iba a ser dado como un agente regenerador, y sin esto el sacrifico de Cristo habría sido inútil. El poder del mal se había estado fortaleciendo durante siglos, y la sumisión de los hombres a ese cautiverio satánico era asombrosa. El pecado podía ser resistido y vencido únicamente por medio de la poderosa intervención de la Tercera Persona de la Deidad, quien iba a venir no con energía modificada, sino en la plenitud del poder divino. El Espíritu es el que hace eficaz lo que ha sido realizado por el Redentor del mundo. Por medio del Espíritu es purificado el corazón. El creyente llega a ser participante de la naturaleza divina a través del Espíritu. Cristo ha dado su Espíritu como poder divino para vencer todas las tendencias hacia el mal heredadas y cultivadas, y para imprimir su propio carácter en su iglesia.

Acerca del Espíritu, Jesús dijo: "Él me glorificará". El Salvador vino para glorificar al Padre por medio de la demostración de su amor; así el Espíritu iba a glorificar a Cristo por medio de la revelación de su gracia al mundo. La misma imagen de Dios debe reproducirse en la humanidad. El honor de Dios, el honor de Cristo, está comprometido en la perfección del carácter de su pueblo.

"Cuando él [el Espíritu de verdad] venga, convencerá al mundo de pecado, de justicia y de juicio". La predicación de la Palabra sería inútil sin la continua presencia y ayuda del Espíritu Santo. Este es el único maestro eficaz de la verdad divina. Únicamente cuando la verdad vaya al corazón acompañada por el Espíritu vivificará la conciencia o transformará la vida. Alguien podría ser capaz de presentar la letra de la Palabra de Dios, podría estar familiarizado con todos sus mandamientos y promesas; pero a menos que el Espíritu Santo grabe la verdad, ninguna alma caerá sobre la Roca y será quebrantada. Ningún grado de educación ni ventaja alguna, por grande que sea, puede hacer de alguien un canal de luz sin la cooperación del Espíritu de Dios. La siembra de la semilla del evangelio no tendrá éxito a menos que esa semilla sea vivificada por el rocío del cielo. Antes que un solo libro del Nuevo Testamento fuese escrito, antes que se hubiese predicado un sermón evangélico después de la ascensión de Cristo, el Espíritu Santo descendió sobre los apóstoles que oraban. Entonces el testimonio de sus enemigos fue: "Habéis llenado a Jerusalén de vuestra doctrina".[7]

Cristo prometió el don del Espíritu Santo a su iglesia, y la promesa nos pertenece a nosotros tanto como a los primeros discípulos. Pero como toda otra promesa, se nos da bajo condiciones. Hay muchos que creen y profesan aferrarse a la promesa del Señor; hablan acerca de Cristo y acerca del Espíritu Santo, y sin embargo no reciben beneficio alguno. No entregan su alma para que sea guiada y regida por los agentes divinos. No podemos usar al Espíritu Santo. El Espíritu ha de usarnos a nosotros. Por medio del Espíritu obra Dios en su pueblo "así el querer como el hacer, por su buena voluntad".[8] Pero muchos no quieren someterse a eso. Desean manejarse a sí mismos. Esta es la razón por la cual no reciben el don celestial. El Espíritu se da únicamente a quienes esperan humildemente en Dios, a quienes velan por su dirección y gracia. El poder de Dios aguarda que ellos lo pidan y lo reciban. Esta bendición prometida, reclamada por medio de la fe, trae todas las demás bendiciones en su estela. Se da según las riquezas de la gracia de Cristo, y él está listo para proporcionarla a toda alma según su capacidad para recibirla.

En su discurso a los discípulos, Jesús no hizo una lastimera alusión a sus propios sufrimientos y muerte. Su último legado a ellos fue un legado de paz. Dijo: "La paz os dejo, mi paz os doy; yo no os la doy como el mundo la da. No se turbe vuestro corazón, ni tenga miedo".

Antes de salir del aposento alto el Salvador entonó con sus discípulos un canto de alabanza. Su voz fue oída, no en los acordes de alguna triste endecha, sino en las gozosas notas del cántico pascual:

"Alabad a Jehová, naciones todas;
pueblos todos, alabadle.
Porque ha engrandecido sobre nosotros su misericordia,
y la fidelidad de Jehová es para siempre. Aleluya".[9]

Después del himno salieron. Cruzaron por las calles atestadas, y pasaron por la puerta de la ciudad hacia el Monte de los Olivos. Avanzaban lentamente, ensimismados cada uno de ellos en sus propios pensamientos. Cuando empezaban a descender hacia el monte, Jesús dijo, en un tono de la más profunda tristeza: "Todos vosotros os escandalizaréis en mí esta noche; porque escrito está: Heriré al pastor, y las ovejas del rebaño serán dispersas". Los discípulos oyeron esto con tristeza y asombro. Recordaban cómo, en la sinagoga de Capernaum, cuando Cristo habló de sí mismo como el pan de vida, muchos se habían ofendido y se habían apartado de él. Pero los Doce no se habían mostrado infieles. Pedro, hablando por sus hermanos, había declarado entonces su lealtad a Cristo. Entonces el Salvador les había dicho: "¿No os he escogido yo a vosotros los doce, y uno de vosotros es diablo?"[10] En el aposento alto Jesús había dicho que uno de los Doce lo traicionaría y que Pedro lo negaría. Pero ahora sus palabras los incluía a todos.

Esta vez se oyó la voz de Pedro que protestaba vehementemente: "Aunque todos se escandalicen, yo no". En el aposento alto había declarado: "Mi alma pondré por ti". Jesús le había advertido que esa misma noche negaría a su Salvador. Ahora Cristo le repite la advertencia: "De cierto te digo que tú, hoy, en esta noche, antes que el gallo haya cantado dos veces, me negarás tres veces". Pero Pedro "con mayor insistencia decía: Si me fuere necesario morir contigo, no te negaré. También todos decían lo mismo".[11] En la confianza que tenían en sí mismos, negaron la repetida declaración del Ser que sabía. No estaban preparados para la prueba; cuando la tentación les sobreviniese, comprenderían su propia debilidad.

Cuando Pedro dijo que seguiría a su Señor hasta la cárcel y hasta la muerte, cada palabra era sincera; pero no se conocía a sí mismo. Ocultos en su corazón estaban los elementos del mal que las circunstancias esparcirían en la vida. A menos que fuese consciente de su peligro, esos elementos provocarían su ruina eterna. El Salvador veía en él una egolatría y una seguridad que superarían incluso su amor por Cristo. En su experiencia se habían revelado muchas flaquezas, mucho pecado no subyugado, muchas negligencias de espíritu, un temperamento no santificado y una temeridad para exponerse a la tentación. La solemne advertencia de Cristo fue una invitación a escudriñar su corazón. Pedro necesitaba desconfiar de sí mismo y tener una fe más profunda en Cristo. Si hubiese recibido con humildad la advertencia, habría suplicado al Pastor del rebaño que guardase a su oveja. Cuando, en el Mar de Galilea, estaba por hundirse, clamó: "¡Señor, sálvame!"[12] Entonces la mano de Cristo se extendió para tomar la suya. Así también ahora, si hubiese clamado a Jesús: "Sálvame de mí mismo", habría sido guardado. Pero Pedro sintió que se desconfiaba de él, y pensó que eso era cruel. A partir de ese instante se ofendió, y se volvió más persistente en su confianza propia.

Jesús miró con compasión a sus discípulos. No podía salvarlos de la prueba, pero no los dejó sin consuelo. Les aseguró que él estaba por romper las cadenas del sepulcro y que su amor por ellos no fallaría. Dijo: "Después que haya resucitado, iré delante de vosotros a Galilea".[13] Antes que lo negaran, les aseguró el perdón. Después de su muerte y resurrección supieron que estaban perdonados y que el corazón de Cristo los amaba.

Jesús y los discípulos iban hacia Getsemaní, al pie del Monte de los Olivos, lugar apartado que él había visitado con frecuencia para meditar y orar. El Salvador había estado explicando a sus discípulos la misión que lo había traído al mundo y la relación espiritual que debían sostener con él. Ahora ilustró la lección. La luna brillaba, y le reveló una floreciente vid. Llamando la atención de los discípulos hacia ella, la empleó como símbolo.

Dijo: "Yo soy la vid verdadera". En vez de elegir la elegante palmera, el sublime cedro o el fuerte roble, Jesús tomó la vid con sus zarcillos prensiles para representarse. La palmera, el cedro y el roble se sostienen solos. No necesitan apoyo. Pero la vid se aferra al enrejado, y así sube hacia el cielo. Así también Cristo en su humanidad dependía del poder divino. Él declaró: "No puedo yo hacer nada por mí mismo".[14]

"Yo soy la vid verdadera". Los judíos siempre habían considerado la vid como la más noble de las plantas, y un tipo de todo lo poderoso, excelente y fructífero. Israel había sido representado como una vid que Dios había plantado en la tierra prometida. Los judíos fundaban su esperanza de salvación en el hecho de estar conectados con Israel. Pero Jesús dice: "Yo soy la Vid verdadera". No piensen que por estar conectados con Israel pueden llegar a ser participantes de la vida de Dios y herederos de su promesa. Sólo a través de mí se recibe vida espiritual.

"Yo soy la vid verdadera, y mi Padre es el labrador". Nuestro Padre celestial había plantado su buena Vid en las colinas de Palestina, y él mismo era el labrador. Muchos eran atraídos por la belleza de esa Vid y proclamaban su origen celestial. Pero para los dirigentes de Israel parecía como una raíz en tierra seca. Tomaron la planta y la maltrataron y pisotearon bajo sus profanos pies. Querían destruirla para siempre. Pero el Viñador celestial nunca perdió de vista su planta. Después que los hombres pensaron que la habían matado, la tomó y la volvió a plantar al otro lado de la muralla. Ya no se veía el tronco. Quedaría oculta de los rudos ataques de los hombres. Pero los sarmientos de la Vid colgaban por encima de la muralla. Ellos representarían a la Vid. A través de ellos todavía se podrían unir injertos a la Vid. De ellos se ha ido obteniendo fruto. Ha habido una cosecha que los transeúntes han arrancado.

"Yo soy la vid, vosotros los pámpanos", dijo Cristo a sus discípulos. Aunque él estaba por ser arrebatado de entre ellos, su unión espiritual con él no habría de cambiar. Dijo: "La conexión del sarmiento con la vid representa la relación que deben mantener conmigo. La púa es injertada en la vid viviente, y fibra tras fibra, vena tras vena, va creciendo en el tronco. La vida de la vid llega a ser la vida del sarmiento". Así también el alma muerta en delitos y pecados recibe vida a través de su conexión con Cristo. Esa unión se forma por medio de la fe en él como Salvador personal. El pecador une su debilidad a la fuerza de Cristo, su vacuidad a la plenitud de Cristo, su fragilidad a la potencia perdurable de Cristo. Entonces tiene la mente de Cristo. La humanidad de Cristo ha tocado nuestra humanidad, y nuestra humanidad ha tocado la divinidad. Así, por medio de la intervención del Espíritu Santo, el hombre llega a ser participante de la naturaleza divina. Es acepto en el Amado.

Esa unión con Cristo, una vez formada, debe ser mantenida. Cristo dijo: "Permaneced en mí, y yo en vosotros. Como el pámpano no puede llevar fruto por sí mismo, si no permanece en la vid, así tampoco vosotros, si no permanecéis en mí". Este no es un contacto casual, ni una conexión que se realiza y se corta luego. El sarmiento llega a ser parte de la vid viviente. La comunicación de la vida, la fuerza y la capacidad fructífera desde la raíz hacia las ramas se verifica en forma constante y sin obstrucción. Separado de la vid, el sarmiento no puede vivir. Así tampoco, dijo Jesús, pueden vivir separados de mí. La vida que han recibido de mí puede preservarse únicamente por medio de la comunión continua. Sin mí no podéis vencer un solo pecado ni resistir una sola tentación.

"Permaneced en mí, y yo en vosotros". El permanecer en Cristo significa un constante recibir de su Espíritu, una vida de entrega sin reservas a su servicio. El canal de comunicación debe estar continuamente abierto entre el hombre y su Dios. Así como el sarmiento de la vid recibe constantemente la savia de la vid viviente, así hemos de aferrarnos a Jesús y recibir de él, por medio de la fe, la fuerza y la perfección de su propio carácter.

La raíz envía su nutrimento a través del sarmiento a la ramificación más lejana. Así comunica Cristo la corriente de su fuerza espiritual a todo creyente. Mientras el alma esté unida a Cristo, no hay peligro de que se marchite o decaiga.

La vida de la vid se manifestará en el fragante fruto de los sarmientos. Jesús dijo: "El que permanece en mí, y yo en él, éste lleva mucho fruto; porque separados de mí nada podéis hacer". Cuando vivamos por medio de la fe en el Hijo de Dios, los frutos del Espíritu se verán en nuestra vida; no faltará uno solo.

"Mi Padre es el labrador. Todo pámpano que en mí no lleva fruto, lo quitará". Aunque el injerto esté unido exteriormente a la vid, puede faltar la conexión vital. Entonces no habrá crecimiento ni frutos. De modo que puede haber una conexión aparente con Cristo sin una verdadera unión con él por medio de la fe. Una profesión de religión coloca a los hombres en la iglesia, pero el carácter y la conducta demuestran si están conectados con Cristo. Si no llevan fruto, son sarmientos falsos. Su separación de Cristo implica una ruina tan completa como la representada por el sarmiento muerto. Cristo dijo: "El que en mí no permanece, será echado fuera como mal pámpano, y se secará; y los recogen, y los echan en el fuego, y arden".

"Todo pámpano... que lleva fruto, lo limpiará [podará], para que lleve más fruto". De los Doce escogidos que habían seguido a Jesús, uno estaba por ser sacado como rama seca; el resto iba a pasar bajo la podadora de la amarga prueba. Con solemne ternura Jesús explicó el propósito del labrador. La poda causará dolor, pero es el Padre quien aplica la podadora. Él no trabaja con mano despiadada o corazón indiferente. Hay ramas que se arrastran por el suelo; tienen que ser separadas de los apoyos terrenales en los cuales se han enredado sus zarcillos. Han de dirigirse hacia el cielo y hallar su apoyo en Dios. El follaje excesivo, que desvía de la fruta la corriente vital, debe ser suprimido. El exceso de crecimiento debe ser cortado, para dar lugar a los sanadores rayos del Sol de Justicia. El labrador poda lo que perjudica el crecimiento, con el fin de que el fruto pueda ser más rico y abundante.

Jesús dijo: "En esto es glorificado mi Padre, en que llevéis mucho fruto". [Es decir:] "Dios desea manifestar a través de ustedes la santidad, la benevolencia, la compasión de su propio carácter". Sin embargo, el Salvador no invita a los discípulos a trabajar para llevar fruto. Les dice que permanezcan en él. "Si permanecéis en mí, y mis palabras permanecen en vosotros, pedid todo lo que queréis, y os será hecho". Es a través de la Palabra que Cristo mora en sus seguidores. Es la misma unión vital representada por comer su carne y beber su sangre. Las palabras de Cristo son espíritu y vida. Al recibirlas, reciben la vida de la Vid. Viven "de toda palabra que sale de la boca de Dios".[15] La vida de Cristo en ustedes produce los mismos frutos que en él. Viviendo en Cristo, adhiriéndose a Cristo, sostenidos por Cristo, recibiendo nutrimento de Cristo, llevan fruto según la semejanza de Cristo.

En esta última reunión con sus discípulos, el gran deseo que Cristo expresó por ellos era que se amasen unos a otros como él los había amado. En varias ocasiones habló de eso. Repetidas veces dijo: "Este es mi mandamiento: Que os améis unos a otros". Su primer mandato cuando estuvo a solas con ellos en el aposento alto fue: "Un mandamiento nuevo os doy: Que os améis unos a otros; como yo os he amado, que también os améis unos a otros". Para los discípulos, ese mandamiento era nuevo; porque no se habían amado unos a otros como Cristo los había amado. Él veía que nuevas ideas e impulsos debían gobernarlos; que debían practicar nuevos principios; por causa de su vida y su muerte iban a recibir un nuevo concepto del amor. El mandato de amarse unos a otros tenía nuevo significado a la luz de su abnegación. Toda la obra de la gracia es un continuo servicio de amor, de esfuerzo desinteresado y abnegado. Durante toda hora de la estada de Cristo en la tierra, el amor de Dios fluía de él en raudales incontenibles. Todos los que sean imbuidos de su Espíritu amarán como él amó. El mismo principio que movilizó a Cristo los movilizará en todo su trato mutuo.

Este amor es la evidencia de su discipulado. Jesús dijo: "En esto conocerán todos que sois mis discípulos, si tuviereis amor los unos con los otros". Cuando los hombres no están vinculados por la fuerza o los intereses propios, sino por el amor, manifiestan la obra de una influencia que está por encima de toda influencia humana. La existencia de esta unidad constituye una evidencia de que la imagen de Dios se está restaurando en la humanidad, de que ha sido implantado un nuevo principio de vida. Muestra que hay poder en la naturaleza divina para resistir a los agentes sobrenaturales del mal, y que la gracia de Dios subyuga el egoísmo inherente al corazón natural.

Este amor, manifestado en la iglesia, seguramente despertará la ira de Satanás. Cristo no trazó a sus discípulos una senda fácil. Dijo: "Si el mundo os aborrece, sabed que a mí me ha aborrecido antes que a vosotros. Si fuerais del mundo, el mundo amaría lo suyo; pero porque no sois del mundo, antes yo os elegí del mundo, por eso el mundo os aborrece. Acordaos de la palabra que yo os he dicho: El siervo no es mayor que su señor. Si a mí me han perseguido, también a vosotros os perseguirán; si han guardado mi palabra, también guardarán la vuestra. Mas todo esto os harán por causa de mi nombre, porque no conocen al que me ha enviado". El evangelio ha de ser proclamado mediante una guerra agresiva, en medio de oposiciones, peligros, pérdidas y sufrimientos. Pero los que hacen esta obra están tan sólo siguiendo los pasos de su Maestro.

Como Redentor del mundo, Cristo era confrontado constantemente con un aparente fracaso. Él, el mensajero de misericordia en nuestro mundo, parecía realizar sólo una pequeña parte de la obra elevadora y salvadora que anhelaba hacer. Las influencias satánicas estaban obrando constantemente para oponerse a su avance. Pero no quiso desanimarse. A través de la profecía de Isaías declara: "Por demás he trabajado, en vano y sin provecho he consumido mis fuerzas; mas mi causa está delante de Jehová, y mi recompensa con mi Dios... Para hacer volver a él a Jacob y para congregarle a Israel (porque estimado seré en los ojos de Jehová, y el Dios mío será mi fuerza)". Es a Cristo que se dirige la promesa: "Así ha dicho Jehová, Redentor de Israel, el Santo suyo, al menospreciado de alma, al abominado de las naciones... Así dijo Jehová... te guardaré, y te daré por pacto al pueblo, para que restaures la tierra, para que heredes asoladas heredades; para que digas a los presos: Salid; y a los que están en tinieblas: Mostraos... No tendrán hambre ni sed, ni el calor ni el sol los afligirá; porque el que tiene de ellos misericordia los guiará, y los conducirá a manantiales de aguas".[16]

Jesús confió en esta palabra, y no dio a Satanás ventaja alguna. Cuando iba a dar los últimos pasos en su humillación, cuando estaba por rodear su alma la tristeza más profunda, dijo a sus discípulos: "Viene el príncipe de este mundo, y él nada tiene en mí". "El príncipe de este mundo ha sido ya juzgado". Ahora "será echado fuera".[17] Con ojo profético Cristo vio las escenas que iban a desarrollarse en su último gran conflicto. Sabía que cuando exclamase: "Consumado es", todo el cielo triunfaría. Su oído percibió la lejana música y los gritos de victoria en los atrios celestiales. Él sabía que entonces resonaría el tañido de muerte del imperio de Satanás, y que el nombre de Cristo sería pregonado de un mundo a otro por todo el universo.

Cristo se regocijó de que podía hacer más en favor de sus seguidores de lo que ellos podían pedir o pensar. Habló con seguridad, sabiendo que se había promulgado un decreto todopoderoso antes que el mundo fuese creado. Sabía que la verdad, armada con la omnipotencia del Espíritu Santo, vencería en la contienda contra el mal; y que el estandarte manchado de sangre ondearía triunfalmente sobre sus seguidores. Sabía que la vida de los discípulos que confiasen en él sería como la suya, una serie de victorias ininterrumpidas, no vistas como tales aquí, pero reconocidas así en el gran más allá.

Dijo: "Estas cosas os he hablado, para que en mí tengáis paz. En el mundo tendréis aflicción; pero confiad, yo he vencido al mundo". Cristo no desmayó ni se desanimó, y sus seguidores han de manifestar una fe de la misma naturaleza perdurable. Han de vivir como él vivió y obrar como él obró, porque dependen de él como el gran Artífice Maestro. Deben poseer valor, energía y perseverancia. Aunque obstruyan su camino imposibilidades aparentes, por su gracia han de seguir adelante. En vez de lamentarse por las dificultades, son llamados a superarlas. No han de desesperar de nada, sino esperarlo todo. Con la áurea cadena de su amor incomparable, Cristo los ha vinculado al trono de Dios. Quiere que sea suya la más alta influencia en el universo, la que mana de la fuente de todo poder. Han de tener poder para resistir el mal; un poder que ni la tierra, ni la muerte y ni el infierno pueden dominar, un poder que los habilitará para vencer como Cristo venció.

Cristo quiere que estén representados en su iglesia sobre la tierra el orden celestial, el plan de gobierno celestial, la divina armonía celestial. Así queda glorificado en su pueblo. Mediante ellos resplandecerá ante el mundo el Sol de Justicia con un brillo que no se opacará. Cristo dio a su iglesia amplias facilidades con el fin de recibir ingente rédito de gloria de su posesión comprada y redimida. Ha otorgado a los suyos capacidades y bendiciones para que representen su propia suficiencia. La iglesia dotada de la justicia de Cristo es su depositaria, en la cual las riquezas de su misericordia y su gracia y su amor han de aparecer en plena y final manifestación. Cristo mira a su pueblo en su pureza y perfección como la recompensa de su humillación y el complemento de su gloria: es de Cristo, el gran Centro, de quien irradia toda gloria.

El Salvador terminó sus instrucciones con palabras enérgicas y llenas de esperanza. Luego volcó la carga de su alma en una oración por sus discípulos. Elevando los ojos al cielo dijo: "Padre, la hora ha llegado; glorifica a tu Hijo, para que también tu Hijo te glorifique a ti; como le has dado potestad sobre toda carne, para que dé vida eterna a todos los que le diste. Y esta es la vida eterna: que te conozcan a ti, el único Dios verdadero, y a Jesucristo, a quien has enviado".

Cristo había concluido la obra que se le había confiado. Había glorificado a Dios en la tierra. Había manifestado el nombre del Padre. Había reunido a quienes habrían de continuar su obra entre los hombres. Y dijo: "Yo soy glorificado en ellos. Y ya no estoy en el mundo, mas éstos están en el mundo, y yo voy a ti. ¡Padre Santo, guarda en tu nombre a aquellos que me has dado, para que ellos sean uno, así como nosotros lo somos!... No ruego solamente por éstos, sino también por aquellos que han de creer en mí por medio de la palabra de ellos. Para que todos ellos sean uno... yo en ellos, y tú en mí, para que sean hechos perfectos; para que conozca el mundo que tú me enviaste, y que los has amado a ellos, así como me has amado a mí".[18]

Así, con el lenguaje de quien tenía autoridad divina, Cristo entrega a su electa iglesia en los brazos del Padre. Como un consagrado Sumo Sacerdote, intercede por su pueblo. Como fiel Pastor, reúne a su rebaño bajo la sombra del Todopoderoso, en el fuerte y seguro refugio. A él le aguarda la última batalla contra Satanás, y sale para hacerle frente.

---

[1] 2 Cor. 4:18. [2] Juan 16:24. [3] 1 Juan 3:22. [4] Juan 14:16-18. [5] Apoc. 1:18. [6] Efe. 3:18, 19. [7] Hech. 5:28. [8] Fil. 2:13. [9] Sal. 117. [10] Mat. 26:31; Juan 6:70. [11] Mar. 14:29, 30, 31. [12] Mat. 14:30. [13] Mat. 26:32. [14] Juan 5:30. [15] Mat. 4:4. [16] Isa. 49:4, 5, 7-10. [17] Juan 14:30, 16:11; 12:31. [18] Juan 17:10, 11, 20, 21, 23, VM.

CAPÍTULO 74

Getsemaní

EN COMPAÑÍA de sus discípulos, el Salvador se encaminó lentamente hacia el jardín de Getsemaní. La luna de Pascua, ancha y llena, resplandecía desde un cielo sin nubes. La ciudad de tiendas para los peregrinos estaba sumida en el silencio.

Jesús había estado conversando seriamente con sus discípulos e instruyéndolos; pero al acercarse a Getsemaní se fue sumiendo en un extraño silencio. Con frecuencia había visitado ese lugar para meditar y orar; pero nunca con un corazón tan lleno de tristeza como esta noche de su última agonía. A lo largo de toda su vida en la tierra había caminado a la luz de la presencia de Dios. Mientras se hallaba en conflicto contra hombres inspirados por el mismo espíritu de Satanás, pudo decir: "El que me envió, conmigo está; no me ha dejado solo el Padre, porque yo hago siempre lo que le agrada".[1] Pero ahora le parecía estar excluido de la luz de la presencia sostenedora de Dios. Ahora se contaba con los transgresores. Debía llevar la culpabilidad de la humanidad caída. Sobre el que no conoció pecado debía ponerse la iniquidad de todos nosotros. Tan espantoso le parece el pecado, tan grande el peso de la culpabilidad que debe llevar, que está tentado a temer que quedará privado para siempre del amor de su Padre. Sintiendo cuán terrible es la ira de Dios contra la transgresión, exclama: "Mi alma está muy triste hasta la muerte".

Al acercarse al jardín los discípulos notaron el cambio que se había producido en su Maestro. Nunca antes lo habían visto tan completamente triste y callado. Mientras avanzaba, esta extraña tristeza se iba ahondando; pero no se atrevían a interrogarlo acerca de la causa. Su cuerpo se tambaleaba como si estuviese por caer. Al llegar al jardín los discípulos buscaron ansiosamente el lugar donde solía retraerse, para que su Maestro pudiese descansar. Cada paso que daba le costaba un penoso esfuerzo. Dejaba oír gemidos como si estuviese sufriendo bajo la presión de una terrible carga. Dos veces lo sostuvieron sus compañeros o habría caído al suelo.

Cerca de la entrada al jardín Jesús dejó a todos sus discípulos, menos a tres, rogándoles que orasen por sí mismos y por él. Acompañado de Pedro, Santiago y Juan, él entró a sus lugares más retirados. Esos tres discípulos eran los compañeros más íntimos de Cristo. Habían contemplado su gloria en el monte de la transfiguración; habían visto a Moisés y Elías conversar con él; habían oído la voz del cielo; y ahora, en su grande lucha, Cristo deseaba su presencia cerca de él. Con frecuencia habían pasado la noche con él en este retiro. En esas ocasiones, después de unos momentos de vigilia y oración, se dormían apaciblemente a corta distancia de su Maestro, hasta que los despertaba por la mañana para salir de nuevo a trabajar. Pero ahora él deseaba que ellos pasasen la noche con él en oración. Sin embargo, no podía sufrir que aun ellos presenciasen la agonía que iba a soportar.

Dijo: "Quedaos aquí, y velad conmigo".

Fue a corta distancia de ellos —no tan lejos que no pudiesen verlo y oírlo— y cayó postrado en el suelo. Sentía que por causa del pecado estaba siendo separado de su Padre. El abismo era tan ancho, negro y profundo que su espíritu se estremecía ante él. No debía ejercer su poder divino para escapar de esa agonía. Como hombre, debía sufrir las consecuencias del pecado del hombre. Como hombre, debía soportar la ira de Dios contra la transgresión.

Cristo asumía ahora una actitud diferente de la que jamás asumiera antes. Sus sufrimientos pueden describirse mejor en las palabras del profeta: "Levántate, oh espada, contra el pastor, y contra el hombre compañero mío, dice Jehová de los ejércitos".[2] Como sustituto y garante del hombre pecador, Cristo estaba sufriendo bajo la justicia divina. Veía lo que significaba la justicia. Hasta entonces había obrado como intercesor por otros; ahora anhelaba tener un intercesor para sí.

Sintiendo quebrantada su unidad con el Padre, temía que su naturaleza humana no pudiese soportar el conflicto venidero contra las potestades de las tinieblas. En el desierto de la tentación había estado en juego el destino de la raza humana. Cristo había vencido entonces. Ahora el tentador había acudido a la última y terrible batalla. Para ésta se había estado preparando durante los tres años del ministerio de Cristo. Para él, todo estaba en juego. Si fracasaba aquí, perdía su esperanza de dominio; los reinos del mundo llegarían a ser finalmente de Cristo; él mismo sería derribado y derribado. Pero si podía vencer a Cristo, la tierra llegaría a ser el reino de Satanás y la familia humana estaría para siempre en su poder. Frente a las consecuencias posibles del conflicto, el alma de Cristo estaba embargaba con el temor de quedar separada de Dios. Satanás le decía que si se hacía garante de un mundo pecaminoso, la separación sería eterna. Quedaría identificado con el reino de Satanás y nunca más sería uno con Dios.

Y ¿qué se iba a ganar por medio de este sacrificio? ¡Cuán irremediables parecían la culpa y la ingratitud de los hombres! Satanás presentaba al Redentor la situación en sus rasgos más duros: "El pueblo que pretende estar por encima de todos los demás en ventajas temporales y espirituales te ha rechazado. Están tratando de destruirte a ti, fundamento, centro y sello de las promesas a ellos hechas como pueblo peculiar. Uno de tus propios discípulos, que escuchó tus instrucciones y se ha destacado en las actividades de tu iglesia, te traicionará. Uno de tus más celosos seguidores te negará. Todos te abandonarán". Todo el ser de Cristo aborrecía este pensamiento. Traspasaba su alma que aquellos a quienes se había comprometido salvar, aquellos a quienes amaba tanto, se uniesen a las maquinaciones de Satanás. El conflicto era terrible. Su medida era la culpabilidad de su nación, sus acusadores y su traidor, la culpabilidad de un mundo que yacía en la iniquidad. Los pecados de los hombres descansaban pesadamente sobre Cristo, y el sentimiento de la ira de Dios contra el pecado estaba abrumando su vida.

Observémoslo contemplando el precio que ha de pagar por el alma humana. En su agonía se aferra al suelo frío, como si quisiera evitar ser alejado mucho más de Dios. El frío rocío de la noche cae sobre su cuerpo postrado, pero él no le presta atención. De sus labios pálidos brota el amargo clamor: "Padre mío, si es posible, pase de mí esta copa". Pero aun entonces añade: "Pero no sea como yo quiero, sino como tú".

El corazón humano anhela simpatía en el sufrimiento. Este anhelo lo sintió Cristo en las mismas profundidades de su ser. En la suprema agonía de su alma vino a sus discípulos con un vivo deseo de oír algunas palabras de consuelo de quienes tan a menudo había bendecido y consolado, y escudado en la tristeza y la angustia. El que siempre había tenido palabras de simpatía para ellos, ahora sufría una agonía sobrehumana, y anhelaba saber que oraban por él y por sí mismos. ¡Cuán sombría le parecía la malignidad del pecado! Era terrible la tentación de dejar a la familia humana soportar las consecuencias de su propia culpabilidad, mientras él permaneciese inocente ante Dios. Pero se sentiría fortalecido si tan sólo pudiera saber que sus discípulos entendían y apreciaban esto.

Levantándose con penoso esfuerzo, fue tambaleándose al lugar donde había dejado a sus compañeros. Pero "los halló durmiendo". Si los hubiese hallado orando, se habría sentido aliviado. Si hubiesen estado buscando refugio en Dios, para que los agentes satánicos no pudiesen prevalecer sobre ellos, habría sido consolado por su firme fe. Pero no habían hecho caso a la amonestación repetida: "Velad y orad". Al principio habían estado muy afligidos al ver a su Maestro, generalmente tan sereno y digno, luchando con un pesar incomprensible. Habían orado al oír los fuertes clamores del sufriente. No se proponían abandonar a su Señor, pero parecían paralizados por un estupor del que podrían haberse librado si hubiesen continuado suplicando a Dios. No se daban cuenta de la necesidad de velar y orar fervientemente con el fin de resistir la tentación.

Precisamente antes de dirigir sus pasos al jardín, Jesús había dicho a los discípulos: "Todos os escandalizaréis de mí esta noche". Ellos le habían asegurado enérgicamente que irían con él hasta la cárcel y hasta la muerte. Y el pobre Pedro, en su suficiencia propia, había añadido: "Aunque todos se escandalicen, yo no".[3] Pero los discípulos confiaban en sí mismos. No miraron al poderoso Ayudador como Cristo les había aconsejado que lo hiciesen. Así que cuando el Salvador más necesitaba su simpatía y sus oraciones, los halló dormidos. Incluso Pedro dormía.

Y Juan, el amante discípulo que se había reclinado sobre el pecho de Jesús, estaba durmiendo. Ciertamente, el amor de Juan por su Maestro debiera haberlo mantenido despierto. Sus fervientes oraciones debieran haberse mezclado con las de su amado Salvador en el momento de su suprema agonía. El Redentor había pasado noches enteras orando por sus discípulos para que su fe no faltase. Si Jesús hubiese dirigido a Santiago y a Juan la pregunta que les había dirigido una vez: "¿Podéis beber el vaso que yo he de beber, y ser bautizados con el bautismo con que yo soy bautizado?", no se habrían atrevido a contestar: "Podemos".[4]

Los discípulos se despertaron al oír la voz de Jesús, pero casi no lo conocieron, tan cambiado por la angustia había quedado su rostro. Dirigiéndose a Pedro, Jesús dijo: "Simón, ¿duermes? ¿No has podido velar una hora? Velad y orad, para que no entréis en tentación; el espíritu a la verdad está dispuesto, pero la carne es débil". La debilidad de sus discípulos despertó la simpatía de Jesús. Temió que no pudiesen soportar la prueba que iba a sobrevenirles en la hora de su entrega y muerte. No los reprendió, sino que dijo: "Velad y orad, para que no entréis en tentación". Aun en su gran agonía, procuraba disculpar su debilidad. Dijo: "El espíritu a la verdad está dispuesto, pero la carne es débil".

El Hijo de Dios volvió a quedar presa de agonía sobrehumana y, desfalleciente y agotado, volvió tambaleándose al lugar de su primera lucha. Su sufrimiento era aun mayor que antes. Mientras la agonía de alma lo atacaba, "era su sudor como grandes gotas de sangre que caían hasta la tierra". Los cipreses y las palmeras eran los testigos silenciosos de su angustia. De su follaje caía un pesado rocío sobre su cuerpo postrado, como si la naturaleza llorase sobre su Autor que luchaba solo contra las potestades de las tinieblas.

Poco tiempo antes Jesús había estado de pie como un cedro poderoso, presintiendo la tormenta de oposición que agotaba su furia contra él. Voluntades tercas y corazones llenos de malicia y sutileza habían procurado en vano confundirlo y abrumarlo. Se había erguido con divina majestad como el Hijo de Dios. Ahora era como un junco azotado y doblegado por la tempestad airada. Se había acercado a la consumación de su obra como vencedor, habiendo ganado a cada paso la victoria sobre las potestades de las tinieblas. Como ya glorificado, había aseverado su unidad con Dios. En acentos firmes, había elevado sus cantos de alabanza. Había dirigido a sus discípulos palabras de estímulo y ternura. Pero ahora había llegado la hora de la potestad de las tinieblas. La voz de Jesús se oyó en el tranquilo aire nocturno, no en tonos de triunfo, sino impregnada de angustia humana. Esas palabras del Salvador llegaron a los oídos de los soñolientos discípulos: "Padre mío, si no puede pasar de mí esta copa sin que yo la beba, hágase tu voluntad".

El primer impulso de los discípulos fue ir hasta él; pero les había invitado a quedarse allí, velando y orando. Cuando Jesús fue a ellos, los halló otra vez durmiendo. Otra vez había sentido un anhelo de compañía, de algunas palabras de sus discípulos que lo aliviasen y quebrantasen el ensalmo de las tinieblas que casi lo dominaban. Pero "los ojos de ellos estaban cargados de sueño; y no sabían qué responderle". Su presencia los despertó. Vieron su rostro surcado por el sangriento sudor de la agonía, y se llenaron de temor. No podían entender su angustia mental. "Muchos se asombraron de él, pues tenía desfigurado el semblante; ¡nada de humano tenía su aspecto!"[5]

Alejándose, Jesús buscó su lugar de retiro y cayó postrado, vencido por el horror de una gran oscuridad. La humanidad del Hijo de Dios temblaba en esa hora penosa. Ahora no oraba por sus discípulos para que su fe no fallase, sino por su propia alma tentada y agonizante. Había llegado el momento pavoroso: ese momento que estaba por decidir el destino del mundo. La suerte de la humanidad oscilaba en la balanza. Aun ahora Cristo podía negarse a beber la copa destinada al hombre culpable. Todavía no era demasiado tarde. Podía enjugar el sangriento sudor de su frente y dejar que el hombre pereciese en su iniquidad. Podía decir: "Reciba el transgresor la penalidad de su pecado, y yo volveré a mi Padre". ¿Beberá el Hijo de Dios la amarga copa de la humillación y la agonía? ¿Sufrirá el inocente las consecuencias de la maldición del pecado para salvar a los culpables? Las palabras caen temblorosamente de los pálidos labios de Jesús: "Padre mío, si no puede pasar de mí esta copa sin que yo la beba, hágase tu voluntad".

Tres veces repitió esa oración. Tres veces rehuyó su humanidad el último y culminante sacrificio. Pero ahora surge delante del Redentor del mundo la historia de la familia humana. Ve que los transgresores de la ley, abandonados a sí mismos, deben perecer. Ve la impotencia del hombre. Ve el poder del pecado. Los ayes y lamentos de un mundo condenado surgen ante él. Contempla la suerte que le tocaría, y su decisión queda hecha. Salvará al hombre, sea cual fuere el costo para sí. Acepta su bautismo de sangre, para que por él los millones que perecen puedan obtener vida eterna. Había dejado los atrios celestiales, donde todo es pureza, felicidad y gloria, para salvar a la oveja perdida, al mundo que había caído por la transgresión. Y no se apartará de su misión. Se convertirá en la propiciación de una raza que quiso pecar. Su oración expresa ahora solamente sumisión: "Si no puede pasar de mí esta copa sin que yo la beba, hágase tu voluntad".

Habiendo hecho la decisión, cayó moribundo al suelo del que se había levantado parcialmente. ¿Dónde estaban ahora sus discípulos, para poner tiernamente sus manos debajo de la cabeza de su Maestro desmayado y lavar esa frente desfigurada en verdad más que la de los hijos de los hombres? El Salvador pisó solo el lagar, y nadie humano estuvo con él.

Pero Dios sufrió con su Hijo. Los ángeles contemplaron la agonía del Salvador. Vieron a su Señor rodeado por las legiones de las fuerzas satánicas, y su naturaleza abrumada por un pavor misterioso que lo hacía estremecerse. Hubo silencio en el cielo. Ningún arpa vibraba. Si los mortales hubiesen visto el asombro de la hueste angélica mientras en silencio pesar observaban al Padre retirar sus rayos de luz, amor y gloria de su Hijo amado, comprenderían mejor cuán odioso es a su vista el pecado.

Los mundos no caídos y los ángeles celestiales habían observado con intenso interés mientras el conflicto se acercaba a su fin. Satanás y su confederación del mal, las legiones de la apostasía, presenciaban atentamente esta gran crisis de la obra de redención. Las potestades del bien y del mal esperaban para ver qué respuesta recibiría la oración tres veces repetida por Cristo. Los ángeles habían anhelado llevar alivio al divino doliente, pero eso no podía ser. No se encontraba ninguna vía de escape para el Hijo de Dios. En esa terrible crisis, cuando todo estaba en juego, cuando la copa misteriosa temblaba en la mano del Doliente, los cielos se abrieron, una luz resplandeció de en medio de la tempestuosa oscuridad de esa hora crítica, y el ángel poderoso que está en la presencia de Dios, ocupando el lugar del cual cayó Satanás, vino al lado de Cristo. No vino para quitar de su mano la copa, sino para fortalecerlo con el fin de que pudiese beberla con la seguridad del amor del Padre. Vino para dar poder al suplicante divino-humano. Le mostró los cielos abiertos y le habló de las almas que se salvarían como resultado de sus sufrimientos. Le aseguró que su Padre es mayor y más poderoso que Satanás, que su muerte ocasionaría la derrota completa de Satanás, y que el reino de este mundo sería dado a los santos del Altísimo. Le dijo que vería el trabajo de su alma y quedaría satisfecho, porque vería una multitud de seres humanos salvados, eternamente salvos.

La agonía de Cristo no cesó, pero le abandonaron su depresión y desaliento. La tormenta no se apaciguó de ninguna manera, pero el que era su objetivo fue fortalecido para soportar su furia. Salió de la prueba tranquilo y sereno. Una paz celestial se posó en su rostro manchado de sangre. Había soportado lo que ningún ser humano hubiera podido soportar; porque había gustado los sufrimientos de la muerte por todos los hombres.

Los discípulos dormidos habían sido despertados repentinamente por la luz que rodeaba al Salvador. Vieron al ángel que se inclinaba sobre su Maestro postrado. Lo vieron alzar la cabeza del Salvador contra su pecho y señalar hacia el cielo. Oyeron su voz, como la música más dulce, que pronunciaba palabras de consuelo y esperanza. Los discípulos recordaron la escena transcurrida en el monte de la transfiguración. Recordaron la gloria que en el templo había circuido a Jesús y la voz de Dios que habló desde la nube. Ahora esa misma gloria se volvía a revelar, y ya no sintieron temor por su Maestro. Estaba bajo el cuidado de Dios; un ángel poderoso había sido enviado para protegerlo. Nuevamente los discípulos cedieron, en su cansancio, al extraño estupor que los dominaba. Nuevamente Jesús los encontró durmiendo.

Mirándolos tristemente, dijo: "Dormid ya, y descansad. He aquí ha llegado la hora, y el Hijo del hombre es entregado en manos de pecadores".

Aun mientras decía estas palabras oía los pasos de la turba que lo buscaba, y añadió: "Levantaos, vamos; he aquí, se acerca el que me entrega".

En Jesús no se veían huellas de su reciente agonía cuando se dirigió al encuentro de su traidor. Adelantándose a sus discípulos dijo: "¿A quién buscáis?" Contestaron: "A Jesús

Nazareno". Jesús respondió: "Yo soy". Mientras esas palabras eran pronunciadas, el ángel que acababa de servir a Jesús se puso entre él y la turba. Una luz divina iluminó el rostro del Salvador, y le hizo sombra una figura como de paloma. En presencia de esta gloria divina, la turba homicida no pudo resistir un momento. Retrocedió tambaleándose. Sacerdotes, ancianos, soldados, y aun Judas, cayeron como muertos al suelo.

El ángel se retiró, y la luz de desvaneció. Jesús tuvo oportunidad de escapar, pero permaneció sereno y dueño de sí. Permaneció en pie como un ser glorificado en medio de esa banda endurecida, ahora postrada e inerme a sus pies. Los discípulos miraban, mudos de asombro y pavor.

Pero la escena cambió rápidamente. La turba se levantó. Los soldados romanos, los sacerdotes y Judas se reunieron alrededor de Cristo. Parecían avergonzados de su debilidad, y aún temerosos de que se les escapase. El Redentor volvió a preguntar: "¿A quién buscáis?" Habían tenido evidencias de que el que estaba delante de ellos era el Hijo de Dios, pero no querían convencerse. A la pregunta: "¿A quién buscáis?", volvieron a contestar: "A Jesús Nazareno". El Salvador les dijo entonces: "Os he dicho que yo soy; pues si me buscáis a mí, dejad ir a éstos", señalando a los discípulos. Sabía cuán débil era la fe de ellos, y trataba de escudarlos de la tentación y la prueba. Estaba listo para sacrificarse por ellos.

El traidor Judas no se olvidó de la parte que debía desempeñar. Cuando la turba entró en el jardín, iba delante, seguido de cerca por el sumo sacerdote. Había dado una señal a los perseguidores de Jesús diciendo: "Al que yo besare, ése es; prendedlo".[6] Ahora, fingiendo no tener parte con ellos, se acercó a Jesús, lo tomó de la mano como a un amigo familiar, y diciendo: "¡Salve, Maestro!", lo besó repetidas veces, simulando llorar de simpatía por él en su peligro.

Jesús le dijo: "Amigo, ¿a qué vienes?" Su voz temblaba de pesar al añadir: "Judas, ¿con un beso entregas al Hijo del hombre?" Esta súplica debiera haber despertado la conciencia del traidor y conmovido su obstinado corazón; pero le habían abandonado el honor, la fidelidad y la ternura humana. Se mostró audaz y desafiador, sin disposición a enternecerse. Se había entregado a Satanás, y no tenía poder para resistirlo. Jesús no rechazó el beso del traidor.

La turba se envalentonó al ver a Judas tocar la persona de quien había sido glorificado ante sus ojos tan recientemente. Entonces se apoderaron de Jesús y procedieron a atar esas preciosas manos que siempre se habían dedicado a hacer el bien.

Los discípulos habían pensado que su Maestro no se dejaría prender. Porque el mismo poder que había hecho caer como muertos a esos hombres podía dominarlos hasta que Jesús y sus compañeros escapasen. Se quedaron chasqueados e indignados al ver sacar las cuerdas para atar las manos de quien amaban. En su ira, Pedro sacó impulsivamente su espada y trató de defender a su Maestro, pero no logró sino cortar una oreja del siervo del sumo sacerdote. Cuando Jesús vio lo que había hecho, liberó sus manos, aunque estaban sujetadas firmemente por los soldados romanos, y diciendo: "Basta ya; dejad", tocó la oreja herida y ésta quedó inmediatamente sana. Luego dijo luego a Pedro: "Vuelve tu espada a su lugar; porque todos los que tomen espada, a espada perecerán. ¿Acaso piensas que no puedo ahora orar a mi Padre, y que él no me daría más de doce legiones de ángeles?"; una legión en lugar de cada uno de los discípulos. Pero los discípulos se preguntaban: "¿Oh, por qué no se salva a sí mismo y a nosotros?" Respondiendo a su pensamiento inexpresado, añadió: "¿Cómo entonces se cumplirían las Escrituras, de que es necesario que así se haga?" "La copa que el Padre me ha dado, ¿no la he de beber?"

La dignidad oficial de los líderes judíos no les había impedido unirse al persiguimiento de Jesús. Su arresto era un asunto demasiado importante para confiarlo a subordinados; así que los astutos sacerdotes y ancianos se habían unido a la policía del templo y a la turba para seguir a Judas hasta Getsemaní. ¡Qué compañía a la cual se habían unido esos dignatarios: una turba ávida de excitación y armada con toda clase de instrumentos como para perseguir a una bestia salvaje!

Volviéndose a los sacerdotes y ancianos, Cristo fijó sobre ellos su mirada escrutadora. Mientras viviesen, jamás se olvidarían de las palabras que pronunciara. Eran como agudas saetas del Todopoderoso. Con dignidad dijo: "Salisteis contra mí con espada y palos como contra un ladrón. Día tras día estaba sentado enseñando en el templo. Tuvisteis toda oportunidad de echarme mano, y nada hicisteis. La noche se adapta mejor para vuestra obra". "Ya ha llegado la hora de ustedes, cuando reinan las tinieblas".[7]

Los discípulos quedaron aterrorizados al ver que Jesús permitía que se lo prendiese y atase. Se ofendieron porque sufría esta humillación para sí y para ellos. No podían entender su conducta, y lo inculpaban por someterse a la turba. En su indignación y temor, Pedro propuso que se salvasen a sí mismos. Siguiendo esta sugerencia, "todos los discípulos, dejándolo, huyeron". Pero Cristo había predicho esta deserción. Había dicho: "He aquí la hora viene, y ha venido ya, en que seréis esparcidos cada uno por su lado, y me dejaréis solo; mas no estoy solo, porque el Padre está conmigo".[8]

---

[1] Juan 8:29. [2] Zac. 13:7. [3] Mar. 14:27, 29. [4] Mat. 20:22. [5] Isa. 52:14, NVI. [6] Mat. 26:48. [7] Luc. 22:53, texto adaptado. [8] Juan 16:32.

Capítulo 75

Ante Anás y Caifás

L LEVARON apresuradamente a Jesús al otro lado del arroyo Cedrón, más allá de los huertos y olivares, y a través de las silenciosas calles de la ciudad dormida. Era más de medianoche, y los clamores de la turba aullante que lo seguían rasgaban bruscamente el silencio nocturno. El Salvador iba atado y cuidadosamente custodiado, y se movía penosamente. Pero con apresuramiento sus apresadores se dirigieron con él al palacio de Anás, el ex sumo sacerdote.

Anás era cabeza de la familia sacerdotal en ejercicio, y por deferencia a su edad el pueblo lo reconocía como sumo sacerdote. Se buscaban y ejecutaban sus consejos como la voz de Dios. A él debía ser presentado primero Jesús como cautivo del poder sacerdotal. Él debía estar presente al ser examinado el preso, por temor a que Caifás, hombre de menos experiencia, no lograse el objetivo que buscaban. En esta ocasión había que valerse del ingenio, la astucia y la sutileza de Anás, porque había que obtener de cualquier manera la condenación de Jesús.

Cristo iba a ser juzgado formalmente ante el Sanedrín; pero se lo sometió a un juicio preliminar delante de Anás. Bajo el gobierno romano, el Sanedrín no podía ejecutar la sentencia de muerte. Podía tan sólo examinar a un preso y dar su fallo, que debía ser ratificado por las autoridades romanas. Por tanto, era necesario presentar contra Cristo acusaciones que fuesen consideradas como criminales por los romanos. También debía hallarse una acusación que lo condenase ante los judíos. No pocos de entre los sacerdotes y príncipes habían sido convencidos por la enseñanza de Cristo, y sólo el temor de la excomunión les impedía confesarlo. Los sacerdotes se acordaban muy bien de la pregunta que había hecho Nicodemo: "¿Juzga acaso nuestra ley a un hombre si primero no lo oye, y sabe lo que ha hecho?"[1] Esta pregunta había producido momentáneamente la disolución del concilio y estorbado sus planes. Esta vez no se iba a convocar a José de Arimatea ni a Nicodemo, pero había otros que podrían atreverse a hablar en favor de la justicia. El juicio debía conducirse de manera que uniese a los miembros del Sanedrín contra Cristo. Había dos acusaciones que los sacerdotes deseaban sostener. Si se podía probar que Jesús era blasfemo, sería condenado por los judíos. Si era convicto de sedición se asegurarían su condena por parte de los romanos. Anás trató primero de establecer la segunda acusación. Interrogó a Jesús acerca de sus discípulos y sus doctrinas, esperando que el prisionero dijese algo que le proporcionara material con qué actuar. Pensaba arrancarle alguna declaración que probase que estaba tratando de crear una sociedad secreta con el propósito de establecer un nuevo reino. Entonces los sacerdotes podrían entregarlo a los romanos como perturbador de la paz y autor de insurrección.

Cristo leyó el propósito del sacerdote como un libro abierto. Como si discerniese el más íntimo pensamiento de su interrogador, negó que hubiese entre él y sus seguidores algún vínculo secreto, o que los hubiese reunido furtivamente y en las tinieblas para ocultar sus designios. No tenía secretos con respecto a sus propósitos o doctrinas. Contestó: "Yo públicamente he hablado al mundo; siempre he enseñado en la sinagoga y en el templo, donde se reúnen todos los judíos, y nada he hablado en oculto".

El Salvador contrastó su propia manera de obrar con los métodos de sus acusadores. Durante meses lo habían estado persiguiendo, procurando entramparlo y emplazarlo ante un tribunal secreto, donde mediante el perjurio pudiesen obtener lo que les era imposible conseguir por medios justos. Ahora estaban llevando a cabo su propósito. El arresto a medianoche por parte de una turba, y las burlas y los ultrajes que se le infligieron antes que fuese condenado, o siquiera acusado, eran la manera de actuar de ellos y no de él. Su acción era una violación de la ley. Sus propios reglamentos declaraban que todo hombre debía ser tratado como inocente hasta que se probase su culpabilidad. Los sacerdotes estaban condenados por sus propios reglamentos.

Volviéndose hacia su examinador, Jesús dijo: "¿Por qué me preguntas a mí?" ¿Acaso los sacerdotes y príncipes no habían enviado espías para vigilar sus movimientos e informarlos de todas sus palabras? ¿No habían estado presentes en toda reunión de la gente y llevado información a los sacerdotes acerca de todos sus dichos y hechos? Jesús replicó: "Pregunta a los que han oído, qué les haya yo hablado; he aquí, ellos saben lo que yo he dicho".

Anás fue silenciado por la decisión de la respuesta. Temiendo que Cristo dijese acerca de su conducta algo que él prefería mantener encubierto, nada más le dijo por el momento. Uno de sus oficiales, lleno de ira al ver a Anás reducido al silencio, hirió a Jesús en la cara diciendo: "¿Así respondes al sumo sacerdote?"

Cristo replicó serenamente: "Si he hablado mal, testifica en qué está el mal; y si bien, ¿por qué me golpeas?" No pronunció hirientes palabras de represalia. Su serena respuesta brotó de un corazón sin pecado, paciente y amable, a prueba de provocación.

Cristo sufrió intensamente bajo los ultrajes y los insultos. En manos de los seres a quienes había creado, y por quienes estaba haciendo un sacrificio infinito, recibió todo desprecio. Y sufrió en proporción a la perfección de su santidad y su odio al pecado. El ser interrogado por hombres que obraban como demonios le era un continuo sacrifico. El estar rodeado por seres humanos bajo el dominio de Satanás le repugnaba. Y sabía que en un momento, con un fulgor de su poder divino, podía postrar en el polvo a sus crueles atormentadores. Esto le hacía tanto más difícil soportar la prueba.

Los judíos esperaban a un Mesías que se revelase con manifestación exterior. Esperaban que, por medio de un chispazo de voluntad dominadora, cambiase la corriente de los pensamientos de los hombres y los obligase a reconocer su supremacía. Así, creían ellos, obtendría su propia exaltación y satisfaría las ambiciosas esperanzas de ellos. De modo que cuando fue tratado con desprecio, Cristo sintió una fuerte tentación a manifestar su carácter divino. Por medio de una palabra, por medio de una mirada, podía forzar a sus perseguidores a confesar que era Señor de reyes y gobernantes, sacerdotes y templo. Pero le incumbía la tarea difícil de mantenerse en la posición que había elegido como uno con la humanidad.

Los ángeles del cielo presenciaban todo movimiento hecho contra su amado Comandante. Anhelaban librar a Cristo. Bajo las órdenes de Dios, los ángeles son todopoderosos.

En una ocasión, en obediencia a la orden de Cristo, mataron en una noche a 185.000 hombres del ejército asirio. ¡Cuán fácilmente los ángeles, que contemplaban la ignominiosa escena del juicio de Cristo, podrían haber manifestado su indignación consumiendo a los adversarios de Dios! Pero no se les ordenó que lo hicieran. El que podría haber condenado a sus enemigos a muerte, aguantó su crueldad. Su amor por su Padre y el compromiso que contrajera desde la creación del mundo, de llegar a ser el Portador del pecado, lo indujeron a soportar sin quejarse el trato grosero de quienes había venido a salvar. Era parte de su misión cargar, en su humanidad, todas las burlas y los ultrajes que los hombres pudiesen acumular sobre él. La única esperanza de la humanidad estribaba en esta sumisión de Cristo a todo ese sufrimiento que el corazón y las manos de los hombres pudieran infligirle.

Nada había dicho Cristo que le pudiese dar una ventaja a sus acusadores; no obstante estaba atado, para significar que estaba condenado. Sin embargo, debía haber una apariencia de justicia. Era necesario que se viese una forma de juicio legal. Las autoridades estaban resueltas a apresurar eso. Conocían el aprecio que el pueblo tenía por Jesús y temían que, si cundía la noticia de su arresto, se intentase rescatarlo. Además, si no se realizaba enseguida el juicio y la ejecución, habría una demora de una semana por la celebración de la Pascua. Eso podría desbaratar sus planes. Para conseguir la condenación de Jesús dependían mayormente del clamor de la turba, formada en gran parte por el populacho de Jerusalén. Si se produjese una demora de una semana, la agitación disminuiría, y probablemente se produciría una reacción. La mejor parte del pueblo se decidiría en favor de Cristo; muchos darían un testimonio que lo justificaría, sacando a luz las obras poderosas que había hecho. Esto excitaría la indignación popular contra el Sanedrín. Sus procedimientos quedarían condenados y Jesús sería libertado, y recibiría nuevo homenaje de las multitudes. Los sacerdotes y príncipes resolvieron, pues, que antes que se conociese su propósito, Jesús fuese entregado a los romanos.

Pero ante todo, había que hallar una acusación. Hasta aquí, nada habían ganado. Anás ordenó que Jesús fuese llevado a Caifás. Este pertenecía a los saduceos, algunos de los cuales eran ahora los más encarnizados enemigos de Jesús. Él mismo, aunque carecía de fuerza de carácter, era tan severo, despiadado e inescrupuloso como Anás. No dejaría sin probar medio alguno para destruir a Jesús. Ahora era de madrugada y muy oscuro; así que a la luz de antorchas y linternas, la banda armada se dirigió con su preso al palacio del sumo sacerdote. Allí, mientras los miembros del Sanedrín se reunían, Anás y Caifás volvieron a interrogar a Jesús, pero sin éxito.

Cuando el concilio se hubo congregado en la sala del tribunal, Caifás tomó asiento como presidente. A cada lado estaban los jueces y los que estaban especialmente interesados en el juicio. Los soldados romanos se hallaban en la plataforma situada debajo del trono. Al pie del solio estaba Jesús. En él se fijaban las miradas de toda la multitud. La excitación era intensa. En toda la muchedumbre, él era el único calmo y sereno. La misma atmósfera que lo rodeaba parecía impregnada de una influencia santa.

Caifás había considerado a Jesús como su rival. La avidez con que el pueblo oía al Salvador, y la aparente disposición de muchos a aceptar sus enseñanzas, habían despertado los acerbos celos del sumo sacerdote. Pero al mirar ahora Caifás al preso, lo embargó la admiración por su porte noble y digno. Sintió la convicción de que este hombre era de filiación divina. Al instante siguiente desterró despectivamente ese pensamiento. Inmediatamente dejó oír su voz en tonos burlones y altaneros, exigiendo que Jesús realizase uno de sus grandes milagros delante de ellos. Pero sus palabras cayeron en los oídos del

Salvador como si no las hubiese percibido. La gente comparaba el comportamiento excitado y maligno de Anás y Caifás con el porte sereno y majestuoso de Jesús. Aun en la mente de esa multitud endurecida se levantó la pregunta: "¿Será condenado como criminal este hombre de presencia divina?"

Al percibir Caifás la influencia que reinaba, apresuró el juicio. Los enemigos de Jesús se hallaban muy perplejos. Estaban resueltos a obtener su condenación, pero no sabían cómo lograrla. Los miembros del concilio estaban divididos entre fariseos y saduceos. Había acerba animosidad y controversia entre ellos; y no se atrevían a tratar ciertos puntos en disputa por temor a una rencilla. Con unas pocas palabras Jesús podría haber excitado sus prejuicios de unos contra otros, y así habría apartado de sí la ira de ellos. Caifás lo sabía, y deseaba evitar que se levantase una contienda. Había bastantes testigos para probar que Cristo había denunciado a los sacerdotes y escribas, que los había llamado hipócritas y asesinos; pero ese testimonio no convenía. Los saduceos habían empleado un lenguaje similar en sus agudas disputas contra los fariseos. Y un testimonio tal no habría tenido peso para los romanos, a quienes disgustaban las pretensiones de los fariseos. Había abundantes pruebas de que Jesús había despreciado las tradiciones de los judíos y había hablado con irreverencia de muchos de sus ritos; pero acerca de la tradición, los fariseos y los saduceos estaban en conflicto; y estas pruebas tampoco habrían tenido peso para los romanos. Los enemigos de Cristo no se atrevían a acusarlo de violar el sábado, no fuese que un examen revelase el carácter de su obra. Si se sacaban a relucir sus milagros de curación, se frustraría el objetivo mismo que tenían en vista los sacerdotes.

Habían sido sobornados falsos testigos para que acusasen a Jesús de incitar a la rebelión y de procurar establecer un gobierno separado. Pero su testimonio resultaba vago y contradictorio. Bajo el examen, desmentían sus propias declaraciones.

En los comienzos de su ministerio, Cristo había dicho: "Destruid este templo, y en tres días lo levantaré". Así había predicho así su propia muerte y resurrección en el lenguaje figurado de la profecía. "Mas él hablaba del templo de su cuerpo".[2] Los judíos habían entendido esas palabras en un sentido literal, como si se refiriesen al templo de Jerusalén. A excepción de esto, en todo lo que Jesús había dicho, nada podían hallar los sacerdotes para usar contra él. Por medio de la falsa exposición de esas palabras esperaban obtener una ventaja. Los romanos se habían dedicado a reconstruir y embellecer el templo, y se enorgullecían mucho de ello; cualquier desprecio manifestado hacia él, con seguridad excitaría su indignación. En este terreno podían concordar los romanos y los judíos, los fariseos y los saduceos; porque todos tenían gran veneración por el templo. Acerca de este punto se encontraron a dos testigos cuyo testimonio no era tan contradictorio como el de los demás. Uno de ellos, que había sido comprado para acusar a Jesús, declaró: "Este dijo: Puedo derribar el templo de Dios, y en tres días reedificarlo". Así fueron torcidas las palabras de Cristo. Si hubiesen sido repetidas exactamente como él las dijo, no habrían servido para obtener su condena ni siquiera de parte del Sanedrín. Si Jesús hubiese sido un hombre como los demás, según aseveraban los judíos, su declaración habría indicado tan sólo un espíritu irracional y jactancioso, pero no podría haberse declarado blasfemia. Aun en la forma en que las repetían los falsos testigos, nada contenían sus palabras que los romanos pudiesen considerar como crimen digno de muerte.

Pacientemente Jesús escuchaba los testimonios contradictorios. Ni una sola palabra pronunció en su defensa. Al fin, sus acusadores quedaron enredados, confundidos y enfurecidos. El proceso no adelantaba; parecía que las maquinaciones iban a fracasar. Caifás estaba desesperado. Quedaba un último recurso; había que obligar a Cristo a condenarse a sí mismo. El sumo sacerdote se levantó del sitial del juez con el rostro desencajado por la pasión, e indicando claramente por su voz y su porte que, si estuviese en su poder, heriría al preso que estaba delante de él. Exclamó: "¿No responde nada? ¿Qué testifican éstos contra ti?"

Jesús guardó silencio. "Angustiado él, y afligido, no abrió su boca; como cordero fue llevado al matadero; y como oveja delante de sus trasquiladores, enmudeció, y no abrió su boca".[3]

Por fin, Caifás, alzando la diestra hacia el cielo, se dirigió a Jesús con un juramento solemne: "Te conjuro por el Dios viviente, que nos digas si eres tú el Cristo, el Hijo de Dios".

Cristo no podía callar ante esta demanda. Había tiempo en que debía callar, y tiempo en que debía hablar. No habló hasta que se lo interrogó directamente. Sabía que el contestar ahora aseguraría su muerte. Pero la demanda provenía de la más alta autoridad reconocida en la nación, y en el nombre del Altísimo. Cristo no podía menos que demostrar el debido respeto a la ley. Más que esto, su propia relación con el Padre había sido puesta en tela de juicio. Debía presentar claramente su carácter y su misión. Jesús había dicho a sus discípulos: "A cualquiera pues, que me confiese delante de los hombres, yo también lo confesaré delante de mi Padre que está en los cielos".[4] Ahora, por medio de su propio ejemplo, repitió la lección.

Todos los oídos estaban atentos, y todos los ojos se fijaron en su rostro mientras contestaba: "Tú lo has dicho". Una luz celestial parecía iluminar su semblante pálido mientras añadía: "Y además os digo, que desde ahora veréis al Hijo del hombre sentado a la diestra del poder de Dios, y viniendo en las nubes del cielo".

Por un momento la divinidad de Cristo fulguró a través de su aspecto humano. El sumo sacerdote vaciló ante los ojos penetrantes del Salvador. Esa mirada parecía leer sus pensamientos ocultos y marcar a fuego su corazón. Nunca, en el resto de su vida, olvidó esa mirada escrutadora del perseguido Hijo de Dios.

Jesús dijo: "Y veréis al Hijo del hombre sentado a la diestra del poder de Dios, y viniendo en las nubes del cielo". Con esas palabras Cristo presentó el reverso de la escena que ocurría entonces. Él, el Señor de la vida y la gloria, estaría sentado a la diestra de Dios. Sería el juez de toda la tierra, y su decisión sería inapelable. Entonces toda cosa secreta estaría expuesta a la luz del rostro de Dios, y se pronunciaría el juicio sobre todo hombre de acuerdo con sus hechos.

Las palabras de Cristo hicieron estremecer al sumo sacerdote. El pensamiento de que hubiese de producirse una resurrección de los muertos, cuando todos comparecerían ante el tribunal de Dios para ser recompensados según sus obras, era un pensamiento que aterrorizaba a Caifás. No deseaba creer que en lo futuro recibiría sentencia de acuerdo con sus obras. Como en un panorama surgieron ante su mente las escenas del juicio final. Por un momento vio el pavoroso espectáculo de los sepulcros devolviendo a sus muertos, junto con los secretos que esperaba estuviesen ocultos para siempre. Por un momento se sintió como si estuviese delante del Juez eterno, cuyo ojo, que ve todas las cosas, estaba leyendo su alma y sacando a luz misterios que él suponía ocultos con la muerte.

La escena se desvaneció de la visión del sacerdote. Las palabras de Cristo habían herido en lo vivo al saduceo. Caifás había negado la doctrina de la resurrección, del juicio y de una vida futura. Ahora se sintió enloquecido por una furia satánica. ¿Iba este hombre, preso delante de él, a asaltar sus más queridas teorías? Rasgando su manto, con el fin de que la gente pudiese ver su supuesto horror, pidió que sin más preliminares se condenase al preso por blasfemia. Dijo: "¿Qué más necesidad tenemos de testigos? Habéis oído la blasfemia; ¿qué os parece? Y todos ellos lo condenaron".

La convicción mezclada con la pasión había inducido a Caifás a obrar como había obrado. Estaba furioso consigo mismo por creer las palabras de Cristo, y en vez de rasgar su corazón bajo un profundo sentido de la verdad y confesar que Jesús era el Mesías, rasgó sus ropas sacerdotales en resuelta resistencia. Ese acto fue profundamente significativo. Poco comprendía Caifás su significado. En ese acto, realizado para influir en los jueces y obtener la condena de Cristo, el sumo sacerdote se había condenado a sí mismo. Por causa de la ley de Dios quedaba descalificado para el sacerdocio. Había pronunciado sobre sí mismo la sentencia de muerte.

El sumo sacerdote no debía rasgar sus vestiduras. La ley levítica lo prohibía bajo sentencia de muerte. En ninguna circunstancia, en ninguna ocasión, debía desgarrar el sacerdote sus ropas. Esa era la costumbre entre los judíos en ocasión de la muerte de los amigos, pero los sacerdotes no debían observar esa costumbre. Cristo había dado a Moisés órdenes expresas acerca de esto.[5]

Todo lo que llevaba el sacerdote debía ser entero e inmaculado. Esas hermosas vestiduras oficiales representaban el carácter del gran antitipo, Jesucristo. Únicamente la perfección en la vestimenta y la actitud, en las palabras y el espíritu, podía ser aceptable para Dios. Él es santo, y su gloria y perfección deben ser representadas por el servicio terrenal. Únicamente la perfección podía representar debidamente el carácter sagrado del servicio celestial. El hombre finito puede rasgar su propio corazón por medio de la exhibición de un espíritu contrito y humilde. Eso Dios lo distinguiría. Pero ningún desgarro debía hacerse en los mantos sacerdotales, porque eso mancillaría la representación de las cosas celestiales. El sumo sacerdote que se atrevía a comparecer en santo oficio y participar en el ministerio del santuario con ropas rotas era considerado como que había roto con Dios. Al rasgar su vestidura se privaba de su carácter representativo. Cesaba de ser acepto para Dios como sacerdote oficiante. La conducta exhibida por Caifás mostraba la pasión e imperfección humanas.

Al rasgar sus vestiduras, Caifás anuló la ley de Dios para seguir la tradición de los hombres. Una ley de origen humano estatuía que en caso de blasfemia un sacerdote podía desgarrar sin culpa sus vestiduras en horror por el pecado. Así la ley de Dios era anulada por las leyes de los hombres.

Cada acción del sumo sacerdote era observada con interés por el pueblo; y así Caifás pensó ostentar su piedad para impresionar. Pero en ese acto destinado a acusar a Cristo estaba vilipendiando al Ser de quien Dios había dicho: "Mi nombre está en él".[6] Él mismo estaba cometiendo blasfemia. Estando él mismo bajo la condenación de Dios, pronunció la sentencia contra Cristo como blasfemo.

Cuando Caifás rasgó sus vestiduras, su acto prefiguró el lugar que la nación judía como nación ocuparía desde entonces para con Dios. El pueblo que había sido una vez favorecido por Dios se estaba separando de él, y rápidamente estaba pasando a ser un pueblo desconocido por Jehová. Cuando Cristo en la cruz exclamó: "Consumado es",[7] y el velo del templo se rasgó en dos, el Santo Vigilante declaró que el pueblo judío había rechazado a quien era el antitipo de todos sus tipos, la sustancia de todas sus sombras. Israel se había divorciado de Dios. Entonces, bien podía Caifás rasgar sus vestiduras oficiales, las cuales significaban su aseveración de ser representante del gran Sumo Sacerdote; porque ya no tendrían significado para él ni para el pueblo. Bien podía el sumo sacerdote rasgar sus vestiduras en horror por sí mismo y por la nación.

El Sanedrín había declarado a Jesús digno de muerte; pero era contrario a la ley judaica juzgar a un preso de noche. Una condena legal sólo podía pronunciarse a la luz del día y ante una sesión plenaria del concilio. No obstante eso, el Salvador fue tratado como un criminal condenado, y entregado para ser ultrajado por los más bajos y viles de la especie humana. El palacio del sumo sacerdote incluía un atrio abierto en el cual se habían congregado los soldados y la multitud. A través de ese patio, y recibiendo por todos lados las burlas acerca de su aserto de ser Hijo de Dios, Jesús fue llevado a la sala de guardia. Sus propias palabras —"sentado a la diestra del poder" y "viniendo en las nubes del cielo"— eran repetidas con escarnio. Mientras estaba en la sala de guardia aguardando su juicio legal, no estuvo protegido. El populacho ignorante había visto la crueldad con que había sido tratado ante el concilio, y por tanto se tomó la libertad de manifestar todos los elementos satánicos de su naturaleza. La misma nobleza y el porte divino de Cristo los enfurecía. Su mansedumbre, su inocencia y su majestuosa paciencia los llenaba de un odio satánico. La misericordia y la justicia fueron pisoteadas. Jamás un criminal fue tratado en forma tan inhumana como lo fue el Hijo de Dios.

Pero una angustia más intensa desgarraba el corazón de Jesús; ninguna mano enemiga podría haberle asestado el golpe que le infligió su dolor más profundo. Mientras estaba soportando las burlas de un examen delante de Caifás, Cristo había sido negado por uno de sus propios discípulos.

Después de abandonar a su Maestro en el jardín, dos de ellos se habían atrevido a seguir desde lejos a la turba que se había apoderado de Jesús. Estos discípulos eran Pedro y Juan. Los sacerdotes reconocieron a Juan como un discípulo bien conocido de Jesús, y lo dejaron entrar en la sala esperando que, al presenciar la humillación de su Líder, repudiase la idea de que un ser tal fuese el Hijo de Dios. Juan habló en favor de Pedro y obtuvo permiso para que este también entrase.

En el atrio se había encendido un fuego; porque era la hora más fría de la noche, precisamente antes del alba. Un grupo se reunió en derredor del fuego, y Pedro se situó presuntuosamente entre los que lo formaban. No quería ser reconocido como discípulo de Jesús. Y mezclándose negligentemente con la muchedumbre esperaba pasar por alguno de los que habían traído a Jesús a la sala.

Pero al resplandecer la luz sobre el rostro de Pedro, la mujer que cuidaba la puerta le echó una mirada escrutadora. Ella había notado que había entrado con Juan, observó el aspecto de abatimiento que había en su cara y pensó que podía ser un discípulo de Jesús. Era una de las criadas de la casa de Caifás, y tenía curiosidad por saber si estaba en lo cierto. Dijo a Pedro: "¿No eres tú también de los discípulos de este hombre?" Pedro se sorprendió y confundió; al instante todos los ojos del grupo se fijaron en él. Él hizo como que no la entendía, pero ella insistió y dijo a los que la rodeaban que ese hombre estaba con Jesús. Pedro se vio obligado a contestar, y dijo airadamente: "Mujer, no lo conozco". Esta era la primera negación, e inmediatamente el gallo cantó. ¡Oh, Pedro, tan pronto te avergüenzas de tu Maestro! ¡Tan pronto niegas a tu Señor!

El discípulo Juan, al entrar en la sala del tribunal, no trató de ocultar el hecho de que era un seguidor de Jesús. No se mezcló con la gente grosera que vilipendiaba a su Maestro. No fue interrogado porque no asumió una caracterización falsa y así no se hizo sospechoso. Buscó un rincón retraído, donde pasase inadvertido para la muchedumbre, pero tan cerca de Jesús como le fuera posible estar. Desde allí pudo ver y oír todo lo que sucedió durante el proceso de su Señor.

Pedro no había querido que fuese conocida su verdadera individualidad. Al asumir un aire de indiferencia se había colocado en el terreno del enemigo y se convirtió en presa fácil de la tentación. Si hubiese sido llamado a pelear por su Maestro, habría sido un soldado valeroso; pero cuando el dedo del escarnio lo señaló, se mostró cobarde. Muchos que no rehuyen una guerra activa por su Señor son impulsados por el ridículo a negar su fe. Asociándose con quienes debieran evitar se colocan en el camino de la tentación. Invitan al enemigo a tentarlos, y se ven inducidos a decir y hacer aquello de lo cual nunca habrían sido culpables bajo otras circunstancias. El discípulo de Cristo que en nuestra época disfraza su fe por temor al sufrimiento o el oprobio, niega a su Señor tan realmente como Pedro lo negó en la sala del tribunal.

Pedro procuraba no mostrarse interesado en el juicio de su Maestro, pero su corazón estaba desgarrado por el pesar al oír las crueles burlas y ver los ultrajes que sufría. Más aún, se sorprendía y airaba de que Jesús se humillase a sí mismo y a sus seguidores sometiéndose a un trato tal. Con el fin de ocultar sus verdaderos sentimientos, trató de unirse a los perseguidores de Jesús en sus bromas inoportunas. Pero su apariencia no era natural. Mentía por medio de sus actos; pues, mientras procuraba hablar despreocupadamente, no podía refrenar sus expresiones de indignación por los ultrajes infligidos a su Maestro.

La atención fue atraída a él por segunda vez, y se lo volvió a acusar de ser un seguidor de Jesús. Ahora declaró con un juramento: "No conozco al hombre". Aún le fue dada otra oportunidad. Transcurrió una hora, y uno de los criados del sumo sacerdote, pariente cercano del hombre a quien Pedro había cortado una oreja, le preguntó: "¿No te vi yo en el huerto con él?" "Verdaderamente tú eres de ellos; porque eres galileo, y tu manera de hablar es semejante a la de ellos". Al oír esto, Pedro se enfureció. Los discípulos de Jesús eran conocidos por la pureza de su lenguaje, y con el fin de engañar plenamente a quienes lo interrogaban y justificar su caracterización asumida, Pedro negó ahora a su Maestro con maldiciones y juramentos. El gallo volvió a cantar. Pedro lo oyó entonces, y recordó las palabras de Jesús: "Antes que el gallo haya cantado dos veces, me negarás tres veces".[8]

Mientras los juramentos envilecedores todavía estaban frescos en los labios de Pedro y el agudo canto del gallo repercutía en sus oídos, el Salvador se desvió de sus ceñudos jueces y miró de lleno a su pobre discípulo. Al mismo tiempo, los ojos de Pedro fueron atraídos hacia su Maestro. En aquel amable semblante leyó profunda compasión y pesar, pero no había ira.

La visión de ese rostro pálido y doliente, esos labios temblorosos, esa mirada de compasión y perdón, atravesó su corazón como una fecha. Su conciencia se despertó. La memoria se activó. Pedro rememoró su promesa de unas pocas horas antes, de que iría con su Señor hasta la cárcel y hasta la muerte. Recordó su pesar cuando el Salvador le dijo en el aposento alto que negaría a su Señor tres veces esa misma noche. Pedro acababa de declarar que no conocía a Jesús, pero ahora se dio cuenta, con amargo pesar, de cuán bien lo conocía su Señor y de cuán exactamente había leído su corazón, cuya falsedad desconocía él mismo.

Una oleada de recuerdos lo abrumó. La tierna misericordia del Salvador, su bondad y longanimidad, su amabilidad y paciencia para con sus discípulos tan llenos de yerros; lo recordó todo. Y recordó la advertencia: "Simón, Simón, he aquí Satanás os ha pedido para zarandearos como a trigo; pero yo he rogado por ti, que tu fe no falte".[9] Reflexionó con horror en su propia ingratitud, su falsedad, su perjurio. Una vez más miró a su Maestro, y vio una mano sacrílega que le abofeteaba el rostro. No pudiendo soportar más tiempo la escena, salió corriendo de la sala con el corazón quebrantado.

Siguió corriendo en la soledad y las tinieblas, sin saber ni querer saber adónde. Por fin se encontró en Getsemaní. Su espíritu evocó vívidamente la escena ocurrida algunas horas antes. Ante él surgió el rostro dolorido de su Señor, manchado con sudor de sangre y convulsionado por la angustia. Recordó con amargo remordimiento que Jesús había llorado y agonizado en oración solo, mientras quienes debieran haber estado unidos con él en esa hora penosa estaban durmiendo. Recordó su solemne encargo: "Velad y orad, para que no entréis en tentación".[10] Volvió a presenciar la escena de la sala del tribunal. Torturaba su sangrante corazón el saber que había añadido la carga más pesada a la humillación y el dolor del Salvador. En el mismo lugar donde Jesús había derramado su alma agonizante ante su Padre, Pedro cayó sobre su rostro y deseó morir.

Por haber dormido cuando Jesús lo había invitado a velar y orar, Pedro había preparado el terreno para su gran pecado. Todos los discípulos, por dormir en esa hora crítica, sufrieron una gran pérdida. Cristo conocía la prueba de fuego por la cual iban a pasar. Sabía cómo iba a obrar Satanás para paralizar sus sentidos con el fin de que no estuviesen preparados para la prueba. Por tanto, les había advertido. Si hubiesen pasado en vigilia y oración esas horas transcurridas en el jardín, Pedro no habría tenido que depender de su propia débil fuerza. No habría negado a su Señor. Si los discípulos hubiesen velado con Cristo en su agonía, habrían estado preparados para contemplar sus sufrimientos en la cruz. Habrían entendido en cierto grado la naturaleza de su angustia abrumadora. Habrían estado capacitados para recordar sus palabras que predecían sus sufrimientos, su muerte y su resurrección. En medio de la lobreguez de la hora más penosa, algunos rayos de esperanza habrían iluminado las tinieblas y sostenido su fe.

Tan pronto como fue de día, el Sanedrín se volvió a reunir y Jesús fue traído de nuevo a la sala del concilio. Se había declarado el Hijo de Dios, y ellos habían torcido sus palabras de modo que constituyeran una acusación contra él. Pero no podían condenarlo por eso, porque muchos de ellos no habían estado presentes en la sesión nocturna y no habían oído sus palabras. Y sabían que el tribunal romano no hallaría en ellas cosa digna de muerte. Pero si todos podían oírlo repetir con sus propios labios esas mismas palabras, podrían lograr su objetivo. Su aserto de ser el Mesías podía ser torcido hasta hacerlo aparecer como un intento de sedición política.

Dijeron: "¿Eres tú el Cristo? Dínoslo". Pero Cristo permaneció callado. Continuaron acosándolo con preguntas. Al fin, con tonos de la más profunda tristeza, respondió: "Si os lo dijere, no creeréis; y también si os preguntare, no me responderéis, ni me soltaréis". Pero con el fin de que quedasen sin excusa, añadió la solemne advertencia: "Pero desde ahora el Hijo del hombre se sentará a la diestra del poder de Dios".

Preguntaron a una voz: "¿Luego eres tú el Hijo de Dios?", y él les dijo: "Vosotros decís que lo soy". Clamaron entonces: "¿Qué más testimonio necesitamos?, porque nosotros mismos lo hemos oído de su boca".

Y así, por causa de la tercera condena de las autoridades judías, Jesús debía morir. Todo lo que era necesario ahora, pensaban, era que los romanos ratificasen esa condena y lo entregasen en sus manos.

Entonces se produjo la tercera escena de ultrajes y burlas, peores aún que las infligidas por el populacho ignorante. Eso aconteció en la misma presencia de los sacerdotes y príncipes, y con su sanción. Todo sentimiento de simpatía o humanidad se había apagado en sus corazones. Si sus argumentos eran débiles y no lograban acallar la voz de Jesús, tenían otras armas, como las que en toda época se han usado para silenciar a los herejes: el sufrimiento, la violencia y la muerte.

Cuando los jueces pronunciaron la condena de Jesús, una furia satánica se apoderó de la gente. El rugido de las voces era como el de las fieras. La muchedumbre corrió hacia Jesús gritando: "¡Es culpable! ¡Mátenlo!" De no haber sido por los soldados romanos, Jesús no habría vivido para ser clavado en la cruz del Calvario. Si no hubiese intervenido la autoridad romana, y por la fuerza de las armas impedido la violencia de la turba, habría sido despedazado delante de sus jueces.

Los paganos se airaron al ver el trato brutal infligido a una persona contra quien nada había sido probado. Los oficiales romanos declararon que los judíos, al pronunciar sentencia contra Jesús, estaban infringiendo las leyes del poder romano, y que hasta era contrario a la ley judía condenar a un hombre a muerte sobre la base de su propio testimonio. Esta intervención introdujo una momentánea calma en los procedimientos; pero en los dirigentes judíos habían muerto la vergüenza y la compasión.

Los sacerdotes y príncipes se olvidaron de la dignidad de su oficio y ultrajaron al Hijo de Dios con epítetos obscenos. Lo escarnecieron acerca de su nacimiento. Declararon que su aserto de proclamarse el Mesías lo hacía merecedor de la muerte más ignominiosa. Los hombres más disolutos sometieron al Salvador a abusos infames. Se le echó un viejo manto sobre la cabeza, y sus perseguidores lo herían en el rostro diciendo: "Profetízanos, Cristo, quién es el que te golpeó". Cuando se le quitó el manto, un pobre miserable lo escupió en el rostro.

Los ángeles de Dios registraron fielmente toda mirada, palabra y acto insultantes contra su amado Comandante. Un día los hombres viles que escarnecieron y escupieron el rostro sereno y pálido de Cristo mirarán ese rostro en su gloria, brillando más resplandeciente que el sol.

1 Juan 7:51. 2 Juan 2:19, 21. 3 Isa. 53:7. 4 Mat. 10:32. 5 Lev. 10:6. 6 Éxo. 23:21. 7 Juan 19:30. 8 Mar. 14:30. 9 Luc. 22:31, 32. 10 Mat. 26:41.

CAPÍTULO 76

Judas

L A HISTORIA de Judas presenta el triste fin de una vida que podría haber sido honrada de Dios. Si Judas hubiese muerto antes de su último viaje a Jerusalén, habría sido considerado como un hombre digno de un lugar entre los Doce, y su desaparición habría sido muy sentida. A no ser por los atributos revelados al final de su historia, el aborrecimiento que le ha seguido a través de los siglos no habría existido. Pero su carácter fue desenmascarado ante el mundo con un propósito. Habría de servir de advertencia a todos los que, como él, hubiesen de traicionar cometidos sagrados.

Un poco antes de la Pascua, Judas había renovado con los sacerdotes su contrato de entregar a Jesús en sus manos. Entonces se convino en que el Salvador fuese prendido en uno de los lugares donde se retiraba para meditar y orar. Desde la fiesta celebrada en casa de Simón, Judas había tenido oportunidad para reflexionar en el acto que había pactado ejecutar, pero su propósito no había cambiado. Por 30 piezas de plata —el precio de un esclavo— vendió al Señor de gloria a la ignominia y la muerte.

Judas tenía, naturalmente, un fuerte amor por el dinero; pero no siempre había sido lo bastante corrupto para realizar una acción como ésta. Había fomentado el mal espíritu de la avaricia hasta que éste había llegado a ser el motivo predominante de su vida. El amor al dinero superaba a su amor por Cristo. Al llegar a ser esclavo de un vicio, se entregó a Satanás para ser arrastrado a cualquier bajeza de pecado.

Judas se había unido a los discípulos cuando las multitudes seguían a Cristo. La enseñanza del Salvador conmovió sus corazones mientras pendían arrobados de las palabras que pronunciaba en la sinagoga, a orillas del mar o en el monte. Judas vio a los enfermos, cojos y ciegos acudir a Jesús desde los pueblos y las ciudades. Vio a los moribundos puestos a sus pies. Presenció las poderosas obras del Salvador al sanar a los enfermos, echar a los demonios y resucitar a los muertos. Sintió en su propia persona la evidencia del poder de Cristo. Reconoció la enseñanza de Cristo como superior a todo lo que hubiese oído. Amó al gran Maestro y deseó estar con él. Sintió un deseo de ser transformado en su carácter y su vida, y quiso experimentarlo relacionándose con Jesús. El Salvador no rechazó a Judas. Le dio un lugar entre los Doce. Le confió realizar la obra de un evangelista. Lo dotó de poder para sanar a los enfermos y expulsar a los demonios. Pero Judas no llegó al punto de entregarse por entero a Cristo. No renunció a su ambición mundanal o a su amor al dinero. Aunque aceptó el puesto de ministro de Cristo, no se dejó modelar por la acción divina. Creyó que podía conservar su propio juicio y sus opiniones, y cultivó una disposición a criticar y acusar.

Judas era tenido en alta estima por los discípulos y ejercía gran influencia sobre ellos. Tenía una alta opinión de sus propias cualidades, y consideraba a sus hermanos muy inferiores a él en juicio y habilidad. Ellos no veían sus oportunidades, pensaba él, ni aprovechaban las circunstancias. La iglesia no prosperaría nunca con hombres tan cortos de vista como líderes. Pedro era impetuoso; obraba sin consideración. Juan, que atesoraba las verdades que caían de los labios de Cristo, era considerado por Judas como mal financista. Mateo, cuya preparación le había enseñado a ser exacto en todas las cosas, era muy meticuloso en cuanto a la honradez, y siempre estaba meditando en las palabras de Cristo, y quedaba tan absorto en ellas que, según pensaba Judas, nunca se le podría confiar la transacción de asuntos que requiriesen previsión y agudeza. Así Judas pasaba revista a todos los discípulos, y se lisonjeaba porque, de no tener él su capacidad para manejar las cosas, la iglesia se vería con frecuencia en perplejidad y confusión. Judas se consideraba como el único capaz, aquel a quien no se podía engañar. En su propia estima, él era una honra para la causa, y como tal se representaba siempre.

Judas estaba ciego en cuanto a su propia debilidad de carácter, y Cristo lo colocó donde tendría oportunidad de verla y corregirla. Como tesorero de los discípulos estaba llamado a proveer a las necesidades del pequeño grupo y a aliviar las necesidades de los pobres. Cuando, en el aposento de la Pascua, Jesús le dijo: "Lo que vas a hacer, hazlo más pronto",[1] los discípulos pensaron que le ordenaba comprar lo necesario para la fiesta o dar algo a los pobres. Mientras servía a otros, Judas podría haber desarrollado un espíritu desinteresado. Pero aunque escuchaba diariamente las lecciones de Cristo y presenciaba su vida de abnegación, Judas alimentaba su disposición avara. Las pequeñas sumas que llegaban a sus manos eran una continua tentación. A menudo, cuando hacía un pequeño servicio para Cristo, o dedicaba tiempo a propósitos religiosos, se cobraba de ese escaso fondo. A sus propios ojos esos pretextos servían para excusar su acción; pero a la vista de Dios era un ladrón.

La declaración con frecuencia repetida por Cristo de que su reino no era de este mundo, ofendía a Judas. Él había trazado una conducta de acuerdo con la cual él esperaba que Cristo obrase. Se había propuesto que Juan el Bautista fuese librado de la cárcel. Pero he aquí que Juan había sido decapitado. Y Jesús, en vez de aseverar su derecho real y vengar la muerte de Juan, se retiró con sus discípulos a un lugar del campo. Judas quería una guerra más agresiva. Pensaba que si Jesús no impedía a los discípulos ejecutar sus planes, la obra tendría más éxito. Notaba la creciente enemistad de los dirigentes judíos, y vio su desafío quedar sin respuesta cuando exigieron de Cristo una señal del cielo. Su corazón estaba abierto a la incredulidad, y el enemigo le proporcionaba motivos de duda y rebelión. ¿Por qué Jesús se espaciaba tanto en lo que era desalentador? ¿Por qué predecía pruebas y persecución para sí y sus discípulos? La perspectiva de obtener un puesto elevado en el nuevo reino había inducido a Judas a abrazar la causa de Cristo. ¿Iban a quedar frustradas sus esperanzas? Judas no había llegado a la conclusión de que Jesús no fuera el Hijo de Dios; pero dudaba, y procuraba hallar alguna explicación de sus obras poderosas.

A pesar de la propia enseñanza del Salvador, Judas estaba de continuo sugiriendo la idea de que Cristo iba a reinar como rey en Jerusalén. Procuró lograrlo cuando los 5.000 fueron alimentados. En esa ocasión Judas ayudó a distribuir el alimento a la hambrienta multitud. Tuvo oportunidad de ver el beneficio que estaba a su alcance impartir a otros. Sintió la satisfacción que siempre proviene de servir a Dios. Ayudó a traer a los enfermos y dolientes de entre la multitud a Cristo. Vio qué alivio, qué gozo y qué alegría penetraban en los corazones humanos a través del poder sanador del Restaurador. Podría haber comprendido los métodos de Cristo. Pero estaba cegado por sus propios deseos egoístas. Judas fue el primero en aprovecharse del entusiasmo despertado por el milagro de los panes. Él fue quien puso en pie el proyecto de tomar a Cristo por la fuerza y hacerlo rey. Sus esperanzas eran grandes. Su desencanto fue amargo.

El discurso de Cristo en la sinagoga acerca del pan de vida fue el punto decisivo en la historia de Judas. Oyó las palabras: "Si no coméis la carne del Hijo del hombre, y bebéis su sangre, no tenéis vida en vosotros".[2] Vio que Cristo ofrecía beneficio espiritual más bien que mundanal. Se consideraba muy previsor, y pensó que podía vislumbrar que Cristo no tendría honores ni podría conceder altos puestos a sus seguidores. Resolvió no unirse tan íntimamente con Cristo que no pudiese apartarse. Quedaría a la expectativa. Y así lo hizo.

Desde ese tiempo expresó dudas que confundían a los discípulos. Introducía controversias y sentimientos engañosos, repitiendo los argumentos presentados por los escribas y fariseos contra los asertos de Cristo. Todas las tribulaciones y cruces, grandes y pequeñas, las dificultades y los estorbos aparentes para el adelantamiento del evangelio eran interpretados por Judas como evidencias contra su veracidad. Introducía pasajes de la Escritura que no tenían conexión con las verdades que Cristo presentaba. Esos pasajes, separados de su contexto, dejaban perplejos a los discípulos y aumentaban el desaliento que constantemente los apremiaba. Sin embargo, Judas hacía todo eso de una manera que parecía concienzuda. Y mientras los discípulos buscaban pruebas que confirmasen las palabras del gran Maestro, Judas los conducía casi imperceptiblemente por otro camino. Así, de una manera muy religiosa y aparentemente sabia, daba a los asuntos un cariz diferente del que Jesús les había dado y atribuía a sus palabras un significado que él no les había impartido. Sus sugerencias excitaban constantemente un deseo ambicioso de preferencia temporal, y así apartaban a los discípulos de las cosas importantes que debieran haber considerado. La disensión en cuanto a cuál de ellos sería el mayor era generalmente provocada por Judas.

Cuando Jesús presentó al joven rico la condición del discipulado, Judas se disgustó. Pensó que se había cometido un error. Si a hombres como ese joven príncipe podía conectárselos con los creyentes, ayudarían a sostener la causa de Cristo. Judas pensaba que si se lo hubiese recibido a él como consejero, podría haber sugerido muchos planes ventajosos para la pequeña iglesia. Sus principios y métodos diferían algo de los de Cristo, pero en esas cosas se creía más sabio que Cristo.

En todo lo que Cristo decía a sus discípulos había algo con lo cual Judas, en su corazón, no estaba de acuerdo. Bajo su influencia la levadura del desamor estaba haciendo rápidamente su obra. Los discípulos no veían la verdadera influencia en todo eso; pero Jesús veía que Satanás estaba comunicando sus atributos a Judas y abriendo así un conducto por el cual podría influir en los otros discípulos. Y esto Cristo lo declaró un año antes de su entrega. Dijo: "¿No os he escogido yo a vosotros los doce, y uno de vosotros es diablo?"[3]

Sin embargo, Judas no se oponía abiertamente ni parecía poner en duda las lecciones del Salvador. No murmuró abiertamente hasta la fiesta celebrada en la casa de Simón. Cuando María ungió los pies del Salvador, Judas manifestó su disposición codiciosa. Bajo el reproche de Jesús, su espíritu se transformó en hiel. El orgullo herido y el deseo de venganza quebrantaron las barreras, y la codicia durante tanto tiempo alimentada lo dominó. Así le sucederá a todo aquel que persista en mantener trato con el pecado. Cuando no se resisten y vencen los elementos de la depravación, responden ellos a la tentación de Satanás y el alma es llevada cautiva a su voluntad.

Pero Judas no estaba completamente endurecido. Aun después de haberse comprometido dos veces a traicionar al Salvador, tuvo oportunidad de arrepentirse. En ocasión de la cena de Pascua, Jesús demostró su divinidad revelando el propósito del traidor. Incluyó tiernamente a Judas en el servicio hecho a los discípulos. Pero no fue oída su última súplica de amor. Entonces se decidió el caso de Judas, y los pies que Jesús había lavado salieron para consumar la traición.

Judas razonó que si Jesús debía ser crucificado, el evento acontecería de todos modos. Su propio acto de entregar al Salvador no cambiaría el resultado. Si Jesús no debía morir, lo único que haría sería obligarlo a librarse. De todos modos, Judas ganaría algo por su traición. Calculaba que había hecho un buen negocio traicionando a su Señor.

Sin embargo, Judas no creía que Cristo se dejaría arrestar. Al entregarlo, era su propósito enseñarle una lección. Se proponía desempeñar un papel que indujera al Salvador, desde entonces, a tener cuidado de tratarlo con el debido respeto. Pero Judas no sabía que estaba entregando a Cristo a la muerte. ¡Cuántas veces, mientras el Salvador enseñaba en parábolas, los escribas y fariseos habían sido arrebatados por sus ilustraciones sorprendentes! ¡Cuántas veces habían pronunciado juicio contra sí mismos! Con frecuencia, cuando la verdad penetraba en su corazón, se habían llenado de ira y habían alzado piedras para arrojárselas; pero vez tras vez había escapado. Puesto que había escapado de tantas trampas, pensaba Judas, ciertamente tampoco se dejaría prender esta vez.

Judas decidió poner a prueba el asunto. Si Jesús era realmente el Mesías, el pueblo, por el cual había hecho tanto, se agruparía a su alrededor y lo proclamaría rey. Esto haría decidirse para siempre a muchos espíritus que ahora estaban en la incertidumbre. Judas tendría el crédito de haber puesto al rey en el trono de David. Y ese acto le aseguraría el primer puesto, el siguiente a Cristo en el nuevo reino.

El falso discípulo desempeñó su parte en la entrega de Jesús. En el jardín, cuando dijo a los caudillos de la turba: "Al que yo besare, ése es; prendedle",[4] creía plenamente que Cristo escaparía de sus manos. Entonces, si lo inculpaban, diría: "¿No les había dicho que lo prendiesen?"

Judas contempló a los captores de Cristo mientras, actuando según sus palabras, lo ataban firmemente. Con asombro vio que el Salvador se dejaba llevar. Ansiosamente lo siguió desde el jardín hasta el proceso ante los príncipes judíos. A cada movimiento esperaba que Cristo sorprendiese a sus enemigos presentándose delante de ellos como Hijo de Dios y anulando todas sus maquinaciones y poder. Pero mientras hora tras hora transcurría, y Jesús se sometía a todos los abusos acumulados sobre él, se apoderó del traidor un terrible temor de haber entregado a su Maestro a la muerte.

Cuando el juicio se acercaba al final, Judas no pudo soportar más la tortura de su conciencia culpable. De repente una voz ronca cruzó la sala, haciendo estremecer de terror todos los corazones: "¡Es inocente; perdónalo, oh, Caifás!"

Se vio entonces a Judas, hombre de alta estatura, abrirse paso a través de la muchedumbre asombrada. Su rostro estaba pálido y desencajado, y en su frente había gruesas gotas de sudor. Corriendo hacia el sitial del juez, arrojó delante del sumo sacerdote las piezas de plata que habían sido el precio de la traición de su Señor. Asiéndose vivamente del manto de Caifás le imploró que soltase a Jesús, y declaró que no había hecho nada digno de muerte. Caifás se desprendió airadamente de él, pero quedó confundido y sin saber qué decir. La perfidia de los sacerdotes quedaba revelada. Era evidente que habían comprado al discípulo para que traicionase a su Maestro.

Judas gritó de nuevo: "Yo he pecado entregando la sangre inocente". Pero el sumo sacerdote, recobrando el dominio propio, contestó con desprecio: "¿Qué nos importa a nosotros? ¡Allá tú!"[5] Los sacerdotes habían estado dispuestos a hacer de Judas su instrumento; pero despreciaban su bajeza. Cuando les hizo su confesión, lo rechazaron desdeñosamente.

Judas se echó entonces a los pies de Jesús, reconociéndolo como Hijo de Dios y suplicándole que se librase. El Salvador no reprochó a su traidor. Sabía que Judas no se arrepentía; su confesión fue arrancada de su alma culpable por causa de un terrible sentimiento de condenación en espera del juicio, pero no sentía un profundo y desgarrador pesar por haber entregado al inmaculado Hijo de Dios y negado al Santo de Israel. Sin embargo, Jesús no pronunció una sola palabra de condenación. Miró compasivamente a Judas y dijo: "Para esta hora he venido al mundo".[6]

Un murmullo de sorpresa corrió por toda la asamblea. Todos contemplaron con asombro la longanimidad de Cristo hacia su traidor. Otra vez se posesionó de ellos la convicción de que ese hombre era más que mortal. Pero si era el Hijo de Dios, se preguntaban, ¿por qué no se libraba de sus ataduras y triunfaba sobre sus acusadores?

Judas vio que sus súplicas eran vanas, y salió corriendo de la sala exclamando: "¡Demasiado tarde! ¡Demasiado tarde!" Sintió que no podía vivir para ver a Cristo crucificado y, desesperado, salió y se ahorcó.

Más tarde ese mismo día, en el trayecto del tribunal de Pilato al Calvario, se produjo una interrupción en los gritos y burlas de la perversa muchedumbre que conducía a Jesús al lugar de la crucifixión. Mientras pasaban por un lugar retirado vieron al pie de un árbol seco el cuerpo de Judas. Era un espectáculo repugnante. Su peso había roto la soga con la cual se había colgado del árbol. Al caer, su cuerpo había quedado horriblemente mutilado y los perros lo estaban devorando. Sus restos fueron enterrados inmediatamente; pero hubo menos burlas entre el gentío, y muchos revelaban en su rostro pálido sus pensamientos íntimos. La retribución parecía estar cayendo ya sobre quienes eran culpables de la sangre de Jesús.

---

[1] Juan 13:27. [2] Juan 6:53. [3] Juan 6:70. [4] Mat. 26:48. [5] Mat. 27:4. [6] Juan 12:27.

CAPÍTULO 77

En el tribunal de Pilato

E N EL tribunal de Pilato, el gobernador romano, Cristo estaba atado como un preso. En derredor de él estaba la guardia de soldados, y el tribunal se estaba llenando rápidamente de espectadores. Afuera, cerca de la entrada, estaban los jueces del Sanedrín, los sacerdotes, los príncipes, los ancianos y la turba.

Después de condenar a Jesús, el concilio del Sanedrín se había dirigido a Pilato para que confirmase y ejecutase la sentencia. Pero estos funcionarios judíos no querían entrar en el tribunal romano. Según su ley ceremonial, eso los habría contaminado y les habría impedido tomar parte en la Fiesta de Pascua. En su ceguera no veían que el odio homicida había contaminado sus corazones. No veían que Cristo era el verdadero Cordero pascual, y que, por haberlo rechazado, para ellos la gran fiesta había perdido su significado.

Cuando el Salvador fue llevado al tribunal, Pilato lo miró con ojos nada amistosos. El gobernador romano había sido sacado con premura de su dormitorio, y estaba resuelto a despachar el caso tan pronto como fuese posible. Estaba preparado para tratar al preso con rigor magistral. Asumiendo su expresión más severa se volvió para ver a qué clase de hombre tenía que examinar, y por el cual había sido arrancado del descanso en hora tan temprana. Sabía que debía tratarse de alguno a quien las autoridades judías anhelaban ver juzgado y castigado apresuradamente.

Pilato miró a los hombres que custodiaban a Jesús, y luego su mirada descansó escrutadoramente en Jesús. Había tenido que tratar con toda clase de criminales; pero nunca antes había comparecido ante él un hombre que llevase rasgos de tanta bondad y nobleza. En su rostro no vio vestigios de culpabilidad ni expresión de temor, ni audacia o desafío. Vio a un hombre de porte sereno y digno, cuyo semblante no llevaba los estigmas de un criminal sino la firma del cielo.

El aspecto de Cristo hizo una impresión favorable en Pilato. Se despertó su mejor naturaleza. Había oído hablar de Jesús y de sus obras. Su esposa le había contado algo de los prodigios realizados por el Profeta galileo, que sanaba a los enfermos y resucitaba a los muertos. Ahora esto revivía como un sueño en su mente. Recordaba rumores que había oído de diversas fuentes. Resolvió exigir a los judíos que presentasen sus acusaciones contra el preso.

"¿Quién es este hombre, y por qué lo han traído?", dijo. "¿Qué acusación presentan contra él?" Los judíos quedaron desconcertados. Sabiendo que no podían comprobar sus acusaciones contra Cristo, no deseaban un examen público. Respondieron que era un impostor llamado Jesús de Nazaret.

Pilato volvió a preguntar: "¿Qué acusación traen contra este hombre?" Los sacerdotes no contestaron su pregunta, sino que con palabras que demostraban su irritación dijeron: "Si éste no fuera malhechor, no te lo habríamos entregado". [Es decir:] "Cuando los miembros del Sanedrín, los primeros hombres de la nación, te traen un hombre que consideran digno de muerte, ¿es necesario pedir una acusación contra él?" Esperaban hacer sentir a Pilato su importancia y así inducirlo a acceder a su petición sin muchos preliminares. Deseaban ansiosamente que su sentencia fuese ratificada; porque sabían que el pueblo, que había presenciado las obras admirables de Cristo, podría contar una historia muy diferente de la que ellos habían inventado y repetían ahora.

Los sacerdotes pensaban que con el débil y vacilante Pilato podrían llevar a cabo sus planes sin dificultad. En otras ocasiones había firmado apresuradamente sentencias capitales, condenando a la muerte a hombres que ellos sabían que no eran dignos de ella. En su estima, la vida de un preso era de poco valor; y les era indiferente que fuese inocente o culpable. Los sacerdotes esperaban que ahora Pilato impusiera la pena de muerte a Jesús sin darle audiencia. Lo pedían como favor en ocasión de su gran fiesta nacional.

Pero había en el preso algo que impidió a Pilato hacer eso. No se atrevió a ello. Discernió el propósito de los sacerdotes. Recordó cómo, no mucho tiempo antes, Jesús había resucitado a Lázaro, un hombre que había estado muerto cuatro días, y resolvió saber, antes de firmar la sentencia de condenación, cuáles eran las acusaciones que se hacían contra él y si podían ser probadas.

"Si vuestro juicio es suficiente", dijo, "¿para qué traerme el preso?" "Tomadlo vosotros, y juzgadlo según vuestra ley". Así apremiados, los sacerdotes dijeron que ya lo habían sentenciado, pero debían tener la aprobación de Pilato para hacer válida su condena. "¿Cuál es la sentencia de ustedes?", preguntó Pilato. "La muerte", contestaron, "pero no nos es lícito darla a nadie". Pidieron a Pilato que aceptase su palabra en cuanto a la culpabilidad de Cristo e hiciese cumplir su sentencia. Ellos estaban dispuestos a asumir la responsabilidad del resultado.

Pilato no era un juez justo ni concienzudo; pero aunque débil en fuerza moral, se negó a conceder lo pedido. No quiso condenar a Jesús hasta tener una acusación formal contra él.

Los sacerdotes estaban en un dilema. Veían que debían cubrir su hipocresía con el velo más grueso. No debían dejar ver que Jesús había sido arrestado por motivos religiosos. Si presentaban esto como una razón, su procedimiento no tendría peso para Pilato. Debían hacer aparecer a Jesús como obrando contra la ley común; y entonces se lo podría castigar como ofensor político. Entre los judíos se producían constantemente tumultos e insurrecciones contra el gobierno romano. Los romanos habían tratado estas revueltas muy rigurosamente, y siempre estaban alerta para reprimir cuanto pudiese conducir a un levantamiento.

Tan sólo unos pocos días antes de esto los fariseos habían tratado de entrampar a Cristo con la pregunta: "¿Nos es lícito dar tributo a César, o no?" Pero Cristo había desenmascarado su hipocresía. Los romanos que estaban presentes habían visto el completo fracaso de los maquinadores y su desconcierto al oír su respuesta: "Dad a César lo que es de César".[1]

Ahora los sacerdotes pensaron hacer aparentar que en esa ocasión Cristo había enseñado lo que ellos esperaban que enseñara. En su apremio recurrieron a falsos testigos, y "comenzaron a acusarlo, diciendo: A éste hemos hallado que pervierte a la nación, y que prohíbe dar tributo a César, diciendo que él mismo es el Cristo, un rey". Eran tres acusaciones, pero cada una sin fundamento. Los sacerdotes lo sabían, pero estaban dispuestos a cometer perjurio con tal de obtener sus fines.

Pilato discernió su propósito. No creía que el preso hubiese maquinado contra el gobierno. Su apariencia mansa y humilde no concordaba en manera alguna con la acusación. Pilato estaba convencido de que un tenebroso complot había sido tramado para destruir a un hombre inocente que estorbaba a los dignatarios judíos. Volviéndose a Jesús, preguntó: "¿Eres tú el Rey de los judíos?" El Salvador contestó: "Tú lo dices". Y mientras hablaba, su semblante se iluminó como si un rayo de sol resplandeciese sobre él.

Cuando oyeron su respuesta, Caifás y los que con él estaban invitaron a Pilato a reconocer que Jesús había admitido el crimen que le atribuían. Con ruidosos clamores, sacerdotes, escribas y príncipes exigieron que fuese sentenciado a muerte. A esos clamores se unió la muchedumbre, y el ruido era ensordecedor. Pilato estaba confundido. Viendo que Jesús no respondía a sus acusadores, le dijo: "¿Nada respondes? Mira de cuántas cosas te acusan. Mas Jesús ni aun con eso respondió".

De pie, detrás de Pilato, a la vista de todos los que estaban en el tribunal, Cristo oyó los insultos; pero no contestó una palabra a todas las falsas acusaciones presentadas contra él. Todo su porte daba evidencia de una inocencia consciente. Permanecía inconmovible ante la furia de las olas que se abatían contra él. Era como si una enorme marejada de ira, elevándose siempre más alto, se volcase como las olas del tempestuoso océano en derredor suyo, pero sin tocarlo. Guardaba silencio, pero su silencio era elocuencia. Era como una luz que resplandecía del hombre interior al exterior.

La actitud de Jesús asombraba a Pilato. Se preguntaba: "¿Es indiferente este hombre a lo que está sucediendo porque no se interesa en salvar su vida?" Al ver a Jesús soportar los insultos y las burlas sin responder, sentía que no podía ser tan injusto y pérfido como sí lo eran los clamorosos sacerdotes. Esperando obtener de él la verdad y escapar al tumulto de la muchedumbre, Pilato llevó a Jesús aparte y le volvió a preguntar: "¿Eres tú el Rey de los Judíos?"

Jesús no respondió directamente esa pregunta. Sabía que el Espíritu Santo estaba contendiendo con Pilato, y le dio oportunidad de reconocer su convicción. Preguntó: "¿Dices tú esto por ti mismo, o te lo han dicho otros de mí?" Es decir: Lo que motivaba la pregunta de Pilato, ¿eran las acusaciones de los sacerdotes, o un deseo de recibir luz de Cristo? Pilato entendió lo que Cristo quería decir; pero el orgullo se irguió en su corazón. No quiso reconocer la convicción que se apoderaba de él. Dijo: "¿Soy yo acaso judío? Tu nación y los principales sacerdotes te han entregado a mí. ¿Qué has hecho?"

La áurea oportunidad de Pilato había pasado. Sin embargo Jesús no lo dejó sin darle algo más de luz. Aunque no contestó directamente la pregunta de Pilato, expuso claramente su propia misión. Le dio a entender que no estaba buscando un trono terrenal.

Dijo: "Mi reino no es de este mundo; si mi reino fuera de este mundo, mis servidores pelearían para que yo no fuera entregado a los judíos; pero mi reino no es de aquí. Le dijo entonces Pilato: ¿Luego, eres tú rey? Respondió Jesús: Tú dices que yo soy rey. Yo para esto he nacido, y para esto he venido al mundo, para dar testimonio a la verdad. Todo aquel que es de la verdad, oye mi voz".

Cristo afirmó que su palabra era en sí misma una llave que abriría el misterio para quienes estuviesen preparados para recibirlo. Esa palabra tenía en sí mismo un poder dominante, y en ello estribaba el secreto de la difusión de su reino de verdad. Deseaba que Pilato entendiese que únicamente si recibía y se apropiaba de la verdad podría reconstruirse su naturaleza arruinada.

Pilato deseaba conocer la verdad. Su mente estaba confundida. Asió ávidamente las palabras del Salvador, y su corazón fue conmovido por un gran anhelo de saber lo que era realmente la verdad y cómo podía obtenerla. Preguntó: "¿Qué es la verdad?" Pero no esperó la respuesta. El tumulto del exterior le hizo recordar los intereses del momento; porque los sacerdotes estaban vociferando por una decisión inmediata. Saliendo al encuentro de los judíos declaró enfáticamente: "Yo no hallo en él ningún delito".

Estas palabras de un juez pagano eran una mordaz represión a la perfidia y falsedad de los dirigentes de Israel que acusaban al Salvador. Al oír a Pilato decir esto, los sacerdotes y ancianos se sintieron chasqueados y se airaron sin mesura. Durante largo tiempo habían maquinado y aguardado esta oportunidad. Al vislumbrar la perspectiva de que Jesús fuese libertado parecían dispuestos a despedazarlo. Denunciaron en alta voz a Pilato y lo amenazaron con la censura del gobierno romano. Lo acusaron de negarse a condenar a Jesús, quien, afirmaban ellos, se había levantado contra César.

Entonces se oyeron voces airadas, las cuales declaraban que la influencia sediciosa de Jesús era bien conocida en todo el país. Los sacerdotes dijeron: "Alborota al pueblo, enseñando por toda Judea, comenzando desde Galilea hasta aquí".

En ese momento Pilato no tenía la menor idea de condenar a Jesús. Sabía que los judíos lo habían acusado por odio y prejuicio. Sabía cuál era su deber. La justicia exigía que Cristo fuese libertado inmediatamente. Pero Pilato temió la mala voluntad del pueblo. Si se negaba a entregar a Jesús en sus manos se produciría un tumulto, y temía afrontarlo. Cuando oyó que Cristo era de Galilea decidió enviarlo al gobernador de esa provincia, Herodes, que estaba entonces en Jerusalén. Haciendo eso, Pilato pensó traspasar a Herodes la responsabilidad del juicio. También pensó que era una buena oportunidad de terminar con una antigua rencilla entre él y Herodes. Y así resultó. Los dos magistrados se hicieron amigos con motivo del juicio del Salvador.

Pilato volvió a confiar a Jesús a los soldados, y entre burlas e insultos de la muchedumbre fue llevado apresuradamente al tribunal de Herodes. "Herodes, viendo a Jesús, se alegró mucho". Nunca se había encontrado antes con el Salvador, pero "hacía tiempo que deseaba verlo; porque había oído muchas cosas acerca de él, y esperaba verlo hacer alguna señal". Este Herodes era aquel cuyas manos se habían manchado con la sangre de Juan el Bautista. Cuando Herodes oyó hablar por primera vez de Jesús quedó aterrado, y dijo: "Este es Juan, el que yo decapité, que ha resucitado de los muertos"; "Por eso actúan en él estos poderes".[2] Sin embargo, Herodes deseaba ver a Jesús. Ahora tenía oportunidad de salvar la vida de ese profeta, y el rey esperaba desterrar para siempre de su mente el recuerdo de esa cabeza ensangrentada que le llevaran en una fuente. También deseaba satisfacer su curiosidad, y pensaba que si ofrecía a Cristo una perspectiva de liberación, éste haría cualquier cosa que se le pidiese.

Un gran grupo de sacerdotes y ancianos había acompañado a Cristo hasta Herodes. Y cuando el Salvador fue llevado adentro, estos dignatarios, hablando todos con agitación, presentaron con vehemencia sus acusaciones contra él. Pero Herodes prestó poca atención a sus cargos. Les ordenó que guardasen silencio, deseoso de tener una oportunidad de interrogar a Cristo. Ordenó que le sacasen los hierros, al mismo tiempo que acusaba a sus enemigos de haberlo maltratado. Mirando compasivamente el rostro sereno del Redentor del mundo, leyó en él solamente sabiduría y pureza. Tanto él como Pilato estaban convencidos de que Jesús había sido acusado por malicia y envidia.

Herodes interrogó a Cristo con muchas palabras, pero durante todo ese tiempo el Salvador mantuvo un profundo silencio. A la orden del rey se trajeron inválidos y mutilados, y se le ordenó a Cristo que probase sus asertos realizando un milagro. "Los hombres dicen que puedes sanar a los enfermos", dijo Herodes. "Estoy ansioso por ver si tu muy difundida fama no ha sido exagerada". Jesús no respondió, y Herodes continuó instándole: "Si puedes realizar milagros en favor de otros, hazlos ahora para tu propio bien, y saldrás beneficiado". Luego ordenó: "Muéstranos una señal de que tienes el poder que te ha atribuido el rumor". Pero Cristo permanecía como quien no oyese ni viese nada. El Hijo de Dios había tomado sobre sí la naturaleza humana. Debía obrar como el hombre debe hacerlo en circunstancias similares. Por tanto, no quiso realizar un milagro para ahorrarse el dolor y la humillación que el hombre tendrá que soportar cuando esté en una posición similar.

Herodes prometió a Cristo que si efectuaba algún milagro en su presencia, sería liberado. Los acusadores de Cristo habían visto con sus propios ojos las obras poderosas realizadas por su poder. Lo habían oído ordenar al sepulcro que devolviese sus muertos. Habían visto a éstos salir obedientes a su voz. Temieron que hiciese ahora un milagro. De entre todas las cosas, lo que más temían era una manifestación de su poder. Habría asestado un golpe mortal a sus planes, y tal vez les habría costado la vida. Con gran ansiedad los sacerdotes y príncipes volvieron a insistir en sus acusaciones contra él. Alzando la voz declararon: "Es traidor y blasfemo. Realiza milagros por el poder que le ha dado Belcebú, príncipe de los demonios". La sala se transformó en una escena de confusión, pues algunos gritaban una cosa y otros otra.

La conciencia de Herodes era ahora mucho menos sensible que cuando tembló de horror al oír a Herodías pedir la cabeza de Juan el Bautista. Por un tiempo había sentido intenso remordimiento por su terrible acto; pero su vida licenciosa había ido degradando siempre más sus percepciones morales. Ahora su corazón se había endurecido a tal punto que podía jactarse del castigo que había infligido a Juan por atreverse a reprobarlo. Y ahora amenazó a Jesús, declarando repetidas veces que tenía poder para librarlo o condenarlo. Pero Jesús no daba señal de que le hubiese oído una palabra.

Herodes se irritó por ese silencio. Parecía indicar completa indiferencia a su autoridad. Para el rey vano y pomposo, la represión abierta habría sido menos ofensiva que el ser ignorado. Volvió a amenazar airadamente a Jesús, quien permaneció sin inmutarse.

La misión de Cristo en este mundo no era satisfacer la curiosidad ociosa. Había venido para sanar a los quebrantados de corazón. Si por haber pronunciado alguna palabra hubiese podido sanar las heridas de las almas enfermas de pecado, no habría guardado silencio. Pero no tenía palabras para quienes sólo querían pisotear la verdad bajo sus profanos pies.

Cristo podría haber dirigido a Herodes palabras que habrían atravesado los oídos del rey empedernido. Podría haberlo llenado de temor y temblor presentándole toda la iniquidad de su vida y el horror de su suerte inminente. Pero el silencio de Cristo fue la reprensión más severa que pudiese darle. Herodes había rechazado la verdad que le hablara el mayor de los profetas, y no iba a recibir otro mensaje. Nada tenía que decirle la Majestad del cielo. Ese oído, que siempre había estado abierto para acoger el clamor de la desgracia humana, era insensible a las órdenes de Herodes. Esos ojos, que con amor compasivo y perdonador se habían fijado en el pecador penitente, no tenían mirada que conceder a Herodes. Esos labios, que habían pronunciado la verdad más impresionante, y que en tonos de la más tierna súplica habían tratado de convencer a los más pecadores y degradados, quedaron cerrados para el altanero rey que no sentía necesidad de un Salvador.

La pasión ensombreció el rostro de Herodes. Volviéndose hacia la multitud, denunció airadamente a Jesús como impostor. Entonces dijo a Cristo: "Si no quieres dar prueba de tu aserto, te entregaré a los soldados y al pueblo. Tal vez ellos logren hacerte hablar. Si eres un impostor, la muerte en sus manos es lo único que mereces; si eres el Hijo de Dios, sálvate haciendo un milagro".

Apenas fueron pronunciadas estas palabras la turba se lanzó hacia Cristo. Como fieras se precipitaron sobre su presa. Jesús fue arrastrado de aquí para allá, y Herodes se unió al populacho en sus esfuerzos por humillar al Hijo de Dios. Si los soldados romanos no hubiesen intervenido y rechazado a la turba enfurecida, el Salvador habría sido despedazado.

"Entonces Herodes con sus soldados lo menospreció y escarneció, vistiéndolo de una ropa espléndida". Los soldados romanos participaron de sus ultrajes. Todo lo que esos soldados perversos y corrompidos, ayudados por Herodes y los dignatarios judíos, podían instigar, fue acumulado sobre el Salvador. Sin embargo, su divina paciencia no desfalleció.

Los perseguidores de Cristo habían procurado medir su carácter por el propio; lo habían representado tan vil como ellos mismos. Pero detrás de todas las apariencias del momento se insinuó otra escena, una escena que ellos contemplarán un día en toda su gloria. Hubo algunos que temblaron en presencia de Cristo. Mientras la ruda muchedumbre se inclinaba irrisoriamente delante de él, algunos de los que se adelantaban con este propósito retrocedieron, mudos de terror. Herodes se sintió convicto. Los últimos rayos de luz misericordiosa resplandecían sobre su corazón endurecido por el pecado. Comprendió que éste no era un hombre común; porque la Deidad había fulgurado a través de la humanidad. En el mismo momento en que Cristo estaba rodeado de burladores, adúlteros y homicidas, Herodes sintió que estaba contemplando a un Dios sobre su trono.

Por más empedernido que estuviese, Herodes no se atrevió a ratificar la condena de Cristo. Quiso descargarse de la terrible responsabilidad, y mandó a Jesús de vuelta al tribunal romano.

Pilato sintió desencanto y mucho desagrado. Cuando los judíos volvieron con el prisionero les preguntó impacientemente qué querían que hiciese con él. Les recordó que ya había examinado a Jesús y no había hallado culpa en él; les dijo que le habían presentado quejas contra él, pero que no habían podido probar una sola acusación. Había enviado a Jesús a Herodes, tetrarca de Galilea y miembro de su nación judía, pero él tampoco había hallado en él cosa digna de muerte. "Le soltaré, pues, después de castigarlo", dijo Pilato.

En esto Pilato demostró su debilidad. Había declarado que Jesús era inocente; y, sin embargo, estaba dispuesto a hacerlo azotar para apaciguar a sus acusadores. Quiso sacrificar la justicia y los principios para transigir con la turba. Eso lo colocó en desventaja. La turba se valió de su indecisión y clamó tanto más por la vida del preso. Si desde el principio Pilato se hubiese mantenido firme, negándose a condenar a un hombre que consideraba inocente, habría roto la cadena fatal que iba a retenerlo toda su vida en el remordimiento y la culpa. Si hubiese obedecido a sus convicciones de lo recto, los judíos no habrían intentado imponerle su voluntad. Se habría dado muerte a Cristo, pero la culpabilidad no habría recaído sobre Pilato. Pero Pilato había ido violando poco a poco su conciencia. Había buscado pretexto para no juzgar con justicia y equidad, y ahora se hallaba casi impotente en las manos de los sacerdotes y príncipes. Su vacilación e indecisión provocaron su ruina.

Aun entonces no se dejó a Pilato actuar ciegamente. Un mensaje de Dios le amonestó acerca del acto que estaba por cometer. En respuesta a la oración de Cristo, la esposa de Pilato había sido visitada por un ángel del cielo, y en un sueño había visto al Salvador y conversado con él. La esposa de Pilato no era judía, pero mientras miraba a Jesús en su sueño no tuvo duda alguna acerca de su carácter o misión. Sabía que era el Príncipe de Dios. Lo vio juzgado en el tribunal. Vio las manos estrechamente ligadas como las manos de un criminal. Vio a Herodes y sus soldados realizando su impía obra. Oyó a los sacerdotes y príncipes, llenos de envidia y malicia, acusándolo furiosamente. Oyó las palabras: "Nosotros tenemos una ley, y según nuestra ley debe morir". Vio a Pilato entregar a Jesús para ser azotado después de haber declarado: "Nada digno de muerte ha hecho este hombre". Oyó la condenación pronunciada por Pilato y lo vio entregar a Cristo a sus homicidas. Vio la cruz levantada en el Calvario. Vio la tierra envuelta en tinieblas y oyó el misterioso clamor: "Consumado es". Pero otra escena más se ofreció a su mirada. Vio a Cristo sentado sobre la gran nube blanca, mientras toda la tierra oscilaba en el espacio y sus homicidas huían de la presencia de su gloria. Con un grito de horror se despertó, y enseguida escribió a Pilato unas palabras de advertencia.

Mientras Pilato vacilaba en cuanto a lo que debía hacer, un mensajero se abrió paso a través de la muchedumbre y le entregó la carta de su esposa, que decía:

"No tengas nada que ver con ese justo; porque hoy he padecido mucho en sueños por causa de él".

El rostro de Pilato palideció. Lo confundían sus propias emociones en conflicto. Pero mientras postergaba la acción, los sacerdotes y príncipes inflamaban aun más los ánimos del pueblo. Pilato se vio forzado a obrar. Recordó entonces una costumbre que podría servir para obtener la liberación de Cristo. En ocasión de esta fiesta se acostumbraba soltar a algún preso que el pueblo eligiese. Era una costumbre de invención pagana; no había sombra de justicia en ella, pero los judíos la apreciaban mucho. Por ese entonces las autoridades romanas tenían preso a un tal Barrabás que estaba bajo sentencia de muerte. Ese hombre había aseverado ser el Mesías. Pretendía tener autoridad para establecer un orden de cosas diferente para arreglar el mundo. Dominado por el engaño satánico, sostenía que le pertenecía todo lo que pudiese obtener por medio del hurto y el robo. Había hecho cosas maravillosas a través de los agentes satánicos, había conquistado a secuaces de entre el pueblo y había provocado una sedición contra el gobierno romano. Bajo el manto del entusiasmo religioso había un bribón empedernido y desesperado, inclinado a la rebelión y crueldad. Al ofrecer al pueblo que eligiese entre ese hombre y el Salvador inocente, Pilato pensó despertar en ellos un sentido de justicia. Esperaba suscitar su simpatía por Jesús en oposición a los sacerdotes y príncipes. Así que, volviéndose a la muchedumbre, dijo con gran fervor: "¿A quién queréis que os suelte: a Barrabás, o a Jesús, llamado el Cristo?"

Como el rugido de las fieras llegó la respuesta de la turba: "¡Suéltanos a Barrabás!" E iba en aumento el clamor: "¡Barrabás! ¡Barrabás!" Pensando que el pueblo no había entendido su pregunta, Pilato preguntó: "¿Queréis, pues, que os suelte al Rey de los judíos?" Pero volvieron a clamar: "No a éste, sino a Barrabás". "¿Qué, pues, haré de Jesús, llamado el Cristo?", preguntó Pilato. Nuevamente la agitada turba rugió como demonios. Había verdaderos demonios en forma humana en la multitud, y ¿qué podía esperarse sino la respuesta: "¡Sea crucificado!"?

Pilato estaba turbado. No había pensado obtener tal resultado. Le repugnaba entregar a un hombre inocente a la muerte más ignominiosa y cruel que se pudiese infligir.

Cuando hubo cesado el tumulto de las voces, volvió a hablar al pueblo diciendo: "¿Por qué?, ¿qué mal ha hecho?" Pero era demasiado tarde para argumentar. No eran pruebas de la inocencia de Cristo lo que querían, sino su condena.

Pilato todavía se esforzó por salvarlo. "Y les dijo por tercera vez: ¿Pues qué mal ha hecho éste? Ningún delito digno de muerte he hallado en él; lo castigaré, pues, y lo soltaré". Pero la sola mención de su liberación decuplicó el frenesí del pueblo. "¡Crucifícale, crucifícale!", clamaron. La tempestad que la indecisión de Pilato había provocado rugía cada vez más.

Jesús fue tomado, extenuado de cansancio y cubierto de heridas, y fue azotado a la vista de la muchedumbre. "Entonces los soldados lo llevaron dentro del atrio, esto es, al pretorio, y convocaron a toda la compañía. Y lo vistieron de púrpura, y poniéndole una corona tejida de espinas, comenzaron luego a saludarlo: ¡Salve, Rey de los judíos!... Y lo escupían, y puestos de rodillas le hacían reverencias". De vez en cuando alguna mano perversa le arrebataba la caña que había sido puesta en su mano, y con ella hería la corona que estaba sobre su frente, haciendo penetrar las espinas en sus sienes y chorrear la sangre por su rostro y su barba.

¡Admírense, oh cielos, y asómbrate, oh tierra! Contemplen al opresor y al oprimido. Una multitud enfurecida rodea al Salvador del mundo. Las burlas y los escarnios se mezclan con los groseros juramentos de blasfemia. La turba insensible comenta su humilde nacimiento y vida. Pone en ridículo su aserto de ser el Hijo de Dios, y la broma obscena y el escarnio insultante pasan de labio a labio.

Satanás indujo a la turba cruel a ultrajar al Salvador. Era su propósito provocarlo a que usase de represalias, si era posible, o impulsarlo a realizar un milagro para librarse y así destruir el plan de la salvación. Una mancha sobre su vida humana, una falla de su humanidad para soportar la prueba terrible, y el Cordero de Dios habría sido una ofrenda imperfecta y la redención del hombre habría fracasado. Pero el Ser que con una orden podría haber hecho acudir en su auxilio a la hueste celestial —quien por medio de la manifestación de su majestad divina podría haber ahuyentado de su vista e infundido terror a esa turba—, se sometió con perfecta calma a los más groseros insultos y ultrajes.

Los enemigos de Cristo habían exigido un milagro como evidencia de su divinidad. Tenían una prueba mucho mayor que cualesquiera de las que buscasen. Así como su crueldad degradaba a sus atormentadores por debajo de la humanidad a semejanza de Satanás, así también la mansedumbre y paciencia de Jesús lo exaltaban por encima de la humanidad y probaban su filiación con Dios. Su humillación era la garantía de su exaltación. Las agónicas gotas de sangre, que de sus heridas sienes corrieron por su rostro y su barba, fueron la garantía de su ungimiento con el "óleo de alegría"[3] como nuestro gran Sumo Sacerdote.

La ira de Satanás fue grande al ver que todos los insultos infligidos al Salvador no lo forzaban ni siquiera a una murmuración de sus labios. Aunque había tomado sobre sí la naturaleza humana, estaba sostenido por una fortaleza divina y no se apartó un ápice de la voluntad de su Padre.

Cuando Pilato entregó a Jesús para que fuese azotado y burlado, pensó excitar la piedad de la muchedumbre. Esperaba que ella decidiera que ese castigo bastaba. Pensó que aun la malicia de los sacerdotes estaría ahora satisfecha. Pero, con aguda percepción, los judíos vieron la debilidad que significaba el castigar así a un hombre que había sido declarado inocente. Sabían que Pilato estaba tratando de salvar la vida del preso, y ellos estaban resueltos a que Jesús no fuese liberado. Pensaron: "Pilato lo ha azotado para agradarnos y satisfacernos, y si insistimos al respecto para obtener una decisión, seguramente conseguiremos nuestro fin".

Pilato mandó entonces que se trajese a Barrabás al tribunal. Luego presentó a los dos presos, uno al lado del otro, y señalando al Salvador dijo con voz de solemne súplica: "¡He aquí el hombre!" "Mirad, os lo traigo fuera, para que entendáis que ningún delito hallo en él".

Allí estaba el Hijo de Dios, llevando el manto de burla y la corona de espinas. Desnudo hasta la cintura, su espalda revelaba los largos y crueles azotes, de los cuales la sangre fluía copiosamente. Su rostro manchado de sangre llevaba las marcas del agotamiento y el dolor; pero nunca había parecido más hermoso que en ese momento. El semblante del Salvador no estaba desfigurado delante de sus enemigos. Cada rasgo expresaba bondad y resignación, y la más tierna compasión por sus crueles verdugos. Su porte no expresaba debilidad cobarde, sino la fuerza y dignidad de la longanimidad. En sorprendente contraste se destacaba el preso que estaba a su lado. Cada rasgo del semblante de Barrabás lo proclamaba como el empedernido rufián que era. El contraste hablaba a todos los espectadores. Algunos de éstos lloraban. Al mirar a Jesús, sus corazones se llenaron de simpatía. Aun los sacerdotes y príncipes estaban convencidos de que él era todo lo que aseveraba ser.

Los soldados romanos que rodeaban a Cristo no estaban todos endurecidos; algunos miraban insistentemente su rostro en busca de una prueba de que era un personaje criminal o peligroso. De vez en cuando arrojaban una mirada de desprecio a Barrabás. No se necesitaba profunda percepción para discernir cabalmente lo que era. Luego volvían a mirar al Ser que se juzgaba. Miraban al divino Doliente con sentimientos de profunda compasión. La callada sumisión de Cristo grabó en su mente esa escena, que nunca se iba a borrar de ella hasta que lo reconocieran como Cristo, o rechazándolo decidieran su propio destino.

La paciencia del Salvador, que no exhalaba una queja, llenó de asombro a Pilato. No dudaba de que la visión de este hombre, en contraste con Barrabás, habría de mover a simpatía a los judíos. Pero no entendía el odio fanático que sentían los sacerdotes hacia el que, como Luz del mundo, había hecho manifiestas sus tinieblas y error. Habían incitado a la turba a una furia loca, y nuevamente los sacerdotes, los príncipes y el pueblo elevaron aquel terrible clamor: "¡Crucifícale! ¡Crucifícale!" Por fin, perdiendo toda paciencia con su crueldad irracional, Pilato exclamó desesperado: "Tomadle vosotros, y crucificadle; porque yo no hallo delito en él".

El gobernador romano, aunque familiarizado con escenas de crueldad, se sentía movido de simpatía hacia el preso sufriente que, condenado y azotado, con la frente ensangrentada y la espalda lacerada, seguía teniendo el porte de un rey sobre su trono. Pero los sacerdotes declararon: "Nosotros tenemos una ley, y según nuestra ley debe morir, porque se hizo a sí mismo Hijo de Dios".

Pilato se sorprendió. No tenía una idea correcta de Cristo y su misión; pero tenía una fe vaga en Dios y en los seres superiores a la humanidad. El pensamiento que una vez antes cruzara por su mente cobró ahora una forma más definida. Se preguntó si no sería un ser divino el que estaba delante de él, cubierto con el burlesco manto purpúreo y corona do de espinas.

Volvió al tribunal y dijo a Jesús: "¿De dónde eres tú?" Pero Jesús no le respondió. El Salvador había hablado abiertamente a Pilato explicándole su misión como testigo de la verdad. Pilato había despreciado la luz. Había abusado del alto cargo de juez al renunciar a sus principios y su autoridad bajo las exigencias de la turba. Jesús ya no tenía más luz para él. Vejado por su silencio, Pilato dijo altaneramente:

"¿A mí no me hablas? ¿No sabes que tengo autoridad para crucificarte, y que tengo autoridad para soltarte?"

Jesús respondió: "Ninguna potestad tendrías contra mí, si no te fuese dada de arriba; por tanto, el que a ti me ha entregado, mayor pecado tiene".

Así el Salvador compasivo, en medio de sus intensos sufrimientos y pesar, disculpó tanto como le fue posible el acto del gobernador romano que lo entregaba para ser crucificado. ¡Qué escena digna de ser transmitida al mundo para todos los tiempos! ¡Cuánta luz derrama sobre el carácter del Ser que es el Juez de toda la tierra!

Jesús dijo: "El que a ti me ha entregado, mayor pecado tiene". Con estas palabras Cristo señalaba a Caifás, quien, como sumo sacerdote, representaba a la nación judía. Ellos conocían los principios que regían a las autoridades romanas. Habían tenido luz en las profecías que testificaban de Cristo, y en sus propias enseñanzas y milagros. Los jueces judíos habían recibido pruebas inequívocas de la divinidad del Ser a quien condenaban a muerte. Y serían juzgados de acuerdo con la luz que habían recibido.

La culpa mayor y la responsabilidad más pesada incumbían a quienes estaban en los lugares más encumbrados de la nación, los depositarios de esos sagrados cometidos que vilmente estaban traicionando. Pilato, Herodes y los soldados romanos eran comparativamente ignorantes acerca de Jesús. Abusando de él pensaban agradar a los sacerdotes y príncipes. No tenían la luz que la nación judía había recibido en tanta abundancia. Si la luz hubiese sido dada a los soldados, no habrían tratado a Cristo tan cruelmente como lo hicieron.

Pilato volvió a proponer la liberación del Salvador. "Pero los judíos daban voces, diciendo: Si a éste sueltas, no eres amigo de César". Así pretendían estos hipócritas ser celosos por la autoridad de César. De entre todos los que se oponían al gobierno romano, los judíos eran los más encarnizados. Cuando no había peligro en ello, eran los más tiránicos en imponer sus propias exigencias nacionales y religiosas; pero cuando deseaban realizar algún propósito cruel exaltaban el poder de César. Con el fin de lograr la destrucción de Cristo, profesaban ser leales al gobierno extranjero que odiaban.

Continuaron: "Todo el que se hace rey, a César se opone". Esto tocaba a Pilato en un punto débil. Estaba bajo sospecha para el gobierno romano, y sabía que un informe tal lo arruinaría. Sabía que si estorbaba a los judíos, volverían su ira contra él. Nada dejarían de hacer para lograr su venganza. Tenía delante de sí un ejemplo de la persistencia con que buscaban la vida de Uno a quien odiaban sin razón.

Pilato tomó entonces su lugar en el sitial del tribunal, y volvió a presentar a Jesús al pueblo diciendo: "¡He aquí vuestro Rey!" Volvió a oírse el furioso clamor: "¡Fuera, fuera, crucifícale!" Con voz que fue oída lejos y cerca, Pilato preguntó: "¿A vuestro Rey he de crucificar?" Pero de labios profanos y blasfemos brotaron las palabras: "No tenemos más rey que César".

Al escoger así a un gobernante pagano, la nación judía se retiraba de la teocracia. Rechazaba a Dios como su Rey. De ahí en adelante no tendría libertador. No tendría otro rey sino a César. A esto habían conducido al pueblo los sacerdotes y maestros. Eran responsables de esto y de los terribles resultados que siguieron. El pecado de una nación y la ruina de una nación se debieron a sus dirigentes religiosos.

"Viendo Pilato que nada adelantaba, sino que se hacía más alboroto, tomó agua y se lavó las manos delante del pueblo, diciendo: Inocente soy yo de la sangre de este justo;

allá vosotros". Con temor y condenándose a sí mismo, Pilato miró al Salvador. En el vasto mar de rostros vueltos hacia arriba, el suyo era el único apacible. En derredor de su cabeza parecía resplandecer una suave luz. Pilato dijo en su corazón: "Es un Dios". Volviéndose a la multitud, declaró: "Limpio estoy de su sangre, tómenlo y crucifíquenlo. Pero noten, sacerdotes y príncipes, que yo lo declaro justo. Y que el Ser a quien él llama su Padre los juzgue a ustedes y no a mí por la obra de este día". Luego dijo a Jesús: "Perdóname por este acto; no puedo salvarte". Y cuando lo hubo hecho azotar otra vez, lo entregó para ser crucificado.

Pilato anhelaba liberar a Jesús. Pero vio que no podría hacerlo y conservar su puesto y sus honores. Antes que perder su poder mundanal prefirió sacrificar una vida inocente. ¡Cuántos, para escapar a la pérdida o al sufrimiento, sacrifican igualmente los buenos principios! La conciencia y el deber señalan un camino, y el interés propio señala otro. La corriente arrastra fuertemente en la mala dirección, y el que transige con el mal es precipitado a las densas tinieblas de la culpabilidad.

Pilato cedió a las exigencias de la turba. Antes que arriesgarse a perder su puesto entregó a Jesús para que fuese crucificado. Pero a pesar de sus precauciones, aquello mismo que temía le aconteció después. Fue despojado de sus honores, fue derribado de su alto cargo y, atormentado por el remordimiento y el orgullo herido, poco después de la crucifixión se quitó la vida. Asimismo, todos los que transigen con el pecado no tendrán sino pesar y ruina. "Hay camino que al hombre le parece derecho; pero su fin es camino de muerte".[4]

Cuando Pilato se declaró inocente de la sangre de Cristo, Caifás contestó desafiante: "Su sangre sea sobre nosotros, y sobre nuestros hijos". Esas terribles palabras fueron repetidas por los sacerdotes y príncipes, y luego por la muchedumbre en un inhumano rugir de voces. Toda la multitud contestó y dijo: "Su sangre sea sobre nosotros, y sobre nuestros hijos".

El pueblo de Israel había hecho su elección. Señalando a Jesús, habían dicho: "¡Fuera con éste, y suéltanos a Barrabás!" Barrabás, el ladrón y homicida, era el representante de Satanás. Cristo era el representante de Dios. Cristo había sido rechazado; Barrabás había sido elegido. Iban a tener a Barrabás. Al hacer su elección, aceptaron al que desde el principio es mentiroso y homicida. Satanás era su dirigente. Como nación iban a cumplir sus dictados. Iban a hacer sus obras. Tendrían que soportar su gobierno. El pueblo que eligió a Barrabás en lugar de Cristo iba a sentir la crueldad de Barrabás mientras durase el tiempo.

Mirando al herido Cordero de Dios, los judíos habían gritado: "Su sangre sea sobre nosotros, y sobre nuestros hijos". Ese espantoso grito ascendió al trono de Dios. Esa sentencia, que pronunciaron sobre sí mismos, fue escrita en el cielo. Esa oración fue oída. La sangre del Hijo de Dios fue como una maldición perpetua sobre sus hijos y sobre los hijos de sus hijos.

Eso se cumplió en forma espantosa en la destrucción de Jerusalén. Terriblemente se ha manifestado esto durante veinte siglos en la condición de la nación judía: un sarmiento cortado de la vid, una rama muerta y estéril destinada a ser juntada y quemada. ¡De país a país a través del mundo, de siglo en siglo, muertos, muertos en delitos y pecados!

Terriblemente se habrá de cumplir esta oración en el gran día del juicio. Cuando Cristo vuelva a la tierra, los hombres no lo verán como preso rodeado por una turba. Lo verán como Rey del cielo. Cristo volverá en su gloria, en la gloria de su Padre y en la gloria de los santos ángeles. Miríadas y miríadas, y miles de miles de ángeles, hermosos y triunfantes hijos de Dios que poseen una belleza y gloria superiores a todo lo que conocemos, lo escoltarán en su regreso. Entonces se sentará sobre el trono de su gloria y delante de él se congregarán todas las naciones. Entonces todo ojo lo verá, y también quienes lo traspasaron. En lugar de una corona de espinas llevará una corona de gloria; una corona dentro de otra corona. En lugar de aquel viejo manto de grana llevará un vestido del blanco más puro, "tanto que ningún lavador en la tierra los puede hacer más blancos". Y en su vestidura y en su muslo estará escrito un nombre: "REY DE REYES Y SEÑOR DE SEÑORES". Estarán allí quienes lo escarnecieron e hirieron. Los sacerdotes y príncipes contemplarán de nuevo la escena del pretorio. Cada circunstancia se les presentará como escrita en letras de fuego. Entonces los que pidieron: "Su sangre sea sobre nosotros, y sobre nuestros hijos", recibirán la respuesta a su petición. Entonces el mundo entero sabrá y entenderá. Los pobres, débiles y finitos seres humanos se darán cuenta contra quién y contra qué estuvieron guerreando. Con terrible agonía y horror clamarán a las montañas y a las rocas: "Caed sobre nosotros, y escondednos del rostro de aquel que está sentado sobre el trono, y de la ira del Cordero; porque el gran día de su ira ha llegado; ¿y quién podrá sostenerse en pie?"[5]

---

[1] Luc. 20:22-25. [2] Mar. 6:16; Mat. 14:2. [3] Heb. 1:9. [4] Prov. 14:12. [5] Mar. 9:3; Apoc. 19:16; 6:16, 17.

CAPÍTULO 78

Calvario

"Y CUANDO LLEGARON al lugar llamado de la Calavera, lo crucificaron allí".

"Para santificar al pueblo mediante su propia sangre", Cristo "padeció fuera de la puerta".[1] Por causa de la transgresión de la ley de Dios, Adán y Eva fueron desterrados del Edén. Cristo, nuestro sustituto, iba a sufrir fuera de los límites de Jerusalén. Murió fuera de la puerta, donde eran ejecutados los malvados y asesinos. Rebosan de significado las palabras: "Cristo nos redimió de la maldición de la ley, hecho por nosotros maldición".[2]

Una vasta multitud siguió a Jesús desde el pretorio hasta el Calvario. Las nuevas de su condena se habían difundido por toda Jerusalén, y personas de todas clases y jerarquías acudieron al lugar de su ejecución. Los sacerdotes y príncipes se habían comprometido a no molestar a los seguidores de Cristo si él les era entregado, así que los discípulos y creyentes de la ciudad y la región circundante pudieron unirse a la muchedumbre que seguía al Salvador.

Al cruzar Jesús la puerta del atrio del tribunal de Pilato, la cruz que había sido preparada para Barrabás fue puesta sobre sus hombros magullados y ensangrentados. Dos compañeros de Barrabás iban a sufrir la muerte al mismo tiempo que Jesús, y también se pusieron cruces sobre ellos. La carga del Salvador era demasiado pesada para él en su condición débil y doliente. Desde la cena de Pascua que tomara con sus discípulos no había ingerido alimento ni bebida. En el jardín de Getsemaní había agonizado en conflicto con los agentes satánicos. Había soportado la angustia de la traición, y había visto a sus discípulos abandonarlo y huir. Había sido llevado a Anás, luego a Caifás y después a Pilato. De Pilato había sido enviado a Herodes, luego de nuevo a Pilato. Las injurias habían sucedido a las injurias, los escarnios a los escarnios, y había sido flagelado dos veces; toda esa noche se había producido una escena tras otra de un carácter capaz de probar hasta lo sumo a un alma humana. Cristo no había desfallecido. Sólo había hablado palabras que tendían a glorificar a Dios. Durante toda la deshonrosa farsa del proceso se había portado con firmeza y dignidad. Pero cuando, después de la segunda flagelación, la cruz fue puesta sobre él, la naturaleza humana no pudo soportar más. Cayó desmayado bajo el peso.

La muchedumbre que seguía al Salvador vio sus pasos débiles y tambaleantes, pero no manifestó compasión. Se burló de él y lo injurió porque no podía llevar la pesada cruz. Volvieron a poner sobre él la carga, y otra vez cayó desfalleciente al suelo. Sus perseguidores vieron que le era imposible llevarla más lejos. No sabían dónde encontrar quien quisiese llevar la humillante carga. Los judíos mismos no podían hacerlo, porque la contaminación les habría impedido observar la Pascua. Entre la turba que lo seguía no había una sola persona que quisiese rebajarse a llevar la cruz.

En ese momento un forastero, Simón cireneo, que volvía del campo, se encontró con la multitud. Oyó las burlas y palabras soeces de la turba; oyó las palabras repetidas con desprecio: "¡Abran paso para el Rey de los judíos!" Se detuvo asombrado ante la escena; y como expresara su compasión, se apoderaron de él y colocaron la cruz sobre sus hombros.

Simón había oído de Jesús. Sus hijos creían en el Salvador, pero él no era un discípulo. Resultó una bendición para él llevar la cruz al Calvario, y desde entonces estuvo siempre agradecido por esa providencia. Ello lo indujo a tomar sobre sí la cruz de Cristo por su propia voluntad y a estar siempre alegremente bajo su carga.

Había no pocas mujeres entre la multitud que seguía al Inocente a su muerte cruel. Su atención estaba fija en Jesús. Algunas de ellas lo habían visto antes. Algunas le habían llevado sus enfermos y dolientes. Otras habían sido sanadas. Al oír el relato de las escenas que acababan de acontecer, se asombraron por el odio de la muchedumbre hacia el Ser por quien su propio corazón se enternecía y estaba por quebrantarse. Y a pesar de la acción de la turba enfurecida y de las palabras airadas de sacerdotes y príncipes, esas mujeres expresaron su simpatía. Al caer Jesús desfalleciente bajo la cruz, prorrumpieron en llanto lastimero.

Eso fue lo único que atrajo la atención de Cristo. Aunque estaba abrumado por el sufrimiento, mientras llevaba los pecados del mundo, no fue indiferente a la expresión de pesar. Miró a esas mujeres con tierna compasión. No eran creyentes en él; sabía que no lo compadecían como enviado de Dios, sino que eran movidas por sentimientos de compasión humana. No despreció su simpatía, sino que ésta despertó en su corazón una simpatía más profunda por ellas: Dijo: "Hijas de Jerusalén, no lloréis por mí, sino llorad por vosotras mismas y por vuestros hijos". De la escena que presenciaba, Cristo miró hacia adelante al tiempo de la destrucción de Jerusalén. En ese terrible acontecimiento, muchas de las que ahora lloraban por él iban a perecer junto con sus hijos.

De la caída de Jerusalén, los pensamientos de Jesús pasaron a un juicio más amplio. En la destrucción de la ciudad impenitente vio un símbolo de la destrucción final que caerá sobre el mundo. Dijo: "Entonces comenzarán a decir a los montes: Caed sobre nosotros; y a los collados: Cubridnos. Porque si en el árbol verde hacen estas cosas, ¿en el seco, qué no se hará?" Por medio del árbol verde Jesús se representó a sí mismo, el Redentor inocente. Dios permitió que su ira contra la transgresión cayese sobre su Hijo amado. Jesús iba a ser crucificado por los pecados de los hombres. Entonces, ¿qué sufrimiento tendría que soportar el pecador que continuase en el pecado? Todos los impenitentes e incrédulos iban a conocer un pesar y una desgracia que el lenguaje no podría expresar.

Entre la multitud que siguió al Salvador hasta el Calvario había muchos que lo habían acompañado, con gozosos hosannas y agitando palmas, mientras entraba triunfantemente en Jerusalén. Pero no pocos de los que habían gritado sus alabanzas porque era tan popular hacerlo, ahora engrosaban el clamor: "¡Crucifícale, crucifícale!" Cuando Cristo entró en Jerusalén, las esperanzas de los discípulos habían llegado a su apogeo. Se habían agolpado en derredor de su Maestro, sintiendo que era un alto honor estar relacionados con él. Ahora, en su humillación, lo seguían de lejos. Estaban llenos de pesar y agobiados por las esperanzas frustradas. Ahora se verificaban las palabras de Jesús: "Todos vosotros os escandalizaréis de mí esta noche; porque escrito está: Heriré al pastor, y las ovejas del rebaño serán dispersadas".[3]

Al llegar al lugar de la ejecución, los presos fueron atados a los instrumentos de tortura. Los dos ladrones se debatieron en las manos de quienes los ponían sobre la cruz; pero Jesús no ofreció resistencia. La madre de Jesús, sostenida por el amado discípulo Juan, había seguido las pisadas de su Hijo hasta el Calvario. Lo había visto desmayar bajo el peso de la cruz, y había anhelado sostener con su mano la cabeza herida y limpiar la frente que una vez se reclinara en su seno. Pero no se le permitió ese triste privilegio. Junto con los discípulos, todavía acariciaba la esperanza de que Jesús manifestase su poder y se librara de sus enemigos. Pero su corazón volvió a desfallecer al recordar las palabras con que Jesús había predicho las mismas escenas que estaban ocurriendo. Mientras ataban a los ladrones a la cruz, miró con ansiedad agonizante. ¿Dejaría que se lo crucificase el que había dado vida a los muertos? ¿Se sometería el Hijo de Dios a esta muerte cruel? ¿Debía ella renunciar a su fe de que Jesús era el Mesías? ¿Tenía ella que presenciar su oprobio y pesar, sin tener siquiera el privilegio de servirlo en su angustia? Vio sus manos extendidas sobre la cruz; se trajeron el martillo y los clavos, y mientras los largos clavos atravesaban la tierna carne, los afligidos discípulos apartaron de la cruel escena el cuerpo desfalleciente de la madre de Jesús.

El Salvador no dejó oír un murmullo de queja. Su rostro permanecía sereno, pero había grandes gotas de sudor sobre su frente. No hubo mano compasiva que enjugase el rocío de muerte de su rostro, ni se oyeron palabras de simpatía y fidelidad inquebrantable que sostuviesen su corazón humano. Mientras los soldados estaban realizando su terrible obra, Jesús oró por sus enemigos: "Padre, perdónalos, porque no saben lo que hacen". Su mente se apartó de sus propios sufrimientos para pensar en el pecado de sus perseguidores y en la terrible retribución que les tocaría. No invocó maldición alguna sobre los soldados que lo maltrataban tan rudamente. No invocó venganza alguna sobre los sacerdotes y príncipes que se regocijaban por haber logrado su propósito. Cristo se compadeció de ellos en su ignorancia y culpa. Sólo exhaló una súplica para que fuesen perdonados; "porque no saben lo que hacen".

Si hubiesen sabido que estaban torturando a quien había venido para salvar a la raza pecadora de la ruina eterna, el remordimiento y el horror se habrían apoderado de ellos. Pero su ignorancia no suprimió su culpabilidad, porque habían tenido el privilegio de conocer y aceptar a Jesús como su Salvador. Algunos todavía iban a ver su pecado, y arrepentirse y convertirse. Otros, por su impenitencia, iban a hacer imposible que fuese contestada la oración de Cristo en su favor. Pero asimismo se cumplía el propósito de Dios. Jesús estaba adquiriendo el derecho a ser abogado de los hombres en la presencia del Padre.

Esa oración de Cristo por sus enemigos abarcaba al mundo. Abarcaba a todo pecador que hubiera vivido desde el principio del mundo o fuese a vivir hasta el fin del tiempo. Sobre todos recae la culpabilidad de la crucifixión del Hijo de Dios. A todos se ofrece libremente el perdón. "El que quiere" puede tener paz con Dios y heredar la vida eterna.

Tan pronto como Jesús estuvo clavado en la cruz, ésta fue levantada por hombres fuertes y plantada con gran violencia en el hoyo preparado para ella. Esto causó la más intensa agonía al Hijo de Dios. Pilato escribió una inscripción en hebreo, griego y latín y la colocó sobre la cruz, más arriba de la cabeza de Jesús. Decía: "JESÚS NAZARENO, REY DE LOS JUDÍOS". Esa inscripción irritó a los judíos. En el tribunal de Pilato habían clamado: "Crucifícale". "No tenemos más rey que a César".[4] Habían declarado que quien reconociese a otro rey era traidor. Pilato escribió el sentimiento que habían expresado. No se mencionaba delito alguno, excepto que Jesús era Rey de los judíos. La inscripción era un reconocimiento virtual de la fidelidad de los judíos al poder romano. Declaraba que cualquiera que aseverase ser Rey de Israel sería juzgado por ellos como digno de muerte. Los sacerdotes se habían excedido. Cuando maquinaban la muerte de Cristo, Caifás había declarado conveniente que un hombre muriese para salvar a la nación. Ahora su hipocresía quedó revelada. Con el fin de destruir a Cristo habían estado dispuestos a sacrificar incluso su existencia nacional.

Los sacerdotes vieron lo que habían hecho, y pidieron a Pilato que cambiase la inscripción. Dijeron: "No escribas, Rey de los judíos; sino que él dijo: Soy Rey de los judíos". Pero Pilato estaba enojado consigo mismo por causa de su debilidad anterior, y despreciaba completamente a los celosos y arteros sacerdotes y príncipes. Respondió fríamente: "Lo que he escrito, he escrito".

Un poder superior a Pilato y a los judíos había dirigido la colocación de esa inscripción por sobre la cabeza de Jesús. En la providencia de Dios, tenía que incitar a la reflexión e investigación de las Escrituras. El lugar donde Cristo fue crucificado se hallaba cerca de la ciudad. Miles de personas de todos los países estaban entonces en Jerusalén, y la inscripción que declaraba Mesías a Jesús de Nazaret iba a llegar a su conocimiento. Era una verdad viva, transcrita por una mano que Dios había guiado.

En los sufrimientos de Cristo en la cruz se cumplía la profecía. Siglos antes de la crucifixión el Salvador había predicho el trato que iba a recibir. Dijo: "Porque perros me han rodeado; me ha cercado cuadrilla de malignos; horadaron mis manos y mis pies. Contar puedo todos mis huesos; entre tanto, ellos me miran y me observan. Repartieron entre sí mis vestidos, y sobre mi ropa echaron suertes".[5] La profecía concerniente a sus vestiduras fue cumplida sin consejo ni intervención de los amigos o los enemigos del Crucificado. Su ropa había sido dada a los soldados que lo habían puesto en la cruz. Cristo oyó la disputa entre los hombres mientras se repartían las ropas entre sí. Su túnica era toda tejida sin costura, y dijeron: "No la partamos, sino echemos suertes sobre ella, a ver de quién será".

En otra profecía el Salvador declaró: "El escarnio ha quebrantado mi corazón y estoy acongojado. Esperé quien se compadeciese de mí, y no lo hubo; y consoladores, y ninguno hubo. Me pusieron además hiel por comida, y en mi sed me dieron a beber vinagre".[6] Era permitido dar a los que sufrían la muerte de cruz una poción estupefaciente que amortiguase la sensación del dolor. Esa poción fue ofrecida a Jesús; pero al probarla, la rehusó. No quería recibir algo que turbase su mente. Su fe debía mantenerse firme, aferrado a Dios. Era su única fortaleza. Embotar sus sentidos sería dar una ventaja a Satanás.

Los enemigos de Jesús desahogaron su ira sobre él mientras pendía de la cruz. Sacerdotes, príncipes y escribas se unieron a la muchedumbre para burlarse del Salvador moribundo. En ocasión del bautismo y de la transfiguración se había oído la voz de Dios proclamar a Cristo como su Hijo. Nuevamente, precisamente antes de la traición a Cristo, el Padre había hablado y atestiguado su divinidad. Pero ahora la voz del cielo callaba. Ningún testimonio se oía en favor de Cristo. Solo, sufría los ultrajes y las burlas de los hombres perversos.

Decían: "Si eres Hijo de Dios, desciende de la cruz". "Sálvese a sí, si éste es el Mesías, el escogido de Dios". En el desierto de la tentación Satanás había declarado: "Si eres Hijo de Dios, di que estas piedras se conviertan en pan". "Si eres Hijo de Dios, échate abajo" desde el pináculo del templo.[7] Y Satanás, con ángeles suyos en forma humana, estaba presente al lado de la cruz. El enemigo mortal y sus huestes cooperaban con los sacerdotes y príncipes. Los maestros del pueblo habían incitado a la turba ignorante a pronunciar juicio contra Uno a quien muchos no habían visto hasta que se los instó a que diesen testimonio contra él. Los sacerdotes, los príncipes, los fariseos y el populacho empedernido estaban confederados en un frenesí satánico. Los dirigentes religiosos se habían unido con Satanás y sus ángeles. Estaban cumpliendo sus órdenes.

Jesús, sufriente y moribundo, oía cada palabra mientras los sacerdotes declaraban: "A otros salvó, a sí mismo no puede salvarse; si es el Rey de Israel, descienda ahora de la cruz, y creeremos en él". Cristo podría haber descendido de la cruz. Pero por el hecho de que no quiso salvarse a sí mismo es que el pecador tiene esperanza de perdón y favor con Dios.

Mientras se burlaban del Salvador, los hombres que profesaban ser expositores de la profecía repetían las mismas palabras que la Inspiración había predicho que pronunciarían en esta ocasión. Sin embargo, en su ceguera, no vieron que estaban cumpliendo la profecía. Los que con irrisión dijeron: "Confió en Dios; líbrelo ahora si lo quiere; porque ha dicho: Soy Hijo de Dios", no pensaron que su testimonio repercutiría a través de los siglos. Pero aunque fueron dichas en son de burla, esas palabras indujeron a los hombres a escudriñar las Escrituras como nunca lo habían hecho antes. Hombres sabios oyeron, escudriñaron, reflexionaron y oraron. Hubo quienes no descansaron hasta que, por la comparación de un pasaje de la Escritura con otro, vieron el significado de la misión de Cristo. Nunca antes hubo un conocimiento tan general de Jesús como una vez que fue colgado de la cruz. En el corazón de muchos de quienes presenciaron la crucifixión y oyeron las palabras de Cristo resplandeció la luz de la verdad.

Durante su agonía sobre la cruz llegó a Jesús un rayo de consuelo. Fue la petición del ladrón arrepentido. Los dos hombres crucificados con Jesús se habían burlado de él al principio; y por efecto del padecimiento uno de ellos se volvió más desesperado y desafiante. Pero no sucedió así con su compañero. Ese hombre no era un criminal empedernido. Había sido extraviado por las malas compañías, pero era menos culpable que muchos de quienes estaban al lado de la cruz injuriando al Salvador. Había visto y oído a Jesús y se había convencido por causa de su enseñanza, pero había sido desviado de él por los sacerdotes y príncipes. Procurando ahogar su convicción, se había hundido más y más en el pecado, hasta que fue arrestado, juzgado como criminal y condenado a morir en la cruz. En el tribunal y en el camino al Calvario había estado en compañía de Jesús. Había oído a Pilato declarar: "Ningún delito hallo en él".[8] Había notado su porte divino y el espíritu compasivo de perdón que manifestaba hacia quienes lo atormentaban. En la cruz ve a los muchos que hacen gran profesión de religión sacarle la lengua con escarnio y ridiculizar al Señor Jesús. Ve las cabezas que se burlan. Oye cómo su compañero de culpabilidad repite las palabras de reproche: "Si tú eres el Cristo, sálvate a ti mismo y a nosotros". Entre los que pasan oye a muchos que defienden a Jesús. Los oye repetir sus palabras y hablar de sus obras. Penetra de nuevo en su corazón la convicción de que es el Cristo. Volviéndose hacia su compañero culpable dice: "¿Ni aun temes tú a Dios, estando en la misma condenación?" Los ladrones moribundos ya no tienen nada que temer de los hombres. Pero uno de ellos siente la convicción de que hay un Dios a quien temer, un futuro que lo hace temblar. Y ahora, así como está, todo manchado por el pecado, se ve a punto de terminar la historia de su vida. Gime: "Nosotros, a la verdad, justamente padecemos, porque recibimos lo que merecieron nuestros hechos; mas éste ningún mal hizo".

Ahora nada pone en tela de juicio. No expresa dudas ni reproches. Al ser condenado por su crimen, el ladrón se había desesperado y desanimado; pero ahora brotan en su mente pensamientos extraños, impregnados de ternura. Recuerda todo lo que había oído decir acerca de Jesús, cómo había sanado a los enfermos y perdonado el pecado. Ha oído las palabras de los que creen en Jesús y lo siguen llorando. Ha visto y leído el título puesto sobre la cabeza del Salvador. Ha oído a los transeúntes repetirlo, algunos con labios temblorosos y afligidos, otros con escarnio y burla. El Espíritu Santo ilumina su mente y poco a poco se va eslabonando la cadena de la evidencia. En Jesús, magullado, escarnecido y colgado de la cruz, ve al Cordero de Dios que quita el pecado del mundo. La esperanza se mezcla con la angustia en su voz, mientras que su alma desamparada se aferra de un Salvador moribundo. Exclama: "[Señor,] acuérdate de mí cuando vengas en tu reino".[9]

Rápidamente llega la respuesta. El tono es suave y melodioso, y las palabras, llenas de amor, compasión y poder: "De cierto te digo hoy: Estarás conmigo en el paraíso".

Durante las largas horas de agonía, la injuria y el escarnio habían herido los oídos de Jesús. Mientras pendía de la cruz, subía hacia él el sonido de las burlas y maldiciones. Con corazón anhelante había escuchado para oír alguna expresión de fe por parte de sus discípulos. Sólo había oído las tristes palabras: "Nosotros esperábamos que él era el que había de redimir a Israel". ¡Cuánto agradecimiento sintió entonces el Salvador por la expresión de fe y amor del ladrón moribundo! Mientras los dirigentes judíos lo negaban y hasta sus discípulos dudaban de su divinidad, el pobre ladrón, en el umbral de la eternidad, llama Señor a Jesús. Muchos estaban dispuestos a llamarlo Señor cuando realizaba milagros y después que hubo resucitado de la tumba; pero mientras pendía moribundo de la cruz nadie lo reconoció, sólo el ladrón arrepentido que se salvó a la hora undécima.

Los que estaban cerca de allí oyeron las palabras del ladrón cuando llamaba Señor a Jesús. El tono del hombre arrepentido llamó su atención. Los que, al pie de la cruz, habían estado disputándose la ropa de Cristo y echando suertes sobre su túnica, se detuvieron para escuchar. Callaron las voces airadas. Con el aliento en suspenso miraron a Cristo y esperaron la respuesta de esos labios moribundos.

Mientras pronunciaba las palabras de promesa, la oscura nube que parecía rodear la cruz fue atravesada por una luz viva y brillante. El ladrón arrepentido sintió la perfecta paz de la aceptación por Dios. En su humillación, Cristo fue glorificado. El que ante otros ojos parecía vencido, era el Vencedor. Fue reconocido como Portador del pecado. Los hombres pueden ejercer poder sobre su cuerpo humano. Pueden herir sus santas sienes con la corona de espinas. Pueden despojarlo de su vestidura y disputársela en el reparto. Pero no pueden quitarle su poder de perdonar pecados. Al morir, da testimonio de su propia divinidad para la gloria del Padre. Su oído no se ha agravado al punto de no poder oír, ni se ha acortado su brazo para no poder salvar. Es su derecho real salvar hasta lo sumo a todos los que por él se allegan a Dios.

"De cierto te digo hoy: Estarás conmigo en el paraíso". Cristo no prometió que el ladrón estaría con él en el Paraíso ese día. Él mismo no fue ese día al Paraíso. Durmió en la tumba, y en la mañana de la resurrección dijo: "Aún no he subido a mi Padre".[10] Pero en el día de la crucifixión, el día de la derrota y tinieblas aparentes, formuló la promesa. "Hoy"; mientras moría en la cruz como malhechor, Cristo aseguró al pobre pecador: "Estarás conmigo en el Paraíso".

Los ladrones crucificados con Jesús estaban "uno a cada lado, y Jesús en medio". Así se había dispuesto por indicación de los sacerdotes y príncipes. La posición de Cristo entre los ladrones debía indicar que era el mayor criminal de los tres. Así se cumplía el pasaje: "Fue contado con los pecadores".[11] Pero los sacerdotes no podían ver el pleno significado de su acto. Así como Jesús, crucificado con los ladrones, fue puesto "en medio", así su cruz fue puesta en medio de un mundo que yacía en el pecado. Y las palabras de perdón dirigidas al ladrón arrepentido encendieron una luz que brillará hasta los más remotos confines de la tierra.

Con asombro, los ángeles contemplaron el amor infinito de Jesús, quien, sufriendo la más intensa agonía mental y corporal, pensó sólo en los demás y animó al alma penitente a creer. En su humillación se había dirigido como profeta a las hijas de Jerusalén; como sacerdote y abogado había suplicado al Padre para que perdonase a sus homicidas; como Salvador amante había perdonado los pecados del ladrón arrepentido.

Mientras la mirada de Jesús recorría la multitud que lo rodeaba, una figura llamó su atención. Al pie de la cruz estaba su madre, sostenida por el discípulo Juan. Ella no podía permanecer lejos de su Hijo; y Juan, sabiendo que el fin se acercaba, la había traído de nuevo al lado de la cruz. En la hora de su muerte, Cristo recordó a su madre. Mirando su rostro desconsolado y luego a Juan, le dijo: "Mujer, he ahí tu hijo", y luego dijo a Juan: "He ahí tu madre". Juan entendió las palabras de Cristo y aceptó el cometido. Llevó a María a su casa, y desde esa hora la cuidó tiernamente. ¡Oh Salvador compasivo y amante! ¡En medio de todo su dolor físico y angustia mental tuvo un cuidado precavido para con su madre! No tenía dinero con qué proveer a su comodidad; pero él estaba entronizado en el corazón de Juan, y le dio su madre como un legado precioso. Así proveyó para ella lo que ella más necesitaba: la tierna simpatía de quien la amaba porque ella amaba a Jesús. Y al recibirla como un sagrado cometido, Juan recibía una gran bendición. Le recordaba constantemente a su amado Maestro.

El perfecto ejemplo de amor filial de Cristo resplandece con brillo siempre vivo a través de la neblina de los siglos. Por casi 30 años Jesús había ayudado con su trabajo diario a llevar las cargas del hogar. Y ahora, aun en su última agonía, se acordó de proveer para su madre viuda y afligida. El mismo espíritu se verá en todo discípulo de nuestro Señor. Los que siguen a Cristo sentirán que es parte de su religión respetar a sus padres y ser su sostén. Los padres y las madres nunca dejarán de recibir cuidado reflexivo y tierna simpatía de parte del corazón donde se alberga el amor de Cristo.

El Señor de gloria estaba muriendo en rescate por la familia humana. Al entregar su preciosa vida, Cristo no fue sostenido por un gozo triunfante. Todo era lobreguez opresiva. No era el temor de la muerte lo que pesaba sobre él. No era el dolor ni la ignominia de la cruz lo que le causaba agonía inefable. Cristo era el príncipe de los dolientes; pero su sufrimiento provenía del sentimiento de la malignidad del pecado, del conocimiento de que por la familiaridad con el mal, el hombre se había vuelto ciego a su enormidad. Cristo vio cuán terrible es el dominio del pecado sobre el corazón humano, y cuán pocos estarían dispuestos a desligarse de su poder. Sabía que sin la ayuda de Dios la humanidad tendría que perecer, y vio a las multitudes perecer teniendo a su alcance ayuda abundante.

Sobre Cristo como sustituto y garante de nosotros fue puesta la iniquidad de todos nosotros. Fue contado por transgresor, para que pudiese redimirnos de la condenación de la ley. La culpabilidad de cada descendiente de Adán abrumó su corazón. La ira de Dios contra el pecado, la terrible manifestación de su desagrado por causa de la iniquidad, llenó de consternación el alma de su Hijo. Toda su vida Cristo había estado proclamando a un mundo caído las buenas nuevas de la misericordia y el amor perdonador del Padre. Su tema era la salvación aun del principal de los pecadores. Pero en esos momentos, sintiendo el terrible peso de la culpabilidad que carga sobre sí, no puede ver el rostro reconciliador del Padre. Al sentir el Salvador que de él se retraía el semblante divino en esta hora de suprema angustia, atravesó su corazón un pesar que nunca podrá comprender plenamente el hombre. Tan grande fue esa agonía que apenas le dejaba sentir el dolor físico.

Con fieras tentaciones, Satanás torturaba el corazón de Jesús. El Salvador no podía ver a través de los portales de la tumba. La esperanza no le presentaba su salida del sepulcro como vencedor ni le hablaba de la aceptación de su sacrificio por parte del Padre. Temía que el pecado fuese tan ofensivo para Dios que su separación resultase eterna. Cristo sintió la angustia que el pecador sentirá cuando la misericordia no interceda más por la raza culpable. Lo que hizo tan amarga la copa que bebía el Hijo de Dios y quebró su corazón fue el sentido del pecado, lo cual atraía la ira del Padre sobre él como sustituto del hombre.

Con asombro los ángeles presenciaron la desesperada agonía del Salvador. Las huestes del cielo velaron sus rostros para no ver el horrendo espectáculo. La naturaleza inanimada expresó simpatía por su Autor insultado y moribundo. El sol se negó a mirar la horrible escena. Sus rayos plenos, brillantes, estaban iluminando la tierra al mediodía, cuando de repente parecieron borrarse. Como fúnebre mortaja, una oscuridad completa rodeó la cruz. "Hubo tinieblas sobre toda la tierra hasta la hora novena". Esas tinieblas, que eran tan profundas como la medianoche sin luna ni estrellas, no se debía a ningún eclipse ni a otra causa natural. Era un testimonio milagroso dado por Dios para confirmar la fe de las generaciones ulteriores.

En esa densa oscuridad se ocultaba la presencia de Dios. Él hace de las tinieblas su pabellón y oculta su gloria de los ojos humanos. Dios y sus santos ángeles estaban al lado de la cruz. El Padre estaba con su Hijo. Sin embargo, su presencia no se reveló. Si su gloria hubiese fulgurado desde la nube, habría sido destruido todo espectador humano. En esa hora espantosa, Cristo no fue consolado con la presencia del Padre. Pisó solo el lagar, y del pueblo no hubo nadie con él.

Con esa densa oscuridad, Dios veló la última agonía humana de su Hijo. Todos los que habían visto sufrir a Cristo estaban convencidos de su divinidad. Ese rostro, una vez contemplado por la humanidad, jamás sería olvidado. Así como el rostro de Caín expresaba su culpabilidad de homicida, el rostro de Cristo revelaba inocencia, serenidad, benevolencia: la imagen de Dios. Pero sus acusadores no quisieron prestar atención al sello del cielo. Durante largas horas de agonía Cristo había sido mirado fijamente por la multitud escarnecedora. Ahora lo ocultó misericordiosamente el manto de Dios.

Un silencio sepulcral parecía haber caído sobre el Calvario. Un terror sin nombre dominaba a la muchedumbre que estaba rodeando la cruz. Las maldiciones y los vilipendios quedaron a medio pronunciar. Hombres, mujeres y niños cayeron postrados al suelo. Rayos vívidos fulguraban ocasionalmente de la nube y dejaban ver la cruz y al Redentor crucificado. Sacerdotes, príncipes, escribas, verdugos y la turba, todos pensaron que había llegado su tiempo de retribución. Después de un rato, alguien murmuró que Jesús bajaría ahora de la cruz. Algunos intentaron regresar a tientas a la ciudad, golpeándose el pecho y llorando de miedo.

A la hora nona, las tinieblas se elevaron de la gente, pero siguieron envolviendo al Salvador. Eran un símbolo de la agonía y horror que pesaban sobre su corazón. Ningún ojo podía atravesar la lobreguez que rodeaba la cruz, y nadie podía penetrar la lobreguez más intensa que rodeaba el alma doliente de Cristo. Los airados rayos parecían lanzados contra él mientras pendía de la cruz. Entonces "Jesús clamó a gran voz, diciendo: Eloi, Eloi, ¿lama sabactani?... Dios mío, Dios mío, ¿por qué me has desamparado?" Cuando la lobreguez exterior se asentó en derredor del Salvador, muchas voces exclamaron: "La venganza del cielo está sobre él. Los rayos de la ira de Dios son lanzados contra él porque se declaró Hijo de Dios". Muchos que creían en él oyeron su clamor desesperado. La esperanza los abandonó. Si Dios había abandonado a Jesús, ¿en quién podían confiar sus seguidores?

Cuando las tinieblas se alzaron del espíritu oprimido de Cristo, recrudeció su sentido de los sufrimientos físicos y dijo: "Tengo sed". Uno de los soldados romanos, movido a compasión al mirar sus labios resecos, colocó una esponja en un tallo de hisopo y, sumergiéndola en un vaso de vinagre, se la ofreció a Jesús. Pero los sacerdotes se burlaron de su agonía. Cuando las tinieblas cubrieron la tierra, se habían llenado de temor; pero al disiparse su terror volvieron a temer que Jesús aún se les escapase. Interpretaron mal sus palabras: "Elí, Elí, ¿lama sabactani?" Con amargo desprecio y escarnio dijeron: "A Elías llama éste". Rechazaron la última oportunidad de aliviar sus sufrimientos. Dijeron: "Veamos si viene Elías a librarlo".

El inmaculado Hijo de Dios pendía de la cruz y su carne estaba lacerada por los azotes; esas manos, que tantas veces se habían extendido para bendecir, estaban clavadas a los maderos; esos pies, tan incansables en los ministerios de amor, también estaban clavados a la cruz; esa cabeza real estaba herida por la corona de espinas; esos labios temblorosos formulaban clamores de dolor. Y todo lo que sufrió —las gotas de sangre que cayeron de su cabeza, sus manos y sus pies, la agonía que torturó su ser y la inefable angustia que llenó su alma al ocultarse el rostro de su Padre— habla a cada hijo de la humanidad y declara: "Por ti consiente el Hijo de Dios en llevar esta carga de culpabilidad; por ti saquea el dominio de la muerte y abre las puertas del Paraíso. El que calmó las airadas ondas y anduvo sobre la cresta espumosa de las olas, el que hizo temblar a los demonios y huir a la enfermedad, el que abrió los ojos de los ciegos y devolvió la vida a los muertos, se ofrece como sacrificio en la cruz, y eso por amor a ti. Él, el Portador del pecado, soporta la ira de la justicia divina y por causa tuya se hace pecado".

Los espectadores miraron en silencio el fin de la terrible escena. El sol resplandecía; pero la cruz todavía estaba envuelta en tinieblas. Los sacerdotes y príncipes miraban hacia Jerusalén; y he aquí, la nube densa se había asentado sobre la ciudad y las llanuras de Judea. El Sol de Justicia, la Luz del mundo, retiraba sus rayos de Jerusalén, la que una vez fuera la ciudad favorecida. Los fieros rayos de la ira de Dios están siendo dirigidos contra la ciudad condenada.

De repente la lobreguez se apartó de la cruz, y en tonos claros, como de trompeta, que parecían repercutir por toda la creación, Jesús exclamó: "Consumado es". "Padre, en tus manos encomiendo mi espíritu". Una luz circuyó la cruz, y el rostro del Salvador brilló con una gloria como la del sol. Entonces inclinó la cabeza sobre su pecho y murió.

En medio de las terribles tinieblas, aparentemente abandonado de Dios, Cristo había apurado las últimas heces de la copa de la desgracia humana. En esas terribles horas había confiado en la evidencia que antes recibiera de que era aceptado por su Padre. Conocía el carácter de su Padre; entendía su justicia, su misericordia y su gran amor. Por medio de la fe confió en quien siempre había sido su gozo obedecer. Y mientras sumiso se confiaba a Dios, desapareció la sensación de haber perdido el favor de su Padre. Cristo fue vencedor por medio de la fe.

Nunca antes había presenciado la tierra una escena tal. La multitud permanecía paralizada, y con aliento en suspenso miraba fijamente al Salvador. Otra vez descendieron tinieblas sobre la tierra y se oyó un ronco rumor, como de un fuerte trueno. Se produjo un violento terremoto que hizo caer a la gente en racimos. Siguió la más frenética confusión y consternación. En las montañas circundantes se partieron rocas que bajaron con fragor a las llanuras. Se abrieron sepulcros y los muertos fueron arrojados de sus tumbas. La creación parecía estremecerse hasta los átomos. Príncipes, gobernantes, soldados, verdugos y pueblo, mudos de terror, yacían postrados en el suelo.

Cuando los labios de Cristo exhalaron el fuerte grito: "Consumado es", los sacerdotes estaban oficiando en el templo. Era la hora del sacrificio vespertino. El cordero que representaba a Cristo había sido traído para matarlo. Ataviado con sus vestiduras significativas y bellas, el sacerdote estaba con el cuchillo levantado, como Abraham a punto de matar a su hijo. Con intenso interés el pueblo estaba mirando. Pero la tierra tembló y se agitó; porque el Señor mismo se acercaba. Con un ruido desgarrador el velo interior del templo fue rasgado de arriba abajo por una mano invisible, y dejó expuesto a la mirada de la multitud un lugar que una vez fuera llenado con la presencia de Dios. En este lugar había morado la *Shekinah*. Allí Dios había manifestado su gloria sobre el propiciatorio. Nadie sino el sumo sacerdote había alzado jamás el velo que separaba ese departamento del resto del templo. Allí entraba una vez al año para hacer expiación por los pecados del pueblo. Pero he aquí, ese velo se había desgarrado en dos. Ya no era más sagrado el Lugar Santísimo del santuario terrenal.

Todo era terror y confusión. El sacerdote estaba por matar la víctima; pero el cuchillo cayó de su mano enervada y el cordero escapó. El tipo había encontrado al antitipo en la muerte del Hijo de Dios. El gran sacrificio había sido hecho. Estaba abierto el camino que llevaba al santísimo. Había sido preparado para todos un camino nuevo y viviente. Ya no necesitaría la humanidad pecadora y entristecida esperar la salida del sumo sacerdote. De aquí en adelante el Salvador iba a oficiar como sacerdote y abogado en el cielo de los cielos. Era como si una voz viviente hubiese dicho a los adoradores: "Ahora terminan todos los sacrificios y ofrendas por el pecado. El Hijo de Dios ha venido conforme a su Palabra": "He aquí que vengo, oh Dios, para hacer tu voluntad, como en el rollo del libro está escrito de mí". "Por su propia sangre [él entró] una vez para siempre en el Lugar Santísimo, habiendo obtenido eterna redención".[12]

---

[1] Heb. 13:12. [2] Gál. 3:13. [3] Mat. 26:31. [4] Juan 19:15. [5] Sal. 22:16-18. [6] Sal. 69:20, 21. [7] Mat. 4:3, 6. [8] Juan 19:4. [9] Ver Luc. 23:42. [10] Juan 20:17 y NOTA 4 del Apéndice. [11] Isa. 53:12. [12] Heb. 10:7; 9:12.

Capítulo 79

"Consumado es"

CRISTO no entregó su vida hasta que hubo cumplido la obra que había venido a hacer, y con su último aliento exclamó: "Consumado es".[1] La batalla había sido ganada. Su mano derecha y su brazo santo le habían conquistado la victoria. Como Conquistador, plantó su estandarte en las alturas eternas. ¡Qué gozo hubo entre los ángeles! Todo el cielo se asoció al triunfo del Salvador. Satanás estaba derrotado, y sabía que había perdido su reino.

El clamor "Consumado es" tuvo un profundo significado para los ángeles y los mundos que no habían caído. La gran obra de la redención se realizó tanto para ellos como para nosotros. Ellos comparten con nosotros los frutos de la victoria de Cristo.

El carácter de Satanás no fue revelado claramente a los ángeles ni a los mundos no caídos hasta la muerte de Cristo. El gran apóstata se había revestido de tal manera de engaño que aun los seres santos no habían entendido sus principios. No habían visto claramente la naturaleza de su rebelión.

Era un ser de poder y gloria admirables el que se había levantado contra Dios. Acerca de Lucifer el Señor dice: "Tú eras el sello de la perfección, lleno de sabiduría, y acabado de hermosura".[2] Lucifer había sido el querubín cubridor. Había estado en la luz de la presencia de Dios. Había sido el más elevado de todos los seres creados y el primero en revelar los propósitos de Dios al universo. Después que hubo pecado, su poder para engañar fue más seductor, y el desenmascarar su carácter fue más difícil por causa de la exaltada posición que había ocupado cerca del Padre.

Dios podría haber destruido a Satanás y a los que simpatizaban con él tan fácilmente como nosotros podemos arrojar una piedrecita al suelo; pero no lo hizo. La rebelión no se debía vencer por la fuerza. Sólo el gobierno satánico recurre al poder compulsorio. Los principios del Señor no son de ese orden. Su autoridad descansa en la bondad, la misericordia y el amor; y la presentación de esos principios es el medio que se empleará. El gobierno de Dios es moral, y la verdad y el amor han de ser el poder prevaleciente.

Era el propósito de Dios colocar las cosas sobre una eterna base de seguridad, y en los concilios del cielo fue decidido que se le debía dar a Satanás tiempo para que desarrollara los principios que constituían el fundamento de su sistema de gobierno. Él había aseverado que eran superiores a los principios de Dios. Se dio tiempo al desarrollo de los principios de Satanás con el fin de que pudiesen ser vistos por el universo celestial.

Satanás indujo a los hombres a pecar, y el plan de la redención fue puesto en práctica. Durante cuatro mil años Cristo estuvo obrando para elevar al hombre, y Satanás para arruinarlo y degradarlo. Y el universo celestial lo contempló todo.

Cuando Jesús vino al mundo, el poder de Satanás fue dirigido contra él. Desde que apareció como niño en Belén, el usurpador obró para lograr su destrucción. De toda manera posible procuró impedir que Jesús alcanzase una infancia perfecta, una virilidad inmaculada, un ministerio santo y un sacrificio sin mancha. Pero fue derrotado. No pudo inducir a Jesús a pecar. No pudo desanimarlo ni apartarlo de la obra que había venido a hacer en la tierra. Desde el desierto hasta el Calvario, la tempestad de la ira de Satanás lo azotó, pero cuanto más despiadada era, tanto más firmemente se aferraba el Hijo de Dios de la mano de su Padre y avanzaba por la senda ensangrentada. Todos los esfuerzos de Satanás para oprimirlo y vencerlo no lograron sino hacer resaltar con luz más pura su carácter inmaculado.

Todo el cielo y los mundos no caídos habían sido testigos de la controversia. Con qué intenso interés siguieron las escenas finales del conflicto. Contemplaron al Salvador entrar en el jardín de Getsemaní, con el alma agobiada por el horror de las densas tinieblas. Oyeron su amargo clamor: "Padre mío, si es posible, pase de mí esta copa".[3] Mientras la presencia del Padre se retiraba, lo vieron entristecido con una amargura de pesar que excedía a la de la última gran lucha con la muerte. El sudor de sangre brotó de sus poros y cayó en gotas sobre el suelo. Tres veces fue arrancada de sus labios la oración por liberación. El Cielo no podía ya soportar la escena, y un mensajero de consuelo fue enviado al Hijo de Dios.

El Cielo contempló a la Víctima entregada en las manos de la turba homicida y, entre burlas y violencia, llevado de prisa de un tribunal a otro. Oyó los escarnios de sus perseguidores con referencia a su humilde nacimiento. Oyó a uno de sus más amados discípulos negarlo con maldiciones y juramentos. Vio la obra frenética de Satanás y su poder sobre los corazones humanos. ¡Oh, terrible escena! El Salvador apresado a medianoche en Getsemaní, arrastrado de aquí para allá del palacio al tribunal, emplazado dos veces ante los sacerdotes, dos veces ante el Sanedrín, dos veces ante Pilato y una vez ante Herodes. Burlado, azotado, condenado y llevado a ser crucificado, cargando con la pesada cruz entre el llanto de las hijas de Jerusalén y los escarnios del populacho.

El Cielo contempló con pesar y asombro a Cristo colgado de la cruz, mientras la sangre fluía de sus sienes heridas y el sudor teñido de sangre brotaba en su frente. De sus manos y sus pies caía la sangre, gota a gota, sobre la roca horadada para recibir el pie de la cruz. Las heridas hechas por los clavos se abrían, mientras el peso de su cuerpo desgarraba sus manos. Su trabajoso aliento se iba haciendo más rápido y más profundo, mientras su alma jadeaba bajo el peso de los pecados del mundo. Todo el cielo se llenó de asombro cuando Cristo ofreció su oración en medio de sus terribles sufrimientos: "Padre, perdónalos, porque no saben lo que hacen".[4] Sin embargo allí estaban los hombres, formados a la imagen de Dios, uniéndose para destruir la vida de su Hijo unigénito. ¡Qué espectáculo para el universo celestial!

Los principados y las potestades de las tinieblas estaban congregados en derredor de la cruz, arrojando la sombra infernal de la incredulidad en los corazones humanos. Cuando el Señor creó esos seres para que estuviesen delante de su trono, eran hermosos y gloriosos. Su belleza y santidad estaban de acuerdo con su exaltada posición. Estaban enriquecidos con la sabiduría de Dios y ceñidos con la panoplia del cielo. Eran ministros de

Jehová. Pero, ¿quién podía reconocer en los ángeles caídos a los gloriosos serafines que una vez ministraron en los atrios celestiales?

Los agentes satánicos se confederaron con los hombres impíos para inducir al pueblo a creer que Cristo era el principal de los pecadores, y para hacer de él un objeto de abominación. Los que se burlaron de Cristo mientras pendía de la cruz estaban dominados por el espíritu del primer gran rebelde. Los llenó con palabras viles y abominables. Inspiró sus burlas. Pero nada ganó con todo eso.

Si se hubiese podido encontrar un pecado en Cristo, si en un detalle hubiese cedido a Satanás para escapar a la terrible tortura, el enemigo de Dios y del hombre habría triunfado. Cristo inclinó su cabeza y murió, pero mantuvo firme su fe y su sumisión a Dios. "Entonces oí una gran voz en el cielo, que decía: Ahora ha venido la salvación, el poder, y el reino de nuestro Dios, y la autoridad de su Cristo; porque ha sido lanzado fuera el acusador de nuestros hermanos, el que los acusaba delante de nuestro Dios día y noche".[5]

Satanás vio que su disfraz le había sido arrancado. Su administración quedaba al descubierto delante de los ángeles que no habían caído y delante del universo celestial. Se había revelado como homicida. Al derramar la sangre del Hijo de Dios se había desarraigado de la simpatía de los seres celestiales. Desde entonces su obra sería restringida. Cualquiera que fuese la actitud que asumiese ya no podría acechar a los ángeles mientras salían de los atrios celestiales, ni delante de ellos acusar a los hermanos de Cristo de estar revestidos de ropas de negrura y contaminación de pecado. Estaba roto el último vínculo de simpatía entre Satanás y el mundo celestial.

Sin embargo, Satanás no fue destruido en ese momento. Ni siquiera entonces entendieron los ángeles todo lo que involucraba la gran controversia. Los principios que estaban en juego habían de ser revelados en mayor plenitud. Y por causa del hombre, la existencia de Satanás debía continuar. Tanto el hombre como los ángeles debían ver el contraste entre el Príncipe de la luz y el príncipe de las tinieblas. El hombre debía elegir a quién quería servir.

Al principio de la gran controversia Satanás había declarado que la ley de Dios no podía ser obedecida, que la justicia no armonizaba con la misericordia y que, si la ley había sido violada, era imposible que el pecador fuese perdonado. Satanás sostenía con insistencia que cada pecado debía recibir su castigo; y si Dios remitía el castigo del pecado, no era un Dios de verdad y justicia. Cuando los hombres violaban la ley de Dios y desafiaban su voluntad, Satanás se regocijaba. Declaraba que eso demostraba que la ley no podía ser obedecida; el hombre no podía ser perdonado. Por cuanto él mismo, después de su rebelión, había sido desterrado del cielo, Satanás sostenía que la familia humana debía quedar privada para siempre del favor de Dios. Insistía en que Dios no podía ser justo y, al mismo tiempo, mostrar misericordia al pecador.

Pero aunque pecador, el hombre estaba en una situación diferente de la de Satanás. Lucifer había pecado en el cielo en la luz de la gloria de Dios. A él como a ningún otro ser creado había sido dada una revelación del amor de Dios. Comprendiendo el carácter de Dios y conociendo su bondad, Satanás decidió seguir su propia voluntad egoísta e independiente. Su elección fue final. Ya no había nada que Dios pudiese hacer para salvarlo. Pero el hombre fue engañado; su mente fue entenebrecida por el sofisma de Satanás. No conocía la altura y la profundidad del amor de Dios. Para él había esperanza en el conocimiento del amor de Dios. Por medio de la contemplación del carácter divino podía ser atraído de vuelta a Dios.

Mediante Jesús, la misericordia de Dios fue manifestada a los hombres; pero la misericordia no pone a un lado la justicia. La ley revela los atributos del carácter de Dios, y no podía cambiarse una jota o una tilde de ella para ponerla al nivel del hombre en su condición caída. Dios no cambió su ley, pero se sacrificó, en Cristo, por la redención del hombre. "Dios estaba en Cristo reconciliando consigo al mundo".[6]

La ley requiere justicia: una vida justa, un carácter perfecto; y esto no lo tenía el hombre para darlo. No puede satisfacer los requerimientos de la santa ley de Dios. Pero Cristo, viniendo a la tierra como hombre, vivió una vida santa y desarrolló un carácter perfecto. Ofrece éstos como don gratuito a todos los que quieran recibirlos. Su vida representa la vida de los hombres. Así tienen remisión de los pecados pasados, por la paciencia de Dios. Más que esto, Cristo impregna a los hombres con los atributos de Dios. Edifica el carácter humano a semejanza del carácter divino, y produce una hermosa obra espiritualmente fuerte y bella. Así la misma justicia de la ley se cumple en el que cree en Cristo. Dios puede ser "justo, y el que justifica al que es de la fe de Jesús".[7]

El amor de Dios ha sido expresado en su justicia no menos que en su misericordia. La justicia es el fundamento de su trono y el fruto de su amor. Había sido el propósito de Satanás divorciar la misericordia de la verdad y la justicia. Procuró probar que la justicia de la ley de Dios es enemiga de la paz. Pero Cristo muestra que en el plan de Dios están indisolublemente unidas; la una no puede existir sin la otra. "La misericordia y la verdad se encontraron; la justicia y la paz se besaron".[8]

Por medio de su vida y su muerte Cristo demostró que la justicia de Dios no destruyó su misericordia, sino que el pecado podía ser perdonado, y que la ley es justa y puede ser obedecida perfectamente. Las acusaciones de Satanás fueron refutadas. Dios había dado al hombre evidencia inequívoca de su amor.

Otro engaño iba a ser presentado ahora. Satanás declaró que la misericordia destruía la justicia, que la muerte de Cristo abrogaba la ley del Padre. Si hubiese sido posible que la ley fuera cambiada o abrogada, Cristo no habría necesitado morir. Pero abrogar la ley sería inmortalizar la transgresión y colocar al mundo bajo el dominio de Satanás. Por causa de que la ley era inmutable, por causa de que el hombre sólo podía ser salvo a través de la obediencia a sus preceptos, es que Jesús fue levantado en la cruz. Sin embargo, Satanás representó como destructor de la ley el mismo medio por el cual Cristo la estableció. Alrededor de esto girará el último conflicto de la gran controversia entre Cristo y Satanás.

El aserto que Satanás presenta hoy es que la ley pronunciada por la propia voz de Dios es deficiente, que alguna especificación de ella ha sido puesta a un lado. Es el último gran engaño que arrojará sobre el mundo. No necesita atacar toda la ley; si puede inducir a los hombres a despreciar un precepto, logra su propósito: "Porque cualquiera que guardare toda la ley, pero ofendiere en un punto, se hace culpable de todos". Al consentir en violar un precepto, los hombres se colocan bajo el poder de Satanás. Al sustituir la ley de Dios por la ley humana, Satanás procurará dominar al mundo. Esa obra está predicha en la profecía. Acerca del gran poder apóstata que representa a Satanás se declaró: "Hablará palabras contra el Altísimo, y a los santos del Altísimo quebrantará, y pensará en cambiar los tiempos y la ley; y serán entregados en su mano".[9]

Ciertamente, los hombres erigirán sus leyes para contrarrestar las leyes de Dios. Tratarán de compeler las conciencias ajenas, y en su celo por imponer esas leyes oprimirán a sus semejantes.

La guerra contra la ley de Dios, que comenzó en el cielo, continuará hasta el fin del tiempo. Cada hombre será probado. El mundo entero tiene que decidir sobre este asunto: obediencia o desobediencia. Todos serán llamados a elegir entre la ley de Dios y las leyes de los hombres. En eso se trazará la línea divisoria. Sólo habrá dos clases. Todo carácter quedará plenamente definido; y todos revelarán si han elegido el lado de la lealtad o el de la rebelión.

Entonces vendrá el fin. Dios vindicará su ley y librará a su pueblo. Satanás y todos los que se han unido con él en la rebelión serán cortados. El pecado y los pecadores perecerán, raíz y rama:[10] Satanás la raíz, y sus seguidores las ramas. Se cumplirá la palabra dirigida al príncipe del mal: "Por cuanto pusiste tu corazón como corazón de Dios... te arrojé de entre las piedras del fuego, oh querubín protector... Espanto serás, y para siempre dejarás de ser". Entonces, "no existirá el malo; observarás su lugar, y no estará allí"; "serán como si no hubieran sido".[11]

Este no es un acto de poder arbitrario por parte de Dios. Los que rechazaron su misericordia siegan lo que sembraron. Dios es la fuente de vida; y cuando uno elige el servicio del pecado, se separa de Dios, y así se separa de la vida. Queda privado "de la vida de Dios". Cristo dice: "Todos los que me aborrecen aman la muerte".[12] Dios les da la existencia por un tiempo para que desarrollen su carácter y revelen sus principios. Logrado esto, reciben los resultados de su propia elección. Por causa de una vida de rebelión, Satanás y todos los que se unen con él se colocan de tal manera en desarmonía con Dios que la misma presencia de él es para ellos un fuego consumidor. La gloria de quien es amor los destruye.

Al principio de la gran controversia los ángeles no entendían esto. Si a Satanás y su hueste se los hubiese dejado cosechar el pleno resultado de su pecado, habrían perecido; pero para los seres celestiales no habría sido evidente que eso era el resultado inevitable del pecado. Habría permanecido en su mente una duda en cuanto a la bondad de Dios, como mala semilla para producir su mortífero fruto de pecado y desgracia.

Pero no sucederá así cuando la gran controversia termine. Entonces, habiendo sido completado el plan de la redención, el carácter de Dios quedará revelado a todas las inteligencias creadas. Se verá que los preceptos de su ley son perfectos e inmutables. El pecado habrá manifestado entonces su naturaleza; Satanás, su carácter. Entonces el exterminio del pecado vindicará el amor de Dios y rehabilitará su honor delante de un universo compuesto de seres que se deleitarán en hacer su voluntad y en cuyo corazón estará su ley.

Por tanto, bien podían los ángeles regocijarse al mirar la cruz del Salvador; porque aunque no lo entendiesen todo entonces, sabían que la destrucción del pecado y de Satanás estaba asegurada para siempre, que la redención del hombre quedaba asegurada y que el universo quedaba seguro eternamente. Cristo mismo comprendió plenamente los resultados del sacrificio hecho en el Calvario. Vio todo eso por delante cuando en la cruz exclamó: "Consumado es".

---

[1] Juan 19:30. [2] Eze. 28:12. [3] Mat. 26:39. [4] Luc. 23:34. [5] Apoc. 12:10. [6] 2 Cor. 5:19. [7] Rom. 3:26. [8] Sal. 85:10. [9] Sant. 2:10; Dan. 7:25. [10] Ver Mal. 4:1. [11] Eze. 28:6-19; Sal. 37:10; Abd. 16. [12] Efe. 4:18; Prov. 8:36.

CAPÍTULO 80

En la tumba de José

POR FIN Jesús descansaba. El largo día de oprobio y tortura había terminado. Mientras los últimos rayos del sol poniente introducían el sábado, el Hijo de Dios yacía en quietud en la tumba de José. Terminada su obra, con sus manos cruzadas en paz, reposó durante las horas sagradas del sábado.

Al principio, el Padre y el Hijo habían descansado el sábado después de su obra de creación. Cuando "fueron... acabados los cielos y la tierra, y todo el ejército de ellos", el Creador y todos los seres celestiales se regocijaron en la contemplación de la gloriosa escena. "Alababan todas las estrellas del alba, y se regocijaban todos los hijos de Dios". Ahora Jesús descansaba de la obra de la redención; y aunque había pesar entre quienes lo amaban en la tierra, había gozo en el cielo. La promesa de lo futuro era gloriosa a los ojos de los seres celestiales. Una creación restaurada, una raza redimida, que por haber vencido el pecado nunca más podría caer; eso fue lo que Dios y los ángeles vieron como resultado de la obra concluida por Cristo. Con esa escena está para siempre vinculado el día en que Cristo reposó. Porque su "obra es perfecta"; y "todo lo que Dios hace, eso será perpetuo". Cuando se produzca "la restauración de todas las cosas, de la cual habló Dios por boca de sus santos profetas, que ha habido desde la antigüedad", el sábado de la creación, el día en que Cristo descansó en la tumba de José, todavía será un día de reposo y regocijo. El cielo y la tierra se unirán en alabanza, mientras que "de sábado en sábado"[1] las naciones de los salvos se inclinarán en gozosa adoración a Dios y al Cordero.

En los acontecimientos finales del día de la crucifixión se dieron nuevas evidencias del cumplimiento de la profecía, y nuevos testimonios de la divinidad de Cristo. Cuando las tinieblas se alzaron de la cruz, y el Salvador hubo exhalado su clamor moribundo, inmediatamente se oyó otra voz que decía: "Verdaderamente éste era Hijo de Dios".[2]

Estas palabras no fueron dichas en tonos susurrantes. Todos los ojos se volvieron para ver de dónde venían. ¿Quién había hablado? Era el centurión, el soldado romano. La divina paciencia del Salvador y su muerte repentina, con el clamor de victoria en sus labios, habían impresionado a ese pagano. El centurión reconoció la figura del Hijo de Dios en el cuerpo magullado y quebrantado que pendía de la cruz. No se pudo contener de confesar su fe. Así se dio nueva evidencia de que nuestro Redentor iba a ver del trabajo de su alma. En el mismo día de su muerte tres hombres, que diferían ampliamente entre sí, declararon su fe: el que comandaba la guardia romana, el que llevó la cruz del Salvador y el que murió en la cruz a su lado.

Al acercarse la noche, una quietud sorprendente se asentó sobre el Calvario. La multitud se dispersó, y muchos volvieron a Jerusalén muy cambiados en espíritu de lo que habían estado por la mañana. Muchos habían acudido a la crucifixión por curiosidad y no por odio hacia Cristo. Sin embargo, creían las acusaciones de los sacerdotes y consideraban a Jesús como malhechor. Bajo una excitación sobrenatural se habían unido a la turba en sus burlas contra él. Pero cuando la tierra fue envuelta en negrura y se vieron acusados por su propia conciencia, se sintieron culpables de un gran mal. Ninguna broma ni risa burlona se oyó en medio de esa temible lobreguez; cuando ésta se alzó, regresaron a sus casas en silencio solemne. Estaban convencidos de que las acusaciones de los sacerdotes eran falsas, que Jesús no era un impostor; y unas pocas semanas más tarde, cuando Pedro predicó en el Día de Pentecostés, se encontraban entre los miles que se convirtieron a Cristo.

Pero los dirigentes judíos no fueron cambiados por los eventos que habían presenciado. Su odio hacia Jesús no disminuyó. Las tinieblas que habían descendido sobre la tierra en ocasión de la crucifixión no eran más densas que las que todavía envolvían el espíritu de los sacerdotes y príncipes. En ocasión de su nacimiento, la estrella había conocido a Cristo y había guiado a los sabios hasta el pesebre donde yacía. Las huestes celestiales lo habían conocido, y habían cantado su alabanza sobre las llanuras de Belén. El mar había conocido su voz, y había obedecido su mandato. La enfermedad y la muerte habían reconocido su autoridad, y le habían cedido su presa. El sol lo había conocido, y a la vista de su angustia mortal había ocultado su rostro de luz. Las rocas lo habían conocido, y se habían desmenuzado en fragmentos a su grito. La naturaleza inanimada había conocido a Cristo, y había atestiguado su divinidad. Pero los sacerdotes y príncipes de Israel no conocieron al Hijo de Dios.

Sin embargo, los sacerdotes y los príncipes no tuvieron reposo. Habían llevado a cabo su propósito de dar muerte a Cristo; pero no tenían el sentimiento de victoria que habían esperado. Aun en la hora de su triunfo aparente estaban acosados por dudas en cuanto a lo que iba a suceder luego. Habían oído el grito: "Consumado es". "Padre, en tus manos encomiendo mi espíritu".[3] Habían visto partirse las rocas, habían sentido el poderoso terremoto, y estaban intranquilos y ansiosos.

Habían tenido celos de la influencia de Cristo sobre el pueblo cuando vivía; tenían celos de él aun en la muerte. Temían más, mucho más, al Cristo muerto de lo que habían temido jamás al Cristo vivo. Temían que la atención del pueblo fuese dirigida aún más allá de los eventos que acompañaron su crucifixión. Temían los resultados de la obra de ese día. Bajo ningún motivo querían que su cuerpo permaneciese en la cruz durante el sábado. El sábado se estaba acercando y su santidad quedaría violada si los cuerpos permanecían en la cruz. Así que, usando eso como pretexto, los dirigentes judíos pidieron a Pilato que se apresurase la muerte de las víctimas y se bajasen sus cuerpos antes de la puesta del sol.

Pilato estaba tan renuente como ellos a que el cuerpo de Jesús permaneciese en la cruz. Habiendo obtenido su consentimiento, hicieron romper las piernas de los dos ladrones para apresurar su muerte; pero se descubrió que Jesús ya había muerto. Los rudos soldados habían sido enternecidos por lo que habían oído y visto de Cristo, y eso les impidió quebrar sus extremidades. Así se cumplió, en la ofrenda del Cordero de Dios, la ley de la Pascua: "No dejarán del animal sacrificado para la mañana, ni quebrarán hueso de él; conforme a todos los ritos de la pascua la celebrarán".[4]

Los sacerdotes y príncipes se asombraron de hallar que Cristo había muerto. La muerte de cruz era un proceso lento; era difícil determinar cuándo cesaba la vida. Era algo inaudito que un hombre muriese seis horas después de la crucifixión. Los sacerdotes querían estar seguros de la muerte de Jesús, y a sugerencia suya un soldado dio un lanzazo al costado del Salvador. De la herida así hecha fluyeron dos copiosos y distintos raudales: uno de sangre, el otro de agua. Esto fue notado por todos los espectadores, y Juan anota el suceso muy definidamente. Dice: "Uno de los soldados le abrió el costado con una lanza, y al instante salió sangre y agua. Y el que lo vio da testimonio, y su testimonio es verdadero; y él sabe que dice verdad, para que vosotros también creáis. Porque estas cosas sucedieron para que se cumpliese la Escritura: No será quebrado hueso suyo. Y también otra Escritura dice: Mirarán al que traspasaron".[5]

Después de la resurrección, los sacerdotes y príncipes hicieron circular el rumor de que Cristo no murió en la cruz, que simplemente se había desmayado y que más tarde revivió. Otro rumor afirmaba que no era un cuerpo real de carne y hueso, sino la semejanza de un cuerpo, lo que había sido puesto en la tumba. La acción de los soldados romanos desmiente estas falsedades. No le rompieron las piernas porque ya estaba muerto. Para satisfacer a los sacerdotes le atravesaron el costado. Si la vida no hubiese estado ya extinta, esa herida le habría causado una muerte instantánea.

Pero no fue el lanzazo, no fue el padecimiento de la cruz, lo que causó la muerte de Jesús. Ese clamor, pronunciado "a gran voz"[6] en el momento de la muerte, y el raudal de sangre y agua que fluyó de su costado declaran que murió de un corazón roto. Su corazón se rompió por causa de la angustia mental. Fue asesinado por el pecado del mundo.

Con la muerte de Cristo perecieron las esperanzas de sus discípulos. Miraban sus párpados cerrados y su cabeza caída, su cabello apelmazado con sangre, sus manos y pies horadados, y su angustia era indescriptible. Hasta el final no habían creído que muriese; apenas si podían creer que estaba realmente muerto. Abrumados por el pesar, no recordaban sus palabras que habían predicho esa misma escena. Nada de lo que él había dicho los consolaba ahora. Sólo veían la cruz y a su Víctima ensangrentada. El futuro parecía sombrío y desesperante. Su fe en Jesús había perecido; pero nunca habían amado tanto a su Salvador como ahora. Nunca antes habían sentido tanto su valía y la necesidad de su presencia.

Aun en la muerte, el cuerpo de Cristo era precioso para sus discípulos. Anhelaban darle una sepultura honrosa, pero no sabían cómo lograrlo. La traición contra el gobierno romano era el crimen por el cual Jesús había sido condenado, y las personas ajusticiadas por esta ofensa eran remitidas a un lugar de sepultura especialmente provisto para tales criminales. El discípulo Juan y las mujeres de Galilea habían permanecido al pie de la cruz. No podían dejar el cuerpo de su Señor en manos de soldados insensibles para que lo sepultasen en una tumba deshonrosa. Sin embargo, no podían impedirlo. No podían obtener favores de las autoridades judías y no tenían influencia ante Pilato.

En esta emergencia, José de Arimatea y Nicodemo vinieron en auxilio de los discípulos. Ambos hombres eran miembros del Sanedrín y conocían a Pilato. Ambos eran hombres de recursos e influencia. Estaban resueltos a que el cuerpo de Jesús recibiese una sepultura honrosa.

José fue osadamente a Pilato y le pidió el cuerpo de Jesús. Por primera vez supo Pilato que Jesús estaba realmente muerto. Informes contradictorios le habían llegado acerca de los eventos que habían acompañado la crucifixión, pero el conocimiento de la muerte de Cristo le había sido ocultado a propósito. Pilato había sido advertido por los sacerdotes y príncipes contra el engaño de los discípulos de Cristo con respecto a su cuerpo. Por tanto, al oír la petición de José, mandó llamar al centurión que había estado encargado de la cruz y así supo con certeza de la muerte de Jesús. También oyó de él un relato de las escenas del Calvario que confirmaba el testimonio de José.

El pedido de José fue concedido. Mientras Juan se preocupaba por la sepultura de su Maestro, José volvió con la orden de Pilato en busca del cuerpo de Cristo; y Nicodemo vino trayendo una costosa mezcla de mirra y áloes, que pesaría unos 40 kilos, para embalsamarlo. A los hombres más honrados de toda Jerusalén no se les habría tributado mayor respeto en la muerte. Los discípulos se quedaron asombrados al ver a esos ricos príncipes tan interesados como ellos en la sepultura de su Señor.

Ni José ni Nicodemo habían aceptado abiertamente al Salvador mientras vivía. Sabían que un paso tal los habría excluido del Sanedrín, y esperaban protegerlo por medio de su influencia en los concilios. Durante un tiempo pareció que tenían éxito; pero los astutos sacerdotes, viendo cómo favorecían a Cristo, desbarataron sus planes. En su ausencia, Jesús había sido condenado y entregado para ser crucificado. Ahora que había muerto ya no ocultaron su adhesión a él. Mientras los discípulos temían manifestarse abiertamente como seguidores suyos, José y Nicodemo acudieron osadamente en su auxilio. La ayuda de estos hombres ricos y honrados era muy necesaria en ese momento. Podían hacer por su Maestro muerto lo que era imposible para los pobres discípulos; su riqueza e influencia los protegían muchísimo de la malicia de los sacerdotes y príncipes.

Con suavidad y reverencia bajaron con sus propias manos el cuerpo de Jesús. Sus lágrimas de simpatía caían en abundancia mientras miraban su cuerpo magullado y lacerado. José poseía una tumba nueva, labrada en una roca. Se la estaba reservando para sí mismo; pero estaba cerca del Calvario, y ahora la preparó para Jesús. El cuerpo, juntamente con las especias traídas por Nicodemo, fue envuelto cuidadosamente en un sudario, y el Redentor fue llevado a la tumba. Allí los tres discípulos enderezaron las extremidades heridas y cruzaron las manos magulladas sobre el pecho sin vida. Las mujeres galileas vinieron para ver si se había hecho todo lo que podía hacerse por el cuerpo muerto de su amado Maestro. Luego vieron cómo se hacía rodar la pesada piedra contra la entrada de la tumba, y el Salvador fue dejado en reposo. Las mujeres fueron las últimas al pie de la cruz, y las últimas en la tumba de Cristo. Mientras las sombras vespertinas iban cayendo, María Magdalena y las otras Marías se demoraron en el lugar donde descansaba su Señor, derramando lágrimas de pesar por la suerte del Ser a quien amaban. "Luego volvieron a casa y... descansaron el sábado, conforme al mandamiento".[7]

Para los entristecidos discípulos ese fue un sábado que nunca olvidarían, y también lo fue para los sacerdotes, príncipes, escribas y el pueblo. A la puesta del sol, en la tarde del día de preparación, sonaron las trompetas para indicar que el sábado había empezado. La Pascua fue observada como lo había sido durante siglos, mientras el Ser a quien señalaba, ultimado por manos perversas, yacía en la tumba de José. El sábado los atrios del templo estuvieron llenos de adoradores. El sumo sacerdote que había estado en el Gólgota estaba allí, magníficamente ataviado en sus vestiduras sacerdotales. Sacerdotes de turbante blanco, llenos de actividad, cumplían sus deberes. Pero mientras se ofrecía por el pecado la sangre de becerros y machos cabríos algunos de los presentes no estaban tranquilos. No eran conscientes de que el tipo había encontrado al antitipo, de que un sacrificio infinito había sido hecho por los pecados del mundo. No sabían que ya no tenía más valor el cumplimiento del servicio ritual. Pero nunca antes había sido presenciada esa ceremonia con tales sentimientos en conflicto. Las trompetas y los instrumentos de música y las voces de los cantores sonaban tan fuertes y claras como de costumbre. Pero una sensación de extrañeza lo compenetraba todo. Uno a otro preguntaba acerca del extraño evento que había acontecido. Hasta entonces, el Lugar Santísimo había sido guardado en forma sagrada de todo intruso. Pero ahora estaba abierto a todos los ojos. El pesado velo de tapicería, hecho de lino puro y hermosamente adornado de oro, escarlata y púrpura, estaba rasgado de arriba abajo. El lugar donde Jehová se encontraba con el sumo sacerdote para comunicar su gloria, el que había sido la sagrada cámara de audiencia de Dios, estaba abierto a todo ojo; ya no era reconocido por el Señor. Con lóbregos presentimientos los sacerdotes ministraban ante el altar. La exposición del misterio sagrado del Lugar Santísimo les hacía temer que sobreviniera alguna calamidad.

Muchas mentes repasaban activamente los pensamientos originados por las escenas del Calvario. Desde la crucifixión hasta la resurrección, muchos ojos insomnes escudriñaron constantemente las profecías, algunos para aprender el pleno significado de la fiesta que estaban celebrando, otros para hallar evidencia de que Jesús no era lo que aseveraba ser; y otros, con corazón entristecido, buscando pruebas de que era el verdadero Mesías. Aunque escudriñando con diferentes objetivos en vista, todos fueron convencidos de la misma verdad: esa profecía se había cumplido en los sucesos de los últimos días, y el Crucificado era el Redentor del mundo. Muchos de los que en esa ocasión participaron de la ceremonia, nunca más volvieron a tomar parte en los ritos pascuales. Muchos, aun entre los sacerdotes, se convencieron del verdadero carácter de Jesús. Su escrutinio de las profecías no había sido inútil, y después de su resurrección lo reconocieron como el Hijo de Dios.

Cuando Nicodemo vio a Jesús alzado en la cruz, recordó las palabras que le dijera de noche en el Monte de los Olivos: "Como Moisés levantó la serpiente en el desierto, así es necesario que el Hijo del hombre sea levantado, para que todo aquel que en él cree, no se pierda, mas tenga vida eterna".[8] Ese sábado, cuando Cristo yacía en la tumba, Nicodemo tuvo oportunidad para reflexionar. Una luz más clara iluminaba ahora su mente, y las palabras que Jesús le había dicho ya no eran misteriosas. Comprendía que había perdido mucho por no relacionarse con el Salvador durante su vida. Ahora recordaba los eventos del Calvario. La oración de Cristo por sus homicidas y su respuesta a la petición del ladrón moribundo hablaban al corazón del sabio consejero. Volvió a ver al Salvador en su agonía; volvió a oír ese último grito: "Consumado es", emitido como palabras de un conquistador. Volvió a contemplar la tierra que se sacudía, los cielos oscurecidos, el velo desgarrado, las rocas desmenuzadas, y su fe quedó establecida para siempre. El mismo acontecimiento que destruyó las esperanzas de los discípulos convenció a José y a Nicodemo de la divinidad de Jesús. Sus temores fueron vencidos por el valor de una fe firme e inquebrantable.

Nunca había atraído Cristo la atención de la multitud como ahora que estaba en la tumba. De acuerdo con la práctica, la gente traía sus enfermos y dolientes a los atrios del templo preguntando: "¿Quién nos puede decir dónde está Jesús de Nazaret?" Muchos habían venido de lejos para hallar al que había sanado a los enfermos y resucitado a los muertos. Por todos lados se oía el clamor: "¡Queremos a Cristo el Sanador!" En esta ocasión, los sacerdotes examinaron a quienes se creía daban indicio de lepra. Muchos tuvieron que oírlos declarar leprosos a sus esposos, esposas o hijos, y condenarlos a apartarse del refugio de sus hogares y del cuidado de sus amados, para advertir a los extraños con el lúgubre grito: "¡Inmundo, inmundo!" Las manos amistosas de Jesús de Nazaret, que nunca rehusaron el toque sanador al asqueroso leproso, estaban cruzadas sobre su pecho. Los labios que habían contestado sus peticiones con las consoladoras palabras: "Quiero; sé limpio",[9] estaban callados. Muchos apelaban a los sumos sacerdotes y príncipes en busca de simpatía y alivio, pero en vano. Aparentemente estaban resueltos a tener de nuevo en su medio al Cristo vivo. Con perseverante fervor preguntaban por él. No querían que se los despidiese. Pero fueron ahuyentados de los atrios del templo, y se colocaron soldados a las puertas para impedir la entrada a la multitud que venía con sus enfermos y moribundos demandando entrada.

Los que sufrían y habían venido para ser sanados por el Salvador quedaron abatidos por el chasco. Las calles estaban llenas de lamentos. Los enfermos morían por falta del toque sanador de Jesús. Se consultaba en vano a los médicos; no había habilidad como la del que yacía en la tumba de José.

Los lamentos de los dolientes convencieron a miles de mentes con la convicción de que se había apagado una gran luz en el mundo. Sin Cristo, la tierra era tinieblas y oscuridad. Muchos cuyas voces habían reforzado el grito de "¡Crucifícale! ¡crucifícale!", comprendían ahora la calamidad que había caído sobre ellos, y con avidez habrían clamado: "Dadnos a Jesús", si hubiese estado vivo.

Cuando la gente supo que Jesús había sido ejecutado por los sacerdotes, empezó a preguntar acerca de su muerte. Los detalles de su juicio fueron mantenidos tan en secreto como fue posible; pero durante el tiempo que estuvo en la tumba, su nombre estuvo en miles de labios; y los informes referentes al simulacro de juicio a que había sido sometido, y a la inhumanidad de los sacerdotes y príncipes, circularon por doquiera. Hombres intelectuales pidieron a esos sacerdotes y príncipes que explicasen las profecías del Antiguo Testamento concernientes al Mesías, y éstos, mientras procuraban fraguar alguna mentira en respuesta, parecieron enloquecer. No podían explicar las profecías que señalaban los sufrimientos y la muerte de Cristo, y muchos de los indagadores se convencieron de que las Escrituras se habían cumplido.

La venganza que los sacerdotes habían pensado sería tan dulce, ya era amargura para ellos. Sabían que estaban recibiendo la severa censura del pueblo; sabían que los mismos en quienes habían influido contra Jesús ahora estaban horrorizados por su vergonzosa obra. Esos sacerdotes habían procurado creer que Jesús era un impostor; pero era en vano. Algunos de ellos habían estado al lado de la tumba de Lázaro y habían visto al muerto resucitar. Temblaron temiendo que Cristo mismo resucitara de los muertos y volviese a aparecer delante de ellos. Le habían oído declarar que él tenía poder para deponer su vida y volverla a tomar. Recordaron que había dicho: "Destruid este templo, y en tres días lo levantaré". Judas les había repetido las palabras dichas por Jesús a los discípulos durante el último viaje a Jerusalén: "Subimos a Jerusalén, y el Hijo del hombre será entregado a los principales sacerdotes y a los escribas, y lo condenarán a muerte; y lo entregarán a los gentiles para que lo escarnezcan, lo azoten y lo crucifiquen; mas al tercer día resucitará".[10] Cuando oyeron esas palabras, se burlaron y las ridiculizaron. Pero ahora recordaban que hasta aquí las predicciones de Cristo se habían cumplido. Había dicho que resucitaría al tercer día, ¿y quién podía decir que eso no acontecería? Anhelaban apartar esos pensamientos, pero no podían. Como su padre, el diablo, creían y temblaban.

Ahora que había pasado el frenesí de la excitación, la imagen de Cristo se presentaba a sus espíritus. Lo contemplaban de pie, sereno y sin quejarse delante de sus enemigos, sufriendo sin un murmullo sus burlas y ultrajes. Recordaban todos los acontecimientos de su juicio y crucifixión con una abrumadora convicción de que era el Hijo de Dios. Sentían que podía presentarse delante de ellos en cualquier momento, pasando el acusado a ser el acusador, el condenado a condenar, el muerto a exigir justicia en la muerte de sus homicidas.

Poco pudieron reposar el sábado. Aunque no querían cruzar el umbral de un gentil por temor a la contaminación, celebraron un concilio acerca del cuerpo de Cristo. La muerte y el sepulcro debían retener al que habían crucificado. "Se reunieron los principales sacerdotes y los fariseos ante Pilato, diciendo: Señor, nos acordamos que aquel engañador dijo, viviendo aún: Después de tres días resucitaré. Manda, pues, que se asegure el sepulcro hasta el tercer día, no sea que vengan sus discípulos de noche, y lo hurten, y digan al pueblo: Resucitó de entre los muertos. Y será el postrer error peor que el primero. Y Pilato les dijo: Ahí tenéis una guardia; id, aseguradlo como sabéis".[11]

Los sacerdotes dieron instrucciones para asegurar el sepulcro. Una gran piedra había sido colocada delante de la abertura. Cruzando esa piedra pusieron sogas, sujetando sus extremos a la roca sólida y sellándolas con el sello romano. La piedra no podía ser movida sin romper el sello. Entonces se colocó una guardia de cien soldados en derredor del sepulcro con el fin de evitar que se lo tocase. Los sacerdotes hicieron todo lo que podían para conservar el cuerpo de Cristo donde había sido puesto. Fue sellado tan seguramente en su tumba como si hubiese de permanecer allí para siempre.

Así aconsejaron y planificaron los hombres débiles. Poco comprendían esos homicidas la inutilidad de sus esfuerzos, pues, por medio de su acción, Dios fue glorificado. Los mismos esfuerzos hechos para impedir la resurrección de Cristo son los argumentos más convincentes para probarla. Cuanto mayor fuese el número de soldados colocados en derredor de la tumba, tanto más categórico sería el testimonio de que había resucitado. Centenares de años antes de la muerte de Cristo, el Espíritu Santo había declarado a través del salmista: "¿Por qué se amotinan las gentes, y los pueblos piensan cosas vanas? Se levantarán los reyes de la tierra, y príncipes consultarán unidos contra Jehová y contra su ungido... El que mora en los cielos se reirá; el Señor se burlará de ellos".[12] Las armas y los guardias romanos fueron impotentes para retener al Señor de la vida en la tumba. Se acercaba la hora de su liberación.

---

[1] Gén. 2:1; Job 38:7; Deut. 32:4; Ecl. 3:14; Hech. 3:21, VM; Isa. 66:23, RVA. [2] Mat. 27:54. [3] Juan 19:30; Luc. 23:46. [4] Núm. 9:12. [5] Juan 19:34-37. [6] Mat. 27:50; Luc. 23:46. [7] Luc. 23:56, NVI. [8] Juan 3:14, 15. [9] Mat. 8:3. [10] Juan 2:19; Mat. 20:18, 19. [11] Mat. 27:62-65. [12] Sal. 2:1-4.

CAPÍTULO 81

"El Señor ha resucitado"

HABÍA TRANSCURRIDO lentamente la noche del primer día de la semana. Había llegado la hora más sombría, exactamente antes del amanecer. Cristo todavía estaba preso en su estrecha tumba. La gran piedra estaba en su lugar; el sello romano no había sido roto; los guardias romanos seguían velando. Y había vigilantes invisibles. Huestes de malos ángeles se cernían sobre el lugar. Si hubiese sido posible, el príncipe de las tinieblas, con su ejército apóstata, habría mantenido para siempre sellada la tumba que guardaba al Hijo de Dios. Pero un ejército celestial rodeaba al sepulcro. Ángeles excelsos en fortaleza guardaban la tumba y esperaban para dar la bienvenida al Príncipe de la vida.

"Y... hubo un terremoto violento, porque un ángel del Señor bajó del cielo".[1] Revestido con la panoplia de Dios, ese ángel dejó los atrios celestiales. Los resplandecientes rayos de la gloria de Dios lo precedieron e iluminaron su senda. "Su aspecto era como el de un relámpago, y su ropa era blanca como la nieve. Los guardias tuvieron tanto miedo de él que se pusieron a temblar y quedaron como muertos".[2]

Ahora, ¿dónde está, sacerdotes y príncipes, el poder de vuestra guardia? Valientes soldados que nunca habían tenido miedo al poder humano son ahora como cautivos tomados sin espada ni lanza. El rostro que miran no es el rostro de un guerrero mortal; es la faz del más poderoso ángel de la hueste del Señor. Este mensajero es el que ocupa la posición de la cual cayó Satanás. Es aquel que en las colinas de Belén proclamó el nacimiento de Cristo. La tierra tiembla al acercarse, huyen las huestes de las tinieblas y, mientras hace rodar la piedra, el cielo parece haber bajado a la tierra. Los soldados lo ven quitar la piedra como si fuese un guijarro, y le oyen clamar: "Hijo de Dios, sal fuera; tu Padre te llama". Ven a Jesús salir de la tumba, y le oyen proclamar sobre el sepulcro abierto: "Yo soy la resurrección y la vida". Mientras sale con majestad y gloria, la hueste angélica se postra en adoración delante del Redentor y le da la bienvenida con cantos de alabanza.

Un terremoto señaló la hora en que Cristo depuso su vida, y otro terremoto indicó el momento cuando la volvió a tomar triunfante. El que había vencido la muerte y el sepulcro salió de la tumba con el paso de un vencedor, entre el bamboleo de la tierra, el fulgor del relámpago y el rugido del trueno. Cuando vuelva de nuevo a la tierra, sacudirá no sólo "la tierra, sino también el cielo". "Temblará la tierra como un ebrio, y será removida como una choza". "Se enrollarán los cielos como un libro"; "los elementos ardiendo serán deshechos, y la tierra y las obras que en ella hay serán quemadas". "Pero Jehová será la esperanza de su pueblo, y la fortaleza de los hijos de Israel".[3]

Al morir Jesús, los soldados habían visto la tierra envuelta en tinieblas al mediodía; pero en ocasión de la resurrección vieron el resplandor de los ángeles iluminar la noche, y oyeron a los habitantes del cielo cantar con grande gozo y triunfo: "¡Has vencido a Satanás y a las potestades de las tinieblas; has absorbido a la muerte en la victoria!"

Cristo surgió de la tumba glorificado, y la guardia romana lo contempló. Sus ojos quedaron clavados en el rostro del Ser de quien se habían burlado tan recientemente. En ese Ser glorificado contemplaron al prisionero, a quien habían visto en el tribunal y para quien habían trenzado una corona de espinas. Este era el que había estado sin ofrecer resistencia delante de Pilato y de Herodes, y cuyo cuerpo había sido lacerado por el cruel látigo. Este era aquel a quien habían clavado en la cruz, y de quien los sacerdotes y príncipes, llenos de satisfacción propia, habían sacudido la cabeza diciendo: "A otros salvó, a sí mismo no se puede salvar".[4] Este era el que había sido puesto en la tumba nueva de José. El decreto del Cielo había librado al cautivo. Montañas acumuladas sobre montañas sobre su sepulcro no habían podido impedirle salir.

Al ver a los ángeles y al Salvador glorificado, los guardias romanos se habían desmayado y caído como muertos. Cuando el séquito celestial quedó oculto de su vista, se levantaron y tan prestamente como los podían llevar sus temblorosos miembros corrieron hacia la puerta del jardín. Tambaleándose como borrachos se dirigieron apresuradamente a la ciudad contando las nuevas maravillosas a cuantos encontraban. Iban adonde estaba Pilato, pero su informe fue llevado a las autoridades judías, y los sumos sacerdotes y príncipes ordenaron que fuesen traídos primero a su presencia. Esos soldados ofrecían una extraña apariencia. Temblorosos de miedo, con los rostros pálidos, daban testimonio de la resurrección de Cristo. Contaron todo como lo habían visto; no habían tenido tiempo para pensar ni para decir otra cosa que la verdad. Con dolorosa entonación dijeron: "Era el Hijo de Dios quien fue crucificado; hemos oído a un ángel proclamarlo Majestad del cielo, Rey de gloria".

Los rostros de los sacerdotes parecían como de muertos. Caifás procuró hablar. Sus labios se movieron, pero no expresaron sonido alguno. Los soldados estaban por abandonar la sala del concilio, pero una voz los detuvo. Caifás había recobrado por fin el habla. Exclamó: "Esperen, esperen. No digan a nadie las cosas que han visto".

Entonces se les dio un informe mentiroso a los soldados. Los sacerdotes ordenaron: "Ustedes digan: 'Sus discípulos vinieron de noche y lo hurtaron, mientras dormíamos' ". En esto los sacerdotes se excedieron. ¿Cómo podían decir los soldados que mientras dormían los discípulos habían robado el cuerpo? Si estaban dormidos, ¿cómo podían saberlo? Y si se probaba que los discípulos habían sido culpables de robar el cuerpo de Cristo, ¿no debieran haber sido los sacerdotes los primeros en condenarlos? O si los centinelas se habían dormido al lado de la tumba, ¿no debieran haber sido los sacerdotes los primeros en acusarlos ante Pilato?

Los soldados se quedaron horrorizados al pensar en atraer sobre sí mismos la acusación de dormir en su puesto. Era un delito punible de muerte. ¿Debían dar falso testimonio, engañar al pueblo y hacer peligrar su propia vida? ¿Acaso no habían cumplido su penosa vela con alerta vigilancia? ¿Cómo podrían soportar el juicio, aun por razones de dinero, si se perjuraban?

Con el fin de silenciar el testimonio que temían, los sacerdotes prometieron garantizar la vida de la guardia diciendo que Pilato no deseaba más que ellos que circulase un informe tal. Los soldados romanos vendieron su integridad a los judíos por dinero. Comparecieron delante de los sacerdotes cargados con un muy sorprendente mensaje de verdad; salieron con una carga de dinero y en sus lenguas un informe mentiroso, fraguado para ellos por los sacerdotes.

Mientras tanto la noticia de la resurrección de Cristo había sido llevada a Pilato. Aunque Pilato era responsable por haber entregado a Cristo a la muerte, se había quedado comparativamente despreocupado. Aunque había condenado de muy mala gana al Salvador y con un sentimiento de piedad, no había sentido hasta ahora ninguna verdadera contrición. Con terror se encerró entonces en su casa, resuelto a no ver a nadie. Pero los sacerdotes penetraron hasta su presencia, le contaron la historia que habían inventado y lo instaron a pasar por alto la negligencia que habían tenido los centinelas con su deber. Pero antes de consentir en eso, él interrogó en privado a los guardias. Éstos, temiendo por su seguridad, no se atrevieron a ocultar nada, y Pilato obtuvo de ellos un relato de todo lo que había sucedido. No llevó el asunto más adelante, pero desde entonces no hubo más paz para él.

Cuando Jesús estuvo en el sepulcro, Satanás triunfó. Se atrevió a esperar que el Salvador no tomase su vida de nuevo. Exigió el cuerpo del Señor, y estableció su guardia alrededor de la tumba procurando retener preso a Cristo. Se airó acerbamente cuando sus ángeles huyeron al acercarse el mensajero celestial. Cuando vio a Cristo salir triunfante, supo que su reino tendría fin y que él finalmente moriría.

Al dar muerte a Cristo, los sacerdotes se habían hecho instrumentos de Satanás. Ahora estaban enteramente en su poder. Estaban enredados en una trampa de la cual no veían otra escapatoria que la continuación de su guerra contra Cristo. Cuando oyeron el informe de su resurrección temieron la ira del pueblo. Sintieron que su propia vida estaba en peligro. Su única esperanza consistía en probar que Cristo era un impostor al negar que había resucitado. Sobornaron a los soldados y obtuvieron el silencio de Pilato. Difundieron sus informes mentirosos lejos y cerca. Pero había testigos a quienes no podían acallar. Muchos habían oído el testimonio de los soldados en cuanto a la resurrección de Cristo. Y ciertos muertos que salieron con Cristo aparecieron a muchos y declararon que había resucitado. Fueron comunicados a los sacerdotes informes de personas que habían visto a esos resucitados y oído su testimonio. Los sacerdotes y príncipes estaban en continuo temor, no fuese que mientras andaban por las calles, o en la intimidad de sus hogares, se encontrasen frente a frente con Cristo. Sentían que no había seguridad para ellos. Los cerrojos y las trancas ofrecerían muy poca protección contra el Hijo de Dios. De día y de noche estaba delante de ellos esa terrible escena del tribunal en que habían clamado: "Su sangre sea sobre nosotros, y sobre nuestros hijos".[5] Nunca más se habría de desvanecer de sus mentes el recuerdo de esa escena. Nunca más volvería a sus almohadas el sueño apacible.

Cuando la voz del poderoso ángel fue oída junto a la tumba de Cristo diciendo: "Tu Padre te llama", el Salvador salió de la tumba por causa de la vida que había en él. Quedó probada la verdad de sus palabras: "Yo pongo mi vida, para volverla a tomar... Tengo poder para ponerla, y tengo poder para volverla a tomar". Entonces se cumplió la profecía que había dicho a los sacerdotes y príncipes: "Destruid este templo, y en tres días lo levantaré".[6]

Sobre la tumba abierta de José, Cristo había proclamado triunfante: "Yo soy la resurrección y la vida". Únicamente la Deidad podía pronunciar esas palabras. Todos los seres creados viven por la voluntad y el poder de Dios. Son receptores dependientes de la vida de Dios. Desde el más sublime serafín hasta el ser animado más insignificante, todos son abastecidos por la Fuente de vida. Sólo el que es uno con Dios podía decir: "Tengo poder para poner mi vida, y tengo poder para tomarla de nuevo". En su divinidad, Cristo poseía el poder para romper las ligaduras de la muerte.

Cristo resucitó de entre los muertos como primicia de los que dormían. Él era el antitipo de la gavilla mecida, y su resurrección se realizó en el mismo día en que esa gavilla era presentada delante del Señor. Por más de mil años se había realizado esa ceremonia simbólica. Se juntaban las primeras espigas de grano maduro de los campos de mies, y cuando la gente subía a Jerusalén para la Pascua se mecía la gavilla de primicias delante de Jehová como acción de gracias. No podía ponerse la hoz a la mies para juntarla en gavillas antes que esa ofrenda fuese presentada. La gavilla dedicada a Dios representaba la mies. Así también Cristo, las primicias, representaba la gran mies espiritual que ha de ser juntada para el reino de Dios. Su resurrección es tipo y garantía de la resurrección de todos los justos muertos. "Porque si creemos que Jesús murió y resucitó, así también traerá Dios con Jesús a los que durmieron en él".[7]

Al resucitar, Cristo sacó de la tumba a una multitud de cautivos. El terremoto ocurrido en ocasión de su muerte había abierto sus tumbas, y cuando él resucitó salieron con él. Eran quienes habían sido colaboradores con Dios y quienes, a costa de su vida, habían dado testimonio de la verdad. Ahora iban a ser testigos del Ser que los había resucitado de los muertos.

Durante su ministerio Jesús había dado la vida a algunos muertos. Había resucitado al hijo de la viuda de Naín, a la hija del príncipe y a Lázaro. Pero éstos no fueron revestidos de inmortalidad. Después de haber sido resucitados, todavía estaban sujetos a la muerte. Pero los que salieron de la tumba en ocasión de la resurrección de Cristo fueron resucitados para vida eterna. Ascendieron con él como trofeo de su victoria sobre la muerte y el sepulcro. "Éstos", dijo Cristo, "ya no son cautivos de Satanás; los he redimido. Los he traído de la tumba como primicias de mi poder, para que estén conmigo donde yo esté y nunca más vean la muerte ni experimenten dolor".

Éstos entraron en la ciudad y aparecieron a muchos declarando: "Cristo ha resucitado de los muertos, y nosotros hemos resucitado con él". Así fue inmortalizada la sagrada verdad de la resurrección. Los santos resucitados atestiguaron la verdad de las palabras: "Tus muertos vivirán; sus cadáveres resucitarán". Su resurrección ilustró el cumplimiento de la profecía: "¡Despertad y cantad, moradores del polvo!, porque tu rocío es cual rocío de hortalizas, y la tierra dará sus muertos".[8]

Para el creyente, Cristo es la resurrección y la vida. En nuestro Salvador, la vida que se había perdido por el pecado es restaurada; porque tiene vida en sí mismo para vivificar a quienes él desee. Está investido con el derecho a dar inmortalidad. La vida que él depuso en la humanidad, la vuelve a tomar y la da a la humanidad. Dijo: "Yo he venido para que tengan vida, y para que la tengan en abundancia". "El que bebiere del agua que yo le daré, no tendrá sed jamás; sino que el agua que yo le daré será en él una fuente de agua que salte para vida eterna". "El que come mi carne y bebe mi sangre, tiene vida eterna; y yo lo resucitaré en el día postrero".[9]

Para el creyente, la muerte es un asunto trivial. Cristo habla de ella como si fuera de poca importancia. "El que guarda mi palabra, nunca verá muerte", "nunca sufrirá muerte". Para el cristiano, la muerte es tan sólo un sueño, un momento de silencio y tinieblas. La vida está oculta con Cristo en Dios, y "cuando Cristo, vuestra vida, se manifieste, entonces vosotros también seréis manifestados con él en gloria".[10]

La voz que clamó desde la cruz: "Consumado es", fue oída entre los muertos. Atravesó las paredes de los sepulcros y ordenó a quienes dormían que se levantasen. Así sucederá cuando la voz de Cristo sea oída desde el cielo. Esa voz penetrará en las tumbas y abrirá los sepulcros, y los muertos en Cristo resucitarán. En ocasión de la resurrección de Cristo unas pocas tumbas fueron abiertas; pero en su segunda venida todos los preciosos muertos oirán su voz, y surgirán a una vida gloriosa e inmortal. El mismo poder que resucitó a Cristo de los muertos resucitará a su iglesia y la glorificará con él, por encima de todos los principados y potestades, por encima de todo nombre que se nombra, no solamente en este mundo sino también en el mundo venidero.

¹ Mat. 28:2, NVI. ² Mateo 28:3-4, NVI. ³ Heb. 12:26; Isa. 24:20; 34:4; 2 Ped. 3:10; Joel 3:16. ⁴ Mat. 27:42. ⁵ Mat. 27:25. ⁶ Juan 10:17, 18; 2:19. ⁷ 1 Tes. 4:14. ⁸ Isa. 26:19. ⁹ Juan 10:10; 4:14; 6:54. ¹⁰ Juan 8:51, 52; Col. 3:4.

CAPÍTULO 82

"¿Por qué lloras?"

LAS MUJERES que habían estado al lado de la cruz de Cristo esperaron velando que transcurriesen las horas del sábado. El primer día de la semana, muy temprano, se dirigieron a la tumba llevando consigo especias preciosas para ungir el cuerpo del Salvador. No pensaban acerca de su resurrección de los muertos. El sol de su esperanza se había puesto y había anochecido en sus corazones. Mientras caminaban relataban las obras de misericordia de Cristo y sus palabras de consuelo. Pero no recordaban sus palabras: "Os volveré a ver".[1]

Ignorando lo que ya había sucedido, se acercaron al huerto diciendo mientras andaban: "¿Quién nos removerá la piedra de la entrada del sepulcro?" Sabían que no podrían mover la piedra, pero seguían adelante. Y he aquí, los cielos se iluminaron de repente con una gloria que no provenía del sol naciente. La tierra tembló. Vieron que la gran piedra había sido apartada. La sepultura estaba vacía.

Las mujeres no habían ido todas a la tumba desde la misma dirección. María Magdalena fue la primera en llegar al lugar; y al ver que la piedra había sido sacada, se fue presurosa para contarlo a los discípulos. Mientras tanto llegaron las otras mujeres. Una luz resplandecía en derredor de la tumba, pero el cuerpo de Jesús no estaba allí. Mientras se demoraban en el lugar, vieron de repente que no estaban solas. Un joven vestido de ropas resplandecientes estaba sentado al lado de la tumba. Era el ángel que había apartado la piedra. Había tomado el disfraz de la humanidad, con el fin de no alarmar a esas personas que amaban a Jesús. Sin embargo, todavía brillaba en derredor de él la gloria celestial, y las mujeres temieron. Se dieron vuelta para huir, pero las palabras del ángel detuvieron sus pasos. Les dijo: "No temáis vosotras; porque yo sé que buscáis a Jesús, el que fue crucificado. No está aquí, pues ha resucitado, como dijo. Venid, ved el lugar donde fue puesto el Señor. E id pronto y decid a sus discípulos que ha resucitado de los muertos". Volvieron a mirar el interior del sepulcro, y volvieron a oír las nuevas maravillosas. Otro ángel en forma humana estaba allí, quien les dijo: "¿Por qué buscáis entre los muertos al que vive? No está aquí, sino que ha resucitado. Acordaos de lo que os habló, cuando aun estaba en Galilea, diciendo: Es necesario que el Hijo del hombre sea entregado en manos de hombres pecadores, y que sea crucificado, y resucite al tercer día".

"¡Ha resucitado, ha resucitado!" Las mujeres repiten las palabras vez tras vez. Ya no necesitan las especias para ungirlo. El Salvador está vivo, no muerto. Ahora recuerdan que, cuando hablaba de su muerte, les había dicho que resucitaría. ¡Qué día es éste para el mundo! Prestamente las mujeres se apartaron del sepulcro y, "con temor y gran gozo, fueron corriendo a dar las nuevas a sus discípulos".

María no había oído las buenas noticias. Ella fue a Pedro y a Juan con el triste mensaje: "Se han llevado del sepulcro al Señor, y no sabemos dónde lo han puesto". Los discípulos se apresuraron a ir a la tumba, y la encontraron como había dicho María. Vieron los lienzos y el sudario, pero no hallaron a su Señor. Sin embargo, allí había un testimonio de que había resucitado. Los lienzos mortuorios no habían sido arrojados con negligencia a un lado, sino doblados cuidadosamente, cada uno en un lugar adecuado. Juan "vio, y creyó". No comprendía todavía la escritura que afirmaba que Cristo debía resucitar de los muertos; pero recordó las palabras con que el Salvador había predicho su resurrección.

Cristo mismo había colocado esos lienzos mortuorios con tanto cuidado. Cuando el poderoso ángel bajó a la tumba se le unió otro, quien, con sus acompañantes, había estado guardando el cuerpo del Señor. Cuando el ángel del cielo apartó la piedra, el otro entró en la tumba y desató las envolturas que rodeaban el cuerpo de Jesús. Pero fue la mano del Salvador la que dobló cada una de ellas y la puso en su lugar. A la vista de quien guía tanto a la estrella como al átomo, no hay nada sin importancia. En toda su obra se ven orden y perfección.

María había seguido a Juan y a Pedro hasta la tumba; cuando ellos volvieron a Jerusalén, ella se quedó. Mientras miraba al interior de la tumba vacía, el pesar llenó su corazón. Mirando adentro vio a dos ángeles, el uno a la cabeza y el otro a los pies de donde había yacido Jesús. "Mujer, ¿por qué lloras?", le preguntaron. Ella contestó: "Porque se han llevado a mi Señor, y no sé dónde lo han puesto".

Entonces ella se apartó, hasta de los ángeles, pensando que debía encontrar a alguien que le dijese lo que habían hecho con el cuerpo de Jesús. Otra voz se dirigió a ella: "Mujer, ¿por qué lloras? ¿A quién buscas?" A través de sus ojos opacados por las lágrimas, María vio la forma de un hombre y, pensando que fuese el hortelano, dijo: "Señor, si tú lo has llevado, dime dónde lo has puesto, y yo lo llevaré". Si pensaban que esa tumba de un rico era demasiado honrosa para servir de sepultura para Jesús, ella misma proveería un lugar para él. Había una tumba que la propia voz de Cristo había vaciado, la tumba donde Lázaro había estado. ¿No podría encontrar allí un lugar de sepultura para su Señor? Sentía que cuidar de su precioso cuerpo crucificado sería un gran consuelo para ella en su pesar.

Pero ahora, con su propia voz familiar, Jesús le dijo: "¡María!" Entonces supo que no era un extraño el que se dirigía a ella y, volviéndose, vio delante de sí al Cristo vivo. En su gozo se olvidó de que había sido crucificado. Precipitándose hacia él, como para abrazar sus pies, dijo: "¡Raboni!" Pero Cristo alzó la mano diciendo: "No me detengas"; "porque aún no he subido a mi Padre; mas ve a mis hermanos, y diles: Subo a mi Padre y a vuestro Padre, a mi Dios y a vuestro Dios". Y María se fue a los discípulos con el gozoso mensaje.

Jesús rehusó a recibir el homenaje de los suyos hasta tener la seguridad de que su sacrificio era aceptado por el Padre. Ascendió a los atrios celestiales, y de Dios mismo oyó la seguridad de que su expiación por los pecados de los hombres había sido amplia, de que a través de su sangre todos podían obtener vida eterna. El Padre ratificó el pacto hecho con Cristo de que recibiría a los hombres arrepentidos y obedientes, y de que los amaría como ama a su Hijo. Cristo debía completar su obra y cumplir su promesa de hacer "más precioso que el oro fino al varón, y más que el oro de Ofir al hombre".[2] Se le daría al Príncipe de la vida todo el poder en el cielo y en la tierra, y él volvería a sus seguidores en un mundo de pecado para poder impartirles su poder y gloria.

Mientras el Salvador estaba en la presencia de Dios recibiendo dones para su iglesia, los discípulos pensaban en su tumba vacía y se lamentaban y lloraban. El día de regocijo para todo el cielo era para los discípulos un día de incertidumbre, confusión y perplejidad. Su falta de fe en el testimonio de las mujeres da evidencia de cuán bajo había descendido su fe. Las nuevas de la resurrección de Cristo eran tan diferentes de lo que ellos habían esperado, que no podían creerlas. Pensaban: "Son demasiado buenas para ser verdad". Habían oído tanto de las doctrinas y las así llamadas teorías científicas de los saduceos, que era vaga la impresión hecha en su mente acerca de la resurrección. Apenas sabían lo que podía significar la resurrección de los muertos. Eran incapaces de comprender ese gran tema.

Los ángeles dijeron a las mujeres: "Id, decid a sus discípulos, y a Pedro, que él va delante de vosotros a Galilea; allí lo veréis, como os dijo". Esos ángeles habían estado con Cristo como ángeles custodios durante su vida en la tierra. Habían presenciado su juicio y su crucifixión. Habían oído las palabras que él dirigiera a sus discípulos. Lo demostraron por el mensaje que dieron a los discípulos y que debiera haberlos convencido de su verdad. Esas palabras podían provenir únicamente de los mensajeros de su Señor resucitado.

"Decid a sus discípulos, y a Pedro", dijeron los ángeles. Desde la muerte de Cristo, Pedro había estado postrado por el remordimiento. Su vergonzosa negación del Señor y la mirada de amor y angustia que le dirigiera el Salvador estaban siempre delante de él. De todos los discípulos, él era quien había sufrido más amargamente. A él le fue dada la seguridad de que su arrepentimiento era aceptado y su pecado perdonado. Se lo mencionó por nombre.

"Decid a sus discípulos, y a Pedro, que él va delante de vosotros a Galilea; allí lo veréis". Todos los discípulos habían abandonado a Jesús, y la invitación a encontrarse con él vuelve a incluirlos a todos. No los había desechado. Cuando María Magdalena les dijo que había visto al Señor, repitió la invitación a encontrarlo en Galilea. Y por tercera vez les fue enviado el mensaje. Después que hubo ascendido al Padre, Jesús apareció a las otras mujeres, diciendo: "Salve. Y ellas, acercándose, abrazaron sus pies, y lo adoraron. Entonces Jesús les dijo: No temáis; id, dad las nuevas a mis hermanos, para que vayan a Galilea, y allí me verán".

La primera obra que Cristo hizo en la tierra después de su resurrección consistió en convencer a sus discípulos de su no disminuido amor y su tierna consideración por ellos. Para probarles que era su Salvador vivo, que había roto las ligaduras de la tumba y no podía ya ser retenido por la muerte enemiga, para revelarles que tenía el mismo corazón de amor que cuando estaba con ellos como su amado Maestro, les apareció vez tras vez. Quería estrechar aun más en derredor de ellos los vínculos de su amor. Dijo: "Vayan, digan a mis hermanos que se encuentren conmigo en Galilea".

Al oír de esta cita, dada tan definidamente, los discípulos empezaron a recordar las palabras con que Cristo les predijera su resurrección. Pero ni aun así se regocijaron. No podían desechar su duda y perplejidad. Aun cuando las mujeres declararon que habían visto al Señor, los discípulos no querían creerlo. Pensaban que era pura ilusión.

Una dificultad parecía acumularse sobre otra. El sexto día de la semana habían visto morir a su Maestro; el primer día de la semana siguiente se encontraban privados de su cuerpo, y se los acusaba de haberlo robado para engañar a la gente. Desesperaban de poder corregir alguna vez las falsas impresiones que se estaban formando contra ellos. Temían la enemistad de los sacerdotes y la ira del pueblo. Anhelaban la presencia de Jesús, quien les había ayudado en toda perplejidad.

Con frecuencia repetían las palabras: "Esperábamos que él era el que había de redimir a Israel". Solitarios y con corazón abatido, recordaban sus palabras: "Si en el árbol verde hacen estas cosas, ¿en el seco, qué no se hará?"[3] Se reunieron en el aposento alto y, sabiendo que la suerte de su amado Maestro podía ser la suya en cualquier momento, cerraron y atrancaron las puertas.

Y todo el tiempo podrían haber estado regocijándose en el conocimiento de un Salvador resucitado. En el huerto, María había estado llorando cuando Jesús estaba cerca de ella. Sus ojos estaban tan cegados por las lágrimas que no lo reconoció. Y el corazón de los discípulos estaba tan lleno de pesar que no creyeron el mensaje de los ángeles ni las palabras de Cristo.

¡Cuántos todavía están haciendo lo que hicieron esos discípulos! ¡Cuántos repiten el desesperado clamor de María: "Se han llevado al Señor... y no sabemos dónde lo han puesto!" ¡A cuántos podrían dirigirse las palabras del Salvador: "¿Por qué lloras?, ¿a quién buscas?"! Está al lado de ellos, pero sus ojos cegados por las lágrimas no lo disciernen. Les habla, pero no entienden.

¡Ojalá que la cabeza inclinada pueda alzarse, que los ojos puedan abrirse para contemplarlo, que los oídos puedan escuchar su voz! "Id pronto y decid a sus discípulos que ha resucitado". No los inviten a mirar la tumba nueva de José, que fue cerrada con una gran piedra y sellada con el sello romano. Cristo no está allí. No miren el sepulcro vacío. No lloren como los que están sin esperanza ni ayuda. Jesús vive, y porque vive, nosotros también viviremos. Brote de los corazones agradecidos y de los labios tocados por el fuego santo el alegre canto: "¡Cristo ha resucitado! Vive para interceder por nosotros". Aprópiate de esta esperanza, y ella sostendrá tu alma como un ancla segura y probada. Cree, y verás la gloria de Dios.

---

[1] Juan 16:22 y NOTA 5 del Apéndice. [2] Isa. 13:12. [3] Luc. 24:21; 23:31.

CAPÍTULO 83

El viaje a Emaús

HACIA el atardecer del día de la resurrección, dos de los discípulos se hallaban en camino a Emaús, pequeña ciudad situada a unos doce kilómetros de Jerusalén. Esos discípulos no habían tenido un lugar prominente en la obra de Cristo, pero creían fervientemente en él. Habían ido a la ciudad para observar la Pascua, y se habían quedado muy perplejos por los eventos recientes. Habían oído las nuevas de esa mañana con respecto a que el cuerpo de Cristo había sido sacado de la tumba, y también el informe de las mujeres que habían visto a los ángeles y se habían encontrado con Jesús. Ahora regresaban a sus casas para meditar y orar. Proseguían tristemente su viaje vespertino, hablando de las escenas del juicio y la crucifixión. Nunca antes habían estado tan descorazonados. Sin esperanza ni fe, caminaban en la sombra de la cruz.

No habían progresado mucho en su viaje cuando se les unió un extraño, pero estaban tan absortos en su lobreguez y desaliento que no lo observaron detenidamente. Continuaron su conversación, expresando los pensamientos de sus corazones. Razonaban acerca de las lecciones que Cristo había dado, que no parecían poder comprender. Mientras hablaban de los eventos que habían ocurrido, Jesús anhelaba consolarlos. Había visto su pesar; entendía las ideas contradictorias que, dejando a su mente perpleja, los hacían pensar: ¿Podía este hombre, que se dejó humillar así, ser el Cristo? No podían dominar su pesar, y lloraban. Jesús sabía que el corazón de ellos estaba vinculado con él por el amor, y anhelaba enjugar sus lágrimas y llenarlos de gozo y alegría. Pero primero debía darles lecciones que nunca olvidarían.

"Les dijo: ¿Qué pláticas son éstas que tenéis entre vosotros mientras camináis, y por qué estáis tristes? Respondiendo uno de ellos, que se llamaba Cleofas, le dijo: ¿Eres tú el único forastero en Jerusalén que no has sabido las cosas que en ella han acontecido en estos días?" Ellos le hablaron del desencanto que habían sufrido respecto de su Maestro, "que fue varón profeta, poderoso en obra y en palabra delante de Dios y de todo el pueblo"; pero "los principales sacerdotes y nuestros gobernantes", dijeron, lo entregaron "a sentencia de muerte, y lo crucificaron". Con corazón apesadumbrado y labios temblorosos añadieron: "Pero nosotros esperábamos que él era el que había de redimir a Israel; y ahora, además de esto, hoy es ya el tercer día que esto ha acontecido".

¡Era extraño que los discípulos no recordasen las palabras de Cristo, ni comprendiesen que él había predicho los acontecimientos que iban a suceder! No se daban cuenta de que la última parte de su revelación, de que el tercer día resucitaría, se cumpliría tan exactamente como la primera. Esa era la parte que debieran haber recordado. Los sacerdotes y príncipes no la habían olvidado. El día "después de la preparación, se reunieron los principales sacerdotes y los fariseos ante Pilato, diciendo: Señor, nos acordamos que aquel engañador dijo, viviendo aún: Después de tres días resucitaré".[1] Pero los discípulos no recordaban esas palabras.

"Entonces él les dijo: ¡Oh insensatos, y tardos de corazón para creer todo lo que los profetas han dicho! ¿No era necesario que el Cristo padeciera estas cosas, y que entrara en su gloria?" Los discípulos se preguntaban quién podía ser este extraño que penetraba hasta su misma alma y les hablaba con tanto fervor, ternura y simpatía y alentaba tanta esperanza. Por primera vez desde la entrega de Cristo empezaron a sentirse esperanzados. Repetidas veces miraban con fervor a su compañero, y pensaban que sus palabras eran exactamente las que Cristo habría hablado. Estaban llenos de asombro, y su corazón comenzaba a palpitar de gozosa expectativa.

Empezando con Moisés, Alfa de la historia bíblica, Cristo expuso de todas las Escrituras las cosas concernientes a él. Si primero se hubiese dado a conocer, el corazón de ellos habría quedado satisfecho. En la plenitud de su gozo, nada más habrían deseado. Pero era necesario que entendiesen el testimonio que le daban los tipos y las profecías del Antiguo Testamento. Su fe debía establecerse sobre éstos. Cristo no realizó ningún milagro para convencerlos, sino que su primera obra consistió en explicar las Escrituras. Ellos habían considerado su muerte como la destrucción de todas sus esperanzas. Ahora les demostró por medio de los profetas que esa era la evidencia más categórica para su fe.

Al enseñar a esos discípulos, Jesús demostró la importancia del Antiguo Testamento como un testimonio de su misión. Hoy por hoy, muchos de los que profesan ser cristianos descartan el Antiguo Testamento y aseveran que ya no tiene utilidad. Pero tal no fue la enseñanza de Cristo. Tan altamente lo apreciaba que en una oportunidad dijo: "Si no oyen a Moisés y a los profetas, tampoco se persuadirán aunque alguno se levantare de los muertos".[2]

Es la voz de Cristo que habla a través de los patriarcas y los profetas, desde los días de Adán hasta las escenas finales del tiempo. El Salvador se revela en el Antiguo Testamento tan claramente como en el Nuevo Testamento. Es la luz del pasado profético lo que hace resaltar la vida de Cristo y las enseñanzas del Nuevo Testamento con claridad y belleza. Los milagros de Cristo son una prueba de su divinidad; pero una prueba aún más categórica de que él es el Redentor del mundo se halla al comparar las profecías del Antiguo Testamento con la historia del Nuevo Testamento.

Razonando a partir de la profecía, Cristo dio a sus discípulos una idea correcta de lo que él debía ser en la humanidad. Sus expectativas de un Mesías que debía asumir el trono y el poder real de acuerdo con los deseos de los hombres habían sido engañosas. Eso había interferido en su comprensión correcta de su descenso de la posición más sublime a la más humilde que pudiese ocupar. Cristo deseaba que las ideas de sus discípulos pudieran ser puras y veraces en toda especificación. Debían entender, en la medida de lo posible, la copa de sufrimiento que le había sido asignada. Les demostró que el terrible conflicto que todavía no podían comprender era el cumplimiento del pacto hecho antes que se pusiesen los fundamentos del mundo. Cristo debía morir, como todo transgresor de la ley debe morir si continúa en el pecado. Todo eso había de suceder, pero no terminaba en derrota, sino en una victoria gloriosa y eterna. Jesús les dijo que debía hacerse todo esfuerzo posible para salvar al mundo del pecado. Sus seguidores deberían vivir como él había vivido y obrar como él había obrado, con un esfuerzo intenso y perseverante.

Así discurrió Cristo con sus discípulos, abriendo sus mentes para que pudieran entender las Escrituras. Los discípulos estaban cansados, pero la conversación no decaía. De los labios del Salvador brotaban palabras de vida y seguridad. Pero los ojos de ellos estaban velados. Mientras él les hablaba de la destrucción de Jerusalén, miraron con llanto hacia la ciudad condenada. Pero poco sospechaban quién era su compañero de viaje. No pensaban que el objeto de su conversación estaba caminando a su lado; porque Cristo se refería a sí mismo como si fuese otra persona. Pensaban que era alguno de los que habían asistido a la gran fiesta y ahora volvía a su casa. Caminaba tan cuidadosamente como ellos sobre las toscas piedras, deteniéndose de vez en cuando para descansar un poco. Así prosiguieron por el camino montañoso, mientras a su lado caminaba quien habría de asumir pronto su puesto a la diestra de Dios y podía decir: "Toda potestad me es dada en el cielo y en la tierra".[3]

Durante el viaje, el sol se había puesto y, antes que los viajeros llegasen a su lugar de descanso, los labradores de los campos habían dejado su trabajo. Cuando los discípulos estaban por entrar en su casa, el extraño pareció querer continuar su viaje. Pero los discípulos se sentían atraídos por él. En su alma tenían hambre de oír más de él. "Quédate con nosotros", dijeron. Como no parecía aceptar la invitación, insistieron diciendo: "Se hace tarde, y el día ya ha declinado". Cristo accedió a ese ruego y "entró, pues, a quedarse con ellos".

Si los discípulos no hubiesen insistido en su invitación, no habrían sabido que su compañero de viaje era el Señor resucitado. Cristo nunca impone su compañía a nadie. Se interesa en quienes lo necesitan. Gustosamente entrará en el hogar más humilde y alegrará el corazón más sencillo. Pero si los hombres son demasiado indiferentes para pensar en el Huésped celestial o pedirle que more con ellos, pasa de largo. Así muchos sufren una gran pérdida. No conocen a Cristo más de lo que lo conocieron los discípulos mientras caminaban con él por el camino.

Pronto estuvo preparada la sencilla cena de pan. Fue colocada delante del huésped, que había tomado su asiento a la cabecera de la mesa. Entonces alzó las manos para bendecir el alimento. Los discípulos retrocedieron asombrados. Su compañero extendía las manos exactamente como solía hacerlo su Maestro. Vuelven a mirar, y ¡he aquí que ven en sus manos las marcas de los clavos! Ambos exclaman a la vez: "¡Es el Señor Jesús! ¡Ha resucitado de los muertos!"

Se levantan para echarse a sus pies y adorarlo, pero ha desaparecido de su vista. Miran el lugar que ocupara el Ser cuyo cuerpo había estado últimamente en la tumba, y se dicen uno al otro: "¿No ardía nuestro corazón en nosotros, mientras nos hablaba en el camino, y cuando nos abría las Escrituras?"

Pero no pueden permanecer sentados conversando teniendo esa gran nueva que comunicar. Han desaparecido su cansancio y su hambre. Dejan sin probar su cena y, llenos de gozo, inmediatamente vuelven a tomar la misma senda por la cual vinieron, apresurándose para ir a contar las nuevas a los discípulos que están en la ciudad. En algunos lugares el camino no es seguro, pero trepan los lugares escabrosos y resbalan por las rocas lisas. No ven ni saben que tienen la protección de quien recorrió el camino con ellos. Con su bordón de peregrino en la mano se apresuran, deseando ir más ligero de lo que se atreven. Pierden la senda, pero la vuelven a hallar. A veces corriendo, a veces tropezando, siguen adelante, con su Compañero invisible al lado de ellos todo el camino.

La noche es oscura, pero el Sol de Justicia resplandece sobre ellos. Sus corazones saltan de gozo. Parecen estar en un mundo nuevo. Cristo es un Salvador vivo. Ya no lo lloran como muerto. "Cristo ha resucitado", repiten vez tras vez. Tal es el mensaje que llevan a los entristecidos. Deben contarles la maravillosa historia del viaje a Emaús. Deben decirles quién se les unió en el camino. Llevan el mayor mensaje que jamás fuera dado al mundo, un mensaje de alegres nuevas, de las cuales dependen las esperanzas de la familia humana para este tiempo y para la eternidad.

[1] Mat. 27:62, 63. [2] Luc. 16:31. [3] Mat. 28:18.

CAPÍTULO 84

"Paz a ustedes"

AL LLEGAR a Jerusalén los dos discípulos entran por la puerta oriental, que permanece abierta de noche durante las fiestas. Las casas están oscuras y silenciosas, pero los viajeros siguen su camino por las calles estrechas a la luz de la luna naciente. Van al aposento alto, donde Jesús pasara las primeras horas de la última noche antes de su muerte. Saben que allí han de encontrar a sus hermanos. Aunque es tarde, saben que los discípulos no dormirán antes de saber con certeza qué ha sido del cuerpo de su Señor. Encuentran la puerta del aposento atrancada seguramente. Llaman para que se los admita, pero sin recibir respuesta. Todo está en silencio. Entonces dan sus nombres. La puerta se abre cautelosamente; ellos entran y Otro, invisible, entra con ellos. Luego la puerta se vuelve a cerrar, para impedir la entrada de espías.

Los viajeros encuentran a todos sorprendidos y excitados. Las voces de los que están en la pieza estallan en agradecimiento y alabanza diciendo: "Ha resucitado el Señor verdaderamente, y ha aparecido a Simón". Entonces los dos viajeros, jadeantes aún por la prisa con que han realizado su viaje, cuentan la historia maravillosa de cómo Jesús se les apareció. Apenas terminan su relato, y mientras algunos dicen que no lo pueden creer porque es demasiado bueno para ser verdad, he aquí que ven a otra Persona delante de ellos. Todos los ojos se fijan en el Extraño. Nadie había llamado para pedir entrada. Ninguna pisada se había dejado oír. Los discípulos, sorprendidos, se preguntan lo que eso significa. Entonces oyen una voz que no es otra que la voz de su Maestro. Claras son las palabras que fluyen de sus labios: "Paz a vosotros".

"Entonces, espantados y asombrados, pensaban que veían espíritu. Pero él les dijo: ¿Por qué estáis turbados, y vienen a vuestro corazón estos pensamientos? Mirad mis manos y mis pies, que yo mismo soy; palpad, y ved; porque un espíritu ni tiene carne ni huesos, como veis que yo tengo. Y diciendo esto, les mostró las manos y los pies".

Contemplaron las manos y los pies heridos por los crueles clavos. Reconocieron su voz, que era como ninguna otra que hubiesen oído. "Y como todavía ellos, de gozo, no lo creían, y estaban maravillados, les dijo: ¿Tenéis aquí algo de comer? Entonces le dieron parte de un pescado asado, y un panal de miel. Y él lo tomó, y comió delante de ellos". "Y los discípulos se regocijaron viendo al Señor". La fe y el gozo reemplazaron a la incredulidad, y con sentimientos que no podían expresarse en palabras reconocieron a su Salvador resucitado.

En ocasión del nacimiento de Jesús el ángel anunció: "Paz en la tierra, y buena voluntad para con los hombres". Y ahora, en la primera aparición a sus discípulos después de su resurrección, el Salvador se dirigió a ellos con las bienaventuradas palabras: "Paz a vosotros". Jesús está siempre listo para impartir paz a las almas que están cargadas de dudas y temores. Espera que nosotros le abramos la puerta del corazón y le digamos: "Mora con nosotros". Él dice: "He aquí, yo estoy a la puerta y llamo; si alguno oye mi voz y abre la puerta, entraré a él, y cenaré con él, y él conmigo".[1]

La resurrección de Jesús fue un tipo de la resurrección final de todos los que duermen en él. El semblante del Salvador resucitado, sus modales y su habla, todo era familiar para sus discípulos. Así como Jesús resucitó de los muertos, así han de resucitar los que duermen en él. Conoceremos a nuestros seres queridos así como los discípulos conocieron a Jesús. Pueden haber estado deformados, enfermos o desfigurados en esta vida mortal, y levantarse con perfecta salud y simetría; sin embargo, en el cuerpo glorificado su identidad será perfectamente preservada. Entonces conoceremos así como somos conocidos.[2] En el rostro radiante, que resplandecerá con la luz que irradia del rostro de Jesús, reconoceremos los rasgos de aquellos a quienes amamos.

Cuando Jesús se encontró con sus discípulos les recordó lo que les había dicho antes de su muerte: que debían cumplirse todas las cosas que estaban escritas acerca de él en la ley de Moisés, en los profetas y en los salmos. "Entonces les abrió el entendimiento, para que comprendiesen las Escrituras; y les dijo: Así está escrito, y así fue necesario que el Cristo padeciese, y resucitase de los muertos al tercer día; y que se predicase en su nombre el arrepentimiento y el perdón de pecados en todas las naciones, comenzando desde Jerusalén. Y vosotros sois testigos de estas cosas".

Los discípulos empezaron a comprender la naturaleza y extensión de su obra. Debían proclamar al mundo las verdades admirables que Cristo les había confiado. Los eventos de su vida, su muerte y resurrección, las profecías que indicaban esos eventos, el carácter sagrado de la ley de Dios, los misterios del plan de la salvación, el poder de Jesús para remitir los pecados; de todas esas cosas debían ser testigos y darlo a conocer al mundo. Debían proclamar el evangelio de paz y salvación a través del arrepentimiento y el poder del Salvador.

"Y habiendo dicho esto, sopló, y les dijo: Recibid el Espíritu Santo. A quienes remitiereis los pecados, les son remitidos; y a quienes se los retuviereis, les son retenidos". El Espíritu Santo todavía no fue manifestado plenamente; porque Cristo no había sido glorificado todavía. El impartimiento más abundante del Espíritu no sucedió hasta después de la ascensión de Cristo. Mientras no lo recibiesen, los discípulos no podían cumplir la comisión de predicar el evangelio al mundo. Pero en ese momento el Espíritu les fue dado con un propósito especial. Antes que los discípulos pudiesen cumplir sus deberes oficiales en relación con la iglesia, Cristo sopló su Espíritu sobre ellos. Les estaba confiando un cometido muy sagrado, y deseaba impresionarlos con el hecho de sin el Espíritu Santo no se podía realizar esa obra.

El Espíritu Santo es el aliento de la vida espiritual en el alma. El impartimiento del Espíritu es el impartimiento de la vida de Cristo. Empapa al receptor con los atributos de Cristo. Únicamente quienes han sido así enseñados de Dios, los que experimentan la operación interna del Espíritu y en cuya vida se manifiesta la vida de Cristo, han de destacarse como hombres representativos para ministrar en favor de la iglesia.

Cristo dijo: "A quienes remitiereis los pecados, les son remitidos; y a quienes se los retuviereis, les son retenidos". Cristo no da aquí a nadie libertad para juzgar a los demás. En el Sermón del Monte lo prohibió. Es prerrogativa de Dios. Pero coloca sobre la iglesia organizada una responsabilidad por sus miembros individuales. La iglesia tiene el deber de advertir, instruir y, si es posible, restaurar a quienes caigan en el pecado. El Señor dice: "Redarguye, reprende, exhorta con toda paciencia y doctrina". Obren fielmente con los que hacen el mal. Adviertan a toda alma que está en peligro. No dejen que nadie se engañe. Llamen al pecado por su nombre. Declaren que Dios ha dicho respecto de la mentira, la violación del sábado, el robo, la idolatría y todo otro mal: "Los que practican tales cosas no heredarán el reino de Dios".[3] Si persisten en el pecado, el juicio que han declarado por la Palabra de Dios es pronunciado sobre ellos en el cielo. Al elegir pecar, niegan a Cristo; la iglesia debe mostrar que no sanciona sus acciones, o ella misma deshonra a su Señor. Debe decir acerca del pecado lo que Dios dice acerca de él. Debe tratar con él como Dios lo indica, y su acción queda ratificada en el cielo. El que desprecia la autoridad de la iglesia desprecia la autoridad de Cristo mismo.

Pero el cuadro tiene un aspecto más halagüeño. "A quienes remitiereis los pecados, les son remitidos". Den el mayor relieve a este pensamiento. Al trabajar por los que yerran, dirijan todo ojo a Cristo. Tengan los pastores tierno cuidado por el rebaño del apacentadero del Señor. Hablen a los que yerran de la misericordia perdonadora del Salvador. Alienten al pecador a arrepentirse y a creer en el Ser que puede perdonarlo. Declaren, sobre la autoridad de la Palabra de Dios: "Si confesamos nuestros pecados, él es fiel y justo para perdonar nuestros pecados, y limpiarnos de toda maldad". A todos los que se arrepienten se les asegura: "Él volverá a tener misericordia de nosotros; sepultará nuestras iniquidades, y echará en lo profundo del mar todos nuestros pecados".[4]

Sea el arrepentimiento del pecador aceptado por la iglesia con corazones agradecidos. Condúzcase al arrepentido de las tinieblas de la incredulidad a la luz de la fe y la justicia. Colóquese su mano temblorosa en la mano amante de Jesús. Una remisión tal es ratificada en el cielo.

Únicamente en este sentido tiene la iglesia poder para absolver al pecador. La remisión de los pecados puede obtenerse únicamente a través de los méritos de Cristo. A ningún hombre, a ningún cuerpo de hombres, es dado el poder para librar al alma de la culpabilidad. Cristo encargó a sus discípulos que predicasen la remisión de pecados en su nombre entre todas las naciones; pero ellos mismos no fueron dotados de poder para quitar una sola mancha de pecado. El nombre de Jesús es el único nombre "bajo el cielo, dado a los hombres, en que podamos ser salvos".[5]

Cuando Cristo se encontró por primera vez con los discípulos en el aposento alto, Tomás no estaba con ellos. Oyó el informe de los demás y recibió abundantes pruebas de que Jesús había resucitado; pero la lobreguez y la incredulidad llenaban su corazón. El oír a los discípulos hablar de las maravillosas manifestaciones del Salvador resucitado no hizo más que sumirlo en más profunda desesperación. Además, si Jesús había resucitado realmente de los muertos, no podía haber esperanza de un literal reino terrenal. Y hería su vanidad el pensar que su Maestro se había revelado a todos los discípulos excepto a él. Estaba resuelto a no creer, y por una semana entera reflexionó en su desdicha, la cual parecía tanto más oscura en contraste con la esperanza y la fe de sus hermanos.

Durante ese tiempo declaró repetidas veces: "Si no viere en sus manos la señal de los clavos, y metiere mi dedo en el lugar de los clavos, y metiere mi mano en su costado, no creeré". No quería ver a través de los ojos de sus hermanos, ni ejercer fe que fuera dependiente de su testimonio. Amaba ardientemente a su Señor, pero había permitido que los celos y la incredulidad tomaran posesión de su mente y corazón.

Unos cuantos de los discípulos hicieron entonces del familiar aposento alto su morada temporal, y a la noche se reunían todos excepto Tomás. Una noche Tomás resolvió reunirse con los demás. A pesar de su incredulidad, tenía una débil esperanza de que fuese verdad la buena nueva. Mientras los discípulos estaban cenando, hablaban de las evidencias que Cristo les había dado en las profecías. Entonces "llegó Jesús, estando las puertas cerradas, y se puso en medio y les dijo: Paz a vosotros".

Volviéndose hacia Tomás dijo: "Pon aquí tu dedo, y mira mis manos; y acerca tu mano, y métela en mi costado; y no seas incrédulo, sino creyente". Estas palabras demostraban que él conocía los pensamientos y las palabras de Tomás. El discípulo acosado por la duda sabía que ninguno de sus compañeros había visto a Jesús desde hacía una semana. No podían haber hablado de su incredulidad al Maestro. Reconoció como su Señor al que tenía delante de sí. No deseaba otra prueba. Su corazón palpitó de gozo, y se echó a los pies de Jesús clamando: "¡Señor mío, y Dios mío!"

Jesús aceptó ese reconocimiento, pero reprendió suavemente su incredulidad: "Porque me has visto, Tomás, creíste; bienaventurados los que no vieron, y creyeron". La fe de Tomás habría sido más grata para Cristo si hubiese estado dispuesto a creer por el testimonio de sus hermanos. Si el mundo siguiese ahora el ejemplo de Tomás, nadie creería en la salvación; porque todos los que reciben a Cristo deben hacerlo a través del testimonio de otros.

Muchos aficionados a la duda se disculpan diciendo que si tuviesen la evidencia que Tomás tuvo de sus compañeros, creerían. No se dan cuenta de que no sólo tienen esa evidencia, sino mucho más. Muchos que, como Tomás, esperan que sea suprimida toda causa de duda, jamás obtendrán su deseo. Gradualmente quedan confirmados en la incredulidad. Los que se acostumbran a mirar el lado sombrío, a murmurar y quejarse, no saben lo que hacen. Están sembrando las semillas de la duda, y segarán una cosecha de duda. Así, en un tiempo en que la fe y la confianza son muy esenciales, muchos se hallarán incapaces de esperar y creer.

En el trato que concedió a Tomás, Jesús dio una lección para sus seguidores. Su ejemplo muestra cómo debemos tratar a aquellos cuya fe es débil y dan realce a sus dudas. Jesús no abrumó a Tomás con reproches ni entró en controversia con él. Se reveló a sí mismo al que dudaba. Tomás había sido irrazonable al dictar las condiciones de su fe, pero Jesús, a través de su amor y consideración generosa, rompió todas las barreras. Rara vez la incredulidad es vencida por medio de la controversia. Se pone más bien en guardia, y halla nuevo apoyo y excusa. Pero revélese a Jesús, en su amor y misericordia y como el Salvador crucificado, y de muchos labios antes renuentes se oirá el reconocimiento de Tomás: "¡Señor mío, y Dios mío!"

---

[1] Luc. 2:14; Apoc. 3:20. [2] 1 Cor. 13:12. [3] 2 Tim. 4:2; Gál. 5:21. [4] 1 Juan 1:9; Miq. 7:19. [5] Hech. 4:12

CAPÍTULO 85

De nuevo a orillas del mar

JESÚS había citado a sus discípulos a una reunión con él en Galilea; y poco después que terminara la semana de Pascua, ellos dirigieron sus pasos hacia allá. Su ausencia de Jerusalén durante la fiesta habría sido interpretada como desafecto y herejía, por lo cual permanecieron hasta el final; pero una vez terminada esa fiesta se dirigieron gozosamente hacia su casa para encontrarse con el Salvador, según él se lo había indicado.

Siete de los discípulos estaban juntos. Iban vestidos con el humilde atavío de los pescadores; eran pobres en bienes de este mundo, pero ricos en el conocimiento y la práctica de la verdad, lo cual a la vista del Cielo les daba el más alto puesto como maestros. No habían estudiado en las escuelas de los profetas, pero durante tres años habían sido enseñados por el mayor Educador que el mundo hubiese conocido. Bajo su instrucción habían llegado a ser agentes ennoblecidos, inteligentes y refinados, a través de quienes los hombres podían ser conducidos al conocimiento de la verdad.

Gran parte del ministerio de Cristo había transcurrido cerca del Mar de Galilea. Al reunirse los discípulos en un lugar donde no era probable que se los perturbase, se encontraron rodeados por los recuerdos de Jesús y de sus obras poderosas. Sobre ese mar, donde una vez su corazón se había llenado de terror y la fiera tempestad parecía a punto de lanzarlos a la muerte, Jesús había caminado sobre las ondas para ir a rescatarlos. Allí la tempestad había sido calmada por su palabra. A su vista estaba la playa donde más de diez mil personas habían sido alimentadas con algunos pocos panes y pescaditos. No lejos de allí estaba Capernaum, escenario de tantos milagros. Mientras los discípulos miraban la escena, embargaban sus mentes los recuerdos de las palabras y acciones de su Salvador.

La noche era agradable, y Pedro, que todavía tenía mucho de su antiguo amor por los botes y la pesca, propuso salir al mar y echar sus redes. Todos acordaron participar en ese plan; necesitaban el alimento y las ropas que la pesca de una noche de éxito podría proporcionarles. Así que salieron en su barco, pero no atraparon nada. Trabajaron toda la noche sin éxito. Durante las largas horas hablaron de su Señor ausente y recordaron las escenas maravillosas que habían presenciado durante su ministerio a orillas del mar. Se hacían preguntas en cuanto a su propio futuro, y se entristecían al contemplar la perspectiva que se les presentaba.

Mientras tanto un observador solitario, invisible, los seguía con los ojos desde la orilla. Al fin amaneció. El barco estaba cerca de la orilla, y los discípulos vieron de pie sobre la playa a un extraño que los recibió con la pregunta: "Hijitos, ¿tenéis algo de comer?" Cuando contestaron: "No", él les dijo: "Echad la red a la derecha de la barca, y hallaréis. Entonces la echaron, y ya no la podían sacar, por la gran cantidad de peces".

Juan reconoció al extraño, y le dijo a Pedro: "¡Es el Señor!" Pedro se regocijó de tal manera que en su apresuramiento se echó al agua y pronto estuvo al lado de su Maestro. Los otros discípulos vinieron en el barco arrastrando la red llena de peces. "Al descender a tierra, vieron brasas puestas, y un pescado encima de ellas, y pan".

Estaban demasiado asombrados para preguntar de dónde venían el fuego y la comida. "Jesús les dijo: Traed de los peces que acabáis de pescar". Pedro corrió hacia la red, que él había echado y ayudado a sus hermanos a arrastrar hacia la orilla. Después de terminado el trabajo y hechos los preparativos, Jesús invitó a los discípulos a venir y comer. Partió el alimento y lo dividió entre ellos, y fue conocido y reconocido por los siete. Entonces recordaron el milagro de cómo habían sido alimentadas las cinco mil personas en la ladera del monte; pero los dominaba una misteriosa reverencia, y en silencio contemplaban al Salvador resucitado.

Vívidamente recordaban la escena ocurrida al lado del mar, cuando Jesús les había ordenado que lo siguieran. Recordaban cómo, a su orden, se habían dirigido mar adentro, habían echado la red y habían prendido tantos peces que la llenaban hasta el punto de romperla. Entonces Jesús los había invitado a dejar sus barcos y había prometido hacerlos pescadores de hombres. De modo que, con el fin de traer a sus mentes esa escena y profundizar su impresión, había realizado de nuevo el milagro. Su acto fue una renovación de la comisión a los discípulos. Les mostró que la muerte de su Maestro no había disminuido su obligación de hacer la obra que les había asignado. Aunque habían de quedar privados de su compañía personal y de los medios de sostén que les proporcionara su empleo anterior, el Salvador resucitado seguiría cuidando de ellos. Mientras estuviesen haciendo su obra, proveería a sus necesidades. Y Jesús tenía un propósito al invitarlos a echar la red del lado derecho del barco. De ese lado estaba él en la orilla. Ese era el lado de la fe. Si ellos trabajaban en conexión con él —y se combinaba su poder divino con el esfuerzo humano—, no podían fracasar.

Cristo tenía otra lección que dar, especialmente relacionada con Pedro. La negación de Pedro de su Maestro había estado en vergonzoso contraste con sus anteriores profesiones de lealtad. Había deshonrado a Cristo e incurrido en la desconfianza de sus hermanos. Ellos pensaban que no se le debía permitir asumir su posición anterior entre ellos, y él mismo sentía que había perdido su confianza. Antes de ser llamado a asumir de nuevo su obra apostólica, debía dar delante de todos ellos una evidencia de su arrepentimiento. Sin eso su pecado, aunque se hubiese arrepentido de él, podía haber destruido su influencia como ministro de Cristo. El Salvador le dio la oportunidad de recobrar la confianza de sus hermanos y, en la medida de los posible, eliminar el oprobio que había atraído sobre el evangelio.

En esto se da una lección para todos los seguidores de Cristo. El evangelio no transige con el mal. No puede excusar el pecado. Los pecados secretos han de ser confesados en secreto a Dios. Pero el pecado público requiere una confesión pública. El oprobio que ocasiona el pecado del discípulo recae sobre Cristo. Hace triunfar a Satanás y tropezar a las almas vacilantes. El discípulo debe, hasta donde esté a su alcance, eliminar ese oprobio dando prueba de su arrepentimiento.

Mientras Cristo y los discípulos estaban comiendo juntos a orillas del mar, el Salvador dijo a Pedro, refiriéndose a sus hermanos: "Simón, hijo de Jonás, ¿me amas más que éstos?" Pedro había declarado una vez: "Aunque todos se escandalicen de ti, yo nunca me escandalizaré".[1] Pero ahora se estimó con mayor exactitud. Dijo: "Sí, Señor; tú sabes que te amo". No aseguró vehementemente que su amor era mayor que el de sus hermanos. No expresó su propia opinión acerca de su devoción. Apeló a quien puede leer todos los motivos del corazón para que juzgase su sinceridad: "Tú sabes que te amo". Y Jesús le ordenó: "Apacienta mis corderos".

Nuevamente Jesús probó a Pedro, repitiendo sus palabras anteriores: "Simón, hijo de Jonás, ¿me amas?" Esta vez no preguntó a Pedro si lo amaba más que sus hermanos. La segunda respuesta fue como la primera, libre de seguridad extravagante: "Sí, Señor; tú sabes que te amo". Y Jesús le dijo: "Pastorea mis ovejas". Una vez más el Salvador le dirigió la pregunta escrutadora: "Simón, hijo de Jonás, ¿me amas?" Pedro se entristeció; pensó que Jesús dudaba de su amor. Sabía que su Maestro tenía motivos para desconfiar de él, y con corazón dolido contestó: "Señor, tú lo sabes todo; tú sabes que te amo". Y Jesús volvió a decirle: "Apacienta mis ovejas".

Tres veces había negado Pedro abiertamente a su Señor, y tres veces Jesús obtuvo de él la seguridad de su amor y lealtad, haciendo penetrar, en su corazón herido, esta pregunta aguda como una saeta armada de púas. Delante de los discípulos congregados Jesús reveló la profundidad del arrepentimiento de Pedro, y demostró cuán cabalmente humillado estaba el discípulo una vez jactancioso.

Pedro era naturalmente audaz e impulsivo, y Satanás se había valido de estas características para vencerlo. Precisamente antes de la caída de Pedro, Jesús le había dicho: "Satanás os ha pedido para zarandearos como a trigo; pero yo he rogado por ti, que tu fe no falte; y tú, una vez vuelto, confirma a tus hermanos".[2] Había llegado ese momento, y era evidente la transformación realizada en Pedro. Las preguntas íntimas y examinadoras del Señor no habían arrancado una sola respuesta apresurada o autosuficiente; y, a causa de su humillación y arrepentimiento, Pedro estaba mejor preparado que nunca antes para actuar como pastor del rebaño.

La primera obra que Cristo confió a Pedro al restaurarlo en su ministerio fue apacentar a los corderos. Era una obra en la cual Pedro tenía poca experiencia. Iba a requerir gran cuidado y ternura, mucha paciencia y perseverancia. Lo llamaba a ministrar a quienes fuesen jóvenes en la fe, a enseñar a los ignorantes, a presentarles las Escrituras y a educarlos para ser útiles en el servicio de Cristo. Hasta entonces Pedro no había sido apto para hacer eso, ni siquiera para comprender su importancia. Pero esa era la obra que Jesús lo llamaba a realizar ahora. Había sido preparado para ella por su propia experiencia de sufrimiento y arrepentimiento.

Antes de su caída Pedro había tenido la costumbre de hablar inadvertidamente, bajo el impulso del momento. Siempre estaba listo para corregir a los demás, para expresar su opinión, antes de tener una comprensión clara de sí mismo o de lo que tenía que decir. Pero el Pedro convertido era muy diferente. Conservaba su fervor anterior, pero la gracia de Cristo regulaba su celo. Ya no era impetuoso, confiado en sí mismo ni vanidoso, sino calmo, dueño de sí y enseñable. Entonces podía alimentar tanto a los corderos como a las ovejas del rebaño de Cristo.

La manera en que el Salvador trató a Pedro encerraba una lección para él y sus hermanos. Les enseñó a tratar al transgresor con paciencia, simpatía y amor perdonador. Aunque Pedro había negado a su Señor, el amor de Jesús hacia él no vaciló nunca. Un amor tal debía sentir el subpastor por las ovejas y los corderos confiados a su cuidado.

Recordando su propia debilidad y fracaso, Pedro debía tratar con su rebaño tan tiernamente como Cristo lo había tratado a él.

La pregunta que Cristo había dirigido a Pedro era significativa. Mencionó sólo una condición para el discipulado y el servicio. Dijo: "¿Me amas?" Este es el requisito esencial. Aunque Pedro pudiese poseer todos los demás, sin el amor de Cristo no podía ser un pastor fiel sobre el rebaño del Señor. El conocimiento, la benevolencia, la elocuencia, la gratitud y el celo son todas ayudas valiosas en la buena obra; pero sin el amor de Jesús en el corazón, la obra del ministro cristiano es un fracaso.

Jesús caminó a solas con Pedro, porque había algo que deseaba comunicarle sólo a él. Antes de su muerte Jesús le había dicho: "A donde yo voy, no me puedes seguir ahora; mas me seguirás después". A eso Pedro había replicado: "Señor, ¿por qué no te puedo seguir ahora? Mi vida pondré por ti".[3] Cuando dijo eso no tenía ni noción de las alturas y profundidades a las cuales lo iban a conducir los pies de Cristo. Pedro había fracasado cuando vino la prueba, pero volvía a tener una oportunidad para probar su amor por Cristo. Con el fin de que pudiese ser fortalecido para la prueba final de su fe, el Salvador le reveló lo que le esperaba. Le dijo que después de vivir una vida útil, cuando la vejez le restase fuerzas, habría de seguir de veras a su Señor. Jesús dijo: "Cuando eras más joven, te ceñías, e ibas a donde querías; mas cuando ya seas viejo, extenderás tus manos, y te ceñirá otro, y te llevará a donde no quieras. Esto dijo, dando a entender con qué muerte había de glorificar a Dios".

Jesús dio entonces a conocer a Pedro la manera precisa de su muerte; hasta predijo que serían extendidas sus manos sobre la cruz. Volvió a ordenar a su discípulo: "Sígueme". Pedro no quedó descorazonado por la revelación. Estaba dispuesto a sufrir cualquier muerte por su Señor.

Hasta entonces Pedro había conocido a Cristo según la carne, como muchos lo conocen ahora; pero ya no había de quedar así limitado. Ya no lo conocía como lo había conocido en su trato con él en forma humana. Lo había amado como hombre, como Maestro enviado del cielo; ahora lo amaba como Dios. Había estado aprendiendo la lección de que para él Cristo era todo en todo. Ahora estaba preparado para participar de la misión de sacrificio de su Señor. Cuando al final fue llevado a la cruz, a petición suya fue crucificado con la cabeza hacia abajo. Pensó que era un honor demasiado grande sufrir de la misma manera en que su Maestro había sufrido.

Para Pedro la palabra "Sígueme" estaba llena de instrucción. No sólo para su muerte fue dada esa lección, sino para todo paso de su vida. Hasta entonces Pedro había estado inclinado a obrar independientemente. Había procurado hacer planes para la obra de Dios, en lugar de esperar y seguir el plan de Dios. Pero nada podía ganar por apresurarse delante del Señor. Jesús le ordena: "Sígueme". [Es decir:] "No corras delante de mí. Así no tendrás que enfrentar solo a las huestes de Satanás. Déjame ir delante de ti, y entonces no serás vencido por el enemigo".

Mientras Pedro caminaba al lado de Jesús vio que Juan los estaba siguiendo. Lo dominó el deseo de conocer el futuro *de Juan*, y "dijo a Jesús: Señor, ¿y qué de éste? Jesús le dijo: Si quiero que él quede hasta que yo venga, ¿qué a ti? Sígueme tú". Pedro debiera haber considerado que su Señor quería revelarle a él todo lo que a él le convenía saber. Es deber de cada uno seguir a Cristo sin la ansiedad indebida por la tarea asignada a otros. Al decir acerca de Juan: "Si quiero que él quede hasta que yo venga", Jesús no aseguró que este discípulo habría de vivir hasta la segunda venida del Señor. Aseveró meramente su poder supremo, y que aun si él quisiera que fuese así, ello no habría de afectar en manera alguna la obra de Pedro. El futuro de Juan, tanto como el de Pedro, estaba en las manos de su Señor. El deber requerido de cada uno de ellos era que lo obedecieran siguiéndolo.

¡Cuántos son hoy semejantes a Pedro! Se interesan en los asuntos de los demás, y anhelan conocer el deber de estos, mientras están en peligro de descuidar el propio. Nos incumbe mirar a Cristo y seguirlo. Veremos errores en la vida de los demás, y defectos en su carácter. La humanidad está llena de flaquezas. Pero en Cristo hallaremos perfección. Contemplándolo llegaremos a ser transformados.

Juan vivió hasta ser muy anciano. Presenció la destrucción de Jerusalén y la ruina del majestuoso templo; un símbolo de la ruina final del mundo. Hasta sus últimos días Juan siguió de cerca a su Señor. El pensamiento central de su testimonio a las iglesias era: "Amados, amémonos unos a otros... el que permanece en amor, permanece en Dios, y Dios en él".[4]

Pedro había sido restaurado a su apostolado, pero la honra y la autoridad que recibió de Cristo no le dieron supremacía sobre sus hermanos. Cristo dejó bien sentado esto cuando en contestación a la pregunta de Pedro: "¿Y qué de éste?", había dicho: "¿Qué a ti? Sígueme tú". Pedro no había de ser honrado como cabeza de la iglesia. El favor que Cristo le había manifestado al perdonarle su apostasía y al confiarle la obra de apacentar el rebaño, y la propia fidelidad de Pedro al seguir a Cristo, le granjearon la confianza de sus hermanos. Tuvo mucha influencia en la iglesia. Pero la lección que Cristo le había enseñado a orillas del Mar de Galilea, Pedro la conservó toda su vida. Escribiendo por inspiración del Espíritu Santo dijo a las iglesias:

"Ruego a los ancianos que están entre vosotros, yo anciano también con ellos, y testigo de los padecimientos de Cristo, que soy también participante de la gloria que será revelada: Apacentad la grey de Dios que está entre vosotros, cuidando de ella, no por fuerza, sino voluntariamente; no por ganancia deshonesta, sino con ánimo pronto; no como teniendo señorío sobre los que están a vuestro cuidado, sino siendo ejemplos de la grey. Y cuando aparezca el Príncipe de los pastores, vosotros recibiréis la corona incorruptible de gloria".[5]

---

[1] Mat. 26:33. [2] Luc. 22:31, 32. [3] Juan 13:36, 37. [4] 1 Juan 4:7, 16. [5] 1 Ped. 5:1-4.

CAPÍTULO 86

Vayan, adoctrinen a todas las naciones

ESTANDO a sólo un paso de su trono celestial, Cristo dio su mandato a sus discípulos. Dijo: "Toda potestad me es dada en el cielo y sobre la tierra. Id, pues, y haced discípulos entre todas las naciones".[1] "Id por todo el mundo y predicad el evangelio a toda criatura".[2] Repitió varias veces estas palabras para que los discípulos pudiesen captar su significado. La luz del cielo debía resplandecer con rayos claros y fuertes sobre todos los habitantes de la tierra, encumbrados y humildes, ricos y pobres. Los discípulos debían ser colaboradores con su Redentor en la obra de salvar al mundo.

El mandato había sido dado a los Doce cuando Cristo se encontró con ellos en el aposento alto; pero ahora debía ser comunicado a un número mayor. En una montaña de Galilea se realizó una reunión, a la cual se convocó a todos los creyentes que pudieron ser llamados. Cristo mismo había designado, antes de su muerte, la fecha y el lugar de esa reunión. El ángel al lado de la tumba recordó a los discípulos la promesa que hiciera de encontrarse con ellos en Galilea. La promesa fue repetida a los creyentes que se habían reunido en Jerusalén durante la semana de la Pascua, y a través de ellos se llegó a muchos otros solitarios que estaban lamentando la muerte de su Señor. Todos esperaban la entrevista con intenso interés. Concurrieron al lugar de reunión por caminos indirectos, viniendo de todas direcciones para evitar excitar la sospecha de los judíos envidiosos. Vinieron con el corazón en suspenso, hablando con fervor unos a otros de las nuevas que habían oído acerca de Cristo.

Al momento fijado, como 500 creyentes se habían reunido en grupitos en la ladera de la montaña, ansiosos por aprender todo lo que podía aprenderse de los que habían visto a Cristo desde su resurrección. De un grupo a otro iban los discípulos contando todo lo que habían visto y oído de Jesús, y razonando a partir de las Escrituras como él lo había hecho con ellos. Tomás recontaba el relato de su incredulidad y narraba cómo sus dudas se habían disipado. De repente Jesús se presentó en medio de ellos. Nadie podía decir de dónde ni cómo había venido. Muchos de los presentes nunca antes lo habían visto, pero en sus manos y sus pies contemplaron las marcas de la crucifixión; su semblante era como el rostro de Dios, y cuando lo vieron, le adoraron.

Pero algunos dudaban. Siempre será así. Hay quienes encuentran difícil ejercer fe y se colocan del lado de la duda. Los tales pierden mucho por causa de su incredulidad.

Esta fue la única entrevista que Jesús tuvo con muchos de los creyentes después de su resurrección. Vino y les habló diciendo: "Toda potestad me es dada en el cielo y en la tierra". Los discípulos lo habían adorado antes que hablase, pero sus palabras, al caer de labios que habían sido cerrados por la muerte, los conmovía con un poder singular. Ahora era el Salvador resucitado. Muchos de ellos lo habían visto ejercer su poder sanando a los enfermos y dominando a los agentes satánicos. Creían que poseía poder para establecer su reino en Jerusalén, poder para apagar toda oposición, poder sobre los elementos de la naturaleza. Había calmado las aguas airadas; había caminado sobre las olas coronadas de espuma; había resucitado a los muertos. Ahora declaraba que "toda potestad" le era dada. Sus palabras dirigieron las mentes de sus oyentes por encima de las cosas terrenales y temporales hacia las celestiales y eternas. Fueron elevados hasta el más alto concepto de su dignidad y gloria.

Las palabras que Cristo pronunciara en la ladera de la montaña fueron el anuncio de que su sacrificio en favor del hombre era pleno y completo. Las condiciones de la expiación habían sido cumplidas; la obra para la cual había venido a este mundo se había realizado. Se dirigía al trono de Dios para ser honrado por los ángeles, los principados y las potestades. Había iniciado su obra de mediación. Revestido de autoridad ilimitada, dio su mandato a los discípulos: "Id, pues, y haced discípulos entre todas las naciones, bautizándolos en el nombre del Padre, y del Hijo, y del Espíritu Santo; enseñándoles que guarden todas las cosas que os he mandado; y he aquí que estoy yo con vosotros siempre, hasta la consumación del siglo".[3]

El pueblo judío había sido depositario de la verdad sagrada; pero el fariseísmo había hecho de ellos los más exclusivistas, los más fanáticos de toda la familia humana. Todo lo que se refería a los sacerdotes y príncipes —sus atavíos, costumbres, ceremonias, tradiciones— los incapacitaba para ser la luz del mundo. Se miraban a sí mismos, la nación judía, como el mundo. Pero Cristo comisionó a sus discípulos para que proclamasen una fe y un culto que no encerrasen ideas de casta ni de país, una fe que se adaptase a todos los pueblos, todas las naciones, todas las clases de hombres.

Antes de dejar a sus discípulos, Cristo presentó claramente la naturaleza de su reino. Les recordó lo que antes les había dicho acerca de ello. Declaró que no era su propósito establecer en este mundo un reino temporal sino un reino espiritual. No iba a reinar como rey terrenal sobre el trono de David. Volvió a explicarles las Escrituras, mostrando que todo lo que tuvo que pasar había sido ordenado en el cielo, en los concilios celebrados entre el Padre y él mismo. Todo había sido predicho por hombres inspirados por el Espíritu Santo. Dijo: "Ustedes ven que todo lo que les he revelado acerca de mi rechazo como Mesías se ha cumplido. Todo lo que les he dicho acerca de la humillación que iba a soportar y la muerte que iba a sufrir se ha verificado. Al tercer día resucité. Escudriñen más diligentemente las Escrituras y verán que en todas esas cosas se ha cumplido lo que especificaba la profecía acerca de mí".

Cristo ordenó a sus discípulos que comenzasen en Jerusalén la obra que él había dejado en sus manos. Jerusalén había sido escenario de su asombrosa condescendencia hacia la familia humana. Allí había sufrido, había sido rechazado y condenado. La tierra de Judea era el lugar donde había nacido. Allí, vestido con el atavío de humanidad, había caminado con los hombres, y pocos habían discernido cuán cerca había estado el cielo de la tierra cuando Jesús estuvo entre ellos. En Jerusalén debía empezar la obra de los discípulos.

En vista de todo lo que Cristo había sufrido allí, y de que su trabajo no había sido apreciado, los discípulos podrían haber pedido un campo más promisorio; pero no hicieron tal petición. El mismo terreno donde él había esparcido la semilla de la verdad debía ser cultivado por los discípulos, y la semilla brotaría y produciría abundante mies. En su obra, los discípulos habrían de hacer frente a la persecución por causa de los celos y el odio de los judíos; pero esto lo había soportado su Maestro, y ellos no habían de rehuirlo. Los primeros ofrecimientos de la misericordia debían ser hechos a los homicidas del Salvador.

Había en Jerusalén muchos que creían secretamente en Jesús, y muchos que habían sido engañados por los sacerdotes y príncipes. A éstos también debía presentarse el evangelio. Debían ser llamados al arrepentimiento. La maravillosa verdad de que sólo por medio de Cristo podía obtenerse la remisión de los pecados debía presentarse claramente. Mientras todos los que estaban en Jerusalén estaban conmovidos por los eventos emocionantes de las semanas recién transcurridas, la predicación del evangelio iba a producir la más profunda impresión.

Pero la obra no debía detenerse allí. Había de extenderse hasta los más remotos confines de la tierra. Cristo dijo a sus discípulos: "Ustedes han sido testigos de mi vida de abnegación en favor del mundo. Han presenciado mis labores por Israel. Aunque no han querido venir a mí para poder tener vida, aunque los sacerdotes y príncipes han hecho de mí lo que quisieron, aunque me han rechazado según lo predecían las Escrituras, todavía deben tener otra oportunidad de aceptar al Hijo de Dios. Han visto que todo el que viene a mí, confesando sus pecados, yo lo recibo libremente. De ninguna manera echaré al que venga a mí. Todos los que quieran pueden ser reconciliados con Dios y recibir la vida eterna. A ustedes, mis discípulos, confío este mensaje de misericordia. Debe proclamarse primero a Israel, y luego a todas las naciones, lenguas y pueblos. Debe ser proclamado a judíos y gentiles. Todos los que crean han de ser reunidos en una iglesia".

Los discípulos habrían de recibir un poder maravilloso mediante el don del Espíritu Santo. Su testimonio iba a ser confirmado por señales y prodigios. No sólo los apóstoles iban a hacer milagros, sino también los que recibiesen su mensaje. Cristo dijo: "En mi nombre echarán fuera demonios; hablarán nuevas lenguas; tomarán en las manos serpientes, y si bebieren cosa mortífera, no les hará daño; sobre los enfermos pondrán sus manos, y sanarán".[4]

En ese tiempo el envenenamiento era una práctica corriente. Los hombres faltos de escrúpulos no vacilaban en suprimir por ese medio a los que estorbaban sus ambiciones. Jesús sabía que la vida de sus discípulos estaría así en peligro. Muchos pensarían que prestan un servicio a Dios dando muerte a sus testigos. Por tanto, les prometió protegerlos de ese peligro.

Los discípulos iban a tener el mismo poder que Jesús tuvo para sanar "toda enfermedad y toda dolencia en el pueblo". Al sanar en su nombre las enfermedades del cuerpo testificarían de su poder para sanar el alma.[5] Y se les prometía un nuevo don. Los discípulos tendrían que predicar entre otras naciones, e iban a recibir la facultad para hablar otras lenguas. Los apóstoles y sus asociados eran hombres iletrados, sin embargo su lenguaje, fuese en su idioma o en otra lengua extranjera, gracias al derramamiento del Espíritu en el Día de Pentecostés se volvió puro, sencillo y exacto, tanto en los vocablos como en el acento.

Así dio Cristo su comisión a sus discípulos. Proveyó ampliamente para la prosecución de la obra y tomó sobre sí la responsabilidad de su éxito. Mientras ellos obedeciesen su palabra y trabajasen en conexión con él, no podían fracasar. Y les ordenó: "Vayan a todas las naciones. Vayan hasta las partes más lejanas del globo habitable, pero sepan que mi presencia estará allí. Trabajen con fe y confianza, porque nunca llegará el momento en que yo los abandone".

El mandato que dio el Salvador a los discípulos incluía a todos los creyentes. Incluye a todos los creyentes en Cristo hasta el fin del tiempo. Es un error fatal suponer que la obra de salvar almas sólo depende del ministro ordenado. A todos los que les llegó la inspiración celestial reciben el evangelio como cometido. A todos los que reciben la vida de Cristo se les ordena trabajar para la salvación de sus semejantes. La iglesia fue establecida para esa obra, y todos los que toman sus votos sagrados se comprometen por ese acto a ser colaboradores con Cristo.

"El Espíritu y la Esposa dicen: Ven. Y el que oye, diga: Ven".[6] Todo aquel que oye ha de repetir la invitación. Cualquiera sea la vocación de uno en la vida, su primer interés debe ser ganar almas para Cristo. Tal vez no sea capaz de hablar a las congregaciones, pero puede trabajar por los individuos. Puede comunicarles la instrucción recibida de su Señor. El ministerio no consiste sólo en predicar. Ministran quienes alivian a los enfermos y dolientes, quienes ayudan a los menesterosos, y quienes dirigen palabras de consuelo a los abatidos y a los de poca fe. Cerca y lejos hay almas abrumadas por un sentido de culpabilidad. No son las penurias, los trabajos pesados ni la pobreza lo que degrada a la humanidad. Es la culpa, el hacer lo malo. Eso trae intranquilidad y descontento. Cristo quiere que sus siervos ministren a las almas enfermas de pecado.

Los discípulos tenían que comenzar su obra donde estaban. No habían de pasar por alto el campo más duro ni menos promisorio. Así también, todo el que trabaja para Cristo ha de empezar donde está. En nuestras propias familias puede haber almas hambrientas de simpatía, que anhelan el pan de vida. Puede haber niños que han de educarse para Cristo. Hay paganos a nuestra misma puerta. Hagamos fielmente la obra que está más cerca. Luego extiéndanse nuestros esfuerzos hasta donde la mano de Dios nos conduzca. La obra de muchos puede parecer restringida por las circunstancias; pero dondequiera que esté, si se cumple con fe y diligencia, se hará sentir hasta las partes más lejanas de la tierra. La obra de Cristo cuando estaba en la tierra parecía estar limitada a un campo estrecho, pero multitudes de todos los países oyeron su mensaje. Con frecuencia Dios emplea los medios más sencillos para obtener los mayores resultados. Es su plan que cada parte de su obra dependa de todas las demás partes, como una rueda dentro de otra rueda, todas actuando en armonía. El obrero más humilde, movido por el Espíritu Santo, tocará cuerdas invisibles cuyas vibraciones repercutirán hasta los fines de la tierra y producirán melodía a través de los siglos eternos.

Pero la orden "Vayan por todo el mundo" no se ha de perder de vista. Somos llamados a posar nuestra visión en las tierras lejanas. Cristo derriba el muro de separación, el prejuicio divisorio de las nacionalidades, y enseña a amar a toda la familia humana. Eleva a los hombres del círculo estrecho que prescribe su egoísmo; suprime todos los límites territoriales y las distinciones artificiales de la sociedad. No hace diferencia entre vecinos y extraños, entre amigos y enemigos. Nos enseña a considerar a toda alma menesterosa como nuestro hermano, y al mundo como nuestro campo.

Cuando el Salvador dijo: "Id, y haced discípulos a todas las naciones", también dijo: "Estas señales seguirán a los que creen: En mi nombre echarán fuera demonios; hablarán nuevas lenguas; tomarán en las manos serpientes, y si bebieren cosa mortífera, no les hará daño; sobre los enfermos pondrán sus manos, y sanarán". La promesa es tan abarcante como la comisión. No quiere decir que se hayan de impartir todos los dones a cada creyente —el Espíritu reparte "a cada uno en particular como él quiere"—,[7] sino que los dones del Espíritu son prometidos a todo creyente conforme a su necesidad para la obra del Señor. La promesa es tan categórica y fidedigna ahora como en los días de los apóstoles. "Estas señales seguirán a los que creen". Tal es el privilegio de los hijos de Dios, y la fe debe echar mano de todo lo que es posible tener como un respaldo de la fe.

"Sobre los enfermos pondrán sus manos, y sanarán". Este mundo es un vasto lazareto, pero Cristo vino para sanar a los enfermos y proclamar liberación a los cautivos de Satanás. Él era en sí mismo la salud y la fortaleza. Impartía vida a los enfermos, a los afligidos, a los poseídos de los demonios. No rechazaba a ninguno que viniese para recibir su poder sanador. Sabía que quienes le pedían ayuda habían atraído la enfermedad sobre sí mismos; sin embargo no se negaba a sanarlos. Y cuando la virtud de Cristo penetraba en estas pobres almas, quedaban convencidas de pecado, y muchos eran sanados de su enfermedad espiritual tanto como de sus dolencias físicas. El evangelio todavía posee el mismo poder, y ¿por qué no habríamos de presenciar hoy los mismos resultados?

Cristo siente los males de todo sufriente. Cuando los malos espíritus desgarran un cuerpo humano, Cristo siente la maldición. Cuando la fiebre consume la corriente vital, él siente la agonía. Y está tan deseoso de sanar a los enfermos ahora como cuando estaba personalmente en la tierra. Los siervos de Cristo son sus representantes, los conductos por los cuales ha de obrar. Él desea ejercer a través de ellos su poder curativo.

En las formas de curar del Salvador hay lecciones para sus discípulos. Una vez ungió con barro los ojos de un ciego y le ordenó: "Ve a lavarte en el estanque de Siloé... Fue entonces, y se lavó, y regresó viendo".[8] La curación sólo podía ser producida por el poder del gran Sanador; sin embargo, él hizo uso de los simples agentes naturales. Aunque no apoyó la medicación con drogas, aprobó el uso de remedios sencillos y naturales.

A muchos de los afligidos que eran sanados, Cristo les dijo: "No peques más, para que no te venga alguna cosa peor".[9] Así enseñó que la enfermedad es el resultado de violar las leyes de Dios, tanto naturales como espirituales. La gran miseria que impera en este mundo no existiría si los hombres viviesen en armonía con el plan del Creador.

Cristo había sido guía y maestro del antiguo Israel, y le enseñó que la salud es la recompensa de la obediencia a las leyes de Dios. El gran Médico que sanó a los enfermos en Palestina había hablado a su pueblo desde la columna de nube, diciéndole lo que debían hacer y lo que Dios haría por ellos. Dijo: "Si oyeres atentamente la voz de Jehová tu Dios, e hicieres lo recto delante de sus ojos, y dieres oído a sus mandamientos, y guardares todos sus estatutos, ninguna enfermedad de las que envié a los egipcios te enviaré a ti; porque yo soy Jehová tu sanador". Cristo dio a Israel instrucciones definidas acerca de sus hábitos de vida y le aseguró: "Quitará Jehová de ti toda enfermedad". Cuando el pueblo cumplió esas condiciones, se verificó la promesa. "No hubo en sus tribus enfermo".[10]

Esas lecciones son para nosotros. Hay condiciones que deben observar todos los que quieran preservar la salud. Todos deben aprender cuáles son esas condiciones. Al Señor no le agrada que se ignoren sus leyes, naturales o espirituales. Hemos de colaborar con Dios para devolver la salud al cuerpo tanto como al alma.

Y debemos enseñar a otros a preservar y recobrar la salud. Para los enfermos debemos usar los remedios que Dios ha provisto en la naturaleza y debemos señalarles al único Ser que puede sanar. Nuestra obra consiste en presentar a los enfermos y dolientes a Cristo en los brazos de nuestra fe. Debemos enseñarles a creer en el gran Sanador. Debemos echar mano de su promesa y orar por la manifestación de su poder. La restauración es la misma esencia del evangelio, y el Salvador quiere que invitemos a los enfermos, a los desahuciados y a los afligidos a echar mano de su fortaleza.

El poder del amor estaba en todas las curaciones de Cristo, y sólo participando de ese amor por medio de la fe podemos ser instrumentos para su obra. Si dejamos de ponernos en conexión divina con Cristo, la corriente de energía vivificante no puede fluir en ricos raudales de nosotros a la gente. Hubo lugares donde el Salvador mismo no pudo hacer muchos prodigios por causa de la incredulidad. Así también ahora la incredulidad separa a la iglesia de su Auxiliador divino. Ella está aferrada débilmente a las realidades eternas. Por su falta de fe, Dios queda chasqueado y despojado de su gloria.

Haciendo la obra de Cristo es como la iglesia tiene la promesa de su presencia. Dijo: "Vayan, y hagan discípulos a todas las naciones"; "y he aquí, yo estoy con vosotros todos los días, hasta el fin del mundo". Una de las primeras condiciones para recibir su poder consiste en tomar su yugo. La misma vida de la iglesia depende de su fidelidad en cumplir la comisión del Señor. Ciertamente, descuidar esa obra invita a la debilidad y decadencia espirituales. Donde no hay labor activa por los demás, el amor se desvanece y la fe se debilita.

Cristo quiere que sus ministros sean educadores de la iglesia en la obra evangélica. Han de enseñar a la gente a buscar y salvar a los perdidos. Pero, ¿es ésta la obra que están haciendo? ¡Ay, cuán pocos se esfuerzan por avivar la chispa de vida en una iglesia que está a punto de morir! ¡Cuántas iglesias son atendidas como corderos enfermos por quienes debieran estar buscando a las ovejas perdidas! Y mientras tanto, millones y millones están pereciendo sin Cristo.

El amor divino ha sido conmovido hasta sus profundidades insondables por causa de los hombres, y los ángeles se maravillan al contemplar una gratitud meramente superficial en quienes son los receptores de un amor tan grande. Los ángeles se maravillan al ver el aprecio superficial que tienen los hombres por el amor de Dios. El cielo se indigna al ver la negligencia manifestada hacia el alma de los hombres. ¿Queremos saber cómo lo considera Cristo? ¿Cómo se sentirían un padre y una madre si supieran que su hijo, perdido en el frío y la nieve, ha sido pasado por alto y dejado perecer por quienes podrían haberlo salvado? ¿No estarían apenados terriblemente, indignados violentamente? ¿No denunciarían a esos homicidas con una ira tan ardiente como sus lágrimas, tan intensa como su amor? Los sufrimientos de cada hombre son los sufrimientos del Hijo de Dios, y los que no extienden una mano auxiliadora a sus semejantes que perecen, provocan su justa ira. Esta es la ira del Cordero. A los que aseveran tener comunión con Cristo y sin embargo han sido indiferentes a las necesidades de sus semejantes, les declarará en el gran día del juicio: "No sé de dónde sois; apartaos de mí todos vosotros, hacedores de maldad".[11]

En la comisión a sus discípulos Cristo no sólo esbozó su obra sino que les dio su mensaje: Enseñen al pueblo a "que guarden todas las cosas que os he mandado". Los discípulos debían enseñar lo que Cristo había enseñado. Eso incluye lo que él había dicho no sólo en persona, sino a través de todos los profetas y maestros del Antiguo Testamento. Excluye la enseñanza humana. No hay lugar para la tradición, ni para las teorías y conclusiones humanas, ni para la legislación eclesiástica. Ninguna ley ordenada por la autoridad eclesiástica está incluida en la comisión. Ninguna de esas cosas han de enseñar los siervos de Cristo. "La ley y los profetas", junto con el relato de las propias palabras y acciones de Cristo, son el tesoro confiado a los discípulos para ser dado al mundo. El nombre de Cristo es su consigna, su señal de distinción, su vínculo de unión, la autoridad de su conducta y la fuente de su éxito. Nada que no lleve su sobreinscripción ha de ser reconocido en su reino.

El evangelio no ha de ser presentado como una teoría sin vida, sino como una fuerza viva para cambiar la vida. Dios desea que los que reciben su gracia sean testigos de su poder. A aquellos cuya conducta ha sido más ofensiva para él, él los acepta libremente; cuando se arrepienten, les imparte su Espíritu divino; los coloca en las más altas posiciones de confianza y los envía al campamento de los desleales a proclamar su misericordia ilimitada. Quiere que sus siervos atestigüen que por la gracia de Cristo los hombres pueden poseer un carácter semejante al suyo, y que se regocijen en la seguridad de su gran amor. Quiere que atestigüemos que no puede quedar satisfecho hasta que la familia humana esté reconquistada y reinstalada en sus santos privilegios como hijos e hijas suyos.

En Cristo está la ternura del pastor, el afecto del padre y la incomparable gracia del Salvador compasivo. Él presenta sus bendiciones en los términos más seductores. No se conforma meramente con anunciar esas bendiciones; las ofrece de la manera más atrayente para excitar el deseo de poseerlas. Así han de presentar sus siervos las riquezas de la gloria del Don inefable. El maravilloso amor de Cristo enternecerá y subyugará los corazones cuando la simple exposición de las doctrinas no lograría nada. "Consolaos, consolaos, pueblo mío, dice vuestro Dios". "Súbete sobre un monte alto, anunciadora de Sión; levanta fuertemente tu voz, anunciadora de Jerusalén; levántala, no temas; di a las ciudades de Judá: ¡Veis aquí el Dios vuestro!.. Como pastor apacentará su rebaño; en su brazo llevará los corderos, y en su seno los llevará". Hablen al pueblo del que es "señalado entre diez mil" y "todo él codiciable". Las palabras solas no pueden contarlo. Refléjese en el carácter y manifiéstese en la vida. Cristo está retratándose en cada discípulo. Dios ha predestinado a cada uno a ser conforme "a la imagen de su Hijo".[12] En cada uno ha de manifestarse al mundo el longánime amor de Cristo, su santidad, mansedumbre, misericordia y verdad.

Los primeros discípulos salieron predicando la Palabra. Revelaban a Cristo en su vida. Y el Señor obró con ellos, "confirmando la palabra con las señales que la seguían".[13] Esos discípulos se prepararon para su obra. Antes del Día de Pentecostés se reunieron y apartaron todas las divergencias. Estaban unánimes. Creían en la promesa de Cristo de que la bendición sería dada, y oraban con fe. No pedían una bendición meramente para sí mismos; los abrumaba el peso de la salvación de las almas. El evangelio debía ser llevado hasta los últimos confines de la tierra, y ellos clamaban que se los dotase del poder que Cristo había prometido. Entonces fue derramado el Espíritu Santo, y miles se convirtieron en un día.

Así también puede ser ahora. En vez de las especulaciones humanas, predíquese la Palabra de Dios. Que los cristianos pongan a un lado sus disensiones y se entreguen a Dios para salvar a los perdidos. Que pidan con fe la bendición, y la recibirán. El derramamiento del Espíritu en los días apostólicos fue la "lluvia temprana", y glorioso fue el resultado. Pero la lluvia "tardía"[14] será más abundante.

Todos los que consagran su alma, cuerpo y espíritu a Dios recibirán constantemente una nueva medida de poder físico y mental. Las inagotables provisiones del Cielo están a su disposición. Cristo les da el aliento de su propio espíritu, la vida de su propia vida. El Espíritu Santo despliega sus más altas energías para obrar en el corazón y la mente. La gracia de Dios amplía y multiplica sus facultades, y toda perfección de la naturaleza divina los auxilia en la obra de salvar almas. Por la cooperación con Cristo son completos en él, y en su debilidad humana son habilitados para hacer las obras de la Omnipotencia.

El Salvador anhela manifestar su gracia e imprimir su carácter en el mundo entero. Es su posesión comprada, y anhela hacer a los hombres libres, puros y santos. Aunque

Satanás obra para impedir ese propósito, por medio de la sangre derramada por el mundo hay triunfos que han de lograrse y que reportarán gloria a Dios y al Cordero. Cristo no quedará satisfecho hasta que la victoria sea completa, y verá "el fruto de la aflicción de su alma, y quedará satisfecho". Todas las naciones de la tierra oirán el evangelio de su gracia. No todos recibirán su gracia; pero "la posteridad le servirá; esto será contado de Jehová hasta la postrera generación". "Y el reino, y el dominio, y el señorío de los reinos por debajo de todos los cielos, será dado al pueblo de los santos del Altísimo", y "la tierra será llena del conocimiento de Jehová, como las aguas cubren el mar". "Y temerán desde el occidente el nombre de Jehová, y desde el nacimiento del sol su gloria".[15]

"¡Cuán hermosos son sobre los montes los pies del que trae alegres nuevas, del que anuncia la paz, del que trae nuevas del bien, del que publica salvación, del que dice a Sión: ¡Tu Dios reina!... Cantad alabanzas, alegraos juntamente, soledades de Jerusalén; porque Jehová ha consolado a su pueblo... Jehová desnudó su santo brazo ante los ojos de todas las naciones; y todos los confines de la tierra verán la salvación del Dios nuestro".[16]

---

[1] Mat. 28:18-19, VM. [2] Mar. 16:15. [3] Mat. 28:19, 20, VM. [4] Mar. 16:17, 18. [5] Mat. 4:23; 9:6. [6] Apoc. 22:17. [7] Mar. 16:16-18; 1 Cor. 12:11. [8] Juan 9:7. [9] Juan 5:14. [10] Éxo. 15:26; Deut. 7:15; Sal. 105:37. [11] Luc. 13:27. [12] Isa. 40:1, 9-11; Cant. 5:10, 16; Rom. 8:29. [13] Mar. 16:20. [14] Joel 2:23. [15] Isa. 53:11; Sal. 22:30; Dan. 7:27, VM; Isa. 11:9; 59:19. [16] Isa. 52:7-10.

CAPÍTULO 87

"Mi Padre, que es Padre de ustedes"

HABÍA LLEGADO el tiempo en que Cristo ascendería al trono de su Padre. Como Conquistador divino debía volver con los trofeos de la victoria a los atrios celestiales. Antes de su muerte había declarado a su Padre: "He acabado la obra que me diste que hiciese".[1] Después de su resurrección se demoró por un tiempo en la tierra, con el fin de que sus discípulos pudiesen familiarizarse con él en su cuerpo resucitado y glorioso. Ahora estaba listo para la despedida. Había acreditado el hecho de que era un Salvador vivo. Sus discípulos ya no necesitaban asociarlo con la tumba. Podían pensar en él como glorificado delante del universo celestial.

Como lugar de su ascensión, Jesús eligió el sitio con tanta frecuencia santificado por su presencia mientras moraba entre los hombres. Ni el monte Sión, sitio de la ciudad de David, ni el monte Moriah, sitio del templo, habían de ser así honrados. Allí Cristo había sido burlado y rechazado. Allí las ondas de la misericordia, que retornaban en una marea de amor aun más fuerte, habían sido rechazadas por corazones tan duros como una roca. De allí Jesús, cansado y con un corazón apesadumbrado, había salido para hallar descanso en el Monte de los Olivos. La santa *Shekinah*, al apartarse del primer templo, había permanecido sobre la montaña oriental, como si le costase abandonar la ciudad elegida; así Cristo estuvo sobre el Monte de los Olivos, contemplando Jerusalén con corazón anhelante. Los huertos y vallecitos de la montaña habían sido consagrados por sus oraciones y lágrimas. En sus riscos habían repercutido los triunfantes clamores de la multitud que lo proclamaba rey. En su ladera había hallado un hogar con Lázaro en Betania. En el jardín de Getsemaní, que estaba al pie, había orado y agonizado solo. Desde esta montaña había de ascender al cielo. En su cumbre se asentarán sus pies cuando vuelva. No como varón de dolores, sino como glorioso y triunfante rey, estará sobre el Monte de los Olivos mientras los aleluyas hebreos se mezclen con los hosannas gentiles, y las voces de la enorme hueste de los redimidos hagan resonar esta aclamación: "¡Corónenlo Señor de todos!"

Ahora, con los once discípulos, Jesús se dirigió a la montaña. Mientras pasaban por la puerta de Jerusalén, muchos ojos se fijaron admirados en ese pequeño grupo conducido por Uno que unas semanas antes había sido condenado y crucificado por los príncipes. Los discípulos no sabían que era su última entrevista con su Maestro. Jesús dedicó el tiempo a conversar con ellos, repitiendo sus instrucciones anteriores. Al acercarse a Getsemaní se detuvo, con el fin de que pudiesen recordar las lecciones que les había dado la noche de su gran agonía. Volvió a mirar la vid por medio de la cual había representado la unión de su iglesia consigo y con su Padre; volvió a repetir las verdades que había revelado entonces. En todo su derredor había recuerdos de su amor no correspondido. Aun los discípulos, que tan caros eran a su corazón, lo habían cubierto de oprobio y abandonado en la hora de su humillación.

Cristo había estado en el mundo durante 33 años; había soportado sus escarnios, insultos y burlas; había sido rechazado y crucificado. Ahora, cuando estaba por ascender al trono de su gloria —mientras pasaba revista a la ingratitud del pueblo que había venido a salvar—, ¿no les retirará su simpatía y amor? ¿No se concentrarán sus afectos en ese reino donde se lo aprecia y donde los ángeles sin pecado esperan para cumplir sus órdenes? No; su promesa a los amados a quienes deja en la tierra es: "Yo estoy con vosotros todos los días, hasta el fin del mundo".[2]

Al llegar al Monte de los Olivos, Jesús condujo al grupo a través de la cumbre, hasta llegar cerca de Betania. Allí se detuvo y los discípulos lo rodearon. Rayos de luz parecían irradiar de su semblante mientras los miraba con amor. No los reprendió por sus faltas y fracasos; las últimas palabras que oyeron de los labios del Señor fueron palabras de la más profunda ternura. Con las manos extendidas para bendecirlos, como si quisiera asegurarles su cuidado protector, ascendió lentamente de entre ellos, atraído hacia el cielo por un poder más fuerte que cualquier atracción terrestre. Y mientras él subía, los discípulos, llenos de reverente asombro y esforzando la vista, miraban para alcanzar la última vislumbre de su Salvador que ascendía. Una nube de gloria lo cubrió de su vista; y llegaron hasta ellos las palabras: "He aquí yo estoy con vosotros todos los días, hasta el fin del mundo", mientras la nube formada por un carro de ángeles lo recibía. Al mismo tiempo flotaban hasta ellos los más dulces y gozosos acordes del coro angelical.

Mientras los discípulos todavía estaban mirando hacia arriba, se dirigieron a ellos unas voces que parecían como la música más melodiosa. Se dieron vuelta y vieron a dos ángeles en forma de hombres, quienes les hablaron diciendo: "Varones galileos, ¿por qué estáis mirando al cielo? Este mismo Jesús, que ha sido tomado desde vosotros al cielo, así vendrá como lo habéis visto ir al cielo".

Estos ángeles pertenecían al grupo que había estado esperando en una nube resplandeciente para escoltar a Jesús hasta su hogar celestial. Eran los más exaltados de la hueste angélica, los que habían ido a la tumba en ocasión de la resurrección de Cristo y habían estado con él durante toda su vida en la tierra. Todo el cielo había esperado con impaciencia el fin de la estada de Jesús en un mundo afligido por la maldición del pecado. Ahora había llegado el momento en que el universo celestial iba a recibir a su Rey. ¿No anhelaban los dos ángeles unirse a la hueste que daba la bienvenida a Jesús? Pero por simpatía y amor hacia quienes él había dejado atrás, se quedaron para consolarlos. "¿No son todos los ángeles espíritus dedicados al servicio divino, enviados para ayudar a los que han de heredar la salvación?"[3]

Cristo había ascendido al cielo en forma humana. Los discípulos habían contemplado la nube que lo recibió. El mismo Jesús que había andado, hablando y orando con ellos; que había quebrado el pan con ellos; que había estado con ellos en sus barcos sobre el lago; y que ese mismo día había subido con ellos hasta la cumbre del Monte de los Olivos; el mismo Jesús había ido a compartir el trono de su Padre. Y los ángeles les habían asegurado que ese mismo Jesús, a quien habían visto subir al cielo, vendría otra vez como había ascendido. Vendrá "con las nubes, y todo ojo lo verá". "El Señor mismo con voz de mando, con voz de arcángel, y con trompeta de Dios, descenderá del cielo; y los muertos en Cristo resucitarán". "Cuando el Hijo del hombre venga en su gloria, y todos los santos ángeles con él, entonces se sentará en su trono de gloria".[4] Así se cumplirá la promesa que el Señor hizo a sus discípulos: "Y si me fuere y os aparejar lugar, vendré otra vez, y os tomaré a mí mismo, para que donde yo estoy, vosotros también estéis".[5] Bien podían los discípulos regocijarse en la esperanza del regreso de su Señor.

Cuando los discípulos volvieron a Jerusalén, la gente los miraba con asombro. Después del enjuiciamiento y la crucifixión de Cristo se había pensado que se mostrarían abatidos y avergonzados. Sus enemigos esperaban ver en su rostro una expresión de pesar y derrota. En vez de eso sólo había alegría y triunfo. Sus rostros brillaban con una felicidad que no era terrenal. No lloraban por sus esperanzas frustradas; sino que estaban llenos de alabanza y agradecimiento a Dios. Con regocijo contaban la maravillosa historia de la resurrección de Cristo y su ascensión al cielo, y muchos recibían su testimonio.

Los discípulos ya no desconfiaban del futuro. Sabían que Jesús estaba en el cielo, y que sus simpatías seguían acompañándolos. Sabían que tenían un amigo en el trono de Dios, y anhelaban presentar sus peticiones al Padre en el nombre de Jesús. Con solemne reverencia se postraban en oración repitiendo la garantía: "Todo cuanto pidiereis al Padre en mi nombre, os lo dará. Hasta ahora nada habéis pedido en mi nombre; pedid, y recibiréis, para que vuestro gozo sea cumplido". Extendían la mano de la fe siempre más alto, con el poderoso argumento: "Cristo es el que murió; más aún, el que también resucitó, el que además está a la diestra de Dios, el que también intercede por nosotros".[6] Y el Día de Pentecostés les trajo la plenitud del gozo con la presencia del Consolador, así como Cristo lo había prometido.

Todo el cielo estaba esperando para dar la bienvenida al Salvador a los atrios celestiales. Mientras ascendía, iba adelante, y la multitud de cautivos libertados en ocasión de su resurrección lo seguía. La hueste celestial, con gritos y aclamaciones de alabanza y canto celestial, acompañaba al gozoso séquito.

Al acercarse a la ciudad de Dios, la escolta de ángeles demanda:

"Alzad, oh puertas, vuestras cabezas,
y alzaos vosotras, puertas eternas,
y entrará el Rey de gloria".

Gozosamente, los centinelas de guardia responden:
"¿Quién es este Rey de gloria?"

Dicen eso no porque no sepan quién es,
    sino porque quieren oír la respuesta de sublime loor:
"Jehová el fuerte y valiente,
Jehová el poderoso en batalla.
Alzad, oh puertas, vuestras cabezas,
y alzaos vosotras, puertas eternas,
y entrará el Rey de gloria".

Vuelve a oírse otra vez: "¿Quién es este Rey de gloria?", porque los ángeles no se cansan nunca de oír su nombre exaltado. Y los ángeles de la escolta responden:
"Jehová de los ejércitos,
él es el Rey de la gloria".[7]

Entonces los portales de la ciudad de Dios se abren de par en par, y la muchedumbre angélica pasa a través de las puertas en medio de una explosión de música arrobadora.

Allí está el trono, y alrededor el arco iris de la promesa. Allí están los querubines y los serafines. Los comandantes de las huestes angélicas, los hijos de Dios, los representantes de los mundos que nunca cayeron, todos están congregados. El concilio celestial ante el cual Lucifer había acusado a Dios y a su Hijo, los representantes de esos reinos sin pecado, sobre los cuales Satanás había pensado establecer su dominio, todos están allí para dar la bienvenida al Redentor. Están ansiosos por celebrar su triunfo y glorificar a su Rey.

Pero, con un ademán, él los detiene. Todavía no; no puede ahora recibir la corona de gloria y el manto real. Entra a la presencia de su Padre. Señala su cabeza herida, su costado traspasado, sus pies lacerados; alza sus manos, que llevan la señal de los clavos. Presenta los trofeos de su triunfo; ofrece a Dios la gavilla de las primicias, quienes resucitaron con él como representantes de la gran multitud que saldrá de la tumba en su segunda venida. Se acerca al Padre, en quien hay regocijo por un solo pecador que se arrepiente; quien se regocija sobre uno con cánticos.[8] Desde antes que fueran echados los cimientos de la tierra, el Padre y el Hijo se habían unido en un pacto para redimir al hombre en caso de que fuese vencido por Satanás. Habían unido sus manos en un solemne compromiso de que Cristo llegaría a ser el fiador de la especie humana. Cristo había cumplido ese compromiso. Cuando sobre la cruz exclamó: "Consumado es", se dirigió al Padre. El pacto había sido llevado plenamente a cabo. Ahora declara: "Padre, consumado es. He hecho tu voluntad, oh Dios mío. He completado la obra de la redención. Si tu justicia está satisfecha", "aquellos que me has dado, quiero que donde yo estoy, también ellos estén conmigo".[9]

Entonces se oye la voz de Dios proclamando que la justicia está satisfecha. Satanás está vencido. Los hijos de Cristo, que trabajan y luchan en la tierra, son "aceptos en el Amado". Delante de los ángeles celestiales y los representantes de los mundos que no cayeron, son declarados justificados. Donde él esté, allí estará su iglesia. "La misericordia y la verdad se encontraron; la justicia y la paz se besaron". Los brazos del Padre rodean a su Hijo, y se da la orden: "Adórenlo todos los ángeles de Dios".[10]

Con gozo inefable, los principados y las potestades reconocen la supremacía del Príncipe de la vida. La hueste angélica se postra delante de él, mientras que el alegre clamor llena todos los atrios del cielo: "¡Digno es el Cordero que ha sido inmolado, de recibir el poder, y la riqueza, y la sabiduría, y la fortaleza, y la honra, y la gloria, y la bendición!"[11]

Los cantos de triunfo se mezclan con la música de las arpas angelicales, hasta que el cielo parece rebosar de gozo y alabanza. El amor ha vencido. Lo perdido ha sido hallado. El cielo repercute con voces que en armoniosos acentos proclaman: "¡Al que está sentado en el trono, y al Cordero, sea la alabanza, la honra, la gloria y el poder, por los siglos de los siglos!"[12]

****

Desde esa escena de gozo celestial nos llega a nosotros sobre la tierra el eco de las propias palabras admirables de Cristo: "Subo a mi Padre y a vuestro Padre, a mi Dios y a vuestro Dios". La familia del cielo y la familia de la tierra son una. Nuestro Señor ascendió por nosotros y vive para nosotros. "Por lo cual puede también salvar perpetuamente a los que por él se acercan a Dios, viviendo siempre para interceder por ellos".[13]

---

[1] Juan 17:4. [2] Mat. 28:20. [3] Heb. 1:14, NVI. [4] Apoc. 1:7; 1 Tes. 4:16; Mat. 25:31. [5] Juan 14:3. [6] Juan 16:23, 24; Rom. 8:34. [7] Sal. 24:7-10. [8] Ver Sof. 3:17. [9] Juan 19:30; 17:24. [10] Efe. 1:6; Sal. 85:10; Heb. 1:6. [11] Apoc. 5:12, VM. [12] Apoc. 5:13. [13] Juan 20:17; Heb. 7:25.

Apéndice

NOTA 1. Página 69.—La iglesia verdadera, en su propia esfera, existe por mandato divino —es el "cuerpo de Cristo", "el templo de Dios", "la plenitud de Aquel que hinche todas las cosas en todos"— y deriva su poder, su autoridad, su dirección, de Cristo, su cabeza. Así como todos los afectos e intimidades de la esposa deben reservarse sólo para el esposo, de entre todos los hombres, así también debe relacionarse la iglesia con Cristo. Ella ha de guardarse para él como casta virgen para siempre. No puede haber entre ella y las potestades de la Tierra ninguna alianza, cortejo, vínculo, acuerdo o compromiso. Si ella ha de permanecer fiel, fuerte y elevadora, debe ser leal sólo a Cristo. Su propósito en la Tierra es llevar las almas a la unión perfecta y divina con Cristo que ella misma posee. No puede hacerlo si traiciona la verdad o renuncia a su pureza.

El Estado también ha sido ordenado por Dios para conservar el orden y proteger a los hombres contra la violencia. Existe a causa del pecado; si no hubiese pecado, no tendría razón de existir. Su misión consiste sólo en evitar, por medio del temor a las penalidades, que las personas de malas intenciones cometan el mal. Actuando en su propia esfera, es siempre útil, y lo será mientras exista el pecado. En el cumplimiento de su más elevado propósito, no puede tener unión alguna con la religión o con la iglesia. La religión no debe hallar cabida en los libros de sus estatutos, y la iglesia no debe hallar reconocimiento allí.

Tales son los propósitos divinos, plenamente presentados en la Palabra, respecto de la Iglesia y el Estado. La iglesia divina crece por la vida de Dios, y es amoldada y guiada por la Palabra de Dios. El Estado es ordenado, en general, según las exigencias de la época y el lugar de su existencia, y ejerce la debida jurisdicción cuando atiende con carácter civil sus propios asuntos, sin tener nada que ver con la religión.

Ha sido objeto del estudio y esfuerzo de Satanás unir la Iglesia y el Estado desde el principio. Separados, son útiles y valiosos para la vida del mundo. Unidos, vienen a ser un veneno mortífero, tanto para el cuerpo político como para el cuerpo eclesiástico. De una unión tal brotan las grandes bestias apocalípticas, que desgarran cruelmente y aplastan despiadadamente la vida de todos los que se les oponen (ver Dan. 7 y Apoc. 12, 13 y 17).

La "bestia" de Apocalipsis 13:1-10 es un símbolo de ese poder a través de los siglos, que ha existido bajo diversas formas, simbolizadas por las siete cabezas. Bajo la cabeza dominante del período presentado en Apocalipsis 13:1-10, la bestia representa el papado. Ejerció el poder perseguidor durante 1.260 años, al fin de los cuales nos es representada como yendo en cautiverio. Lo que hizo de ella un poder perseguidor fue la unión de la

Iglesia con el Estado. La Edad Media atestigua sus funestos efectos tanto sobre la Iglesia como sobre el Estado.

Precisamente cuando este poder perseguidor va en cautiverio (vers. 10), el profeta ve otro poder que se levanta en forma de "otra bestia" que sube "de la tierra", la cual tiene "dos cuernos semejantes a los de un cordero, mas hablaba como un dragón". Había, entre otras especificaciones dignas de nota, que significaban claramente a qué potencia se aplica este símbolo, las cuatro siguientes: 1. El tiempo de su nacimiento. 2. El territorio en que actúa. 3. El carácter que profesa tener (según lo indican sus cuernos). 4. Su verdadera naturaleza y obra (según lo revela su voz).

1. Esta potencia nace más o menos cuando la bestia anterior, gobernada por la cabeza papal, es llevada en cautiverio o cesa de ser potencia perseguidora. Esto sucedió en 1798, cuando el papa Pío VI fue llevado en cautiverio, y desde esa fecha el papado no ha sido reconocido por el poder civil como defensor de la fe de las naciones y juez de herejes. En esa oportunidad —al fin del siglo XVIII— había tan sólo una nueva potencia notable que hacía su aparición en el horizonte del mundo: Estados Unidos de Norteamérica.

2. Las bestias que representaban las naciones del Viejo Mundo aparecen como saliendo del mar (Dan. 7:2, 3, 17; Apoc. 13:1); el mar, o las aguas, simboliza los grandes movimientos nacionales de flujo y reflujo, con todos los cambios y fluctuaciones que ocasionan (Apoc. 17:15; Isa. 8:7). Pero la bestia de dos cuernos no llega al poder entre las naciones conocidas del mundo, sino en una parte desconocida hasta entonces. Esta especificación se cumple en Estados Unidos y su gobierno; porque esta nación surgió, por así decirlo, "entre las soledades de la tierra".

3. Tenía dos cuernos como los de un cordero, rasgo que no se notó en ningún otro símbolo de la profecía divina. El "cordero" es un símbolo de Cristo, el Cordero muerto desde la fundación del mundo, el Cordero que "tenía siete cuernos" (Apoc. 5:6). Un cuerno es símbolo de fuerza o exaltación, o de lo que produce eminencia o exaltación. Había dos principios en las doctrinas de Cristo que, adoptados por cualquier gobierno, le darían preeminencia y servirían para elevarlo. Estos dos principios de la religión cristiana han contribuido, aparte de su inherente poder divino, a granjearle favor dondequiera que hayan sido conocidos, y los hombres que no los abrazan los admiran. Estos dos principios de este gobierno también han granjeado la admiración de todos los que aman la justicia en todas las naciones, y han llevado a sus playas, desde el Viejo Mundo, a multitudes de oprimidos y amantes de la libertad. Estos principios son la absoluta igualdad o fraternidad de los hombres y la perfecta *libertad de elección* en cuanto a *creer o no creer* en asuntos religiosos. El primero se expresa en pasajes como éstos: "Dios... de una sangre ha hecho todo el linaje de los hombres" (Hech. 17:26), y "uno es vuestro Maestro, el Cristo; y *todos vosotros sois hermanos*" (Mat. 23:8). El segundo, por estas palabras: "El que oyere mis palabras, y *no las creyere, yo no lo juzgo;* porque no he venido a juzgar al mundo, sino a salvar al mundo" (Juan 12:47). "Dios no hace acepción de personas" (ver también Juan 18:36; Mat. 20:25-28; Luc. 9:51-56; 2 Cor. 1:24; 5:11, 20). La obra de los ministros de Cristo no consiste en obligar sino en ganar; no en ordenar sino en persuadir y rogar. Únicamente una religión sobre toda la faz de la Tierra reconoce los principios de la igualdad de los hombres y la absoluta libertad de la voluntad, sin compulsión. Únicamente una nación importante sobre toda la faz de la Tierra ha encarnado alguna vez en la Constitución de su existencia y los principios de su gobierno estas dos características, y esta es Estados Unidos.

La *igualdad del hombre* se presenta así en la declaración de la independencia: "Tenemos por verdades evidentes de por sí: Que todos los hombres son *creados iguales*; que están dotados por su Creador de ciertos derechos inalienables; que entre éstos están la vida, la libertad y la búsqueda de la felicidad". La *libertad religiosa* se presenta en la primera enmienda de la Constitución: "Ninguna ley promulgará el Congreso respecto del establecimiento de la religión, o que prohíba el libre ejercicio de ella; o cercene la libertad de palabra o de prensa; o el derecho de reunión pacífica". Estos principios cristianos limitan el símbolo de la bestia de dos cuernos a Estados Unidos.

4. "Hablaba como un dragón". El "dragón" es satánico y símbolo de una potencia perseguidora (Apoc. 12:9, 13). "De la abundancia del corazón habla la boca". La manera de hablar revela la verdadera naturaleza y el desarrollo ulterior de la nación que nos ocupa. Un gobierno habla por sus leyes y decretos. Por tanto, el símbolo indica que Estados Unidos llegarán todavía a ser una potencia perseguidora. ¿Hay indicios de que tal será el caso? Algunos años atrás no se podía decir que las hubiese. Ahora son legión.

Por la profecía puede verse que la bestia de dos cuernos levanta una *imagen* a la bestia e impone la marca de la bestia a los que están dentro de su jurisdicción. Lo que constituía la bestia era una unión de la Iglesia y el Estado, en la que el Estado imponía a todos los dogmas de la Iglesia. Una imagen de la bestia sería el establecimiento de un sistema semejante en el gobierno de Estados Unidos. El espacio limitado de este apéndice no permite citar las pruebas de que esto ya se está haciendo. Sin embargo, notemos algunos hechos:

a) En 1864 se formó la Asociación pro Reforma Nacional con el objetivo confesado de "conseguir una enmienda de la Constitución de los Estados Unidos que declare la fidelidad de la nación a Jesucristo, y su aceptación de las leyes morales de la religión cristiana que indique que ésta es una nación cristiana, y coloque todas las leyes, instituciones y costumbres cristianas de nuestro gobierno sobre una base legal innegable en la ley fundamental del país". Por supuesto, el lector inteligente y avizor verá en seguida que este propósito cristalizado en ley no sería sino la *interpretación humana* de "las leyes morales de la religión cristiana". Y la Edad Media poseyó en abundancia esas interpretaciones.

b) Aunque la asociación nombrada nunca ha sido numéricamente muy grande, ha difundido sus opiniones en toda denominación religiosa, en las instituciones del saber y entre los miembros de toda organización que se destaque por sus esfuerzos en realizar reformas. La Unión de Mujeres Cristianas Temperantes, que fomentó la prohibición, y las grandes denominaciones protestantes del país han favorecido, en una forma u otra, esas opiniones y han ejercido presión, por medio de la influencia política, sobre los funcionarios públicos del gobierno nacional y de los estados.

c) El 29 de febrero de 1892 la Suprema Corte de los Estados Unidos declaró, en la decisión respecto de la Iglesia Trinity, que "ésta es una nación cristiana", y el verano siguiente ambas cámaras del Congreso, juntamente con el presidente, cedieron a la presión y declararon que el día de reposo del cuarto mandamiento era el domingo, primer día de la semana, con lo que los magistrados civiles fallaron con respecto a una cuestión religiosa y así comprometieron al gobierno en este procedimiento.

d) Sucesos ulteriores, el notable reconocimiento oficial y la recepción de un representante del Vaticano por parte del gobierno, precisamente antes de la guerra de 1898 con España, revelan el hecho de que se han dado los pasos preliminares para una unión de la Iglesia y el Estado: la formación de una imagen de la bestia.

La *marca* de un poder es lo que se presenta específicamente como señal de su autoridad. La autoridad de Dios y su jurisdicción se concentran en su poder creador de todo. La *señal o marca* de esa autoridad es el sábado (ver Éxo. 20:8-11; Eze. 20:12, 20). La marca de la bestia es aquello que el papado presenta como señal de su autoridad. Como poder *perseguidor*, el papado debe ser un poder que se opone al verdadero cristianismo. Su marca debe mostrar oposición a la ley de Dios, o un cambio en ella. La marca de esa potencia debe hallarse en la diferencia que hay entre la ley de Dios tal como está en su Palabra y la practicó Jesucristo, y esa misma ley según la interpreta, enseña, practica e impone el papado.

Como se ha notado ya, la señal del poder de Dios es su santo sábado del cuarto mandamiento. La interpretación papal de esa ley discrepa de la Palabra mayormente en lo que respecta a ese mandamiento. La ley de Jehová declara que "el séptimo día será sábado a Jehová". La Iglesia Católica Romana declara que guardar este mandamiento consiste en "dedicar el domingo [primer día de la semana] a la oración y otros deberes religiosos" (*Catecismo de Butler*). Al querer probar que "la iglesia tiene poder para instituir fiestas de precepto", el *Catecismo doctrinal* dice: "Si no tuviese tal poder, no podría haber hecho aquello en que concuerdan con ella todos los religiosos modernos: no podría haber *sustituido la observancia del domingo, primer día de la semana, en lugar de la observancia del sábado, séptimo día*, cambio para el cual no hay *autoridad bíblica*". Otra obra católica (*Abridgment of Christian Doctrine*) prueba la misma autoridad de la iglesia "por el mismo acto de cambiar el sábado en domingo... Guardando el domingo, ellos [los protestantes] *reconocen el poder que tiene la iglesia* para ordenar fiestas, y para *ordenarlas so pena de pecado*". Muchos otros testimonios respecto del mismo hecho podrían presentarse de fuentes católicas y protestantes. Por tanto, la marca de la bestia es el domingo impuesto por la ley.

¿Hay pruebas de que el gobierno norteamericano hará esto, y que obligará a todos sus súbditos a recibir esta marca en la diestra, absteniéndose de todo trabajo, o en la frente, es decir libremente y por su profesión de fe? En verdad, las pruebas abundan. Ya varios estados, por separado, han perseguido a los que realizaban trabajos comunes en domingo. Por la multiplicación de las decisiones judiciales, contrarias a la Constitución y al verdadero espíritu americano, y por la enorme presión de los entusiastas religiosos sobre los magistrados, Estados Unidos se está dirigiendo hacia el fin lógico de los pasos ya dados: una unión completa de la Iglesia y el Estado y la elevación del domingo a la categoría de ley.

¿Qué vendrá luego? Habrá quienes no podrán observarla; los que en su conciencia son obedientes a Dios y a su Palabra. No podrán rendir obediencia al estandarte de otra potencia. Por tanto, las leyes se volverán más estrictas; pero serán violadas por razones de conciencia. El gobierno, cegado y lanzado en su carrera fatal, creerá necesario mantener su falsa dignidad. Impondrá multas y penalidades cada vez más severas, hasta la confiscación de los bienes y la privación de la ciudadanía. Los "herejes" no podrán ni comprar ni vender. Serán boicoteados. Y aun más, si persisten en lo que un gobierno cegado llama "obstinación", serán considerados traidores; y ya se sabe, el castigo que merece la traición es la muerte. Por eso la profecía declara que el gobierno de Estados Unidos llegará aún a decir que a los tales se les debe dar muerte.

Lo ya explicado demuestra que el camino en el cual ha entrado ya Estados Unidos conduce lógicamente a ese fin. Y no sólo eso, sino que su influencia al respecto hará retroceder al mundo a la Edad Media, a la ruina completa de la Iglesia y el Estado. Los que no saben estas cosas pueden tratarlas como increíbles, pero si tan sólo quieren investigar, pueden comprenderlas. A pesar de todo, Dios cuidará a los fieles; no necesitan temer. Los que corren peligro son los perseguidores, no los perseguidos.

NOTA 2. Página 132.—La sabiduría de Dios se manifestó en la elección que hizo en cuanto al tiempo de la venida de Cristo al mundo. Al venir en una época tan tardía, hubo amplia oportunidad de que la profecía atestiguase su misión. Una cadena de predicciones inspiradas que abarca muchos siglos anunció los sucesos relacionados con su aparición en forma humana. Dios quiso que el cumplimiento de esas profecías fortaleciera la fe de los creyentes en Cristo. Si el Salvador hubiese venido mucho antes de lo que vino, esa ventaja no habría sido tan grande.

También de acuerdo con la providencia de Dios, Cristo vino cuando dominaba el poder romano. Los judíos, por haberse apartado de Dios, habían caído bajo el dominio de una nación pagana. Aunque ejercía cierta medida de autoridad, el Sanedrín no podía pronunciar juicio en un caso que entrañase la pena capital. Dominados por el fanatismo y la tradición, los judíos eran muy crueles e inexorables. Su odio hacia Cristo era intenso. Si hubiesen poseído el poder supremo, los celosos sacerdotes y príncipes se habrían librado muy pronto del que consideraban como rival. La obra del Salvador entre los hombres se habría abreviado, y nada se habría registrado en cuanto a su vida y ministerio. No se habría levantado la cruz de Cristo en el Calvario. La crucifixión era un método romano de castigo. Si los judíos hubiesen ejercido un dominio independiente, habrían muerto a Cristo apedreándolo por la falsa acusación de violar la ley de Dios. Esto no habría cumplido la profecía de que así como la serpiente había sido alzada en el desierto, así debía ser levantado el Hijo de Dios.

Además, si la venida de Cristo hubiese tardado aun más, los judíos no podrían haber logrado su muerte por medio de la crucifixión. Su poder iba declinando constantemente, y no habrían tenido suficiente influencia ante las autoridades romanas para obtener su condenación.

El poder romano fue, en las manos de Dios, el instrumento para impedir que la luz del mundo se apagase en las tinieblas. De acuerdo con el plan de Dios, la cruz debía ser levantada a la vista de todas las naciones, lenguas y pueblos, y llamar la atención al Cordero de Dios que quita el pecado del mundo.

Poco después de la crucifixión de Cristo cesó el empleo de la cruz en Judea. Las escenas que acontecieron en ocasión de la muerte del Salvador, la intensa malignidad de los sacerdotes y la ira del pueblo, así como las convulsiones de la naturaleza y las tinieblas sobrenaturales, inspiraron tal terror a los romanos que pronto cesaron de usar la cruz como instrumento de muerte. En la destrucción de Jerusalén, la crucifixión revivió por un tiempo; pero entonces fueron los judíos mismos las víctimas. La misma suerte que habían pronunciado sobre Cristo recayó sobre ellos. Multitudes perecieron de esa manera. En el Calvario se plantaron cruces tan numerosas como si hubiesen sido árboles de un bosque.

La venida de Cristo en el tiempo y en la manera en que se produjo fue un cumplimiento directo y completo de la profecía. La evidencia de esto, dada al mundo por medio del testimonio de los apóstoles y sus asociados, es una de las pruebas más categóricas de la fe cristiana. Nosotros no fuimos testigos oculares de la vida de Jesús, pero tenemos el testimonio de sus discípulos; y por la fe vemos por sus ojos y oímos por sus oídos, y nuestra fe acepta la evidencia dada.

Los apóstoles aceptaron a Cristo por el testimonio de la profecía, que les fue confirmada al ver y tocar ellos al Verbo de la vida. Nosotros también tenemos el testimonio de los profetas del Antiguo Testamento, y además tenemos el testimonio de los apóstoles y creyentes del Nuevo Testamento. Los profetas señalaban a un Salvador que iba a venir; los apóstoles, a un Salvador que había venido en exacto cumplimiento de la profecía. Así la cadena de la evidencia es completa y cabal. Es suficiente para convencer a todos los que quieran creer. Dios ha dado a los hombres amplio testimonio para establecer su fe en su poder, en la divina misión de su Hijo, y en la autoridad y la obra del Espíritu Santo.

NOTA 3. Página 381.—Los presagios que han de preceder a la segunda venida de Cristo son muchos (Luc. 21:25-27); pero en Mateo 24:29 y 30 se presentan tres señales específicas en el sol, la luna y las estrellas de esta manera:

"Y luego después de la aflicción de aquellos días, el sol se oscurecerá, y la luna no dará su lumbre, y las estrellas caerán del cielo, y las virtudes de los cielos serán conmovidas. Y entonces se mostrará la señal del Hijo del hombre en el cielo; y entonces lamentarán todas las tribus de la tierra, y verán al Hijo del hombre que vendrá sobre las nubes del cielo, con grande poder y gloria".

Los días aquí mencionados son los 1.260 días proféticos (o años) de la tribulación del pueblo de Dios, los cuales abarcan la Edad Media y están predichos en Daniel 7:25, 11:33-35 y Apocalipsis 12:6, 13-16. Estos días comenzaron en el año 538 de nuestra era, cuando el obispo de Roma fue hecho, por decreto de Justiniano y por el derrocamiento de las potencias arrianas opositoras, "Cabeza de todas las Santas Iglesias" y "Verdadero y Eficaz Corrector de Herejes". Continuaron hasta 1798, cuando Pío VI fue llevado prisionero por el general Berthier y el poder del papado sobre los gobiernos de Europa quedó quebrantado. La tribulación, o activa persecución, no abarcó todo ese período. El Señor abrevió la tribulación por causa de los escogidos. Dos cosas importantes ocurrieron para quebrar el poder de esta persecución: (1) La creciente influencia de la Reforma sobre Europa, que iluminó a los príncipes acerca del verdadero cristianismo, y (2) la apertura del Nuevo Mundo a los oprimidos de todas las naciones. Los gobernantes de Europa vieron a sus súbditos más concienzudos abandonarlos para irse a América, y vieron que era necesaria la tolerancia para retenerlos. El primer gobernante de influencia que obró en este sentido fue María Teresa, emperatriz de Austria, quien en 1776 abolió la tortura en sus estados hereditarios, lo cual fue seguido por el edicto de tolerancia de su hijo, el emperador José II, el 22 de junio de 1781. En 1776 las colonias unidas de Norteamérica se declararon estados libres e independientes; y así se abrió un refugio para los oprimidos de todas las naciones. "Y la tierra ayudó a la mujer" (Apoc. 12:16). El oscurecimiento del sol iba a ocurrir "en aquellos días, después de aquella aflicción" (Mar. 13:24), *después* de la tribulación" (Mat. 24:29, VM). Como la tribulación cesó hacia 1776, y los días terminaban en 1798, quedamos reducidos a un breve período de 22 años para ver la aparición de la primera de estas señales. Por tanto, por muchos oscurecimientos del sol que hayan ocurrido en lo pasado, o puedan ocurrir en lo futuro, esta profecía no queda afectada por ellos. La profecía señala un oscurecimiento del sol que debía ocurrir entre 1776 y 1798, habiendo de ser más cercano a la primera fecha que a la última.

En cumplimiento de la predicción de nuestro Señor, el 19 de mayo de 1780 ocurrió un muy notable oscurecimiento del sol, que se extendió por la parte oriental de Norteamérica y fue notado por muchos eruditos y escritores. A él se refiere el *Webster's Unabridged Dictionary* (Diccionario completo de Webster), el cual, después de dar la fecha del acontecimiento, dice: "La verdadera causa de este fenómeno notable es desconocida". El ganado volvió a los corrales, las aves subieron a sus palos, y los hombres y las mujeres lloraban y se lamentaban por creer que había llegado el día del juicio.

A la noche siguiente, aunque era luna llena, hubo tales tinieblas que, según las palabras de cierto escritor, "una hoja de papel blanco, mantenida a pocas pulgadas de los ojos, era tan invisible como el terciopelo más negro". A veces, cuando se veía la luna, era roja como sangre (ver Apoc. 6:12).

La última señal de la serie fue la lluvia de estrellas o meteoros, más gráficamente descrita en Apocalipsis 6:13. Esta señal se cumplió con la gran lluvia meteórica del 13 de noviembre de 1833, que fue visible en la mayor parte de la Tierra. El siguiente diagrama ayudará a comprender la profecía:

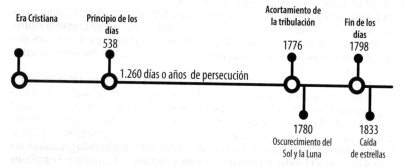

Estas son señales específicas para la última generación de hombres que había de vivir en la Tierra antes del regreso de Cristo. No revelan el día ni la hora de su venida, pero recalcan con triple seguridad esta advertencia: "Cuando viereis todas estas cosas, sabed que él está cerca, a las puertas. En verdad os digo, que no pasará esta generación, hasta que todo esto sea hecho. El cielo y la tierra pasarán, pero *mis palabras* no pasarán" (Mat. 24:32-36, VM). La venida de Cristo está a las puertas.

NOTA 4. Página 453.—Es bien sabido que la puntuación de la Biblia no es obra de los escritores inspirados. En verdad, la puntuación es un arte moderno, pues la coma en su forma actual fue inventada en 1490 por un impresor de Venecia. Por tanto, tenemos libertad para cambiar la puntuación de la Escritura según lo exija el sentido. En Lucas 23:43, si se coloca la coma después de hoy y se suprime la palabra "que" (vocablo que no existe en el original griego), el texto dice: "De cierto te digo hoy, estarás conmigo en el paraíso". Entonces no hay falta de armonía entre este pasaje y la declaración ulterior de Cristo de que todavía no había ascendido al Padre.

NOTA 5. Página 474.—Vale la pena notar que seis de las ocho menciones al primer día de la semana en el Nuevo Testamento se refieren al mismo día: el día que nuestro Señor resucitó. Los pasajes que lo mencionan son los siguientes: Mateo 28:1; Marcos 16:2, 9; Lucas 24:1; Juan 20:1, 19. Es extraño que estos pasajes, que se refieren al día de la resurrección de nuestro Señor, sean citados en prueba de que se deba descansar el domingo o tenerlo por día del Señor. Las siguientes consideraciones demuestran claramente que dichos textos no suministran prueba alguna de que el primer día tenga un carácter sagrado:

1. Ni en estos pasajes ni en el contexto de cualquiera de ellos se declara, como no se declara tampoco en ninguna otra parte de la Biblia, que el domingo sea día de reposo o día del Señor, ni día sagrado, ni que hubiese de reemplazar al sábado de Jehová. Por cierto que a quien observe el domingo como día santo, o en honor de la resurrección, el Señor podría preguntar, como preguntó antaño: "¿Quién demandó esto de tus manos?"

2. Dicen los eruditos bíblicos que Mateo escribió su Evangelio de 7 a 30 años después de la resurrección; Marcos escribió su Evangelio 30 años después; Lucas escribió el suyo 32 años después; y Juan unos 60 años después de la resurrección. Pero ninguno de estos escritores designa al domingo con alguna otra expresión que no sea "primer día de la semana", mientras que el día anterior es uniformemente llamado por el nombre sagrado de "sábado". Por cierto que los escritores inspirados no conocieron cambio alguno de día de reposo.

3. Que ese día no se celebraba en honor de Cristo resucitado es evidente por el hecho de que los discípulos "no creían" que hubiese resucitado, ni aun después que se lo dijera María (Marcos 16:11). Tampoco creían los discípulos la historia de los dos que habían visto a Jesús en Emaús (vers. 12, 13). Y cuando nuestro Señor apareció a los once, "ellos espantados y asombrados, pensaban que veían espíritu" (Luc. 24:37), y nuestro Señor "censuróles su incredulidad y dureza de corazón, que no hubiesen creído a los que le habían visto resucitado" (Mar. 16:14). La verdad es que los discípulos no se habían reunido para celebrar la resurrección de Aquel en cuya resurrección no creían.

4. Es de notar que ese día no era considerado por los discípulos como día santo. Dos de ellos viajaron a Emaús, aldea que estaba a unos doce kilómetros de Jerusalén, y emplearon en ello una porción considerable del día. Volviendo a Jerusalén al final de ese día, encontraron a los discípulos reunidos no con el propósito de celebrar una reunión religiosa, sino en una morada común de Jerusalén, con las puertas cerradas "por miedo de los judíos" (comparar Juan 20:19 con Hech. 1:13).

5. Jesús no empleó un día consecutivo de una semana en resucitar de los muertos, como lo había hecho al descansar de la creación, ni empleó todo un día. ¿Por qué se había de poner aparte todo un día de la semana para recordar su resurrección? Dios dio al mundo un emblema recordativo más adecuado para conmemorar su resurrección: el poder de una nueva vida en sus hijos creyentes (Rom. 6:6). Ni la vida ni la enseñanza de Cristo o de los apóstoles proporcionan base para creer que el domingo tenga carácter sagrado.

En otros dos pasajes del Nuevo Testamento se menciona el primer día de la semana; a saber, Hechos 20:7 y 1 Corintios 16:2. El primero se refiere a la única reunión religiosa que se mencione celebrada en ese día, evidentemente porque se realizó entonces un milagro notable. Esa reunión se celebraba en la velada que precedía al día, y duró hasta el amanecer; y ese domingo lo dedicaron Pablo y sus compañeros al trabajo físico de un viaje a pie. El segundo texto se refiere a un acto que debía realizarse en casa. Ordena que "cada uno de vosotros aparte en su casa" algo, no en una colecta pública, ni en una caja de contribución general, sino que lo "ponga aparte y guarde en casa" (siríaco). Para el que estudia la Biblia, es inevitable la conclusión de que el carácter sagrado que se atribuye al domingo se basa completamente en la tradición y no en la Palabra.

Índice de referencias bíblicas

Notas

Notas

Notas

Notas

Notas

Notas

Notas